Leonardo Boff

Jesus Christus, der Befreier

Leonardo Boff

JESUS CHRISTUS, DER BEFREIER

Herder

Freiburg · Basel · Wien

Titel der brasilianischen Originalausgaben:

Erster Teil:
Jesus Cristo Libertador

Zweiter Teil:
Paixão de Cristo – Paixão do Mundo

Dritter Teil:
A Ressurreição de Cristo – A Nossa Ressurreição na Morte

Schluß:
Entnommen aus: *A Fé na Periferia do Mundo*

Übersetzung aus dem Portugiesischen von
Horst Goldstein (S. 5–218 und 442–448) und *Karel Hermans* (S. 219–441)

CIP-Kurztitelaufnahme der Deutschen Bibliothek

Boff, Leonardo: Jesus Christus, der Befreier / Leonardo Boff.
(Übers. aus d. Portug. von Horst Goldstein u. Karel Hermans). –
2. Aufl. – Freiburg im Breisgau; Basel; Wien: Herder, 1987.
ISBN 3-451-20719-2

Zweite Auflage

Herstellung: Freiburger Graphische Betriebe 1987
ISBN 3-451-20719-2

Vorwort

Wenn es gefährlich und bedrohlich ist, vom historischen Jesus zu sprechen

Als Theologe macht man nicht die Theologie, die man will, sondern nur die, die man kann oder die unter den obwaltenden Umständen möglich ist. Die christologischen Texte, die im vorliegenden Band zusammengetragen sind, wurden geschrieben, als in Lateinamerika und Brasilien Entführung, Folter und Mord herrschten. Sie entstanden ab 1971. In dieser Zeit war es in Brasilien aufgrund einer Verordnung des Ministers für das Kommunikationswesen verboten, das Wort „Befreiung" zu verwenden. Selbst die Weihnachtsansprache Papst Pauls VI. 1973, die das Fernsehen direkt aus Rom übertrug, wurde zensiert. Jedesmal wenn der Papst das Wort „Befreiung" aussprach, hieß es in der Übersetzung „Erlösung", und wenn er „Jesus Christus, der Befreier" sagte, fiel „Befreier" weg.

In solch einem Kontext der Repression wagte ich es 1971, das Buch *Jesus Christus, der Befreier* zu veröffentlichen. Aus Angst vor der politischen Polizei hielt ich mich eine Woche versteckt. Diese konkreten Umstände erklären, weshalb in den Haupttexten des Bandes eine eingehendere Analyse der Unterentwicklung und des Elends fehlt, die wir seit Jahrhunderten zu tragen haben. Es ging mir darum zu zeigen, daß die Befreiung im Mittelpunkt der Botschaft und des Handelns Jesu steht. Vom historischen Jesus sprechen und festhalten, daß er eine persönliche Option für die Armen trifft, daß er in den Unterdrückten die ersten Adressaten seiner Guten Nachricht sieht und daß sich aus dem Gesamt seines Programms und seiner Praxis ein Raum der Freiheit und ein Aufruf zur Befreiung ergeben, galt und gilt als gefährlich und bedrohlich. Da wir also das predigten, was in den Christuserzählungen auf der Hand liegt, wurden viele von uns des Marxismus bezichtigt. Und das war genug, daß etliche verhaftet, gefoltert und umgebracht wurden. Dabei wurde der Marxismusvorwurf mit all seinen schlimmen Konsequenzen nicht nur von den Überwachungs- und Repressionsorganen der an der Nationalen Sicherheit orientierten Regierungen erhoben. Oft genug stammten sie auch von den Brüdern und Schwestern im Glauben. Es war eine Zeit der Versuchung, der Angst und des heiligen Zornes, aber auch des Glaubens, des Vertrauens und der Solidarität. Was die Vertreter der geltenden Unrechtsordnung, die in ihrer Mehrzahl katholisch sind, am meisten irritierte, war, aus unserem Mund zu hören, wir seien für die Befreiung der Unterdrückten, weil wir Jesus Christus den Sohn Gottes anbeteten, der sich unser Elend zu eigen gemacht, sich mit den Unterdrückten identifiziert und die Reichen, obwohl er das Unrecht beim Zusammenschaufeln der Güter anprangerte, gleichwohl geliebt habe. Aus dem Schatz unseres Glaubens an Jesus Christus nahmen wir die Motive unseres Engagements für die Armen und gegen deren Armut sowie die Impulse für die ganzheitliche Befreiung. Jesus Christus ist mehr als Befreier. Was der Glaube an ihm ausmacht, ist ein Geheimnis, das sich allein durch das Wort „Sohn Gottes" oder gar „Gott" zum Ausdruck bringen läßt. Aber wir sind davon überzeugt, daß wir nicht den Christus der Apostel predigen, wenn wir ihm den Titel eines konkreten Befreiers der Männer und Frauen verweigern, denen er auf seinem Weg in ihrer Unterdrückung begegnete.

Ein großer deutschsprachiger Literat hat einmal gesagt: Es gibt Situationen, in denen von Rosen sprechen beinahe ein Verbrechen ist, weil es bedeuten würde, unendlich viele Fehler zu verschweigen. In einer Situation ständiger und massiver Unterdrückung nicht von der notwendigen Befreiung reden bedeutete hingegen die Erinnerung an den Lebensweg des Sohnes Gottes unter uns verraten. Mehr noch als von Rosen müssen wir von dem Rosengärtner reden, der in untermenschlichen Bedingungen lebt und um den Erfolg seiner Arbeit gebracht wird.

Unsere Überlegungen resultieren weder aus Bitterkeit noch aus Hoffnungslosigkeit. Sie sind das Ergebnis von Freude über das Befreiungspotential in der Gestalt Jesu und von Hoffnung darauf, daß die Christen fähig sind, aus den alten Bündnissen mit den Unterdrückern auszusteigen und sich dem Kampf der Unterdrückten um Leben, Brot und Freiheit anzuschließen.

Daß unsere Arbeit ihre Grenzen hat, möchten wir keineswegs bestreiten. Die Forschung hat in den vergangenen fünfzehn Jahren wichtige Aspekte der Evangelien ebenso wie der historischen Situation, in der Jesus gelebt und gelitten hat, weiter erhellen können. Vor allem das Verhältnis Jesu zum damaligen Judentum und insbesondere zu den Pharisäern schätzen wir heute anders ein, wie u. a. der von *Horst Goldstein* herausgegebene Sammelband „Gottesverächter und Menschfeinde? Juden zwischen Jesus und frühchristlicher Kirche" (Düsseldorf 1979), belegt. Ebensowenig hatten wir Anfang der siebziger Jahre die weibliche Dimension der Christologie im Auge, die wir dann aber in unseren mariologischen Schriften bedacht haben.

Abschließend möchte ich die Sammlung der vorliegenden Untersuchungen den deutschen Missionaren und Missionarinnen widmen, die ihre Heimat verlassen haben, um in meinem Land, in Brasilien, zu arbeiten. Ihre Zahl beläuft sich auf viele Hundert; sie alle verkünden das Reich Gottes in den ausgedörrten Regionen unseres Nordostens, tief im Innern des Amazonasurwaldes wie auch in den Favelas der großen Städte – viele als Pfarrer, andere als Bischöfe und einige als Theologen. Ich selbst bin von einem deutschen Franziskaner getauft worden, von Pater Meinolf Ellers, wie auch alle meine zehn Geschwister von Pater Helvikus Meier. Dank möchte ich auch meinen Lehrern während meiner Münchner Zeit (1965–1970) ebenso wie allen denen aussprechen, die Verständnis für den Weg unserer Kirche unter den Armen gezeigt und ihn großzügig unterstützt haben. Ich erhoffe mir, daß die Lektüre dieser Texte die Christen ermutigt, sich ausdrücklich die befreienden Dimensionen des Glaubens an Jesus Christus angelegen sein zu lassen.

Petrópolis, Pfingsten 1986 *Der Verfasser*

Inhalt

ZWEITER TEIL
LEIDEN CHRISTI, LEIDEN DER WELT

Die Fakten, ihre Interpretation, ihre Bedeutung gestern und heute

DRITTER TEIL
DIE AUFERSTEHUNG CHRISTI – UNSERE AUFERSTEHUNG IM TOD

ERSTER TEIL

JESUS CHRISTUS, DER BEFREIER

Entwurf einer kritischen Christologie für unsere Zeit

Einleitung

Die sechziger Jahre unseres Jahrhunderts waren davon geprägt, daß das Volk aufstand und einen gewaltigen Willen zur gesellschaftlichen Veränderung an den Tag legte. Mit Reformen gab es sich nicht mehr zufrieden. Es wollte aus der vielfältigen historischen Unterdrückung, die auf der großen Mehrheit über Jahrhunderte hin gelastet hatte, heraus. Vom Evangelium inspiriert, engagierten sich viele Christen im Milieu der Armen in einem Prozeß von Bewußtseinsbildung und Praxis, die die ersten Konturen einer möglichen Alternativgesellschaft entstehen ließ. Aber alle, die sich dafür einsetzten, die alten Fesseln abzuschütteln, bekamen es mit einer grausamen Repression seitens des Staates der Nationalen Sicherheit und seiner Alliierten zu tun. Nach einem Dekret des brasilianischen Justizministeriums durfte das Wort „Befreiung" in den Medien des Landes fortan nicht mehr gebraucht werden.

In diesem Kontext von Polizeibespitzelung, Entführungen, Folter und politischer Morde wurde „Jesus Christus, der Befreier" geschrieben. Ursprünglich war es 1971 in der Form von zehn Aufsätzen in der Zeitschrift für Spiritualität „Grande Sinal" erschienen. Ein Jahr später kam es dann, angereichert durch einige einleitende Kapitel, als Buch heraus.

Der Autor konnte nicht alles sagen, was er gern gesagt hätte. In einer Situation von Gefangenschaft und Unterdrückung hätte eine Erörterung des Themas aus einer mehr gesellschaftlich-analytischen Perspektive für die Sicherheits- und Kontrollorgane sicherlich eine Provokation bedeutet. Wie andere Disziplinen auch, tut die Theologie nicht das, was sie will, sondern lediglich das, was die gesellschaftlichen und kirchlichen Verhältnisse zulassen.

Trotz dieser Einschränkungen nahm die Botschaft ihren Lauf. Viele Christen in Brasilien, Lateinamerika und anderswo verstanden die Bedeutung dieses Werkes. Es ging uns darum, die evangelische Inspiration des Befreiungsengagements zu erhärten.

Zu einem guten Teil baut sich die Theologie der Befreiung um das Thema „Jesus Christus, der Befreier" auf. Wenn wir Jesus nicht als Befreier verkündigen, verkündigen wir nicht den Jesus, den die Apostel gekannt und überliefert haben. Seine Taten, seine Botschaft, sein Tod als Folge seiner Hingabe an den Vater und an die Güter des Reiches in der Geschichte und schließlich seine Auferstehung als Anfang der Befreiung in Fülle begründeten eine machtvolle Mystik der Solidarität, ja der Identifikation mit den Armen gegen die Armut. Die Nachfolge Jesu bestimmte das Verhalten des Christen in der Gesellschaft, die es zu verändern galt und gilt.

Diese Perspektive zieht sich durch das ganze Werk. Noch deutlicher heraus kam sie jedoch in einer Arbeit, die der Verfasser erst später (1977) geschrieben hat und die als erstes Kapitel in diese neue (zehnte) Auflage (1985) eingegangen ist: „Jesus Christus, der Befreier: Zentrum des Glaubens an der Peripherie der Welt".

Auch die Reihenfolge der Kapitel haben wir geändert: Die Kapitel II–XI der Neuauflage entsprechen den Kapiteln III–XII der früheren Ausgaben, und der Schluß gibt das ehemalige Kapitel XIII wieder. Die vormaligen Kapitel I und II finden sich jetzt im Anhang. Und schließlich haben wir auf den kritischen Apparat verzichtet, damit die Lektüre leichter wird.

Auf andere wichtige Themen der Christologie gehen wir ein in „Leiden Christi, Leiden der Welt" und „Die Auferstehung Christi – unsere Auferstehung im Tod", die den zweiten und dritten Teil dieses Bandes bilden, sowie in dem kleinen Werk „Mensch geworden. Das Evangelium von Weihnachten" (Freiburg i. Br. 1986). Schließlich wollte sich die Reflexion auch mit dem Gebet verbinden. So entstanden „Kreuzweg der Gerechtigkeit" (Mainz 1980) und „Kreuzweg der Auferstehung" (Düsseldorf 1984).

Weitere Veränderungen hat die Arbeit nicht erfahren. Die Perspektive, der wir folgen, spricht für sich. Wollten wir sie noch mit anderen Gesichtspunkten anreichern, müßten wir gewiß mit dem Evangelisten Johannes sagen, daß „die ganze Welt die Bücher nicht fassen könnte, die man schreiben müßte" (21,25). Das vorliegende Werk wurde geschrieben als Zeugnis des Glaubens an Jesus Christus, der sich unserer Generation geoffenbart hat als der umfassende Befreier von all dem, was uns unterdrückt, wie auch als ganzheitlicher Befreier für all das, was das Leben und die Gemeinschaft mit Gott fördert.

I. Jesus Christus, der Befreier: Zentrum des Glaubens an der Peripherie der Welt

Ein lebendiger Glauben an Jesus Christus setzt das Engagement für die geschichtliche Befreiung der Unterdrückten voraus. Wer sich wirklich einsetzt (und sich seines sozialen Ortes bewußt ist), versucht, alle befreienden Dimensionen im Geheimnis Jesu Christi hervorzuheben. Er betont das befreiende Handeln des historischen Christus; denn als der fleischgewordene Sohn verkündete Jesus eine solche Botschaft und verhielt sich auf eine solche Weise, daß für das ganze Volk eine völlig neue Atmosphäre der Freiheit entstand. Das eine wie das andere sind die Grundlage dafür, daß die Christen auch in einem Kontext der Unterdrückung, die es in einem Prozeß der Befreiung abzuschaffen gilt, dem Herrn nachfolgen.

Von Jesus Christus als dem Befreier sprechen geht nur unter einer bestimmten Voraussetzung. Befreiung steht in einem umgekehrten Verhältnis zu Unterdrükkung. Wer Jesus Christus als Befreier verehrt und verkündet, denkt und lebt den christologischen Glauben aus einem gesellschaftlich-geschichtlichen Kontext von Unterdrückung und Herrschaft. Es geht ihm also um einen Glauben, dem daran liegt, die Bedeutung all der Themen zu erfassen, die eine strukturelle Veränderung einer bestehenden soziohistorischen Situation beinhalten. Der Glaube erarbeitet in analytischem Vorgehen diese Relevanz und produziert eine Christologie, die in dem Thema „Jesus Christus, der Befreier" ihren Mittelpunkt hat. Ihrerseits impliziert so eine Christologie ein bestimmtes politisches und soziales Engagement, das der Unterdrückungssituation ein Ende setzen will.

1. Relevanz des sozialen Ortes und der Befreiung für die Christologie

Um die Artikulation dieser Christologie sachgerecht zu verstehen, müssen wir uns zunächst zwei Daten zuwenden, der Relevanz einmal der gesellschaftlich-politischen Befreiung für die Christologie und zum anderen des gesellschaftlichen Ortes, von dem aus jemand die christologische Reflexion anstellt.

Unter Relevanz verstehen wir das Gewicht einer gegebenen historischen Konstellation für die Reflexion über den Glauben an Jesus Christus. Wichtige Fragen sind dann zum Beispiel: Wie muß man Jesus Christus angesichts der Forderungen einer bestimmten Situation denken, predigen und leben, damit er als das vermittelt wird, was der Glaube von ihm verkündet, das heißt als Erlöser? Oder umgekehrt: Relevanz ist das Wichtigkeitsverhältnis, in dem ein theologisches Thema zu einer bestimmten geschichtlichen Konstellation steht, damit diese entweder erklärbar und verständlich oder erhalten oder verändert wird. Die Frage lautet dann: Für wen hat dieses oder aber jenes Christusbild Relevanz? Wem hilft diese oder jene Art von Christologie, oder wem hilft ein bestimmtes Thema? Welche Interessen stecken dahinter, und welche konkreten Vorhaben werden dadurch bekräftigt?

Fragen dieser Art zeigen, daß die Relevanz immer etwas Zwiespältiges ist. Sie verweist auf eine andere, grundsätzlichere Frage, auf die Frage nach dem sozialen Ort (Praktiken, Verpflichtungen und Positionen), von dem aus jemand den Glauben an Jesus Christus erarbeitet. Theologen leben nicht in den Wolken, sondern sind gesellschaftliche Akteure, nehmen einen bestimmten Ort in der Gesellschaft ein, produzieren unter Verwendung der Instrumente, die ihnen die Situation bietet und zugesteht, Erkenntnisse und Bedeutungen, haben bestimmte Adressaten und sind mithin Teil des gesellschaftlichen Gesamtfeldes. Die Akzente und Themenschwerpunkte, die sie in der Christologie setzen, hängen davon ab, was ihnen an ihrem sozialen Ort als relevant erscheint. In diesem Sinn gilt, daß es eine neutrale Christologie weder gibt noch geben kann. Immer ist sie *partisanne* und *engagée.* Nolens volens wirkt sich ihr Diskurs auf die Situation mit ihren konfliktträchtigen Interessen aus, und zwar auch dann, wenn man sie als rein „theologisch", geschichtlich, traditionell, kirchlich und apostolisch bezeichnet. In der Regel macht sie sich die Position der jeweiligen Machtinhaber zu eigen. Wenn dann eine andere Art von Christologie mit ihrem entsprechenden Engagement auftaucht und ersterer gegenübertritt, läßt sich ihr gesellschaftlicher Ort leicht erkennen, ist ihr unpolitischer Charakter dahin, und sie entpuppt sich als religiöse Untermauerung des geltenden *Status quo.*

Jede Art von Christologie ist, je nach dem Funktionalitätsverhältnis, in dem sie sich mit der geschichtlich-gesellschaftlichen Situation steht, auf ihre Weise relevant. In diesem Sinn ist sie immer beteiligt. Folgende Grundaussage gilt es festzuhalten: Als geregeltes und gebildetes Wissen um den christlichen Glauben konstituiert sich Christologie in einem bestimmten Moment der Geschichte, wird unter bestimmten materiellen, ideellen, kulturellen und kirchlichen Produktionsbedingungen erstellt und steht in Funktion bestimmter konkreter Interessen, deren man sich allerdings nicht immer bewußt ist. Deshalb lautet die eigentliche Frage: Worauf läßt sich diese Art von Christologie ein? Welcher Sache will sie dienen? Die Christologie, die Jesus Christus als Befreier verkündet, will sich für die wirtschaftliche, gesellschaftliche und politische Befreiung der unterdrückten und beherrschten Völker einsetzen. Sie stellt darauf ab, die theologische Relevanz zu erfassen, die in der geschichtlichen Befreiung der großen Mehrheit unseres Erdteils liegt, und sie sagt: das also müssen wir denken; das ist der Weg, auf dem wir die Praxis anregen müssen. Sie will den Inhalt der Christologie auf eine solche Weise artikulieren und einen solchen Stil schaffen, daß die befreienden Dimensionen im historischen Weg Jesu hervortreten.

Mit anderen Worten: Gerade der Kontext von Unterdrückung und Abhängigkeit auf allen Ebenen, der ja auch sein Gegenteil – die Befreiung – um so dringlicher macht, ermöglicht es der Christologie in Lateinamerika, Jesus Christus als Befreier zu denken und zu lieben. Das Thema entstand also nicht als freie Entscheidung in den Köpfen einiger Theologen, die auf der Jagd nach für ihre Diskussionen interessanten Fragen sind, sondern ist die Forderung des konkreten Glaubens von Christen, die sich im Gewissen verpflichtet fühlten, zur Überwindung einer für ihre Brüder und Schwestern demütigenden Situation beizutragen und die in Jesus Christus Impulse zur Befreiung fanden.

Diese Art von Christologie setzt eine bestimmte soziale Praxis voraus, die den Bruch mit dem geltenden Kontext der Herrschaft berücksichtigt, und hängt von ihr ab.

Der Ort unserer Christologie ist genau definiert: Es geht um den Punkt, an dem alle die gesellschaftlichen Gruppen stehen, für die die qualitative Veränderung der sozialen Strukturen eine Gelegenheit bietet, sich aus den gegenwärtigen Unterdrückungen zu befreien. Für viele bedeutete, daß sie ihren gesellschaftlichen Ort klar für die Zukurzgekommenen definierten, eine echte hermeneutische Bekehrung zu den neuen Fragen, die sich ihnen stellten, weil man sie ja nur in einem sachgerechten Stil behandeln kann.

Allerdings garantiert das Engagement – und das müssen wir uns stets vor Augen halten – noch nicht die innere Qualität einer Christologie. Die Erörterung des gesellschaftlichen Ortes samt dessen Relevanz will jedoch die unumgehbare Verbindung zwischen Theorie und Praxis, zwischen Politik und Christologie aufdecken; sie macht die Grundvoraussetzung deutlich, deren es bedarf, damit die Christologie ihren thematischen Gegenstand sowie die Art und Weise, ihn anzugehen, definieren kann.

Wenn dem so ist, dann müssen wir zwischen dem Autonomieregime und dem Abhängigkeitsregime jeder Christologie (und Theologie) unterscheiden. Das erste bezieht sich auf die Epistemologie (auf den epistemologischen Ort), das zweite auf die Erkenntnissoziologie (auf den sozialen Ort). Da die Christologie ihre eigene Methode hat, ist sie bei der Erarbeitung ihres Diskurses autonom, das heißt: sie hat ihre eigene Art der theoretischen Praxis und braucht sich vor keiner anderen Instanz dafür zu rechtfertigen, daß sie ihre eigene Legitimität oder – mit anderen Worten – ihre eigenen Kriterien für die innere Wahrheit hat.

Auf der epistemologischen Ebene macht es keinen Sinn, von einer lateinamerikanischen Christologie, die sich von einer nordatlantischen Christologie unterschiede, oder von einer Christologie der Unterdrückten gegenüber einer der Unterdrücker zu sprechen. Aufgrund ihres inneren Regimes sind solche Bestimmungen keine geeigneten theoretischen Instrumente, um den Wert einer christologischen Produktion als solcher zu beurteilen. Die Tatsache, daß eine Christologie im metropolitanen Zentrum oder an der Peripherie produziert worden ist, macht sie weder besser noch schlechter. Dasselbe gilt von einer befreienden, progressiven oder traditionalistischen Christologie. Derartige Attribute sind ungeeignet, über die „Wahrheit" oder Stimmigkeit einer Christologie eine Aussage zu machen. Sie benennen nur das Äußere des gesellschaftlichen Bezuges der christologischen Produktion. Allerdings kann man sagen, diese oder jene christologische Produktion besitze dieses oder jenes soziale Engagement und könne diese oder jene: konservative, progressive, befreiende oder irgendwelche andere Gesellschaftsgruppe unterstützen.

Andererseits hat jede Christologie (wie jede Theologie) auch ihr äußeres Regime, daß sie von irgend etwas abhängig ist. So hängt sie, wenn sie ihre Thematik sucht und akzentuiert, vom sozialen Ort ihres theologischen Akteurs wie auch von der Relevanz ab, die dieser der gesellschaftlich-geschichtlich-religiösen Konstellation für die christologische Reflexion beimißt. Wir hatten das bereits oben betont. Ein äußerst komplexes Problem ist es freilich, die verschiedenen Ebenen des Verhältnisses zwischen sozialem und epistemologischem Ort zu beschreiben. Das ist hier nicht möglich. Mit der Benennung des inneren Bezugs wollen wir es bewandt sein lassen.

2. Zwei Ebenen des sozialen Bewußtseins und zwei entsprechende Christologien der Befreiung

Im folgenden müssen wir den Kontext beschreiben, innerhalb dessen die Thematik „Jesus Christus, der Befreier" entstanden ist. Ausgangspunkt ist die Feststellung des brutalen und himmelschreienden Faktums, daß auf unserem christlichen Erdteil die große Mehrheit der Bevölkerung unter unmenschlichen Existenzbedingungen lebt und stirbt: Unterernährung, Kindersterblichkeit, typische Krankheiten, niedrige Einkommen, Arbeitslosigkeit, Wohnungsmangel, Fehlen von sozialer Sicherheit und Hygiene, von Krankenhäusern und Schulen. Mit einem Wort: Es fehlt einfach an den notwendigsten Gütern, damit Menschen in einem Mindestmaß an Würde leben können. Das also sind einige Indikatoren, die die reale Situation, in der ein enormer Teil unserer Völker leben muß, charakterisieren. Normalhin nennt man das Unterentwicklung. Mit dieser Unter-realität koexistiert jedoch noch eine andere Realität, die unserem Volk zu eigen ist. Gemeint ist sein christlicher Glaube mit den vielfältigen Werten wie Gastfreundschaft und menschlicher Wärme, dem Gespür für Solidarität, dem gewaltigen Verlangen nach Gerechtigkeit, Mitsprache und Mitbestimmung und der Lust am Feiern. Allerdings wird dieses Kultur*ethos* nach und nach durch den Mythos des kapitalistischen Fortschritts mit seinem entsprechenden elitistischen Konsumverhalten aufgelöst und ausgehöhlt.

Dieser bizarren Lage wurden sich Gruppen von Christen zunehmend bewußt. Sie reagierten auf die Lage, indem sie der Praxis des Glaubens ihren auf diesem Erdteil traditionellen Zynismus nahmen. Die Reaktionen, in denen die theologische Relevanz des sozialen Faktums erfaßt wurde, lassen sich summarisch in zwei Positionen zusammenfassen. Beide führten zu einer entsprechenden Christologie, deren Artikulationsachse in beiden Fällen das Bild von Jesus Christus dem Befreier ist. Die eine will christologisch das Feld der Sensibilität, das heißt des Erlebten, erarbeiten; die andere artikuliert christologisch den Bereich der Analyse, will sagen: des Gedachten. Die erste entspringt aus einer ethischen Empörung, die zweite erwächst aus der gesellschaftsanalytischen Rationalität. Beide haben das eine gemeinsam: Im Verhältnis zur Realität des Elends, die das *erste Wort* ist, sind sie nur das *zweite Wort.* Beide wollen wir kurz betrachten.

a) „Sakramentale" Artikulation der Befreiungschristologie

Hier wird die Widersprüchlichkeit der Realität in einem intuitiven und weisheitlichen Erkennen wahrgenommen. Wir möchten diese Art des Erkennens sakramental nennen, weil sie in den Fakten symbolisch deren grundsätzliche Bestimmung erahnt: Anwesenheit von Unterdrückung und Notwendigkeit von Befreiung. Vielen Christen sagt der Glaube, daß so eine Lage dem Heilsplan widerspricht, den Gott mit der Geschichte hat. Die Armut stellt eine soziale Sünde dar, die Gott nicht will; es bedarf dringend einer Veränderung, damit den Brüdern und Schwestern geholfen und Gott Gehorsam gezollt wird.

In der Regel bringt sich diese Erkenntnis in der Sprache der prophetischen Anklage und der ermutigenden Ansage von Veränderungen zum Ausdruck. In der einen wie der anderen bricht sich ethische Empörung Bahn, die in der Praxis engagierter Liebe Gestalt gewinnt. Da diese Haltung jedoch die für die Lage ursächlichen Mechanismen und Strukturen nicht analysiert, hält die Wirkung des Einsatzes nicht lange an und bleibt unkalkulierbar. Aber ihre Grundposition ist klar: So kann es nicht weitergehen; die gesellschaftlichen Bezüge müssen geändert werden; und die unterdrückten Gruppen müssen mehr Macht bekommen, damit die neuen Strukturen weniger unterdrückerisch werden.

Mit ihrer impliziten, aber nicht ausgearbeiteten Theorie ermöglicht es so eine Praxis durchaus, die Dinge im Lichte des christologischen Glaubens sachgemäß zu betrachten. Alle Gesten, Worte und Haltungen Jesu, die einen Aufruf zu Umkehr und Veränderung der Beziehungen beinhalten, sein Verhalten gegenüber den Randexistenzen der jüdischen Gesellschaft, seine besondere Zuwendung zu den Armen, die Konflikte mit den Vertretern des religiösen und gesellschaftlichen *Status quo* der Zeit, der politische Inhalt in der Verkündigung vom Reich Gottes ebenso wie die Motive, die ihn in den Tod brachten ... alles das hat eine spezielle Relevanz und läßt das Bild eines befreienden Jesus entstehen, das sich abhebt sowohl von dem der offiziellen dogmatischen Frömmigkeit, von Christus als dem himmlischen Monarchen als auch von dem der Volksfrömmigkeit, die in Christus nur den besiegten Mann der Schmerzen sieht.

Hier geht es nicht um Details und Einzelheiten dieses Christus. Nur so viel soll festgehalten werden: daß es sich um eine Christologie der Befreiung handelt, die auf Werten und Themen basiert, die mit Veränderung und Befreiung in Verbindung stehen und die auf Appellen und Einladungen dazu gründet. Aber die Forderung nach einer Strategie oder einer Taktik wird nicht laut, und auch konkrete Ziele werden nicht definiert; denn dem Ganzen geht ja keine Situationsanalyse voraus, und nach möglichen Wegen, die aus einer allgemeinen Konstellation von Gefangenschaft und Repression in die Befreiung führen, wird auch nicht geforscht.

Diese Art von Christologie hat einen gewissen Wert. Sie gibt die unumgängliche Verwobenheit des Heiles in Jesus Christus mit den geschichtlichen Befreiungen zu erkennen, überwindet ein innerliches und privatisierendes Verständnis der christlichen Botschaft und gestattet ihr wieder, sich in die Politik einzumischen. Möglicherweise geht solch eine Christologie Hand in Hand mit einer anspruchsvollen und kritischen Exegese, einer Neuinterpretation der christologischen Grunddogmen und einer Verdeutlichung der befreienden Dimensionen in allen Artikulationen des christlichen Glaubens. Durch die demütigende Situation sensibilisiert, reagiert sie aus der Kraft des Glaubens und möchte ihn so denken und leben, daß er zu einer Stütze beim Einsatz für die wirtschaftliche und politische Befreiung der Gedemütigten und Beleidigten in der Gesellschaft wird.

Schon aus dieser Perspektive ist es möglich, die traditionellen Christusbilder einer Kritik zu unterziehen: Zu Befreiung hätten sie nicht angestiftet; im Gegenteil: sie hätten als Stützen des kolonialistischen Beherrschungsprojektes gedient. Die sterbenden und mit dem Tode ringenden Christusse der lateinamerikanischen Überlieferung sind „die Christusse der verinnerlichten Ohnmacht der Unterdrückten" (Hugo Assmann). Die Schmerzensmutter mit ihrem durchbohrten Herzen verkörpert die Unterwerfung und Unterjochung der lateinamerikanischen Frauen; mit ihren Tränen bringt sie all den Schmerz über deren Kinder zum Ausdruck, die die Kolonisatoren mit ihrer Gier nach Macht und Gold massakriert haben. Aber nicht nur die Christologie der Resignation wird kritisiert, sondern auch die Christologie der Unterdrückung mit ihren wie portugiesische oder spanische goldbehängte Könige monarchen- und imperatorhaften Christussen ebenso wie mit all ihren kriegerischen und sieghaften Christusgestalten.

Aber die Grenzen dieser Befreiungschristologie sind mit Händen zu greifen. Da ihr Christusverständnis von einer sozioanalytischen Betrachtung der Wirklichkeit absieht, bringt sie politisch wenig. So kann es passieren, daß ihre Vertreter theologisch (theoretisch) revolutionär, in ihrer Praxis aber konservativ oder rein progressiv sind.

b) Gesellschaftsanalytische Artikulation der Befreiungschristologie

Auch diese Artikulation der Befreiungschristologie geht von derselben geistiggeistlichen Erfahrung angesichts der Armen aus. Ihre ethische Empörung ist nicht geringer. Aber sie vermittelt ihre Bestürzung durch eine Analyse der Wirklichkeit, welche die ursächlichen Mechanismen dieses skandalösen Elends aufdecken und eine Praxis in Gang setzen soll, die tatsächlich befreiend wirkt. Wichtig ist die befreiende Praxis. Es geht nicht darum, unter Beibehaltung der alten Kräfteverhältnisse hier und da die Dinge zu verbessern (Reformismus), sondern darum, aus einem wirklich revolutionären Willen die Verhältnisse selbst zu verändern; die Grundoption zielt eindeutig auf Befreiung ab. Um aber zu einer Praxis zu gelangen, die ihre Ziele erreicht, bedarf es zuvor einer Analyse, und zwar der schärfstmöglichen Analyse jener Mechanismen, welche die soziale Ungerechtigkeit produzieren und welche wir, im Lichte des Glaubens betrachtet, soziale und strukturelle Sünde nennen. Deshalb heißt die Christologie, die aus dieser Betrachtungsweise geboren wird, im engen Sinn des Wortes Befreiungschristologie.

Die Christologie der Befreiung baut auf zwei theoretischen Grundvermittlungen auf. Die *gesellschaftsanalytische* Vermittlung bezieht sich auf die zu verändernde Realität, während die *hermeneutische Vermittlung* das theologische Proprium betrifft. In diesem zweiten Schritt lesen wir den gesellschaftsanalytischen Text im Lichte Jesu Christi des Erlösers und des Wortes der Offenbarung und sichern somit den theologischen Charakter der Theorie und der Befreiungspraxis.

Wir können hier nicht auf die hermeneutische Vermittlung eingehen. Aufgrund der üblichen Verfahrensweisen in der Theologie ist sie hinreichend bekannt. Zuwenden aber wollen wir uns der gesellschaftsanalytischen Vermittlung. Denn hier tauchen die Fragen und die Meinungsverschiedenheiten zwischen den verschiedenen theologischen Strömungen auf. Sie also geben ihren wirklichen (und nicht bloß vorgegebenen oder vermeintlichen) sozialen Ort zu erkennen.

Allgemein können wir sagen, daß jede theologische Intervention der Theologen wie der Hierarchie in den sozialen Bereich hinein eine soziologische Grundtheorie voraussetzt, die entweder spontan oder kritisch sein kann. Bloßer Empirismus (spontanes und intuitives Verstehen) auf diesem Feld bedeutet ein „epistemologisches Grundhindernis" (G. Bachelard), das in der Regel den *Status quo* untermauert und uns daran hindert, die Theologie sachgerecht zu artikulieren, das heißt in unserem Fall: die Christologie, und zwar eine befreiende Christologie. So stehen wir vor der Frage: Welcher Sozialtheorie müssen wir uns bedienen, um eine Christologie der Befreiung artikulieren zu können?

Bei der Wahl der Gesellschaftstheorie spielen Kriterien eine Rolle, die nicht ausschließlich auf Objektivität und Rationalität, sondern auch auf die Grundoption des Untersuchenden und seinen gesellschaftlichen Ort zurückgehen. Jede Reflexion über die menschliche Wirklichkeit wird geleitet von einem Grundprojekt oder – mit anderen Worten – von einer Utopie, die sich eine Gruppe macht und in die hinein sie ihre Zukunft projiziert. So eine Utopie ist aber keine reine Ideologie, sondern sie beruht auch auf gesellschaftlichen und materiellen Voraussetzungen. So lassen sich zwei Modelle von Projekten bzw. Utopien ausmachen, die von zwei Arten von Trägern vertreten werden: das Vorhaben der herrschenden Gesellschaftsklassen und das Projekt der unterdrückten Klassen.

Der Utopie der herrschenden Klassen geht es um einen linearen Fortschritt, der die strukturierenden Kader der Gesellschaft unberührt läßt; sie legt einen unerschütterlichen Glauben an Wissenschaft und Technik an den Tag und geht von einem elitistischen Verständnis der Gesellschaft aus, demzufolge die Leistungen nach und nach zu den Massen transportiert werden. Die Utopie der unterdrückten Gruppen hingegen will eine Gesellschaft der Gleichheit. Danach bildet der Graben zwischen Eliten und Massen das größte Hindernis für die Entwicklung, und – solange er fortbesteht – wird es keinen wahren Fortschritt und keine soziale Gerechtigkeit geben. Zugrunde liegt ihr ein unerschütterlicher Glaube an die verändernde Kraft der Unterdrückten, die imstande seien, eine Gesellschaft mit weniger Ungerechtigkeit und weniger sozialer Unterdrückung zu schaffen.

Diese beiden Grundkonzeptionen bestimmen nun, für welches Analysemodell sich jemand entscheidet. Die herrschenden Gruppen bevorzugen für Sozialuntersuchungen die funktionalistische Methode; diese gibt der Idee von Ordnung und Gleichgewicht den Vorrang und stellt sich die Gesellschaft als ein organisches Ganzes vor, dessen Teile sich gegenseitig ergänzen. Die unterdrückten Gruppen dagegen benutzen eher die dialektische Methode, in deren Mittelpunkt die Idee von Konflikt und Kampf steht und die in der Gesellschaft eine konfliktträchtige Größe sieht. Eine Richtung, die – historisch gesehen – in der liberalen Tradition zum Ausdruck kommt, betrachtet die Gesellschaft von oben nach unten, das heißt von der Stelle aus, von der aus sie den Eindruck der Harmonie erweckt. Die andere Richtung, die – geschichtlich konkret – in der revolutionären und marxistischen Tradition greifbar wird, nimmt die Gesellschaft von unten nach oben in den Blick, das heißt von dem Punkt aus, von dem aus sie als in Auseinandersetzung und Kampf liegend erscheint.

Der Glaube (mitsamt seinem gebildeten Ausdruck: der Theologie) respektiert die Autonomie der Rationalität. Aber er weiß auch zu unterscheiden und prüft, welches Modell von Analyse besser den Forderungen des Glaubens, der in der Praxis Fleisch werden will, entspricht. Der Glaube fällt seine Entscheidung in Richtung desjenigen gesellschaftsanalytischen Schemas, das die für die Ungerechtigkeiten ursächlichen Mechanismen am saubersten aufdeckt, von dem geeignete Mittel zu erwarten sind, diese abzuschaffen, und das für die Idee von Brüderlichkeit, Mitsprache und Mitbestimmung am günstigsten ist.

So optiert man in der Befreiungschristologie, was die Analyse der Gesellschaft anlangt, für die dialektische Verfahrensweise, verbunden mit dem revolutionären Projekt der Unterdrückten. Wenn also das Wort „Befreiung" fällt, wird damit eine ganz genaue Option zum Ausdruck gebracht, die weder reformistisch noch progressiv ist, sondern eben befreiend, das heißt: die einen Bruch mit dem geltenden *Status quo* beinhaltet. Und um was für eine Befreiung geht es da? Hier bedarf es großer Vorsicht, um nicht Opfer einer semantischen Verschiebung zu werden, will sagen: denselben Wörtern unterschiedliche Bedeutungen beizumessen. Befreiung hat es hier mit den wirtschaftlichen, gesellschaftlichen, politischen und ideologischen Strukturen zu tun. Wir müssen also auf Strukturen und nicht nur auf Personen Einfluß nehmen. Wir müssen versuchen, die Machtverhältnisse zwischen den gesellschaftlichen Gruppen zu verändern, damit neue Strukturen entstehen können, die für die Ausgeschlossenen mehr Mitsprache bringen. Die Befreiungschristologie ergreift Partei für die Unterdrückten und hält sich dazu kraft des Glaubens an den historischen Jesus ermächtigt. Wenn wir uns in unserer Situation nicht engagierten, bedeutete das, daß wir zu den bestehenden Dingen ja sagten und uns insgeheim auf die Seite der Privilegierten schlügen.

Freilich setzt diese Option der Doppeldeutigkeit, die jedem Befreiungsprozeß anhaftet, noch kein Ende, weil ja nicht jede Befreiung schon Vorwegnahme und Konkretisierung des Reiches bedeutet und keine Befreiung in sich verabsolutiert werden darf. Die Erlösung, die das Christentum verkündet, ist ein umfassender Begriff, der sich nicht auf wirtschaftliche, politische, soziale und ideologische Befreiung beschränkt, aber auch nicht in ihnen aufgeht. Die christliche Hoffnung – in Verbindung mit dem rechten Verständnis von Eschatologie – gestattet es uns zu sagen, diese Welt sei nicht nur die Bühne, auf der das Drama des Heils gespielt werde, sondern sie sei Teil des Dramas selbst. Das endgültige und endzeitliche Heil wird vermittelt und vorweggenommen, konkretisiert sich jeweils in partiellen innerhistorischen Befreiungen auf allen Ebenen der Geschichte und ist immer offen in Richtung auf eine globale Fülle, die aber erst im Reich Gottes erreicht werden kann.

Für eine Christologie der Befreiung ist eine korrekte Interpretation dessen sehr wichtig, was den gemeinsamen Nenner für unseren Erdteil ausmacht: die Unterentwicklung. Unterentwicklung besteht weder, wie uns die funktionalistische Deutung des liberalen Systems glauben machen will, in einem *technischen* Problem, daß nämlich der Prozeß beschleunigt werden müßte, so daß wir aus einer traditionellen und vortechnischen Gesellschaft in eine moderne und technische Welt fänden (entwickelte Länder – Länder auf dem Weg der Entwicklung), noch in einem *politischen* Problem, daß die Länder innerhalb desselben Systems ihre interdependenten und ungleichen Beziehungen enger knüpfen müßten, um so zu einer homogenen Entwicklung zu kommen (entwickelte Länder – unterentwickelte Länder). Unterentwicklung besteht vielmehr in einem System, in dem einige Länder von anderen Ländern abhängig sind, wobei letztere die metropolitanen oder imperialen Zentren bilden, um die herum Satelliten oder periphere Länder kreisen, die diese in unterdrückerischer Form unterentwickelt *halten.* Unterentwicklung ist die Kehrseite und Folge der Entwicklung. Damit Entwicklung nach kapitalistischem Zuschnitt ihren Beschleunigungsgrad wie auch den Stand an Gütern, die sie erreicht hat, halten kann, braucht sie in ihrer Abhängigkeitssphäre Länder, von denen sie das fordern kann, was die Länder des Zentrums für ihren Reichtum benötigen. Die bestimmende Ursache unserer Unterentwicklung (neben der bestimmenden Ursache gibt es noch andere, aber letztlich nicht bestimmende Gründe, wie: biologische und gesundheitsmäßige Faktoren, wie ein unterschiedliches *Kulturethos* usf.) ist das System der Abhängigkeit, das Unterdrückung und Fremdherrschaft bedeutet und das die Vertreter des Imperiums den Menschen in den verschiedenen Ländern auch entsprechend einflößen. Die Abhängigkeit prägt alle Lebensbereiche, wie: Wirtschaftssystem, Arbeitsteilung, Politik, Kultur und selbst Religion.

Der Ausweg aus der Situation müßte in einem Prozeß bestehen, in dem die Abhängigkeitsbindungen gekappt und Möglichkeiten von Befreiung im Blick auf ein selbsttragendes Nationalprojekt geschaffen würden. Aber gegenüber solchen theoretischen Forderungen muß man realistisch sein. Brüche dieser Art lassen sich nicht mit einem Willensakt bewerkstelligen, denn „Menschen machen nur die Revolutionen, die sich machen lassen". Man muß immer auch die objektiven Bedingungen des Machbaren im Auge haben. Das Problem ist nicht, frei zu sein, koste es, was es wolle, weil ja auch nicht jede Befreiung Freiheit bringt. So eine Befreiung führt möglicherweise zu Unabhängigkeit, aber nicht zwangsläufig auch zu Entwicklung. Die Länder Lateinamerikas konnten keine eigene Technologie entwickeln, und niemand kann sich alleine entwickeln. So stehen wir also vor einem bitteren Dilemma: „Befreiung ohne Entwicklung oder Entwicklung und Unterwerfung. Eine dritte Möglichkeit ist nicht mehr als ein Kompromiß: Entweder man schränkt die Entwicklung ein, um sich eine gewisse Selbständigkeit zu erhalten; oder man begrenzt die Abhängigkeit, damit sich einige Sektoren entwickeln können. Aber das geht schon über die bloße Dependenztheorie hinaus."

Hinzu kommt noch die Tatsache, daß die Kräfte der Repression in Lateinamerika Oberhand gewonnen und den Aufbau einer organisierten Befreiungsbewegung verhindert haben.

Müssen wir angesichts dieser Pattsituation den Gedanken an Befreiung aufgeben? Auf der Ebene der Theorie brauchen wir nichts zurückzunehmen, sondern müssen bei unserer negativen Diagnose, die richtig ist, bleiben. Im Blick auf die Praxis jedoch müssen wir nach Schritten Ausschau halten, die einen wirklich befreienden Prozeß gangbar werden lassen, der freilich lang und langwierig sein kann. Die allgemeine Konstellation zwingt uns zu Veränderungen *im* System, um zur Veränderung *des* Systems zu gelangen. Dies bedeutet nicht, daß wir auf unsere Option für ein Projekt der Befreiung und für eine andere Gesellschaft verzichtet hätten. Sondern es geht um eine Strategie, die unter Berücksichtigung der allgemeinen Lage von Repression und Gefangenschaft dieses Projekt in geschichtlichen und konstellativen Bedingungen verwirklichen soll.

Bei dieser Analyse der Wirklichkeit spielen nicht nur Sorgen eine Rolle, die aus dem Bereich der Sozialwissenschaften (Soziologie, Wirtschaft, Politik) stammen, sondern auch solche, die geschichtlich-kultureller und anthropologischer Art und von der Volkskultur her bestimmt sind. Die großen, niedergetrampelten Mehrheiten unserer Bevölkerung haben sich im Laufe der Zeit eine Kultur des Schweigens und ihre eigenen Möglichkeiten geschaffen, ihrem Leben Sinn zu geben, sich zu befreien, Widerstand zu leisten und in Gefangenschaft zu leben. In dieser Perspektive gibt es fast für ganz Lateinamerika zahlreiche Studien, die die Volkskultur und Volksreligiosität untersuchen als Saatbeet von Werten, die von der imperialistischen Ideologie noch nicht berührt worden sind und die als Dynamik für eine echte Theologie des Widerstandes und eines Befreiungsprozesses dienen könnten.

Wer also den Schwierigkeitsgrad der Entwicklung im Sinn von Abhängigkeit und Herrschaft begreifen will, darf sich nicht mit rein soziologischen und humanwissenschaftlichen Analysen begnügen, sondern muß die Dinge unter strukturellem und kulturellem Gesichtspunkt betrachten. Kapitalismus, Konsumismus, Abhängigkeits- und Unterdrückungssystem offenbaren ein bestimmtes *Kulturethos* (Sinn von Leben und Tod, Beziehungen zu Mitmenschen, Gütern und zum Transzendenten), das sich in den ihm eigenen geschichtlichen Formen konkretisiert. Die Moderne optiert für einen Daseins- und Lebenssinn, der sich mißt an Wissen und an Macht über alles, was einem begegnet, vor allem aber über die Welt, die beherrscht und ausgebeutet werden muß und aus der man Gewinn zu ziehen hat. Eine Revolution, die dieses *Kulturethos* – auf dem ja unsere westliche Geschichte ebenso wie der Marxismus gründet – nicht verändert, wird nur das alte Thema variieren, aber nie eine echte Befreiung herbeiführen, zumindest nicht so, wie sie von ernsthaften lateinamerikanischen Reflexionsgruppen angestrebt wird.

Diese Art von Reflexion, die wir in der gebotenen Kürze skizziert haben, liegt also der Befreiungschristologie, so wie sie auf unserem Erdteil im Entstehen ist, zugrunde. Allerdings gibt es die Christologie der Befreiung kaum in schriftlicher oder theoretisch bis ins einzelne ausgefeilter Form. Eher schon wird sie in Gruppen ge- oder besprochen und auf hektographierten Papieren weitergegeben.

So stehen wir jetzt vor der entscheidenden Frage: Welches Jesusbild tritt uns aus diesem Interessenzusammenhang entgegen? Wie sind da Jesu Botschaft und Erlösungstat zu verstehen? Angesichts der Unmöglichkeit, auf alle Einzelheiten einer Christologie aus dieser Perspektive einzugehen, möchten wir einige Thesen zur Debatte stellen.

3. Elemente eines befreienden Verständnisses des historischen Jesus

0. Relevanz des historischen Jesus für die Befreiung

0.1. Die Christologie, die in Lateinamerika erarbeitet wird, legt das Schwergewicht eher auf den historischen Jesus als auf den Christus des Glaubens.

0.1.1. Denn sie erkennt eine Strukturgleichheit in den Situationen zur Zeit Jesu und in unserer Gegenwart: objektive Unterdrückung und Abhängigkeit, die subjektiv als Widersprüche zum Geschichtsplan Gottes erfahren werden.

0.1.2. Denn der historische Jesus bringt uns unmittelbar mit seinem Befreiungsprogramm und seinem *Handeln* in Kontakt.

0.1.3. Denn der historische Jesus zeigt, daß jedes befreiende Handeln zum Konflikt führt, und deutet an, welches Schicksal auf jeden prophetischen Träger seines Befreiungsprojektes wahrscheinlich wartet.

0.1.4. Denn der historische Jesus gibt mit aller Deutlichkeit zu erkennen, daß die Nachfolge seines Lebens und seiner Sache das Kernstück des christologischen Glaubens ist. In der Nachfolge leuchtet die Wahrheit Jesu auf. Diese besteht primär darin, daß sie befähigt, diese sündige Welt zum Reich Gottes werden zu lassen, und sekundär darin, daß sie sich gegenüber den Forderungen der menschlichen Vernunft in ihrer Offenheit auf das Unendliche hin rechtfertigen läßt. Jesus will nicht die Wirklichkeit erklären, sondern er will, daß sie verändert wird. In diesem Sinn ist er ihre endgültige Erklärung.

0.1.5. Denn der historische Jesus offenbart uns den Vater, indem er uns zeigt, wie wir den Weg zu ihm zu gehen haben. Mit anderen Worten: Nur der Prozeß der Umkehr/Veränderung (Praxis) eröffnet uns den Zutritt zum Gott Jesu Christi – und nicht die abstrakte Reflexion (Theorie).

0.1.6. Denn der historische Jesus ermöglicht es uns, Mensch und Gesellschaft, so wie wir sie in der Geschichte antreffen, der Kritik zu unterziehen. Nur wenn sie sich bekehren, sind sie imstande, das Reich, das heißt: Gottes letztes Vorhaben bezüglich Mensch und Welt, zu antizipieren und zu konkretisieren. Für den gegenwärtigen Zustand der Welt bedeutet der historische Jesus Krise und nicht Rechtfertigung, und er will nicht so sehr, daß sie erklärt, als vielmehr, daß sie verändert wird.

0.2. Die volle Bedeutung des historischen Jesus erhellt aber nicht aus der Betrachtung seines geschichtlichen Lebens, sondern aus der Perspektive der vollgültigen Offenbarung seines Weges, will sagen: aus der Sicht der Auferstehung. Der Glanz der Auferstehung entbindet nicht von der Pflicht zur Betrachtung der Geschichte, sondern fordert nachgerade eine noch sorgfältigere Beschäftigung mit ihr, wie die Evangelien das ja auch beweisen.

I. Reich Gottes: Utopie der absoluten Befreiung und ihre Antizipation in der Geschichte

I.1. Der historische Jesus hat systematisch weder sich selbst noch die Kirche noch Gott, sondern das Reich Gottes gepredigt.

I.1.1. Der Hintergrund für die Vorstellung vom Reich Gottes ist das endzeitlich-apokalyptische Weltbild, nach dem diese Welt, so wie sie aussieht, in Widerspruch zum Plane Gottes steht, daß aber Gott in dieser letzten Stunde beschlossen hat, einzugreifen und endgültig sein Reich anbrechen zu lassen. Reich Gottes ist also das semantische Zeichen für diese Erwartung (vgl. Lk 3, 15) und erweist sich als die Verwirklichung der Utopie einer umfassenden, strukturellen und eschatologischen Befreiung.

I.1.2. Das besondere Merkmal Jesu besteht nicht darin, daß er verkündet, das Reich werde kommen, sondern darin, daß er sagt, es sei in seiner Person und in seinem Auftreten schon nahegekommen (Mk 1, 15), ja, bereits mitten unter uns (Lk 17, 21)! Das Grundprojekt Jesu ist also anzusagen, der absolute Sinn der Welt sei erfüllt; er will Werkzeug sein, mittels dessen sich dieser Sinn durchsetzen kann: Befreiung *von* allem, was Wunden schlägt – wie: Unterdrückung, Ungerechtigkeit, Schmerz, Spaltung, Sünde und Tod; und Befreiung *für* Leben, offene und liebevolle Kommunikation, Freiheit, Gnade und Fülle in Gott.

I.2. Das Reich hat immer einen Charakter von Ganzheit und Universalität. Religiöse, politische und gesellschaftliche Interessen, die nur regional und unmittelbar sind, läßt es so nicht gelten.

I.2.1. Perversion ist es, das Reich – sei es in der Frage der politischen Macht, sei es auf dem Feld der religiös-priesterlichen Gewalt, sei es im Bereich der charismatisch-prophetischen Macht – zu regionalisieren. Das aber war gerade die Versuchung, mit der Jesus zu kämpfen hatte (Mt 4, 1–11) und die ihn sein Leben lang nicht losließ (vgl. Lk 22, 28). Mit anderen Worten: Innergeschichtliche Befreiungen definieren weder den Endzustand der Welt, noch lassen sie die Utopie Wirklichkeit werden. Umfassende Befreiung, die die Frucht voller Freiheit ist, macht den Wesenskern des Reiches aus und ist die endzeitliche Gabe Gottes. Die Geschichte ist der Prozeß daraufhin. Der Mensch hat die Aufgabe, ihn in Schwung zu bringen. Dem Reich Gottes eignet wesentlich eine Zukunftsdimension, an die menschliches Tun aber nicht herankommt und die immer Gegenstand endzeitlicher Hoffnung bleibt.

I.3. Das Reich Gottes ist aber nicht bloß Zukunft und Utopie, sondern auch Gegenwart und wird in geschichtlichen Konkretionen präsent. Deshalb muß man es sich als Prozeß vorstellen, der in der Welt seinen Anfang nimmt und in der Endzeit zu seinem Höhepunkt findet. Bei Jesus sehen wir, wie sich diese dialektische Spannung sachgerecht ausgleicht: Auf der einen Seite trägt er ein Projekt umfassender Befreiung (Reich Gottes) vor, das auf der anderen Seite durch Vermittlungen (Gesten, Taten, Haltungen) prozeßhaft in die Geschichte hineingeholt wird. Auf der einen Seite ist das Reich Zukunft, das erst noch kommen wird, auf der anderen Seite ist es aber auch schon da und steht vor der Tür.

I.3.1. Das erste öffentliche Auftreten Jesu in der Synagoge von Nazaret hat programmatische Bedeutung. Dort verkündet Jesus die Utopie vom Gnadenjahr des Herrn, das zu greifbarer Geschichte ganz konkreter Befreiungen für die Unterdrückten und Gefangenen wird (Lk 4,16–21). Den Akzent legt er bei seiner Antrittsrede auf die materielle Infrastruktur. Der Messias ist der, der den konkret Unglücklichen Befreiung bringt. Glücklich sind die Armen, die Leidenden, die Hungernden und die Verfolgten, nicht weil ihr Zustand irgendein Wert wäre, sondern weil die Situation der Ungerechtigkeit, in der sie leben, eine Herausforderung für die Gerechtigkeit des messianischen Reiches darstellt. In Jesus ergreift Gott Partei für sie. Als Befreiung von der Sünde gehört das Reich zum Kern der Predigt Jesu wie des Zeugnisses der Apostel (Lk 24,47; Apg 2,38; 5,31; 13,38), darf aber nicht verkürzt interpretiert werden, indem man ihm die Dimension des Infrastrukturellen nimmt – das, was Lukas an Jesus ja gerade betont: die gesellschaftliche und geschichtliche Tragweite. Der historische Jesus machte sich das Projekt der Unterdrückten zu eigen, denen es ja um Befreiung ging, aber auch die Konflikte, die zwangsläufig damit verbunden waren.

I.3.2. Jesu Befreiung hat einen doppelten Aspekt. Einerseits proklamiert er die umfassende Befreiung der gesamten Geschichte und nicht nur eines Ausschnittes davon, andererseits nimmt er das Ganze in einem Prozeß vorweg, der in partiellen Befreiungen konkret wird, die aber ihrerseits wiederum für das Gesamt offen sind. Wenn Jesus die Utopie eines glücklichen Endes verkünden und nicht gleichzeitig auch die Möglichkeit ihrer Antizipation in der Geschichte eröffnen würde, dann würde er die Menschen zu absolut unglaubwürdigen Illusionen verführen. Wenn es ihm aber umgekehrt nur um partielle Realisierungen ohne Perspektive auf das Ganze und auf Zukunft hin ginge, dann würde er alle Hoffnungen der Menschen frustrieren und sie zu einer bösen Kurzsichtigkeit anstacheln. Im Auftreten Jesu begegnen wir beiden Dimensionen in dialektischer Spannung verbunden.

II. Die Praxis Jesu: eine Befreiung im Vollzug

II.1. Die „acta et facta Iesu" (Praxis) sind als geschichtliche Verkörperungen dessen zu verstehen, was konkret das Reich Gottes bedeutet: befreiende Veränderung der vorfindlichen Lage. In diesem Sinn nähert sich Jesus dem Lebensprojekt der unterdrückten Bevölkerungsgruppen.

II.1.1. Aus dieser Perspektive wollen auch die Wunder verstanden werden. Ihre Bedeutung besteht nicht darin, daß sie etwas Wundersames, sondern darin, daß sie Zeichen *(érgon, semeîon)* der Anwesenheit des Reiches sind (vgl. Lk 1,20). Erschienen ist in dieser Welt der Stärkere, der den Starken besiegt (vgl. Mk 3,27): Befreiung im Vollzug.

II.1.2. Mit seinen Verhaltensweisen gibt Jesus dem Reich konkrete Gestalt und verkörpert die Liebe des Vaters. Wenn er sich denen zuwendet, um die sonst alle einen Bogen machen, wie den Armen, öffentlichen Sündern, Anstoßerregenden, Trinkern, Aussätzigen und Dirnen – mit einem Wort: den gesellschaftlich und religiös An-den-Rand-Gedrängten, dann tut er das nicht aus rein humanitärem Geist, sondern weil er die geschichtegewordene Liebe des Vaters zu den Kleinen und zu den Sündern ist. Ihre Lage stellt nicht die definitive Struktur des Lebens dar. Sie sind nicht auf ewig verloren. Gott ist imstande, sie zu befreien.

II.2. Das Handeln Jesu hat einen eminent soziopolitischen Charakter und rührt bis an die *Struktur* von Gesellschaft und Religion der Zeit. Jesus tritt weder als reformistischer Asket nach Art der Essener auf noch als Observant der Überlieferung wie ein Pharisäer, sondern als prophetischer Befreier.

II.2.1. Zwar ist Jesu Handeln im Bereich des Religiösen angesiedelt; da aber der religiöse Faktor eine der Grundsäulen der politischen Macht war, hatte jeder Eingriff in das Religiöse auch Folgen auf dem Feld der Politik.

II.2.2. Gegenüber Religion, Gesetz und Überlieferung („Ihr habt gehört, daß gesagt worden ist ... Ich aber sage euch ...") sind seine Taten nicht reformistisch, sondern befreiend. Er relativiert ihren vermeintlich absoluten Wert: Wichtiger als Sabbat und Tradition ist der Mensch (vgl. Mk 2,23.26); daran, wie man sich dem anderen gegenüber verhält, entscheidet sich das Heil (Mt 25,31–46). In der Frage der Kriterien für die Erlösung verlagert Jesus den Schwerpunkt: Das Heil hängt nicht mehr an der Orthodoxie, sondern an der Orthopraxie. Gesetz und Lehre ordnet er dem Kriterium der Liebe unter und befreit damit das Tun des Menschen.

II.2.3. Wort und Tat Jesu postulieren ein neues Bild von Gott und einen neuen Zugang zu ihm. Der Gott der grenzenlosen Güte, der selbst „die Undankbaren und Bösen liebt" (Lk 6,35), nähert sich in Gnade, über das hinaus, was die Tora vorschreibt und fordert. Gott ist kein Wesen an sich, das mit der Geschichte nichts zu tun hätte und sich epiphanisch offenbarte, sondern Gott ist ein Gott, der sich innerhalb der Geschichte offenbart, indem er sein Reich Wirklichkeit werden läßt und damit die bestehende Situation verändert. Gott muß primär von der Zukunft her gedacht werden, von dem Reich her, das er als umfassende Befreiung von den ungerechten Mechanismen der Vergangenheit und als Fülle eines noch nie erfahrenen Lebens herbeiführen wird. Der Weg zu ihm führt nicht in erster Linie über Kult, religiöse Observanz oder Gebet, die allesamt echte, aber an sich doppeldeutige Vermittlungen sind. Der vorrangige und eindeutige Weg zu Gott führt über den Dienst am Armen, in dem sich Gott anonym verbirgt. Die Praxis der Befreiung ist der sicherste Weg zum Gott Jesu Christi.

II.2.4. Als befreiend erweist sich sein Handeln auch in den gesellschaftlichen Beziehungen. Die zeitgenössische Gesellschaft war straff in Schichten geordnet. Man unterschied zwischen Nächsten und Nichtnächsten, Reinen und Unreinen, Juden und Ausländern, Gesetzesbeflissenen und ignorantem Volk, Leuten mit unehrenhaften Berufen sowie Kranken, die als Sünder galten. Jesus solidarisiert sich mit diesen allen. Das aber bringt ihn in Verruf, ein Fresser und Säufer und ein Freund von Zöllnern und Sündern zu sein (vgl. Mt 11,19). Sein schonungsloser Angriff auf Theologen, das heißt auf die Pharisäer und Sadduzäer, hat ebenfalls eindeutig gesellschaftliche Relevanz.

II.2.5. Die Gerechtigkeit steht an zentraler Stelle in der Verkündigung Jesu. Jesus nennt die Armen selig, nicht weil die Armut in seinen Augen eine Tugend wäre, sondern weil sie als Ergebnis ungerechter Beziehungen unter den Menschen den Anbruch des messianischen Reiches provoziert, dessen erste Funktion es ja ist, den Armen Gerechtigkeit zu verschaffen und die Schwachen in ihrem Recht zu verteidigen. Ebenso lehnt er den Reichtum ab, den er dialektisch für das Ergebnis der Ausbeutung der Armen ansieht. So qualifiziert er ihn schlicht als „ungerecht" (Lk 16,9). Das Ideal besteht für Jesus weder in einer Gesellschaft des Überflusses noch in einem Zusammenleben in Armut, sondern in einer Gesellschaft der Gerechtigkeit und der geschwisterlichen Gemeinschaft.

II.2.6. Als befreiend erweist sich auch seine Kritik an aller Macht, wenn sie zu Unterdrückung wird (vgl. Lk 22,25–28). Ihre Wirkung entmythologisiert er ebenso wie die Möglichkeit, daß sie Vermittlung zu Gott ist. Ja, Jesus relativiert auch die sakrale Macht der Könige; er bestreitet ihnen den göttlichen Charakter (vgl. Joh 19,11). Die *pax romana*, die ja auf Unterdrückung beruht, verkörpert nicht das Reich Gottes.

II.2.7. In der Folge der Praxis Jesu liegt eine neue Art von Solidarität, die die Klassenunterschiede wie die Differenzen, die das Leben mit sich bringt, überwindet. Alle, insbesondere aber die Kleinen, Kranken, Randexistenzen und Armen versucht er, in ihrem Recht zu verteidigen. Alles was Menschen spaltet, wie Neid, Habsucht, Verleumdung, Unterdrückung und Haß, bekämpft er. Dagegen verkündet er den Geist der Seligpreisungen, der alleine imstande ist, die Welt so zu verändern, daß sie in den Augen Gottes bestehen kann.

II.2.8. Jesu Appell, allem Haß abzusagen und statt dessen Erbarmen und Vergebung gelten zu lassen, rührt daraus, daß er eine feinfühlige Wahrnehmung von der Realität der Geschichte hat: Immer wird es Herrschaftsstrukturen geben, aber das darf uns nicht entmutigen und dazu bringen, dieselbe Struktur zu übernehmen. Vielmehr müssen wir Vergebung praktizieren; diese wird nämlich aus der Kraft der Liebe geboren, und diese vermag es, mit den Widersprüchen zu leben und sie von innen her zu überwinden.

II.3. Aber trotz seiner befreienden Taten, die die Wirklichkeit des eschatologischen Reiches innerhalb der Geschichte konkret werden ließen, schwang sich Jesus nicht auf, um die politische Macht zu übernehmen. Immer hielt er politische Macht für eine teuflische Versuchung, weil sie eine Regionalisierung des universalen Reiches bedeutet. Dabei liegt der Hauptgrund für die Ablehnung politischer Macht durch Jesus in seinem Grundverständnis, daß das Reich Gottes – insofern es Gottes Reich ist – nur in Freiheit und nicht unter Druck Geschichte werden kann. Hinzu kommt das kulturelle Umfeld, das ja das der Apokalyptik ist und in dem sich Jesus mitsamt seinen Zeitgenossen bewegt. Logischerweise ist der endgültige Anbruch des Reiches Gottes auch Werk der Gnade Gottes. Der Mensch muß sich darauf vorbereiten und ihn beschleunigen, darf ihn aber nicht herbeizwingen wollen. In diesem Punkt unterscheidet sich Jesus von den Zeloten.

II.3.1. Für eine Geschichte, die noch eine Zukunft vor sich hat, und für ein Weltbild, das von der Parusieverzögerung ausgeht, folgt, daß man die Haltung des historischen Jesus in diesem Punkt relativieren und den Umständen und Begrenzungen seiner kulturellen Ausdrucksformen zuschreiben muß. Das aber entbindet die Theologie nicht von der Notwendigkeit, an die Übernahme der politischen Macht zu denken – als an eine rechtmäßige und angemessene Form, den An-den-Rand-Gedrängten mehr Gerechtigkeit zu ermöglichen. Unter der Bedingung, daß sich die Macht dem Gesetz des Dienstes unterwirft und sich mithin nicht absolut setzt, kann sie eine geschichtliche Form sein, in der das, was mit der Idee des Reiches ausgesagt werden soll, konkret wird. Denn Jesus propagiert ja keine entpolitisierte, entgeschichtlichte und entstrukturierte Liebe, sondern eben eine politische, das heißt situierte Liebe, die für den Menschen sichtbare Folgen hat.

III. Umkehr: Forderung der Befreiung durch Gott

III.1. Die Umkehr, die Jesus fordert, beinhaltet nicht nur eine Änderung der Überzeugung (Theorie), sondern auch und vor allem eine Änderung der Haltung (Praxis), und zwar nicht nur des Menschen als eines irreduktiblen Kerns persönlicher Freiheit (Herz), sondern des Menschen als konkreter Größe, die in ein lebendiges und aktives Netz von Beziehungen eingespannt ist. Umkehr ist, positiv gesprochen, die Produktion von auf allen Ebenen des persönlichen und gesellschaftlichen Lebens in der Weise geänderten Beziehungen, daß dies zu konkreten Befreiungen führt und dadurch das Reich antizipiert wird. Das Persönliche steht in einer dialektischen Spannung zum Sozialen und umgekehrt.

III.2. Umkehrung darf nicht als Bedingung dafür verstanden werden, daß das Reich kommt, sondern sie bedeutet bereits, daß das Reich in der Geschichte angebrochen, anwesend und am Werk ist. In der Umkehr wird die Struktur des Reiches, und das heißt die Befreiung, wie Gott sie wünscht, klar erkennbar: Einerseits ist sie angebotenes Geschenk, andererseits ist sie aber auch Annahme, die in dem Maße real wird, als der Mensch an der Herbeiführung des Reiches durch persönliche, politische, gesellschaftliche und religiöse Vermittlungen mitwirkt.

III.3. Das Reich und die mit ihm gegebene Befreiung konkretisieren das, was die Macht Gottes auszeichnet. Das Reich ist keine Macht zur Unterdrückung von Freiheiten, sondern eine Macht zur Hingabe sowie Appell zur Freiheit, und sein Werk ist die Liebe. So sehen wir, daß das Reich angeboten und nicht aufgezwungen wird. Deshalb kann das Reich Gottes unter den Bedingungen der Geschichte nicht kommen, wenn der Mensch nicht zu ihm ja sagt und sich nicht in den Prozeß von Umkehr und Befreiung hineinbegibt.

III.3.1. Die Verkündigung des Reiches nimmt dem Kampf in der Geschichte nicht seine Berechtigung. Die umfassende Befreiung, so wie Gott sie vorschlägt, geht über den Weg partieller Befreiungen. Jene ist nicht die Ursache für diese, wohl aber antizipieren diese die umfassende Befreiung und bereiten sie vor. Aus diesem Grund ist der Mensch nie bloß Zuschauer und Gott nie bloß Lizenzgeber.

III.3.2. Die Umkehr zeigt weiterhin, daß das Reich eine konfliktträchtige Seite hat. Die Gute Nachricht Jesu ist nur für den gut, der sich umtut. Nicht gut ist sie für den Heuchler, der bei seiner Heuchelei bleibt; und nicht gut ist sie auch für den, der die Situation stützt, welche die vielfältige Diskriminierung unter den Menschen sanktioniert. Für alle diese Menschen ist sie eine schlechte Nachricht. So kommt es, daß Jesus und seine Botschaft die Menschen spalten; und das gehört zum Kern des Reiches. In das Reich aber kommt man nur, wenn man mit dieser Welt bricht und sie verändert, und nicht, wenn man ihre Strukturen fortschreibt. Jesus wendet sich allen zu, konkret aber den Armen, macht sich zu einem von ihnen und läßt sich ihre Sache angelegen sein, deckt die Selbstgefälligkeit der Pharisäer auf und prangert die Reichen wegen ihrer Ungerechtigkeitsmechanik und ihrer Mammolatrie an.

Dadurch, daß er schließlich starb, sollten die Menschen erfahren, daß in dieser Welt nicht alles verloren ist.

III.4. Der historische Jesus war dagegen, sich der Macht zu bedienen, um den Willen Gottes durchzusetzen. Das würde die Menschen von ihrem Befreiungsauftrag entbinden. Außerdem wären sie dann ja auch nicht Träger der persönlichen und gesellschaftlichen Veränderungen, sondern bloße Nutznießer. Lieber wollte er sterben, als das Reich Gottes mit Gewalt herbeiführen. Und wenn dem nicht so wäre, dann hätten wir am Ende nicht das Reich Gottes, sondern ein Reich auf der Basis des menschlichen Machtwillens, der Unterdrückung und der Unfreiheit.

IV. Der Tod Jesu: der Preis für die Befreiung durch Gott

IV.1. Der Tod Jesu steht in enger Verbindung zu seinem Leben, seiner Verkündigung und seinen Taten. Seine Aufforderung zur Umkehr, sein neues Gottesbild, seine Freiheit gegenüber den heiligen Überlieferungen wie auch seine prophetische Kritik an den Inhabern der politischen, wirtschaftlichen und religiösen Macht führten zu einem Konflikt, an dessen Ende sein gewaltsamer Tod steht.

IV.2. Jesus hat den Tod nicht gesucht. Der Tod wurde ihm von außen aufgezwungen, und er hat ihn nicht resigniert angenommen, sondern als Ausdruck seiner Freiheit und Treue zur Sache Gottes und der Menschen. Obwohl man ihn isolierte, ablehnte und bedrohte, hat er sich dennoch nicht – um zu überleben – auf das Spiel der privilegierten Mächtigen eingelassen, sondern ist seiner Sendung treu geblieben. In freiem Entschluß hat er den Tod, der ihm auf Grund einer geschichtlichen Konstellation aufgezwungen worden ist, akzeptiert.

IV.3. Das Kreuz ist ein Symbol für das Reich der Macht, der es um sich selbst geht, auch der religiösen Macht. Waren es doch die Frommen, die Jesus ans Kreuz gebracht haben. Jedesmal, wenn sich eine Situation in sich selbst verschließt, die Zukunft verdunkelt und sich verabsolutiert, wird der Prozeß der Befreiung unterbunden, und werden die Mechanismen der Unterdrückung verstärkt.

IV.4. Der aus freiem Entschluß angenommene Tod bekundet eine totale Freiheit von sich selbst und seinem eigenen Vorhaben. Wenn der Sterbende ihn aus Liebe und in Solidarität mit den Besiegten der Geschichte hinnimmt und darüber hinaus noch seinen Henkern verzeiht und sich trotz des geschichtlichen Zusammenbruchs Gott anvertraut, dann ist das bereits eine Form, in der die Wirklichkeit des Reiches Gottes konkret wird.

IV.5. Die Motive, die zur Ermordung Jesu führten, sind doppelter Art und rühren beide bis an die Strukturen. Erstens wurde Jesus wegen *Gotteslästerung* verurteilt, weil er einen Gott predigte, der sich vom Gott des religiösen *Status quo* unterschied. Jesus prangerte an, daß die Menschen andere Menschen im Namen der Religion unterwerfen; er entlarvte die religiöse Heuchelei, die darin besteht, daß man das Geheimnis Gottes als Alibi betrachtet, um sich vor der Forderung nach Gerechtigkeit zu drücken. In diesem Sinne begriffen die religiös Mächtigen sehr genau, daß Jesus einen Gott verkündete, der dem ihren widersprach.

So wird erkennbar, daß die Haltung Jesu ausgesprochen befreiend war, und gerade deshalb wurde er auch abgelehnt. In den Augen der politischen Autoritäten stirbt er, weil er angeblich ein *Partisan* ist. Seine Predigten und seine Taten bringen ihn in die Nähe der Befreiungsvorstellungen der Zeloten: sein Warten auf die Ankunft des Reiches, sein Radikalismus, einige Sätze von ihm – wie: daß „das Reich Gewalt leidet" und daß „die Gewalttätigen es an sich reißen", die Freiheit, die er sich gegenüber der geltenden Macht des Kaisers nimmt, sein Verhalten gegenüber dem Volk, das ihn sich zum Führer machen will. Auf der anderen Seite hat Jesus wiederum nichts vom Geist der Zeloten: Er verzichtet auf jeden politisch-religiösen Messianismus, der ja auf Macht beruht und deshalb außerstande ist, das Reich herbeizuführen; denn das Reich setzt eine radikale Befreiung voraus, die alles erfaßt, zerbrochene Geschwisterlichkeit wiederherstellt und einen neuen Menschen will.

IV.6. Am Kreuz ist abzulesen, daß, wo die Struktur der Ungerechtigkeit obsiegt, jeder Befreiungsprozeß konfliktgeladen sein muß. Unter solchen Bedingungen ist Befreiung nur in der Form des Martyriums und des Opfers für die Mitmenschen und die Sache Gottes in der Welt möglich. Diesen Weg hat Jesus gewählt und bewußt auf sich genommen.

V. Die Auferstehung Jesu – vorweggenommener Anbruch der endgültigen Befreiung

V.1. Die Auferstehung Jesu steht in enger Verbindung mit seinem Leben, seinem Tod und seiner Verkündigung vom Reich Gottes. Wenn Reich Gottes das semantische Zeichen für umfassende Befreiung ist, wenn das Leben Jesu ein befreites und befreiendes Leben war und wenn er sich völlig frei in den Tod gegeben hat, dann realisiert die Auferstehung dieses Programm in seiner endzeitlichen Form. Da die Juden Jesus ablehnten, konnte das Reich nicht in seiner universalen und kosmischen Dimension Wirklichkeit werden. In der Auferstehung des Gekreuzigten findet es aber jetzt eine persönliche Konkretisierung. Jesus ist die *autobasileia tou Theou* (Origenes).

V.2. Als solche ist die Auferstehung ein Triumph des Lebens schlechthin sowie die Explizierung all seiner verborgenen Möglichkeiten und wird somit zur Befreiung von allem, was es behindert und es in geschichtliche Konflikte verwikkelt. Dabei ist sie bereits endzeitliche Wirklichkeit und gibt als solche die letzte Absicht zu erkennen, die Gott mit Mensch und Welt hat.

V.3. Die Auferstehung zeigt, was das Leben, das sich in Jesus verbarg und das das Kreuz nicht zu liquidieren imstande war, wirklich ist: Befreiung in Fülle als umfassende Gnade Gottes. Die Auferstehung verweist auf die Endfülle, auf die alle Befreiungsprozesse abzielen.

V.4. Die Auferweckung des Gekreuzigten zeigt, daß Sterben, so wie Jesus für die anderen und für Gott gestorben ist, nicht sinnlos ist. Der namenlose Tod aller, die für die Sache der Gerechtigkeit, der Offenheit und eines letzten Sinns des menschlichen Lebens im Laufe der Geschichte unterlegen sind, findet in der Auferstehung Jesu ihre Erhellung. Die Auferstehung hat die Funktion, vom Absurden der Geschichte zu befreien. Die Frage der Auferstehung stellt sich gerade aus der Perspektive des Auferstandenen. Die Auferstehung zeigt uns, daß der Henker nicht über sein Opfer triumphiert.

V.5. Daß die Auferstehung umfassende Befreiung bedeutet, erhellt nur dann, wenn sie mit dem Einsatz Jesu für die Errichtung des Reiches in dieser Welt in Verbindung gesehen wird. Sonst degeneriert sie zu einem frommen Zynismus gegenüber den Ungerechtigkeiten dieser Welt, der mit einem geschichtslosen Idealismus einhergeht. Kraft seiner Auferweckung lebt Jesus weiter unter den Menschen und ermutigt sie in ihrem Befreiungskampf. Alles wirklich menschliche Wachstum, alles, was tatsächlich Gerechtigkeit in die menschlichen Bezüge bringt, und alles, was Intensivierung des Lebens bedeutet, ist eine Form, in der die Auferstehung präsent wird, vorweggenommen wird und ihre zukünftige Fülle vorbereitet.

V.6. Christologie hat immer – als systematisches Bemühen, die Realität von Leben und Tod, Auferstehung und Himmelfahrt Jesu zu entziffern – als Ausgangspunkt und Verdeutlichungshorizont das Auferstehungsereignis. Aus der Erfahrung der Auferstehung entfaltete bzw. entwickelte dann die Gemeinde die Hoheitstitel für Jesus Christus, bis sie im Glaubensbekenntnis zu dem Höhepunkt fanden: Jesus ist der Christus, der Sohn Gottes, Gott-mit-uns.

VI. Nachfolge Jesu als Form der Aktualisierung von Befreiung

VI.1. Menschliches Leben unter dem Vorzeichen der verzögerten Ankunft des endzeitlichen Reiches als Fülle von Befreiung hat eine österliche Struktur, die in der Nachfolge des getöteten und auferweckten Jesus Christus zum Ausdruck kommt.

VI.2. Nachfolge beinhaltet erstens, daß wir die Utopie des Reiches verbreiten – als guten und vollen Sinn der Welt, den Gott allen Menschen zuteil werden lassen will.

VI.3. Zweitens bedeutet Nachfolge, daß wir die Utopie in Taten umsetzen, und zwar in solche Taten, die diese Welt auf persönlicher, gesellschaftlicher und kosmischer Ebene verändern. Die Utopie selbst ist keine Ideologie, gebiert aber funktionale Ideologien, die das befreiende Handeln bestimmen. Nachfolge Jesu ist kein bloßes Nachahmen; denn sie setzt voraus, daß man sich des Unterschiedes zwischen der Zeit Jesu mit ihrem apokalyptischen Horizont des unmittelbar bevorstehenden Anbruchs des Reiches und uns bewußt ist, für die die Geschichte ja eine Zukunft hat und die Ankunft des Reiches sich verzögert. Wie Liebe und Gerechtigkeit in der Gesellschaft taktisch zu organisieren sind, hängt an diesen Unterschieden. Sicher ist, daß für Jesus wie auch für uns Gott Zukunft ist und daß das Reich noch nicht in Fülle da ist. Allerdings ändert sich die Art und Weise, wie Menschen zur Geschichte stehen, immerzu. Jesus hat ja auch kein bestimmtes Modell vorgeschrieben, wie man in den einzelnen Konkretionen, die ja zwangsläufig von der Relativität jeder Situation abhängen, präsent sein solle, wohl aber eine spezifische Art und Weise: Option für die Opfer von Ungerechtigkeit, Absage an den Willen zu Macht und Herrschaft sowie Solidarität mit allem, was ein Zusammenleben in mehr Mitsprache, Brüderlichkeit und Offenheit für den Vater ermöglicht.

VI.4. Drittens wird die Befreiung durch Gott in einem Befreiungsprozeß voller Kämpfe und Konflikte vermittelt. Diese aber übernehmen und verstehen Christen – im Lichte des beschwerlichen Weges Jesu – als Liebe, die manchmal bis zum Selbstopfer geht, als endzeitliche Hoffnung, die durch politische Hoffnungen geht, und als Glaube, der sich nur tastend vorwärtsbewegt; denn die Tatsache, daß wir Christen sind, heißt noch lange nicht, daß wir den Schlüssel dafür hätten, alle politischen und ökonomischen Probleme zu durchschauen. Kreuz und Auferstehung sind Paradigmen für die christliche Existenz.

VI.5. Jesus folgen heißt sein Werk fortsetzen, seine Sache verfolgen und zu seiner Fülle gelangen.

Diese Sicht will sich nun – mit allen Einschränkungen, die eine Sicht nun einmal hat – in den Dienst an der Sache der politischen, gesellschaftlichen, wirtschaftlichen und religiösen Befreiung unserer unterdrückten Völker stellen. So geht es um einen Beitrag auf der Ebene des theoretischen Ausdrucks, der eine bereits existierende Praxis des befreienden Glauben erhellen und bereichern will.

In unserer Situation der abhängigen Dritten Welt bringt uns der christologische Glaube, wenn wir ihn denn in geschichtsbezogener Weise denken und leben, zu einer ideologischen Option für die Befreiung, zu einer bestimmten Art von Analyse und zu einem konkreten Engagement. Wer in unserem Kontext – so meinen wir – das Evangelium in nichtbefreiender Weise lesen und Jesus in nichtbefreiender Weise nachfolgen wollte, würde beide auf den Kopf stellen und sie fortwährend im abschätzigen Sinne des Wortes ideologisch deuten.

Man kann ganz verschieden über das Reich Gottes predigen. Man kann es verkündigen, als wäre es die *andere* Welt, die Gott für uns bereithält und die erst nach diesem Leben kommt. Man kann es als die Kirche darstellen, die mit ihrem Kult, ihrer Dogmatik, ihren Institutionen und Sakramenten Jesus vergegenwärtigt und fortführt. Die eine wie die andere Sicht klammern das Engagement, das heißt den Auftrag zum Aufbau einer gerechteren Welt mit mehr Mitsprache und Mitbestimmung, aus und entfremden die Christen angesichts des Problems der Unterdrückung, in der Millionen unserer Brüder und Schwestern leben. Aber man kann es auch im Sinne einer Utopie einer in Fülle versöhnten Welt predigen, die in der Geschichte bereits vorweggenommen und vorbereitet wird und dort vermittels des Engagements aller Menschen guten Willens beginnt. Wir sind der Meinung, diese Deutung gebe sowohl auf historischer als auch auf theologischer Ebene die *ipsissima intentio Iesu* wieder. Bei der Erarbeitung und Gestaltung einer christlichen Option in einer Gesellschaft spielt auch die Christologie eine Rolle.

4. Bedeutung der Befreiungstheologie für den Entwurf einer universalen Christologie

Man denke nicht, dieses Modell von Christologie interessierte allein Lateinamerika, weil wir hier die Widersprüche der Unterentwicklung – verstanden als Unterdrückung – hautnah erfahren. Wir sahen bereits, daß die Situation bei uns durch eine bestimmte Art von internationalen Beziehungen zwischen reichen und armen Ländern verursacht wird. Wir sind nur ein Pol der Spanne. Deshalb sind die Theologen des anderen Pols mit in dieses Problem involviert; es fordert das christliche Gewissen heraus und bestimmt zwangsläufig die Richtung in Meditation und Gestaltung des christologischen Glaubens. Die Art und Weise, wie sie ihre Christologie artikulieren, ist uns alles andere als egal. Denn auch die Christologie hat politische Auswirkungen, weil sie den entscheidenden Pol, der die Hauptverantwortung für das ungerechte Gefälle trägt, sowohl bekräftigen als auch in Frage stellen kann.

Das Problem ist keine Frage der Hilfe, sondern eine Frage der Gerechtigkeit. So wie die Beziehungen gegenwärtig sind, verletzen sie die Grundrechte unserer Nationen und halten diese gewaltsam in Unterentwicklung, obwohl sie diesen ganzen ungerechten Mechanismus unter dem Mantel von Fortschritt und Intensivierung freundschaftlicher Beziehungen verstecken, damit die christlichen Kirchen nur hinters Licht führen und die theologische Intelligenz kaltstellen.

Fortschrittliche, säkularisierte, aufgeklärte und bis zum äußersten kritische Theologien kaschieren oft genug konservative politische Positionen und verfestigen ideologisch den *Status quo.* Andere Theologien mögen sehr wohl auf Befreiung abzielen; da es ihnen aber an einer kritischen Analyse des geltenden Systems mangelt, kommen sie strukturell nicht über fürsorgerische Maßnahmen hinaus.

In Lateinamerika liegen die Herrschaftsmechanismen auf der Hand und springen geradezu ins Auge. Deshalb hatten Theologen es hier leichter, sich in Frage zu stellen und nach theoretischen Formen der Unterstützung für das Befreiungsprojekt zu suchen. In Europa sind diese Mechanismen auch am Werk (denn hier liegen ja die Zentren, in denen über unsere wirtschaftliche, politische und kulturelle Situation entschieden wird), aber sie sind subtiler und raffinierter. Trotzdem kann der Theologe sehr wohl zu einer sozialen und theologischen Position der Befreiung finden, wenn er nur seine analytischen Instrumente schärft und sich auf eine gründliche und konsequente Kritik einläßt.

In Lateinamerika träumen wir – träumen darf man doch immer – von dem Tag, an dem sich die privilegierte Intelligenz der europäischen Theologie bewußt wird, wie wichtig sie für den Prozeß der Befreiung ihrer Kirchen und ihrer Gesellschaften ist; denn aufgrund ihrer Position im Zentrum und als Hauptpol könnten sie ihren Brüdern und Schwestern auf unserem Erdteil helfen, sich auf ihren Befreiungsweg zu machen. Die Theologie der Befreiung und Jesus Christus der Befreier sind der schmerzvolle Aufschrei unterdrückter Christen, die an die Tür ihrer reichen Brüder und Schwestern klopfen und um alles oder um nichts bitten. Was sie wollen, ist nur: Mensch sein, als Person akzeptiert werden, und daß man sie kämpfen läßt, um ihre eingesperrte Freiheit zurückzubekommen.

Wenn die Christologie der Befreiung zu dieser messianischen Aufgabe einen Beitrag leistet, dann hat sie ihren prophetischen Auftrag erfüllt und wird dem heiligen Namen Jesu Christi gerecht, der ja nichts anderes auf dieser Welt wollte als alle Menschen umfassend befreien.

II. Was wollte Jesus Christus eigentlich?

Am Anfang hat Jesus weder sich selbst noch die Kirche gepredigt, sondern das Reich Gottes. Das Reich Gottes ist die Verwirklichung der Grundutopie des menschlichen Herzens, daß diese Welt ganz und gar verändert und von allem Entfremdenden befreit wird – von Schmerz, Sünde, Spaltung und Tod. Jesus kommt und verkündet: „Das Warten hat jetzt ein Ende. Das Reich ist nahe!" Aber Jesus verkündet nicht nur diese neue Wirklichkeit, sondern beginnt bereits, sie in die Tat umzusetzen und zu zeigen, daß sie in dieser Welt möglich ist. Jesus ist also nicht gekommen, den Menschen zu entfremden und in eine andere Welt zu versetzen. Er ist gekommen, eine gute Nachricht zu bestätigen: Diese unheilvolle Welt hat ein gutes, menschliches und göttliches Ende.

In der allgemeinen Verwirrung der Ideen heute, im Dialog zwischen den verschiedenen christlichen Konfessionen und in der Begegnung der unterschiedlichen Religionen fragen wir uns mit aller Schlichtheit: Was will das Christentum eigentlich? Was hat Jesus Christus überhaupt gewollt und gebracht? Was tun wir denn, wenn wir den christlichen Glauben bekennen und uns bemühen, die Botschaft Jesu im Leben zu verwirklichen und seinem Leben nachzuahmen und nachzufolgen? Wir müssen wissen, was wir wollen. Wie sollten wir sonst das Warum unserer Hoffnung vor uns selbst rechtfertigen und vor den anderen erklären können (vgl. 1 Petr 3, 15)? Wenn wir den weitesten Horizont umschreiben wollten, in dem Jesus Christus mit seiner Botschaft verständlich wird, dann könnten wir mit einem Satz sagen: Jesus Christus will in seiner eigenen Person die Antwort Gottes auf das Sosein des Menschen sein.

1. Wer die Antworten verstehen will, muß die Fragen verstehen

Wenn Jesus Christus die Antwort Gottes auf das Sosein des Menschen sein will, dann sollte man wissen, auf welche Fragen der menschlichen Existenz er eine Antwort sein will. Man versteht etwas doch nur, wenn man die Frage begreift, auf die etwas bzw. jemand die Antwort sein will. Um was für Fragen aber handelt es sich dann? Einige dieser Grundfragen, die unsere Existenz prägen, seitdem wir in Vergangenheit und Gegenwart von ihr wissen, lauten: Warum gelingt es den Menschen nicht, glücklich zu werden? Warum sind sie nicht imstande zu lieben? Warum sind sie in sich selbst gespalten und von letzten Fragen umgetrieben? Die Tiere haben alle ihren Lebensraum in der Welt, aber der Mensch ist immer noch auf der Suche nach dem ihm gebührenden Ort. Warum Spaltung, Schmerz und Tod? Warum bringen es die Menschen nicht fertig, brüderlich-schwesterlich zusammenzuleben, sondern geben sich dem Legalismus hin und halten an der Sklaverei fest? Warum werden Kriege geführt, wenn man Frieden will, und warum werden Waffen fabriziert und rüstet man sich für den Krieg, wenn man den Krieg verhindern will? Von den 3400 Jahren der Geschichte der Menschheit, die man aufgrund von Belegen oder anderen Quellen datieren kann, waren 3166 Jahre Kriegsjahre. Die verbleibenden 234 Jahre waren sicher nicht Jahre des Friedens, sondern dienten der Vorbereitung für den Krieg. Entfremdung prägt die individuelle, gesellschaftliche und kosmische Wirklichkeit des Menschen. Wer soll da den Frieden bringen?, das Heil?, die Versöhnung aller Dinge mit allen Menschen? Der Mensch trägt ein Prinzip Hoffnung in sich, das in ihm immer wieder Utopien des Neuanfangs und des höchsten Glücks aufkeimen läßt und das in allen Kulturen und Zivilisationen anzutreffen ist – einschließlich der primitivsten Völker, angefangen mit dem Gilgamesch-Epos der babylonischen Völker oder den Mythen unserer Tupí-Guaraní- oder Apapocuva-Guaraní-Indianer bis hin zu den modernen Utopien der schönen neuen Welt bzw. einer völlig universalisierten und von Liebe durchdrungenen Welt. Auch das Buch der Offenbarung des Johannes kennt das Prinzip Hoffnung, wenn es sagt: „Er wird alle Tränen von ihren Augen abwischen. Der Tod wird nicht mehr sein, keine Trauer, keine Klage, keine Mühsal. Denn was früher war, ist vergangen ... Seht, ich mache alles neu" (Offb 21,4–5). Alle Religionen und Ideologien wissen um diese Fragen und beantworten sie auf ihre Weise. Doch untröstlich, wie der Mensch ist, fährt er mit Paulus fort: „Ich unglücklicher Mensch! Wer wird mich aus diesem dem Tod verfallenen Leib erlösen?" (Röm 7,24).

Deshalb also tritt ein Mensch in Nazaret auf den Plan. Ein Mensch bricht in Galiläa auf, offenbart sich dann als Gott in Menschengestalt und verkündet, was Gott auf all dies zu antworten hat. Zu Ende ist die Zeit des Wartens! Der Anbruch der neuen Ordnung steht unmittelbar bevor. Gott selbst sorgt dafür. Ändert euer Leben! Glaubt an diese gute Nachricht!" (vgl. Mk 1,14; Mt 3,17; Lk 4,18 f).

2. Jesus verkündet einen absoluten Sinn für unsere Welt

Jesus fängt weder damit an, daß er sich selbst predigt, noch damit, daß er verkündet, er sei der Sohn Gottes, der Messias oder Gott. Die Titel, die die Evangelien Jesus zuschreiben, sind in ihrer großen Mehrzahl Glaubensbekundungen der Urgemeinde. Die Auferstehung Jesu brachte für die Urgemeinde die große Wende: Erst jetzt begreift sie wirklich, wer Jesus war und was er für die gesamte Heilsgeschichte bedeutet. In dieser Atmosphäre tut sich ihr nun auch das letzte Geheimnis des Predigers und Wundertäters aus Nazaret auf (vgl. Apg 2,22–23), und man mißt ihm Hoheitstitel bei, angefangen mit der „Heilige und Gerechte" (Apg 3,14) und „Gottesknecht" (Apg 4,27) bis hin zu „Sohn Gottes", Messias und schließlich Gott selbst. Was latent und einschlußweise in den Worten, Zeichen und Taten des historischen Jesus enthalten war, wird jetzt nach der Auferstehung offenkundig und ausdrücklich. Die Titel, die der Glaube ihm zuschreibt, verdeutlichen genau das, was er von der Geburt bis zum Kreuz war: der, auf den die Völker gewartet haben, der Erlöser der Welt, der Sohn Gottes, Gott in Menschengestalt. Alles dies werden wir in den verschiedenen Kapiteln unseres Buches bedenken.

Christus begann nicht damit, daß er sich selbst predigte, sondern das Reich Gottes. Aber was bedeutet Reich Gottes, das ja eindeutig den Kern seiner Botschaft ausmacht? Für die Zeitgenossen Jesu klang das Wort ganz anders als in den Ohren moderner Gläubiger, für die Reich Gottes das andere Leben, der Himmel, die Dimension nach dem Tode ist. Reich Gottes – der Begriff findet sich 122mal in den Evangelien und 90mal im Munde Jesu – bedeutete für die Hörer Jesu die Erfüllung einer Hoffnung: daß am Ende der Welt alle Entfremdung von den Menschen genommen und alles physische und moralische Mißgeschick, Tod, Haß, Spaltung und Schmerz abgeschafft würden. Reich Gottes sei das Offenbarwerden der Souveränität und der Herrschaft Gottes über diese unheilvolle Welt, die sich in den Klauen satanischer Kräfte im Kampf gegen die Kräfte des Guten befände. Der Begriff besagte also: Gott ist der letzte Sinn dieser Welt; Gott wird in Kürze eingreifen und die gesamte Schöpfung in ihren Grundlagen wieder gesund machen; Gott wird einen neuen Himmel und eine neue Erde schaffen. Diese Utopie, nach der sich alle Völker sehnen, ist der Inhalt der Predigt Jesu. Jesus verkündet, das alles sei keine Utopie mehr, sei Wirklichkeit, für die Gott selbst Sorge trägt. Als Jesus zum ersten Mal in der Synagoge von Nazaret auftritt und die Stelle aus dem Jesajabuch 61, 1–2 liest: „Der Geist des Herrn ruht auf mir, denn der Herr hat mich gesalbt. Er hat mich gesandt, damit ich den Armen eine gute Nachricht bringe, damit ich den Gefangenen die Entlassung verkünde, und den Blinden das Augenlicht, damit ich die Zerschlagenen in Freiheit setze und ein Gnadenjahr des Herrn ausrufe", fügt er deshalb hinzu: „Heute hat sich das Schriftwort, das ihr eben gehört habt, erfüllt" (Lk 4, 18–19.21). Als Johannes der Täufer ihn aus dem Gefängnis fragt: „Bist du der, der da kommen soll, oder müssen wir auf einen anderen warten?", antwortet er: „Blinde sehen wieder und Lahme gehen; Aussätzige werden rein, und Taube hören; Tote stehen auf, und den Armen wird das Evangelium verkündet" (Mt 11, 3.5). Wir stehen vor dem Zeichen der totalen Wende: Wer derartige Realitäten zu setzen vermag, der ist der Befreier der Menschheit. Christus versteht sich als der Befreier, weil er das Reich Gottes predigt, vergegenwärtigt und auch bereits eröffnet. Reich Gottes ist die Revolutionierung und völlige Umgestaltung dieser Realitäten, des Menschen wie des Kosmos, die von allem Bösen geläutert und mit der Wirklichkeit Gottes erfüllt werden. Reich Gottes will keine andere Welt, wohl aber die alte, zu einem neuen Kosmos umgestaltete Welt sein. Wenn Matthäus statt Reich Gottes Himmelreich sagt, dann deshalb, weil er sich als guter Judenchrist bemüht, den Namen Gottes zu vermeiden, und statt dessen „Himmel" verwendet. Reich Gottes bedeutet nicht nur Abschaffung der Sünde, sondern auch aller Folgen, die die Sünde für Mensch, Gesellschaft und Kosmos mit sich bringt. Im Reich Gottes werden Schmerz, Blindheit, Hunger, Sünde und Tod keine Chance mehr haben.

Lukas trifft die Sache genau, wenn er sagt, daß mit Jesus das „Gnadenjahr des

Herrn" gekommen sei (Lk 4, 19). Hinter diesem Ausdruck verbirgt sich nämlich eine der großen Utopien des Alten Testaments. Im Exodusbuch heißt es, alle sieben Jahre solle das Sabbatjahr gehalten werden (Ex 23, 10–12; 21, 2–6). Während dieses Jahres sollten sich alle als Kinder Gottes fühlen und folglich als Brüder und Schwestern betrachten. Sklaven sollten freigelassen, Schulden erlassen und die Ländereien gleichmäßig verteilt werden. Kein Unternehmer sollte vergessen, daß jeder Mensch vor Gott ein freies Wesen ist (Dtn 15, 12–15). Das Levitikusbuch bestätigt diese soziale Vorstellung, indem es für alle fünfzig Jahre das Jubeljahr vorschreibt. Ein Jahr der Gnade des Herrn sollte es sein. Alle sollten frei sein. Jeder kehrt auf sein Stück Land zurück, das ihm und seiner Familie zurückgegeben wird. Freilich wurde dieses soziale Ideal niemals in die Tat umgesetzt. Immer waren Egoismus und Eigeninteressen stärker. So kam es, daß das Ideal allmählich zu einer Verheißung für die messianischen Zeiten wurde (vgl. Jes 61, 1 f). Gott selbst wird das Sabbatjahr der Gnade, der gesellschaftlichen Versöhnung und der Schuldenerlassung eröffnen. Jesus steht in Galiläa auf und verkündet: Er werde das Gnadenjahr des Herrn bringen, eine alte Utopie des Volkes erfüllen! An die Stelle des Egoismus werde sich eine neue Ordnung der Dinge in der Welt ausbreiten.

3. Eine alte Utopie wird Wirklichkeit

Jesu Wunder wollen nicht so sehr seine Gottheit offenbaren als vielmehr zeigen, daß das Reich schon gegenwärtig und in der alten Welt am Werk ist: Eine Utopie, die so alt ist wie der Mensch selbst, wird Wirklichkeit – die umfassende Befreiung. „Wenn ich die Dämonen durch den Finger Gottes austreibe, dann ist das Reich Gottes schon zu euch gekommen" (Lk 11, 20). „Es kann keiner in das Haus eines starken Mannes einbrechen, wenn er den Mann nicht vorher fesselt: erst dann kann er sein Haus plündern" (Mk 3, 27). Jesus ist der Starke, der den Starken besiegt. Er ist die realisierte Eschatologie. Mit seinem Kommen feiern die Menschen das Fest der Erlösung. Er ist der neue Wein und das neue Kleid (Mk 2, 18–22) des erneuerten Kosmos. Seine Gegenwart verändert die Welt und die Menschen. Krankheiten werden geheilt (Mt 8, 16–17), Trauer wird zu Freude (Lk 7, 11–17, Mk 5, 41–43), die Natur gehorcht ihm (Mt 8, 27), vom Tode bleibt nur noch ein Schlaf (Mk 5, 39), Sünden werden vergeben (Mk 2, 5), und die unreinen Geister weichen dem Geist Gottes (Mt 12, 8). Dies ist eine Zeit, sich darauf zu freuen und nicht zu fasten. Deshalb ruft er aus: „Selig ihr Armen, denn euch gehört das Reich Gottes. Selig, die ihr jetzt hungert, denn ihr werdet satt werden. Selig, die ihr jetzt weint, denn ihr werdet lachen (Lk 6, 20–21). Mit Christus wird das „Gnadenjahr des Herrn" (Lk 4, 19) ausgerufen, das kein Ende mehr kennt.

4. Das Reich Gottes ist kein Territorium, sondern eine neue Ordnung der Dinge

Das Reich Gottes, das Christus verkündet, ist keine Befreiung von diesem oder jenem Übel, von der politischen Unterdrückung durch die Römer, von den wirtschaftlichen Schwierigkeiten des Volkes oder auch nur von der Sünde. Das Reich Gottes darf nicht auf diesen oder jenen Aspekt privatisiert werden, es umfaßt alles: Welt, Mensch und Gesellschaft. Das Gesamt der Dinge soll durch Gottes Eingreifen anders werden. Deshalb sagt Christus auch: „Das Reich Gottes kommt nicht so, daß man es an äußeren Zeichen erkennen könnte. Man kann auch nicht sagen: Seht, hier ist es!, oder: Dort ist es! Denn: Das Reich Gottes ist mitten unter euch" (Lk 17,20–21). Die schwierige Formulierung: „Das Reich Gottes ist mitten unter euch", bedeutet nach der neueren Exegese: „Die neue Ordnung, die Gott eingeführt hat, steht euch offen. Fragt nicht, wann sie in der Zukunft errichtet wird. Lauft also nicht hierhin oder dorthin, als ob das Reich Gottes an einen Ort gebunden wäre. Entscheidet euch vielmehr dafür und setzt euch dafür ein. Gott will euer Herr sein. Öffnet euch seinem Willen. Gott wartet auf euch gerade jetzt. Rüstet euch und nehmt dieses letzte Angebot Gottes an." So wird deutlich: Reich Gottes beinhaltet Dynamik, meldet ein Ereignis an und bringt ein Eingreifen von seiten Gottes zum Ausdruck, mit dem er zwar bereits begonnen, das er aber noch nicht ganz vollendet hat. Wenn Christus das Reich predigt und gegenwärtig sein läßt, lehrt er uns deshalb auch zu beten: „Dein Reich komme" (Lk 11,2; Mt 6,10).

Die Predigt des Reiches bezieht sich auf zwei Zeiten, auf die Gegenwart und auf die Zukunft. Von der Gegenwart war bereits die Rede. Bleibt uns, die Zukunft zu betrachten: Die Zeit der sündigen Welt wird ein Ende haben (Mt 19,28; Lk 17,26–30), alle Leiden werden verschwinden (Mt 11,5), Trauer wird es nicht mehr geben (Mk 2,19), der Tod wird überwunden sein (Lk 20,36), und die Toten werden auferstehen (Lk 11,5). Die Grundlagen der alten Ordnung werden erschüttert werden: „Die Letzten werden die Ersten sein" (Mk 10,31), die Kleinen werden groß (Mt 18,4) und die Einfältigen werden die Lehrer sein (Mt 5,5), die Kranken werden geheilt werden, die Tauben werden hören (Mt 11,5), und die Gefangenen werden befreit werden (Lk 4,18). Die Situation des Menschen gegenüber Gott wird sich völlig ändern, weil die Sünden vergeben sein werden (Mt 6,14), die Menschen ihre Ehre (das himmlische Gewand der Engel, vgl. Mk 12,25) wiederbekommen haben werden, die Erwählten aus der Zerstreuung wieder zusammensein werden (Lk 13,27) und die Kinder Gottes im Hause des Vaters wohnen werden (Lk 15,19), wo aller Hunger und aller Durst gestillt und das freudige Lachen der Zeit der Befreiung alle anstecken wird (Lk 6,21).

5. Das Reich Gottes ist nicht nur etwas Geistiges

Aus all dem wird eines deutlich: Reich Gottes bedeutet – anders als viele Christen denken – keine rein geistige Größe, die außerhalb dieser Welt angesiedelt wäre. Reich Gottes ist vielmehr die Gesamtwirklichkeit dieser materiellen geistigen und menschlichen Welt, die Gott nunmehr in seine Ordnung hineingenommen hat. Wie hätte Jesus auch sonst die Massen begeistern können? Aus einigen alten Texten klingt uns dieser ursprüngliche Ton noch entgegen: „Amen, ich sage euch: Ich werde nicht mehr von der Frucht des Weinstocks trinken bis zu dem Tag, an dem ich von neuem davon trinke im Reich Gottes" (Mk 14,25). Bei anderer Gelegenheit verspricht er dem, der alles um der Liebe zum Reich willen verläßt, das Hundertfache an Häusern und Ländereien (Mk 10,30). Den Jüngern sagt er: „Ich vermache euch das Reich ... Ihr sollt in meinem Reich mit mir an meinem Tische essen und trinken, und ihr sollt auf Thronen sitzen und die zwölf Stämme Israels richten" (Lk 22,29–30; vgl. Mt 19,28). Das Anbrechen dieser neuen Ordnung steht unmittelbar bevor: „Diese Generation wird nicht vergehen, bis das alles eintrifft" (Mk 13,30). An anderer Stelle wird Jesus noch konkreter und und stellt fest: „Amen, ich sage euch: Von denen, die hier stehen, werden einige den Tod nicht erleiden, bis sie gesehen haben, daß das Reich Gottes in Macht gekommen ist" (Mk 9,1). Den Jüngern versichert er: „Amen, ich sage euch: Ihr werdet nicht zu Ende kommen mit den Städten Israels, bis der Menschensohn kommt" (Mt 10,23). Christus ist sich dessen bewußt, daß mit ihm das Ende dieser alten Welt bereits begonnen hat. Er selbst gehört schon zum Reich. Die Teilhabe an der neuen Ordnung hängt davon ab, ob man Person und Botschaft Jesu bejaht. Mit dieser seiner Predigt steht Jesus offenkundig im Horizont der Apokalyptik (Warten auf das Ende der Welt), die für die Zeit des Neuen Testamentes charakteristisch ist. Als Mensch seiner Zeit atmet der Nazarener auch diese Atmosphäre, hebt sich aber auch beträchtlich von ihr ab. Dennoch lohnt es sich zu fragen: Warum hat Christus die Vorstellung vom Reich Gottes, Messianismus und Ende der Welt als Sprachrohr für seine Botschaft übernommen? Warum spricht er von einem unmittelbar bevorstehenden Anbruch des Reiches, vom Menschensohn, der auf den Wolken des Himmels kommen wird, von einem Endgericht, und warum bedient er sich der ganzen Symbolik der messianischen Hoffnungen? Um diese Fragen beantworten zu können, müssen wir rasch einen Blick auf die religiöse Bedeutung der apokalyptischen Sprache (vom Ende der Welt) werfen.

6. „Das Volk war voll Erwartung"

In seinen *Antiquitates Iudaicae* erzählt Josephus Flavius, zwischen 100 vor Chr. und 100 nach Chr. habe die Hauptsorge der Juden darin bestanden, „sich von jeder Art fremder Herrschaft zu befreien, damit sie alleine Gott dienen konnten" (Ant. 17,11,2). Seit dem Exil (587 v. Chr.) lebten die Juden praktisch in Unfreiheit: Aus der Herrschaft der Nachfolger Alexanders des Großen kamen sie unter die Regierung der Römer. Die Möglichkeiten der Befreiung waren erschöpft. Allein ein Eingreifen Gottes konnte ihnen noch die Unabhängigkeit zurückgeben. Da entsteht besonders zur Zeit der Makkabäer eine Fülle an apokalyptischer Literatur, angefangen mit dem Danielbuch, das mit der Beschreibung des kommenden Reiches, der Wiederherstellung der davidischen Oberhoheit und der Übernahme der absoluten Herrschaft durch Gott dem Volk Vertrauen und den Glauben an ein glückliches Ende geben soll. Das Thema des Gottesreiches steht im Mittelpunkt der biblischen Literatur nach dem Exil und zwischen den beiden Testamenten. Reich Gottes hat im Sinne des Judentums, für das Politik ein Teil von Religion ist, so daß Reich Gottes konkret die Befreiung von allen unterdrükkerischen Kräften bedeutete, ohne Zweifel eine politische Konnotation. Die umfassende Herrschaft Gottes mußte sich auch im Bereich der Politik erweisen. Der Messias ist derjenige, der das Reich Gottes begründet. Auf sein Kommen bereitete sich das ganze Volk vor. Die Pharisäer waren der Ansicht, mit der genauen Befolgung des gesamten Gesetzes könne die Umgestaltung dieser Welt herbeigeführt werden. Die Essener wie die Mönche von Qumran hatten sich in die Wüste zurückgezogen, um in absoluter Reinheit, voller Beachtung des Gesetzes und einem idealen Leben den Anbruch der neuen Ordnung zu erwarten und zu beschleunigen. Die Zeloten (Eiferer) meinten, mit Aktionen, Partisanenkämpfen und Gewalttaten Gott zum rettenden Eingreifen veranlassen zu können. Ihr Motto lautete: „Allein Jahwe ist König, und nur ihm werden wir dienen." So lehnten sie den Kaiser, die Volkszählung, die Steuern und insbesondere die Kopfsteuer ab, weil gerade letztere damals so viel bedeutete, wie den Kaiser als Herrn und Gott anzuerkennen. Das Kommen des Messias wird das alles ändern, und mit dem Beginn der ewigen Herrschaft Gottes wird auch diese Welt ihr Ende finden. Die Apokalyptiker erforschten die Zeichen der messianischen Zeiten, versuchten vor allem, sie zu deuten und stellten Berechnungen mit Wochen und Jahren an, um die Heilsereignisse in Raum und Zeit zu bestimmen.

Trotz gewisser weltanschaulicher Elemente steckt in der jüdischen Apokalyptik der ewige Optimismus, der zum Wesen jeder echten Religion gehört. Die traurige und doppeldeutige Lage dieser sündigen Welt wird eines Tages ein Ende haben; eines Tages wird Gott Mitleid mit den Menschen haben und sie für sich von allen sie befremdenden Elementen befreien. Reich Gottes ist der symbolische Ausdruck dieser transzendenten Wahrheit. Das Reich Gottes predigen und verkünden, wie es die Apokalyptiker und Jesus taten, heißt bezeugen, daß die Wirklichkeit der Welt einen Sinn hat, daß sie radikal vervollkommnet werden kann und daß dies durch Gott, und zwar nur durch Gott geschieht. In diesem Sinn boten der Messianismus und die Ausdrucksformen der Apokalyptik Jesus geeignete Mittel, seine befreiende Botschaft mitzuteilen und zu offenbaren, wer er war: der Sohn Gottes, der fleischgewordene Gott und der Erlöser der Welt. Nur in dieser Sprache konnte sich Christus seinen Hörern, die „voll Erwartung" (Lk 3, 15) waren, verständlich machen. Er hatte Teil an den grundlegenden Wünschen des menschlichen Herzens nach Befreiung und nach einer neuen Ordnung. Auch wenn sich diese Hoffnung in die bizarre Sprache der Apokalyptik kleidete, war sie dennoch das Mittel, mit dem Gott die größte Offenbarung an die Welt gab.

Trotz dieser Parallelen unterscheidet sich die Predigt Christi doch von den messianischen Erwartungen des Volkes. Nie schürt Jesus jüdischen Nationalismus, kein Wort der Rebellion gegen die Römer kommt aus seinem Munde, und nirgends hören wir von einer Anspielung auf die Wiederherstellung des davidischen Reiches, obgleich ihn das Volk beim Einzug in Jerusalem entsprechend begrüßt (Mk 11,10) und die Inschrift am Kreuz lautet: „Der König der Juden" (Mk 15,26). Selbst die Jünger halten mit ihrer nationalistischen Neigung nicht zurück: „Wir hatten erhofft, daß er Israel befreien werde", sagen die Emmausjünger resigniert (Lk 24,21; vgl. 19,11), und die Apostel fragen ihn beim letzten Abschiednehmen: „Herr, stellst du in dieser Zeit das Reich für Israel wieder her?" (Apg 1,6). In diesem Punkt enttäuscht Christus alle. Auch was die fanatischen Spekulationen der Apokalyptiker über das Ende der Welt und über die Zeichen in der Natur sowie bei den Völkern anlangt, geht er mit seiner Predigt seinen eigenen Weg. Er verzichtet auf ihre wundersamen Schilderungen des Jüngsten Gerichts und der Auferstehung der Toten. Auf die Frage, die das Volk am meisten beschäftigt: „Herr, wie lange noch?" (vgl. Ps 80,5; 74,10; vgl. Dan 9,4–19), antwortet er schlicht: „Darum haltet euch bereit! Denn der Menschensohn kommt zu einer Stunde, in der ihr es nicht erwartet" (Mt 24,44). Was an Jesus am meisten auffällt, ist die Vollmacht, mit der er das Reich ansagt und mit noch nie gesehenen Zeichen und Gesten bereits gegenwärtig setzt.

Trotzdem macht der politische Messianismus – soweit er aus den Versuchungen Jesu erkennbar wird –, wie diese bei den Synoptikern erzählt werden (Mk 1,12–13; Mt 4,1–11; Lk 4,1–13), für Christus eine echte Versuchung aus. Schon seit langem deuten Exegeten die Versuchung Jesu als eine geistige Erfahrung, die er gemacht und dann in eine parabolische Form *(maschal)* gekleidet habe, um die Apostel entsprechend zu lehren. Christus aber bestand die Versuchungen des politischen Messianismus, den es damals in drei Formen gab: in der Form des Propheten, daß der Messias in der Wüste erscheint; in der Form des Priesters, daß der Befreier im Tempel auftritt; und in der Form des Politikers, daß sich der Messias auf dem Berg Gottes zu erkennen gibt. Die drei Versuchungen, von denen die Synoptiker berichten, sollen nun zeigen, wie Jesus Christus die drei Arten des Messianismus in der Wüste, auf dem Berg Gottes und auf der Zinne des Tempels überwindet. Zwar ist er der Messias-Christus, aber nicht im Gewand des Politikers. Sein Reich kann nicht auf einen Ausschnitt aus der Wirklichkeit, wie etwa auf die Politik, privatisiert und verkürzt werden. Er ist gekommen, um die Wirklichkeit in ihrer Gesamtheit mit allen kosmischen, menschlichen und gesellschaftlichen Dimensionen zu heilen. Das große Drama im Leben Christi bestand darin, daß er versuchte, das Wort „Reich Gottes" von seinem ideologischen Gehalt zu befreien und Volk und Jünger verstehen zu machen, daß es etwas viel Tieferes bedeutet: daß es um die Umkehr des Menschen und die radikale Veränderung der Welt des Menschen geht – in dem Sinn, daß es gilt, Freund und Feind gleichermaßen zu lieben und mit allen Mensch und Gott feindlichen Elementen Schluß zu machen. Denen, die an dem Paradox zwischen seinem Anspruch und seiner Herkunft aus einer Familie von kleinen Leuten Anstoß nehmen, versichert er: „Selig ist, wer an mir keinen Anstoß nimmt" (Lk 7,23; Mt 11,6). Das Reich Gottes ist schwach und kennt nichts von großem Apparat. Vielmehr ist es wie das Samenkorn, das in die Erde gelegt wird (Mk

4, 26–29), wie das Senfkorn, das in Palästina als das kleinste Samenkorn gilt (Mt 13, 31–32), oder wie der Sauerteig in der Teigmasse (Mt 13, 33). Das scheinbar kleine Ausmaß verbirgt und verheißt eine großartige Zukunft: Ein wenig Sauerteig läßt die ganze Teigmasse aufgehen; das Samenkorn wächst und bringt Ähren mit reichlich Weizen hervor; das Senfkorn „geht auf und wird größer als alle anderen Gewächse" (Mk 4, 32). Im Anfang ist das Ende schon enthalten. Mit Christus hat das Reich bereits begonnen, in der Welt zu wirken. Die alte Ordnung neigt sich schon ihrem Ende zu. Die Sonne, die keinen Untergang mehr kennt, geht bereits auf. Die Zeit der Befreiung ist schon angebrochen. Im folgenden Kapitel werden wir uns der Predigt Jesu über das Reich zuwenden, das eine Revolution in der Art, wie Menschen denken und handeln, ebenso wie eine globale Veränderung der Welt und der Dinge des Menschen bewirkt.

7. Schluß: Er hat sich unsere tiefsten Sehnsüchte zu eigen gemacht

Aus all dem müssen wir eines mit Sicherheit festhalten: Die Inkarnation Gottes bedeutet nicht nur, daß Gott Mensch geworden ist; sie bedeutet viel mehr. Gott nahm an unserem menschlichen Sosein teil und machte sich unsere tiefsten Sehnsüchte zu eigen. Er benutzte unsere stark mit ideologischen Inhalten durchsetzte Sprache, wie die Vorstellung vom Reich Gottes sie mit sich bringt. Jesus war bemüht, sie zu reinigen und ihr eine neue Bedeutung im Sinn von umfassender Befreiung und absoluter Hoffnung zu geben. Mit Zeichen und charakteristischen Verhaltensweisen machte er auf den neuen Inhalt aufmerksam. Das Reich Gottes, das er predigte, ist keine unmögliche Utopie des Menschen mehr. Vielmehr: Da ja „für Gott nichts unmöglich ist" (Lk 1, 37), ist es eine bereits in dieser Welt beginnende Wirklichkeit geworden. Mit Jesus hat eine „große Freude für alle" (Lk 2, 10) angefangen; denn wir wissen bereits heute, daß es mit der neuen, von ihm eröffneten Ordnung Wahrheit werden wird, was uns die Apokalypse mit dem Anbruch des neuen Himmels und der neuen Erde verspricht (Offb 21, 1.4). Mit ihm können wir schon wie ein fernes, aber deutliches Echo die „zuverlässigen und wahren Worte" vernehmen: „Seht, ich mache alles neu ... Sie sind in Erfüllung gegangen" (Offb 21, 5.6).

III. Jesus Christus – Befreier aus dem menschlichen Sosein

In der jüdischen Religion zur Zeit Jesu war alles vorgeschrieben und festgelegt, das Verhältnis zu Gott ebenso wie die Beziehungen der Menschen untereinander. Das Gewissen trug schwer an einer gewaltigen Last von Gesetzesvorschriften. Jesus legte im Namen des Gesetzes heftigen Protest gegen eine derartige Versklavung des Menschen ein. Das folgende Kapitel soll die Grundhaltung Jesu beleuchten: Freiheit gegenüber dem Gesetz ja, aber nur zum Guten und keine Willkür oder Beliebigkeit. Das Gesetz hat nur die Funktion, das menschliche Leben zu regeln und Möglichkeiten der Harmonie und des Verständnisses unter den Menschen zu eröffnen. Deshalb setzen die Anleitungen der Bergpredigt Liebe voraus, das heißt den neuen, zu höheren Dingen befreiten Menschen.

Das Thema der Bergpredigt Christi war weder er selbst noch die Kirche, sondern das Reich Gottes. Reich Gottes meint die Verwirklichung einer Utopie des menschlichen Herzens von einer umfassenden Befreiung des Menschen und des Kosmos. Die alte Welt wird neu, erfüllt von Gott und versöhnt mit sich selbst. Mit einem Wort könnte man sagen, Reich Gottes bedeute eine totale, globale und strukturelle Revolutionierung der alten Ordnung, deren Träger Gott und nur Gott ist. Deshalb ist es Reich *Gottes,* im objektiven und subjektiven Sinn. Christus versteht sich nicht nur als Prediger und Prophet dieser Neuheit (Evangelium), sondern bereits als ein Element dieser neuen, veränderten Lage. Er ist der neue Mensch, das schon gegenwärtige, wenn auch unter dem Schleier der Schwachheit noch verborgene Reich. Zu Christus ja sagen ist unerläßliche Bedingung für die Teilhabe an der neuen Ordnung, die Gott errichten wird (Lk 12, 8–9). Damit es zu dieser Veränderung kommen kann, die von der Sünde wie von den persönlichen und kosmischen Folgen der Sünde ebenso wie von allen anderen Entfremdungen befreit, die wir in der Schöpfung spüren und erleiden, fordert Christus zwei grundsätzliche Dinge: Umkehr der Person und Neustrukturierung der Welt, in der die Person lebt.

1. Reich Gottes beinhaltet eine Revolution in der Art, zu denken und zu handeln

Das Reich Gottes betrifft zunächst Personen. Sie müssen sich bekehren. Bekehrung heißt: seine Art, zu denken und zu handeln, im Sinne Gottes ändern, also sich innerlich revolutionieren. Deshalb beginnt Jesus seine Predigt: „Kehret um! Denn das Himmelreich ist nahe!" (Mt 3, 2; 4, 17). Sich bekehren besteht nicht in

Frömmigkeitsübungen, sondern in einer neuen Existenzweise angesichts Gottes und angesichts der Neuheit, die Jesus ansagt. Umkehr bedeutet stets einen Bruch: „Meint ihr, ich sei gekommen, um Frieden auf die Erde zu bringen? Nein, sage ich euch, nicht Frieden, sondern Spaltung. Denn von nun an wird es so sein: Wenn fünf Menschen im gleichen Haus leben, wird Zwietracht herrschen: drei werden gegen zwei stehen und zwei gegen drei ..." (Lk 12,51–52). Allerdings will diese Wende in der Denkens- und Handelnsweise gesund sein: Sie will den Menschen in eine Krise führen, damit er sich für die neue Ordnung, die schon unter uns gegenwärtig ist, das heißt für Jesus Christus selbst (Lk 17,21), entscheidet.

Jesus interessiert weniger, ob der Mensch zuvörderst alle Gesetze beachtet, von allem den Zehnten zahlt und in Religion und Gesellschaft alle Gesetzesvorschriften befolgt. Ihn interessiert in erster Linie, ob der Mensch bereit ist, sein Hab und Gut zu verkaufen, um den Acker mit dem vergrabenen Schatz zu erstehen, ob er willens ist, alles zu veräußern, um die wertvolle Perle zu erwerben (Mt 13,44–46), ob er den Mut hat, Familie und Besitz aufzugeben, um in die neue Ordnung Einlaß zu finden (Mt 20,37), das eigene Leben zu wagen (Lk 17,33), sich ein Auge auszureißen oder eine Hand abzuhacken (Mk 9,43; Mt 5,29). Dieses *Nein* zur geltenden Ordnung bedeutet keine Askese, wohl aber die Haltung der Bereitschaft gegenüber den Forderungen Jesu. Denn jetzt kommt es darauf an, sich für Gott zu öffnen. Dabei geht Jesus mit seiner Forderung so weit, daß er die schockierend harte Drohung ausspricht: „Ihr alle werdet umkommen, wenn ihr euch nicht bekehrt" (Lk 13,3.5). Die Sintflut stehe unmittelbar bevor, und dies sei die letzte Stunde (Mt 24,37–39; 7,24–27). Die Axt sei schon an die Wurzel des Baumes gesetzt, und wenn der Baum kein Obst bringe, werde er gefällt (Lk 13,9). In Kürze werde der Hausherr die Tür schließen, und wer zu spät komme, werde sich die traurigen Worte anhören müssen: „Ich weiß nicht, woher ihr seid" (Lk 13,25b), es sei schon zu spät (Mt 25,11). Deshalb werde nur der Mensch als klug bezeichnet, der die Situation der radikalen Krise (Mt 7,24; 24,45; 25,2.4.8.9; Lk 12,42) erkenne, sich für das Reich entscheide und damit in den Stand versetzt werde, alle Versuchungen zu bestehen (vgl. Mt 7,24–25).

Die Einladung ergeht an alle. Die Mehrheit ist jedoch mit ihren Verpflichtungen dermaßen beschäftigt, daß sie die Einladung zum Hochzeitsfest ablehnt (Lk 14,16–24). Vor allem die Reichen sind völlig etabliert (Mk 10,25; vgl. Mt 23,24). Das Tor ist nur schmal, und nicht alle strengen sich ausreichend an, um hindurchzukommen (vgl. Lk 13,24). Die Umkehr ist so herausfordernd, daß es mitunter notwendig wird, selbst die elementarsten natürlichen Bindungen mit den verstorbenen Familienangehörigen, die gerade auf die Bestattung warten, abzubrechen (Lk 9,59–60; Mt 8,21–22). Wer sich für das Neue, das Jesus bringt, entschieden hat, blickt nur noch nach vorne. Die Vergangenheit liegt hinter ihm (vgl. Lk 9,62). In der Einladung Jesu liegt geradezu etwas von Drohung. Ein „Agraphon" im apokryphen Thomasevangelium, das angesehene Exegeten für ein echtes Jesuswort halten, sagt ohne Wenn und Aber: „Wer mir nahe ist, ist dem Feuer nahe, wer von mir fern ist, ist dem Reich fern." Wer sich für Jesus entscheidet, kann nicht auf halbem Weg stehenbleiben; sonst wäre er wie jemand, der einen Turm bauen will, sein Werk anfängt und es halbfertig stehen läßt, oder wie ein König, der triumphierend in den Krieg zieht, aber angesichts der Übermacht seines Feindes zurückweicht und sich auf Verhandlungen mit ihm einläßt (Lk 14,28–32). Ehe man die Einladung annimmt, muß man sich die Sache überlegen. „Herr, Herr" sagen ist leicht. Aber es kommt darauf an, tun zu wollen, was er sagt (Lk 6,46). Anderenfalls landet man in einer böseren Lage als zuvor (Mt 12,43–45b; Lk 11,24–26).

Die Bekehrung selbst ist wie ein Hochzeitskleid, wie ein wohlriechener Kopf und ein geschminktes Gesicht (vgl. Mt 6,17), wie Musik und Tanz (Lk 15,25), wie die Freude über den Sohn, der nach Hause zurückkommt (Lk 15,32; 15,7), oder wie die Zufriedenheit, die man verspürt, wenn man Geld wiederfindet, das man verloren hatte. Alles das nimmt allmählich in einem Gestalt an, sobald man wie ein Kind wird (Mt 18,3). Der Satz: „Wenn ihr nicht umkehrt und wie ein Kind werdet, könnt ihr nicht in das Himmelreich kommen" (Mt 18,3; vgl. Mk 10,15; Lk 18,17), will nicht die natürliche Unschuld von Kindern feiern. Christus ist kein sentimentaler Romantiker. Der Vergleichspunkt liegt woanders: So wie das Kind völlig von der Hilfe der Eltern abhängt und alleine zu nichts imstande ist, so steht es auch mit dem Menschen in Anbetracht der Forderungen des Reiches. Johannes läßt Jesus eindeutig sagen: „Wenn jemand nicht von neuem geboren wird, kann er das Reich Gottes nicht sehen" (Joh 3,3). Auf eine neue Art, zu denken und zu handeln, kommt es an. Das wird noch deutlicher, wenn wir betrachten, wie sich Jesus gegenüber dem Gesetz verhält.

a) Jesus Christus – Befreier des unterdrückten Gewissens

In der jüdischen Religion zur Zeit Jesu war alles vorgeschrieben und festgelegt, das Verhältnis zu Gott ebenso wie die Beziehungen der Menschen untereinander. Alles war mit dem Argument sanktioniert, es sei der Wille Gottes und dieser käme in den heiligen Büchern des Gesetzes zum Ausdruck. Ja, das Gesetz wurde in der Weise verabsolutiert, daß einige Theologenkreise lehrten, Gott selbst beschäftige sich täglich stundenlang mit dem Studium des Gesetzes. Das Gewissen trug schwer an einer gewaltigen Last von Gesetzesvorschriften (vgl. Mt 23,4). Jesus legte im Namen des Gesetzes heftigen Protest gegen eine derartige Versklavung des Menschen ein. „Der Sabbat ist für den Menschen da, nicht der Mensch für den Sabbat" (Mk 2,27). Obwohl es im Alten Testament klipp und klar heißt: „Ihr sollt dem Wortlaut dessen, worauf ich euch verpflichte, nichts hinzufügen und nichts davon wegnehmen" (Dtn 4,2), nimmt Jesus sich die Freiheit, verschiedene Vorschriften des mosaischen Gesetzes abzuändern: die Todesstrafe für Ehebrecher, die auf frischer Tat ertappt werden (Joh 8,11), die Polygamie (Mk 10,9), das Gesetz zur Beachtung des Sabbat (Mk 2,27), der als Kennzeichen des erwählten Volkes galt (Ez 20,12), die Vorschriften bezüglich der gesetzlichen Reinheit (Mk 7,15) und andere mehr. Jesus verhält sich den Gesetzen gegenüber überlegen. Wenn sie dem Menschen helfen und Liebe eröffnen oder intensivieren, akzeptiert er sie. Wenn sie hingegen die Sklaverei rechtfertigen, lehnt er sie ab und fordert, daß man sie bricht. Nicht das Gesetz rettet, sondern die Liebe – so läßt sich die ethische Predigt Jesu zusammenfassen. Er enttheologisiert das Verständnis von Gesetz: Der Wille Gottes findet sich nicht nur in Gesetzesvorschriften und heiligen Büchern, sondern zeigt sich vor allem in den Zeichen der

Zeit (vgl. Lk 12,54–57). Die Liebe, die er predigt und fordert, muß gegenüber Freund und Feind bedingungslos sein (Mt 5,44). Jedoch: Wenn Christus den Menschen von den Gesetzen befreit, so überläßt er ihn dennoch nicht der Willkür und Verantwortungslosigkeit. Im Gegenteil: Er schafft Bindungen und Verbindungen, die noch stärker sind als die des Gesetzes. Die Liebe hat alle Menschen miteinander zu verbinden.

In einer kritischen Anmerkung zum Lukasevangelium (6,5 Codex D) wird folgende Episode erzählt, an der sich treffend die Haltung Jesu gegenüber dem Gesetz ablesen läßt: Jesus trifft an einem Sabbat einen Mann bei der Feldarbeit an und sagt ihm: „Mensch, wenn du weißt, was du tust, bist du selig, wenn du es aber nicht weißt, bist du verdammt und ein Übertreter des Gesetzes." Was will Jesus damit sagen? Will Jesus endgültig die heiligen Feste und den Sabbat abschaffen? Jesus will folgendes sagen, und darin sehen wir seine Freiheit und seinen Nonkonformismus („Ihr habt gehört, daß zu den Alten gesagt wurde ... Ich haber sage euch": Mt 5,21 f): „Mensch, wenn du weißt, warum du am Sabbat arbeitest – wie ich, der ich an einem Ruhetag einen Menschen mit einer vertrockneten Hand geheilt habe (Mk 3,1), eine Frau mit verkrümmtem Rücken (Lk 13,10) und einen Wassersüchtigen (Lk 14,1), wenn du am Sabbat arbeitest, um jemandem zu helfen, und wenn du weißt, daß für die Kinder Gottes das Gesetz der Liebe über alles geht ..., dann bist du glücklich! Wenn du das jedoch nicht weißt und aus Leichtfertigkeit, Laune und Willkür den heiligen Tag schändest, bist du verdammt und überschreitest das Gesetz." Hier wird die Grundhaltung Jesu ersichtlich: Freiheit gegenüber dem Gesetz ja, aber nur zum Guten und keine Willkür oder Beliebigkeit. Christus ist gegen *nichts*, Christus ist *für* Liebe, Spontaneität und Freiheit. Um dieser positiven Dinge willen muß er bisweilen gegen etwas sein. Röm 14,23 paraphrasierend kann man mit Recht sagen: Alles, was nicht aus Liebe kommt, ist Sünde. Auch an anderer Stelle erfahren wir von derselben Sorge Jesu, die Menschen aus Konventionen und gesellschaftlichen Vorschriften zu befreien. Zur Zeit Jesu hatte der Mann in Palästina das Vorrecht, mehrere Frauen zu haben und sich auch von ihnen zu trennen. Im Gesetz Mose hieß es: „Wenn ein Mann eine Frau geheiratet hat und ihr Ehemann geworden ist, sie ihm aber dann nicht gefällt, weil er an ihr etwas Anstößiges entdeckt, dann kann er ihr eine Scheidungsurkunde ausstellen, sie ihr übergeben und aus seinem Hause fortschicken" (Dtn 24,1). Als Motive dafür, daß eine Frau ihrem Mann nicht mehr gefiel, galten in der zeitgenössischen Rechtsprechung, daß sie nicht schön war, nicht gut kochen konnte, keine Kinder bekam usw. Dagegen steht Christus auf und sagt den einschneidenden Satz: „Was Gott verbunden hat, das darf der Mensch nicht trennen" (Mk 10,9). Diese Worte zeigen den ritterlichen Geist, den Jesus gegenüber dem legalisierten Unrecht hatte.

Im Reich Gottes sollen Freiheit und Gleichheit unter Geschwistern herrschen. Jesus hat uns das eine wie das andere eröffnet. Paulus, der das Neue an Jesus schon sehr früh und zutiefst verstanden hat, schreibt an die Galater: „Zur Freiheit hat uns Christus befreit. Bleibt daher fest und laßt euch nicht von neuem das Joch der Knechtschaft auferlegen! ... Nehmt die Freiheit nicht zum Vorwand für das Fleisch, sondern dient einander in Liebe. Denn das ganze Gesetz ist in dem einen Wort zusammengefaßt: Du sollst deinen Nächsten lieben wie dich selbst" (Gal 5,1.13–14).

b) Das Verhalten des neuen Menschen

Die Umkehr, die Jesus fordert, und die Befreiung, die er uns gebracht hat, bedeuten Liebe, die keinen Unterschied macht. Aus der Liebe die Norm des Lebens und des moralischen Verhaltens machen ist für den Menschen wahrlich keine Kleinigkeit. Leichter tut er sich da mit Gesetzen und Vorschriften, in denen alles vorgesehen ist und die alles regeln. Schwer fällt es ihm, sich jeden Augenblick neu eine Norm zu schaffen, die von Liebe inspiriert ist. Liebe kennt keine Grenzen, Liebe verlangt schöpferische Phantasie. Liebe besteht einzig im Leben und in der Bereitschaft, den Mitmenschen zu dienen. Nur wer gibt, hat auch. Das ist das „Gesetz" Christi: daß wir einander lieben, wie Gott uns geliebt hat. Nur so verhält sich der neue, freie Mensch, den Christus befreit und eingeladen hat, an der neuen Ordnung teilzuhaben. So eine Liebe kommt in radikalen Formeln wie in der Bergpredigt zum Ausdruck: Nicht nur der Mörder, sondern wer seinem Bruder auch nur zürnt, hat sich vor Gericht zu verantworten (Mt 5,22); Ehebruch begeht, wer auch nur in seinem Herzen eine fremde Frau begehrt (Mt 5,28); schwören darf man auf keinen Fall; und die Rede hat zu lauten: Ja, ja und nein, nein (Mt 5,34.37); bösen Menschen soll man keinen Widerstand leisten; wenn einen jemand auf die rechte Wange schlägt, soll man ihm auch die linke hinhalten; und wenn jemand mit einem streitet, weil er das Hemd will, soll man ihm auch den Mantel lassen (Mt 5,39–40) usf.

Aber kann man auf der Grundlage dieser Normen sein Leben und die Gesellschaft gestalten? Schon Julian der Abtrünnige sah hier ein Argument, um das Christentum als Ganzes abzulehnen: für den einzelnen wie für Familie und Gesellschaft sei es schlicht impraktikabel. Manche Leute denken: Die Forderungen der Bergpredigt sollten gerade zeigen, daß der Mensch unfähig ist, das Gute zu tun. Sie zielten darauf ab, den verzweifelten und von seiner Sünde überzeugten Menschen zu Christus zu führen, der an unser Statt alle Gebote erfüllt und uns damit erlöst hat. Andere sagen, die Bergpredigt verkünde lediglich eine Gesinnungsethik. Gott schaue nicht so sehr auf das, *was* wir tun, sondern *wie* wir es tun: bereitwillig, gehorsam und mit der rechten inneren Einstellung. Eine dritte Gruppe ist folgender Ansicht: Die Forderungen Jesu müßten in ihrem historischen Umfeld verstanden werden. Die Zeit dränge und sei kurz. Es sei die Stunde der letzten Entscheidung, die vierundzwanzigste Stunde. In dieser kurzen Frist, die uns bis zum Anbruch der neuen Ordnung verbleibe, müßten wir alles wagen und uns bereithalten. Es gebe Ausnahmegesetze. Die Bergpredigt verkünde eine Interimsmoral für die Zwischenzeit, bis daß der neue Himmel und die neue Erde anbrächen. In allen drei Lösungen steckt etwas Richtiges. Trotzdem kommen sie an das Eigentliche nicht heran, weil sie davon ausgehen, die Bergpredigt sei Gesetz. Christus ist aber weder gekommen, ein radikaleres und strengeres Gesetz zu bringen, noch hat er einen vollkommeneren Pharisäismus gepredigt. Christus hat das Evangelium verkündet, das heißt eine gute Nachricht: Nicht das Gesetz rettet, sondern die Liebe. Das Gesetz hat nur die Funktion, das menschliche Leben zu regeln und Möglichkeiten der Harmonie und des Verständnisses unter den Menschen zu eröffnen. Die Liebe, die rettet, überwindet alle Gesetze und führt alle Normen *ad absurdum.*

Die Liebe, die Christus will, geht weit über die Gerechtigkeit hinaus. Gerechtigkeit, so wie sie klassisch definiert wird, besteht darin, jedem das zu geben, was ihm zusteht. Das *„was jedermann zusteht"* setzt freilich ein vorgegebenes soziales System voraus. In einer Sklavenhaltergesellschaft besteht das „jedermann geben, was ihm zusteht" darin, dem Sklaven zu gönnen, was sein ist, wie auch dem Herrn zuteil werden zu lassen, was ihm zukommt; in der bürgerlichen Gesellschaft: dem Unternehmer zu geben, was ihm gebührt, wie auch dem Arbeiter, was sein ist; im neukapitalistischen System: dem Magnaten das nicht vorenthalten, worauf er ein Recht hat, und dem Proletarier das gewähren, was ihm zusteht. In der Bergpredigt bricht Christus diesen Zirkel auf. Die Gerechtigkeit, die er predigt, bedeutet kein Sanktionieren und Legitimieren eines sozialen *Status quo,* der von einer Diskriminierung unter den Menschen ausgeht. Christus verkündet eine grundsätzliche Gleichheit: Alle sind würdig, geliebt zu werden. Wer ist mein Nächster? ist eine falsche Frage, die man so nicht stellen kann. Jeder ist für jeden der Nächste. Alle sind Kinder desselben Vaters und mithin Brüder und Schwestern untereinander. So führt die Predigt der umfassenden Liebe jedes gesellschaftliche und kirchliche System in eine ständige Krise. Christus verkündet ein Prinzip, das jede Fetischierung eines Systems und jede entmenschlichende Unterordnung darunter in Frage stellt, ob es gesellschaftlich oder religiös ist. Deshalb setzen die Anleitungen der Bergpredigt Liebe voraus, das heißt den neuen, zu höheren Dingen befreiten Menschen: „Wenn eure Gerechtigkeit nicht weit größer ist als die der Schriftgelehrten und Pharisäer, werdet ihr nicht in das Himmelreich kommen können" (Mt 5,20).

Ursprünglich hatte die Bergpredigt durchaus einen endzeitlichen Klang, Christus predigte das unmittelbar bevorstehende Ende. Deshalb verlangt er eine totale Umkehr im Sinne der Liebe. In der vorliegenden Redaktion des Matthäus aber sind die Worte Jesu im Kontext einer Kirche angesiedelt, in der das Ende der Welt in eine unbestimmte Zukunft hinausgerückt ist. Aber auch noch unter diesen neuen Bedingungen ist das Wesentliche an der Bergpredigt Jesu erhalten geblieben. Seine Botschaft ist kein Gesetz, sondern Evangelium und Liebe. In der gegenwärtigen Formulierung will die Bergpredigt ein Katechismus für das Verhalten des Jüngers sein, der sich für die gute Nachricht Jesu bereits entschieden hat und jetzt versucht, sein Leben nach dem Neuen, das Christus ihm gebracht hat, nach der göttlichen Kindschaft zu gestalten.

2. Reich Gottes beinhaltet eine Revolution in der Welt des Menschen

Die Predigt Jesu vom Reich Gottes, die zur Umkehr auffordert, betrifft nicht nur einzelne Menschen, sondern auch die Welt der Menschen. Sie will auch Befreiung von Legalismus, von grundlosen Konventionen, von autoritärem Verhalten und von Kräften und Potentaten, die den Menschen nur unterjochen. Schauen wir, wie sich Christus gegenüber den Vertretern der geltenden Ordnung seiner Zeit verhalten hat. Die Inhaber der religiösen und gesellschaftlichen Ordnung waren für das einfache Volk konkret nicht so sehr die Römer in Cäsarea an der Küste oder in Jerusalem, nicht der Hohepriester am Tempel und auch nicht unmittelbar die Regierenden, die die römische Besatzungsmacht eingesetzt hatte, wie Herodes, Philipp, Archelaus oder Pontius Pilatus. Wer für Gerechtigkeit sorgte, Streitfälle löste und auf die öffentliche Ordnung aufpaßte, das waren insbesondere die Schriftgelehrten und Pharisäer. Die Schriftgelehrten waren Theologen, die sorgfältig die Schriften und das mosaische Gesetz, vor allem aber die religiösen Überlieferungen des Volkes studierten. Die Pharisäer bildeten eine Kongregation von besonders eifrigen und frommen Laien. Sie selbst befolgten alles buchstäblich und achteten darauf, daß auch das Volk alles strikt befolgte. Überall in Israel waren sie anzutreffen und hatten für jeden Fall eine Lösung, die sie in den religiösen Traditionen der Vergangenheit und in den Kommentaren zum mosaischen Gesetz (Halacha) fanden. Alles taten sie zum Erhalt der herrschenden Ordnung und „damit es die Menschen sahen" (Mt 23, 5). Doch sind die Pharisäer keine schlechten Leute. Ganz im Gegenteil. Auf alles zahlen sie Steuern (Mt 23, 23); in der Synagoge sitzen sie gern auf den ersten Plätzen (Mt 23, 6); ihr Eifer für das System ist so groß, daß sie durch die ganze Welt laufen, um auch nur einen Anhänger zu gewinnen (Mt 23, 15); von den anderen Menschen, die „Räuber, Betrüger, Ehebrecher und auch Steuerhinterzieher" (Lk 18, 11) sein können, unterscheiden sie sich; sie befolgen die Fastenvorschriften und zahlen den Zehnten von allem, was sie besitzen (Lk 18, 12); und so sehr liegt ihnen an der Religion, daß sie heilige Monumente und Denkmäler bauen (Mt 23, 29). Obwohl sie in allem perfekt sind, haben sie doch einen Grundfehler, den Jesus mit den Worten anprangert: Sie lassen „das Wichtigste am Gesetz außer acht: Gerechtigkeit, Barmherzigkeit und Treue" (Mt 23, 23). „Man muß das eine tun", kommentiert er, „ohne das andere zu lassen" (Mt 23, 23). Sie reden nur und tun nichts. „Sie schnüren schwere Lasten zusammen und legen sie den Menschen auf die Schultern, wollen selber aber keinen Finger rühren, um die Lasten zu tragen" (Mt 23, 4). Um in das Reich zu kommen, ist es nicht damit getan, das zu tun, was das Gesetz vorschreibt. Die gegenwärtige Ordnung der Dinge kann den Menschen nicht aus seiner Grundentfremdung retten. Denn sie ist Ordnung in Unordnung. So bedarf es einer Veränderung des Lebens und einer Wende in den Grundlagen der alten Situation. Deshalb sind alle, die am Rande der geltenden Ordnung stehen, näher dem Reich Gottes als die anderen. Gerade für diese weiß sich Jesus aber gerufen (Mt 9, 13). Er bricht mit den gesellschaftlichen Konventionen seiner Zeit. Es ist ja bekannt, wie scharf die sozialen Klassen zwischen Armen und Reichen, zwischen Nahen und Fernen, Priestern am Tempel und Leviten in den kleinen Dörfern, Pharisäern, Sadduzäern und Steuereintreibern die Menschen auseinanderhielten. Um die Angehörigen von verachteten Berufen machte man einen weiten Bogen, ja man verfluchte sie – so etwa: Hirten, Ärzte, Schneider, Barbiere, Schlächter und vor allem Zöllner (Steuereintreiber), die als Kollaborateure der Römer galten.

Und wie verhält sich Jesus gegenüber dieser sozialen Klassenbildung? Souverän. Er hält sich einfach nicht an die religiösen Konventionen, wie an das Händewaschen vor den Mahlzeiten, vor dem Betreten eines Hauses und an vieles andere. Über die Klassenunterschiede geht er hinweg. Er spricht mit allen. Zu den An-den-Rand-Gedrängten, Armen und Verachteten sucht er Kontakt. Denen, die sich daran stoßen, ruft er zu: „Nicht die Gesunden brauchen den Arzt, sondern die Kranken. Ich bin gekommen, um die Sünder zur Umkehr zu rufen, nicht die Gerechten" (Lk 5,31–32). Mit einer Dirne unterhält er sich und empfängt Heiden (Mk 7,24–30). Mit Zachäus, dem Halunken, geht er zu Tisch; einen Geizhals, der ihn später verrät: Judas Iskariot, duldet er in seiner Gefolgschaft; drei vormalige Guerillakämpfer macht er sich zu Jüngern und läßt es zu, daß Frauen ihn auf seinen Reisen begleiten, was für einen Rabbiner seiner Zeit unerhört war. Fromme rümpften die Nase: „Dieser Fresser und Säufer, dieser Freund der Zöllner und Sünder!" (Mt 11,19). Das Autoritätsprinzip entsakralisiert er. Obrigkeiten sind nicht mehr und nicht weniger als Stellvertreter Gottes: „Gebt dem Kaiser, was dem Kaiser gehört, und Gott, was Gott gehört!" (Mt 22,21). König Herodes, der ihn aus Galiläa vertreibt, läßt er ausrichten: „Sagt diesem Fuchs: Ich treibe Dämonen aus und heile Kranke, heute und morgen, und am dritten Tag werde ich mein Werk vollenden" (Lk 13,22). Obrigkeit ist reine Dienstfunktion: „Ihr wißt, daß die Herrscher ihre Völker unterdrücken und die Mächtigen ihre Macht über die Menschen mißbrauchen. Bei euch soll es nicht so sein, sondern wer bei euch groß sein will, der soll euer Diener sein" (Mt 20,25). Gesellschaftliche Konventionen interessieren ihn nicht: „Die jetzt die Ersten sind, werden dann die Letzten sein, und die Letzten werden die Ersten sein" (Mk 10,31), und „Zöllner und Dirnen gelangen eher in das Reich Gottes" als die Pharisäer (vgl. Mt 21,31). Warum? Weil diese als Randexistenzen im soziologischen System des Judentums eher bereit sind, die Botschaft Jesu zu hören und zu befolgen. Sie haben nichts zu verlieren, weil sie nichts haben und gesellschaftlich nichts sind. Nur hoffen können sie. Anders die Pharisäer. Sie leben in den Strukturen des Systems, das sie für sich selbst aufgebaut haben: sind reich, berühmt, religiös und sicher, daß Gott auf ihrer Seite ist. Welch traurige Illusion! Das Gleichnis vom gesetzestreuen und stolzen Pharisäer und vom reumütigen und demütigen Zöllner lehrt etwas völlig anderes (Lk 18,9–14). Der Pharisäer will von Jesus nichts hören, weil dessen Botschaft für ihn unbequem ist, ihn zwingt, sein Selbstgefühl aufzugeben, und Umkehr von ihm verlangt – in dem Sinn, daß er den festen und sicheren Boden des Gesetzes aufgibt und sich an der umfassenden Liebe orientiert, die jedes Gesetz übersteigt (Mt 5,43–48). Nicht ohne Grund murren die Pharisäer (Lk 15,2) und machen sich lustig über Jesus (Lk 16,14), beschimpfen ihn, er sei besessen (Mt 12,24; Joh 8,48.52), locken ihn in hinterhältige Gespräche (Mt 22,15–22; Joh 7,38 – 8,11), wollen ihn fassen (Mt 21,45 f; Joh 7,30.32.44), ja sogar töten (Mk 3,6; Joh 5,18; 8,59; 10,31), sammeln Anklagematerial gegen ihn (Mt 12,10; 21,23–27) und finden sich am Ende unter denen, die ihn zum Tode verurteilen wollen. Aber Jesus läßt sich nicht schrecken. Weiter predigt er die individuelle und soziale Umkehr, denn das letzte Ende kommt immer näher: „Die Zeit ist erfüllt, das Reich Gottes ist nahe. Kehrt um und glaubt an das Evangelium!" (Mk 1,15; Mt 4,17).

3. Schluß: Theologische Relevanz des Verhaltens des historischen Jesus

Die Gestalt Jesu, die uns aus diesen prägnanten Logien und kurzen Berichten entgegentritt, ist die eines vorurteilsfreien Menschen, der einen Blick für das Wesentliche und ein Herz für die Mitmenschen hat, insbesondere für die physisch und moralisch Zukurzgekommenen. Damit zeigt er uns, daß die bestehende Ordnung nicht imstande ist, die grundsätzliche Entfremdung des Menschen zu beheben. Die Welt, so wie sie ist, kann nicht der Ort des Reiches Gottes sein (1 Kor 15, 50). Sie muß in ihren Grundfesten umstrukturiert werden. Was rettet, ist die Liebe, die uneigennützige Annahme des anderen und die rückhaltlose Offenheit für Gott. Hier gibt es keine Freunde und Feinde, keine Nahen und Fernen mehr. Alle sind Brüder und Schwestern. Mit all seinen Kräften hat Christus versucht, Bedingungen für den Anbruch des Reiches Gottes zu schaffen – als umfassender Veränderung der menschlichen Existenz und des Kosmos. Unabhängig vom Erfolg oder vom Mißerfolg (der Erfolg ist für das Christentum kein Kriterium) ist das Verhalten Jesu von Nazaret für unser christliches Leben äußerst wichtig. Gewiß, der historische Jesus ist so nicht mehr unter uns, wohl aber der auferweckte Christus, der nicht an die Geschichte gebunden ist. Trotzdem dürfen wir die Frage stellen, weil ja der auferstandene Christus der historische Jesus von Nazaret in Identität ist, nur völlig verklärt, erhoben zur Rechten Gottes, das Ende der Geschichte bereits vorwegnehmend und doch in der Form des Geistes unter uns gegenwärtig (vgl. 2 Kor 3, 17). Er hat eine neue Situation geschaffen. Carlos Mesters sagt: „Es steht uns nicht zu, die anderen zu beurteilen, sie in Gute oder Böse, Gläubige oder Ungläubige einzuordnen, weil die Unterscheidung zwischen Guten und Bösen verschwindet, wenn man gut zu den anderen ist. Wenn es Böse gibt, dann muß man sein Gewissen erforschen: Habe ich mein Herz verschlossen und dem anderen nicht geholfen zu wachsen? Das Elend in der Welt ist weder Entschuldigung noch Grund zu Flucht, sondern Anklage gegen uns. Nicht wir haben über das Elend zu urteilen, sondern das Elend urteilt über uns und unser System und hält uns unsere Mängel vor Augen (vgl. Mt 7, 1–5).

Die Unterscheidung zwischen Nahen und Fernen ist aufgehoben. Alles hängt jetzt von uns ab. Wenn wir auf den anderen zugehen, wird er unser Nächster sein. Andernfalls wird er es eben nicht sein. Das Ganze hängt an *unserer* Hochherzigkeit und Offenheit. Die Goldene Regel lautet: Man soll den anderen tun, was man auch selbst von ihnen erwartet (Mt 7, 12). Auch den Unterschied zwischen Rein und Unrein gibt es nicht losgelöst vom Menschen, sondern er hängt von uns selbst ab, von den Absichten unseres Herzens, wo ja die Wurzel unseres Handelns liegt. In diesem Punkt kann sich niemand mehr auf die Krücken des Gesetzes stützen. Der Mensch muß sein Inneres reinigen, und dann wird auch alles um ihn herum rein sein (vgl. Lk 11, 41) ... Ebensowenig können wir weiter zwischen den Werken der Frömmigkeit und Werken des profanen Lebens unterscheiden, weil sich die Art und Weise, wie wir die Werke der Frömmigkeit tun, nicht mehr abheben darf von der Art und Weise, wie wir die anderen Werke tun (Mt 6, 17–18). Die wahre Unterscheidung ist die, die der Mensch in seinem Gewissen Gott gegenüber trifft (Mt 6, 4.6.18). Eine eindeutige, juristische Sicht vom Gesetz gibt es nicht mehr. Das Gesetz hat ein klares Ziel, die Bergpredigt sagt es: rückhaltlose Hingabe; das aber bedeutet: sich auf den Weg machen, großzügig sein, Verantwortung übernehmen, Kreativität und Initiative entfalten. Jesus hat nichts gegen Traditionen, sofern sie dem Hauptziel nicht schaden, sondern nützen (Mt 5, 19–20; 23, 23). Teilnahme am Gottesdienst alleine ist noch keine Garantie dafür, daß man sich mit Gott gut steht. Die Garantie liegt in der inneren Haltung, mit der jemand Gott ‚im Geist und in der Wahrheit' anbetet. Diese Haltung ist wichtiger als das Äußere, und sie ist der Ausweis für die Gültigkeit der äußeren Formen des Kultes." Die Haltung Jesu ist für die Jünger verbindlich. Sie bringt eine neue Art von Mensch und Menschheit in die Welt; und wir glauben, daß sie die vollkommenste ist, die es je gegeben hat, und daß sie die Fähigkeit hat, neue und bisher unbekannte Werte zu assimilieren, ohne ihr Spezifikum zu verraten. Demnach ist der Christ nicht Teil nur einer Familie, sondern der gesamten Weltfamilie. Alle sind Brüder und Schwestern untereinander. So sagt der Verfasser des Briefes an Diognet (Pantainos?, gegen 190): „Sie gehorchen den Gesetzen, aber ihr Leben übertrifft die Vollkommenheit des Gesetzes ... Jedes fremde Land ist für sie Heimat und jede Heimat ein fremdes Land." Sie leben in dieser Welt, arbeiten in ihr und tragen zu ihrem Aufbau und zu ihrer Leitung bei. Aber ihre letzte Hoffnung setzen sie nicht auf sie. Wer wie Jesus je vom Himmelreich geträumt hat, gibt sich mit dieser Welt, so wie sie ist, nicht mehr zufrieden. Seine Gefühle tendieren bald hierhin und bald dorthin. Im ursprünglichen und starken Sinn des Wortes, so wie Clemens von Rom († 97) oder Irenäus von Lyon († 202) es definieren, fühlt er sich als „paroikos", das heißt als Fremder, der auf dem Weg in eine menschlichere und glücklichere Heimat ist. Für eine gewisse Zeit hat er hier zu leben, weiß aber, daß er, seitdem der Mensch Jesus gekommen ist, von einem neuen Himmel und einer neuen Erde träumen kann.

Jesus hat den Menschen sich selbst zurückgegeben. Alle Entfremdungen, die sich im Menschen und in seiner Geschichte eingenistet haben, sind, so tief sie auch sein mögen, aufgehoben. Nichts mehr kann in den wichtigen Fragen des Lebens den Menschen verdrängen: weder Gesetz noch Überlieferung noch Religion. Vor Gott wie vor dem Mitmenschen hat er sich zu entscheiden, von innen nach außen. Dazu aber braucht er schöpferische Kraft und Freiheit. Sicherheit kommt ihm dabei nicht aus der minuziösen Befolgung der Gesetze oder aus einem bedingungslosen Ja zu den gesellschaftlichen und religiösen Strukturen, sondern aus der Dynamik seiner inneren Entscheidung und aus der verantworteten Selbständigkeit, weiß er doch, was er will und wozu er lebt. Nicht ohne Grund sah Celsus, der große heidnische Philosoph des 3. Jahrhunderts, in den Christen heimat- und wurzellose Menschen, die gegen die göttlichen Einrichtungen des römischen Reiches waren. Mit ihrem Lebensstil – sagt er – erhöben die Christen einen Ruf zum Aufstand (phoné stáseos), nicht weil sie gegen Heiden und Götzendiener wären, sondern weil sie für die unterschiedslose Liebe zu Heiden und zu Christen, zu Barbaren und Römern wären und weil sie die Reichsideologie entlarvten, die den Kaiser zu einem Gott und die Strukturen des riesigen Reiches zu etwas Göttlichem mache. So heißt es im *Kerygma Petri,* die Christen bildeten ein *tertium genus,* ein drittes Geschlecht von Menschen, das sich sowohl von den Römern (dem ersten) als auch von den Barbaren (dem zweiten Geschlecht) unterscheide und das aus beiden gleichermaßen bestehe. Was fortan zählt, sind nicht mehr äußere Kategorien und Etiketten, die man jemandem ankleben oder auch wieder abnehmen kann, sondern was aus dem Herzen kommt, das sich für Gott und die anderen öffnet. Hier entscheidet sich, wer gut oder böse, göttlich oder teuflisch, religiös oder nichtreligiös ist. Ohne Gewaltanwendung führte das neue Verhalten der Christen zu einer gesellschaftlichen und kulturellen Revolution im römischen Reich, die zur Grundlage unserer abendländischen Kultur wurde, die ihrerseits allerdings heute weithin säkularisiert ist und ihr Ursprungsprinzip vergessen hat. Alles das fand Eingang in die Welt aufgrund des Verhaltens Jesu, der den Menschen in seinen Wurzeln ansprach, das Prinzip Hoffnung in Gang setzte und ihn vom Reich Gottes träumen ließ, das zwar keine völlig andere als die gegenwärtige Welt, wohl aber diese Welt in einem völlig neuen und erneuerten Zustand ist.

IV. Jesus – jemand mit außerordentlich sicherem Gespür, schöpferischer Phantasie und großer Originalität

Ehe wir Jesus die bekannten göttlichen Titel zusprechen, ermächtigen uns die Evangelien, ganz menschlich von ihm zu sprechen. Sagt doch das Neue Testament, mit ihm sei „die Güte und die Menschenliebe Gottes" erschienen. Jesus malt die Welt weder schlechter noch besser, als sie ist. Ebensowenig moralisiert er sofort. Mit außerordentlich sicherem Gespür betrachtet er die Wirklichkeit; er hat die Fähigkeit, jedes Ding an der ihm gebührenden Stelle zu sehen und an den richtigen Ort einzuordnen. Zu diesem guten Gespür kommt noch das Vermögen hinzu, den Menschen größer und reicher zu sehen, als seine konkrete kulturelle Umgebung es tut. In ihm wurde offenbar, was im Menschen an Göttlichem und was in Gott an Menschlichem steckt.

Die Botschaft Jesu beinhaltet eine radikale und umfassende Befreiung des menschlichen Soseins von allem, was es entfremdet. Er selbst tritt uns bereits als der neue Mensch und als die neue Schöpfung entgegen, die mit sich selbst und mit Gott versöhnt ist. Seine Worte und Taten zeigen uns jemanden, der von allen Komplikationen befreit ist, welche die Menschen und die Geschichte der Sünde geschaffen haben. Mit klarem Blick erfaßt er die komplexesten und einfachsten Sachverhalte und kommt sofort zum Kern der Dinge. Mit kurzen, knappen und treffenden Worten vermag er sie zum Ausdruck zu bringen. Er legt ein außerordentlich sicheres Gespür an den Tag, so daß alle um ihn herum überrascht sind. Vielleicht liegt hier die Quelle der Christologie, das heißt des Bemühens des Glaubens, das Woher der Originalität Jesu zu ergründen und eine Antwort auf die Frage zu finden: Aber wer bist du denn eigentlich, Jesus von Nazaret?

1. Jesus – jemand mit außerordentlichem Gespür und gesundem Menschenverstand

Ein sicheres Gespür zu haben ist das Merkmal wirklich großer Menschen. Es heißt, jemand habe ein gutes, sicheres Gespür, wenn er für jede Situation das richtige Wort und das entsprechende Verhalten hat und wenn er gleich den Kern der Sache trifft. Sicheres Gespür hat mit konkreter Lebensweisheit zu tun und heißt: Nebensächliches vom Wesentlichen unterscheiden und jedes Ding an die ihm gebührende Stelle und an den richtigen Ort einordnen zu können. Sicheres Gespür ist in jedem Fall das Gegenteil von Übertreibung. Deshalb unterscheiden sich der Wahnsinnige und das Genie, die sich oft genug recht nahe kommen, hier grundlegend. Ein Genie ist jemand, der das sichere Gespür, ein Wahnsinniger, der eine Übertreibung radikalisiert. So wie die evangelischen Zeugnisse uns Jesus darstellen, war er offensichtlich ein Genie des sicheren Gespürs. Eine Frische sondergleichen liegt über allem, was er sagt. Gott, Mensch, Gesellschaft und Natur begegnen uns in ihm in außerordentlicher Unmittelbarkeit. Theologie kennt er nicht. Er appelliert nicht an hohe moralische Prinzipien und verliert sich nicht in kleinlicher herzloser Kasuistik. Seine Worte und Taten greifen konkret dort, wo die Dinge bluten und es einer Entscheidung vor Gott bedarf. Seine Anweisungen sind einschneidend und direkt: „Versöhne dich mit deinem Bruder!" (Mt 5,24b), „Schwören dürft ihr überhaupt nicht!" (Mt 5,34), „Leistet dem, der euch etwas Böses antut, keinen Widerstand, sondern wenn dich einer auf die rechte Wange schlägt, dann halte ihm auch die andere hin!" (Mt 5,39), „Liebt eure Feinde und betet für die, die euch verfolgen!" (Mt 5,44), und: „Wenn du Almosen gibst, soll deine linke Hand nicht wissen, was deine rechte tut!" (Mt 6,3).

a) Jesus ist Prophet und Lehrer, aber kein gewöhnlicher Prophet und kein gewöhnlicher Lehrer

Der Stil Jesu läßt an die großen Propheten denken. In der Tat: Jesus tritt wie ein *Prophet* auf (Mk 8,28; Mt 21,11.46). Gleichwohl ist er nicht wie ein Prophet des Alten Testaments, denn diese mußten ja von Gott gerufen und legitimiert werden. Jesus beansprucht für sich keine Visionen himmlischer Geheimnisse, die nur ihm zuteil geworden wären. Ebensowenig geht es ihm darum, verborgene und für Menschen unbegreifliche Wahrheiten mitzuteilen. Wie ein *Rabbiner* seiner Zeit redet, predigt und diskutiert er und sammelt Jünger um sich. Und trotzdem ist der Unterschied zwischen den *Rabbinen* und Jesus wie der Abstand zwischen Himmel und Erde. Der Rabbi ist ein Interpret der Heiligen Schriften, in ihnen forscht er nach dem Willen Gottes. Die Lehre Jesu hingegen ist nie bloß Erklärung heiliger Texte. Jesus erkennt den Willen Gottes auch außerhalb der Schriften, in der Schöpfung, in der Geschichte, in der konkreten Situation. In seiner Gesellschaft finden sich Leute, die ein Rabbi ohne Wenn und Aber abgewiesen hätte: Fischer, Zöllner, Kinder und Frauen. Seine Lehre nimmt er aus gewöhnlichen Erfahrungen, die jeder machen und überprüfen kann. Seine Hörer verstehen ihn sofort. Nichts anderes verlangt er ihnen ab als sicheres Gespür und gesunden Menschenverstand. Beispiele: Alle verstehen, daß eine Stadt, die auf einem Berg liegt, nicht verborgen bleiben kann (Mt 5,14); daß jeder Tag seine eigenen Sorgen hat (Mt 6,34); daß man nicht schwören darf – auch nicht bei seinem eigenen Haupt, denn niemand kann aus eigener Kraft auch nur ein einziges Haar weiß oder schwarz werden lassen (Mt 5,36); daß sich niemand auch nur um einen Millimeter größer machen kann (Mt 6,27); daß der Mensch wesentlich mehr wert ist als die Vögel des Himmels (Mt 6,26) und daß der Mensch nicht für den Sabbat, sondern der Sabbat für den Menschen ist (Mk 2,27).

b) Jesus will nicht auf jeden Fall Neues sagen

Wir haben gesehen, daß Jesus nie an eine höhere, von außen kommende Instanz appelliert, die seine eigene Autorität und Lehre bekräftigen sollte. Die Dinge, die er sagt, sprechen aus sich selbst. Ihm liegt nicht daran, Esoterisches und Unverständliches, ja nicht einmal auf jeden Fall Neues zu sagen, sondern Vernünftiges, das die Leute verstehen und nach dem sie leben können. Genau betrachtet, ist Christus nicht gekommen, eine neue Moral zu bringen, die sich von der unterschiede, die die Menschen bisher hatten. Er bringt ans Licht, was die Menschen immer schon wußten oder wissen mußten und was sie wegen ihrer Entfremdung nicht sahen, verstanden und formulierten. So brauchen wir zum Beispiel nur einmal die Goldene Regel der Liebe zu betrachten: „Alles, was ihr von anderen erwartet, das tut auch ihnen" (Mt 7,12; Lk 6,31). Von Thales von Milet (600 v.Chr.) erzählt man, als er nach der Hauptregel, gut zu leben, gefragt wurde, habe er geantwortet: „Tu nicht das Böse, das du bei anderen siehst." Bei Pittakos (580 v. Chr.) begegnen wir einer ähnlichen Formel: „Was dich an den anderen ärgert, das tu nicht noch selbst." Isokrates stilisiert die Wahrheit, jetzt positiv gewendet: „Behandle die anderen, wie du selbst behandelt werden willst." Als Konfuzius (551–470 v.Chr.) einmal von einem Jünger gefragt wurde, ob es eine Regel gebe, der man sein Leben lang folgen könne, sagte er: „Die Liebe zum Nächsten. Was du dir nicht wünschst, das tu auch nicht den anderen." Im Nationalepos der Inder, dem Mahabharata (zwischen 400 v. Chr. und 400 n. Chr.) findet sich folgender Satz: „Lerne die Summe des Gesetzes, und wenn du sie gelernt hast, denke daran: Was du haßt, sollst du auch niemandem tun." Im Alten Testament lesen wir: „Was dir selbst verhaßt ist, das mute auch einem anderen nicht zu!" (Tob 4,15). Zur Zeit des Königs Herodes begegnete einst ein Heide dem berühmten Rabbi Hillel, dem Lehrer des Apostels Paulus, und sagte ihm: „Mache mich zum Proselyten unter der Bedingung, daß du mich die Weisung ganz und gar lehrst, solange ich auf einem Bein stehe!" Hillel darauf: „Was dir verhaßt ist, das tue deinem Genossen nicht an! Das ist die Weisung ganz und gar. Alles andere ist Auslegung. Geh und lerne!" (Babylonischer Talmud, Schabbat 31a).

Jesus hat nie Thales von Milet oder Pittakos und noch viel weniger Konfuzius oder das Mahabharata gelesen. Mit seiner positiven Formulierung, die ja unendlich mehr als die negative Variante ist, weil sie der Offenheit und der Sorge um Freud und Leid der Mitmenschen keine Grenzen setzt, reiht sich Christus in den Kreis der Großen ein, denen es um die *humanitas* ging: Die Epiphanie der Menschlichkeit Gottes gipfelt darin, daß Jesus von Nazaret die Goldene Regel der menschlichen Liebe verkündet. Christus will nicht auf jeden Fall Neues sagen, sondern Uraltes, das so alt ist wie die Menschen selbst; nicht Typisches, sondern was für alle gilt; nicht Überraschendes, sondern was sich von selbst versteht, wenn man nur offenen Auges durch die Welt geht und ein wenig sicheres Gespür hat. Mit gutem Grund sagt Augustinus: „Den Kern dessen, was wir heute Christentum nennen, gab es schon zur Zeit der Alten; und es fehlte nicht seit den Anfängen des Menschengeschlechts, bis daß Christus im Fleische kam. Da fing die wahre Religion, die aber schon seit Anfang an existierte, an, christliche Religion zu heißen."

c) Christus will, daß wir die Dinge verstehen – er appelliert an den gesunden Menschenverstand

Einige Beispiele unter vielen anderen zeigen uns eindeutig, welch sicheres Gespür Jesus hat und wie er an das gesunde Verstandesvermögen des Menschen appelliert. Er will, daß wir die Feinde lieben. Warum? Weil alle, Freunde und Feinde, Kinder desselben Vaters sind, der die Sonne über Böse und Gute aufgehen und den Regen auf Gerechte und Ungerechte fallen läßt (Mt 5,45). Er will, daß wir allen ohne Unterschied Gutes tun. Warum? Weil, wenn wir nur denen Gutes tun, die uns Gutes tun, welchen Dank können wir dann erwarten? Das tun auch die Sünder (Lk 6,33). Er untersagt dem Mann, mehr als eine Frau zu haben. Warum? Weil es am Anfang auch so war: Gott hat Adam und Eva als ein Paar geschaffen (Mk 10,6). Es ist nicht damit getan, zu sagen: Du sollst nicht töten, oder: Du sollst nicht die Ehe brechen. Schon der Zorn und der begierige Blick sind Sünde. Warum? Weil es keinen Zweck hat, die Folgen zu bekämpfen, wenn man nicht zuvor die Ursache behebt (Mt 5,22.28). Der Mensch ist nicht für den Sabbat, sondern der Sabbat für den Menschen. Warum? Weil, wenn einem am Sabbat ein Schaf in eine Grube fällt, man es sofort wieder herauszieht. Nun ist aber der Mensch mehr als ein Schaf (Mt 12,11–12). Wir sollen auf die väterliche Fürsorge Gottes vertrauen. Warum? Weil sich Gott um die Lilien auf dem Felde, um die Vögel des Himmels und um jedes einzelne Haar auf unserem Kopf kümmert: „Ihr seid mehr wert als viele Spatzen" (Mt 10,31). „Wenn nun schon ihr, die ihr böse seid, euren Kindern gebt, was gut ist, wieviel mehr wird euer Vater im Himmel denen Gutes geben, die ihn bitten" (Mt 7,11). Es sei Sünde, heißt es im Gesetz, mit den Sündern zu tun zu haben, weil sie unrein machten. Christus aber kümmert sich nicht darum. Er beruft sich auf den gesunden Menschenverstand und argumentiert: „Nicht die Gesunden brauchen den Arzt, sondern die Kranken. Ich bin gekommen, um die Sünder zu rufen, nicht die Gerechten" (Mk 2,17). Nicht was in den Menschen hineinkommt, macht ihn unrein, sondern was aus ihm herauskommt. Warum? „Seht ihr nicht ein, daß das, was von außen in den Menschen hineinkommt, ihn nicht unrein machen kann? Denn es gelangt ja nicht in sein Herz, sondern in den Magen und wird wieder ausgeschieden ... Was aus dem Menschen herauskommt, das macht ihn unrein. Denn von innen, aus dem Herzen der Menschen, kommen die bösen Gedanken, Unzucht, Diebstahl ..." (Mk 7,18–22). Wie Jesus sich des gesunden Menschenverstandes bedient, ist für uns noch heute theologisch erhellend. Zeigt es uns doch, daß Christus will, daß wir die Dinge verstehen. Von blinder Unterwerfung unter das Gesetz will er nichts wissen.

d) Jesus malt die Welt weder besser noch schlechter als sie ist

Jesus hat einen scharfen, durchdringenden Blick für die Dinge. Vorurteile kennt er nicht, und er kommt bald zum Kern der Sache. Seine Gleichnisse zeigen, daß ihm die Wirklichkeit des Lebens – die gute wie die böse – durch und durch vertraut ist. Er macht die Welt weder schlechter noch besser, als sie ist. Ebensowenig moralisiert er sofort. Seine erste Reaktion ist nicht Tadeln, sondern Verstehen.

Anders als Teilhard de Chardin oder auch Franz von Assisi besingt er die Natur nicht in ihrer Geheimnishaftigkeit, sondern er sieht sie in ihrer geschöpflichen Natürlichkeit. So spricht er von der Sonne und dem Regen (Mt 5,45), von der Morgen- und Abendröte und vom Südwind (Lk 12,54–55), vom Blitz, der im Osten zuckt und bis zum Westen hin aufleuchtet (Mt 24,27), von den Vögeln, die weder säen noch ernten, noch in Scheunen einfahren (Mt 6,26), von der Schönheit der Lilien auf dem Felde und von dem Gras, das heute noch dasteht und morgen ins Feuer geworfen wird (Mt 6,30), vom Feigenbaum, der – sobald er grün wird – ansagt, daß der Sommer kommt (Mk 13,28), von der Ernte (Mk 4,3f.26f; Mt 13,24f), von Motten und Würmern (Mt 6,19), von Hunden, die an Wunden lecken (Lk 26,26), und von Geiern, die das Aas fressen (Mt 24,28). Er spricht von Dornen und Disteln, kennt die Bewegung des Sämanns (Lk 12,16–21), erzählt von einer landwirtschaftlichen Produktionsstätte (Lk 12,16–21) und weiß, wie man ein Haus baut (Mt 7,24–27). Er weiß, wie die Frau Brot backt (Mt 13,33) und mit welcher Sorge der Hirt einem Schaf, das sich verloren hat, hinterhergeht (Lk 15,1f), wie der Bauer arbeitet (Mk 4,3), sich ausruht und schläft (Mk 4,26f), wie der Dienstherr Rechenschaft von den Bediensteten verlangt (Mt 25,14f), wie diese eventuell auch verdroschen werden (Lk 12,47–48), wie Arbeitslose auf dem Platz herumsitzen und auf Arbeit warten (Mt 20,1f), wie Kinder auf der Straße Hochzeit spielen und die Spielkameraden nicht tanzen wollen oder wie sie Beerdigung spielen und die anderen nicht weinen wollen (Lk 11,16–18). Jesus weiß, wie sich die Mutter freut, wenn sie ein Kind gebiert (Joh 16,21), wie die Mächtigen der Erde die anderen versklaven (Mt 20,25) und wie Soldaten zu gehorchen haben (Mt 8,9). Aber Jesus benutzt keine schockierenden Beispiele, sondern nimmt das Leben, wie es ist. Auch der Chef einer Firma, der gerissen ist und sich bereichert, dient ihm als Beispiel (Lk 16,1–12); wie selbstverständlich spricht er vom König, der in den Krieg zieht (Lk 14,31–33); er weiß, wie eifersüchtig Menschen untereinander sein können (Lk 15,28); und sich selbst vergleicht er mit einem Einbrecher (Mk 3,27). Im apokryphen Thomasevangelium findet sich eine Parabel, die manche für echtes Jesusgut halten und die gut seinen deutlichen Realitätssinn zeigt: „Das Reich des Vaters ist wie ein Mann, der einen wichtigen Herren umbringen will. Zu Hause zog er das Schwert aus der Scheide und durchstieß damit die Wand. Er wollte wissen, ob seine Hand ausreichend stark war. Dann erst tötete er den wichtigen Herren.“ Damit will Jesus sagen, daß, wenn Gott etwas beginnt, er es immer auch zu Ende bringt wie der Mörder.

Aus all dem wird eins deutlich: Jesus ist jemand mit außerordentlich sicherem Gespür. Aber woher hat er das? Die Antwort auf diese Frage ist bereits Christologie. Wir werden auf das Thema noch zurückkommen.

e) Alles, was wirklich menschlich ist, kennt Jesus:
Zorn und Freude, Güte und Härte, Freundschaft, Trauer und Versuchung

Die Evangelienberichte schildern uns, daß Jesus ein absolut normales Leben geführt hat. Jesus hat tiefe Gefühle. Die natürliche Affektivität, mit der man Kindern begegnet, ist ihm durchaus bekannt. So nimmt er Kinder in seine Arme (Mt 9,36), legt ihnen die Hände auf und segnet sie (Mk 10,13–16). Von der Hochherzigkeit des reichen Jünglings ist er beeindruckt: „Als er ihn sah, gewann er ihn lieb" (Mk 10,21). Über den Glauben eines Heiden (Lk 7,9) und die Weisheit eines Schriftgelehrten (Mk 12,34) gerät er in Verzückung. Über die Ungläubigkeit seiner Landsleute in Nazaret kann er sich nur wundern (Mk 6,6). Als er der Beerdigung des einzigen Sohnes einer Witwe beiwohnt, fühlt er sich gerührt und hat großes „Mitleid" mit der Frau, nähert sich ihr und tröstet sie: „Weine nicht!" (Lk 7,13). Er fühlt mit dem hungernden Volk, das wie ein Schaf ohne Hirten umherirrt (Mk 6,34). Wenn er darüber ungehalten wird, daß das Volk nicht glaubt, freut er sich darüber, daß sich die Kleinen öffnen, und richtet sogar ein Dankgebet zum Vater (Mt 11,25–26). Der Undank der neun geheilten Aussätzigen trifft ihn (Lk 7,11–19), und zornig schilt er die Städte Chorazin, Betsaida und Tyrus, weil sie keine Buße getan haben (Mt 11,20–24). Die Blindheit der Pharisäer macht ihn traurig, und er sieht „sie der Reihe nach voll Zorn" (Mk 3,5) an. Gegen Leute, die den Tempel schänden, wendet er physische Gewalt an (Joh 2,15–17). Über die Jünger, die absolut nichts begreifen wollen, beklagt er sich bitter (Mk 7,18). Gegenüber Philippus platzt er heraus: „Schon so lange bin ich bei euch, und du hast mich noch immer nicht erkannt!" (Joh 14,9). Auch gegenüber den Pharisäern verliert er die Geduld und kann nur noch tief seufzen: „Was fordert diese Generation ein Zeichen?" (Mk 8,12). Das Rachegefühl der Apostel (Lk 9,55) und die geheimen Ratschläge des Petrus machen ihn nervös: „Weg mit dir, Satan!" (Mk 8,33). Dagegen freut es ihn, als sie von ihrer Mission zurückkommen, und er sorgt sich darum, daß ihnen nichts fehlt: „Als ich euch ohne Geldbeutel aussandte, ohne Vorratstasche und ohne Schuhe, habt ihr da etwa Not gelitten?" Sie antworteten: „Nein" (Lk 22,35). Die Jünger sollen ihn nicht Meister, sondern Freund nennen (Lk 12,4–7; Joh 15,13–15). Alles, was ihm gehört, gehört auch ihnen (Joh 17,22). Freundschaft zu pflegen ist eines der besonderen Merkmale Jesu, weil nämlich Freundschaft eine Form von Liebe ist. Und geliebt hat er alle bis zum Äußersten. Die Gleichnisse zeigen, wie gut er das Phänomen Freundschaft kannte: Mit Freunden tut man sich zusammen, um zu feiern (Lk 15,6.9.29) und Mahl zu halten (Lk 14,12–14); an einen Freund kann man sich wenden, auch wenn man nicht gelegen kommt (Lk 11,5–8); aber es gibt auch treulose Freunde, die einen verraten (Lk 21,16); Freundschaft kann es sogar zwischen zwei Halunken wie Pilatus und Herodes geben (Lk 23,12). Wie sich Jesus gegenüber den Aposteln verhält, die Wunder, die er tut, seine Reaktion bei der Hochzeit in Kana, die Brotvermehrung, alles das zeigt, daß Jesus Freundschaft pflegt. Auch das Verhältnis zwischen Jesus und Lazarus ist von Freundschaft bestimmt: „Herr, dein Freund ist krank." Jesus aber sagt zu ihnen: „Lazarus, unser Freund schläft, aber ich gehe hin, um ihn aufzuwecken" (Joh 11,3–11). Als Jesus über den Tod des Freundes weint, meinen alle: „Seht, wie lieb er ihn hatte!“ (Joh 11,36). Bei Maria und Marta in Betanien fühlt er sich zu Hause (Mt 21,17), und dorthin kommt er gern zurück (Lk 10,38.42; Joh 11,17).

Für viele von uns Männern ist Freundschaft mit Frauen ein Tabu. Viel mehr galt das noch zur Zeit Christi: In der Öffentlichkeit durfte die Frau nicht einmal mit ihrem Ehemann erscheinen, um wieviel weniger in der Gesellschaft eines Wanderpredigers, wie Jesus es war. Trotzdem hat Jesus bekanntlich Freundschaft mit etlichen Frauen in seiner Gefolgschaft, die für sein und der Jünger leibliches Wohl sorgen (Lk 8,3). Einige sind uns sogar namentlich bekannt: Maria von Magdala, Johanna, die Frau des Chuzas, eines Beamten des Herodes, Susanna und andere (Lk 8,3). Unter dem Kreuz steht eine Frau. Frauen beerdigen den toten Herren und gehen zu seinem Grab, um ihn zu beweinen (Mk 16,1–4). Auch Frauen sind es, die ihn auferstanden sehen. Jesus bricht ein gesellschaftliches Tabu, als er sich von einer Frau, die einen schlechten Ruf hat, salben läßt (Mk 14,3–9; Lk 7,37 f) und sich mit einer andersgläubigen Frau unterhält (Joh 4,7 f).

Aristoteles hatte gesagt, zwischen Gott und Mensch könne es wegen des Unterschiedes in der Natur keine Freundschaft geben. Aber als Philosoph konnte sich Aristoteles ja nicht vorstellen, daß Gott in das bergende und warme Fleisch der Menschen eingehen würde. Alles, was wirklich menschlich ist, kennt Jesus: Zorn und Freude, Güte und Härte, Freundschaft und Empörung. In ihm stecken ursprüngliche Kraft, Vitalität und Spontaneität, die alle menschlichen Dimensionen erfassen. Jesus kennt nicht nur alle unsere Gefühle, sondern auch alle normalen Umstände unseres Lebens, wie: Hunger (Mt 4,2; Mk 11,12), Durst (Joh 4,7; 19,28), Müdigkeit (Joh 4,6; Mk 4,37 f), Kälte und Wärme, Unsicherheit und Obdachlosigkeit (Lk 9,58: vgl. Joh 11,53–54; 12,36), Tränen (Lk 19,41; Joh 11,35), Traurigkeit und Angst (Mt 26,37) und große Versuchungen (Mt 4,1–11; Lk 4,1–13; Hebr 4,15; 5,2.7–10). Seine Seele kann in einen schrecklichen Abgrund geraten, so daß er sagen muß: „Meine Seele ist zu Tode betrübt“ (Mt 26,38); auch der Schrecken und die Angst vor dem gewaltsamen Tod blieben ihm nicht erspart (Lk 22,44). Deshalb kann der Verfasser des Hebräerbriefes, jener gute Seelenhirt, auch sagen, wir hätten keinen „Hohenpriester, der nicht mitfühlen könnte mit unserer Schwäche, sondern einen, der in allem wie wir in Versuchung geführt worden ist, aber nicht gesündigt hat (Hebr 4,15).

2. Jesus – jemand mit einzigartiger schöpferischer Phantasie

Zu sagen, Jesus habe schöpferische Phantasie besessen, mag merkwürdig klingen. Kirche und Theologie drücken sich üblicherweise nicht so aus. Trotzdem müssen wir sagen, daß man in vielfältiger Weise über Jesus sprechen kann, was ja auch das Neue Testament schon bezeugt. Wer weiß? Vielleicht führt uns gerade die Kategorie „Phantasie“ an das Originale und an das Geheimnis Christi heran. Häufig wird „Phantasie“ falsch, das heißt im Sinne von Traum, traumwandlerischer Flucht vor der Realität und vergänglicher Illusion verstanden. In Wirklichkeit jedoch bedeutet Phantasie etwas viel Tieferes. Phantasie ist eine Form von Freiheit. Phantasie entzündet sich an der Begegnung mit der Realität und der herrschenden Ordnung, entsteht aus dem Nonkonformismus gegenüber einer vorfindlichen und etablierten Situation, ist die Fähigkeit, im Menschen etwas Größeres und Reicheres zu sehen als die konkrete Umgebung mit ihrer Kultur, ist der Mut, Neues zu denken und zu sagen und noch unbetretene Wege, die aber voll von menschlichem Sinn sind, zu gehen. So betrachtet, können wir sagen, Phantasie sei eine der Hauptqualitäten Jesu gewesen. Vielleicht hat es in der Geschichte der Menschheit keinen Menschen mit einer reicheren Phantasie als Jesus gegeben.

a) Jesus – jemand der den Mut hat, „ich" zu sagen

Wie wir inzwischen deutlich sahen, akzeptiert Jesus die jüdischen Traditionen, Gesetze, heiligen Riten und zeitgenössischen Ordnungselemente nicht ohne weiteres. Markus sagt gleich zu Beginn seines Evangeliums, Christus habe eine „ganz neue Lehre verkündet" (Mk 1,27). Jesus wiederholt nicht einfach, was das Alte Testament gelehrt hat. Deshalb hat er den Mut, aufzustehen und zu sagen: „Ihr habt gehört, was zu den Alten gesagt wurde" – und dabei denkt er an das Gesetz, an Mose und an die Propheten –, „ich aber sage euch!" Er ist jemand, der laut *ich* sagt, ohne sich mit anderen, von außen kommenden Autoritäten abzusichern. Aber das Neue, das er verkündet, ist nicht etwas, das den Menschen absolut unbekannt wäre, sondern das, was das gesunde Empfinden sagt und was durch die von Menschen geschaffenen religiösen, moralischen und kulturellen Komplikationen verloren gegangen war. Christus ist gekommen, die Neuheit dessen, was der Mensch, der ja nach dem Bild und Gleichnis des Vaters geschaffen wurde, an Uraltem und Unverwechselbarem hat, aufzudecken. Er fragt nicht nach der Ordnung, die ja nicht selten Ordnung in der Unordnung ist, sondern läßt schöpferische Phantasie herrschen. Damit aber verwirrt er die Etablierten, die sich fragen: Wer ist das eigentlich? Ist das nicht der Zimmermann, Marias Sohn? (Mk 6,3a; Mt 13,53–58; Lk 4,16–30; Joh 6,24). Geächtete läßt er mit sich ziehen, in seiner Gesellschaft hat er manch zweifelhafte Gestalt, wie etwa zwei oder drei Guerillakämpfer (Simon Kananäus, Judas Iskariot, Petrus Barjona), und er stellt das gesellschaftliche und religiöse Gefüge auf den Kopf, wenn er sagt, die Letzten würden die Ersten (Mk 10,31) und die Einfältigen die Lehrer sein (Mt 5,5) und die Prostituierten kämen leichter ins Himmelreich als die frommen Schriftgelehrten und Pharisäer (Mt 21,31). Niemanden diskriminiert er, weder die häretischen und schismatischen Samariter (Lk 10,29–37; Joh 4,4–12) noch Menschen mit schlechtem Leumund wie die Dirne (Lk 7,36–40), noch Randexistenzen (Kranke, Aussätzige, Arme), noch Reiche, von denen er sich durchaus einladen läßt, denen er aber sagt: „Wehe euch, die ihr reich seid, denn ihr habt keinen Trost mehr zu erwarten" (Lk 6,24). Ja, nicht einmal die Einladungen der Pharisäer schlägt er aus, obwohl er ihnen siebenmal mit aller Freiheit sagt: „Wehe euch, ihr Pharisäer, ihr Heuchler und blinden Führer!" (vgl. Mt 23,13–39).

b) Jesus hat niemals das Wort „Gehorsam" benutzt

Die bestehende Ordnung wird relativiert und der Mensch aus den Fängen, die ihn in Bann halten, befreit. Unterwerfung unter die Ordnung heißt üblicherweise Gehorsam. Mit seiner Predigt und seinen Forderungen stützt Christus nicht das Establishment. Eher im Gegenteil: Kraft seiner schöpferischen Phantasie und Spontaneität stellt er sie in Frage. Das Wort „Gehorsam" (einschließlich seiner Derivate), das uns 87mal im Neuen Testament begegnet, findet sich – so weit wir sehen – nicht ein einziges Mal im Munde Christi. Mit dem Hinweis soll nicht gesagt werden, Christus habe keine harten Forderungen gestellt. Gehorsam ist für ihn vielmehr nicht die Erfüllung von Befehlen, sondern fester Entschluß für das, was Gott in einer konkreten Situation verlangt. Nicht in jedem Fall zeigt sich der Wille Gottes im Gesetz. Gewöhnlich offenbart er sich in einer konkreten Situation, in der das Gewissen von einem Vor-wort überrascht wird, das seinerseits eine verantwortliche Ant-wort erheischt. Die große Schwierigkeit, auf die Jesus in seinen Auseinandersetzungen mit den Theologen und Lehrern seiner Zeit stieß, bestand nämlich gerade darin, daß das, was Gott von uns will, nicht mit einem simplen Rückgriff auf die Schrift geklärt werden kann. Dazu muß man nämlich die Zeichen der Zeit und das Unvorhergesehene der Lage mit berücksichtigen (vgl. Lk 12, 54–57). Das ist eindeutig ein Appell an Spontaneität, Freiheit und schöpferische Phantasie. Gehorsam heißt: offene Augen für die Situation haben, sich entscheiden und sich auf das riskante Abenteuer einlassen, Gott, der heute und jetzt spricht, zu antworten. Die Bergpredigt, die kein Gesetz sein will, ist eine Einladung an alle, ein absolut klares Gewissen und die grenzenlose Fähigkeit zu haben, die Menschen mit ihren Grenzen und Möglichkeiten zu verstehen, sie mit Sympathie zu betrachten, sich auf sie einzustellen und sie zu lieben.

c) Jesus hat keine vorgefertigten Schemen

Jesus selbst ist das beste Beispiel für solch eine Lebensart. Das Johannesevangelium faßt sie in dem einen Satz zusammen: „Wer zu mir kommt, den werde ich nicht abweisen" (Joh 6, 37). Alle Welt ist ihm willkommen: Die Sünder, mit denen er zu Tische sitzt (Lk 15, 2; Mt 9, 10–11); die Kinder (Mk 10, 13–16); die verkrümmte alte Frau (Lk 13, 10–17); der namenlose Blinde am Rande der Straße (Mk 10, 46–52); die Frau, die sich ihres Blutflusses schämt (Mk 5, 21–34); wie auch der bekannte Theologe, von dem er sich nächtens aufsuchen läßt (Joh 3, 1 f). Zum Essen hatte er keine Zeit (Mk 3, 20; 6, 31), und vor Müdigkeit fällt er in tiefen Schlaf (Mk 4, 38). Wenn er redet, kann er hart sein: dann nämlich, wenn er über das Scheinen-wollen schimpft (Mt 3, 7; 23, 1–9; Joh 9, 44); aber er kann auch verständnisvoll sein und vergeben (Joh 8, 10–11). In seiner Art, zu sprechen und zu handeln, wie auch in seinem Umgang mit den verschiedenen gesellschaftlichen Schichten packt er die Menschen nie in vorgefertigte Schemen. Jeden respektiert er in seiner besonderen Art: die Pharisäer als Pharisäer, die Schriftgelehrten als Schriftgelehrte, die Sünder als Sünder und die Kranken als Kranke. Mit seiner Reaktion ist er immer für eine Überraschung gut: Für jeden hat er das treffende Wort oder die entsprechende Geste. So kann Johannes sagen: „Er brauchte von keinem ein Zeugnis über den Menschen, denn er wußte, was im Menschen ist" (Joh 2,25). Ohne daß es ihm irgend jemand gesagt hätte, weiß er von der Sünde des Gelähmten (Mk 2,5), vom Zustand der Tochter des Jairus (Mk 5,39), vom Blutfluß der Frau (Mk 5,29f); von der Besessenheit des Mannes (Mk 1,23f; 5,1f) ebenso wie von den verborgenen Gedanken seiner Gegner (Mk 2,8; 3,5). Mit Sicherheit ist Jesus ein Charismatiker ohnegleichen in der Geschichte. Er legt eine beeindruckende Souveränität an den Tag, deckt hinterlistige Fangfragen auf (Mk 12,14f) und hat überraschende Antworten bereit. Seine Gegner kann er zum Reden, aber auch zum Schweigen bringen (Mt 22,34). Wiederholt berichten die Evangelien davon, Christus habe geschwiegen. Dem Volk zuzuhören und seine Probleme zu spüren ist eine Form, es zu lieben.

d) War Jesus liberal?

Ernst Käsemann, einer der großen Exegeten der Gegenwart, stellte vor einigen Jahren die Frage: „War Jesus liberal?" Und seine Antwort sinngemäß: Ja, er war liberal. Davon lasse sich keine Haaresbreite wegdiskutieren, wenn die Kirchen und die Frommen das auch für gotteslästerlich hielten. Jesus sei liberal gewesen, weil er im Namen Gottes und in der Kraft des Heiligen Geistes Mose, die Schrift und die Dogmatik mit dem Maß der Liebe gemessen und gedeutet und es dadurch den Frommen ermöglicht habe, menschlich und sogar vernünftig zu bleiben. Um zu sehen, wie wahr das ist, braucht man sich nur an folgende Szene zu erinnern, aus der wunderbar die Liberalität und die horizontale Offenheit Jesu klar werden: „Da sagte Johannes zu ihm: Meister, wir haben gesehen, wie jemand in deinem Namen Dämonen austrieb; *und wir versuchten, ihn daran zu hindern, weil er uns nicht nachfolgt.* Jesus erwiderte: Hindert ihn nicht! Keiner, der in meinem Namen Wunder tut, kann so leicht schlecht von mir reden. Denn wer nicht gegen uns ist, der ist für uns" (Mk 9,38–40; Lk 9,49–50). Christus ist kein Sektierer, wie viele seiner Jünger im Laufe der Geschichte es geworden sind. Jesus ist gekommen, um der Christus zu sein und als solcher zu leben und nicht um Christus zu predigen oder sich selbst zu verkündigen. Deshalb sieht er dort seine Sendung erfüllt, wo er beobachtet, daß Menschen ihm folgen und – wenn auch nicht unter ausdrücklichem Bezug auf seinen Namen – das tun, was er gewollt und verkündet hat. Was er will, liegt auf der Hand: daß der Mensch glücklich wird, was ihm aber nur dann möglich ist, wenn er sich dem anderen ebenso wie dem großen Anderen (Gott) öffnet (vgl. Lk 10,25–27; Mk 12,28–31; Mt 22,34–40). Es gibt eine Sünde, die radikal tödlich ist: die Sünde gegen den Geist der Menschlichkeit. Im Gleichnis von den anonymen Christen (Mt 25,31–46) fragt der ewige Richter niemanden nach den Canones der Dogmatik und auch nicht, ob es in seinem Leben einen ausdrücklichen Bezug auf das Geheimnis Christi gegeben habe. Wohl aber wird er uns fragen, ob wir etwas für die Notleidenden getan haben. Hier entscheidet sich alles. „Herr, wann haben wir dich hungrig oder durstig oder obdachlos oder nackt oder krank oder im Gefängnis gesehen und haben dir nicht geholfen?" Und seine Antwort wird lauten: „Amen, ich sage euch: Was ihr für einen dieser Geringsten nicht getan habt, das habt ihr auch mir nicht getan" (Mt 25,44–45). Das Sakrament des Bruders bzw. der Schwester ist absolut heilsnotwendig. Wer das bestreitet, bestreitet die Sache Christi, auch wenn er Christus fortwährend im Munde führt und sich offiziell zu ihm bekennt. Die Phantasie verlangt Gestaltungskraft, Spontaneität und Freiheit. Genau das aber will Christus von uns, wenn er uns ein Ideal wie das der Bergpredigt vorträgt. Hier kann man nicht mehr von Gesetzen sprechen, sondern nur noch von Liebe, die alle Gesetze übersteigt. Die Einladung Christi: „Ihr sollt vollkommen sein, wie es auch euer himmlischer Vater ist" (Mt 5,48), hat alle Schranken niedergerissen, die sich religiöse Phantasie nur vorstellen kann, unabhängig davon, ob Religionen, Kulturen oder existentielle Situationen sie errichtet haben.

3. Die Originalität Jesu

Wenn wir von der Originalität Jesu sprechen, müssen wir zuvor ein mögliches Mißverständnis ausräumen. Original – das heißt ursprünglich – bedeutet nicht, daß jemand schlicht und einfach Neues sagt. Original ist aber auch nicht gleichbedeutend mit komisch. Original kommt von *origo:* Ursprung. Wer dicht am Ursprung und am Ursprünglichen ist und mit seinem Leben, seinen Worten und Taten die anderen zu ihrem eigenen Ursprung und zu ihrer eigenen Ursprünglichkeit führt, den kann man mit Recht original nennen. In diesem Sinne war Jesus original – nicht weil er Neues entdeckt hätte, sondern weil er die Dinge mit absoluter Unmittelbarkeit und Souveränität sagt. Alles, was er sagt und tut, ist transparent, klar und offensichtlich. Die Menschen merken das auch sofort. Das ist es! Im Kontakt mit Jesus begegnet jeder sich selbst und entdeckt, was an Gutem in ihm steckt. Das bedeutet: Jesus bringt ihn zum Ursprünglichen. Die Auseinandersetzung mit diesem Ursprünglichen aber führt zur Krise: Es gilt, sich zu entscheiden und zu bekehren oder aber sich mit Abgeleitetem, Zweitrangigem und mit der geltenden Lage zu begnügen. Das sichere Gespür erfaßt dieses Ursprüngliche im Menschen, das wir zwar alle kennen und aus dem wir leben, das sich aber nur schwer fassen und in Bildern festhalten läßt. Wie wir bereits sahen, war Christus in der Lage, das Ursprüngliche oder den gesunden Menschenverstand in genialer Weise zu formulieren. Deshalb löst er alle Konflikte und setzt ein „und", wo die Mehrheit ein „oder" setzen würde. Treffend sagt der Verfasser des Epheserbriefs, Christus habe die Mauer, die die Heiden vom Judentum trennte, niedergerissen und „die zwei ... zu einem neuen Menschen" gemacht (Eph 2,14–15). Alle Mauern: des Sakralen und des Profanen, der Konventionen, des Legalismus, der Spaltungen unter den Menschen und unter den Geschlechtern ebenso wie zwischen den Menschen und Gott, hat er niedergerissen; alle haben jetzt Zutritt zu Gott und können ihn „Abba Vater!" nennen (Eph 2,18; vgl. Gal 4,6; Röm 8,15). Alle sind Brüder und Schwestern untereinander und Kinder desselben Vaters. Die Originalität Jesu besteht also in dem Vermögen, an jene menschliche Tiefe heranzukommen, die alle Menschen ohne Unterschiede angeht. Das ist der Grund, weshalb er keine zusätzliche Schule gründet, kein neues Gebetsritual festlegt und keine Supermoral vorschreibt. Vielmehr erreicht er eine Dimension und markiert einen Horizont, die jedermann zwingen, sich zu revolutionieren, zu überprüfen und zu bekehren. Aber woher kommt es, daß Christus in solcher Weise original, überlegen und souverän ist? Diese Frage ist der Ursprung der Christologie, gestern wie heute. Ehe wir Jesus die bekannten göttlichen Titel zusprechen, ermächtigen uns die Evangelien, ganz menschlich von ihm zu sprechen. Sagt uns doch der Glaube, in ihm sei „die Güte und die Menschenliebe Gottes" erschienen (Tit 3,4). Aber wie läßt sich das erkennen? Nicht vielleicht in seinem außerordentlich sicheren Gespür, seiner einzigartigen schöpferischen Phantasie und seiner unvergleichlichen Originalität?

4. Schluß: Theologische Relevanz des Auftretens Jesu

Das Interesse am Verhalten und Auftreten des historischen Jesus beruht auf der Voraussetzung, daß in ihm offenbar wurde, was im Menschen an Göttlichem steckt und was Gott an Menschlichem hat. Was also in Jesus zu Tage und zum Ausdruck kam, müssen auch die, die ihm nachfolgen, zu Tage und zum Ausdruck bringen: bedingungslose Offenheit für Gott und für die anderen, unterschieds- und grenzenlose Liebe, kritischen Geist gegenüber der geltenden sozialen und religiösen Lage, weil diese nicht schlicht und einfach den Willen Gottes widerspiegeln, Pflege der schöpferischen Phantasie, die im Namen der Liebe und der Freiheit der Kinder Gottes die kulturellen Strukturen in Frage stellt, wie Vorrang des Menschen als Person über die Sachen, die der Mensch hat und die für ihn da sind. Der Christ muß ein freier und ein befreiter Mensch sein. Natürlich soll damit nicht gesagt sein, als Christ sei man Anarchist und anerkenne keine Gesetze. Als Christen verstehen wir das Gesetz anders. Paulus sagt: „Wir stehen nicht mehr unter dem Gesetz" (Röm 6,15), sondern unter dem „Gesetz Christi" (1 Kor 9,21). Das gestattet es uns, die wir „von niemandem mehr abhängig" sind (1 Kor 9,19), einmal wie die zu leben, die unter dem Gesetz sind, und das andere Mal wie die, die außerhalb des Gesetzes stehen, um beide zu gewinnen (1 Kor 9,19–23). So wird deutlich, das Gesetz wird hier relativiert und in den *Dienst* der Liebe gestellt. „Zur Freiheit hat uns Christus befreit. Bleibt daher fest und laßt euch nicht von neuem das Joch der Knechtschaft auferlegen!" (Gal 5,1). Alles das sehen wir in exemplarischer Weise bei Jesus von Nazaret verwirklicht; Jesus hat eine Spontaneität, für die es in der Geschichte der Religionen vielleicht keine Parallele gibt. Wenn er die Religion *enttheologisiert* und den Willen Gottes nicht mehr bloß in heiligen Büchern suchen läßt, sondern vor allem im täglichen Leben, wenn er die religiöse Sprache *entmythologisiert* und von Erfahrungen spricht, die alle machen; wenn er die Frömmigkeit *entritualisiert* und betont, der Mensch stehe immer vor Gott und nicht nur, wenn er zum Beten in den Tempel gehe; wenn er die Botschaft Gottes aus ihrer Verbindung mit einer religiösen Gemeinde *emanzipiert* und sie an alle Menschen guten Willens (vgl. Mk 9,38–40; Joh 10,16) richtet und wenn er schließlich die Heilsmittel *säkularisiert* und das Sakrament des anderen (Mt 25,31–46) zu dem Element macht, das über den Einlaß ins Reich Gottes entscheidet ..., dann ist er doch wohl nicht gekommen, um dem Menschen das Leben bequemer zu machen.

Ganz im Gegenteil. So läßt Dostojewskij seinen *Großinquisitor* sagen: „Statt dem Menschen feste Grundlagen zu geben, damit er sein Gewissen ein für allemal beruhigen könnte, wiesest du ihm alles zu, was es an Unmöglichem, Rätselhaftem und Unbestimmtem gibt ... Statt Dich der Freiheit der Menschen zu bemächtigen, hast Du sie vermehrt ... Du wolltest, der Mensch solle in Freiheit lieben, damit er, von Dir bezaubert und gebannt, Dir freiwillig folge. Statt nach dem festen alten Gesetz sollte der Mensch hinfort in der Freiheit des Herzens selber entscheiden, was gut und was böse sei, und nur Dein Vorbild als Richtschnur vor sich haben." Sich bemühen, dieses Lebensprojekt in die Tat umzusetzen, heißt Christus nachfolgen ... und beinhaltet den ganzen Reichtum, der in diesem Wort des Neuen Testaments – Christus nachfolgen und nachahmen – steckt. Es bedeutet Befreiung und Erfahrung des Neuen, das das erlöste und versöhnte Leben mit sich bringt. Aber zugleich kann es auch, wie bei Christus selbst, zu Verfolgung und Tod führen.

Zum Schluß noch die tiefen Worte Dostojewskijs, die dieser schrieb, als er aus dem Totenhaus, aus Gefangenschaft und Zwangsarbeit in Sibirien, zurückkam: „Manchmal gibt mir Gott Augenblicke des Friedens. Dann liebe ich und spüre, daß ich geliebt werde. In einem dieser Augenblicke habe ich für mich selbst ein Glaubensbekenntnis verfaßt, in dem alles klar und heilig ist. Dieses Glaubensbekenntnis ist ganz einfach. Es lautet: Ich glaube, daß es nichts Schöneres, nichts Tieferes, nichts Sympathischeres, nichts Männlicheres und nichts Vollkommeneres gibt als Christus. Ich spreche das Credo für mich selbst, und zwar mit einer eifersüchtigen Liebe, die es gar nicht gibt und gar nicht geben kann. Mehr noch: Wenn mir jemand beweisen sollte, daß Christus außerhalb der Wahrheit steht und daß sich diese nicht in ihm befindet, ziehe ich vor, Christus zu haben statt die Wahrheit zu haben."

V. Die Bedeutung des Todes Jesu

Das ganze Leben Jesu war ein Sich-Geben, ein Sein-für-die-Anderen, war der existentielle Versuch und das existentielle Einstehen dafür, alle Konflikte zu schlichten. Im Namen des Reiches Gottes lebte er sein Sein-für-die-Anderen bis zum Ende, selbst als er am Kreuz – fast bis an den Rand der Verzweiflung – die Erfahrung des Todes (der Abwesenheit) Gottes machte. Trotzdem vertraute und glaubte er bis ans Ende, Gott werde ihn auch so akzeptieren. Das Sinnlose hatte für ihn noch einen geheimen und letzten Sinn.

Tragik liegt über dem Bemühen Jesu, die Menschen zu befreien – von sich selbst, von den Komplikationen, in die sie sich verwickelt hatten, wie auch von all dem, was wir mit einem Wort als Sünde bezeichnen. Mit seiner „neuen Lehre" (Mk 1,27) hatte er alle Größen seiner Zeit gegen sich aufgebracht: die Pharisäer, jene politisch-religiöse Partei, die sich dermaßen fanatisch an die Traditionen und an die Befolgung der Gesetze hielt, daß das Leben trostlos und nahezu unmöglich geworden war, die Schriftgelehrten, das heißt Theologen, die Experten in Sachen Bibel waren; die Sadduzäer, eine Gruppe von extrem konservativen und opportunistischen Priestern und wohlhabenden Familien; die Alten: Reiche aus dem Laien- und hohen Beamtenstand in der Hauptstadt Jerusalem; die galiläischen Herodianer, eine mit Herodes befreundete Gruppe, die die Unabhängigkeit von den Römern wollte, und schließlich auch die Besatzungsmacht, die Römer. Alle diese Kreise betrachteten Jesus als ihren Feind.

1. Der Prozeß Jesu

Die Evangelien nennen folgende Motive, deretwegen man Christus sein Befreiungswerk schwer machte und ihn selbst schließlich gefangennahm, folterte und zum Tode verurteilte:

a) Die Popularität Jesu

Die Aufnahme, die Jesus bei den Massen des Volkes fand, sorgte die Autoritäten, machte sie neidisch und ließ sie böswillig werden (Mk 11,18; Joh 4,1–3; 7,32.46; 12,10.19). Sie nahmen an, er predige Aufruhr (Lk 23,2; Joh 7,12), untersage die Zahlung der Kopfsteuer an den römischen Kaiser (Lk 23,2) und habe – wer weiß – sogar ernsthaft vor, die Macht zu übernehmen und das herrschende Regime zu stürzen (vgl. Joh 19,12; 6,15; Lk 23,2). In Wirklichkeit richtet sich seine Kritik aber gegen die, die auf das Volk Einfluß haben, wie die Pharisäer (Mt 23), Herodes (Lk 13,32), alle diejenigen, die Macht im allgemeinen haben (Mt 20,25; Lk 22,25), und gegen die Reichen (Lk 6,24–26; 28,25). Erschrocken sagen sie: „Wenn wir ihn gewähren lassen, werden alle an ihn glauben. Dann werden die Römer kommen und uns die heiligen Stätten und das Volk nehmen" (Joh 11,48). In der Tat fürchteten alle um ihre Machtposition und ihre Privilegien, insbesondere die Händler am Tempel, die – wie die Familie und das Haus des Hannas – Opfertiere verkauften. Einige Worte, die Jesus im Zusammenhang der dringenden Umkehr angesichts der unmittelbar bevorstehenden Ankunft des Reiches gesprochen hatte, konnten, wenn man sie mit politischen Ohren hörte, zu Mißverständnissen führen: „Ich bin nicht gekommen, um Frieden zu bringen, sondern das Schwert" (Mt 10,34); „Meint ihr, ich sei gekommen, um Frieden auf die Erde zu bringen? Nein, ich sage euch: Nicht Frieden, sondern Spaltung" (Lk 12,51); „Ich bin gekommen, um den Sohn mit seinem Vater zu entzweien und die Tochter mit ihrer Mutter" (Mt 10,35); „Ich bin gekommen, um Feuer auf die Erde zu werfen. Wie froh wäre ich, es würde schon brennen!" (Lk 12,49). Offensichtlich wollte Christus keine Gewalt. Im Gegenteil, will er doch, daß wir die Feinde lieben (Mt 5,44–48). In dem Augenblick, in dem er Gewalt hätte anwenden können, gebietet er entschieden: „Steck dein Schwert in die Scheide; denn alle, die zum Schwert greifen, werden durch das Schwert umkommen" (Mt 26,52).

b) Jesus – jemand, der die Leute verunsichert

Ohne zur Schule gegangen und ohne zum Rabbiner ausgebildet worden zu sein, lehrt Jesus die Menschen, ohne sich auf irgendeine Autorität zu beziehen (Mk 6,2; Joh 7,15). Über die Kasuistik in der Interpretation des Gesetzes, die für ebenso heilig galt wie das Gesetz selbst, setzt er sich hinweg (Mk 3,2–5.17; Joh 5,8–13; Lk 13,13–17; 14,1–6). In seiner Gesellschaft toleriert er Leute, die, wenn man mit ihnen in Kontakt tritt, einen gesetzlich verunreinigen (Mk 2,16; Mt 11,19; Lk 7,39; 15,1–2; 19,7). Mit Gott und von Gott spricht er mit Worten, die als gotteslästerlich angesehen werden (Mk 2,7; Joh 5,18; 7,29; 8,58; 10,30). Erbittert kämpft er gegen jede Art von Falschheit und sinnlosem Formalismus (Mk 12,38–40; Mt 23,1–39; 5,20; Lk 12,1; 16,15, 18,11). Religiös-dogmatische Motive dieser Art ärgern vor allem die Pharisäer, die „begannen, ihn mit vielerlei Fragen hartnäckig zu bedrängen" (Lk 11,53). Jesus verunsichert alle. So fragen alle: Wer ist das eigentlich? Woher hat er solche Macht? (Joh 8,25; Mk 4,41; Lk 4,36; Mt 8,27).

c) Jesus – jemand, der in eine radikale Krise führt

Jesus verunsichert Menschen aufs äußerste, wenn er Positionen bezieht, die allein Gott zustehen: Er stellt seine Autorität über die des Mose, was bedeutet, daß er sich göttliche Macht anmaßt (Mk 7,1–2; Mt 5,21–48: „Ihr habt gehört, daß zu den Alten gesagt wurde"); er vergibt Sünden, was ja nur Gott kann (Mk 2,7; Lk 7,49); mit großer Hoheit wirkt er Wunder; denen, die Sünde oder Schicksal

(Krankheit, soziale Verhältnisse) an den Rand des Geschehens gedrängt haben, zeigt er, daß Gott sie damit noch lange nicht von sich weist, sondern daß jetzt auch sie eine Chance haben und sich zusammen mit ihm an einen Tisch setzen können. Der Gott Jesu Christi ist ein Gott des Erbarmens und der Vergebung, der sich mehr über einen reumütigen Sünder freut als über 99 Gerechte, die nicht der Buße bedürfen (Lk 15,7). Das Verhalten Jesu führt seine Hörer in eine Krise. Krise besagt Entscheidung und Urteil. Sie müssen sich für oder gegen Christus entscheiden. Diese Krise und Ent-scheidung bedeutet in der Tat Scheidung zwischen Licht und Dunkel (Joh 3,19–20), zwischen Tod und Leben, Heil und Verderben (Joh 5,24; 8,39). Dreimal, sagt der Evangelist Johannes, habe Christus durch seine Reaktionen und Worte eine Spaltung unter dem Volk hervorgerufen (Joh 7,43; 9,16; 10,19). Das heißt, er hat eine Krise geschaffen, die die Leute zu einer Scheidung/Entscheidung für oder gegen ihn veranlaßte. Christus ist die Krise der Welt: Entweder springt sie über ihren eigenen Schatten und wird gerettet, oder sie verschließt sich in sich selbst, beseitigt Jesus aus ihrer Mitte und ist verloren. Religiöser Fanatismus, Machtwille und das Bestreben, die gewohnten Vorrechte nicht zu verlieren, waren nach den Evangelien die Hauptgründe für die Feinde Jesu, die untereinander zwar gespalten waren, gegen Jesus aber zusammenhielten, den unbequemen Propheten aus Nazaret beiseitezuschaffen. Die These, derzufolge der Haß des *Establishments* auf Jesus darauf zurückzuführen sei, daß dieser sich geweigert habe, einen Aufstand gegen die Römer anzuführen, oder daß er freundschaftliche Beziehung zu den zelotischen Guerillakämpfern unterhalten habe, ist nichts anderes als Spekulation und Phantasie und hat keine Basis in den uns bekannten Quellen. Von all dem wissen die Evangelien nichts. Und doch sind sie – abgesehen von einigen späteren Anspielungen bei Josephus Flavius (Ant. Jud. 18,3,3; 20,9,1), Plinius (Ep. 10), Tacitus (Annalen 15,44) und Sueton (Claudius 25) – die einzigen Quellen, die uns von Jesus berichten.

d) Auf jede nur mögliche Weise gehen sie gegen Jesus an

Jesus wird zu einer Gefahr für die bestehende Ordnung. Deshalb versucht man auf jede nur mögliche Weise, ihn von Gesetzes wegen verhaften und ihm den Prozeß machen zu können. Zunächst will man von ihm ein mündliches Attest seines guten Leumunds (Mk 7,5; 2,16.18.24; 11,27; Joh passim). Dann versucht man, ihn vom Volk zu isolieren und die Leute gegen ihn aufzubringen. Die Wunder, die er tut, werden als Teufelswerk diffamiert (Mk 3,22; Joh 7,20; 8,48.52; 10,20; Mt 20,25). Deshalb soll er auf Bestellung ein Wunder wirken, das man dann näher untersuchen will (Mk 8,11). Mit hinterhältigen Fangfragen meint man, ihn in die Enge treiben und vor den Leuten lächerlich machen zu können (Mk 12,18–23). Oder: In umstrittenen Fragen soll er Partei ergreifen (Mk 12,18–23). Oder: In umstrittenen Fragen soll er Partei ergreifen (Mk 10,2), man stellt ihm arglistige Fragen, die – wenn er sie beantwortet – ihn zum Feind entweder des Volkes oder der Besatzungsmacht machen (Mk 12,13–17; Lk 11,53–54; Joh 8,5–6). Man wirft ihn aus der Synagoge hinaus, was für die damalige Zeit Exkommunikation bedeutet (Joh 2,22; 12,14). Verschiedene Male will man ihn gefangen nehmen (Mk 11,18; Joh 7,30.32.44–52; 10,39) und zweimal steinigen

(Joh 8,59; 10,31). Schließlich denkt man daran, ihn zu liquidieren (Mk 3,6; Joh 5,18; 11,49–50). Jedoch: Dem steht entgegen, daß Jesus außerordentlich populär ist (Joh 7,46; Mk 12,12). Aber Jesus weiß um all diese Dinge. Trotzdem läßt er sich nicht einschüchtern, redet weiter und stellt weiter unbequeme Fragen (Mk 12,13–17; Lk 13,17; 14,16). Auch mit der Predigt macht er weiter (Joh 5,19–47; 7,19.25; 8,12–29; 10,33). Gleichwohl hat er sich in Schutz zu bringen. Als man ihn steinigen will, versteckt er sich; als man ihn im Tempel gefangennehmen will, taucht er in der Volksmenge unter (Joh 8,59; 10,39; vgl. Lk 4,30). Einmal kommt er unerkannt nach Jerusalem (Joh 7,10), und ein andermal vermeidet er auf dem Weg von Judäa nach Galiläa (Joh 4,1–3) das Gebiet seiner Gegner. Aber auch jetzt noch macht er einen Bogen um die Pharisäer, die ihm auf seinen Reisen in heidnisches Gebiet im Norden oder auf der anderen Seite des Sees Gennesaret immer lästiger werden (Mk 7,24; 8,13; vgl. Mt 12,15; 14,13). Nach einer harten Auseinandersetzung zieht er sich alleine nach Peräa zurück (Joh 10,40). Als er von dem Beschluß des Hohen Rates erfährt, ihn umzubringen (Joh 11,49–50.53), zieht er sich mit seinen Jüngern in die Stadt Efraim am Rande der Wüste zurück (Joh 11,54). Während seines (nach dem johanneischen Schema) letzten Jerusalem-Aufenthaltes hält er sich mehr oder weniger verborgen (Joh 12,36). Die Nächte verbringt er außerhalb der Stadt in Betanien oder auf dem Ölberg (Mk 11,11.19; Lk 21,37; Joh 18,2). Die Behörden wissen nicht genau, wo er sich aufhält. Also machen sie eine Bekanntmachung an das Volk, mit der der Aufenthalt Jesu entdeckt und seine Verhaftung erleichtert werden soll. Judas reagiert auf die Erklärung der Behörden. Gegen den Preis eines Sklaven (dreißig Silberdenare) verrät er Jesus (Mt 26,15). Der Verrat des Judas, der zu den absonderlichsten Phantasiegebilden angeregt hat und auch heute noch anregt, besteht – daran lassen die Evangelien keinen Zweifel – darin, daß er den Autoritäten zeigte, wo sich Jesus befand und wo er ohne Sensation und Volkstumult gefangen genommen werden konnte. Möglicherweise war es eine tiefe Enttäuschung, die Judas zu diesem Schritt veranlaßte: Wie andere Jünger auch (vgl. Lk 24,21; 19,11; Apg 1,6) hatte er erwartet, Christus werde Israel, das in der Hand der Römer war, im politischen Sinne befreien. Aber Christus verstand seine Befreiungstat universaler: als umfassende Veränderung dieser ganzen Welt – des Menschen wie des Kosmos –, die er Reich Gottes nannte.

e) Jesus wird wegen „Gotteslästerung" und politischer Aufwiegelung verurteilt

Bei Markus, der uns die älteste Leidensgeschichte Jesu bietet, liegt im Bericht vom Verrat Jesu durch Judas ein düsterer Ton, der durch die Kürze und Dürre noch verstärkt wird: „Der Verräter hatte mit ihnen ein Zeichen vereinbart und gesagt: Der, den ich küssen werde, der ist es. Nehmt ihn fest, führt ihn ab und laßt ihn nicht entkommen. Und als er kam, ging er sogleich auf Jesus zu und sagte: Rabbi! Und er küßte ihn." Jesus bleibt überlegen und sagt nur: „Wie gegen einen Räuber seid ihr mit Schwertern und Knüppeln ausgezogen, um mich festzunehmen. Tag für Tag war ich bei euch im Tempel und lehrte, und ihr habt mich nicht verhaftet" (Mk 14,44–45.48–49). Die folgenden Szenen, deren Historizität jedoch sehr umstritten sind, weil sie im Lichte der Auferstehung und des Glaubens an Jesus als den Christus geschrieben wurden, stehen unter dem Zeichen der *Auslieferung:* Judas liefert Jesus dem Hohen Rat aus (Mk 14, 10.42); der Hohe Rat Pilatus (Mk 15, 1.10); Pilatus den Soldaten (vgl. Mk 15, 15–16), die ihn – ohne daß ihre Namen bekannt würden – im Namen der Mächtigen dieser Welt dem Tode ausliefern (vgl. Mk 15, 25); und schließlich liefert ihn Gott selbst seinem Schicksal aus und läßt ihn am Kreuz zugrunde gehen (vgl. Mk 15, 34).

Zuvor jedoch macht man ihm einen doppelten Prozeß, einen *religiösen* vor den jüdischen Instanzen und einen *politischen* vor den römischen Stellen. Nachdem man Jesus im Garten des Ölberges gefaßt hat, führt man ihn zum Palast des Hohenpriesters, wo er in Erwartung des nächsten Tages die Nacht verbringt. Denn nach dem Gesetz durfte sich der Hohe Rat nur bei Tage versammeln, um jemandem den Prozeß zu machen. Während dieser langen Nacht wird er eingehend von Hannas, dem alten Hohenpriester und Schwiegervater des amtierenden Hohenpriesters Kajaphas, und von anderen jüdischen Führern bezüglich seiner Lehre, seinen Anhängern und seinen Zielen verhört. Es wird heftig diskutiert, ob das Verhör durch Hannas irgendeinen offiziellen Charakter habe. Wie dem auch sei, Jesus weigert sich mit Würde, größere Erklärungen zu geben. Man macht ihn lächerlich, schlägt und spuckt ihm ins Gesicht und foltert ihn – alles Szenen, die die Synoptiker eingehend beschreiben und die auch heute noch in den Polizeikasernen der ganzen Welt nicht selten sind. Am folgenden Tag tritt in der Südwestecke des Tempels (in der *Boulé* bzw. *Lishkath ha-Gazit;* vgl. Lk 22, 66) der Hohe Rat mit dem Hohenpriester Kajaphas (das heißt Inquisitor) zusammen. Die Sitzung beginnt mit der Befragung der Zeugen. Vom Inhalt der Anklagen wissen wir nichts. Wahrscheinlich ging es um Jesu liberale Haltung zum Sabbat (Mk 2, 23 f., Joh 5, 9 f), die ja für die Juden ein ständiges Ärgernis gewesen war, oder darum, daß er ein falscher Prophet sei oder die Dämonen im Namen der Dämonen austriebe (Mk 3, 22; Mt 9, 34). Aber die Zeugenaussagen lassen sich am Ende nicht auf einen Nenner bringen (Mk 14, 56). Eine weitere Anklage, die vor Zeiten bereits Jeremia das Todesurteil gebracht hatte (Jer 26, 1–19), wird gegen Jesus erhoben: Er habe den Tempel zerstören und in drei Tagen wieder aufbauen wollen (Mk 14, 58; Joh 2, 19). Aber auch hier stimmen die Ankläger nicht überein.

Da tritt Kajaphas auf und macht sich ans Werk. Er unterzieht Christus einem rigorosen Verhör, an dessen Ende Jesus wegen des Verbrechens der Gotteslästerung für des Todes schuldig befunden wird (Mk 14, 64). Worin soll das Verbrechen der Gotteslästerung bestanden haben? Nach Mk 14, 61–62 in der Tatsache, daß Jesus auf die Frage des Hohenpriesters: „Bist du der Messias, der Sohn des Hochgelobten?", geantwortet hat: „Ich bin es. Und ihr werdet den Menschensohn zur Rechten der Macht sitzen und mit den Wolken des Himmels kommen sehen." Seit langem fragt man sich in der katholischen wie in der protestantischen Exegese, ob es sich hier um einen historischen Bericht handle oder um das Glaubensbekenntnis der Urgemeinde, welche die Gestalt Jesu im Lichte der Auferstehung als den Messias-Christus und den Menschensohn von Daniel 7 gedeutet habe. Mit den Methoden der Exegese läßt sich die Frage schwer entscheiden. Sicher ist, daß die Evangelien keine Historiographie sein wollen, sondern Glaubensbekenntnis, in dem sich Geschichte und Geschichtsdeutung im Lichte des Glaubens zu einer lebendigen Einheit durchdringen. Sich als Messias-Christus ausgeben bedeutet an sich keine Gotteslästerung. Schon vor Jesus von Nazaret waren verschiedene Befreier als Messiasse aufgetreten, die deshalb aber nie zum Tode verurteilt worden waren. Problematisch ist auch, ob sich Jesus, um sein Selbstbewußtsein als Prediger und Träger des Reiches Gottes auszudrücken, hoheitlicher Titel wie Messias-Christus, Menschensohn oder ähnlicher Namen bedient habe. Alles scheint darauf hinzudeuten, daß sich Christus, wie wir weiter unten noch ausführlich sehen werden, von diesen bekannten und zu seiner Zeit gängigen Titeln distanziert hat. Er war zu ursprünglich und zu überlegen, um sich im Verstehensrahmen einer religiösen Kultur einfangen zu lassen. Auf jeden Fall – und das läßt sich mit historischen Fakten belegen: Zumindest am Ende seines Lebens besaß Christus das klare Bewußtsein, daß er die Menschen von allen sie und die Welt entfremdenden Elementen befreien müsse, daß mit ihm die Frist für das Anbrechen des Reiches Gottes abgelaufen sei und daß mit seinem Auftritt und Werk diese neue Ordnung aller Dinge bereits angefangen habe, zu wirken und sich zu zeigen. Dieses Bewußtsein klingt auch durch das feierliche Verhör, dem Kajaphas Jesus unterzieht, klar hindurch. Wer aber solch ein Ansinnen hat, erhebt sich schon in die Sphäre Gottes, und für einen Menschen bedeutet das Gotteslästerung. Hinzu kommt noch, daß Jesus einen Skandal sondergleichen provoziert: Einerseits maßt er sich ein Bewußtsein an, das ihn in die Sphäre Gottes versetzt, erweist sich andererseits aber als schwach und ohne Mittel, die seinem Auftrag entsprächen, und ist den Häschern ausgeliefert. Spottet solch eine Figur nicht den Verheißungen Jahwes von der umfassenden Befreiung, insbesondere aus der Hand der politischen Feinde? Angesichts solch einer Gotteslästerung entscheidet der Hohe Rat geschlossen und jedes seiner (71) Mitglieder einzeln: *Lamaweth! Lamaweth!*, das heißt: „Er ist des Todes schuldig, des Todes schuldig!" Ein entscheidender Schritt war getan. Von diesem Augenblick an verändert sich alles in der Geschichte der Welt, angefangen mit Petrus, den sein Verhalten reut (Mk 14,72 par), und Judas, der sich erhängt (Mt 27,5; vgl. Apg 1,6–10), bis dahin, daß jetzt die Kirche möglich wird, die die Predigt und die Realität Christi fortführt.

Der politische Prozeß vor dem römischen Gouverneur Pontius Pilatus soll die Entscheidung des Hohen Rates ratifizieren. Mit raffinierter teuflischer Taktik werden die religiösen Anklagen in politische Diffamierung umgemünzt. Nur so besteht die Chance, daß sie Gehör finden (vgl. den Parallelfall des Paulus vor Gallio (Apg 18,12–17). Deshalb klagen ihn die Juden gegenüber Pilatus an, er betrachte sich als politischen Befreier (Messias) – was Christus aber nie sein wollte –, der in ganz Judäa, angefangen von Galiläa bis Jerusalem unter dem Volk Subversion predige (Lk 23,2.5). Als Pilatus das Wort „Galiläa" hört, fällt ihm Herodes ein, der gerade auch in Jerusalem ist (Lk 23,6–12). Als dem Vierfürsten von Galiläa – dort hat Jesus ja vor allem gewirkt – steht ihm ein entscheidendes Wort zu. Also wird Christus zu Herodes gebracht, der ihn verhört. Mit seinem Schweigen aber irritiert Jesus Herodes. Also schickt er ihn, zum Spott als König verkleidet, zu Pilatus zurück. „An diesem Tag wurden Herodes und Pilatus Freunde; vorher waren sie Feinde gewesen" (Lk 23,12). Im Spott über einen Unschuldigen finden sogar die Übeltäter zueinander und schließen feindschaftliche Freundschaft. Pilatus aber erkennt bald, daß Jesus kein politischer Revolutionär ist wie die Zeloten und daß er auch keine Gewalt gegen die Römer will. Möglicherweise ist er ein naiver, religiöser Träumer. Deshalb sagt er dreimal so oder ähnlich: „Ich habe nichts feststellen können, wofür er den Tod verdient" (Lk 23,22; vgl. Lk 23,4.15). Dreimal schildert das Neue Testament – ob aus apologetischen Motiven (der Gouverneur soll bezeugen, daß das Christentum für den Staat nicht gefährlich ist) oder aus historischen Gründen weiß man nicht –, wie Pilatus versucht, Jesus vor denen zu retten, die immer lauter schreien: „Kreuzige ihn, kreuzige ihn!" (Lk 23,21): in der Episode mit Herodes, in dem mißglückten Versuch, Jesus gegen den Guerillakämpfer und Banditen Barabbas auszutauschen (Lk 23,17–25) und schließlich in der *Ecce-Homo-Szene* nach der Folter (Joh 19,1–6). Andererseits wissen wir aus anderen Quellen, daß Pilatus eine „bestechliche, räuberische, übel auftretende und beleidigende" Gestalt war, die „ständig Menschen ohne Urteil und mit unbegründeter Grausamkeit hinrichten ließ" (Philo. Leg. ad Caium, § 38). Es macht ihm Spaß, die Juden vor den Kopf zu stoßen und so zu tun, als wolle er den unschuldigen Jesus retten. Erst als man ihm droht, er könne beim Cäsar in Ungnade fallen (Joh 19,12), gibt er dem Schreien des Mobs und der jüdischen Führer nach. Ohne jedes Pathos heißt es bei Johannes: „Da lieferte er ihnen Jesus aus, damit er gekreuzigt würde" (Joh 19,16). In drei Sprachen läßt er noch eine Inschrift anbringen: *Iesus Nazarenus Rex Iudaeorum.* Es ist soweit. Das Opfer kann beginnen.

Nach römischer Sitte werden die zum Kreuzestod Verurteilten, im allgemeinen nur Sklaven und Rebellen (nach Cicero, Verres II, 5,65,165: „die barbarischste und schrecklichste Strafe") zunächst erbarmungslos gegeißelt. Sodann müssen sie den Querbalken des Kreuzes auf den Schultern zur Hinrichtungsstelle schleppen, wo der Längsbalken schon auf der Erde bereitliegt. Jetzt werden sie entkleidet, ans Kreuz geschlagen, das in der Regel die Form eines T hat, und aufgerichtet. So hängen sie zwei oder drei Meter über der Erde, stunden- oder tagelang, bis sich aufgrund von Erschöpfung, Erstickung, Verblutung, Herzschlag oder Kollaps der Tod einstellt. Jesus hing am Kreuz von Mittag bis 15,00 Uhr. Die Evangelisten berichten, er habe noch sieben Worte gesagt, deren historischer Wert freilich umstritten ist: eines bei Markus (15,34), das auch Matthäus erwähnt (27,46), drei bei Lukas (23,34.43.46) und drei weitere bei Johannes (19,26.28.30). Die Echtheit eines Wortes jedoch steht außer Zweifel. Was Jesus da ruft, ist ein Ärgernis und wirft schonungslos die Frage nach dem Selbstbewußtsein Jesu auf. Markus hat das Wort sogar in seiner aramäischen Urform erhalten: „Eloi, Eloi, lema sabachtani – Mein Gott, mein Gott, warum hast du mich verlassen?" (Mk 15,34). Jesus hatte in einer unvergleichlichen Nähe zu seinem Gott gelebt und ihn *Abba* – du, lieber Papa – genannt; im Namen Gottes hatte er das Reich Gottes gepredigt und sich ständig zu ihm bekannt (vgl. Mt 11,27). Dieser Gott der Liebe und der Menschlichkeit läßt Jesus allein, läßt ihn im Stich. Jesus selbst drückt sich so aus. Jedoch: Wenn Gott Christus verläßt, Christus verläßt Gott nicht. Deshalb ruft er auch noch im Schrei absoluter Einsamkeit: „Mein Gott, mein Gott ..." „Und Jesus schrie laut auf. Dann hauchte er den Geist aus" (Mk 15,37). So gibt er sich vertrauensvoll in die Hände dessen, der ihn zwar verlassen hat, der aber nach wie vor sein „mein Gott" ist. Aber Gott wird sein Schweigen vom Karfreitag am Ostersonntag unterbrechen.

2. *„Da er die Seinen liebte ..., erwies er ihnen seine Liebe bis zur Vollendung"*

Der Tod ist für Christus keine Katastrophe, die abrupt über sein Leben hereingebrochen wäre. Seine Botschaft, sein Leben und sein Tod bilden eine radikale Einheit. Sein gewaltsamer Tod ist bereits irgendwie in den Forderungen seiner Predigt enthalten. Schon Platon formuliert in seinem „Staat" den berühmten Satz: „Der Gerechte wird gegeißelt, geschunden, gefesselt und mit Feuer geblendet werden. Wenn er all diese Schmerzen ertragen hat, wird er ans Kreuz geschlagen werden" (2, 5.361 E). Jesus hat nie Platon gelesen. Trotzdem weiß er, und zwar besser als der große Philosoph, wozu der Mensch und sein System der religiösen und gesellschaftlichen Sicherheit fähig sind. Er weiß, daß, wer die menschliche Situation zum Besseren verändern und die Menschen für Gott, für sich selbst und für die anderen befreien will, seinen Einsatz mit dem Tod bezahlen muß. Er weiß, daß alle Propheten gewaltsam umgebracht worden sind (Lk 11, 47–51; 13, 34; Mk 12, 2). Schließlich weiß er auch um das tragische Ende des letzten und größten aller Propheten, Johannes des Täufers (Mk 9, 13).

Mit seiner Predigt erhebt Jesus folgenden souveränen Anspruch, den er jedoch mit keinem Gewährsmann der damaligen Welt belegt: Gott und sein Reich kommen; Gott ist für alle da, die sich beklagen und warten, insbesondere für die, die meinen, sie seien von seinem Erlösungswerk und Erbarmen ausgeschlossen; der Arme ist nicht aufgrund seiner Armut schon ein Sünder, wie es heißt, und auch der Blinde ist es nicht, weil er oder seine Eltern gesündigt hätten (Joh 9, 3). Wenn er das predigt, kommt es zwischen ihm und der etablierten Macht unweigerlich zu einem Konflikt. Was das gesellschaftliche und religiöse System als gut und böse festlegt, braucht nicht an sich gut und böse zu sein. Eine Redensweise lautete zur Zeit Jesu: „Dieses Volk, das vom Gesetz nichts versteht, ist verflucht" (Joh 7, 49). Gerade für diese Menschen aber predigt Christus. Als unrein galt, wer sich vor dem Essen nicht die Hände wusch. Christus aber sieht nicht, wieso man das Unreinheit nennen solle. Die Unreinheit kommt von innen (Mk 7, 19–22). Feinde hassen sei keine Sünde (Mk 5, 43), wurde gesagt. Christus jedoch sagt: So etwas ist Sünde und verdient das ewige Feuer (Mt 5, 22). Im Grunde predigt Christus: Weder Gott noch der Mensch dürften in vorgefaßte gesellschaftliche oder religiöse Strukturen gepreßt werden. Der Mensch darf sich nicht in sich selbst verschließen, sondern muß sich stets für unvorhergesehene Eingriffe Gottes offen halten. Die Welt kann ja die Religion im Namen Gottes gebrauchen wie mißbrauchen, um den Menschen an die Kandare zu nehmen. Aber Gott will die Menschen nicht anbinden, sondern befreien. Wenn Jesus also kommt und im Namen Gottes die umfassende Befreiung verkündet, ist er in den Augen des Systems ein Gotteslästerer (Mk 2, 7), von Sinnen (Mk 3, 21), ein Betrüger (Mt 27, 63), ein Besessener (Mk 3, 22; Joh 7, 20) und Häretiker (Joh 8, 48). Die Religion kann den Menschen befreien, wenn sie wahr ist, aber sie kann ihn auch in noch tiefere Sklaverei stürzen, wenn sie mißbraucht wird. Sie kann zum besten Guten, aber auch zum schlimmsten Bösen gereichen. Und wenn der Prophet fortfährt, seine Botschaft zu verkünden, muß er mit der Gewalt der etablierten Ordnung rechnen. Als Christus auftritt, gerät alles ins Wanken. Mit Christus geht eine alte Welt zu Ende, und eine neue Welt entsteht. In dieser haben die Menschen die Chance, nicht mehr nach dem beurteilt zu werden, was moralische, religiöse und kulturelle Konventionen vorschreiben, sondern nach dem, was sicheres Gespür, Liebe und uneingeschränkte Offenheit für Gott und die Mitmenschen als Gottes konkreten Willen erkennen.

a) Der Glaube und die Hoffnung Jesu

Christus läßt sich kein einziges Mal von seiner Umwelt festlegen. Souverän wie er ist, geht er keinen Kompromiß ein, sondern lebt fest nach dem, was er für den Willen Gottes hält und was das Glück und die Befreiung des Menschen ist. Wenn für das Alte wie für das Neue Testament der Glaube radikal darin besteht, daß man zu Gott, den man im Leben entdeckt, ja und amen sagen kann, darin, daß man in ihm als dem absoluten Sinn aller Dinge ek-sistiert und gründet, darin, daß man sich ihm ständig zuwendet und sich an ihm festhält, dann war Jesus ein außergewöhnlicher Glaubender und hatte selbst Glauben. Der Glaube war die Existenzweise Jesu. Immer ließ er sich von Gott und dem anderen her bestimmen und nicht einfach von religiösen Normen oder gesellschaftlichen Konventionen der Zeit. Die Widersprüche, Risiken und Versuchungen, die das Abenteuer des Glaubens mit sich bringt, ertrug er. Mit Recht stellt uns der Hebräerbrief Christus als Modell des Glaubens vor, des Menschen, der kraft seines Glaubens „das Kreuz auf sich genommen hat, ohne auf die Schande zu achten" (Hebr 12,2), die so etwas mit sich bringt. Dieser sein Glaube und diese seine Hoffnung wurden hart auf die Probe gestellt, als er sich mehr und mehr der bitteren Opposition bewußt wurde, auf die seine Botschaft wie seine Person in den verschiedenen Gesellschaftsschichten damals stießen. In einem bestimmten Augenblick, in der sogenannten galiläischen Krise (Mk 9,27 f; Lk 9,37), wird Jesus klar, daß ein gewaltsamer Tod im Bereich der realen Möglichkeiten seines Lebens lag. Bei Lk 9,51 heißt es wörtlich übersetzt: „Er verhärtete sein Gesicht", das heißt: er faßte den festen Entschluß, nach Jerusalem zu gehen. Und „auf dem Weg nach Jerusalem ging Jesus voran, die Jünger aber hatten Angst" (Mk 10,32). Dort will er nun das Reich Gottes verkünden und erwarten. Nichts kann ihn mehr zurückhalten. Er glaubt an seine befreiende Mission und hofft gegen alle Hoffnung.

b) Hat Jesus mit seinem gewaltsamen Tod gerechnet?

Diese Frage ist legitim, wenn wir das Selbstbewußtsein Jesu betrachten, daß er sich nämlich als Verkünder der neuen Ordnung verstand, die Gott in Bälde einführen würde. Er selbst ist das bereits anwesende Reich, und die Mitgliedschaft im Reich hängt vom Ja bzw. Nein zu seiner Person ab. Reich Gottes bedeutet seinerseits die umfassende und strukturelle Befreiung der gesamten Wirklichkeit von allem, was sie entfremdet, von Schmerz, Haß und Legalismus bis hin zur Sünde gegen Gott. Wenn dem so ist, konnte Christus dann mit seinem gewaltsamen Tod rechnen? Die Evangelien, so wie sie uns vorliegen, lassen keinen Zweifel daran, daß Jesus um sein verhängnisvolles Ende wußte. Dreimal sagt er sein Leiden voraus (Mk 8,31; 9,31; 10,32–34 par) und nimmt den Tod als Opfer zur Erlösung vieler (aller) auf sich (Mk 10,45; Lk 22,19f; Mt 26,26.28). Gleichwohl fragt seit Beginn des Jahrhunderts die ernsthafte Exegese: Haben wir es da mit echten Christusworten oder mit einer theologischen Interpretation im Lichte des Glaubens und des Neuen der Auferstehung zu tun, die die Urgemeinde entwickelt hat? Die Vorhersagen sind literarisch spät und setzen ziemlich detaillierte Kenntnisse von Leiden und Auferstehung voraus. In der Tat scheinen sie *vaticinia ex eventu* zu sein, die nachträglich und mit der Absicht formuliert wurden, dem theologischen Problem Sinn zu geben, das in der Frage steckt: Wenn Gott mit der Auferstehung gezeigt hat, daß er auf der Seite Christi steht, warum hat er das dann nicht eher zu erkennen gegeben?

Die Vorhersagen wären eine Antwort auf dieses Problem, das für die Urgemeinde real war. Das Wort: „Der Menschensohn ist nicht gekommen, um sich dienen zu lassen, sondern um zu dienen und *sein Leben hinzugeben als Lösegeld für viele*" (Mk 10,45), gehört zu den umstrittensten Sätzen des Neuen Testaments. Es scheint, daß es in der vorliegenden Fassung Christus von der Gemeinde in den Mund gelegt wurde, denn seine Parallele bei Lukas hat keinen soteriologischen Charakter: „Ich bin unter euch wie der, der bedient" (Lk 22,27). Noch heftiger ist die Diskussion um die Historizität der eucharistischen Texte, in denen der Opfergedanke anklingt (vgl. 1 Kor 11,23–26; Mk 14,22–25; Lk 22,15–20; Mt 26,26–29) und die offensichtlich bereits eine Theologie und eucharistische Praxis seitens der Urgemeinde voraussetzen. Da der Text Lk 22,15–19a.29–30 ein Ereignis beschreibt, das keine organische Verbindung mit dem Leben der Kirche, sondern nur mit Christus selbst hat, deutet alles darauf hin, daß wir vor einem echten Text stehen. Der Text lautet folgendermaßen: „Ich habe mich sehr danach gesehnt, vor meinem Leiden dieses Paschamahl mit euch zu essen. Denn ich sage euch: Ich werde es nicht mehr essen, bis das Mahl seine Erfüllung findet im Reich Gottes. Und er nahm den Kelch, sprach das Dankgebet und sagte: Nehmet den Wein und verteilt ihn untereinander! Denn ich sage euch: Von nun an werde ich nicht mehr von der Frucht des Weinstocks trinken, bis das Reich Gottes kommt ... Darum vermache ich euch das Reich, wie es mein Vater mir vermacht hat: Ihr sollt in meinem Reich mit mir an meinem Tisch essen und trinken, und ihr sollt auf Thronen sitzen und die zwölf Stämme Israels richten." Nach dem Lukastext hat das Letzte Abendmahl also eschatologischen Charakter: Es wäre die Vorwegnahme des Festes im Reich Gottes, das Christus mit seinen engsten Freunden feiern wollte, bevor die neue Ordnung begönne. Damit wird die Frage aber noch brennender: Hat Christus mit seinem gewaltsamen Tod gerechnet?

Ehe wir die Frage beantworten, sollten wir uns folgende Überlegungen vor Augen halten: Christus hatte das Bewußtsein, entscheidendes Werkzeug für das volle Kommen des Reiches zu sein. Alle Evangelien zeigen, welche Nähe er zum Vater hatte; in allem tat er seinen Willen, was in den konkreten Abläufen seines

Lebens als Prediger und Wundertäter, in seinem Verhältnis zum Volk wie auch in den Auseinandersetzungen mit den religiösen Obrigkeiten seiner Zeit zum Ausdruck kommt. Jesus lebte im Glauben, in dem oben erläuterten Sinn, und erkannte nach und nach mit zunehmender Klarheit den Willen Gottes. Ja, es konnten sogar Versuchungen über ihn kommen (Mk 1,12–13; Lk 4,1–13; Mt 4,1–11; vgl. Lk 22,28; Hebr 2,18; 5,15), ohne daß er gewußt hätte, welche Zukunft auf ihn wartete. In dem zeitgenössischen apokalyptischen Milieu, in dem Christus seinen Ort hatte, war man der Ansicht, das Reich werde erst nach einem erbitterten Kampf zwischen den Mächten des Guten und des Bösen anbrechen. Gegen Ende seines Lebens, als er sich immer isolierter und angefochtener fühlt, werden seine Worte zunehmend dunkler (vgl. ab Mk 8,27). Er wird sich dessen bewußt, daß der Weg ins Reich über das Leiden führt. Lukas überliefert uns ein Jesuswort, das sicherlich echt ist: „Ich muß mit einer Taufe getauft werden, und ich bin sehr bedrückt, solange sie noch nicht vollzogen ist" (Lk 12,50). Ob diese Taufe aber gleich den gewaltsamen Tod oder sonst eine schwere Bedrängnis bedeutet, das ist Christus gewiß nicht ganz klar. Aber stets bleibt er seinem Auftrag treu und entzieht sich ihm nie. Immer weiß er sich in den Händen des Vaters. Ihm vertraut er und hofft, daß er in allen Schwierigkeiten, die ihm begegnen mögen, eingreifen wird, um ihn zu retten. Wichtig jedoch ist für ihn, nicht das zu tun, was er will, sondern was der Vater will, was er aber nicht bis zum Ende kennt, ob es nur große Schwierigkeiten oder gar den Tod mit sich bringt. Seine letzte große Versuchung in Getsemani zeigt, daß er zwar Angst hatte und unsicher war, aber auch, daß er fest entschlossen war, immer den Willen des Vaters zu tun: „Abba, Vater, alles ist dir möglich. Nimm diesen Kelch von mir! Aber nicht, was ich will, sondern was du willst, soll geschehen" (Mk 14,36 par). Jesus ahnte die Möglichkeit des Todes, war sich aber seiner nicht absolut sicher. Sein letzter Schrei am Kreuz: „Mein Gott, mein Gott, warum hast du mich verlassen?" (Mk 15,34), setzt den unerschütterlichen Glauben und die feste Hoffnung voraus, Gott würde ihn nicht sterben lassen, sondern – wenn auch im letzten Augenblick – retten. Jetzt aber am Kreuz weiß er mit absoluter Sicherheit, daß Gott von ihm Treue bis in den Tod will. Der Evangelist Johannes bringt dann auch die Treue Jesu wunderbar zum Ausdruck, wenn er zu Beginn seines Leidensberichtes sagt: „Da Jesus die Seinen, die in der Welt waren, liebte, erwies er ihnen seine Liebe bis zur Vollendung" (Joh 13,1). Christus nimmt den Tod, in den ihn der Haß der Menschen ungerechterweise geführt hat, als den letzten Willen des Vaters an. So bringen denn auch die Evangelien die Geisteshaltung Jesu treffend zum Ausdruck, wenn sie ihn sagen lassen: „Es ist vollbracht" (Joh 19,30), und: „Vater, in deine Hände empfehle ich meinen Geist" (Lk 23,46). Vollkommener hatte er nicht formulieren können, daß er sein tragisches Ende akzeptiert.

3. *Das Sinnlose hat einen geheimen Sinn*

Welchen Sinn hat der Tod Christi? Die Apostel hatten so etwas nicht erwartet. Sie flohen (Mk 14,27; Mt 26,31). Schon die Verhaftung Jesu hatte bewirkt, daß sich seine Gemeinde aufgelöst hatte und versprengt worden war (Mk 14,27; Mt 26,31). Die ältesten Texte von den Erscheinungen des Auferstandenen geben zu verstehen, daß diese in Galiläa stattfanden (Mk 14,28; 16,7; Mt 26,32; 28,7.16–20). Dies läßt vermuten, daß sich die Apostel nach dem Scheitern Christi wieder nach Galiläa zurückgezogen hatten. Auch die Emmausjünger beweisen, daß die Freunde Jesu frustriert waren: „Wir hatten gehofft, daß er der sei, der Israel erlösen werde" (Lk 24,21). Schließlich kommt Jesus am Kreuz um. Der Kreuzestod – jene schreckliche Hinrichtungsmethode, die ursprünglich von den Persern stammt (Herodot [3,159] berichtet, im Jahre 519 v. Chr. seien in Babylon 3000 Rebellen gekreuzigt worden) und die die Römer übernommen hatten – bedeutete für die Juden das sichtbare Zeichen der Verfluchung durch Gott (Dtn 21,23; Gal 3,13) und den Höhepunkt von Scham und Schande (Hebr 12,2). Die Tatsache, daß Jesus gekreuzigt wird, besagt in der jüdischen Mentalität in der Tat, daß Gott ihn verlassen hat. Alles deutet darauf hin, daß die Apostel im Tode Christi anfänglich keine Heilsbedeutung sahen. Die Reden des Petrus in der Apostelgeschichte lassen dies vermuten. In antithetischer Form heißt es dort: „Ihr habt ihn durch die Hand von Gesetzlosen ans Kreuz geschlagen und umgebracht. Gott aber hat ihn ... auferweckt" (Apg 2,23.36; 3,14–15; 5,30). Erst vor dem Hintergrund der Auferstehung entziffern sie mit wachsender Sicherheit den Sinn von Tod und Auferweckung als zwei Seiten ein und desselben Heilsgeschehens. Jetzt verstehen sie den Tod Christi als Vergebung unserer Sünden (1 Kor 15,3). In diesem Licht entstehen nun die evangelischen Sätze, die der Glaube Jesus in den Mund legt und denen zufolge Christus dem Tod ausgeliefert werden (Mk 8,31; 9,31; 10,32–34 par), den Leidenskelch trinken (Mk 10,38) und mit der Bluttaufe getauft werden müsse und sein Leben zur Erlösung vieler hingeben werde (Mk 10,45) usf. Wir möchten die theologische Bedeutung des Todes Jesu, die den Jüngern also erst nach und nach im Licht der Auferstehung klar wird, jedoch erst weiter unten behandeln.

Obwohl sich die Gemeinde den Tod Jesu in dieser Weise erklärt – Gott selbst habe ihr es so in der Auferstehungstat geoffenbart –, kommen wir nicht umhin, uns zu fragen: Hat der Tod Jesu, wenn man ihn in sich selbst betrachtet, theologische Relevanz für uns heute? Ja, und zwar eine sehr große. Aus folgenden Gründen: Das ganze Leben Christi war ein Sich-geben, ein Sein-für-die-anderen, war der existentielle Versuch und das existentielle Einstehen dafür, alle Konflikte zu schlichten. Indem Jesus das Ursprüngliche des Menschen lebte, so wie Gott ihn nach seinem Bild und Gleichnis geschaffen hatte, und indem er unentwegt von dorther urteilte und sich äußerte, zeigte er ein Leben außerordentlicher Authentizität und Originalität. Mit seiner Predigt vom Reich Gottes wollte er der gesamten Wirklichkeit einen letzten und abosluten Sinn geben. Im Namen des Reiches Gottes lebte er sein Sein-für-die-anderen bis zum Ende, selbst als er am Kreuz – fast bis an den Rand der Verzweiflung – die Erfahrung des Todes (der Abwesenheit) Gottes machte. Trotz des Verhängnisses und des totalen

Scheiterns verzweifelte er nicht. Ja, er vertraute und glaubte bis ans Ende, Gott werde ihn auch so akzeptieren. Das Sinnlose hatte für ihn noch einen geheimen und letzten Sinn. So besteht die universale Bedeutung von Leben und Tod Christi darin, daß er den Grundkonflikt der menschlichen Existenz: trotz Haß, Verständnislosigkeit, Verrat und Todesurteil den absoluten Sinn dieser Welt vor Gott realisieren zu wollen, bis zum Ende durchgestanden hat.

Das Böse war für Jesus nicht dazu da, verstanden, sondern angegangen und mit Liebe überwunden zu werden. Dieses Verhalten Jesu eröffnete der menschlichen Existenz eine neue Möglichkeit, das heißt: die Existenz im Glauben, im absoluten Sinn, auch angesichts des Absurden, wie es das haßerfüllte Todesurteil über einen Mann war, der nur geliebt und nur versucht hatte, Gutes unter den Menschen zu tun. So kann Bonhoeffer sagen, Aufgabe des Christen sei es heute, dieses Schwachsein Gottes in der Welt zu leben: „Jesus ruft nicht zu einer neuen Religion, sondern zum Leben. Wie sieht nun aber dieses Leben aus? Dieses Leben der Teilnahme an der Ohnmacht Gottes in der Welt?" Solch ein Leben ist neues Leben, und es triumphiert noch dort, wo alle menschlichen Ideologien und Spekulationen versagen, das heißt: in der Verzweiflung, im unverdienten Leid, in der Ungerechtigkeit und im gewaltsamen Tod. Gibt es einen Sinn darin? Ja. Aber nur, wenn man es mit den Augen Gottes betrachtet, mit Liebe und Hoffnung, die über den Tod hinausreicht. Wer so glaubt, glaubt mit Jesus, dem Glaubenden. Wer ihm folgt, verhält sich unter unseren Bedingungen, die freilich nicht mehr die seinen sind, genau wie er. Die Auferstehung wird in ihrer ganzen Dichte zeigen, daß Glauben und trotz Absurdität und Sinnlosigkeit Nichtaufgeben eben nicht sinnlos sind.

Welch tiefen Sinn das Leiden für das Leben des Christen haben kann, bringt Bonhoeffer in einem berühmten Gedicht gut zum Ausdruck:

Menschen gehen zu Gott in ihrer Not,
flehen um Hilfe, bitten um Glück und Brot,
um Errettung aus Krankheit, Schuld und Tod.
So tun sie alle, alle, Christen und Heiden.

Menschen gehen zu Gott in Seiner Not,
finden ihn arm, geschmäht, ohne Obdach und Brot,
sehn ihn verschlungen von Sünde, Schwachheit und Tod.
Christen stehen bei Gott in Seinem Leiden.

Gott geht zu allen Menschen in ihrer Not,
sättigt den Leib und die Seele mit Seinem Brot,
stirbt für Christen und Heiden den Kreuzestod,
und vergibt ihnen beiden.

VI. Auferstehung: Eine Utopie des Menschen ist Wirklichkeit geworden

Weil Jesus auferstanden ist, hat er entscheidende Bedeutung für uns. Hier liegt das Kern- und Zentralstück des christlichen Glaubens. Dank der Tatsache der Auferstehung wissen wir, daß das Leben und die Sinnlosigkeit des Todes einen sicheren Sinn haben, der mit dem Auferweckungsgeschehen voll ans Licht tritt. Ein Tor zur absoluten Zukunft hat sich uns aufgetan, und eine unauslöschliche Hoffnung hat sich dem Menschen ins Herz gesenkt. Wenn Christus tatsächlich auferweckt worden ist, dann werden auch wir ihm folgen und „in Christus alle lebendig gemacht werden" (1 Kor 15, 20.22).

Jesus hat der Welt einen absoluten Sinn verkündet: Die Existenz des Menschen wird von allem, was sie entfremdet, umfassend befreit werden, von Schmerz, Haß, Sünde und schließlich auch vom Tod. Sein Auftreten macht diese strukturelle Revolutionierung der alten Welt – die in der zeitgenössischen Sprache *Reich Gottes* heißt – bereits gegenwärtig. Jedoch: Im Gegensatz zu dem, was man von ihm hätte erwarten können (vgl. Lk 24, 21), starb er am Kreuz mit dem Schrei auf den Lippen: „Mein Gott, mein Gott, warum hast du mich verlassen?" (Mk 15, 34). Sein Tod schien nicht nur alle Hoffnung auf Befreiung zu begraben, sondern auch den ersten Glauben der Jünger zunichte gemacht zu haben. Die Flucht der Apostel (Mk 14, 50), die Enttäuschung der Emmausjünger (Lk 24, 21) sowie die Angst vor den Juden (Joh 20, 19) legen das eindeutig nahe. Sollte der Tod stärker gewesen sein als eine so große Liebe? Sollte der Tod und nicht das Leben das letzte Wort sein, das Gott über das Schicksal Jesu von Nazaret wie über das aller Menschen zu sagen hat?

1. Über das Grab Jesu ist kein Gras gewachsen

Aber einige Tage, nachdem Jesus gestorben war, geschah etwas Einzigartiges und in der Geschichte der Menschheit noch nie Dagewesenes: Gott weckte ihn von den Toten wieder auf (Apg 2, 23; 3, 15; 4, 10; 10, 39–40) und ließ dies auch seine engsten Jüngerinnen und Jünger wissen. Nicht als ob Jesus – wie Lazarus oder der junge Mann aus Nain – in das biologische Leben von zuvor zurückgekehrt wäre; nein, er erwies sich – unter Wahrung seiner Identität des Jesus von Nazaret – als ganz und gar verklärt und in seinen menschlichen und göttlichen Möglichkeiten voll realisiert. Was geschah, war nicht, daß eine Leiche wieder lebendig gemacht worden wäre; nein, die irdische Wirklichkeit Jesu wurde radikal verändert und verklärt, und das nennen wir Auferstehung bzw. Auferweckung. Jetzt ist alles offenbar geworden: Gott hatte Jesus von Nazaret nicht im Stich gelassen. Er war an seiner Seite geblieben – an der Seite dessen, der nach dem Gesetz verflucht war (Dtn 21,23; Gal 3,13; vgl. Hebr 4,15). Gott hat kein Gras über Jesu Grab wachsen lassen. Vielmehr hat er bewirkt, daß alle Ketten zersprangen und daß er in ein neues Leben erstand, welches nicht mehr vom Tode bedroht ist, sondern das Siegel der Ewigkeit trägt. *Jetzt* hat es sich gezeigt, wie wahr doch Jesu Predigt war. Die Auferweckung/Auferstehung ist die Verwirklichung dessen, was er über die umfassende Befreiung, vor allem aus der Herrschaft des Todes, gepredigt hatte. Die Auferstehung bedeutet die Konkretisierung des Reiches Gottes im Leben Jesu. Wenn das Nein der Menschen das Reich Gottes daran hinderte, kosmosweit konkret zu werden, dann hat Gott, der ja das Scheitern besiegt und im Tode Leben entstehen läßt, es in der Existenz Jesu von Nazaret Wirklichkeit werden lassen. *Jetzt* wissen wir, daß das Leben und die Sinnlosigkeit des Todes einen sicheren Sinn haben, der mit der Auferstehung Jesu voll ans Licht getreten ist. Daran denkend, konnte Paulus triumphierend scherzen: „Verschlungen ist der Tod vom Sieg. Tod, wo ist dein Sieg? Tod, wo ist dein Stachel?" (1 Kor 15,55).

Weil Jesus auferstanden ist, hat er entscheidende Bedeutung für uns. Wenn er nicht auferstanden wäre, dann „wäre unser Glaube sinnlos", und „wir wären erbärmlicher daran als alle anderen Menschen" (1 Kor 15,14.19). Denn statt uns denen anzuschließen, die sagen: „Laßt uns essen und trinken, denn morgen sind wir tot" (1 Kor 15,32), würden wir vor der Wirklichkeit in einen Mythos des Weiterlebens und der Auferweckung fliehen und damit die Mitmenschen an der Nase herumführen. Wenn Jesus nun aber doch auferstanden ist, dann werden wir ihm folgen und „in Christus alle lebendig gemacht werden" (1 Kor 15,20.22). Ein Tor zur absoluten Zukunft hat sich uns aufgetan, und eine unauslöschliche Hoffnung hat sich dem Menschen ins Herz gesenkt. Hier liegt das Kern- und Zentralstück des christlichen Glaubens. Ohne das würde er zusammenbrechen. In diesem Punkt können uns Historiker wenig helfen. Die Auferstehung ist nicht irgendein historisches Faktum, das Historiker in den Griff bekommen könnten. Die Auferstehung ist ein Faktum, das nur der Glaube erfassen kann. Niemand war bei der Auferstehung dabei. Das apokryphe Petrusevangelium (gegen 150 n. Chr. entstanden), das in einer phantastischen Sprache erzählt, wie Christus auferstand, hat die Kirche immer abgelehnt, weil das christliche Bewußtsein wohl schon früh gespürt hat, daß man so greifbar nicht von der Auferweckung des Herrn sprechen kann. Was wir haben, sind Erzählungen von Erscheinungen und vom leeren Grab. Auf der Grundlage dieser Erfahrungen kamen die Apostel, strahlend, zu folgender wahren Interpretation, die die Wirklichkeit des neuen Lebens Jesu tatsächlich erfaßt: „Der Herr ist wirklich auferweckt worden und dem Simon erschienen" (Lk 24,34). Um die Wahrheit des Auferstehungsglaubens, die ja heute von so vielen angefochten wird, und um denen „Rede und Antwort zu stehen, die nach der Hoffnung fragen, die uns erfüllt" (1 Petr 3,15), müssen wir uns einen Augenblick mit den wichtigsten Bibelstellen befassen.

2. *Was sagt die moderne Exegese zur Auferstehung Jesu?*

Wie soeben schon anklang, haben wir in den Erzählungen von der Auferstehung Jesu zwei grundlegende Daten: das leere Grab und die Erscheinungen vor den Jüngern. Nach ernsthaften Untersuchungen katholischer wie protestantischer Exegeten zu den Traditionen, welche – gesammelt oder redigiert – zu den uns vorliegenden Evangelien führten, läßt sich so viel feststellen: Unabhängig voneinander und ohne Bezug aufeinander, waren in der Überlieferung anfangs zwei Berichte im Umlauf. Als dann später die Evangelien zusammengestellt wurden, nähte man die beiden Traditionen – was schon an Markus 16, 1–8 abzulesen ist – zusammen, ohne daß innere Spannungen ausgeglichen worden wären: In die Erzählungen, die bisher nur vom leeren Grab handelten, fügte man jetzt auch die Berichte von den Erscheinungen ein. Die alte Überlieferung Markus 16, 5a.8 hatte geheißen: Die Frauen gehen zum Grab, das sie leer vorfinden; da fliehen sie; aus Angst erzählen sie niemandem etwas davon. Das Erscheinen des Engels (Mk 16, 5b–7) und bei Johannes des Auferweckten selbst (Joh 20, 11 f) sei demnach ein Einschub aus der anderen Überlieferung, die nur Erscheinungen, nicht aber das leere Grab kenne.

a) Das leere Grab begründet nicht den Glauben an die Auferstehung

Jedoch: Wer genau hinschaut, wird sehen, daß kein Evangelist das leere Grab zum Beweis für die Auferweckung Jesu macht. Anstatt zum Glauben zu führen, verursacht es Angst, Schrecken und Entsetzen, so daß „die Frauen vom Grabe fliehen" (Mk 16, 8; Mt 28, 8; Lk 24, 4). Maria von Magdala deutet es, als habe man den Leichnam des Herrn gestohlen (Joh 20, 2.13.15). Für die Jünger ist es nichts weiter als Weibergeschwätz (Lk 24, 11.22–24.34). So erhellt: Wenn man das leere Grab für sich alleine betrachtet, erweist es sich als ein doppeldeutiges Zeichen, das man so oder so interpretieren kann, unter anderem eben auch als Auferstehung/Auferweckung. Aber eine innere Notwendigkeit, die einen zwänge, es so und nicht anders zu sehen, besteht nicht. Erst in Verbindung mit den Erscheinungen wird es eindeutig und kann im Lichte des Glaubens als ein Zeichen für die Auferstehung verstanden werden. Als solches ist das leere Grab ein Zeichen, das alle zum Nachdenken bringt und über die Möglichkeit der Auferweckung reflektieren läßt. Aber das ist noch kein Glaube. Der Glaube, daß der Herr auferstanden ist – und hier liegt der Grund für das leere Grab –, kommt in der Sprache der Zeit zum Ausdruck, die dem Engel die Erklärung in den Mund legt: Jesus von Nazaret „ist auferweckt worden. Er ist nicht mehr hier. Seht, da ist die Stelle, wo man ihn hingelegt hatte" (Mk 16, 6c). Ohne daß wir die Existenz von Engeln in Frage stellen wollen, können wir, gestützt auf Kriterien der Bibel selbst, sagen, ein Engel habe nicht notwendigerweise am Grab erscheinen müssen. Besonders im nachexilischen Judentum vertritt der Engel Gott-Jahwe in seiner Transzendenz, wenn er sich unter den Menschen zeigt (vgl. Gen 22, 11–14; Ex 3, 2–6; Mt 1, 20). Die Frauen, die das Grab leer vorfanden, wußten von den Erscheinungen des Herrn vor den Aposteln in Galiläa. Sofort schlossen sie, der

Sinn sei: Das Grab sei leer, nicht weil jemand den Leichnam Jesu gestohlen hätte, sondern weil er auferstanden sei. Nun hält man diese Deutung der Frauen für eine Offenbarung Gottes und kleidet sie in die gängige Sprache der Zeit, im Sinne einer Botschaft des Engels (Gottes).

b) Die Erscheinungen Christi begründen den Glauben an die Auferstehung

Was die Doppeldeutigkeit des leeren Grabes auflöst und die Apostel zu dem Glaubensruf veranlaßt: „Er ist wahrhaft auferstanden!", sind die Erscheinungen. Die ältesten Formeln in 1 Kor 15,3b–5 und Apg 2–5 geben wegen ihrer strengen Form ohne jedes Pathos klar zu erkennen, daß die Erscheinungen keine subjektiven Visionen oder Produkte des Glaubens der Urgemeinde, sondern wirklich transsubjektive Erscheinungen sind, die belegen, daß den Jüngern von außen ein Widerfahrnis begegnet ist. Darin stimmen heute alle protestantischen wie katholischen Exegeten überein, einschließlich der radikalsten. Wieviel Erscheinungen es waren, wo sie stattfanden und wer sie hatte, läßt sich hinterher kaum bestimmen. Die uns bekannten Evangelientexte spiegeln unterschiedliche apologetische, theologische und gottesdienstliche Tendenzen wider, die die ursprünglichen Überlieferungen greifbar geprägt haben. Der literarisch älteste Text 1 Kor 15,4–8 (niedergeschrieben zwischen 54–57) legt fünf Erscheinungen des lebenden Herrn nahe. Mk 16,1–8 dagegen kennt keine einzige, sagt aber deutlich, der Auferweckte werde sich in Galiläa zu sehen geben (V. 7b). Der Markusschluß 16,9–20 verdichtet die Erscheinungen, von denen die anderen Evangelien berichten, und kann mit guten Gründen für eine spätere Hinzufügung angesehen werden. Mt 28,16–20 weiß nur von einer Erscheinung vor den Elfen. Die andere Erscheinung vor den Frauen am leeren Grab (28,9–10) halten die Exegeten für eine spätere Erarbeitung auf der Textgrundlage von Mk 16,7; denn die Worte des Auferstandenen ähneln in bemerkenswerter Weise denen des Engels. Lk 24,13–53 berichtet von zwei Erscheinungen: einer vor den Emmausjüngern und einer anderen vor den Elfen und ihren Jüngern in Jerusalem. Die drei Begegnungen mit dem Herrn, die Joh 20 bringt, finden alle in Jerusalem statt. In all diesen Berichten sind zwei Grundtendenzen auszumachen: Markus und Matthäus konzentrieren ihr Augenmerk auf Galiläa, Lukas und Johannes auf Jerusalem. Die beiden letzteren möchten überdies sowohl die Körperlichkeit Jesu als auch die Identität des auferstandenen Christus mit Jesus von Nazaret hervorheben. Ernsthafte exegetische Untersuchungen berechtigen zu der Annahme, die Erscheinungen in Galiläa seien historisch gesichert. Die Erscheinungen in Jerusalem indes seien dieselben wie die in Galiläa, seien jedoch aus theologischen Gründen nach Jerusalem verlagert worden. Denn Jerusalem hat für die Bibel eine heilsgeschichtliche Bedeutung ersten Ranges: „Das Heil kommt von Zion" (Jerusalem) (Ps 13,7; 109,2; Jes 2,3; vgl. Röm 11,26). Der Tod Jesu, Ostern und Pfingsten haben hier stattgefunden, was gerade Lukas und Johannes theologisch verwerten.

Was die Art und Weise der Erscheinungen anlangt, vermitteln uns die Evangelien folgende Daten: Sie beschreiben Jesus als real und fleischlich gegenwärtig; er ißt und bewegt sich mit den Seinen, läßt sich von ihnen berühren, ist zu hören und unterhält sich mit ihnen. Seine Gegenwart ist so real, daß er mit einem Reisenden, einem Gärtner oder einem Fischer verwechselt werden kann. Daneben gibt es merkwürdige Phänomene: Er erscheint und verschwindet und geht durch verschlossene Türen. Bei genauerem Hinsehen wird man entdecken, daß die ältesten Texte wie 1 Kor 15,5–8; Apg 3,15; 26,16; Gal 1,15 und Mt 28 überraschenderweise die Auferstehung vergeistigend darstellen. Dagegen materialisieren jüngere Texte, wie bei Lukas und Johannes, die Auferstehung immer mehr, was das apokryphe Petrusevangelium an die Hebräer und die „Epistula Apostolorum" schließlich auf die Spitze treiben. Verständlich wird diese Entwicklung, wenn man bedenkt, daß Ostern in der ältesten Deutung wie etwa in Apg 2–5; Lk 24,26 und Phil 2,6–11 noch nicht als Auferstehung bzw. Auferweckung, sondern als *Erhöhung* und *Verherrlichung* des ungerecht Leidenden verstanden wurde. Dabei handelt es sich um die sogenannte Deutung im apokalyptischen Horizont. Mit der Zeit wurde jedoch aufgrund der Auseinandersetzung besonders mit den Neubekehrten aus dem Hellenismus die Verherrlichung Christi in Frage gezogen, und seine Inthronisation bei Gott berührt nunmehr auch das körperliche Leben. Die Frage lautete jetzt: Ist der Jesus der Herrlichkeit derselbe wie der Jesus von Nazaret? So ging die Urgemeinde, besonders bei Lukas und Johannes, dazu über, die Erscheinungen und das leere Grab in einem anderen Verstehenshorizont zu interpretieren, der den gestellten Fragen besser entsprach, das heißt: in eschatologischem Verständnisrahmen, und man benutzte allmählich die Begrifflichkeit von *Auferstehung* und *Auferweckung*. Christus wurde durch die Auferweckung in seiner irdischen und körperlichen Wirklichkeit ganz und gar verklärt. Er ist weder ein „Geist" (Lk 24,39) noch ein „Engel" (Apg 23,8–9). Denn was da gestorben ist und begraben wurde, ist dasselbe wie das, was auferstanden ist (1 Kor 15,3b–5). Deshalb das Bestreben, zu betonen, daß er Wunden trug (Lk 24,39; Joh 20,20.25–29) und daß er mit seinen Jüngern aß und trank (Apg 10,41) bzw. vor ihnen aß (Lk 24,43). Die Erzählungen, nach denen Einzelpersonen wie Maria aus Magdala (Joh 20,14–18; vgl. Mt 28,9–10) oder die Emmausjünger (Lk 24,13–25) den Auferstandenen erlebt haben, sind von theologischen und apologetischen Motiven umgeben, die im Rahmen der literarischen Gattung „Legende" den Lesern deutlich nahebringen wollen, daß der Herr wirklich lebt und in der Gemeinde zugegen ist. Die Erzählung von den beiden Emmausjüngern will der späteren Gemeinde, die ja keine Erscheinungen des Herrn mehr hat, versichern, daß auch sie im Wort der Schrift und in den Sakramenten des Brotbrechens dem Herrn begegnen kann, genau wie die beiden Männer auf dem Wege in ihre Stadt.

Aus all dem wird eines klar: Die Auferstehung ist keine theologische Schöpfung einiger Leute, denen das Herz von der Person des Nazareners überfloß. Der Glaube an die Auferstehung ist das Ergebnis eines Widerfahrnisses, das die Apostel mit den Erscheinungen des lebenden Herrn hatten. Dieses Geschehen, das außerhalb ihrer Vorstellungsmöglichkeiten lag, überraschte sie und nahm sie in Bann. Ohne das hätten sie nie den Gekreuzigten als den Herrn gepredigt. Ohne dieses „etwas", das da an Jesus geschehen ist, hätte es nie Kirche, Gottesdienst und Lob zu Ehren des Propheten von Nazaret gegeben und noch viel weniger das größte Zeugnis für diese Wahrheit: das Martyrium vieler Männer und Frauen in der Urkirche. Wenn Christen von der Auferstehung sprechen, dann behaupten sie damit nicht nur, zu Lebzeiten Jesu seien die *magnalia Dei* geschehen, sondern sie bezeugen auch, daß die Möglichkeiten der gegenwärtigen Welt ganz und umfassend verklärt und verwirklicht werden können, daß das ewige Leben das menschliche Leben verändern wird und daß Gott imstande ist, sein Reich auch im Menschen zu realisieren. So ist die Auferstehung, die für viele ein Ärgernis ist (vgl. 1 Kor 1,23; Apg 17,23), sichere Hoffnung auf ewiges Leben für alle und für die Welt (vgl. 1 Petr 1,3; 1 Kor 15,50f). So erklärt sich, daß die Urkirche mit der Auferweckung Christi auch deren Bedeutung *für uns* verkündete, im Sinn auf Hoffnung für künftiges Leben ebenso wie von voller Befreiung aus unserer grundsätzlichen Schizophrenie, die man auch Sünde nennen kann (1 Kor 15,3.17; Röm 4,25; Lk 24,37; Apg 10,43). „Christus ist von den Toten auferweckt worden als der Erste der Entschlafenen" (1 Kor 15,20; Kol 1,18). „Er ist der Erstgeborene von vielen Brüdern" (Röm 8,29). Was für ihn aktuelle Gegenwart ist, wird für uns alle nahe Zukunft sein.

3. Mit der Auferstehung wird alles klar

Die Auferstehung veränderte die Apostel total. Ein neuer Horizont tat sich ihnen auf, und mit neuen Augen betrachteten sie die menschliche Wirklichkeit in Vergangenheit, Gegenwart und Zukunft, so wie sie sie noch nie betrachtet hatten. Im Folgenden möchten wir an einigen Punkten beleuchten, was die Auferstehung für die Urgemeinde bedeutete.

a) Die Auferstehung rehabilitierte Jesus vor der Welt

Der Kreuzestod hatte Christus in den Augen der Welt als jemanden erscheinen lassen, den Gott im Stich gelassen hat (Gal 3,13). Der Glaube an ihn, den die Apostel durch ihre Nachfolge, durch ihre Mitarbeit bei der Predigt der Guten Nachricht vom Reich Gottes und durch ihr Ausharren in den Versuchungen Jesu bezeugt hatten, war zusamemngebrochen. An ihnen war das Wort Christi in Erfüllung gegangen: „An mir werden alle Anstoß nehmen" (Mk 14,27; Mt 26,31). Sie ergreifen schlicht die Flucht und gehen nach Galiläa zurück (Mk 14,50; Mt 25,56). Jetzt aber wird alles von Grund auf anders: Sie finden zum Glauben an ihn zurück – aber nicht als einen nationalistischen Messias und Befreier (vgl. die Bitte der Zebedäus-Söhne: Mk 10,37; Mt 20,21; siehe weiterhin: Lk 19,11; 22,38; 24,21; Apg 1,6), sondern als Menschensohn von Daniel 7, der „erhöht" worden ist, „sich zur Rechten Gottes gesetzt hat" und „als Sohn Gottes in Macht inthronisiert worden ist" (vgl. Röm 1,4; Apg 13,33; Mt 28,18). Mutig bekennen sie vor den Juden: „Ihr habt ihn ausgeliefert und umgebracht ... Gott aber hat ihn von den Wehen des Todes befreit und auferweckt" (Apg 2,23f; 3,15; 4,10; 5,30; 10,39f). Dieser Glaube wird sich – wie wir weiter unten noch sehen werden – in immer tieferen Überlegungen bis dahin artikulieren, daß er das Geheimnis Jesu als Gott selbst aufdeckt, der die Menschen in sterblichem Fleisch aufgesucht hat.

b) Mit der Auferstehung Jesu hat bereits das Ende der Welt begonnen

Dieser Satz macht den festen Glauben der allerältesten Kirche aus. Matthäus legt die Überzeugung sogar durch die literarische Form nahe, in der er die Auferweckung Jesu schildert (28, 1–15): Das Herabsteigen des Engels, das Erdbeben, der weggewälzte Stein, die Verwirrung der Wächter wie auch die Ereignisse beim Tode Christi, namentlich die „Auferweckung der Leiber vieler Heiliger" (Mt 27, 51–53), tragen ohne Zweifel apokalyptische Züge. Mit dem Hervortreten Christi aus dem Grab haben der neue Himmel und die neue Erde bereits begonnen, die Welt zu durchdringen. Mit der Auferweckung auch der anderen Menschen, vor allem derer, die glauben, ist das Ende unmittelbar nahe gekommen (vgl. Röm 5, 12; 1 Kor 15, 45 f; 2 Kor 5, 10). Christus ist ja der erste der Toten, die anderen werden ihm bald folgen (1 Kor 15, 20; Röm 8, 29; Kol 1, 18). Derselbe Geist, kraft dessen Christus auferstanden ist, wohnt bereits in den Gläubigen (Röm 8, 11) und bildet in ihnen allen nach und nach einen Leib der Herrlichkeit.

c) Die Auferstehung gibt zu erkennen: Jesus ist für unsere Sünden gestorben

Grundaussage der Auferstehung ist, daß Christus weder ein von Gott verlassener Übeltäter noch ein falscher Prophet und falscher Messias war. Durch die Auferweckung hat er ihn vor den Menschen rehabilitiert. „Der Stein, den die Bauleute verworfen haben, er ist zum Eckstein geworden" (Mk 12, 10). Die Boshaftigkeit, der Legalismus und der Haß der Menschen haben ihn ans Kreuz gebracht, obschon das alles im Namen des heiligen Gesetzes und der geltenden Ordnung geschehen ist. Seit der Auferstehung fängt die Gemeinde an, sich zu fragen: Warum mußte Christus sterben, wenn Gott ihn nachher doch wieder auferweckt hat? Wenn Gott durch seine Auferweckungstat gezeigt hat, daß er auf der Seite Jesu steht, warum hat er das dann nicht bereits zur Zeit seines öffentlichen Lebens gezeigt? Die Erzählung von den Emmausjüngern verdeutlicht, wie sehr die Frage der jungen Kirche auf den Nägeln brannte. Sie schauten in den Schriften nach, entwarfen theologische Überlegungen und stellten Reflexionen im Licht der Auferstehung an, um das Geheimnis ein wenig zu erhellen. So wie uns die Spruchquelle Q – jene Sammlung von Evangelientexten mit Reden Jesu – die Jünger beschreibt, maßen diese dem Tod Christi noch keine Heilsbedeutung bei. Für sie ereilte Jesus dasselbe Schicksal, das alle Propheten trifft: der gewaltsame Tod (vgl. Lk 11, 49 f par; Lk 13, 34 f par; 1 Thess 2, 14 f; Apg 7, 51 f). Aber Gott hat ihn erhöht und als Sohn Gottes eingesetzt, der in Kürze auf den Wolken des Himmels kommen soll. Das ist das Christusbild, das uns die Logienquelle vermittelt. Eine andere Gruppe der palästinensischen Christengemeinde versuchte, den tragischen Tod Christi als das Ergebnis des geheimen Planes zu deuten, den Gott im voraus gefaßt hatte (Apg 2, 23; 4, 28). In diesem Sinn heißt es, Christus „mußte sterben" (Mk 8, 31), wie es die Schriften des Alten Testamentes ja auch vorausgesagt hätten (Mk 14, 49). Auf derselben Interpretationslinie sind auch die Vorhersagen Jesu bezüglich seines Todes und seiner Auferweckung zu sehen, die mit großer Wahrscheinlichkeit allesamt nach der Auferstehung erarbeitet worden sind (Mk 8, 31; 9, 31; 14, 41). Tod und Auferstehung werden verständlich, wenn man – wie in unserem Fall – sie als Teil des Planes Gottes betrachtet. Gleichwohl war es nicht damit getan, die heilsgeschichtliche „Notwendigkeit" des blutigen Weges Jesu zu behaupten. Man wollte auch wissen, welcher geheime Sinn dahinter steckte. Was für eine Bedeutung sollte der gewaltsame Tod des Gerechten haben? Hatte nicht der irdische Christus gesagt: „Ich bin unter euch wie der, der dient" (Lk 22,27)? Die palästinensische Gemeinde deutete den Tod Christi nach und nach als äußerste Form des Dienstes an der Menschheit. Und in diesem Zusammenhang heißt es dann: „Der Menschensohn ist nicht gekommen, um sich dienen zu lassen, sondern um zu dienen und sein Leben hinzugeben als Lösegeld für viele" (Mk 10,45). So eine Interpretation war deshalb möglich, weil in Kreisen des hellenistischen Frühjudentums die Vorstellung umging, der Tod von Märtyrern, ja auch von unschuldigen Kindern könnte den Charakter von Stellvertretung und Erlösung für die Sünder annehmen (vgl. 2 Makk 7,32.37; vgl. 7,18; 2 Makk 6,28 f; 17,20–22; 18,4). Jesaja 53 sagt in bezug auf den leidenden Gottesknecht eindeutig: „Er hat unsere Krankheit getragen und unsere Schmerzen auf sich geladen" (V. 4). Obgleich er unschuldig war, „lud der Herr auf ihn die Schuld von uns allen" (V. 6). Aber diese Strafe hat uns gerettet, „und durch seine Wunden sind wir geheilt" (V. 5). Mit ihrer Deutung wollte die Gemeinde zum Ausdruck bringen, was bereits im Verhalten und in den Worten Jesu von Nazaret angeklungen war, daß sich Gott nämlich in der ungerechten Hinrichtung Jesu den Sündern und Verstorbenen zugewandt und sie zur Gemeinschaft mit sich eingeladen hat. Noch einen Schritt weiter ging man, als man den Tod Jesu als Sühn*opfer* für die Sünden der Welt verstand, wie es Röm 3,25 und vor allem im Hebräerbrief anklingt. Enthalten ist der Gedanke bereits in den Worten des Letzten Abendmahls, als Jesus von dem Blut spricht, das für uns vergossen werde (Mk 14,24; Lk 22,20; Mt 26,28: „zur Vergebung der Sünden"). Noch eine andere Deutung findet sich bei Paulus, demzufolge das Kreuz das Ende des Gesetzes bedeutet: Gott „hat den, der keine Sünde kannte, für uns zur Sünde gemacht, damit wir in ihm Gerechtigkeit Gottes würden" (2 Kor 5,21). Durch das Kreuz nahm er, der unschuldig war, den Fluch des Gesetzes auf sich (vgl. Dtn 21,23: „Wer am Pfahl hängt, ist ein von Gott Verfluchter") und erfüllte damit alle seine Forderungen. Damit aber hat er das Gesetz abgeschafft (Gal 3,13; 2,13; Eph 2,14–16).

Alle diese Interpretationen der Urkirche sind Versuche, unter Verwendung zeitgenössischen Vorstellungsmaterials und je spezifischer Sehweisen dem Tod Christi Sinn zu geben. Die Auferweckung wirft ein erhellendes Licht auf die Sinnlosigkeit seines Todes. So verschieden die Modelle in der Darstellung auch sein mögen, so stimmen sie dennoch alle darin überein, daß Christus nicht wegen seiner Sünden und seiner Schuld (2 Kor 5,21; 1 Petr 2,21; 3,18), sondern wegen der Boshaftigkeit der Menschen gestorben ist. Wie wir oben sahen, ist die Deutung des Todes Jesu als Opfer eine unter vielen. Die Texte des Neuen Testaments gestatten es nicht, sie absolut zu setzen, wie die lateinische Kirche es im Laufe der Geschichte getan hat. Trotzdem müssen wir sagen: Christus ist infolge der Atmosphäre und der Situation von Böswilligkeit, Haß und Verschlossenheit in sich selbst gestorben, in denen die Juden und die gesamte Menschheit lebten und noch immer leben. Jesus hat sich nicht von dieser Lage bestimmen lassen, wohl aber hat er uns bis ans Ende geliebt. Er hat diese perverse Lage auf sich genommen und ist solidarisch mit uns gewesen: In Einsamkeit ist er gestorben, damit niemand mehr in der Welt einsam sterben müsse; jedem Einzelnen steht er zur Seite, um ihm Anteil an dem Leben zu geben, das in der Auferstehung offenbar geworden ist: am ewigen Leben in Gemeinschaft mit Gott, mit den Mitmenschen und mit dem Kosmos.

d) Tod und Auferstehung Christi begründen die Kirche

Da das Reich Gottes, das in der Predigt Jesu eine kosmische Dimension hatte, von den Juden abgelehnt worden war, konnte es sich nur in einer Person verwirklichen, in Jesus von Nazaret. Origenes sagt, Christus sei die *autobasileia tou Theou,* das heißt: Gott hat sein Reich alleine in seinem Gesandten greifbar werden lassen. Damit war der Weg offen für eine Kirche, die denselben Auftrag und dieselbe Botschaft wie Christus haben sollte: das Reich Gottes unter den Menschen zu verkündigen und allmählich Realität werden zu lassen. Aber nicht nur den Juden, sondern allen Menschen muß die Kirche die Gute Nachricht davon bringen, daß die Menschheit wie alles in der Welt ein gutes Ende haben wird, und dieses Ende heißt leibhaftes und ewiges Leben. In der Welt trägt die Kirche die Sache Christi weiter, bezeugt sie und setzt sie in die Tat um, und zwar zugleich unter dem Schleier des Glaubens, der Liebe, der Hoffnung und des Geheimnisses. Ihr Auftrag ergibt sich aus der Überzeugung, daß der Auferstandene, der jetzt als der in Macht Erhöhte im Himmel ist, Herr aller Dinge ist. Ihr obliegt der dringliche Auftrag, alle – ob Juden oder Heiden – zum Ja wie auch zu dem zu führen, was das bedeutet an Sündenvergebung, an Versöhnung, an Gewißheit, von allen Kräften und Potentaten befreit zu sein, die sich in der Welt göttliche Mächte anmaßen und entsprechend verehrt werden wollen, an Gewißheit, völlig offen zu sein, wie an Zugangschancen zu Gott dem Vater.

4. Anthropologische Relevanz der Auferstehung Jesu

Aufgrund der Auferstehung Jesu ist das Christentum alles andere als eine Sehnsuchtsreligion, die nur Vergangenes kommemorierte. Das Christentum ist eine Religion der Gegenwart, welche die Gewißheit einer lebendigen und persönlichen Anwesenheit feiert. Damit bietet es eine Antwort auf die drängenden Probleme des menschlichen Herzens, die sich in dem Satz zusammenfassen lassen: Was wird aus dem Menschen?

a) Für den Christen gibt es keine Utopie mehr, nur noch Topie

Der Mensch ist seinem Wesen nach ein Sein auf dem Weg zu sich selbst. Auf allen Ebenen möchte er sich verwirklichen, auf der Ebene des Leibes, der Seele, des Geistes, des biologischen, geistigen und kulturellen Lebens. Aber Frustration, Leid, Lieblosigkeit und fehlende Einheit mit sich selbst wie mit den anderen legen ihm dabei ständig Steine in den Weg. Das Prinzip Hoffnung, das in ihm steckt, läßt ihn immer wieder Utopien entwerfen, wie den Staat eines Platon, den Sonnenstaat eines Campanella, die Stadt des Ewigen Friedens eines Kant, das Proletarierparadies eines Marx, den absoluten Staat eines Hegel, die Situation totaler Liebesverwirklichung eines Teilhard de Chardin oder, wenn man so will, auch den Ort, der weder Tränen noch Hunger und Durst kennt unserer Tupí-Guaraní- und Apapocuva-Guaraní-Indianer. Wie Paulus seufzen wir alle: „Wer wird uns aus diesem dem Tod verfallenen Leib erretten?" (Röm 7,24). Und ebenso sehnen wir uns mit dem Verfasser der Offenbarung nach dem Zustand, wenn „der Tod nicht mehr sein wird, keine Trauer, keine Klage, keine Mühsal; denn was früher war, ist vergangen" (Off 21,4). Die Auferstehung Jesu will die innerhalb dieser Welt realisierte Utopie sein. Denn Auferstehung bedeutet die Eschatologisierung der menschlichen Wirklichkeit, der Eintritt des Menschen als Leib und Seele in das Reich Gottes, die umfassende Realisierung der Fähigkeiten, die Gott in die menschliche Existenz gelegt hat. Damit sind alle Elemente der Entfremdung aufgehoben, die das Leben zerrissen, wie Tod, Schmerz, Haß und Sünde. Für den Christen gibt es seit der Auferweckung keine *Utopie* (griechisch: etwas, das keinen Ort hat) mehr, sondern nur noch *Topie* (etwas, das einen Ort hat). Die menschliche Hoffnung ist im auferweckten Jesus Wirklichkeit geworden und verwirklicht sich schon in jedem Menschen. Auf die Frage, was aus dem Menschen werde, antwortet christlicher Glaube voller Freude: Die geistig-körperliche Wirklichkeit des Menschen wird im Sinne einer umfassenden Verklärung auferweckt werden.

b) Gott ersetzt das Alte nicht durch Neues, sondern macht das Alte neu

Eine Frage brennt allen auf den Nägeln: Wie werden wir auferstehen? Paulus, der den auferweckten Jesus vor Augen hat, antwortet: Die toten werden in Unvergänglichkeit, Herrlichkeit und Kraft in einer ganz von Gott erfüllten Wirklichkeit auferstehen (vgl. 1 Kor 15,42–44). Ja, er spricht von einem geistigen Leib (44a.b). Dabei muß allerdings angemerkt werden, daß „Leib" in der Mentalität des Paulus ebenso wie der Semiten nicht „Leib" im Sinne einer der beiden Komponenten des Menschen – im Gegensatz zur „Seele" – bedeutet. Leib ist der ganze Mensch (Leib-Seele) als Person in seinen Bezügen zu den anderen. Leib ist der Mensch in seiner Fähigkeit zur Kommunikation. Jetzt, in der gegenwärtigen Situation hat der leibliche Mensch ein irdisches und vergängliches Leben. Kraft der Auferstehung erlangt der leibliche Mensch ein unsterbliches Leben, das von Gott kommt und das nicht mehr zu vergehen droht. Der leibliche Mensch wird von einem fleischlichen zu einem geistigen (das heißt: von Gott erfüllten) Menschen verwandelt. Deshalb betont Paulus: „*Dieses* Vergängliche (der Mensch) muß sich mit Unvergänglichem bekleiden und *dieses* Sterbliche (der leibliche Mensch) mit Unsterblichkeit" (1 Kor 15,53). Der leibliche Mensch, so wie er heute (Fleisch und Blut) ist, „kann das Reich Gottes nicht erben" (Auferstehung: 1 Kor 15,50a). Er muß verwandelt werden (V. 52b). „Das Sterbliche wird vom Leben verschlungen werden" (2 Kor 5,4c). Aber niemand denke, der Auferstehungsleib wäre etwas absolut Neues. Gott ersetzt das Alte nicht durch Neues, sondern macht das Alte neu. Ebensowenig bedeutet „Leib" den Leichnam oder das physikalisch-chemische Konglomerat unserer lebenden Zellen. „Leib" ist etwas Tieferes: das Bewußtsein der menschlichen Materie oder der Geist, das bzw. der sich in der Welt manifestiert und realisiert. Die Materie unseres Körpers verwandelt und verändert sich von Zeit zu Zeit, und dennoch bleibt unsere körperliche Identität erhalten. Wenn wir *ich* sagen, drücken wir damit unsere geistig-körperliche Identität aus. Die Auferstehung verwandelt unser geistig-körperliches *Ich* nach dem Bild und Gleichnis des auferweckten Jesus.

c) Das Ziel der Wege Gottes: der leibliche Mensch

Wenn der leibliche Mensch der ganze Mensch in seiner Fähigkeit zur Kommunikation ist, dann konkretisiert und potentialisiert die Auferstehung dies im höchsten Maße. Schon in seiner irdischen Verfaßtheit ist der leibliche Mensch Kommunikation und Gegenwart, Hingabe und Offenheit für die anderen, denn gerade der Leib läßt uns ja in der Welt gegenwärtig und den Mitmenschen nahe sein. Jedoch: Zur gleichen Zeit, in der er Kommunikation schafft, verhindert er sie auch. Niemand kann gleichzeitig hier und dort sein. Wir sind eben an Ort und Zeit gebunden. Kommunikation geschieht durch Zeichen und Symbole, die in der Regel doppeldeutig sind. Die Auferstehung jedoch schafft alle diese Hindernisse weg. Fortan herrschen volle Kommunikation und uneingeschränkte Gemeinschaft mit Menschen und Dingen. Der Mensch, der jetzt zum geistigen Leib geworden ist, hat nunmehr eine kosmische Präsenz. So wird ersichtlich, daß das Ziel der Wege Gottes im leiblichen Menschen besteht, der jedoch ganz und gar verklärt und zu völliger Offenheit und Kommunikation geworden ist.

d) Auferstehung im Tod?

Die Kräfte der zukünftigen Welt sind bereits in der alten Welt am Werk (Hebr 6,5). Kraft des Glaubens, der Hoffnung, der Nachfolge Christi und der Sakramente trägt der leibliche Mensch schon das Samenkorn der Auferweckung (Jesus selbst) in sich. Mit dem Tod ist es nicht zu Ende mit ihm: „Wer an den Sohn glaubt, hat das ewige Leben" (Joh 3,36; 3,15–16; 11,26; 5,24). Alle, die Christus angezogen haben, sind neue Geschöpfe (Gal 3,27; 2 Kor 5,17). Das Sein-in-Christus ist die erste Rate des Auferweckungslebens, und der Tod ist eine Form des Seins-in-Christus (Phil 1,23; 2 Kor 5,8; 1 Thess 5,10). Wir werden nach dem Modell Christi verwandelt werden (Phil 3,21). Alles aber, was der Mensch als Samenkorn in sich trägt, wird im Tod volle und endgültige Wirklichkeit werden. Da der Tod der Übergang zur Ewigkeit ist, in der es ja keine Zeit mehr gibt, hindert nichts, anzunehmen, daß die Eschatologie mitsamt der Auferstehung der Toten bereits im Tode stattfindet. Die Parusie am Ende der Zeiten würde dann offenbaren, was am Ende der persönlichen Welt geschehen ist. Als Einheit aus Leib und Seele ginge der Mensch bereits im Tod in die volle und endgültige Verwirklichung dessen ein, was er hier auf der Erde gesät hat, und erlebte so die Auferstehung entweder zum Leben oder zum Tod. Seine Leiche mag zurückbleiben und verwesen, sein eigentlicher, durch das *Ich* (was mehr als die physikalisch-chemische Materie ist) personalisierter Leib gewinnt Anteil am ewigen Leben.

Mit christlichem Optimismus lehrt das Zweite Vatikanische Konzil: „Den Zeitpunkt der Vollendung der Erde und der Menschheit kennen wir nicht, und auch die Weise wissen wir nicht, wie das Universum umgestaltet werden soll. Es vergeht zwar die Gestalt dieser Welt, die durch die Sünde mißgestaltet ist, aber wir werden belehrt, daß Gott eine neue Wohnstätte und eine neue Erde bereitet ... Dennoch darf die Erwartung der neuen Erde die Sorge für die Gestaltung dieser Erde nicht abschwächen, auf der uns der wachsende Leib der neuen Menschenfamilie eine umrißhafte Vorstellung von der künftigen Welt geben kann, sondern muß uns im Gegenteil ermutigen ... Hier auf Erden ist das Reich schon im Geheimnis da; beim Kommen des Herrn erreicht es seine Vollendung" *(Gaudium et Spes 39).*

VII. Wer war eigentlich Jesus von Nazaret?

Jede kulturell unterschiedliche Gruppe – ob Palästinenser, Judenchristen in der Diaspora oder hellenistische Christen – benutzt die vornehmsten Titel und größten Schätze ihrer jeweiligen Kultur, um das tiefe Geheimnis zum Ausdruck zu bringen, das sich in der Autorität, im sicheren Gespür und in der schöpferischen Phantasie Jesu verbirgt. Im folgenden Kapitel möchten wir besprechen, wie der christologische Prozeß versuchte und immer, gestern und heute, versuchen wird, Jesus in das Gesamt des menschlichen Lebens einzuordnen, so wie Menschen es in der Geschichte erleben und verstehen.

Die Auferstehung Jesu, seine Verherrlichung und Erhöhung bei Gott warfen die Frage auf: Wer ist das eigentlich, Jesus von Nazaret? Was war und was ist seine Funktion in der Geschichte der Menschen? Das ganze Neue Testament stellt zu einem guten Teil den Versuch dar, eine sachgerechte Antwort auf diese Frage zu finden, die seit der Auferstehung mit ihrer ganzen Radikalität auf dem Tisch lag. Die Urgemeinde verwandte mehr als fünfhundert Namen, Titel oder Qualifizierungen, um zu definieren, wer Jesus sei. Der Titel *Christus* findet sich an die fünfhundert Male, *Menschensohn* achtzigmal, *Sohn Gottes* fünfundsiebzigmal, *Sohn Davids* zwanzigmal usf. Jesus wird mit Namen beschrieben, die von den menschlichsten – wie: Meister, Prophet, Gerechter, Guter und Heiliger – bis zu den erhabensten gehen, wie: Sohn Gottes und Heiland, und schließlich wird er als Gott selbst qualifiziert. In einem Zeitraum von dreißig Jahren, gerechnet ab seinem Tod, zieht er alle menschlichen und göttlichen Ehren- und Ruhmestitel, die es gab und die man sich im römischen Reich vorstellen konnte, auf sich. Diesen ganzen Prozeß, in dem die Bedeutung und die Seinswirklichkeit Jesu von Nazaret entziffert wird, nennen wir Christologie. Christologie gestern und heute ist der ununterbrochene Versuch einer Antwort auf die Frage, wer Jesus sei und was er für die menschliche Existenz bedeute. Aber der christologische Prozeß begann nicht eigentlich erst mit der Auferstehung. Schon vor seinem Tod und seiner Verherrlichung fragten sich die Apostel und die Juden, wer er war und was er wollte. Mit der Auferstehung aber kommt es zu einer expliziten Christologie. Es besteht also eine Kontinuität in der Christologie, wie auch zwischen dem historischen Jesus und dem Christus des Glaubens Kontinuität herrscht, weil der, der da gestorben ist und begraben wurde, derselbe ist wie der, der auferstanden ist. Was zu Lebzeiten des historischen Jesus latent und implizit war, wurde mit der Auferstehung offenkundig und explizit. Wenn der christologische Prozeß – im Sinne des Bemühens herauszufinden, wer Jesus ist – bereits während seines irdischen Wirkens einsetzt, welche Daten und Phänomene waren es dann, die das Nachdenken über Jesus in Gang setzten?

1. Die Hoheit Jesus: Indirekte Christologie

Wir haben uns bereits mit dem außerordentlich treffenden Gespür, der einzigartigen schöpferischen Phantasie und der Originalität Jesu beschäftigt. Gegenüber den religiösen Überlieferungen seines Volkes wie auch den geltenden gesellschaftlichen Bedingungen trat er mit außergewöhnlicher Hoheit auf. Wie er mit Gott und von Gott sprach, hielten seine Landsleute für Blasphemie (Mk 2,7; Joh 5,18; 10,30 passim). Er tut Dinge, die eigentlich nur Gott zustehen, wie Sünden vergeben und das heilige Gesetz des Mose verändern (Mk 2,7; Lk 7,49; Mk 7,1–12; Mt 5,21–48). Er predigt das Reich Gottes als umfassende Befreiung des Menschen von Sünde, Leid und Tod. Mit dem Reich identifiziert er sich in einer Weise, daß die Teilhabe an ihm vom Ja zu seiner Person abhängig wird (Lk 12,8–9). Von den Jüngern, die er in seine Nachfolge ruft, damit sie zusammen mit ihm das Reich verkünden und das Volk darauf vorbereiten (Mk 1,17 par; 3,14–15; 6,7–13; Lk 9,16; 10,1–20), verlangt er gar nicht leichte Dinge: Sie sollen alle menschlichen Beziehungen abbrechen (vgl. Lk 14,26; 9,59–62), das eigene Leben opfern (Lk 14,27; Mt 10,38; Mk 8,34) und auf irdischen Besitz verzichten (Lk 14,33f; Mk 6,8–10). Der Ruf in die Nachfolge beinhaltet bereits einen Glauben an die Person und an die Anliegen Jesu. Aber hier wird auch das Besondere des Selbstbewußtseins Jesu ersichtlich, daß er nämlich im Namen und an Stelle Gottes handelt. Wo er auftritt, verändern sich die Strukturen der alten Welt: Krankheiten werden geheilt (Mt 8,16–17), der Tod wird besiegt (Lk 7,11–17; Mk 5,41–43), die Naturelemente gehorchen ihm (Mt 8,27), und unreine Geister machen dem Geist Gottes Platz (Mt 12,28). Alle, die Jesus begegnen, wundern sich und fragen: Wer ist das eigentlich? (Mt 21,10)

a) Staunen als Beginn von Philosophie und Christologie

Die philosophische Tradition der Griechen hat immer betont, daß Einstieg und Grundleidenschaft der Philosophie in der Fähigkeit zum Staunen besteht. Etwas oder jemanden bewundern heißt sich des Lichtes bewußt werden, das in ihm leuchtet und strahlt; heißt sich von etwas in Bann ziehen lassen, ohne es sofort in ein fertiges Schema einzuordnen. Gerade weil es nicht in vorgegebene Kategorien paßt, sondern in seiner Ursprünglichkeit und Natürlichkeit zu uns spricht, kann es Bewunderung in uns hervorrufen. Jesus war jemand, der immer wieder Bewunderung fand, weil er alle bekannten Interpretationsschemen aufbrach. Bereits als er als zwölfjähriger Junge im Tempel lehrte, „waren alle, die ihn hörten, erstaunt über sein Verständnis und über seine Antworten" (Lk 2,47). Als er das erste Mal öffentlich in der Synagoge von Nazaret auftritt, sagen die Leute: „Woher hat er diese Weisheit und die Kraft, Wunder zu tun? Ist das nicht der Sohn des Zimmermanns? ... Woher also hat er das alles?" (Mt 13,54–56; Mk 6,23; Lk 4,22–23; Joh 6,42). Als er in der Synagoge von Kafarnaum predigt, waren die

Menschen ebenfalls „sehr betoffen von seiner Lehre, denn er lehrte sie wie einer, der Vollmacht hat, nicht wie die Schriftgelehrten" (Mk 1,22; Lk 4,31). Nachdem er die Bergpredigt beendet hatte, „war die Menge sehr betroffen von seiner Lehre" (Mt 7,28). Auch die Wunder lassen das Volk genauso reagieren: „Was ist das für ein Wort? Mit welcher Vollmacht und Kraft befiehlt er den unreinen Geistern, und sie fliehen?" (Lk 4,36). Andere rufen: „So etwas haben wir noch nie gesehen!" (Mk 2,12); „Heute haben wir etwas Unglaubliches gesehen" (Lk 5,26); „So etwas ist in Israel noch nie geschehen!" (Mt 9,33b). Als er den Sturm auf dem Meer stillt, sagen die Jünger voller Staunen: „Was ist das für ein Mensch, daß ihm sogar die Winde und die See gehorchen?" (Mt 8,27; Mk 4,41; Lk 8,25). Sein Ruf breitet sich überallhin – bis ins Ausland, bis nach Syrien hin – aus (Mt 4,24). Von Idumäa, Tyrus und Sidon kommen die Leute und wollen hören und sehen, was er tut (Mk 3,7–8; Lk 4,17–18a). Das Erstaunen geht so weit, daß es in Angst umschlägt (Lk 8,37; Mk 5,43b; Mt 9,8; Mk 4,41). Wer ist das eigentlich? Die Bewunderung, die Jesus mit seinen Worten und Taten findet, beinhalten schon latent eine Christologie. Jesus ist sich dessen bewußt, daß mit ihm das Reich Gottes nahe kommt. Für alle ist er offen: für öffentlich bekannte Sünder wie Steuereintreiber, mit denen er zu Tische sitzt, für zelotische Guerillakämpfer, von denen er drei in seinem Zwölferkreis hat, für Leute, die das Gesetz befolgen, wie die Pharisäer, und für Frauen, Ausländer und Kinder. Damit zeigt er, daß Gott alle liebt und alle zum endzeitlichen Mahl einlädt (Mt 11,19; Lk 14). Provokateur nach rechts und nach links, Gott näher als Priester, der Welt gegenüber freier als Asketen, moralischer als Moralisten und revolutionärer als Revolutionäre, versteht er den Willen Gottes als unmittelbare Norm des Handelns. Und was ist der Wille Gottes? Für Jesus gibt es da keine Frage: das Glück der Menschen. Im Namen Gottes, mit dem er sich verbunden weiß, äußert er sich in einem Stil großer Überlegenheit, wie jemand, der Macht hat: „Amen, amen, ich sage euch ... Ich aber sage euch." Das aber sind Formulierungen, die nach jüdischem Glauben und jüdischer Überlieferung bereits an die Sphäre Gottes rühren.

b) Negative Christologie

Obwohl viele Menschen die Überlegenheit Jesu bewundern, erwähnen die Evangelien wiederholt, daß sie auch „Anstoß an ihm nahmen" (Mt 13,57 passim). So heißt es, er sei nichts weiter als ein Zimmermann, als der Sohn Marias, der Bruder des Jakobus, des Josef, des Judas und des Simon (Mk 6,3). Wie kann er sich da anmaßen, Dinge zu tun, die alleine Gott zustehen (Mk 2,7; 14,64)? Im übrigen tut er Dinge, die das Gesetz verbietet; so ist er am Sabbat unterwegs, sammelt Ähren und heilt Kranke (Mk 2,24 passim). Weder er noch seine Jünger sind Büßer wie die Anhänger des Johannes (Mk 1,18). Er sitzt mit Sündern zu Tisch und ist ein Freund von Steuereintreibern, die als Komplizen der römischen Besatzungsmacht gelten und deshalb dem Volk verhaßt sind (Mk 2,16). Ein Fresser und Säufer ist er (Mt 11,19), ein Gotteslästerer (Mk 2,7), ein von Dämonen Besessener (Mk 3,22) und ein Subversiver. Er verbietet, dem Cäsar Steuern zu zahlen, und nennt sich politisch-revolutionären Chef (Messias-König: Lk 23,2). Die

Verwandten wollen ihn zurückholen, sie sagen nämlich: Er ist außer sich (Mk 3,20); er ist ein Betrüger (Mt 27,63) und, was noch schlimmer ist, ein Häretiker (Samariter: Joh 8,48) und ein vom Dämon Besessener (Lk 12,24–32; 11,15–22). Die Gegner Jesu sind es, die diese negative Christologie entwickeln. Sie stoßen sich an Jesu überlegener, befreiender und zutiefst menschlicher Verhaltensweise, die zu einem ständigen Konflikt mit dem religiösen und gesellschaftlichen *Status quo* führt, der ja ein für allemal festgelegt ist und keine Veränderung duldet.

c) Positive Christologie

Viele andere jedoch staunen über Jesus und erfassen seine Einzigartigkeit. Wie soll man ihn beschreiben? Welchen Namen ihm geben? Man beginnt, ihn *Arzt* zu nennen (Apg 2,22; Lk 5,17; Mt 8,17); dann bezeichnet man ihn als *Rabbi* (Rabbine, Meister: Mk 9,5; 11,21; Mt 26,49). Im Gegensatz zu den sonstigen Rabbinen ist Jesus kein Bibliker, der für jeden Satz, den er sagt, eine biblische Begründung sucht. „Er lehrt sie wie einer, der Vollmacht besitzt, und nicht wie die Schriftgelehrten" (Mt 7,29). Welcher damalige Rabbi hätte sich so souverän ausgedrückt, daß er auf jede Exegese und Gesetzesinterpretation verzichtet und einfach geantwortet hätte: „Ihr habt gehört, was zu den Alten gesagt worden ist; ich aber sage euch ..." (Mt 5,21 f). Damit radikalisiert er entweder noch weiter das Verbot, zu töten (Mt 5,21–26), die Ehe zu brechen (Mt 5,27–30) und zu schwören (Mt 5,33–37), oder er hebt schlicht und einfach die Gesetzesbestimmungen bezüglich Ehebruch (Mt 5,31–32), Rache (Mt 5,38–42) und Feindeshaß (Mt 5,43–48) auf. Seine Art zu sprechen erinnert stark an einen *Propheten.* Und in der Tat wird er wiederholt Prophet genannt. „Wer ist das?", fragt ganz Jerusalem; „und die Leute sagen: Das ist der Prophet Jesus von Nazaret in Galiläa" (Mt 21,11; Lk 24,19; Mt 21,46; Mk 6,15; 8,28; 15,65). Er selbst versteht sich auch in der Linie der Propheten (Mk 6,4; Lk 13,33), hat aber auch das Bewußtsein, mehr zu sein: „Hier ist einer, der mehr ist als Jona" (Mt 12,41); denn „das Gesetz und die Propheten gehen bis Johannes" (Lk 16,16; Mt 11,12). Anders als die Propheten vor ihm legitimiert Jesus nie seine prophetische Berufung (vgl. Am 6,14; Jes 1,24); nie beruft er sich auf Gesichte oder Stimmen vom Himmel. Seine Worte stützen sich auf sich selbst, und er handelt, als wäre er selbst die letzte Instanz. Wer ist Jesus? Welcher Titel vermag seine Autorität, seine Hoheit und sein sicheres Gespür angemessen zum Ausdruck zu bringen? *Sohn Davids* (Mt 9,27; 15,22; 20,30; 12,23; 21,9) vielleicht? Nach Zeugnis und Überlieferung stammt Jesus aus dem Geschlecht Davids (Röm 1,3; Mt 1,2–17; Lk 3,23–28). Selbst aber hat er nie Wert gelegt auf diese Tatsache. In den Erwartungen des Volkes sollte der Sohn Davids ein politischer Befreiungskönig sein. Mit einem derartigen politischen Messianismus aber will Jesus nichts zu tun haben; deshalb fragt er: „David selbst nennt ihn ‚Herrn'; wie kann er dann Davids Sohn sein?" (Mk 12,37). Wer ist Jesus? Können Menschen die Frage überhaupt beantworten? Jesus selbst vielleicht?

2. *Jesulogie: Wie hat Jesus sich selbst verstanden?*

Wie hat Jesus sich selbst verstanden? Was für Titel verwendet er für sich selbst? Hier muß man sauber unterscheiden zwischen dem Bewußtsein, das Jesus von sich selbst und seinem Auftrag hatte, und den Formen, in denen er dies zum Ausdruck brachte. Ohne Zweifel – und das haben die vorigen Kapitel gezeigt – war sich Jesus zumindest gegen Ende seines Lebens klar bewußt, daß er für den Anbruch des Reiches entscheidend war und daß er in einem einzigartigen Verhältnis zu Gott stand. Wer Gott Abba-Vater nennt, fühlt sich als dessen Sohn und ist es auch. Allerdings verwendet der Jesus der Synoptiker nirgends direkt den Ausdruck Sohn Gottes. Einzig die Dämonen (Mk 3,11; 5,7), die himmlischen Stimmen bei Taufe und Verklärung (Mk 1,11; 9,7) sowie Petrus bei seinem Bekenntnis, das als göttliche Offenbarung dargestellt wird (Mt 16,16f), behaupten, Jesus sei Sohn Gottes. Die spottende Masse unter dem Kreuz legt Jesus die Aussage in den Mund: „Ich bin Gottes Sohn" (Mt 27,43). Aber das ist eindeutig eine Hinzufügung des Evangelisten Matthäus. Zweimal jedoch benutzt Jesus selbst den absoluten Ausdruck „Sohn": „Doch jenen Tag und jene Stunde kennt niemand, auch nicht die Engel im Himmel, nicht einmal der *Sohn,* sondern nur der Vater" (Mk 13,32); und: „Mir ist von meinem Vater alles übergeben worden; niemand kennt den *Sohn,* nur der Vater, und niemand kennt den Vater, nur der *Sohn* und der, dem es der *Sohn* offenbaren will" (Mt 11,27). Der Titel bringt einerseits die Hoheit des Sohnes zum Ausdruck, andererseits aber auch seinen Gehorsam gegenüber dem Vater und seine Unterordnung unter ihn, was gerade in der Danksagung Mt 11,25 deutlich wird. Allerdings hat der Begriff in der jüdischen Tradition keinen messianischen Gehalt. Trotzdem leuchtet in dem Wort *Sohn* das Selbstbewußtsein Jesu auf. Johannes greift das auf, thematisiert es und zeigt, wie gerade dieses enge Verhältnis zwischen Sohn und Vater das Judentum zum Widerstand gegen Jesus veranlaßt (Joh 5,18; 10,30f; 19,7). Aber das ist schon Christologie und nicht mehr Jesulogie, das heißt: Reflexion über Jesus im Licht der Auferstehung und nicht so sehr Ausdruck seines Selbstbewußtseins. Wir glauben, daß Jesu tiefe Erfahrung des Vaters verbunden mit dem entsprechenden Erleben der Sohnschaft die Grundlage des Bewußtseins Jesu bildet, der Gesandte und der Eröffner des Reiches Gottes zu sein. Zur Artikulation dieser religiösen Erfahrung hat sich Jesus jedoch nicht des Titels Sohn Gottes bedient. Wohl aber diente diese Tatsache der Urgemeinde als Begründung dafür, ihn mit Recht den einziggeborenen Sohn Gottes zu nennen. Die Nähe zum Vater gibt ihm die Vollmacht, an Gottes Statt zu sprechen und zu handeln. Um dieses sein Bewußtsein zum Ausdruck zu bringen, hat Jesus anscheinend keine der messianisch-endzeitlichen Vorstellungen, wie sie im Judentum und in den Hoffnungen des Volkes auf Befreiung gängig waren, benutzt. Jesus war zu einfach, zu souverän, zu ursprünglich und den kleinen Leuten und gesellschaftlich Zukurzgekommenen zu verbunden, um sich selbst Ehrennamen und nur Gott zustehende Würdentitel zuzulegen. Jesus ist nicht gekommen, um den Messias, den Christus und den Sohn Gottes zu *predigen,* sondern um in Wort und Tat den Sohn Gottes, den Christus und den Messias zu *leben.* Hier liegt die Bedeutung des sogenannten Messiasgeheimnisses im Markusevangelium. Erst die Urkirche wird sich – erleuchtet durch den Glanz der Auferstehung – an das theologische und christologische Werk machen, im Verhalten Jesu den verborgenen Gott und den verborgenen Messias zu entdecken. Nicht weil die Gemeinde Jesus Sohn Gottes und Christus genannt hätte, wird er zum Christus und zum Sohn Gottes. Sondern weil er beides in der Tat war, konnte die Gemeinde ihn mit Recht Sohn Gottes und Christus nennen.

Unsere Überlegungen gelten ebenso für den Titel *Menschensohn*, der sich bei den Synoptikern beinahe ausschließlich im Munde Christi findet. Der Titel wird in einem dreifachen Sinn gebraucht. *Einmal* spricht Jesus vom Menschensohn im Sinne der apokalyptischen Erwartungen: Dieser werde auf den Wolken des Himmels kommen, wobei Jesus stets zwischen seinem Ich und dem Menschensohn unterscheidet (Mk 8,38; 13,26; 14,62; Mt 24,27.37.39.44). Der Menschensohn ist jemand anderes als Jesus. Zum *zweiten* verwendet Jesus den Begriff Menschensohn nicht im Zusammenhang mit dessen Kommen auf den Wolken, sondern in Texten, in denen vom Leiden, vom Tod und von der Auferstehung des Menschensohnes die Rede ist (Mk 8,31; 9,31; 10,33f). Wir sprachen bereits davon, daß Jesus an diesen Stellen und in diesen Vorhersagen nicht selbst vom Tod und von der Auferstehung spricht, sondern daß hier Leiden und Ostern in ihren Details bereits als bekannt vorausgesetzt werden. So hätten wir es hier mit der christologischen Arbeit der glaubenden Gemeinde zu tun, die auf diese Weise die Erlösungsbedeutung des Todes Christi vermitteln will. Schließlich gibt es noch eine *dritte* Gruppe, die weder vom Leiden noch von der Parusie des Menschensohnes spricht, sondern von der Kompetenz, Sünden zu vergeben (Mk 2,10), von seiner Oberhoheit über den Sabbat (Mk 2,28) und von seiner Freiheit, Freundschaft zu pflegen mit Asozialen und Sündern (Mt 11,19), und als Heimatloser, der nicht weiß, wo er sein Haupt hinlegen könnte (Mt 8,20), durchs Land zu ziehen. Ernstzunehmende und gute Exegeten weisen darauf hin, daß wir in dieser dritten Gruppe auf die christologische Arbeit der Urkirche stoßen, die den machtvollen Menschensohn von Dan 7 bereits mit dem historischen Jesus identifiziert hatte. Die Vollmacht des historischen Jesus und seine Freiheit gegenüber dem gesellschaftlichen und religiösen Status gründen in der Tatsache, daß er schon der zur Rechten Gottes erhobene Menschensohn ist, obgleich er sich noch in bescheidener Form zeigt oder gar verborgen hält.

Es ist ziemlich unwahrscheinlich, daß Jesus die Vorstellung vom Menschensohn, der in Macht auf den Wolken kommen werde, auf sich bezogen habe. Nirgends findet sich ein Ausspruch Jesu, der seine irdische Existenz in einen Bezug zu seiner Erscheinungsweise als Richter der Endzeit stellte. Vielmehr habe Jesus von der Zukunft des Menschensohnes in der dritten Person gesprochen. Allerdings hat er, wie Lk 12,8–9 und Mk 8,38 gut belegen, eine enge Verbindung zwischen sich und dem Menschensohn gesehen: „Wer sich vor den Menschen zu mir bekennt, zu dem wird sich auch der Menschensohn vor den Engeln Gottes bekennen": Aufgrund der Auferstehung identifizierte die Urgemeinde Jesus mit dem Menschensohn in einer Weise, daß Menschensohn an vielen Stellen für das Pronomen *ich* steht (Mt 16,13; Mk 8,27) und umgekehrt (Mt 10,32f; Lk 12,8f; Mk 8,38). Aufgrund der Auferstehung konnte man die Worte des historischen Jesus über den Menschensohn als Aussagen über Jesus selbst verstehen. Damit schlug man eine Brücke zwischen der Jesulogie und der Christologie: Der uminterpretierte Titel Menschensohn vermag zu zeigen, daß zwischen dem historischen Jesus und dem Christus des Glaubens wie auch zwischen dem Menschensohn, der während seines irdischen Lebens verborgen blieb, und dem Menschensohn, der sich kraft seiner Auferstehung und Erhöhung bei Gott offenbarte, Kontinuität besteht. Dasselbe gilt für den Titel *Messias* bzw. *Christus.* Eine kritische Untersuchung der Texte gestattet nicht zu sagen, Jesus hätte diesen Titel für sich verwandt. In der damaligen Situation trat der Titelträger in drei Grunderscheinungen auf: Der Christus (der Gesalbte, der Erlöser) erschien entweder als politischer König der Befreiung oder als Hoherpriester aus dem Haus Aaron oder als Menschensohn, der in Macht auf den Wolken kommt. Ursprünglich ist der Messias bzw. Christus keine übernatürliche Gestalt, sondern einfach ein irdischer Befreier. Jesus hält sich von derartigen Vorstellungen fern. Wohl hat er das Bewußtsein, der Befreier der menschlichen Existenz zu sein, vermeidet aber Titel, die ihn lediglich als politischen Befreier und Konkurrenten zum römischen Kaiser verobjektivieren. Das Bekenntnis Jesu vor dem Hohen Rat (Mk 14,61) bringt den Glauben der Urgemeinde an Jesus als den Christus und den alleinigen und wahren Befreier, den man erwartet hat, zum Ausdruck. Das Bekenntnis des Petrus: „Du bist der Messias" (Mk 8,29), scheint, so wie es formuliert ist, kein historisches Faktum zu sein. Petrus soll vielmehr im Namen der kirchlichen Gemeinde, die sich nach der Auferstehung gebildet hat und deren Leiter er ist, den allgemeinen Glauben bekunden: „Du bist der Christus." Später wurde der Titel „Christus" einfach zu einem Namen, so daß *Jesus Christus* die Wirklichkeit des historischen Jesus zusammen mit dem Christus des Glaubens benennt. Schon der Name drückt die Kontinuität zwischen Jesulogie und Christologie aus.

Wichtig ist das Verständnis, daß die Jesus zugeschriebenen Hoheits- und Göttlichkeitstitel nicht die Autorität und Souveränität, die Jesus in seinem irdischen Leben zeigt, begründen sollen. Im Gegenteil: Sie sollen seine Autorität nur verdeutlichen und erklären. Warum hat er so gehandelt? Woher nimmt er die ganze Macht? Warum ist er Prophet, Sohn Davids, Menschensohn, Messias? Kein Titel war imstande, die Radikalität des sicheren Gespürs, der schöpferischen Phantasie und der Überlegenheit Jesu zum Ausdruck zu bringen. Nicht die Titel haben die Autorität geschaffen, sondern die Autorität hat die Titel geschaffen. Kein Titel indes kann den Reichtum der Gestalt Jesu, der alle – einschließlich der Dämonen – in Staunen versetzt, ausschöpfen. Wer bist du eigentlich, Jesus von Nazaret?

3. Die Auferstehung Jesu: Direkte Christologie

Die Auferstehung Jesu markiert eine tiefgreifende Wende. Sie hebt alle Zweideutigkeiten, die die Haltungen und Worte Jesu umgaben, auf und läßt die negative Christologie lächerlich erscheinen. Jetzt kommt der direkte christologische Prozeß in Gang, der bis in unsere Tage reicht. Die Auferweckung Jesu verschärft noch einmal die Frage und das Staunen der Jünger: Wer ist Jesus? Wie läßt sich das Geheimnis seiner Person beschreiben? Wie sein Heilsauftrag verstehen? Da griff die Urkirche zu Titeln und Bildern aus ihrer kulturellen Welt. Zunächst verstand die judenchristliche Gemeinde in Palästina den auferweckten Jesus in den eschatologischen und apokalyptischen Kategorien des zeitgenössischen Judentums. Bereits unter dem Einfluß der griechischen Kultur erweitert die judenchristliche Gemeinde der Diaspora später den Verstehenshorizont und benennt Jesus mit anderen Namen. Als schließlich griechische Gemeinden entstehen, entziffern diese das Geheimnis Jesu mit Hilfe kultureller Kategorien der griechischen Welt. Der christologische Prozeß wird immer, gestern wie heute, versuchen, Jesus in den Gesamtrahmen des menschlichen Lebens, so wie Menschen es in der Geschichte leben und verstehen, einzuordnen. In jedem Verstehenshorizont – ob jüdisch, griechisch oder modern im Sinne der zweiten Hälfte des 20. Jahrhunderts – wird sich der Glaube bemühen, daß „Christus alles in allem" ist (Kol 3,11).

a) Für die palästinensische Christengemeinde ist Jesus der Christus, der Menschensohn usf.

Die Auferweckung Jesu wird von der Urgemeinde zunächst als Erhöhung und Verherrlichung des Gerechten bei Gott betrachtet (Apg 2,24.33; 5,30.31; vgl. 3,13–15). Deshalb lauten die ersten Titel, die dem Auferstandenen zugesprochen werden, der Heilige und Gerechte (Apg 3,14) und Knecht Gottes (Apg 4,27).

Er nahm unsere Fehler auf sich und starb durch die Hand boshafter Menschen (Apg 2,22; 3,41). Er war in der Tat der leidende Gottesknecht, von dem Jesaja spricht (52,13–53,12), und der Gerechte, der der Urheber des Lebens ist (Apg 3,15). Erhöht (Apg 2,33; 5,31) und verherrlicht (Apg 3,13), ist er jetzt der Menschensohn, der sich im Himmel verborgen, zugleich aber auch bereit hält, als der endzeitliche Richter zu kommen (Apg 3,20f). Ihm ist alle Macht im Himmel und auf der Erde gegeben (Mt 28,18). Er ist der Messias, auf den die Alten wie alle Menschen warteten und der – um ihnen Erlösung und Befreiung zu bringen – zuerst durch Leiden und Tod ging (Lk 24,26). Kraft der Auferstehung jedoch wurde er als Messias-Christus inthronisiert (Apg 2,36), wie es in alten Prophezeiungen schon vorhergesagt worden war (Ps 2,7; 110,1). Freilich widerspricht dieser Messias- bzw. Christusbegriff frontal den volkstümlichen Erwartungen eines ruhmreichen politischen Befreiers. Wenn er der Messias ist, dann muß er auch Sohn Davids und der endzeitliche Prophet sein, der schon im Deuteronomium vorhergesagt wird (18,15.18f; Apg 3,22). Als der Christus ist er auch der Herr über alle Dinge (Apg 2,36); und mit ihm hat auch bereits die Wiederherstellung des Alls begonnen (Apg 3,21). Die Urgemeinde wartete darauf, daß er sich endgültig zeigen würde, und rief deshalb auf aramäisch: „Marana-tha – Komm, Herr!" (Apg 22,20; 1 Kor 16,22). Überdies wird in der palästinensischen Gemeinde der Auferstandene Sohn Gottes genannt. Für das Alte Testament ist Sohn Gottes zuerst Israel (Ex 4,22) und dann der König (Ps 2,2). Später konnte auch der Gerechte als Sohn Gottes betrachtet werden. Allerdings hatte Sohn

Gottes im ursprünglichen Verständnis einen juridischen und nicht physischen Charakter wie in der späteren Entwicklung bei Paulus und Lukas. Als Sohn Davids erfüllt Jesus die Prophetie von 2 Sam 7, 14: „Ich will für ihn Vater sein, und er wird für mich Sohn sein", was dann bei Lukas heißt: „Er wird groß sein und Sohn des Höchsten genannt werden. Gott, der Herr, wird ihm den Thron seines Vaters David geben. Er wird über das Haus Jakob in Ewigkeit herrschen, und seine Herrschaft wird kein Ende haben" (Lk 1, 32–33). Vor der Auferstehung war Jesus Nachfahre Davids, jetzt wird er als universaler König inthronisiert und heißt juridisch Sohn Gottes (vgl. Röm 1, 3). Wie wir sehen, stammen alle diese Titel aus dem jüdischen Kulturkreis. In diesem Rahmen wird Jesus Christus mit allen bekannten Ehren- und Ruhmesepitheta gekennzeichnet und beschrieben.

b) Für die Judenchristen der Diaspora ist Jesus der neue Adam und der Herr

Die Judenchristen, die in der Diaspora leben, stehen unter dem Einfluß der griechischen Kultur. Sie versuchen, an den Reichtum des Jesusgeheimnisses heranzukommen, indem sie Begriffe aus der jüdischen Tradition nehmen, diese aber mit neuen Darstellungformen aus ihrer Umwelt anreichern. So schreiben sie Jesus den Titel „Herr" zu. Wie heute war „Herr" auch damals anfangs ein Adelstitel; in den Evangelien wird Jesus von Heiden (Mt 8, 8; Mk 7, 28), aber auch von Juden (Mt 8, 21; 18, 21) so genannt. Nach der Auferstehung beginnt die palästinensische Gemeinde, den Auferweckten als Herrn im eschatologischen Sinn zu nennen: Er kommt und bringt die Vollendung der Welt. In der hellenistischen Welt sprechen die Judenchristen von Jesus als vom Herrn, um ihn anzurufen und als den in den Gemeinden gegenwärtigen Auferstandenen zu feiern. Ja, die Christen definieren sich sogar als die, „die den Namen des Herrn anrufen" (1 Kor 1, 2; Röm 10, 13). Diese Gepflogenheit ergibt sich aus der griechischen Übersetzung des Alten Testaments (Septuaginta: Joel 3, 5; vgl. Apg 2, 21). Anders als die Juden kommen die Christen nicht bloß im Namen des Jahwe-Gottes zusammen, sondern im Namen des Herrn Jesus. „Herr" bedeutet in der hellenistischen Welt „König". Gewiß, Christus ist der Herr, aber nicht im politischen Verständnis. Er übt göttliche Funktionen aus: Er herrscht über den ganzen Kosmos wie über alle Menschen. Allerdings bedeutet „Herr" noch nicht, daß Christus Gott gleich wäre, sondern nur: daß Gott ihm bis zur Parusie die Macht gegeben hat, sein Werk der Befreiung von allen Gott und Mensch feindlichen Kräften auszuführen. So erweist er sich als der alleinige Mittler. Deshalb ruft ihn die Gemeinde an. Mit der Auferstehung hat sich der neue Mensch gezeigt. Wer in Christus ist, ist schon „eine neue Schöpfung" (2 Kor 5, 17). Aus diesem Grund betrachtet ihn die Gemeinde auch als die neue Menschheit und den neuen Adam (Röm 5, 12–21; 1 Kor 15, 15). Er ist der makellose Hohepriester, der Mittler des neuen und ewigen Bundes (Hebr 2, 14–18; 4, 14).

c) Für die hellenistischen Christen ist Jesus der Heiland,
das Haupt des Kosmos, der einziggeborene Sohn Gottes, ja Gott selbst

Hellenistische Christen, die in einer anderen kulturellen Atmosphäre leben, interpretieren mit den ihnen eigenen Kategorien den Sinn der Souveränität Jesu. Für sie, die ja keine Juden waren, bedeuten Titel wie Messias, Menschensohn usf. nahezu nichts. Dagegen war „Heiland" ein Titel, für den sie ein besonderes Gespür hatten. Der Kaiser galt als „Heiland". In den Mysterienkulten rief man die Gottheit als Retterin aus Tod und Materie an. Im Neuen Testament wird Jesus auch als Heiland verehrt, besonders in seine Epiphanie, die man nach Art der Epiphanie des Kaisers in einer Stadt versteht (Lk 2, 11; 2 Tim 1, 10; Tit 2, 13) und die uns aus Tod und Sünde rettet (2 Tim 1, 10). Johannes nennt Jesus den „Heiland der Welt" (4, 42; 1 Joh 4, 14), und zwar nicht nur in dem Sinn, daß er der Befreier der Menschen und der Welt ist, sondern auch um zu verstehen zu geben, daß er im Gegensatz zu den Kaisern alleine der Heiland ist. In der hellenistischen Welt kannte man überdies eine Fülle von Göttersöhnen *(theios anér)*, die von einer Jungfrau zur Welt gebracht worden waren, wie: Kaiser (Alexander d. Gr.), Wundertäter (Apollonios von Tyana) oder Philosophen (Platon). Der Sohn Gottes gehört in die göttliche Sphäre. Hellenistische Christen beginnen, den biblischen Titel „Sohn Gottes", der Christus zugesprochen wird, in einem physischen und nicht mehr juridischen Sinn zu verstehen. Christus ist in der Tat der einziggeborene Sohn Gottes, der in die Welt gesandt wurde (Röm 8, 3). Wenn er aber Sohn Gottes ist, dann reflektiert man in einem nächsten Schritt über seine Präexistenz bei Gott. Der berühmte Hymnus im Philipperbrief beschreibt den Weg des Gottessohnes: Zunächst subsistiert er in Gottgleichheit und nimmt dann Sklavengestalt an, um schließlich als absoluter und kosmischer Herr erhöht zu werden (2, 6–11). Er ist der Erstgeborene, der vor allen Dingen gezeugt wurde (Kol 1, 15) und mithin Bild des unsichtbaren Gottes ist (Kol 1, 15). In ihm, durch ihn und für ihn haben alle Dinge ihre Existenz und ihren Bestand (Kol 1, 16–17). Er ist das Haupt des Kosmos (Eph 1, 10; Kol 2, 9), und durch ihn findet alles zu seinem Ziel (1 Kor 8, 6). Nicht nur das Erlösungswerk ist von Christus abhängig, sondern da er ja präexistent ist, wirkt er auch beim Schöpfungsakt Gottes mit – als höchstes Modell, in dem und auf das hin alles seinen Ursprung und seinen Sinn hat. So ist Christus in gewisser Weise „alles und in allem" (Kol 3, 11).

Noch einen Schritt weiter geht Johannes, wenn er Christus als Logos bezeichnet. Der Logos war Gott (Joh 1, 1 b), wurde Fleisch und schlug sein Zelt unter uns auf (1, 14). Soviel man auch über die Herkunft des Logostitels (Wort) diskutieren mag, sicher ist, daß für Johannes Jesus – auch als der Irdische – das Wort ist. Für Johannes läßt sich das Wort nicht von der Person trennen und losgelöst, als reiner Wissensinhalt, vermitteln. Das Wort ist die Person. Das bedeutet, daß Heil nur der hat, der zur Person steht, das heißt: an sie glaubt. Aber was besagt an Jesus als das Wort glauben? Für Johannes besagt das: Jesus als den Offenbarer des Vaters und als eins mit ihm (Joh 10, 30) akzeptieren. Wenn sich das Wort inkarniert hat, dann hat es auch die gesamte Welt verändert. Deshalb kann Christus auch sagen: „Ich bin das Licht, das wahre Brot, lebendiges Wasser, der Weg, die

Wahrheit und das Leben." Indem Johannes formuliert, Christus sei das Wort und das Wort sei Gott gewesen (Joh 1, 1 b), erreicht er den Höhepunkt des christologischen Prozesses. Die Hoheit und die durch die Auferstehung bestätigte Autorität Jesu finden hier ihre voll und ganz erschöpfende Interpretation. Er ist Gott; dreimal zumindest findet sich dieser Titel mit aller Klarheit im Neuen Testament (Hebr 1, 8; Joh 1, 1 b; 20, 28; höchstwahrscheinlich auch: Joh 1, 18; Tit 2, 13; 1 Joh 5, 20; Röm 9, 5; 2 Petr 1, 1). Diese Entwicklung vollzog sich gegen das Jahr 90 außerhalb Palästinas, und sie ist gewiß der große Beitrag der hellenistischen Christen zum christologischen Prozeß. Jetzt sind wir bis an den radikalen Kern des Jesusgeheimnisses herangekommen: Jesus ist der fleischgewordene Gott, der zugleich Gott und Mensch ist.

Mit diesem letzten Titel – Gott – ist die größte Tiefe aufgedeckt, die sich in der Autorität, im sicheren Gespür und in der schöpferischen Phantasie Jesu verbirgt. Nur indem man auf göttliche Namen zurückgriff und Jesus Göttlichkeit zusprach, war man in der Lage, die Frage: „Und ihr, für wen haltet ihr mich?" (Mt 16, 15), sachgerecht zu beantworten.

Um aber zu dieser Formulierung zu kommen, bedurfte es eines langen Interpretationsprozesses. Alles, was es im Leben und in der Geschichte an Wichtigem und Wesentlichem gab, wurde Christus zugesprochen, bis hin zum Erhabensten und Höchsten, das es überhaupt geben kann: Gott. Nur einige wenige Namen für Jesus haben wir betrachtet. Aber es gibt noch eine ganze Reihe mehr, die auch bedeutsam sind und zeigen, wie Christus konkret im Leben verwurzelt war. So heißt er etwa: das Fundament des Hauses (1 Kor 3, 11), der Eckstein, der alles zusammenhält (Eph 2, 20), die Tür (Joh 10, 7), das Haupt aller Dinge (Eph 4, 15; 1.10), der Anfang und das Ende aller Dinge (Offb 22, 13), das Ja und das Amen Gottes zu den Menschen (2 Kor 1, 19–20; Offb 3, 14), der Weg (Joh 14, 6), das wahre Brot (Joh 6, 45), das Wasser (vgl. Joh 4, 10), der gute Hirt (Joh 10, 11), der wahre Weinstock (Joh 15, 1), der Friede (Eph 2, 14), die Weisheit Gottes (1 Kor 3, 10), die Macht Gottes (1 Kor 1, 24), die Ehre Gottes (Joh 1, 14), das sichtbare Bild des unsichtbaren Gottes (2 Kor 4, 4; Kol 1, 15), das Abbild des göttlichen Wesens (Hebr 1, 3), der Abglanz der Herrlichkeit des Vaters (Hebr 1, 3), das Paschalamm (1 Kor 5, 7), das makellose Lamm (Offb 5, 12; 1 Petr 1, 19), das die Sünde der Welt wegnimmt (Joh 1, 29), der lebensspendende Fels, aus dem das Wasser quillt, das den Hebräern den Durst stillt (1 Kor 10, 4), das Wasser, das einem in der Wüste den Durst nimmt (Joh 7, 37–39; 4, 13–14), das wahre Manna (Joh 6, 32–34), der neue Tempel (Joh 2, 21) sowie Gott-mit-uns (Mt 1, 23). Darüber hinaus sagen uns noch zahlreiche andere Namen, inwiefern Christus für das menschliche Leben wesentlich ist.

4. Schluß: Es ist nicht damit getan, Jesus Titel zu geben und ihn Herr, Herr zu nennen

Alle Titel, die wir oben aufgelistet haben, zielen immer auf das eine ab: Sie sollen die Gestalt Jesu erhellen, von der die Apostel behaupten: „Was wir gehört haben, was wir mit unseren Augen gesehen, was wir geschaut und was unsere Hände angefaßt haben, das verkünden wir" (1 Joh 1,1). Zu diesem Zweck benutzt jede Kulturgruppe – ob Palästinenser, Judenchristen in der Diaspora oder hellenistische Christen – die vornehmsten Titel und größten Schätze ihrer jeweiligen Kultur. Zur näheren Bestimmung des historischen Jesus, den man in Palästina tot und auferweckt erfahren hatte, leistete jede dieser Gruppen ihren Beitrag. Dabei muß freilich betont werden, daß keiner der Titel und Namen – und sei es der göttlichste – Jesus als Menschen auslöschen will. Eher schon soll die Menschlichkeit hervorgehoben werden. Die Bezeichnungen sollen die Hoheit und Autorität Jesu nicht begründen, sondern ausdrücken und betonen. Nach einem langen Prozeß der Beschäftigung mit dem Geheimnis Jesu kam man schließlich dazu zu sagen: So menschlich, wie Jesus von Nazaret in Tod, Leben und Auferstehung war, konnte er nur Gott selbst sein. So nannte man ihn Gott. Das aber sprengt alle menschlichen Begriffe. Ein Geheimnis wird durch ein anderes Geheimnis definiert. Einen Vorteil indes bringt dieser Schritt: Das Geheimnis des Menschen können wir in gewisser Weise erahnen, weil ja, wer sein Menschsein aufrichtig lebt, auf Schritt und Tritt darauf stößt. Das Geheimnis des Menschen verweist auf das Geheimnis Gottes. Was aber bedeutet es, daß ein Mensch Gott ist? Wie kann Jesus von Nazaret das fleischgewordene Wort sein? Hier verbirgt sich ein Geheimnis, das der Glaube bekennt und die Theologie laut zu meditieren hat. Allein schon der Name *Jesus Christus* legt uns die Antwort nahe: Es geht um eine Einheit. Jesus ist zugleich der Christus. Mensch und Gott sind unterschiedliche Größen, die aber in Jesus Christus eine Einheit ohne Vermischung und ohne Veränderung bilden. In einem späteren Kapitel werden wir versuchen, unseren Glauben an dieses christologische Datum darzulegen. In der Theologie darf man jedoch eines nie vergessen: Die Theologie kommt weder an erster Stelle, noch darf sie den Glauben ersetzen. Wichtiger als die Reflexion ist das Leben. In Auseinandersetzung mit gnostischen Theologen, die dieses Grunddatum aus dem Auge verloren hatten, betont Johannes unmißverständlich, Christologie habe es immer auch mit Ethik zu tun: „Wer sagt, daß er in ihm bleibt, muß auch leben, wie er gelebt hat" (1 Joh 2,6). „Nicht jeder, der zu mir sagt: Herr! Herr!, wird in das Himmelreich kommen, sondern nur, wer den Willen meines Vaters im Himmel erfüllt" (Mt 7,21; vgl V. 22–23). Christus ruft uns noch immer und lädt uns noch immer ein, ihm nachzufolgen, damit auch wir das Ziel erreichen, das er bereits voll realisiert hat und das er uns als ständig zu erfüllende Aufgabe vor Augen hält.

VIII. Der christologische Prozeß geht weiter

Die Erzählungen von der Kindheit Jesu: Theologie oder Historie?

Je mehr man über Jesus nachdenkt, um so mehr geht einem das Geheimnis auf, das sich hinter seinem einfachen Leben verborgen hatte, und um so mehr nähert man sich den Ursprüngen. In den Jahren zwischen 75 und 85, in denen Lukas und Matthäus ihre Evangelien redigieren, werden die Überlegungen zusammengetragen, die sich in den verschiedenen Gemeinden entwickelt hatten. Allen war klar, daß Jesus von Gott als Messias, Heiland, Sohn Gottes, ja, als Gott selbst in Menschengestalt eingesetzt worden war. Aus der Perspektive dieses Glaubens deutet man jetzt die Geschehnisse um Geburt und Kindheit Jesu. In den Berichten steckt eine gründliche und intensive theologische Arbeit, die das Jesusgeheimnis aufdecken und den Gläubigen dieser Zeit zwischen 75 und 85 n. Chr. nahe bringen soll. So wollen die familiären Szenen der Weihnacht, wie sie von Lukas und Matthäus geschildert werden, weniger neutrale historische Berichterstattung als vielmehr Verkündigung des Glaubens an Jesus als den Erlöser sein.

Der christologische Prozeß, so wie wir ihn im vorigen Kapitel entwickelt haben, hat uns verständlich gemacht, wie es zu den Titeln und Namen Jesu kam. Hinter jedem Titel – ob Christus, Menschensohn oder Sohn Gottes usf. – steckt eine lange theologische Reflexion, die bis zur Gedankenspielerei der ausgeklügeltsten rabbinischen Theologie gehen kann. Das wird gerade bei den Berichten von der Kindheit Jesu deutlich. Im allgemeinen Empfinden der Christen bilden die Erzählungen von der Geburt Jesu wie Weihnachten insgesamt ein Fest für das Herz. Der Glaube wird Gefühl. Damit reicht er bis an das heran, was es an Tiefstem und Innigstem in der Persönlichkeit des Menschen gibt; er schafft Begeisterung und Freude und läßt einen das Leben als sinnvoll verspüren. Im Stall, vor der Krippe mit dem Kind zwischen Ochs und Esel, mit Maria und Josef, den Hirten und den Schafen und dem Stern reichen sich Künste und Berufe, die Natur, Berge und Wasser, das Universum der Dinge und die Welt der Menschen die Hand und versöhnen sich unter den Augen des Kindes. An Weihnachten werden wir alle zu Kindern und lassen – dies eine Mal wenigstens – den kleinen Prinzen, der in uns wohnt, die unschuldige Sprache der Kinder sprechen, die der Anblick des Tannenbaumes, der brennenden Kerzen und der glitzernden Kugeln verzückt. Der Mensch taucht ein in die Welt der Kindheit, des Mythos, des Symbols und der Poesie, die nun einmal das Leben ausmachen, die aber von unseren Inter-essen, Geschäften und Sorgen ums Überleben erstickt werden, so daß wir daran gehindert werden, auch als Erwachsene das ewige Kind zu sein, das jeder gleichwohl immer noch ist. Alles das sind Werte, die es zu schützen und zu pflegen gilt. Damit es aber christliche Werte bleiben, müssen sie mit dem Glauben in

Verbindung stehen. Sonst entarten Gefühl und weihnachtliche Atmosphäre zu Sentimentalität, die leicht zur Beute der bestehenden Produktions- und Konsummaschinerie wird.

Der Glaube hat es mit der Geschichte zu tun – und mit Gott, der sich in der Geschichte offenbart. Die Frage ist also: Was geschah an Weihnachten wirklich? Sind auf den Feldern von Betlehem wirklich Engel erschienen? Sind wirklich Könige aus dem Osten gekommen? Ist es nicht merkwürdig, daß da ein Stern umhergeirrt ist, zunächst in Richtung auf Jerusalem und dann auf Betlehem, wo sich das Kind befunden hat? Warum hat es ihn nicht direkt nach Betlehem getrieben, sondern eben zunächst nach Jerusalem, wo die ganze Stadt, einschließlich des Königs Herodes, dermaßen erschrak, daß dieser die Ermordung von unschuldigen Kindern befahl? Was ist in all dem Erzählung und was Wirklichkeit? Was ist die Botschaft, um die es Lukas und Matthäus mit ihrer Geschichte von der Kindheit Jesu geht? Ist ihre Absicht geschichtlicher Art? Oder wollen sie – wer weiß – mit Hilfe einer erbaulichen und verschönernden Erweiterung eines Schriftwortes oder eines realen Ereignisses eine tiefere Wahrheit von dem Kind vermitteln, das sich ja später kraft der Auferstehung als Befreier der menschlichen Existenz und als große Hoffnung auf menschliches und ewiges Leben für alle Menschen erweisen würde?

Für einen Kenner der literarischen Verfahrensweisen in der Bibel wie auch der Zeitgeschichte Jesu sind die Weihnachtserzählungen nicht ohne Problem. Hinter der klaren Einfachheit und der Lyrik einiger Szenen verbirgt sich eine bis in ihre letzten Einzelheiten überlegte und ausgeklügelte Theologie. Allerdings gehören die betreffenden Texte nicht zu den ältesten Passagen der Evangelien. Sie sind vielmehr die jüngsten Stücke und entstanden, als es bereits eine ganze Theologie über Jesus und über die Bedeutung seines Todes und seiner Auferstehung gab, als die Leidensgeschichte, die Gleichnisse, die Wundererzählungen und die wichtigsten Aussprüche Jesu bereits in eine schriftliche Ordnung gebracht worden waren und als die hauptsächlichen Titel, mittels deren man das Geheimnis der Menschheit Jesu aufschlüsseln wollte, wie Sohn Davids, Messias, Christus, neuer Mose, Sohn Gottes usf. , bereits bekannt waren. Zum Schluß des Ganzen stellt sich die Frage nach dem Anfang: Im Lichte der Theologie und des Glaubens, die sich um Leben, Tod und Auferstehung Jesu entwickelt hatten, fragt man jetzt nach seiner Kindheit. Genau hier ist der Ort zum Verständnis der Kindheitserzählungen, wie Matthäus und Lukas sie bieten.

1. Glaube will verstehen

Der Glaube macht den Verstand nicht überflüssig. Wenn der Glaube wahr sein will, muß er das Geglaubte verstehen wollen, und zwar nicht um mit dem Geheimnis Schluß zu machen, sondern um seine wirklichen Dimensionen erahnen und die gnadenhafte Logik Gottes voller Staunen besingen zu können. Der Glaube bekennt seit eh und je: Jesus ist der Heiland, der Messias, der Sinn aller Dinge (Logos), der vor Zeiten angesagte Prophet (Dtn 18, 15–22) sowie der neue Mose, der die Menschen in einem endgültigen Exodus von aller Zwiespältigkeit der menschlichen Existenz befreit. Eine Frage stellte sich den Aposteln jedoch schon sehr bald: In welchem Augenblick seines Lebens hat Gott Jesus als Erlöser, Messias und Sohn Gottes eingesetzt? Die älteste Predigt hatte darauf geantwortet: in Tod und Auferstehung (vgl. 1 Kor 15, 3–8; Apg 10, 34–43). Markus, der sein Evangelium um das Jahr 70 schreibt, meint, bei der Taufe durch Johannes sei Jesus mit dem Heiligen Geist gesalbt und als Messias und Befreier der Welt vorgestellt worden. In der Tat kennt das Markusevangelium keine Geschichte der Kindheit Christi, sondern setzt unmittelbar mit der vorbereitenden Predigt Johannes des Täufers und der Taufe Jesu ein. Matthäus, der sein Evangelium gegen 80 bis 85 n. Chr. verfaßt, antwortet, Jesus sei von Geburt der erwartete Messias, mehr noch: die gesamte Heilsgeschichte habe seit Abraham auf ihn abgezielt (vgl. den Stammbaum Christi: Mt 1, 1–17). Lukas, der an seinem Evangelium zur gleichen Zeit arbeitet, geht noch einen Schritt weiter und sagt: Seitdem Jesus in der Höhle von Betlehem geboren worden sei, sei er der Messias und der Sohn Gottes. Aber nicht nur die heilige Geschichte Israels bewege sich auf seine Geburt im Stall zu, sondern die ganze Geschichte der Menschheit von Adam an (Lk 3, 38). Schließlich kommt Johannes, der der Erbe eines langen, tiefen Nachdenkens über die Identität Jesu ist, und antwortet, Jesus sei bereits vor seiner Geburt, in seiner Präexistenz bei Gott, lange vor Erschaffung der Welt, der Sohn Gottes gewesen; denn „im Anfang war das Wort ..., und das Wort ist Fleisch geworden und hat unter uns gewohnt“ (Joh 1, 1.14).

Wir sehen: Je mehr man über Jesus meditiert, desto mehr geht einem von seinem Geheimnis auf, und desto weiter kommt man an die Ursprünge heran. Dieser ganze Prozeß wird getrieben von Liebe. Wenn man einen Menschen liebt, möchte man alles von ihm wissen: sein Leben, seine Interessen, seine Kindheit, seine Familie, seine Vorfahren, woher sie stammen, usf. Die Liebe sieht weiter und tiefer als die kühle Vernunft. Die Auferstehung hat die wahren Dimensionen der Gestalt Jesu aufgedeckt. Jesus geht nicht nur die Juden (Abraham), ja nicht einmal nur alle Menschen (Adam) an, sondern den ganzen Kosmos, denn „ohne ihn wurde nichts, was geschaffen worden ist“ (Joh 1, 3). Aus der Perspektive, die ihnen die Auferstehung eröffnet hat, beginnen die Apostel das ganze Leben Jesu neu zu verstehen, seine Worte neu zu deuten, seine Wunder neu zu erzählen und in einigen, an sich einfachen Tatsachen bei seiner Geburt die verborgene Gegenwart des Messias und Erlösers, die jedoch erst nach seiner Auferstehung offenbar wurde, zu entdecken. In diesem Licht gewannen auch etliche Passagen des Alten Testaments, die bisher als prophetisch betrachtet, jetzt aber erweitert und in Funktion des Glaubens an Jesus als den Sohn Gottes erklärt wurden, neue Akzente. Deshalb besteht die theologische Bedeutung der Kindheitsgeschichten weniger darin, daß sie Fakten von der Geburt Jesu erzählen, sondern darin, daß sie dem Hörer in der Zeit zwischen 80 und 90 n. Chr. im Gewand plastischer und theologischer Erzählungen verkünden, *wer* Jesus von Nazaret ist und *was* er für die Gemeinde bedeutet. So müssen wir also weniger Historie als vielmehr Glaubensbotschaft erwarten. Unter den historischen Tatsachen in den Weihnachtserzählungen nennt die kritische katholische Exegese folgende Punkte: 1. Maria war mit Josef verlobt (Mt 1, 18; Lk 1, 27; 2, 5). 2. Über Josef (Mt 1, 16.20; Lk 1, 27; 2, 4) stammt Jesus aus der Linie Davids (Mt 1, 1; Lk

1,23). 3. Das Kind heißt *Jesus* (Mt 1,21; Lk 1,31). 4. Jesus wird von der Jungfrau Maria geboren (Mt 1,21.23.25; Lk 1,31; 2,6–7). 5. Nazaret ist der Wohnort Jesu (Mt 2,23; Lk 2,39). Weiter unten werden wir sehen, wie Matthäus und Lukas literarisch und theologisch diese Daten verarbeiten, um mit ihnen und durch sie – wenn auch jeder auf seine Weise – den Menschen eine Heils- und Freudenbotschaft zu vermitteln, daß sich nämlich in diesem Kind, das da „in Windeln gewickelt in einer Krippe liegt, weil in der Herberge kein Platz für sie war" (Lk 2,7), der geheime Sinn der Geschichte, angefangen von der Schöpfung des ersten Wesens, verbirgt und daß alle Vorhersagen und menschliche Hoffnungen auf Befreiung und umfassende Fülle in Gott in ihm Wirklichkeit geworden sind.

2. Matthäus und Lukas: Jesus ist der Punkt Omega der Geschichte, der Messias, der erwartete Sohn Davids, der Sohn Gottes

Die Auferstehung hat gezeigt, daß die Geschichte mit Christus ihren Punkt Omega erreicht hat, weil ja der Tod überwunden und der Mensch voll verwirklicht und in die Sphäre Gottes aufgenommen worden ist. Deshalb ist Christus der Messias, und als Messias stammt er aus der königlichen Familie Davids. Mit den Stammbäumen Jesu wollen sowohl Matthäus (1,1–17) als auch Lukas (3,23–28) den Beweis erbringen, daß Jesus und kein anderer auf den Plan trat, als die Geschichte an ihren Punkt Z kam, daß er genau an der Stelle in der davidianischen Genealogie steht, die dem Messias zukommt, und daß er sich in einer solchen Weise in den Stammbaum einfügt, daß die Vorhersage des Jesaja (7,14); er werde Sohn einer Jungfrau sein, in Erfüllung geht, indem er den Namen – und mithin einen Platz im Stammbaum – seines Adoptivvaters Josef zugesprochen bekommt.

Nach dem 4. Buch Esra (14,11–12) erwartet man die Ankunft des Messias, des Erlösers aller Menschen seit Adam, zu Ende der elften Weltwoche. Elf Weltwochen ergeben siebenundsiebzig Welttage. Lukas baut den Stammbaum Jesu, angefangen mit Adam, in der Weise auf, daß Jesus in die Geschichte eintritt, als die siebenundsiebzig Welttage zu Ende gehen, wobei jeder Tag für einen Vorfahr Jesu steht. Deshalb ergibt die Genealogie Jesu von Adam bis Josef siebenundsiebzig Ahnen. Mit der Geburt Jesu in Betlehem ist die Geschichte an ihrem Punkt Omega angekommen. Daß dieser Stammbaum ein künstliches Gebilde ist, zeigt ein Vergleich mit der Genealogie Jesu bei Matthäus. Im übrigen klaffen auch weite Abstände zwischen einzelnen Generationen.

Matthäus bedient sich einer ähnlichen Vorgehensweise, um zu belegen, daß Jesus Sohn Davids und damit der erwartete Messias ist. Wenn man in dem Wort DaViD die Konsonanten (die Vokale werden im Hebräischen ja nicht mitgeschrieben) durch ihre entsprechenden Zahlen ersetzt, ergibt sich der Zahlenwert vierzehn (D = 4; V = 6; D = 4; insgesamt 14). Matthäus entwickelt nun den Stammbaum Jesu so, daß sich, wie er selbst ausdrücklich sagt (1,17), dreimal vierzehn Generationen ergeben. Die Zahl vierzehn ist aber das Doppelte von sieben, wobei sieben in der Bibel ein Symbol für die Fülle des Heilsplanes Gottes oder der Gesamtfülle der Geschichte ist. Die vierzehn Geschlechter von Adam bis David verweisen auf den ersten Höhepunkt der jüdischen Geschichte; die vierzehn Generationen von David bis zur Wegführung nach Babylon rühren an den Tiefpunkt der Heiligen Geschichte; und die vierzehn Geschlechter von der babylonischen Gefangenschaft bis zu Christus benennen den endgültigen Höhepunkt der Heilsgeschichte, von dem es kein Zurück mehr gibt, weil der Messias jetzt gekommen ist. Anders als Lukas fügt Matthäus in den Stammbaum Jesu vier Frauen ein, die allesamt keinen guten Ruf haben, zwei Dirnen: Tamar (Gen 38, 1–30) und Rahab (Jos 2; 6, 17.22 f), eine Ehebrecherin: Batseba, die Frau des Urija (2 Sam 11, 3; 1 Chr 3, 5), und die heidnische Moabiterin Rut (Rut 4, 12 f). Matthäus will damit andeuten, daß sich Christus die Höhe- wie die Tiefpunkte der Geschichte zu eigen gemacht und auch menschliche Schande auf sich genommen hat. Christus ist das letzte Glied des Stammbaums, das heißt: eben die Stelle, an der die Geschichte an ihren Punkt Z kommt, indem er dreimal vierzehn Generationen voll macht. Also kann nur er der vorhergesagte und erwartete Messias sein.

3. Josef und die Jungfrauengeburt bei Matthäus: eine Fußnote zum Stammbaum

Mit seinem Stammbaum Jesu will Matthäus zeigen, daß Christus tatsächlich von David abstammt. In Wirklichkeit gelingt ihm das aber nicht, weil er an der entscheidenden Stelle, anstatt zu sagen: Jakob war der Vater von Josef und Josef der Vater Jesu, die Linie unterbricht und formuliert: „Jakob war der Vater von Josef, dem Mann Marias; *von ihr* wurde Jesus geboren, der der Christus genannt wird" (1, 16). In der jüdischen Rechtsprechung zählt aber die Frau in der genealogischen Bestimmung eines Menschen nicht. Über Maria findet Jesus keinen Eingang in das Haus Davids. Dennoch ist Matthäus klar, daß Jesus der Sohn der Jungfrau Maria und des Heiligen Geistes ist (1, 18). Hier also tut sich ein Problem auf: Wie läßt sich Jesus vermittels des männlichen Stammbaums in die davidische Linie einbauen, wenn er keinen menschlichen Vater hat? Zur Beantwortung dieses Problems verfaßt Matthäus sozusagen eine Fußnote oder eine Glosse (Erklärung einer Schwierigkeit im Text) und erzählt die Empfängnis und Herkunft Jesu (1, 18–25). Dabei ist es aber gar nicht sein Anliegen, von der jungfräulichen Empfängnis Jesu zu erzählen oder, wie Lukas es tut, seine Geburt zu beschreiben. Im Mittelpunkt des Berichtes steht vielmehr Josef, der um den Zustand Marias weiß und sie nächtens entlassen will. Die Sinnspitze der Passage Mt 1, 18–25 ist die, das angesprochene Problem zu lösen. Die Erklärung kommt in Vers 25: Josef gibt dem Kind den Namen Jesus. Josef, Nachfahre Davids und rechtmäßig zugesprochener Ehemann Marias, gibt Jesus den Namen, wird dadurch juristisch Vater des Kindes und holt es damit in seine davidische Linie hinein. So ist Jesus über Josef Sohn Davids und auch der Messias. Und so geht auch die Vorhersage des Jesaja, der Messias werde von einer Jungfrau geboren werden (Jes 7, 14), in Erfüllung, und der Plan Gottes wird voll verwirklicht.

4. Wollte Lukas die jungfräuliche Empfängnis Jesu erzählen?

Verkündigung und Geburt Christi werden uns vom Evangelisten Lukas berichtet. Lukas gilt in der Überlieferung als der Maler unter den Evangelisten. Und in der Tat malt er in Kapitel 1 und 2 ein *Diptychon.* Diptychon war im Mittelalter ein Altar mit zwei Halbfenstern oder Flügeln, auf denen sich entsprechende Gemälde zu sehen waren (auch in alten brasilianischen Kirchen haben wir noch solche Flügelaltäre). So malen Lukas 1 und 2 auch die Kindheit Johannes des Täufers in perfekter Parallelisierung mit der Kindheit Jesu. Ähnlich zeichnet Matthäus eine Parallele zwischen Mose und Jesus. In jeder Parallele bei Lukas überbietet Christus jedoch Johannes den Täufer. So haben wir eine vollkommene Entsprechung zwischen der Ankündigung der Geburt Johannes' des Täufers durch den Engel Gabriel (Lk 1,5–25) und der Ankündigung der Geburt Jesu (1,26–56). In beiden Fällen kommt es bei der Geburt, Beschneidung und Namensgebung zu wunderbaren Zeichen (1,57–66; 2,1–11), und es wird die Heilsbedeutung des Johannes wie auch Jesu in der Prophetie des Zacharias (Johannes) bzw. des Simeon und der Prophetin Hanna (Jesus) (1,67–80; 2,22–40) benannt. In beiden Fällen wird auch erwähnt, die Kinder – Johannes und Jesus – seien gewachsen. Doch wird in sämtlichen Szenen deutlich, daß der Jesuszyklus stets den Johanneszyklus überbietet: Als der Engel Gabriel die Empfängnis des Johannes ansagt, unterläßt er jede Begrüßung (Lk 1,11), wohingegen er Maria einen liebenswürdigen Gruß entbietet (1,28). Zacharias sagt der Engel: „Dein Gebet ist erhört worden" (1,13), während er Maria gegenüber bemerkt: „Du hast Gnade bei Gott gefunden" (1,30). In der Szene, in der Maria Elisabet aufsucht, läßt Marias Gruß das Kind im Mutterschoß Elisabets, die jetzt vom Heiligen Geist erfüllt wird, hüpfen. Jesus hingegen ist von Anfang Träger des Geistes, weil er ja aus ihm und aus der Jungfrau stammt. Johannes der Täufer wächst in der Wüste heran (1,80), während Christus im Tempel auftritt (2,41–52).

In noch weiter verfeinerter Form bedient sich Lukas dieser literarischen Verfahrensweisen, die ja die Heilsbotschaft Christi unterstreichen sollen, in der Erzählung von der Ankündigung der Empfängnis Christi (1,26–38). Diese findet im sechsten Monat nach der Empfängnis Johannes' des Täufers statt. Sechs Monate zu je dreißig Tagen ergeben einhundertachtzig Tage. Die neun Monate von der Empfängnis Jesu bis zu dessen Geburt ergeben zweihundertsiebzig Tage, und von der Geburt bis zur Darstellung des Kindes im Tempel haben wir noch einmal vierzig Tage. Die Gesamtsumme der Tage beläuft sich damit auf vierhundertneunzig Tage oder siebzig Wochen. Und was bedeuten siebzig Wochen für den Leser des Neuen Testaments? Dem Danielbuch zufolge (9,24) soll nach siebzig Wochenjahren der Messias kommen, das Volk von den Sünden befreien und ewige Gerechtigkeit bringen. Lukas will mit diesen Zahlen zu verstehen geben, daß die Verheißung des Daniel in Erfüllung gegangen und Jesus der erwartete Messias ist. Die Worte, die der Engel bei der Verkündigung sagt, die Reaktion der Jungfrau wie auch der Gruß Gabriels sind in enger Verbindung mit ähnlichen oder gleichlautenden Worten in ähnlichen Situationen des Alten Testaments formuliert (für Lk 1,42 = Jdt 13,18; für Lk 1,28.30–33 = Zef 2,14–17; für Lk 1,28 = Gen 26,3.28; 18,15; Ex 3,12; 1 Sam 3,19; 1 Kön 1,37 usf.). Die Empfängnis Jesu kraft des Heiligen Geistes will weniger das biologische Geschehen der Empfängnis erklären (für Lukas steht außer Zweifel, daß Jesus von der Jungfrau als Jungfrau geboren wurde), als vielmehr Jesus den Erlöser in Verbindung mit anderen Befreiergestalten des Alten Testaments bringen, die auch durch das Wirken des Heiligen Geistes in ihre Funktion eingesetzt wurden (1 Sam 10,6f; 16,13f; Ri 3,10; 6,34; 11,29; 13,25; 1 Kön 19,19; 2 Kön 2,8–15 usf.). Hier wird der Unterschied in der Perspektive zwischen der traditionellen Katechese und der Sicht des Lukas und des Matthäus erkennbar. Die herkömmliche Katechese hob insbesondere die Jungfräulichkeit Marias hervor, die Tatsache der physischen und bleibenden Jungfrauenschaft Marias „vor, bei und nach der Geburt". Für die Berichte in den Evangelien ist die persönliche Jungfräulichkeit Marias sekundär. Wichtiger ist die jungfräuliche Empfängnis Jesu. Treffend sagt Paulo Eduardo Andrande Ponte: „Das Anliegen der Evangelisten war es, *nicht* den *jungfräulichen,* sondern den *übernatürlichen* und *göttlichen* Charakter der Empfängnis zu betonen. Für sie war die Empfängnis Jesu jungfräulich, damit sie übernatürlich, und nicht übernatürlich, damit sie jungfräulich sein konnte. Sie war jungfräulich, damit Gott nicht nur ihre erste, sondern auch ihre *Haupt*-ursache, ihr direkter Urheber sein konnte ... Wenn man gewisse Predigten hörte oder gewisse Bücher über Spiritualität las, hatte man den Eindruck, daß die Empfängnis Jesu übernatürlich und wunderbar war, weil die Jungfräulichkeit seiner Mutter erhalten bleiben sollte. Demnach wäre sie übernatürlich gewesen, damit sie jungfräulich, und nicht jungfräulich, damit sie übernatürlich sein konnte. Im Hintergrund stand ein massives moralisierendes und manichäisches Verständnis von Jungfräulichkeit im Christentum." Ganz anders die Sicht der Evangelien; hier steht Christus im Mittelpunkt, und im Dienst an ihm steht die Jungfräulichkeit Marias. Deshalb nennt das Neue Testament Maria lieber die *Mutter Jesu* (Joh 2,1.3.12; 19,25–26; Apg 1,14) als *Jungfrau* – ein Ausdruck, der sich nur zweimal in den Texten des Neuen Testaments findet (Lk 1,27; Mt 1,23) und besagen soll, daß sie Mutter kraft des Heiligen Geistes ist. Die Empfängnis Jesu selbst wird so geschildert, wie sich die Ehre Gottes im Bundeszelt offenbart (Ex 40,32 = Lk 1,35). So wie das Bundeszelt voll des Geistes Gottes ist, so und noch viel dichter ist es auch der Sohn Marias, der es wirklich verdient, Sohn Gottes zu heißen (Lk 1,35). Kraft des Geistes entsteht da jemand, der solchermaßen von ihm durchdrungen ist, daß er sein Dasein alleine von ihm bezieht. Christus ist die neue Schöpfung des einen Geistes, der zuvor bereits die alte Welt geschaffen hat. Das ist die theologische Aussageabsicht, die Lukas mit der Empfängnis Jesu aus der Kraft des Heiligen Geistes vermitteln will. Das wunderbare Phänomen auf der Ebene der Biologie interessiert ihn dabei weniger, obwohl das vorausgesetzt wird und als Motiv für die theologische Reflexion dient.

5. *Wo wurde Jesus geboren, in Betlehem oder in Nazaret?*

Eine ähnliche theologische Erarbeitung, wie wir sie bisher kennengelernt haben, liegt auch in der Erzählung von der Geburt Jesu in Betlehem vor. Die Geburt selbst wird ohne jeden romantischen Anklang erzählt, so daß sie in ihrer schmucklosen, ja trockenen Art eine große Tiefe gewinnt: „Als sie dort (in Betlehem) waren, kam für Maria die Zeit ihrer Niederkunft, und sie gebar ihren Sohn, den Erstgeborenen. Sie wickelte ihn in Windeln und legte ihn in eine Krippe, weil in der Herberge kein Platz für sie war" (Lk 2,6–7). Dieses gängige Ereignis, das jeder Mutter hätte passieren können, wird nun aufgrund der Auferstehung in einem theologischen Rahmen neu gelesen. Wenn Jesus als der Messias und seitens seines gesetzmäßigen Vaters Josef als Sohn Davids geoffenbart wurde, dann muß sich an ihm auch die andere Verheißung erfüllen, die besagt, der, der Israel führen werde, der Messias, werde aus Betlehem hervorgehen (Mich 5,1; 1 Sam 16,1 f), und nicht aus Nazaret, wo Jesus zu Hause war, das aber ein so unbedeutender Ort war, daß es im gesamten Alten Testament nirgends vorkommt. Lukas will nicht den geographischen Ort besonders hervorheben, sondern er will den Topos Betlehem und seine messianische Bedeutung reflektieren, um zu unterstreichen, daß Jesus der Messias ist. Historisch betrachtet, war Nazaret wahrscheinlich der Heimatort Jesu, aber der Flecken war theologisch irrelevant. Um Jesus in Betlehem geboren werden zu lassen, schafft Lukas eine Situation, in der sich die Heilige Familie von Nazaret nach Betlehem begeben muß. Zu diesem theologischen Zweck berichtet Lukas, Kaiser Augustus habe eine Volkszählung im ganzen Land angeordnet, die in Palästina stattgefunden habe, als Quirinus Gouverneur von Syrien war (einer Provinz, zu der Palästina gehörte). Bekanntlich fand diese Volkszählung historisch im Jahre 6 n. Chr. statt, wie Lukas selbst in der Apostelgeschichte (5,37) erwähnt. Demnach sei die Volkszählung der Grund dafür gewesen, daß sich unter der Führung des Judas aus Galiläa eine Gruppe von terroristischen Guerillakriegern zusammengefunden hätte, die gegen diese Maßnahme protestiert hätte: die Zeloten. Lukas benutzt das historische Faktum und verlagert es nach rückwärts, um *einerseits* ein Motiv für die Reise Marias und Josefs von Nazaret nach Betlehem zu haben (und aus theologischen Gründen Jesus dort geboren werden zu lassen) und um *andererseits* zu verstehen zu geben, daß das Jesusereignis nicht nur Israel angeht, sondern alle Menschen – als „ein Licht, das die Heiden erleuchtet" (Lk 1,32). Die Bezugnahme auf die Profangeschichte im Zusammenhang mit der Geburt Christi und der Predigt des Johannes soll nicht so sehr diese Ereignisse in die Geschichte einordnen als vielmehr betonen, daß zwischen Heilsgeschichte und universaler Profangeschichte eine enge Verbindung besteht und daß Gott das Heil im Rahmen der Weltgeschichte schafft.

6. *Wer sind die Hirten auf den Feldern von Betlehem?*

Wenn der Bericht von der Geburt Christi wegen seiner Schlichtheit kaum etwas von dem unaussprechlichen Geheimnis, das in der Weltgeschichte geschieht, vermittelt, dann spricht die Erzählung von den Engeln, die auf den Feldern von Betlehem erscheinen, es mit aller Deutlichkeit aus. Ein Engel des Herrn (hier ist es ein großes himmliches Heer) verkündet – wie es in der Bibel gängig ist – die tiefe, verborgene Bedeutung des Geschehens: „Ich verkünde euch eine große Freude, die dem ganzen Volk zuteil werden soll: Heute ist euch in der Stadt Davids der Retter geboren; er ist der Messias, der Herr" (Lk 2, 10b–11). Die Engel verkünden die Bedeutung der Nacht: Himmel und Erde werden miteinander versöhnt, weil Gott allen Menschen Frieden und Heil schenkt. Die Erzählung Lk 2, 8–20 will ursprünglich nicht berichten, was den Hirten in Betlehem in der Vergangenheit passiert ist. Die Hirten sind, theologisch gesehen, die Vertreter der Armen, an die sich die Gute Nachricht wendet und zu denen Jesus gesandt wurde (Lk 4, 18). Von Hirtenromantik findet sich hier auch nicht eine Spur. Hirten waren eine verachtete Gruppe in der Bevölkerung, und ihr Beruf machte sie unrein vor dem Gesetz. Sie gehörten zur Klasse derer, die – wie die Pharisäer sagten – keine Ahnung vom Gesetz hatten. Gerade für diese Asozialen und religiös An-den-Rand-Gedrängten ist Christus aber gekommen; das macht Lukas in seinem Evangelium an verschiedenen Stellen deutlich. Sie erfahren als erste die Frohe Botschaft von der Befreiung. Doch richtet sich die Botschaft sehr wahrscheinlich nicht an die Hirten auf den Feldern bei Betlehem, sondern an die Hörer des Lukas in den Jahren 80 bis 85 n. Chr.; ihnen soll gesagt werden, daß der, an den sie glauben, der wahre Befreier ist. Wer die Szene mit den Augen des Glaubens betrachtet, sieht in der Schwachheit des zarten, in Windeln gewickelten Kindes ein Geheimnis, das – wenn man es erkennt – eine Freude für das ganze Volk ist: Das Kind ist der Erwartete, der Herr der Welt und der Geschichte (Lk 2, 11).

7. *Matthäus: Jesus ist der neue Mose und der endgültige Befreier*

Matthäus kennt im Zusammenhang mit der Kindheit Christi noch vier weitere Geschehnisse: den Besuch von Weisen, die – geführt von einem Stern – aus dem Osten zu Jesus kommen, die Flucht der heiligen Familie nach Ägypten, den von Herodes angeordneten Kindermord und die Rückkehr der heiligen Familie nach Nazaret (Mt 2). Haben wir es hier mit historischen Fakten zu tun oder eher mit einer theologischen Reflexion im Stil jüdischer *Midraschim* (das heißt: in die Form von Geschichten gekleidete Passagen der Heiligen Schrift oder ausschmükkende Erweiterungen einer Tatsache, deren Inhalt herausgestellt werden soll), die den Glauben an Jesus verdeutlichen soll? Die Texte legen die Annahme dieser letzten Möglichkeit nahe.

a) Was bedeuten die Weisen und der Stern?

Wir haben gesehen, daß für Matthäus Christus der Messias ist, der in der Fülle der Zeiten gekommen ist und alle ihn betreffenden Verheißungen erfüllt. Eine dieser Verheißungen hatte gelautet, am Ende der Zeiten würden Könige und Völker nach Jerusalem kommen, um Gott und den Messias anzubeten und ihm Gaben zu bringen (Jes 60,6; Ps 71,10f). Deshalb ziehen die Weisen nach Jerusalem (Mt 2,1f), bevor sie sich nach Betlehem begeben. Dabei folgen sie einem Stern aus dem Osten (Mt 2,3), dem sogenannten Stern des Königs von Juda. Der Stern ist zur Zeit des Neuen Testaments ein sehr bekanntes Motiv. Jeder hat seinen Stern, vor allem jedoch die Großen und Mächtigen wie Alexander, Mithridates und Augustus oder die Weisen und Philosophen wie Platon. Das Judentum kennt auch – wie in der Weissagung des Bileam (Num 24,17) – den Stern des messianischen Befreiers. Auch anläßlich der Geburt Abrahams, Isaaks und Jakobs ging ein Stern am Himmel auf. Diese Ansicht war zu neutestamentlicher Zeit im Judentum allgemein verbreitet. Hinzu kommt ein geschichtlicher Aspekt: Seit Johann Kepler weiß man aufgrund von astronomischen Berechnungen, daß es gegen das Jahr 7 v. Chr. tatsächlich eine große Konjunktion von Jupiter und Saturn im Sternbild der Fische gab. Dieses Phänomen kann damals nicht unbemerkt geblieben sein, zumal der Sternenglaube etwas sehr Wichtiges war. Jupiter galt in der hellenistischen Astronomie als der überlegene König des Alls, Saturn als der Stern der Juden. Das Sternbild der Fische verwies auf das Ende der Welt. Wenn also alle diese Gestirne zusammentrafen, mußten die Weisen aus dem Osten, die ja Seher waren und den Lauf der Sterne deuteten, zwangsläufig folgende Interpretation geben: Im Land der Juden (Saturn) ist ein überlegener König (Jupiter) am Ende der Zeiten (Fische) geboren worden. Deshalb setzen sie sich in Bewegung und erfüllen damit – für Matthäus – die Verheißungen bezüglich des Messias Jesus Christus. So hätten alttestamentliche Texte in Verbindung mit einem astronomischen Phänomen Matthäus zu dieser Erzählung motiviert, mit der er den Glauben der Kirche an Jesus als den endzeitlichen Messias verkünden will.

b) Wie der erste Befreier (Mose) so auch der letzte Befreier (Jesus)

So wie Lukas die Kindheit Jesu mit der Kindheit Johannes' des Täufers vergleicht, so ähnlich parallelisiert Matthäus die Kindheit Jesu mit der des Mose. Zur Zeit des Neuen Testaments war es allgemeiner Glaube, daß der endzeitliche Messias und Befreier zugleich auch der neue Mose sein und wie Mose Zeichen und Wunder tun werde. Ja, man sagte: „Wie der erste Befreier (Mose) war, so wird auch der letzte Befreier (der Messias) sein." Bekanntlich schildert Matthäus in seinem Evangelium Christus als den neuen Mose, der nach dem Modell des ersten Mose auch ein Gesetz, ein neues Gesetz erläßt: die Bergpredigt. Ein jüdischer Mose-Midrasch bietet eine nahezu vollkommene Analogie zu Jesus: Der Pharao erfährt durch Weise von der Geburt des Befreiers (Mose); ähnlich hört Herodes von Weisen, der endgültige Befreier (Jesus) sei da. Der Pharao und das ganze ägyptische Volk erschrecken; Herodes und ganz Jerusalem werden verwirrt (Mt 2,3). Sowohl der Pharao als auch Herodes beschließen, unschuldige Kinder zu töten. Wie Mose entgeht auch Jesus dem Gemetzel. Der Vater des Mose erfährt im Traum, sein Sohn Mose werde der zukünftige Retter sein. Ähnlich wird auch Josef im Traum bewußt, Jesus werde der Retter sein (Mt 1,21: „Er wird sein Volk von seinen Sünden erlösen"). Die Parallelität springt geradezu ins Auge, wenn man noch einen anderen Text hinzunimmt, Ex 4,19–23: Nach dem Tod des Pharao sagt Gott zu Mose: „Kehre nach Ägypten zurück; denn alle Männer, die dir nach dem Leben trachteten, sind gestorben." Mose nimmt seine Frau und sein Kind und macht sich auf den Heimweg. Bei Matthäus heißt es ganz genau so: Nach dem Tod des Königs läßt Gott Josef durch einen Engel ausrichten: „Steh auf, nimm das Kind und seine Mutter, und zieh in das Land Israel; denn die Leute, die dem Kind nach dem Leben getrachtet haben, sind tot." Josef nimmt seine Frau und den Adoptivsohn und kehrt zurück. Im Schicksal des neuen Mose (Jesu) wiederholt sich das Schicksal des ersten Mose. Was dem ersten Befreier widerfahren ist, bleibt auch dem letzten Befreier nicht erspart. Das Jesuskind ist in der Tat der erwartete Messias und Befreier sowie der endzeitliche Prophet. Die Flucht nach Ägypten und der Mord an den unschuldigen Kindern von Betlehem müssen also nicht unbedingt historische Fakten sein. Das eine wie das andere sollen eine Parallelität zum Werdegang des Mose herstellen. Die zeitgenössischen Quellen – insbesondere Flavius Josephus, der ja ziemlich eingehend über Herodes berichtet – wissen nichts von einem derartigen Gemetzel. Obwohl es sich also historisch nicht beweisen läßt (was ja auch gar nicht notwendig ist, weil es in der Komposition des Matthäus Element einer theologischen Reflexion ist), kann es gleichwohl stattgefunden haben. Es ist ja bekannt, daß Herodes überaus grausam war. So hat er seine eigene Familie dezimiert. Deshalb hält der Geschichtsschreiber Macrobius im 5. Jahrhundert das von Kaiser Augustus stammende Wortspiel fest: Lieber will ich das Schwein (hys) als der Sohn (hyós) des Herodes sein (Saturnale 2,4.11).

Sozusagen nach Art eines Prologs läßt Mt 1–2, aus nachösterlicher Perspektive, die großen Themen des Evangeliums im voraus anklingen: Dieser Jesus von Nazaret ist allein der wahre Messias, der Sohn Abrahams, Nachfahre aus dem messianischen Königshaus Davids sowie der neue Mose, der jetzt auf dem Höhepunkt und am Ziel der Geschichte das Volk des Exodus aus Ägypten in seine endgültige Heimat führen wird.

8. Schluß: Weihnachten – gestern und heute: die immer selbe Wahrheit

Möglicherweise fühlt sich der eine oder andere Leser, dem die elementaren Methoden der heutigen, auch katholischen Exegese nicht so vertraut sind, am Schluß dieses Kapitels verwirrt. Ist denn alles bloß leeres Geschwätz? Haben uns die Evangelisten einen Bären aufgebunden? Nein: Die Erzählungen vom Geschehen zur heiligen Weihnacht sind weder Geschwätz, noch hat man uns an der Nase herumgeführt. Der Irrtum liegt bei uns, wenn wir uns den Evangelien aus einer Perspektive nähern, die deren Verfasser so gar nicht gewollt haben, und wenn wir Antworten auf Fragen suchen, die diese weder gestellt haben noch stellen wollten. Die Evangelien und insbesondere das Evangelium von der Kindheit Jesu sind keine Geschichtsprotokolle, sondern Verkündigung und Predigt, in der reale Fakten, Aussagen der Heiligen Schrift oder zeitgenössische, midraschartige Kommentare zusammengetragen, verarbeitet und in den Dienst einer Glaubenswahrheit, die es zu verkünden gilt, gestellt werden. Deshalb sagt das offizielle Lehramt der Kirche jedem, der die Heilige Schrift lesen will, daß er „um zu erfassen, was Gott uns mitteilen wollte, sorgfältig erforschen (muß), was die heiligen Schriftsteller wirklich zu sagen beabsichtigten und was Gott mit ihren Worten kundtun wollte. Um die Aussageabsicht der Hagiographen zu ermitteln, ist" vor allem „auf die literarischen Gattungen zu achten" (Zweites Vatikanisches Konzil, *Dei Verbum* 12). Eine zur Zeit des Neuen Testaments weit verbreitete literarische Gattung ist der *haggadische Midrasch*. Dieser nimmt, wie wir wiederholt angemerkt haben, eine Tatsache oder einen Bibelausspruch, verarbeitet und verschönert ihn, in der Absicht, eine Glaubenswahrheit unmißverständlich zu unterstreichen und zu verkünden. Genau das geschieht auch mit den Kindheitsgeschichten. Gewiß enthalten sie reale Fakten, die aber in einer für uns heute nahezu unverständlich gewordenen Sprache theologisch verarbeitet sind. Aber in dieser literarischen Gattung verbirgt sich die Botschaft, die es herauszufinden, festzuhalten und dann wieder in der Sprache unserer Gegenwart zu verkünden gilt: daß dieses schwache Kind nicht irgendein Namenloser ist, sondern Gott selbst in Menschengestalt, der die Materie so sehr liebt, daß er sie sich zu eigen macht, und der den Menschen so sehr gut will, daß er einer von ihnen wird, um sie – das heißt uns – zu befreien, und sich humanisiert, um uns zu vergöttlichen. Mit ihm hat der psychosoziale Entwicklungsprozeß einen für den weiteren Weg zu Gott entscheidenden Höhepunkt erreicht, denn in ihm ist das Ende bereits gegenwärtig und das Ziel innerhalb der Geschichte bereits erreicht. Dies ist die eigentliche Botschaft, die uns die Erzählungen von der Kindheit Jesu vermitteln wollen, damit wir, wenn wir sie denn akzeptieren, Hoffnung und Freude haben: Wir sind nicht mehr alleine in unserer unermeßlichen Einsamkeit und bei unserem Suchen nach Einheit, Integration, Solidarität und umfassender Versöhnung. Er ist bereits mitten unter uns, er ist der Immanuel, der Gott-mit-uns. „Heute ist uns in der Stadt Davids der Retter geboren; er ist der Messias, der Herr" (Lk 2,11). Wer die Historizität jeder einzelnen Szene der Weihnachtserzählungen um jeden Preis erhalten will, dem entgleitet am Ende die Botschaft, um die es ihren inspirierten Verfassern geht, und der verläßt schließlich die evangelische, von Lukas und Matthäus geschaffene Atmosphäre, in der es nicht darauf ankommt, ob es den Stern der Weisen wirklich gegeben hat oder nicht oder ob die Engel in Betlehem wirklich erschienen sind oder nicht, sondern darauf, was die religiöse Bedeutung des Kindes ist, das wir aufnehmen sollen, und zwar nicht in einer kalten Krippe, sondern in der Wärme unseres glaubenden Herzens.

Aber was geschieht mit den Mythen, wenn wir sie entmythologisiert haben? Sie sind nach wie vor da – in der Krippe und in der Erinnerung von uns großen und kleinen Kindern. Haben sie ihren Wert verloren? Wenn sie ihren historisch-faktischen Wert verloren haben, dann gewinnen sie vielleicht gerade jetzt ihre eigentliche religiös-anthropologische Bedeutung. Kann man denn überhaupt von Gottes tiefen Geheimnissen, daß er Fleisch geworden ist, sprechen – von dem unauslotbaren Geheimnis der menschlichen Existenz, von Gut und Böse, von Heil und Verderben, ohne daß man Geschichten erzählt und Mythen und Symbole benutzt? Der Strukturalismus hat sehr gut erkannt, was die Theologie immer schon gewußt hat, daß Mythos, Symbol und Analogie den Kern der religiösen Sprache ausmachen, weil wir von den tiefen Wirklichkeiten des Lebens, von Gut und Böse, von Freude und Trauer, vom Menschen und vom Absoluten nur dann stammeln können, wenn wir eine darstellende und bildliche Sprache benutzen. Denn diese ist umfassender als der kalte Begriff. Da sie keine schroffen und definierten Grenzen kennt, läßt sie viel leichter als alle wissenschaftliche oder methodisch-geschichtskritische Sprache das Unaussprechliche und Transzendente erahnen. Das ist der Grund, weshalb es gut ist, auch weiterhin von dem Kind zwischen Ochs und Esel zu sprechen, von den Hirten und den Schafen, vom Stern und den Weisen, vom niederträchtigen Herodes und vom guten Josef, von der jungfräulichen Mutter und von den Windeln, in die gewikkelt das Kind auf trockenem Stroh liegt. Aber wir müssen uns dessen bewußt sein – und das ist unerläßlich, wenn wir nicht in Magie und Sentimentalismus verfallen wollen –, daß dies alles in den Bereich der Symbole und nicht der nüchternen Tatsachen gehört. Das Symbol ist unter menschlichem Gesichtspunkt realer und bedeutungsträchtiger als faktische Geschichte und kalte Tatsachen. Der Mythos und die Erzählung (treffend sagt João Guimarães Rosa, in der Erzählung sei alles wahr und richtig, weil alles erfunden sei) – wenn man sich ihrer bewußt ist und sie vernunftmäßig als Erzählung und Mythos akzeptiert – entfremden den Menschen nicht, magifizieren und sentimentalisieren ihn nicht, sondern tauchen ihn in eine Wirklichkeit ein, in der ihm allmählich aufgeht, was Unschuld, Versöhnung und göttliche wie menschliche Transparenz auch der banalsten Dinge bedeuten und was der uneigennützige Sinn des Lebens ist, so wie er sich hier an Weihnachten im göttlichen Kind inkarniert. Was also soll man mit den Weihnachtserzählungen und der Krippe machen? Weiter erzählen! Aber so, daß sie verstanden werden, wie sie verstanden werden wollen und sollen, und daß sie vermitteln, was sie vermitteln wollen und sollen: daß Gottes ewige Jugend in die Welt eingezogen ist, um sie nie wieder zu verlassen, und daß in der seligen Nacht seiner Geburt eine Sonne aufgegangen ist, die keinen Untergang mehr kennt.

IX. So menschlich kann nur Gott selber sein! Jesus – der Mensch, der Gott ist

Nicht die abstrakte Analyse dessen, was Gott ist und was der Mensch ist, befähigt uns zu verstehen, wer der Gottmensch Jesus ist. Jesu Jünger haben sowohl Gott als auch den Menschen dadurch erkannt, daß sie mit Jesus zusammengelebt, ihn betrachtet, ihn nachgeahmt und sich über ihn befragt haben. Der Gott, der sich in und durch Jesus offenbart, ist menschlich. Und der Mensch, der sich in und durch Jesus weiß, ist göttlich. In einem Menschen hat die Urkirche Gott entdeckt. Die Dogmen wollen das Geheimnis weder festlegen noch ersetzen, sondern sie bilden immer eine lehrhafte und gemeinschaftsbezogene Regel, wie es ausgehend vom Geheimnis zu sprechen gilt. In diesem Kapitel möchten wir die wichtigsten Versuche betrachten, wie man bis zu der Versöhnungsformel auf dem Konzil von Chalcedon dieses Geheimnis ausgedrückt hat. Da die Wörter „Natur" und „Person" heute andere Bedeutungen haben, versuchen wir, von Jesus selbst aus an das Geheimnis heranzukommen. Dabei bringt das Glaubensbekenntnis über Jesus und ausgehend von Jesus die Verpflichtung mit sich, sich auch selbst seine Art zu sein als Sein-für-die-anderen, zu eigen zu machen. Die Inkarnation beinhaltet also eine Botschaft, die nicht nur Jesus, sondern auch die Natur und die Bestimmung jedes Menschen betrifft.

Der Mensch Jesus von Nazaret zeigte in seiner Menschheit eine solche Größe und Tiefe, daß die Apostel und alle, die ihn kannten, nach einem langen Prozeß des Entzifferns nur noch sagen konnten: So menschlich wie Jesus kann nur Gott selber sein. Und da begannen sie, ihn Gott zu nennen. Von diesem Augenblick an hörten die Apostel, die ja Juden waren, auf, Juden zu sein, und wurden Christen. Das Grunddogma des Juden ist sein Glaube an die absolute Einzigkeit Gottes. Das *Schemá* (Glaubensbekenntnis), das jeder fromme Jude zweimal täglich spricht, beginnt: „Höre, Israel: Der Herr, dein Gott, ist der einzige Herr." Neben ihm kann es niemanden geben, auch wenn er Jesus von Nazaret, der Auferweckte, heißt.

1. *Ein menschlicher Gott und ein göttlicher Mensch*

Wie ist es zu verstehen, daß dieser Jesus, der Jude aus Nazaret, in dem verachteten Galiläa (wo die Hälfte der Bevölkerung aus Heiden bestand), der rechtmäßig Sohn des Zimmermanns Josef und der Jungfrau Maria war, dessen „Schwestern" und „Brüder" – Jakobus, Joses, Judas und Simon (Mk 6,3; Mt 13,56) – jeder kannte, der unter dem römischen Kaiser Augustus in der „immensa romanae pacis maiestas" geboren wurde, der unter den Gouverneur der Provinz Syrien Quirinus (Lk 2, 1) und unter den römischen Verwaltern von Judäa, Pontius Pilatus, und von Galiläa – wo Jesus zu Hause war – Herodes Antipas (Lk 3, 1), aufwuchs, der am Freitag, dem 14. (so Johannes) oder 15. (so die Synoptiker) Nisan unter Kaiser Tiberius gekreuzigt wurde und der dann nach einigen Tagen wieder auferweckt wurde ... wie ist es zu verstehen, daß dieser konkrete Mensch mit seiner individuellen und datierbaren Geschichte zugleich Gott ist? Was muß er nicht an Größe, Hoheit und Tiefe gezeigt und gelebt haben, daß man ihn Gott nennen konnte?! Was bedeutet dann aber Gott? Was ist das für ein Mensch, daß sich so etwas von ihm behaupten läßt? Was besagt die Einheit der beiden – Gottes und des Menschen – in einem geschichtlichen Wesen, das unser Bruder Jesus von Nazaret ist? Wir stehen hier vor einer zentralen Aussage unseres Glaubens, das das Christentum von allen anderen Religionen unterscheidet. Von dem Augenblick an, in dem das Christentum behauptet, ein Mensch sei zugleich Gott, ist Gott nur noch in der Welt anzutreffen. Wir müssen gestehen: Das ist ein Skandal für die Juden ebenso wie für alle religiösen und frommen Menschen gestern und heute, die ja einen transzendenten, ganz anderen, überirdischen, nichtverobjektivierbaren, unendlichen, ewigen und unbegreiflichen Gott verehren und anbeten, der alles, was der Mensch zu sein und zu erkennen imstande ist, übersteigt.

Was Gott als Erfahrung im Judentum, im Heidentum wie in den Weltreligionen ist, das haben wir Christen als konkretes Leben in einem Menschen, in Jesus von Nazaret, in seinem Leben, in seinen Worten und Taten, in seinem Tod und in seiner Auferstehung. Was der Mensch in seiner Radikalität und wahren Menschlichkeit ist, das erfahren wir Christen, wenn wir das menschliche Leben Jesu von Nazaret meditieren. Nicht die abstrakte Analyse dessen, was Gott ist und was der Mensch ist, befähigt uns also zu verstehen, wer der Gottmensch Jesus ist. Vielmehr haben wir sowohl Gott als auch den Menschen dadurch erkannt, daß wir mit ihm zusammengelebt, ihn betrachtet, ihn nachgeahmt und uns über ihn befragt haben. Der Gott, der sich in und durch Jesus offenbart, ist menschlich. Und der Mensch, der sich in und durch Jesus weiß, ist göttlich. Darin besteht das Besondere der christlichen Erfahrung von Gott und vom Menschen, das diese von der Erfahrung in Judentum und Heidentum unterscheidet. In einem Menschen hat die Urkirche Gott entdeckt. Und in Gott haben wir erfahren, wer in der Tat der Mensch und was seine Bestimmung ist. Wenn wir auf Christus schauen, können wir also mit Recht sagen: Das Geheimnis des Menschen ist ein Fingerzeig auf Gott, und das lebendige Eintauchen in das Geheimnis Gottes ist ein Fingerzeig auf das Geheimnis des Menschen. Man kann nicht von Gott sprechen, ohne von Gott reden zu müssen, und man kann nicht von Gott sprechen, ohne vom Menschen reden zu müssen. Unsere bisherigen Überlegungen über und ausgehend von Jesus gestatten uns vielleicht zu sagen: Je mehr sich der Mensch als Jesus erweist, um so mehr offenbart sich Gott in ihm. Und: Je mehr Gott Jesus ist, umso mehr offenbart sich der Mensch in ihm.

Aber wie sind derartige Behauptungen, die echte Paradoxe und keine eilfertige Einheit von Gegensätzen sind, zu verstehen? Wer von Jesus Christus spricht, muß immer zusammen und zugleich an Gott und an den Menschen denken. Die Einheit beider in Jesus ist derartig, daß weder Gott noch der Mensch etwas von ihrem Wesen und von ihrer Wirklichkeit einbüßen. Die Einheit von Gott und Jesus ist so tiefgreifend, daß man die Menschheit in seiner Gottheit und die Gottheit in seiner Menschheit finden kann. Mit welchen Worten läßt sich eine derartige Wirklichkeit zum Ausdruck bringen? Im Folgenden möchten wir verschiedene Modelle, in denen sich der Glaube in der Vergangenheit zum Ausdruck brachte und auch noch heute zum Ausdruck bringt, in der gebotenen Kürze sichten. Dabei geht es uns um eine Reflexion, die uns in unserer Sprache und bei unserer Sorge um den Menschen von heute ein paar Lichter aufstecken kann, damit wir die göttliche und menschliche Tiefe Jesu wie auch von dorther unseres eigenen Geheimnisses verstehen.

2. Man kann nicht über, sondern nur ausgehend von Jesus sprechen

Immer hat der Glaube zu erahnen versucht, was der Satz bedeutet: Jesus ist wahrer Gott und wahrer Mensch. Der Glaube, der sich bemüht, das Geglaubte zu verstehen, heißt Theologie, in unserem Fall: Christologie. Die Theologie (Christologie) darf weder, noch will sie den Glauben in Frage stellen, sie will vielmehr helfen, den Glauben aufzuklären. Sie will eine Form von Glauben sein, eines kritischen, vernunftmäßigen und (wenn möglich) wissenschaftlichen Glaubens, dem daran liegt, das Leben des Glaubens besser zu ergründen, nicht um ihn in seiner Intimität zu verletzen, sondern um die Rationalität und gnadenhafte Logik Gottes herausfinden und ihn so intensiver und menschlicher lieben zu können. Christologische Rede darf nie ein Reden *über* Jesus sein. Es gibt keine höhere Instanz, von der aus wir objektiv und unparteiisch über ihn reden könnten. Nur über Sachen kann man reden, nie aber über Menschen und über Gott. Wer wirklich Theologe ist, kann nur *ausgehend von* Jesus sprechen, das heißt aus einer Betroffenheit von seiner Gestalt, so wie er sie in Glauben und Liebe erfährt. Nur so, das heißt: Wenn er sich auf sein Leben einläßt, wird ihm seine Bedeutung aufgehen, und er wird beginnen, im Menschen Gott und in Gott den Menschen zu sehen. Wer von Jesus Christus aus spricht und denkt, benutzt Wörter, Instrumente und Modelle aus der ihn umgebenden kulturellen Welt, mittels deren er die anderen verstehen kann und er sich den anderen verständlich macht. Unsere Begriffe und Formeln bilden das äußere, zerbrechliche Gefäß, das den kostbaren Inhalt birgt. Sie ersetzen nicht das Geheimnis, sondern wollen es vermitteln, wenn auch unvollkommen, so doch jeweils in einer für die Zeit verständlichen Sprache. Auch die Dogmen wollen das Geheimnis weder festlegen noch ersetzen, sondern – so sagt der große deutsche Theologe Karl Rahner sehr treffend – sie bilden immer eine lehrhafte und gemeinschaftsbezogene Regel, wie es ausgehend vom Geheimnis zu sprechen gilt. Mit Hilfe der Ausdruckswerkzeuge, die die kulturelle Umwelt bietet, sind sie die verbale und lehrmäßige Fixierung der Grundwahrheiten des Christentums für eine bestimmte Zeit. Wer Christ sein will, kann sich mithin nicht damit begnügen, alte ehrwürdige Formeln zu rezitieren. Vielmehr muß er das Geheimnis leben, das die Formeln beinhalten, und sich bemühen, es immer wieder in unserer Sprache und in unserer Zeit neu zu sagen. Nur so wird der Glaube nicht zu einem Museumsstück verkommen, und nur so wird er allmählich zu einer Inspiration für das Leben und für einen ständigen Neubeginn in Richtung auf Gott und auf die Tiefe des Menschen. In der Geschichte des Glaubens hat es viele Versuche gegeben, zu erhellen, wie Jesus zugleich Mensch und Gott sein könne. Praktisch jede Generation konfrontiert und definiert sich vor diesem Geheimnis und versucht mit Verantwortung und mit ihren jeweiligen sprachlichen Möglichkeiten eine Antwort darauf, die bald glücklicher, bald weniger glücklich inspiriert ausfällt. Gewiß gab es Irrtümer und Verirrungen, ja sogar Häresien, die aber allesamt eine Teilwahrheit radikalisieren, so daß sie die Gesamtwahrheit aus dem Auge verlieren oder entstellen. Dennoch sind auch die Häresien Zeugnisse eines leidenschaftlichen Bemühens um Jesus. Im Blick auf Jesus, den Gottmenschen, kann man zuviel und kann man zuwenig sagen, kann man sündigen durch Übertreibung und kann man sündigen durch Untertreibung. Die sachgerechte Rede aus der Begegnung mit Jesus muß deshalb so angelegt sein, daß sie weder Gott noch dem Menschen zuviel gibt, wie sie auch weder Gott noch den Menschen reduzieren darf.

3. Ein schwieriger Versuch: Weder zuviel noch zuwenig für Jesus als Gott, weder zuviel noch zuwenig für Jesus als Menschen

In der Geschichte der Christologie läßt sich folgende Bewegung beobachten: Das eine Mal wird in Jesus mehr Gott betont zum Nachteil des Menschen, das andere Mal mehr der Mensch unter Beeinträchtigung Gottes. Aber es kann auch vorkommen, daß die Einheit von Mensch und Gott in Jesus nicht in der gebührenden Weise gewahrt bleibt. So gibt es eine Tendenz, die die Einheit dermaßen radikalisiert, daß Gott den Menschen bzw. der Mensch Gott absorbiert. Aber auch das Gegenteil kann vorkommen, wenn man so sehr die Dualität von Gott und Mensch unterstreicht, daß nicht mehr zu sehen ist, wie die beiden in dem kontreten Individuum Jesus von Nazaret zusammenfinden könnten. Im Folgenden möchten wir versuchen, rasch die großen historischen Schritte nachzuzeichnen, in denen sich die christologische Reflexion entwickelt hat, und sehen, wie die Orthodoxie immer eine starke dialektische Spannung ausgehalten und Extrempositionen, sei es von seiten des Menschen, sei es von der Seite Gottes in Jesus vermieden hat, bis sie schließlich auf dem Ökumenischen Konzil von Chalcedon (451) in aller Deutlichkeit die grundlegende Wahrheit formulieren konnte, Jesus sei ganz und zugleich wahrer Mensch und wahrer Gott.

Das erste große Problem hängt mit dem biblischen Monotheismus zusammen: Wie läßt sich – zumal in verständlicher Weise – die Gottheit Jesu garantieren? Eine erste Richtung, gegen die aber bereits der Evangelist Johannes angeht, behauptet: Gewiß, Jesus sei Gott, aber seine Menschheit sei nur ein Schein gewesen. Deshalb habe er auch nicht gelitten, und sein Tod sei nur etwas Scheinbares (Ebionitismus und Doketismus) gewesen. Eine andere Richtung behauptet, Jesus sei zwar Gott, aber nur die Inkarnation des Vaters; der Vater sei es, der gelitten habe und gestorben sei (Patripassianismus). Andere sagen: Jesus befinde sich in der Sphäre Gottes, aber er sei Gott untergeordnet (Subordinatianismus). Oder: Er sei der Logos, der bei Gott sei, aber er sei geschaffen worden, wenn auch als der erste unter allen Wesen (Arianismus). Gott sei einer und einzig, und seine Gottheit dürfe durch den göttlichen Charakter Jesu auf keinen Fall beeinträchtigt werden. Wieder eine andere Gruppe bejaht die göttliche Sohnschaft Jesu, wie es auch viele Texte des Neuen Testaments tun, aber sie versteht ihn als Adoptivsohn (Adoptianismus) und nicht als den ewigen und einziggeborenen Sohn des Vaters. Noch eine andere Gruppe schlug sich heftig – sogar mit bewaffneten Mönchen und Intrigen am Hofe – für die Meinung, Jesus wäre Gott bloß ähnlich und nicht ihm in seiner Natur gleich (Arius: *homoioúsios).* Auf dem Konzil von Nicäa ging der Streit, der übrigens ein heftiger war, um ein einziges „i": *Homooúsios* (gleich) oder *homoioúsios* (ähnlich) mit Gott, wobei sich das Volk auf Plätzen, Straßen und Märkten an den Kämpfen beteiligte. Das Ökumenische Konzil von Nicäa (325) schlichtete den Streit und formulierte feierlich und unwiderruflich: „Jesus ist Sohn Gottes, Gott von Gott, Licht vom Licht, wahrer Gott vom wahren Gott, gezeugt, nicht geschaffen, eines Wesens mit dem Vater, durch den alles geschaffen wurde, was im Himmel und was auf der Erde ist." So wird ersichtlich: Der Glaube hat sich stets jeder Herabsetzung der Gottheit Jesu widersetzt. Jesus ist wahrer Gott. Trotzdem wartet die Frage, wie sich die beiden Wirklichkeiten – Gott und Mensch – in einem einzigen konkreten Wesen zueinander verhalten, noch auf eine Antwort. Theologen und Schulen lagen hier fortwährend im Streit. Zwei Richtungen, deren Lösungsangebote sich bis heute in Frömmigkeit und Theologie auswirken, kamen in der Antike zu Ruhm und Ehre: die Schule von Alexandrien und die Schule von Antiochien in Kleinasien.

a) Gott ist Mensch geworden, damit der Mensch Gott werden kann

Alexandrien war im Altertum ein hochberühmtes Zentrum der Kultur und der Philosophie. Vor allem den Platonismus in seinen verschiedenen Spielarten pflegte man dort, aber auch sonst steile Spekulation und glühende Mystik im Sinne der Einheit mit dem Einen und Absoluten. Der Logos war für die alexandrinische Schule der Orientierungspunkt und der Schlüsselbegriff zum Verständnis des Alls. Dieser durchweht den Kosmos und verleiht ihm Leben, Ordnung und Einheit. In unüberbietbarer Weise nimmt er konkrete Form im Menschen an, den man als vernunftmäßiges und logisches Wesen definiert. In Jesus Christus erfuhr der Logos seine höchste Inkarnation, so daß – wie Athanasius meint – die Menschheit Christi nichts anderes als sein Organ und Werkzeug für seine Anwesenheit und Wirksamkeit in der Welt ist. Der Logos ist in einer derartig tiefen und radikalen Weise in Christus zugegen, daß, wer Christus begegnet, Gott selbst begegnet. Gott ist Mensch geworden, damit der Mensch Gott werden kann, so lautet eine Formel, die die Schule gerne zitiert und mit der sie die wesentliche Einheit von Mensch und Gott in Christus zum Ausdruck bringt. Allerdings stehen derartige Behauptungen in dem Risiko, nicht hinreichend die Zweiheit in Jesus zu wahren. Insgeheim läuft die alexandrinische Schule denn auch die Gefahr des Monophysitismus, das heißt: da sie die Einheit zwischen

Mensch und Gott in Jesus über die Maßen betont, saugt die göttliche Natur die menschliche Natur völlig auf. In Christus gäbe es damit nur eine Natur, eben die göttliche – eine Position, die zuerst von Eutyches vertreten wurde. Dadurch aber verliert der Mensch Jesus von Nazaret seine Selbständigkeit und geschichtliche Wirklichkeit, und dadurch wird das Geheimnis Christi noch einmal verkürzt. Und in der Tat wurde in Alexandrien eine derartige Verkürzung der menschlichen Wirklichkeit Jesu zugunsten seiner göttlichen Seinsweise gelehrt. Im Rückgriff auf ein Prinzip des Aristoteles (Met 1039a 3f), demzufolge zwei vollkommene Naturen keine Einheit bilden können, argumentiert Apollinarius von Laodicea: Damit es in Jesus zu einer tiefen und inneren Einheit zwischen Gott und Mensch, wie sie in der Tat auch gegeben ist, kommen könne, könne eine der beiden Naturen nur unvollkommen sein. Das aber sei selbstverständlich die menschliche Natur. Folglich lehrt Apollinarius, in der Inkarnation trete der Logos an die Stelle des menschlichen Geistes. Der Mensch bestehe aus Leib, Seele und Geist. In Jesus sei der Geist durch den Logos ersetzt worden. Gegen Apollinarius, der mithin den Menschen Jesus verkürzt, wandte sich aber Gregor von Nazianz mit ebenfalls einem Grundprinzip: Was sich Gott nicht zu eigen gemacht habe, sei auch nicht erlöst worden. Wenn der Logos sich also den menschlichen Geist nicht zu eigen gemacht habe, sei dieser demnach auch nicht erlöst worden. Und die Sünde – fügt ein anderer großer Theologe, Theodor von Mopsuestia, hinzu – geschähe ja gerade im Geist. Demnach müsse sich Gott gerade diesen, wenn er auch ihn erlösen wolle, zu eigen machen, und zwar mehr noch als den Körper. Auf derselben Linie hatte zuvor schon Arius behauptet, in der Inkarnation ersetze das Wort die menschliche Seele. Auch hier wird in heterodoxer Weise die Menschheit Jesu verkürzt. Andere waren der Ansicht, in der Inkarnation werde der menschliche Verstand durch das Wort ersetzt (Mononoetismus). Einige andere sahen den menschlichen Willen ausgeschaltet (Monotheletismus). Schließlich lehrten wiederum andere, das handelnde Prinzip in Jesus rühre einzig vom Wort her (Monergismus): allein Jesus-Gott handele und nicht Jesus-Mensch. Alle diese Positionen hat die Kirche in ihrem Bemühen um Rechtgläubigkeit abgewiesen, weil sie nicht die schwierige Spannung im Glauben an Jesus als wahren Menschen und wahren Gott auszuhalten vermochten. Die Einheit in Jesus ist eine tiefe, innere Wirklichkeit, was jedoch nicht heißt, daß man sie sich in der Weise vergegenwärtigen könne, als eliminiere sie die menschliche Seite Jesu. Alle diese Einschätzungen gehen von der irrigen Voraussetzung aus, die Vollkommenheit der menschlichen Natur sei etwas Statisches, und man verwechselt sie mit Abkapselung und Isolierung in sich selbst. Die nachfolgenden christologischen Diskussionen werden das Gegenteil zeigen: Die menschliche Vollkommenheit liegt gerade in ihrer rückhaltlosen und grenzenlosen Offenheit, die so weit geht, daß sie sich ganz von Gott erfüllen lassen kann. Trotzdem ist der Monophysitismus, das heißt die Neigung, die göttliche Natur in Jesus über Gebühr herauszustellen, eine ständige Versuchung für die Theologie und insbesondere für die Volksfrömmigkeit. Jesus kam in sein Eigentum, will sagen in die Menschheit, dennoch unterliegen die Gläubigen immer wieder der Versuchung, die traurigen Worte des Evangelisten Johannes wahr zu machen: Und die Gläubigen nahmen ihn nicht in der Form auf, wie er sich ihnen darbot –

als Mensch, Bruder und Schicksalsgefährte eines leidvollen und zerbrechlichen Lebens.

b) Ein Mensch wurde ganz und gar vom ewigen Wort erfaßt

Eine andere Schule war in der Antike wegen ihrer Kultur und ihres Gespürs für das Reale und Konkrete berühmt. Wir meinen die stark von Aristoteles beeinflußte Schule von Antiochien. In Antiochien nahm man das aristotelische Prinzip sehr ernst, dessen sich auch schon die alexandrinische Schule bedient hatte und das da lautete: Zwei vollkommene Naturen können sich nicht zu einer einzigen Natur verbinden. Daraus schloß Diodorus von Tarsus († 394), die menschliche und die göttliche Natur bildeten in Jesus von Nazaret keine Einheit, sondern die eine verbinde sich nur mit der anderen, wobei jede von beiden ihre Vollkommenheit bewahre. Die Einheit in Jesus sei keine innere und tiefe, sondern nur eine akzidentelle Einheit. Daraus folge, in Jesus gebe es nicht nur zwei Naturen, sondern auch zwei verschiedene Personen, eine menschliche und eine göttliche. Der Mönch Nestorius, Patriarch von Konstantinopel, zog die logischen Konsequenzen aus diesem Verständnis und fing an, von der Kanzel herab zu predigen, Maria könne nicht als Mutter Gottes (theotókos) bezeichnet werden, sondern nur als Mutter des Menschen Jesus (anthropotókos) oder, theologisch genauer, Mutter Christi (christotókos). Cyrill, der Patriarch in Alexandrien war, widersetzte sich heftig Nestorius. Auf dem Konzil von Ephesus (431), das eigentlich die Meinungsverschiedenheit schlichten sollte, kam es zu einer gründlichen Spaltung unter den Teilnehmern, die sich gegenseitig exkommunizierten. Unter großen Opfern trug der Ausdruck „Mutter Gottes" (theotókos) als orthodoxer Ausdruck von Mariologie und Christologie schließlich den Sieg davon. Die Grundtendenz der Schule von Antiochien, deren bedeutendste Vertreter Johannes Chrysostomus, Theodor von Mopsuestia († 428), Theodoret von Kyros († 466) und Johannes von Antiochien waren, besteht darin, daß sie angesichts Jesu als Gott die Spontaneität und Autonomie Jesu als Mensch betont. Der ewige Logos verband sich mit einem in seinem Verstand und in seiner Freiheit vollständigen und vollkommenen Menschen (assumptus-homo). Dann aber tut sich die Frage auf: Präexistieren Gott und Mensch, und verbinden sie sich erst in einem zweiten Schritt? Wenn dem aber so ist, dann ist Christus ein drittes Wesen: Der Mensch Jesus bildet mit Gott keine Einheit mehr, und außerhalb dieser Einheit könnte er gar nicht existieren. Wenn man aber umgekehrt sagt, der Mensch Jesus habe erst im Augenblick der Inkarnation angefangen zu existieren, dann steht man vor dem anderen Problem: Besaß Jesus als Mensch eine eigene Individualität? Wenn ihm die Individualität vom Logos zugekommen ist, dann muß man sagen, Jesus sei nie ein Mensch, wohl aber von Anfang an ein Supermensch gewesen. Dann aber ständen wir erneut vor der Gefahr des Monophysitismus, der das Sein Christi auf eine einzige, auf die göttliche Natur verkürzt. Eine Christologie, die die menschliche und göttliche Natur in den Kategorien einer statischen Ontologie denkt, entgeht nur schwer einem Grunddilemma: Entweder sie erliegt dem Irrtum des Monophysitismus, der die Einheit mit Gott überakzentuiert, oder sie gleitet in den Nestorianismus ab, der der individuellen und konkreten Selbständigkeit des Menschen ein zu großes Gewicht beimißt, was so weit gehen kann, daß man eine personale Dualität in Jesus konstatiert. Beide Schulen konzipieren die Christologie von der Idee der Inkarnation her. Aber die Inkarnation dürfte nicht der Ausgangspunkt, sondern müßte das Ziel sein. Wenn man die Inkarnation zum Ausgangspunkt nimmt, dann kreist die ganze Diskussion um Fragen wie: inwieweit die Taten Christi der einen oder der anderen Natur zuzuschreiben seien, wie sich die beiden Naturen in solcher Weise durchdringen konnten, daß sie das individuelle und geschichtliche Wesen Jesus von Nazaret bildeten, und was man unter menschlicher und unter göttlicher Natur zu verstehen habe. Aber können wir denn überhaupt wissen, was Gott ist und was der Mensch ist? Benutzen wir da nicht ein Geheimnis, um zu versuchen, andere Geheimnisse zu erklären? Eine helle Finsternis läßt sich nicht mit einer weniger hellen Finsternis erleuchten. Wie wir weiter unten uns noch zu zeigen bemühen werden und auf der Linie unserer bisherigen christologischen Reflexion, besteht die Grundlage unseres Glaubens an die Gottheit Jesu in seiner zutiefst und radikal menschlichen Art, in dieser Welt aufzutreten und zu handeln. Um zu erklären, wer der historische Jesus ist, müssen wir – als Abschluß eines langen Meditationsprozesses – sagen: Er ist die Inkarnation Gottes, Gottes Diaphanie und Epiphanie in Welt und Geschichte der Menschen.

4. Chalcedon: Eine Versöhnungsformel zwischen Dualität und Einheit

Das Ökumenische Konzil von Chalcedon (451) vermochte es, das Moment an Wahrheit, das jede der beiden Schulen in Alexandrien und Antiochien vertrat, sich zu eigen zu machen. Einheit herrscht in Jesus, wie die alexandrinischen Theologen lehren, aber nur im Blick auf die Person und nicht auf die Naturen; und Dualität, und zwar reale Dualität, gibt es in Jesus, wie sie von den Theologen in Antiochien vertreten wird, aber lediglich hinsichtlich der Naturen und nicht der Person. Unter dem Einfluß Papst Leos des Großen prägt man eine christologische Formel, die auch heute noch für jede Interpretation des Jesusgeheimnisses Wahrheitskriterium sein muß: „Folgend also den heiligen Vätern, lehren wir alle einstimmig, daß der Sohn, unser Herr Jesus Christus, ein und derselbe sei. Der eine und selbe ist vollkommen der Gottheit und vollkommen der Menschheit nach, wahrer Gott und wahrer Mensch, bestehend aus einer vernünftigen Seele und dem Leibe. Der eine und selbe ist wesensgleich dem Vater der Gottheit nach und wesensgleich auch uns seiner Menschheit nach, ‚er ist uns in allem ähnlich geworden, die Sünde ausgenommen‘ (Hebr 4, 15). Vor aller Zeit wurde er aus dem Vater gezeugt seiner Gottheit nach, in den letzten Tagen aber wurde derselbe für uns und um unseres Heiles willen aus Maria, der Jungfrau, der Gottesgebärerin, der Menschheit nach geboren: Wir bekennen einen und denselben Christus, den Sohn, den Herrn, den Einziggeborenen, der in zwei Naturen unvermischt, unverwandelt, ungetrennt und ungesondert besteht. Niemals wird der Unterschied der Naturen wegen der Einigung aufgehoben, es wird vielmehr die Eigentümlichkeit einer jeden Natur bewahrt, indem beide in eine Person und Hypostase zusammenkommen. Wir bekennen nicht einen in zwei

Personen getrennten und zerrissenen, sondern *einen* und denselben einziggeborenen Sohn, das göttliche Wort, den Herrn Jesus Christus, wie schon die Propheten es vor ihm verkündet und der Herr Jesus Christus selbst es uns gelehrt und das Glaubensbekenntnis der Väter es uns überliefert hat."

Die dogmatische Formel will nicht vorrangig erklären, *wie* Gott und Mensch *ein und denselben* Jesus bilden; sie will vielmehr die Kriterien festhalten, die bei jedem Erklärungsversuch berücksichtigt werden müssen. Das heißt: Zugleich mit der vollen Menschheit gilt es, die wahre Gottheit Jesu zu garantieren, ohne seine fundamentale Einheit zu zerstören. Das Anliegen des Konzils ist weder metaphysischer noch lehrhafter, sondern soteriologischer Art. Das Konzil will, wie der spanische Theologe José I. G. Faus vor einigen Jahren in einer Studie herausgearbeitet hat, folgendes sagen:

a) Wenn Jesus nicht Gott ist, dann ist durch ihn auch nicht das Heil gekommen. Wir sind noch in unserer Sünde und haben für die Zukunft keine Gewißheit.

b) Wenn Jesus kein Mensch ist, dann ist uns das Heil nicht zuteil geworden.

c) Wenn die Menschheit nicht „von Gott" ist (in demselben Maße, in dem mein eigenes Sein mein Sein ist und nicht irgendeine sprachliche Anpassung darstellt), dann ist die Vergöttlichung des Menschen nicht voll zustande gekommen, und Jesus ist nicht wirklich Gott.

d) Wenn die Menschheit, die „von Gott" kommt, keine wirkliche Menschheit ist und bleibt, dann wird in Jesus nicht der Mensch, sondern irgendein anderes Wesen gerettet.

Darin besteht das Endgültige, Unabänderliche und Unvergängliche dieses christologischen Dogmas. Um diese Wahrheit zum Ausdruck zu bringen, bediente sich das Konzil griechischer Verstehensmöglichkeiten und benutzte die Wörter „Natur" und „Person". Göttliche und menschliche *Natur* ist schlicht der Name für alles, was das göttliche und menschliche Sein ausmacht, und bezeichnet alles, was Jesus Christus mit dem Vater (Gottheit) und uns (Menschheit) gemeinsam hat. Natur versteht das Konzil im abstrakten Sinn als Synonym für Wesen oder Substanz. Aufgrund seiner Göttlichkeit ist Jesus desselben Wesens wie der Vater, und aufgrund seiner Menschlichkeit desselben Wesens, wie jeder Mensch es in sich trägt. Der Träger und das Subjekt dieser beiden Naturen ist jedoch die Person des Logos, so daß diese dem einen und selben Jesus seine Einheit verleiht. Dabei ist die persönliche Einheit so dicht, daß die Eigenschaften der einen wie der anderen Natur – der göttlichen wie der menschlichen – der einen Person des Wortes zugesprochen werden können. So kann man sagen: Gott wurde geboren, Gott litt und Gott starb, oder: Jesus Christus ist allmächtig usf. Die beiden *abstrakten* Naturen existieren also *konkret* in der Einheit mit der göttlichen Person des ewigen Wortes.

Deshalb besteht die zentrale These des Konzils von Chalcedon darin, daß es die Einheit des konkreten Seins Jesu aussagt: *ein und derselbe* Herr usw. „Person" (Hypostase) will in der dogmatischen Formel nur das Prinzip der Einheit des Seins zum Ausdruck bringen – das, was bewirkt, daß etwas eines ist; das heißt, daß der, der von Gott und der Jungfrau geboren wurde, ein und derselbe und nicht zwei ist, wie die Nestorianer dachten. Das Prinzip der Einheit eines Seins *ist kein neues Sein.* Deshalb bedeutet das Fehlen einer menschlichen Person (im Sinne der klassischen Metaphysik) in Jesus nicht, daß etwas an seiner Menschheit fehlte. Person ist keine Größe oder „Sache" im Menschen, sondern eine *Existenzweise* des Menschen, insofern er sich selbst trägt und ontologisch sein Sein behauptet. Jesus als Mensch wird aufgrund seiner Einheit mit Gott von derselben Trägerschaft und ontologischen Basis getragen und gestützt wie Gott. Der Träger der beiden Naturen, der göttlichen wie der menschlichen, ist die eine und einzige göttliche Person. Wie aber kommt es vermittels der einen Person zur Einheit der Naturen?

Das ist eine Frage, an die das Konzil von Chalcedon nicht gerührt, sondern die es den Glaubensspekulationen der Theologen anheimgestellt hat. Zum Verhältnis zwischen Person und Natur hat sich das Konzil keine Gedanken gemacht, und auch das Hauptproblem hat es nicht angefaßt, wie es nämlich eine menschliche Natur ohne Personencharakter geben könne. Nach der Definition von Chalcedon gibt es in Jesus nur einen göttlichen und keinen menschlichen Personencharakter. Zwar wollte das Konzil damit sicher nicht lehren, Christus hätte kein Bewußtseinszentrum und kein menschliches Ich gehabt. Nur sah das Konzil darin kein Charakteristikum der Person, sondern der menschlichen Natur. Das Proprium der Person besteht darin, Träger und Basis frei gesetzter Taten zu sein. Das aber war im Menschen Jesus die ewige Person des Sohnes. Die ewige Person nahm die „menschliche Person" Jesu an, wodurch die Person aber nicht aufgelöst, sondern voll realisiert wurde, und zwar nicht in sich selbst, sondern im Schoß der göttlichen Person (in der patristischen Überlieferung spricht man da häufig von enhypostatischer Union). In seiner konkreten Existenz hat sich Jesus als Mensch nie aus sich selbst definiert, sondern immer von Gott her. Die Grundlage seines Lebens lag nicht in ihm selbst, sondern in der göttlichen Person. Dies ist der tiefe Sinn dessen, was das Konzil von Chalcedon mit den spröden Begriffen von „Natur" und „Person" zum Ausdruck bringen wollte.

Möglicherweise tun wir uns heute schwer, das alles zu begreifen, weil die Worte „Natur" und „Person" in unserem Verständnis andere Bedeutungen angenommen haben. *Natur* ist für uns kein statischer Begriff wie für die antike Welt, sondern eine essentiell dynamische Wirklichkeit. Die menschliche Natur entsteht aufgrund einer langen biologischen Geschichte, in der Kultur, Erziehung und Umwelt ihren Einfluß haben und dazu beitragen, daß wir das werden, was wir heute sind. Natur ist am Menschen alles, was physisch, psychisch, geschichtlich, soziologisch und geistig-geistlich bei ihm gegeben ist, alles, was der freien Entscheidung vorausgeht und diese ermöglicht. *Person* dagegen ist dieselbe Natur, nur insofern sie in der beschriebenen Weise geprägt ist, sich selbst besitzt und sich dynamisch und relational in Gemeinschaft mit dem Gesamt der sie umgebenden Wirklichkeit realisiert. Person ist also in einem ersten Schritt eine *ultima solitudo,* wie Duns Scotus treffend sagt: Sie ist Besitz ihrer selbst, Selbstbewußtsein und innere Selbständigkeit. Die Person steht in und für sich selbst. Person ist ein Ich. In einem zweiten (nicht chronologischen, sondern logischen) Schritt ist Person *essentiell* Gemeinschaft, Bezug und Dialog. Das Ich existiert und subsistiert nur, wenn es sich für ein Du öffnet. Das Ursprungswort ist nicht Ich, sondern Ich-Du-Wir. Nur durch das Du entdeckt sich das Ich als solches. Person ist also Selbständigkeit und Freiheit – Freiheit nicht *von* anderen, sondern *für* andere. Je mehr jemand frei für die anderen und insbesondere für den großen anderen (Gott) ist, desto mehr wird er Person. So dürfte ersichtlich werden, daß zwischen Natur und Person kein wirklicher Unterschied besteht. Die Person ist die Natur, insofern diese sich ihrer selbst bewußt wird, sich öffnet, sich besitzt und sich für Beziehungen bereit hält; so kann sie sich, wie wir noch sehen werden, mit dem identifizieren, mit dem sie in Bezug tritt.

Aus dieser Sicht, zu deren Vertiefung vor allem das moderne Denken beigetragen hat, treten die Grenzen des christologischen Interpretationsmodells von Chalcedon deutlich zutage. Die chalcedonische Formel läßt die Entwicklung außer Betracht, die – wie die synoptischen Evangelien bezeugen – Christus erfahren hat. Sie berücksichtigt auch nicht die Veränderungen aufgrund der Auferstehung, durch die der Fleisch-Logos zum Pneuma-Geist-Logos wurde. Die Inkarnation, so wie Chalcedon sie sieht, macht es nicht gerade leichter, die *Kénosis* Gottes in Jesus zu verstehen. Wir müssen nun einmal die Namenlosigkeit Gottes in Jesus respektieren und achten und versuchen zu verstehen, was das theologisch bedeutet. Überdies fehlt in der Definition von Chalcedon auch die universale und kosmische Perspektive. So bietet Chalcedon eine Christologie ohne Logos. Die Inkarnation betrifft doch nicht nur Jesus von Nazaret, sondern die ganze Menschheit. Deshalb heißt es in *Gaudium et Spes:* „Der Sohn Gottes hat sich in seiner Menschwerdung gewissermaßen mit jedem Menschen vereinigt" (Nr. 22). Aufgrund der Auferstehung weitet sich die Inkarnation in die Dimensionen des Kosmos, wie die griechischen und lateinischen Kirchenväter unter dem Einfluß platonischen Denkens hervorheben. Aber das Konzil von Chalcedon hat eine noch tiefere Grenze: Wenn es von zwei Naturen – einer göttlichen und einer menschlichen – in Jesus spricht, läuft es die große Gefahr, Gott und Mensch, Unendliches und Endliches, Schöpfer und Geschöpf im selben Horizont anzusiedeln und auf dieselbe Ebene zu stellen. Gott ist kein Wesen, wie es der Mensch sein kann, sondern derjenige, der alle Wesen und alle unsere Begriffe übersteigt. Die Einheit zweier Naturen in ein und demselben Sein bedeutet nicht, daß sich die beiden Wesenheiten vermischten und die beiden Dimensionen sich vereinten. Unsererseits möchten wir aus unserem Verstehenshorizont heraus, was der Mensch als Person für uns heute bedeutet, versuchen, die Botschaft von Chalcedon neu zu verstehen, um für unsere Sprache den tiefen und wahren Sinn der Konzilsformel wiederzugewinnen, die ja behauptet, in Jesus subsistierten zugleich der *verus homo* und der *verus Deus.* Wie wir sehen werden, bedeutet Inkarnation nicht nur, daß Gott die konkrete menschliche Wirklichkeit Jesu von Nazaret annimmt und durchdringt, sondern auch, daß Jesus die göttliche Wirklichkeit der Zweiten Person der Dreifaltigkeit aktiv annimmt und durchdringt. Die Inkarnation ist die Fülle der Manifestation Gottes wie auch die Fülle der Manifestation des Menschen.

5. *Jesus: der Mensch, der Gott ist, und der Gott, der Mensch ist*

Alle Versuche, die Gottheit wie die Menschheit Jesu zu erklären, gehen in der Mehrzahl von der Analyse entweder der menschlichen oder der göttlichen Natur oder der Bedeutung der Person aus. Wir möchten den umgekehrten Weg versuchen: Wir wollen uns bemühen, den Menschen wie auch Gott von Jesus her zu verstehen. In Jesus ist uns sichtbar geworden, was der *Mensch* in seiner größten Radikalität und damit auch was der menschliche Gott ist. Die abstrakte Analyse der Menschheit und der Gottheit ist also kein geeigneter Weg, um das Geheimnis Jesu von Nazaret zu erhellen, der doch die Apostel dermaßen fasziniert hat, daß sie nicht umhin konnten, ihn Gott zu nennen. Von der Christologie her gilt es, die Anthropologie zu entwickeln.

Das Zeugnis der Evangelien wie auch unsere Darlegungen zum außergewöhnlich treffenden Gespür, zur schöpferischen Phantasie und zur einzigartigen Originalität Jesu haben gezeigt, daß die Existenz Jesu eine voll und ganz auf die anderen ebenso wie auf den großen anderen (Gott) hin orientierte Existenz war. Er war absolut offen für alle, diskriminierte niemanden und schloß alle, insbesondere aber die religiös und gesellschaftlich Disqualifizierten, in seine grenzenlose Liebe mit ein (Mk 2,15–17 par). Die Feindesliebe, die er predigte (Mt 5,43), hat er auch persönlich gelebt, indem er noch denen vergab, die ihn am Kreuz erhöhten (Lk 23,34–46). Er hatte weder vorgefertigte Schemen, noch moralisierte er sofort, noch tadelte er die, die zu ihm kamen: „Wer zu mir kommt, den werde ich nicht abweisen" (Joh 6,37). Wenn er mit dem Gesetz liberal umging, dann waren seine Forderungen in Sachen Liebe rigoros; und Liebe bindet ja die Menschen mit befreienderen Banden, als es das Gesetz mit seinen Banden tut. Sein Tod war nicht nur die Konsequenz seiner Treue zu der befreienden Sendung, die ihm der Vater anvertraut hatte, sondern auch Treue zu den Menschen, die er bis ans Ende liebte (Joh 13,1). Jesus war jemand, der selbst-leer war. Infolgedessen konnte er sich auch ganz von den anderen erfüllen lassen; wenn sie kamen, nahm er sie auf und hörte sie an, wie sie waren. Unwichtig, ob es Frauen oder Kinder waren, Steuereintreiber oder Sünder; eine Dirne kam und ein Theologe, drei vormalige Guerillakämpfer (die später zu seinen Jüngern wurden) ebenso wie fromme Geister, wie die Pharisäer es eben waren. Jesus war ein Mensch, der sich stets von den anderen her verstand; sein Sein war unentwegt ein Sein-für-die-anderen. Besonders in bezug auf den großen anderen, auf Gott, pflegte er ein Verhältnis von großer Innerlichkeit. Gott nennt er Abba, Vater, was ein Wort aus der vertrauensvollen und hingabesicheren Sprache des Kindes ist (Mk 14,36; vgl. Röm 8,15; Gal 4,6). Selbst fühlt er sich als seinen Sohn (Mt 11,27 par; Mk 12,6 par; 13,52 par). Dennoch findet sich in seinem ganz dichten Vaterverhältnis auch nicht eine Spur von Ödipuskomplex, es ist transparent und durchsichtig. Wenn er Gott als Vater anruft, fühlt er sich dennoch nicht als der verlorene Sohn, der reuevoll zurückkommt und sich dem Vater in die Arme wirft. Nie bittet Jesus um Vergebung oder Gnade für sich. Zugegeben, er bittet um Befreiung aus Schmerz und Tod (Mk 14,36 par; Mk 15,34–37 par; Joh 11,41–42), aber auch in diesen Fällen geht es ihm nicht darum, was er, sondern was der Vater will (Mk 14,36). Sein letztes Wort ist voller gelassener Hingabe: „Vater, in deine Hände lege ich meinen Geist" (Lk 23,46). Jesus versteht sich ganz von Gott her, für den er absolut offen ist. Mit Recht läßt Johannes ihn sagen: „Von mir selbst aus kann ich nichts tun ... Es geht mir nicht um meinen Willen, sondern um den Willen dessen, der mich gesandt hat" (Joh 5,30). Sein Verhältnis zum Vater ist so tief, daß derselbe vierte Evangelist ihn sagen lassen kann: „Ich und der Vater sind eins" (Joh 10,30). Da sich Jesus in grenzenlosem Vertrauen Gott gegenüber öffnet und sich ihm hingibt – was die für ihn charakteristische Existenzweise, das heißt die Existenzweise des Glaubens ist – hat er, der Lehre des Konzils von Chalcedon zufolge, keine „Hypostase", keine Subsistenz, keinen Bestand in und für sich selbst. Absolut selbst-leer, war er ganz erfüllt von der Wirklichkeit des großen anderen, von Gott dem Vater. So realisiert er sich radikal im anderen, für sich selbst war er nichts, sondern alles für die anderen und für Gott. Im Leben wie im Sterben war er das Weizenkorn, das stirbt, um Leben zu spenden; er war der, der sein Leben verliert, um es zu gewinnen (vgl. Mt 10,39). Aber die fehlende menschlich Persönlichkeit (Hypostase bzw. Subsistenz) bedeutet für Jesus keine Unvollkommenheit, bedeutet im Gegenteil höchste Vollkommenheit. Sich-leer-machen heißt inneren Raum schaffen, um sich von der Wirklichkeit des anderen erfüllen zu lassen. Nur indem der Mensch aus sich heraustritt, bleibt er tiefer in sich; nur indem er gibt, empfängt und besitzt er sein Sein. Aus diesem Grund war Jesus der Mensch *par excellence,* und deshalb heißt es: *ecce homo.* Der Weg, auf dem Jesus zu seiner radikalen Menschlichkeit fand, war nicht Autarkie und ontokratische Behauptung seines Ichs, sondern Hingabe und Mitteilung seines Ichs an und für die anderen, vor allem aber für Gott; das ging soweit, daß er sich mit den anderen und mit Gott identifizierte.

An der Seinsweise Jesu als Sein-für-die-anderen können wir ablesen, worin die wahre Seins- und Existenzweise des Menschen besteht. Die Existenz des Menschen hat nur dann Sinn, wenn er sich als grenzenlose Offenheit und als Knoten von Beziehungen in alle Richtungen versteht, in Richtung auf die Welt, auf die Mitmenschen und auf Gott. Echtes menschliches Leben ist Leben-mit-anderen. Infolgedessen wird das *Ich* nur durch das *Du* zu dem, was es ist. Das Ich ist ein Echo auf das Du und in seiner letzten Tiefe ein Widerhall des göttlichen Du. Je mehr der Mensch in Beziehung tritt und aus sich herauskommt, desto mehr wächst er in sich und desto mehr wird er Mensch. Je mehr er beim anderen ist, desto mehr ist er bei sich und wird Ich. Je mehr Jesus in Gott war, desto mehr war er bei sich. Je mehr der Mensch Jesus bei Gott war, desto göttlicher war er. Je mehr Gott in Jesus war, um so menschlicher war er. Nun war aber der Mensch Jesus in einer solchen Weise in Gott, daß er mit ihm identisch war: Gott wurde Mensch, damit der Mensch Gott werden konnte. Wenn jemand im Glauben akzeptiert, daß Jesus der Mensch war, der ein solches Verhältnis zu Gott hatte und in einer solchen Weise in Gott sein konnte, daß er sich wirklich als sein Sohn fühlte – und darin besteht ja die persönliche Identität Jesu mit dem ewigen Sohn –, und wenn er im Glauben akzeptiert, daß sich Gott, um die uneingeschränkte Offenheit Jesu zu erfüllen, in einer solchen Weise entäußern konnte (Phil 2,7), daß er selbst Mensch wurde, dann akzeptiert und bekennt er, was wir Christen als Inkarnation bekennen und akzeptieren: die unvermischte und unverwandelte, ungetrennte und ungesonderte Einheit Gottes und des Menschen in ein und demselben Jesu Christus, wobei Gott stets Gott und der Mensch radikal Mensch bleibt. Jesus ist dasjenige Geschöpf, das Gott so gewollt und so geschaffen hat, daß es ganz in Gott ek-sistieren konnte, so daß, je mehr es mit Gott vereint war, desto mehr es selbst, das heißt: Mensch, wurde. Auf diese Weise ist Jesus wahrhaftig Mensch und auch wahrhaftig Gott. Aber auch das Umgekehrte gilt: So wie das Geschöpf Jesus um so mehr es selbst wird, je mehr es in Gott ist, analog bleibt Gott um so mehr er selbst, je mehr er in Jesus ist und sich seine Wirklichkeit zu eigen macht. So erhellt: In Jesus bilden Gott und Mensch eine Einheit. Im Angesichte Jesu steht der Glaubende in grundlegender Unmittelbarkeit vor Gott und vor dem *ecce homo.* Der Mensch Jesus ist kein äußeres Gefäß für Gott, als ob in einem zerbrechlichen Krug die kostbare Füllung – Gott – enthalten wäre. Jesus ist als Mensch Gott selbst, und zwar von dem Augenblick an, an dem er in die Welt kommt und damit selbst Geschichte wird: „Und das Wort ist Fleisch *geworden,* und hat unter uns gewohnt" (Joh 1,14). Gott kennt sehr wohl ein *Werden,* ohne dabei jedoch irgend etwas von seinem Sein einzubüßen. Wenn Gott *wird,* das heißt Werden und Geschichte *wird,* dann entsteht das, was wir Jesus Christus, das fleischgewordene Wort nennen. Der Mehrzahl der Christen ist diese Vorstellung zwar noch nicht vertraut. Dennoch: Der Gott, den das Christentum erfährt und erlebt, ist nicht bloß der transzendente und unendliche Gott, den man Sein oder auch Nichtsein nennen mag, sondern der Gott, der sich klein gemacht hat, der Geschichte geworden ist, Liebe gebettelt hat und sich bis zur Aufgabe seiner selbst entäußert hat (vgl. Phil 2,7–8), der Heimweh und frohmachende Freundschaft, die Trauer der Trennung ebenso wie glühende Hoffnung und unerschütterlichen Glauben gekannt hat, ein Gott jedoch, der das alles nur sein konnte, wenn er tatsächlich grenzenlose Liebe und absolute Selbstmitteilung war, und der den ganzen Kosmos einschließlich der Geschichte geschaffen hat, damit er in den einen wie in die andere kommen konnte. An dieser Stelle wird ersichtlich, daß sich die Schöpfung nur von Christus her denken läßt. Er war der erste Gedanke, in dem der Kosmos bereits enthalten ist.

Aber seine grenzenlose Offenheit für die anderen wie auch für den großen anderen hat Jesus nicht nur zeit seines Lebens gezeigt, als er „umherzog und Gutes tat" (Apg 10,38). Erst dank der Auferstehung wurde die ganze Tiefe des Gemeinsinns und der Offenheit Jesu erkennbar. Der vorösterliche, irdische Jesus war an die Koordinaten von Zeit und Raum ebenso wie an die Grenzen des fleischlichen Lebens gebunden. Jetzt aber, in der Auferstehung, tritt der neue Mensch auf den Plan; dieser ist nicht mehr fleischlich, sondern geistig, und der Körper ist für ihn keine Grenze mehr, sondern totale kosmische Gegenwart und Gemeinschaft mit dem Gesamt der Wirklichkeit. Der auferweckte Herr erfüllt das All und realisiert damit sein Sein-in-den-anderen-und-für-die-anderen in höchstem Grade. Man darf sich die Inkarnation nicht nur im Lichte Jesu von Nazaret im Fleische denken, der dieselben Grenzen und Schwächen hatte wie wir, sondern hinzukommen muß auch die Perspektive der Auferstehung, in der in seiner ganzen Sichtbarkeit und Transparenz das offenbar wurde, was in Jesus von Nazaret verborgen war: die universale und uneingeschränkte Offenheit für die ganze kosmische, menschliche und göttliche Wirklichkeit, so daß im Kolosserbrief bekannt werden kann, der auferstandene Jesus sei „alles und in allem" (Kol 3, 1).

6. Die Sündelosigkeit Jesu: Jesus hat den sündhaften Zustand des Menschen von innen her überwunden

Unsere Überlegungen zielen auf ein dynamisches Verständnis der Inkarnation ab. Die Inkarnation erschöpft sich nicht in der Empfängnis des Wortes im Schoß der Jungfrau. Gewiß: Dort hatte sie ihren Anbruch, aber sie sollte in dem Maße wachsen, wie das Leben wuchs und sich entfaltete. Deshalb haben wir ernst zu nehmen, was Lukas sagt: Jesu Weisheit habe zugenommen, und er habe bei Gott und den Menschen Gefallen gefunden (Lk 2, 52). Gott hat sich die Menschheit nicht abstrakt zu eigen gemacht, sondern einen konkreten, individualisierten und geschichtlich bedingten Menschen, Jesus von Nazaret. Wenn dieser Mensch ein geschichtliches Wesen ist, eine Entwicklung kennt und unterschiedliche Lebensphasen mit spezifischen Merkmalen und Vollkommenheitsgraden hat, dann ist es selbstverständlich, daß man die Inkarnation in einem dynamischen Sinn zu verstehen hat. Dann gibt es einen echten Inkarnationsprozeß. Gott nahm die konkrete menschliche Natur Jesu in dem Rhythmus an, in dem sich diese entwickelte und entfaltete. Aber auch das Umgekehrte ist wahr: Die menschliche Natur Jesu offenbarte die Gottheit in dem Maße, wie sie wuchs und reifte. In jeder Phase seines Lebens offenbarte Jesus Gott unter einem neuen Aspekt, weil ja jede Phase eine entsprechende Entwicklung darstellte. Als Kind vermittelte Jesus uns Gott im Rahmen der Vollkommenheitsmöglichkeiten, die eben ein Kind hat. Als Kind war er so vollständig und so vollkommen für Gott und die anderen offen, wie es ein Kind eben sein kann. Als junger Mensch hatte er die Vollkommenheit eines jungen Menschen und offenbarte auch die Gottheit in einer Weise, wie es in diesem Abschnitt eines jungen Lebens möglich ist. Dasselbe läßt sich von den übrigen Phasen im Leben Jesu sagen, insbesondere von seinem Erwachsenenalter, über das uns ja die Evangelien unterrichten. Hier – so hatten wir bereits weiter oben gesagt – tritt uns der Mensch entgegen in der Fülle seiner menschlichen Kraft, seiner Überlegenheit, seiner schöpferischen Phantasie, Ursprünglichkeit, entschiedenen Hingabe an seinen Auftrag, bedingungslosen Offenheit für jeden, der sich ihm nähert, seines männlichen Mutes im Konflikt mit seinen ideologischen Gegnern (Pharisäern, Schriftgelehrten und Sadduzäern) sowie seines reifen Verhältnisses zu Gott. Das ganze Auf und Ab, das jedes menschliche Leben nun einmal mit sich bringt, war auch für ihn eine Gelegenheit, sich zu läutern und sich noch gründlicher in die Wahrnehmung dessen, was der Mensch ist und was Gott bedeutet, zu vertiefen und hineinzugeben. Die Versuchungen, von denen die Evangelien berichten, gestatten uns, zu sagen, daß auch Jesus durch die unterschiedlichen Krisen hindurch mußte, die die verschiedenen Lebensphasen des Menschen kennzeichnen. Wie jede Krise bedeutete auch dies den schmerzlichen, aber läuternden Übergang von einer Lebensphase zur anderen, mit neuen Möglichkeiten, das Leben in seiner gesamten Weite und Breite zu verstehen und zu leben. In den Evangelien lesen wir nir gends, Jesus hätte sich über irgendwelche Bitternisse des Lebens beklagt. Nirgends fragt er sich, weshalb es neben einem Gott, der Vater und die Liebe ist, das Böse gebe. Für Jesus steht außer Zweifel: Das Böse will nicht verstanden, sondern bekämpft und durch Liebe besiegt werden.

Jesus war jemand, der fortwährend von der Gnade Gottes gehalten wurde, so daß er in jedem Abschnitt seines Lebens – innerhalb des Möglichen der betreffenden Situation – vor Gott und den Menschen vollkommen war. Er war jemand, der mit größtem Feingefühl Gottes richtungsweisendes Vor-wort wahrnahm. Zugleich ent-sprach er, der in solcher Weise begnadet war, Gottes Vorhaben aber mit einer kongruenten Ant-wort. So fanden Gottes Vor-wort und seine menschliche Ant-wort in ihm zu einer vollkommenen Entsprechung. Je mehr sich Gott Jesus mitteilte, desto mehr schenkte dieser sich jenem. Das Kreuz ist der Höhepunkt der Selbsthingabe Jesu. Hier zerbricht er, doch das Leben, das er verliert, gereicht Gott und den Menschen zum Vorteil. Entsprechend findet am Kreuz auch die höchste Form der Selbstmitteilung Gottes statt. Und diese höchste Form der Selbstmitteilung Gottes heißt Auferweckung. Deshalb können wir sagen, daß die Auferstehung Jesu im Augenblick seines Todes stattfand, obwohl sie erst nach drei Tagen mit der Auferstehung seines fleischlichen, dann aber – zu einem geistigen Leib – verwandelten Körper manifest geworden ist. Mit der Auferstehung kommt der Inkarnationsprozeß an sein Ende und zu seiner Vollendung. Hier finden Materie und Geist, Mensch und Gott zu einer unbeschreibbaren Einheit und zu einer unüberbietbaren Durchdringung. Erst vor dem Hintergrund der Auferstehung können wir uns einigermaßen vorstellen, was die Menschwerdung Gottes und die Vergöttlichung des Menschen in einer unverwechselbaren und unauflösbaren Einheit wirklich bedeuten.

Mit Hilfe dieser Überlegungen können wir nunmehr definieren und verstehen, was es heißt, Jesus sei sündlos gewesen. Die Texte des Neuen Testaments zeugen von dem Glauben der Urkirche, daß Jesus – obwohl er im menschlichen Fleisch gelebt hat (Gal 3,13; 4,4; 2 Kor 5,21; Röm 8,3; 1 Petr 2,22) und wie wir versucht worden ist (Hebr 4,15; vgl. 7,26; 9,14) – dennoch ohne Sünde geblieben ist (2 Kor 5,21; 1 Joh 3,5; Joh 8,46; vgl. 14,30). In allem war er uns gleich, außer der Sünde. Die Lebensbedingungen des Menschen, die ja von grundlegender Entfremdung, das heißt der Sünde, geprägt sind, machte er sich zu eigen (Joh 1,14). Treffend sagt Paulus, Jesus sei von einer Frau geboren worden (Gal 4,4) und für uns zur Sünde geworden (2 Kor 5,21). In Röm 8,3 erläutert er: „Weil das Gesetz, ohnmächtig durch das Fleisch, nichts vermochte, sandte Gott seinen Sohn in der Gestalt des Fleisches, das unter der Macht der Sünde steht, zur Sühne für die Sünde, um an seinem Fleisch die Sünde zu verurteilen." Trotzdem war er ohne Sünde. Das ist Faktum. Die Tradition der ersten zwei Jahrhunderte argumentierte wie Paulus, die Sündelosigkeit Christi gründe nicht in einer besonderen Qualität seiner Natur, sondern in einer inneren, ununterbrochenen Gemeinschaft mit Gott. Erst seit Augustinus wird mit der jungfräulichen Empfängnis Jesu argumentiert: Jesus hat nicht nur nicht gesündigt, sondern er konnte auch gar nicht sündigen, weil er vom ersten Augenblick an kraft des Geistes ohne Sünde empfangen war. Überdies schließt die hypostatische Union – derzufolge die göttliche Person des Wortes Trägerin der menschlichen Akte Jesu ist – jeden Schatten von Unvollkommenheit und Sünde aus. Wie aber lassen sich dann die Versuchungen erklären, die Jesus ja nun einmal wirklich erlebt hat? Wie ist zu verstehen, daß Jesus Glauben und Hoffnung hatte? Und was bedeutet, daß er Pilger war und in Gnade und Weisheit wuchs?

Eine Christologie, die von der Menschheit Jesu ausgeht und innerhalb dieser dann seine Gottheit erahnt, kann uns den bleibenden Wert der traditionellen Wahrheit von der Sündelosigkeit Jesu verdeutlichen. Die Sündelosigkeit ist die negative Form zu sagen, Jesus habe mit Gott und Gott mit Jesus in Gemeinschaft gestanden. Jesus war derjenige, der unentwegt auf Gott zentriert war. Heiligkeit ist die Eigenschaft von Menschen, die in Gott sind, mit Gott verbunden und von Gott durchdrungen sind. Sünde ist das Gegenteil dazu: daß sich jemand in sich selbst verschließt, bis er Gott ausschließt; daß sich das Ich ganz auf sich selbst konzentriert, bis es unfähig wird, überhaupt noch ohne Egoismus zu lieben. Insofern Jesus sich völlig entäußerte und ganz auf Gott zentriert war, war er ohne Sünde; insofern er diese fundamentale Haltung hatte, sündigte er nicht nur nicht, sondern konnte auch gar nicht sündigen. Die Sündelosigkeit Jesu besteht also nicht so sehr in der Reinheit seines ethischen Verhaltens oder in der Aufrichtigkeit seiner individuellen Taten, sondern in der Grundbefindlichkeit seines Seins vor Gott und in Gemeinschaft mit Gott. Wenn die Erbsünde im Menschen in der Schizophrenie seines vorfindlichen geschichtlichen Seins besteht, die ihn unfähig macht, zu lieben und radikal von sich selbst abzusehen, so daß er sich bis in die letzten Ecken der Biologie verspannt und vor Gott nur noch gebeugt dastehen kann, dann müssen wir sagen, Jesus habe keine Spur von Erbsünde gekannt. Jesus stand immer aufrecht vor Gott. Gewiß nahm er unser menschliches, von der Sünde markiertes Sosein an: aber kraft des Werkes des Heiligen Geistes hatte er ja nicht den Kern in sich, der alle menschlichen Taten entarten läßt. Zu sagen, er habe sich die sündige menschliche Existenz zu eigen gemacht, bedeutet, daß er sich die Geschichte der menschlichen Sünde zu eigen gemacht hat. Der Mensch ist ein Knoten von Beziehungen, die in alle Richtungen laufen, aber ein verhaspelter und verwickelter Knoten ist er, im bewußten wie im unbewußten Leben des Individuums wie des Kollektivs. Und das hat seine Geschichte. Obgleich Jesus ohne Sünde war, hat er das alles auf sich genommen, und mit der Kraft der Liebe wie auch durch sein Verhalten vor Gott und den Menschen hat er die Geschichte der Sünde in seinem Leben und in seinem Fleisch allmählich überwunden (vgl. Röm 8,3) und den Knoten der Beziehungen in jeder Phase des menschlichen Lebens nach und nach entwirrt, bis er zur Welt, zum anderen und zu Gott ein angemesseneres Verhältnis aufbauen konnte.

Die Auferstehung bedeutet die endgültige Befreiung von der Sündenstruktur der menschlichen Existenz und die letztmögliche Verwirklichung der Beziehungspotenzen des persönlichen Ichs mit der Wirklichkeit insgesamt. Jesus hat den Menschen von innen her erlöst; er hat die Versuchungen, Entfremdungen und Narben überwunden, welche die Sünde im Laufe ihrer Geschichte in der menschlichen Natur hinterlassen hat. Deshalb kann er für uns ein Beispiel und Prototyp oder Archetyp des wahren Menschen sein, der jeder sein soll und noch nicht ist. Nach der komplexen Psychologie von C. G. Jung resümiert und trägt jeder Mensch in seinem Unbewußten die gesamte Geschichte der gelungenen und gescheiterten Erfahrungen, welche die menschliche Psyche seit ihren ersten animalischen und kosmischen Ursprüngen gemacht hat. Jeder ist auf seine Weise das Gesamte. Wer diese Hypothese als vernünftig ansieht, kann sich von ihr auch die tiefsten Dimensionen der Wirklichkeit der Inkarnation erhellen lassen. Als das Wort Mensch wurde, machte es sich diese ganze in der persönlichen und kollektiven Psyche des Menschen enthaltene positive und negative Wirklichkeit zu eigen und erreichte damit die gesamte Menschheit. Von innen heraus schuf es die negativen Neigungen, die eine Antigeschichte und eine echte zweite Natur des Menschen geschaffen hatten, neu und aktivierte die Archetypen des Positiven und insbesondere den des Selbst (das heißt, den Archetypen Gottes) und gab damit dem Menschen nun endlich die Konturen eines Bildes und Gleichnisses Gottes. Auf diese Weise erreicht Jesus ein weiteres Mal die gesamte Menschheit und macht sie sich zu eigen, um sie für sich selbst und für Gott zu befreien.

7. *Wir alle sollen Bilder und Gleichnisse Jesu Christi sein*

Was wir soeben *ausgehend* von Jesus im Glauben *über* Jesus gesagt und bekannt haben, ist von größter Bedeutung für uns Menschen. Wenn Jesus wahrer Mensch und außerdem mit uns wesensgleich ist, was ja die dogmatische Formel von Chalcedon besagt, dann muß das, was von ihm behauptet wird, in gewisser Weise auch von jedem Menschen behauptet werden. Ausgehend von Jesus, der ja der vollkommenste aller Menschen ist, können wir erahnen, wer und wie wir selbst sind. Wie Jesus befindet sich jeder Mensch in einer Situation der Offenheit gegenüber der Gesamtfülle der Wirklichkeit. So ist der Mensch nicht nur offen für die Welt und für die Kultur, sondern auch für das Unendliche, das er in der Erfahrung von Liebe, Glück, Hoffnung, Fühlen, Wollen und Erkennen, die sich ja alle nach Ewigkeit und Universalität ausstrecken, verspürt. Der Mensch will nicht nur dieses oder jenes sein. Er will nicht nur Gott erkennen, er will ihn auch besitzen und verkosten und von ihm besessen werden. *Der Mensch ist des Unendlichen fähig,* lautete eine klassische Formel der mittelalterlichen Denker, besonders bei den Franziskanern. Jesus hat diese menschliche Fähigkeit in absoluter und unüberbietbarer Weise realisiert, bis hin zu dem Punkt, daß er sich mit dem Unendlichen identifizierte. Die Inkarnation bedeutete die erschöpfende und umfassende Verwirklichung einer Möglichkeit, die Gott durch seine Schöpfungstat in die menschliche Existenz gelegt hat. Dies ist im Grunde die These, die der scharfsinnigste und subtilste aller mittelalterlichen Theologen, der selige Franziskaner Johannes Duns Scotus († 1308), vertritt.

Durch die Liebe kann sich der Mensch so weit für Gott und die Mitmenschen öffnen, daß er sich schließlich gänzlich entäußert und sich im selben Maße von der Wirklichkeit der anderen wie auch Gottes erfüllen lassen kann. Genau das geschah an Jesus Christus. Aber auch wir, die wir Brüder und Schwestern Jesu sind, sind von Gott wie von Jesus mit derselben Herausforderung konfrontiert worden: Wir haben uns mehr und mehr für alle und alles zu öffnen, um nach dem Vorbild Christi mit göttlicher und menschlicher Kommunikation erfüllt zu werden. In unserer Entfremdung und Sünde realisieren wir jenes Bezugsverhältnis, das Jesus in seinem irdischen wie pneumatischen Leben in erschöpfender und umfassender Weise konkretisiert hat, nur in unzulänglicher Form. Der Mensch, der jeder von uns nun einmal ist, will nicht so sehr im Lichte seiner biologischen Vergangenheit als vielmehr seiner Zukunft interpretiert werden. Diese Zukunft hat sich im fleischgewordenen und auferweckten Jesus gezeigt. Die Zukunft eines jeden Menschen liegt dabei sicher nicht auf der Erde, sondern im Tod und jenseits des Todes, das heißt: in dem Vermögen, die Fähigkeit zum Unendlichen, die Gott uns mitgegeben hat, Wirklichkeit werden zu lassen.

Die Inkarnation beinhaltet also nicht nur eine Botschaft von Jesus Christus, sondern auch von der Natur und der Bestimmung eines jeden Menschen. Durch sie wissen wir endlich, wer wir in der Tat sind und wozu wir bestimmt sind, wer der Gott ist, der uns mit einem Antlitz, das dem unseren gleicht, in Jesus Christus entgegenkommt, um sich unter Wahrung unserer Eigenständigkeit unser anzunehmen und um uns mit seinem göttlichen Sein zu erfüllen.

X. Wo begegnen wir dem auferstandenen Christus heute?

Die Auferstehung hat eine neue Dimension eröffnet und im Verständnis der Wirklichkeit einen neuen Horizont markiert. In Christus ist das Ziel sichtbar geworden, auf das sich Mensch und Kosmos hin bewegen: auf die umfassende Verwirklichung und die kosmisch-menschlich-göttliche Fülle. In ihm, der jetzt in seiner materiellen Realität verherrlicht ist, erkennen wir die zukünftige Bestimmung von Mensch und Materie. Namenlos und verborgen, ist er in der Wirklichkeit des Kosmos wie auch in der persönlichen und kollektiven Realität des Menschen gegenwärtig, wobei seine Präsenz jedoch ihre größte Dichte in der katholischen Kirche findet, die das vorrangige Sakrament der Anwesenheit des Herrn ist. Der Sinn des Christseins besteht darin, immer wieder zu versuchen, das im Leben zu reproduzieren, was in seiner größten Dichte in Jesus als dem inkarnierten und auferweckten Wort sichtbar und ein geschichtliches Phänomen geworden ist.

1. Das Christentum lebt nicht aus einer Sehnsucht, sondern feiert eine Gegenwart

Das Christentum ist nicht als eine Religion, die aus der Sehnsucht nach einem glücklichen Ereignis in der Vergangenheit lebte, in die Welt gekommen. Das Christentum ist entstanden als Ansage und Feier der Freude über eine Gegenwart, über die Gegenwart des auferstandenen Christus. Der getötete und begrabene Jesus von Nazaret lebt weiter, nicht nur im Gedenken an ihn und durch seine Botschaft der Befreiung für das bedrückte Bewußtsein und Gewissen. Vielmehr ist er selbst gegenwärtig, und er lebt eine Lebensform, die die Grenzen unserer vom Tod geprägten Welt schon hinter sich gelassen hat. Alle seine Möglichkeiten hat er bereits in allen Dimensionen verwirklicht. Infolgedessen kann Auferstehung nicht dasselbe wie Wiederbelebung einer Leiche sein, wie wir sie von Lazarus (Joh 11) oder der Tochter des Jairus (Mk 5,45 par) kennen, die essen und schließlich noch einmal sterben mußten. Auferstehung hingegen muß verstanden werden als umfassende und erschöpfende Verwirklichung der menschlichen Realität in ihrem Verhältnis zu Gott, zum anderen und zum Kosmos. Auferstehung ist also die Eschatologisierung des Menschen, der bereits das Ziel des Entwicklungsprozesses erreicht hat und in die Wirklichkeit Gottes hineingenommen ist. Mit der Auferstehung hat Christus diese Welt nicht verlassen; wohl aber ist er tiefer in sie eingedrungen, so daß er jetzt allenthalben zugegen ist, genau wie Gott selbst in allen Dingen anwesend ist: „Ich bin bei euch alle

Tage bis zum Ende der Welt" (Mt 28,20). Christlicher Glaube lebt aus dieser Gegenwart und entwickelt eine Perspektive, die es ihm ermöglicht, alle Dinge als vom Glanz der Auferstehung durchdrungen zu betrachten. Aufgrund der Auferstehung ist die Welt durchsichtig und transparent geworden.

2. Die Welt von ihrer bereits sichtbar gewordenen Zukunft her verstehen

Die Auferstehung hat eine neue Dimension eröffnet und im Verständnis der Wirklichkeit einen neuen Horizont markiert. In Christus ist das Ziel sichtbar geworden, auf das sich Mensch und Kosmos hin bewegen: auf die umfassende Verwirklichung und die kosmisch-menschlich-göttliche Fülle. Die aufsteigenden Kräfte der Welt finden im Auferweckten ihren Konvergenzpunkt (vgl. Eph 1,10). Er ist der neue Adam und die neue Menschheit (Röm 5,14; 1 Kor 15,21.45; vgl. Kol 1,15.18), der Punkt Z und das bereits erreichte Ziel (Offb 1,17; 21,6). Von dem schon verwirklichten Ziel her wird der Sinn jedes Schöpfungs- und Befreiungsprozesses erkennbar. Deshalb sind für die Entdeckung des Sinns von Entwicklung und Universalität in der christlichen Sicht der Welt nicht nur der Anfang und die Vergangenheit entscheidend, sondern vor allem kommt der Zukunft, die sich in der Auferstehung bereits gezeigt hat, eine ganz besondere erhellende und heuristische Funktion zu. Aus diesem Grund hat der verklärte Jesus Christus einen unschätzbaren, ja absoluten kognitiven und anthropologischen Wert. Er hat die Interpretation der Wirklichkeit revolutioniert: Fortan können wir uns nicht mehr damit zufrieden geben, die Welt von der Schöpfung *in illo tempore* her zu analysieren, sondern müssen sie von der Eschatologie her, von der im auferweckten Jesus bereits gegenwärtigen Zukunft her verstehen. In ihm ist in der Zeit schon Wirklichkeit, was für uns erst am Ende der Zeit eintreten wird. Er ist das vorweggenommene Ziel. Das Ende bietet den Verstehensrahmen für den Anfang. Gottes Plan wird nur dann transparent und verständlich, wenn man ihn von seiner Verwirklichung und seinem Abschluß her betrachtet. Dann wird einem aufgehen, daß, um das Endziel zu erreichen, der Anfang (die Schöpfung der Welt) und die Mitte (die Schöpfung des Menschen) bloß Etappen eines umfassenderen Planes waren, der im auferstandenen Jesus zu seinem Höhepunkt gefunden hat. Unsere Überlegungen befähigen uns nunmehr, besser zu verstehen, was es bedeutet, daß Christus in der Welt von heute gegenwärtig ist, und eine Beschreibung einiger Formen zu versuchen, in denen seine Gegenwart konkret wird.

3. Einige Formen, in denen der auferstandene Christus heute gegenwärtig ist

Christus ist in der Wirklichkeit, in der wir leben, auf verschiedene Weisen anwesend. Da gibt es die kosmische und menschliche – und zwar persönliche wie kollektive – Realität, die Realität der psychosozialen Entwicklung, die Realität der

Kirche als Gemeinschaft der Gläubigen, die Realität der Sakramente usf. Diesen Formen der Wirklichkeit entsprechen Formen der Gegenwart des auferweckten Christus, innerhalb und vermittels ihrer. Im folgenden möchten wir die gängigsten Artikulationen in der gebotenen Kürze behandeln.

a) Der kosmische Christus: „Die Geschichte geht mit Christus schwanger"

Die Inkarnation, die ja kein Mythos, sondern ein vom Glauben berührtes geschichtliches Faktum ist, bedeutet, daß Jesus in die Geschichte der Menschheit eingegangen ist. Mit dem, was der Mensch qua Leib ist, machte er sich ein vitales Stück der Materie zu eigen. Diese Tatsache verbindet ihn mit unserer in einer Kosmogenesis befindlichen Welt. Als Mensch resultierte Jesus von Nazaret aus einem langen Prozeß kosmischer Evolution. Als Geist-Körper war er auch seinerseits ein Knoten von Beziehungen mit der Gesamtfülle der ihn umgebenden menschlichen und kosmischen Wirklichkeit. Allerdings lebte er – um in der semitischen Denkweise der Schrift zu reden – in der Form der *sarx:* räumlich geortet durch die Grenzen Galiläas und Palästinas, *zeitlich* bestimmt durch die jüdische Kultur unter der Herrschaft der Römer in einer sakralen und agrarischen Primärgesellschaft im Rahmen eines vorwissenschaftlichen Weltverständnisses, unter den Bedingungen der menschlichen Hinfälligkeit von Schmerz und Tod und, was den Kenntnisstand und die Beziehungen anlangt, in den Grenzen der Möglichkeiten, die die Zeit bot. Insofern Christus im Zustand der *sarx* (= Fleisch, Dasein in menschlicher Schwäche) lebte, war seine Gegenwart in dieser Welt zwangsläufig durch den Bedingungsrahmen unserer irdischen Existenz begrenzt. In der Auferstehung jedoch öffnete sich der Mensch Jesus ganz und gar den Proportionen Gottes in Jesus. Mit der Verherrlichung und Verklärung seiner sarkischen Existenzweise hat er weder Welt noch Körper hinter sich gelassen, sondern hat sie sich nur noch umfassender und tiefer zu eigen gemacht. Seine Fähigkeit zu Gemeinschaft und Kommunikation mit der Materie der Welt ist nunmehr voll realisiert, so daß er fortan nicht mehr nur in der Zeit und im Raum Palästinas zugegen ist, sondern in der gesamten Fülle von Zeit und Raum. Der *homo absconditus* (der verborgene Mensch) in Jesus wurde durch die Auferstehung zum *homo revelatus* (zum gänzlich geoffenbarten Menschen). Paulus bringt das zum Ausdruck, indem er sagt, der auferweckte Christus lebe jetzt in der Form des Geistes (2 Kor 3,17; 1 Kor 6,17; 15,45; 2 Kor 3,18; Röm 8,9) und aus einem sarkischen Leib sei ein pneumatisch-geistiger Leib geworden (vgl. 1 Kor 15,44). Wenn Paulus sagt, der verherrlichte Christus sei Geist, dann denkt er nicht an die dritte Person der Dreifaltigkeit, sondern er will die *Existenzweise* des auferstandenen Jesus zum Ausdruck bringen und damit die realen Dimensionen des Neuen an der Auferstehung benennen: Jesus habe alle Grenzen des irdischen Raumes und der irdischen Zeit überwunden und er lebe jetzt in der göttlichen Sphäre der Fülle und der uneingeschränkten Nähe zu allen Dingen. So wie der Geist das gesamte Universum erfüllt (Ps 139,7; Gen 1,2), so erfülle es jetzt der Auferstandene. Die Auferstehung mache offenkundig, was bisher verborgen war: Der geistige Christus war schon von Anfang an in der Welt am Werk (vgl. Gen 1,2); er war die schöpferische Kraft in Natur (Ijob 37,10; vgl. Gen

2,7) und Mensch (Gen 2,7; Ps 104,30; Ijob 27,3); er war die Macht Gottes, der die geistigen Funktionen der Weisheit, des Verstandes, des künstlerischen Einfühlungs- und Gestaltungsvermögen schuf (Ex 31,3; 35,31; Jes 11,2); als Geist war er es, der eine außerordentliche körperliche Kraft entwickelte (Ri 14,6.19; 15,14), enthusiastisches (1 Chr 12,19; 2 Chr 15,1; 20,14) und vor allem prophetisches Reden (2 Sam 23,2; 1 Kön 22,24; Ez 61,1; 11,5; Sach 7, 12; Mi 3,8; Neh 9,30) entfaltete und alles zum Heil führte (Ez 32,15; Ps 143,10; Neh 9,20; Ez 63,11.14). Der, der früher im Verborgenen wirkte, erweist sich jetzt, in der Auferstehung, offen als unvorstellbare Explosion. So offenbarte die Auferstehung die kosmische Dimension Christi und zeigte, daß er die Welt und die Geschichte der Menschen von Anfang an erfüllt hat. So wird auch verständlich, warum sich Paulus eigentlich kaum für den Christus im Fleisch (für den begrenzten und schwachen Christus: *katà sárka,* 2 Kor 5,16) interessiert, sondern fast ausschließlich für den Christus im Geist (der für die Dimensionen Gottes und der Gesamtfülle der Wirklichkeit offen ist: *katà pneûma).*

Mit ihren Gedankengängen über die kosmischen Dimensionen der Auferstehung und in der Überzeugung, daß darin Gottes Plan bezüglich Welt und Mensch bereits Wirklichkeit geworden ist, entwickeln die Verfasser des Neuen Testaments die ersten Elemente einer transzendentalen und kosmischen Christologie. Wenn ihnen die Auferstehung sowohl das Ziel aller Wege zu erkennen gegeben als auch das Wirken des Geistes, der ja bereits seit der Schöpfung am Werk war, in vollem Ausmaß manifest gemacht hat, dann konnten sie sagen: alles bewege sich auf Christus als auf seinen Konvergenzpunkt (vgl. Eph 1,10) hin; er bilde die Fülle der Zeiten (Gal 4,4) wie auch das Vollmaß aller Dinge (Eph 1,22–23; 4,10; Kol 2,9–10; 1,19); alles sei für ihn und durch ihn geschaffen worden (Kol 1,16; 1 Kor 8,6;Hebr 1,2.10; Joh 1,13; Offb 3,14), und in ihm hätten alle Dinge ihre Existenz und ihren Bestand (Kol 1,17–18). Derartige Aussagen, die ja ein enormes theologisches Gewicht haben, sind nur möglich und verständlich, wenn man mit dem Neuen Testament der Ansicht ist, der auferweckte Jesus habe in sich das vorweggenommene Ziel der Welt und den radikalen Sinn der gesamten Schöpfung geoffenbart. Wenn Christus das Ziel und der Punkt Omega ist, dann steht auch der Anfang im Dienst daran, und alles wurde seinetwegen geschaffen. Deshalb war der erste Mensch nicht Adam, sondern Christus. Als Gott Adam schuf, hatte er Christus im Sinn. So wurde Christus zum Mittler aller Dinge. Alles das jedoch wurde für das Glaubensbewußtsein erst mit dem Erweckungsereignis offenkundig und manifest, als sichtbar zutage trat, was in Jesus von Nazaret noch verborgen war. Die Synoptiker bringen diesen Glauben dadurch zum Ausdruck, daß sie mit Hilfe des Stammbaumes Jesu zeigen, daß die ganze Geschichte – angefangen mit Abraham (Mt 1,1–17) oder besser mit Adam (Lk 3,23–38) – auf ihn hin ausgerichtet ist. Johannes geht noch einen Schritt weiter und sagt, daß die ganze materielle Welt von ihm abhängt, weil „ohne das Wort nichts wurde, was geworden ist" (Joh 1,3). Dabei bedient sich der vierte Evangelist eines Begriffs, der für seine Hörer eine vermittelnde, offenbarende und heilschaffende Funktion von kosmischer Tragweite hatte: *Logos.* Johannes verkündet, Jesus sei der Logos (Wort, Sinn); und damit predigt er den Hörern seines Evangeliums, daß der geheime Sinn, der das ganze All durchdringt und sich in jedem Sein wie in jedem Faktum verbirgt, keine abstrakte Idee geblieben sei, sondern eines Tages Fleisch geworden sei und sein Zelt unter uns aufgeschlagen habe (Joh 1, 14). Wer wie Jesus die neue Schöpfung herbeigeführt hat, muß auch bei der Entstehung der alten Schöpfung mitgewirkt haben. Deshalb war er der erste und der letzte, und deshalb wurde er als der erste und der letzte geschaffen (Offb 1, 17). Anfang und Ende, Schöpfung und Vollendung müssen sich entsprechen: „Siehe, ich mache sowohl das Erste als auch das Letzte" (vgl. Barn 6, 3). Die kosmische Christologie will als Spekulation und Glauben im Grunde bekennen, daß Christus der Anfang, die Mitte und das Ende der Wege Gottes wie auch das Maß aller Dinge ist. Deshalb heißt es auch im Epheserbrief, in ihm sei der ganze Kosmos vereint und sozusagen einem einzigen Haupt unterstellt (1, 10). In diesem Sinne bringt das Agraphon (ein nicht in den Evangelien enthaltenes Christuswort) im 77. Logion des apokryphen Thomasevangeliums den Glauben der Urgemeinde, der ja auch unser Glaube ist, treffend zum Ausdruck. Dort sagt der auferstandene Christus: „Ich bin das Licht, das auf allen Dingen liegt. Ich bin das All. Das All ist aus mir hervorgegangen, und das All ist zu mir zurückgekehrt. Spalte ein Stück Holz, ich bin in ihm. Hebe einen Stein auf, ich bin unter ihm." Ein herrliches Bekenntnis der kosmischen Allgegenwart des Auferweckten! Die Sinne sind außerstande und die Augen vermögen nicht, das Herz der Dinge zu erfassen. Allein der Glaube eröffnet uns einen erhellenden Zugang zum letzten innersten Kern der Welt – zu jenem Punkt, an dem sich die Welt als Tempel Gottes und Heiligtum des verklärten, kosmischen Christus offenbart. Der Herr ist nicht irgendwo weit weg von uns; die materiellen Elemente sind Sakramente, die uns in Gemeinschaft mit ihm bringen, insofern sie ja im innersten Kern ihres Seins zur Wirklichkeit Christi gehören. Matthäus bringt das – wenn auch mit anderen Worten – ebenfalls zum Ausdruck, wenn er den Auferstandenen sagen läßt: „Ich bin bei euch alle Tage bis zum Ende der Welt" (28, 20). Und Augustinus sagt mit seinem typischen Sinn für Realismus: „Die Geschichte geht schwanger mit Christus."

b) Geht Christus nur die Erde oder den ganzen Kosmos an?

Nach diesen Überlegungen könnte sich ein moderner Leser fragen, ob wir mit unserer ganzen Reflexion über den kosmischen Christus nicht Opfer eines ptolemäischen Weltbildes geworden sind, demzufolge die Erde bzw. unser Sonnensystem noch immer das Zentrum des Ganzen sei. Die modernen Wissenschaften haben uns über die unendlichen Dimensionen unseres Universums aufgeklärt. Geschlossene Systeme lassen sich von unserem Standpunkt aus erfassen. Dagegen zwingt uns die Realität der Sternenräume, die von Millionen und Abermillionen von Milchstraßen bevölkert sind, in offenen Systemen zu denken, in denen *a priori* praktisch nichts unmöglich ist. Diese Erkenntnis wirkt sich nun auch auf unsere religiösen Aussagen aus, was um so mehr zutrifft, als diese sich oft genug in dogmatischer und unveränderlicher Form darstellen. Sollte es auf anderen Planeten, in anderen Systemen nicht auch geistige Wesen geben? Und wenn ja, was haben sie dann mit Jesus von Nazaret und mit dem auferweckten Christus zu tun? Müssen auch sie erlöst werden? Und wenn nein, wie haben wir uns dann die Funktion der Inkarnation Gottes zu denken? Hat sich das Wort oder eine andere göttliche Person auch ihnen in der Weise der Inkarnation mitgeteilt? Können wir dann überhaupt noch von einem einheitlichen Schöpfungs-, Heils- und Vollendungsplan Gottes reden? Möglicherweise wendet da jemand ein, derartige Fragen seien müßig und sinnlos, weil wir außerstande seien, überhaupt eine Antwort darauf zu geben. Dagegen meinen wir, niemand habe das Recht, die Fähigkeit des Menschen, zu fragen und zu hinterfragen, einzuschränken, vor allem nicht im Bereich der Religion, wo der Mensch geblendet an das absolute Geheimnis Gottes rührt, das sich ja in keine Definition einfangen läßt und das in keinem Verstehenssystem glatt aufgeht. Schon Männer wie der junge Paul Claudel, Pierre Teilhard de Chardin und der große deutsche Schriftsteller und Laientheologe Reinhold Schneider, für den die Frage im Alter zum persönlichen Drama wurde, haben sich mit diesem Problem beschäftigt. Verzweifelt fragt Schneider: „Wenn wir die Zeichen Christi in der Geschichte erkennen, werden wir ihn dann auch im Kosmos erkennen können? Wahnwitz wäre es, den Kosmos als Zeugen für Jesus Christus anzurufen. Der Herr ist in seinem Leben den engen Weg der Menschen gegangen. Wie Sokrates hat er nur den Menschen gesucht. Auf seine Existenz hat er in dem Sinn geantwortet, daß er ihm eine persönliche Chance bot; das Rätsel, das der Kosmos aufgibt ... das hat er nicht wahrgenommen." Teilhard de Chardin beantwortet das Problem, indem er einen neuen Gedanken einführt, den er aus seiner Meditation über den Prozeß des sich verdichtenden Bewußtseins in der Evolutionskurve nimmt: Einerseits gibt es das unendlich Große der Sternenräume, angesichts dessen der Mensch nicht mehr denn als eine *quantité négligeable* anmutet, als ein verlorenes Atom, das durch unendliche leere Räume irrt. Auf der anderen Seite gibt es aber auch das unendlich Kleine des Mikrokosmos, das sich wahrscheinlich innerhalb derselben Struktur verhält wie der Makrokosmos. Darüber hinaus gibt es aber noch eine andere Größe: das unendlich Komplexe des menschlichen Bewußtseins, das weiß, daß es existiert, das sich seiner Kleinheit bewußt ist und das gerade darin seine Größe findet. Obwohl klein und quantitativ nichtssagend, hat es dennoch eine neue Qualität, die es zu etwas Größerem und Edlerem macht als alle anderen physischen und mathematischen Größen, die man sich nur vorstellen kann; denn es hat die Fähigkeit, zu denken und insbesondere zu lieben. Eine einzige Liebesgeste, bemerkt treffend Pascal, ist mehr wert als das gesamte physische Universum. Mit dieser neuen Qualität des Selbstbewußtseins gelangt der Kosmos zur größten Einheit und Konvergenz. Das ist der Grund, weshalb der Sinn der Totalität durch den Menschen geht. Teilhard de Chardin zieht daraus den folgenden Schluß: Die Welt kann nicht zwei Häupter haben; nur Christus kann ihr Mittelpunkt, ihr Motor, ihr Alpha und ihr Omega sein.

In dieser Teilhardschen Perspektive können wir nun noch tiefer bohren und fragen: Auf welche Weise aber kann Christus im Kosmos präsent sein und ihn zur Gänze erfüllen? Die folgende Überlegung vermag uns, wer weiß, vielleicht ein wenig Licht zu bringen: Die Gesamtfülle der Wirklichkeit, die wir erleben und die uns unsere Forschungsinstrumente immer weiter aufschlüsseln, ist nicht chaotisch, sondern zutiefst harmonisch. Es herrscht eine radikale Einheit, die alle Wesen übersteigt und miteinander verbindet. Die Dinge sind nicht nur einfach drüber und drunter so dahingeworfen. Die Welt ist, wie die Griechen mit ihrer genialen Intuition bereits genau erkannten, grundsätzlich ein *Kosmos.* Was aber macht die Welt zu einer Einheit und Gesamtwirklichkeit? Und was ist das für ein Prinzip, das die Seinselemente im Sein und in einer sichtbaren Totalisierungsstruktur eint? Diese Frage übersteigt die Grenzen der Wissenschaften, die sich ja immer nur mit spezifischen Bereichen der Realität befassen, und verlangt eine Reflexion metaphysischer Art, in der es um das Ganze als Ganzes geht. Also: Was ist es, das aus all den Dingen, einschließlich derer, die am weitesten voneinander im Kosmos entfernt sind, ein Ganzes macht? Leibniz, der das Problem auch sah, beantwortet die Frage mit seiner Theorie vom *Substantiellen Band,* das alles durchdringt und ein Wesen mit dem anderen verbindet. Für ihn wie später auch für M. Blondel, der die Theorie von Leibniz wieder aufgreift, ist das Substantielle Band der auferstandene Christus, „der höchste Liebhaber, der die gesamte Hierarchie der unterschiedlichen und konsolidierten Wesen anzieht und ‚par en haut', Stockwerk für Stockwerk, eint ... Er ist der, ohne den alles, was geschaffen wurde, wieder ins Nichts zurückfiele". Selbstverständlich läßt sich ein so verstandener Christus nicht als kosmischer Mensch darstellen, weil auch dieser in unseren räumlich-zeitlichen Kategorien gefangen bliebe. Der auferweckte Christus jedoch hat alle diese Grenzen überwunden und ist fortan nicht mehr physisch und pneumatisch da. Das heißt: Er ist im Herzen der Dinge da – in jener transphysischen Wirklichkeit, die mit allen Wesen eine Einheit bildet und die sich mit der Präsenz und Allgegenwart des göttlichen Geistes (Pneuma) vergleichen läßt, der alles erfüllt und den tiefsten Kern eines jeden Dinges bildet, ohne ihm freilich seinen geschöpflichen Charakter des Gegenüber zu nehmen. So erhellt, daß wir es hier mit einer metaphysischen Spekulation zu tun haben, die man sich nicht in den Kategorien der Phantasie vorstellen sollte, um sich nicht unnötigerweise Mythen und Monster zu schaffen.

Trotzdem muß die Frage gestattet sein, ob es nicht noch andere vernunftbegabte Wesen im Kosmos gibt. Vom Glauben her läßt sich nichts dagegen einwenden. Im Gegenteil: Aufgrund der unvorstellbaren Weite des Alls und aufgrund der Tatsache, daß der Mensch als kosmischer Priester versagt hat, so daß Gott die ihm gebührende Ehre versagt blieb, läßt sich die Forderung nach der Existenz anderer geistiger Wesen erheben, die dieser priesterlichen Funktion besser als der Mensch nachkommen. Wenn wir sagen, daß die Inkarnation des ewigen Wortes – was wir weiter unten noch sehen werden – zur Schöpfungsordnung gehört, so wie Gott sie gewollt hat, damit sie gerade das Gefäß für seinen Eintritt in sie sein könnte, dann können wir sagen: So wie der ewige Logos, der das Gesamt der Dinge erfüllt, in unserem Fleisch erschienen ist und dabei die entwicklungsmäßigen Koordinaten unseres Milchstraßensystems angenommen hat, so hindert nichts daran, daß dieser selbe Logos unter den geistigen und entwicklungsmäßigen Verhältnissen anderer Wesen in anderen Systemen erschienen sei und diese angenommen habe. Schon Thomas von Aquin argumentierte: „Durch die Tatsache der Inkarnation ist weder die Macht Gottes noch des Vaters irgendwie beeinträchtigt worden. Daraus folgt, das der Sohn nach der Inkarnation offenbar auch eine andere menschliche Natur annehmen kann" (S. Theol. III, 3,7 sed contra; III Sent. dist. 1,25). So käme er seinem – für ihn seit aller Ewigkeit vorgesehenen – Auftrag nach, sich ganz auf die Schöpfung einzulassen und sie zu vergöttlichen. Die Form, in der die Erlösung hier auf der Erde stattfand, wäre dann *eine* Form unter vielen anderen möglichen Formen gewesen, auf die das Wort Gottes mit der Schöpfung in Verbindung steht. Es liegt kein Widerspruch darin, daß sich auch andere göttliche Personen inkarniert haben können. Das Geheimnis des dreifaltigen Gottes ist so groß und so unauslotbar, daß es nie in einer Konkretisierung wie der, die in unserem Milchstraßen- und Erdensystem stattgefunden hat, aufgeht. Die Bibel spricht nur von der Heilsgeschichte der Menschen. Über andere Möglichkeiten stellt sie keine Spekulationen an, weil zu der Zeit, als sie entstand, derartige Probleme einfach inexistent waren. Uns aber drängen sich derartige Fragen heute auf. Antwortmöglichkeiten ergeben sich aus einem weiteren Horizont, aus dem Geheimnis Gottes selbst wie auch aus seinem Verhältnis zu seiner Schöpfung. Als Antwort auf die Frage, um die es hier geht: Geht Jesus nur die Erde oder den ganzen Kosmos an?, möchten wir folgende Hypothese formulieren: Insofern Jesus ein Mensch ist wie wir und insofern er der Logos ist, der unser Sosein angenommen hat, geht er nur unsere Geschichte an. Aber Jesus von Nazaret ist nicht nur Mensch, sondern bildet auch eine unvermischbare und untrennbare Einheit mit dem ewigen Logos Gottes, mit der zweiten Person der Dreifaltigkeit. In diesem Sinne hat er es mit der Gesamtfülle der Wirklichkeit zu tun. Der Logos, der alles durchdringt und der in anderen Systemen von den unseren verschiedenen Bedingungen eingegangen sein kann, heißt hier Jesus von Nazaret. In der Auferstehung hat der die Realität „Jesus" auf die Dimension des gesamten Kosmos hin geweitet. Allerdings müssen wir noch einen Vorbehalt machen: Gewiß, der Kosmos eröffnet andere Dimensionen und folglich auch ein anderes Verhältnis zu Gott und zu seiner Selbstmitteilung durch das Wort, als wir es von Jesus von Nazaret her kennen. Trotzdem ist dies für uns die Form, in der er uns seine Gnade erwiesen hat; dazu hat er uns erschaffen, erlöst und in Jesus Christus verherrlicht. Wenn dies auch nicht die absolute Form zu sein braucht, in der sich Gott seiner Schöpfung mitgeteilt hat, dann beeinträchtigt dies doch für uns in keiner Weise ihren Wert. Wir müssen uns nur offen halten für die grenzenlosen Möglichkeiten des Geheimnisses Gottes, damit wir sie – wenn auch tastend – erahnen und – erahnend – besingen und feiern können.

c) Der Mensch, das größte Sakrament Christi

Wenn alles durch, für und in Christus geschaffen wurde und mithin die Gesichtszüge Christi trägt, dann gilt das in besonderer Weise für den Menschen, der ja bezüglich seiner Menschheit Bruder bzw. Schwester Jesu ist. Der Mensch ist nicht nur Bild und Gleichnis Gottes (Gen 1,26), sondern auch Bild und Gleichnis Christi (Röm 8,29; vgl. Kol 3,10). Zunächst einmal ist Christus das Bild Gottes *par excellence* (2 Kor 4,4; Joh 6,15; Kol 1,15; Phil 2,6; Kol 3,9–10; Eph 4,24; Röm 8,29; 1 Kor 15,49; 2 Kor 3,18), der Mensch ist es erst in einem zweiten Schritt, insofern er in Christus und durch Christus gedacht und geschaffen wurde. Diese Tatsache wird vor allem von Tertullian und Origenes betont. Allein aufgrund der Schöpfung ist der Mensch also Bild und Gleichnis Christi.

Inkarnation und Auferstehung haben diese Größe des Menschen noch schärfer hervortreten lassen. In der Tat ist jeder Mensch Bruder bzw. Schwester Jesu und hat in gewisser Weise teil an seiner Wirklichkeit. Die Auferstehung verewigt und vertieft noch die Teilhabe Christi an jedem Menschen. Als der Verherrlichte, der in jedem Wesen und in jedem Menschen gegenwärtig ist, handelt er in allen Menschen und in jedem Menschen und läßt dort Güte, Menschlichkeit, Brüderlichkeit, Gemeinschaft und Liebe sprießen, wo immer sich der einzelne auch befinden mag. Aber in welchem Sinne kann man sagen, jeder Mensch sei ein Ort der Gottes- und Christusbegegnung? Wer den anderen liebt und ihn annimmt, wie er ist: mit seiner Größe und mit seinen Grenzen, erkennt in ihm so etwas wie eine Transzendenz zum Anfassen. Niemand läßt sich definieren, und niemand geht voll in einer Situation auf. Dieser Überschuß, der sich niemals einfangen läßt und der das innere Geheimnis jedes Menschen bildet, macht seine Transzendenz aus. Der andere ist der Ort, an dem ich der Transzendenz begegne und ihre lebendige und konkrete Gegenwart erfahre. Und diese Transzendenz nennen wir Gott. Zwischen Gott und Mensch liegen also keine Welten. Der Mensch ist Gottes größte Tiefe. In Jesus, in dem er unser menschliches Dasein annimmt, ist er konkret erschienen. Deshalb erinnert jeder Mensch an den *Menschen,* der Jesus war. Wer einen Armen als Armen annimmt, nimmt den armen Jesus an. Jesus verbirgt sich unerkannt hinter jedem menschlichen Antlitz. Der Glaube verlangt von uns, daß wir dem Bruder fest in die Augen schauen, daß wir ihn lieben, ihm zu essen und zu trinken geben, daß wir ihm Kleidung besorgen und ihn im Gefängnis besuchen, weil wir dadurch, daß wir ihn besuchen und ihm zu essen, zu trinken und anzuziehen geben, Christus selbst bewirten und Christus selbst dienen. Aus diesem Grund ist der Mensch die treffendste Erscheinung nicht nur Gottes, sondern auch des auferstandenen Christus in der Welt. Wer seinen Bruder bzw. seine Schwester abweist, weist Christus selbst ab; denn wer mit dem Bild und Gleichnis Gottes und Christi nichts zu tun haben will, will mit Gott und mit Christus nichts zu tun haben (vgl. Gen 9,6; Mt 25,42–43). Ohne das Sakrament des Bruders findet niemand zum Heil. An dieser Stelle wird deutlich, daß Nächsten- und Gottesliebe identisch sind. Auch der Mensch trägt die Möglichkeit in sich, die in Christus bereits Wirklichkeit geworden ist; und diese Tatsache begründet seine radikale Würde und letzte Heiligkeit, in die sonst niemand eindringen kann als Gott selbst (vgl. Offb 2,27). Jetzt wissen wir nur im Glauben darum, daß der Herr in jedem Menschen zugegen ist. Bei unserer Auferstehung aber, die ähnlich sein wird wie die Christi, werden wir sehen und verkosten, verkosten und wertschätzen, wertschätzen und verstehen, daß wir Brüder und Schwestern des inkarnierten und auferweckten Jesus Christus sind (vgl. 1 Joh 3,2).

d) Die Gegenwart Christi in anonymen und verborgenen Christen

Der auferstandene Christus west und wirkt in besonderer Weise in denen, die im weiten Feld der Geschichte und des Lebens seine Sache voranbringen. Unabhängig davon, wie jemand ideologisch eingestellt ist und ob er einer Religion oder einem christlichen Bekenntnis angehört, können wir sagen: Jedesmal, wenn sich dieser Mensch um Gutes, um Gerechtigkeit, humanitäre Liebe, Solidarität, Gemeinschaft und Verständnis unter den Menschen bemüht, und jedesmal, wenn er versucht, seinen Egoismus zu bekämpfen, die Welt menschlicher und brüderlicher zu gestalten, und sich für eine Transzendenz öffnet, die sein Leben normiert, ist mit Sicherheit der Auferstandene da, weil ja dieser Mensch seine Sache voranbringt, für die er gelebt und gelitten hat und verurteilt und auch hingerichtet worden ist. „Wer nicht gegen uns ist, der ist für uns" (Mk 9,40; Lk 9,50), hat Jesus noch zu Lebzeiten gesagt und damit alle sektiererischen Barrieren niedergerissen, die Menschen voneinander trennen und *Geschwister* nur in Glaubensgenossen erblicken lassen. Alle, die für die Sache Jesu sind, sind seine Brüder und Schwestern, und er selbst wirkt in ihnen, damit mehr Offenheit für den anderen in diese Welt kommt und Gott mehr menschlichen Raum gewinnt. Christus ist nicht gekommen, eine neue Religion zu gründen, sondern den neuen Menschen zu bringen (vgl. Eph 2,15), der nicht durch vorgefertigte gesellschaftliche Kriterien definiert ist (vgl. Gal 3,28), sondern durch seine Option für die Sache der Liebe, das heißt: für die Sache Christi. Als Geist wirkt der auferweckte Jesus, wo er will. In der Fülle seiner menschlichen und göttlichen Wirklichkeit hat er jetzt alle nur möglichen Barrieren, die seinem Wirken im Wege stehen, hinter sich gelassen: die Grenzen von Sakral und Profan, von Welt und Kirche, von Raum und Zeit. So erreicht er alle Menschen, besonders aber die, die mit ihrem Leben für das kämpfen, für das Jesus auch gekämpft hat und gestorben ist – auch wenn sie sich nicht ausdrücklich auf ihn oder seine universelle Heilsbedeutung beziehen – und die deshalb anonyme oder verborgene Christen genannt werden können.

e) Die Gegenwart Christi in ausdrücklichen und namentlichen Christen

Noch tiefer ist der auferstandene Christus in denen gegenwärtig, die sich dazu entschlossen haben, ihm im Glauben und in der Liebe und mit einem ausdrücklichen und offenen Ja zu seiner göttlichen Existenzweise und seiner absoluten Bedeutung für unser Dasein vor Gott zu folgen. Mit einem Wort: Christus ist in qualifizierter Weise in den Christen zugegen. Christ ist grundsätzlich derjenige, der sich dazu entschließt, Christus nachzuahmen und ihm nachzufolgen. Die Taufe ist das Symbol für diesen Entschluß. Was Nachfolge Christi heißt, ist an sich einfach: Gemeint ist das Bemühen, sich in seiner jeweiligen existentiellen Situation so zu verhalten, wie Christus sich in seiner verhalten hat. So soll sich ein gedemütigter Sklave so wie Christus verhalten, der, als ihm Unrecht geschah, nicht mit Unrecht antwortete, und, als er gequält wurde, niemandem drohte (1 Petr 2,23). Christus nachahmen heißt nicht: seine Gesten kopieren oder gar durchpausen, sondern heißt: dieselbe Haltung und denselben Geist wie Jesus haben und sich in eine konkrete Situation hineingeben, die nicht mehr die Jesu ist; es heißt: „so gesinnt sein, wie es dem Leben in Christus entspricht" (Phil 2,5): wie er von sich selbst absehen; mit den anderen fühlen und sich mit ihnen identifizieren; in der Liebe, im Glauben und in der Güte des menschlichen Herzens standhaft sein bis zum Ende und zu diesem Zweck keine Angst haben, kritisch zu sein und eine religiöse oder gesellschaftliche Situation zu hinterfragen, wenn sie den Menschen weder humanisiert noch für den Mitmenschen und für Gott frei macht; den Mut haben, liberal zu sein und sich zugleich ein sicheres Gespür bewahren; schöpferische Phantasie entwickeln und Treue gegenüber den Gesetzen zeigen, die die Atmosphäre der Liebe und des menschlichen Verständnisses fördern – nach dem Vorbild Christi.

Eine radikalere Form der Nachahmung ist die Nachfolge Jesu. Jesus nachfolgen heißt zu Zeiten seines irdischen Lebens: mit ihm ziehen, ihm bei der Verkündigung der Guten Nachricht an diese Welt zu helfen, daß sie Zukunft im Sinne einer uneingeschränkten Versöhnung mit Gott, mit den Menschen und mit sich selbst habe (vgl. Mk 1,17 par.; 3,4–15 par.; 6,7.13; Lk 9,1–6 par; 10.1–20), und sein Schicksal einschließlich Lebensgefahr und gewaltsamen Todes teilen (Mk 8,34; Mt 16,24; Lk 9,23; 14,27). Nach der Auferstehung – als man, streng genommen, nicht mehr von Christus nachfolgen sprechen konnte, weil der irdische zum himmlischen und der sichtbare zum unsichtbaren Christus geworden war – übersetzte man das Wort in andere Ausdrücke und gab ihm nach und nach eine neue Bedeutung. Christus folgen und Jünger sein heißt jetzt: Christ sein (Apg 11,26), sich an ihn binden durch Glauben, Hoffnung, Liebe und Geist (1 Kor 6,17), durch die Sakramente (Röm 6,3f; 1 Kor 11,17–30) und somit in ihm sein und einen Leib mit ihm bilden (1 Kor 12,27; Röm 12,5). Nachfolge Christi darf freilich nicht auf eine moralische Kategorie verkürzt werden. Sie verbindet uns tief mit dem auferweckten Christus und führt dazu, daß er in uns handelt und uns in seine neue Seinsweise hineinnimmt, so daß in dem alten, von der Ambivalenz zwischen Sünde und Gnade, zwischen Gerechtigkeit und Ungerechtigkeit geprägten Menschen der neue Mensch sich zu entwickeln anfängt (vgl. 2 Kor 5,17; Eph 2,15; 4,22–24), der im Tod in die Auferstehung hinein erblühen wird (vgl. 1 Kor 6,14; 2 Kor 5,8; Phil 1,20–23). In allen aufrichtigen Christen – einschließlich derer, die nicht in voller Gemeinschaft mit der katholischen Kirche stehen – ist der Auferweckte gegenwärtig; und deshalb „werden sie mit Recht von den Söhnen der katholischen Kirche als Brüder im Herrn anerkannt" (*Unitatis Redintegratio*, Nr. 3).

f) Die katholische Kirche als vorrangiges Sakrament der Anwesenheit des Herrn

Der auferweckte Herr, der den ganzen Kosmos erfüllt, der in konkreter Weise in jedem Menschen gegenwärtig ist, den der Glaube in allen wahrnimmt, die seine Sache vorantragen, und der zu so etwas wie einem Phänomen in allen ausdrücklichen Christen wird, findet den größten Grad geschichtlicher Konkretion im katholischen Gläubigen, insofern dieser im Besitz des Heiligen Geistes ist (vgl. *Lumen Gentium*, Nr. 14). Die Kirche, die ja die Gemeinschaft der Gläubigen ist, bildet den Leib des auferstandenen Christus. Aber sie ist *Leib* nicht nach dem Modell des sarkischen (fleischlichen), sondern des pneumatischen (auferweckten) Leibes Jesu. Dieser Leib aber ist nicht mehr an die Grenzen eines bestimmten Raumes gebunden, sondern steht – da er ja nunmehr frei ist – mit dem Gesamt der Dinge in Bezug. Wo sich eine Ortskirche zum Hören des Wortes Gottes versammelt, sich in Gemeinschaft zur Feier der Gegenwart des Auferstandenen am eucharistischen Tisch zusammenfindet und das Band der Liebe, des Glaubens, der Hoffnung, der Nächstenliebe und der Gemeinschaft mit den hierarchischen Amtsträgern lebt, verleiht sie der Anwesenheit des Herrn konkrete Formen. Da der Leib des Herrn aber ein pneumatischer Leib ist, macht er nicht an den Grenzen der Kirche halt, sondern ist in ihr auf eine einzigartige Weise da. „Ich bin Jesus, den du verfolgst", sagte der Auferstandene zu Paulus, der den Christen nachstellte, um sie umzubringen (Apg 9,5). Im unfehlbaren Lehramt, in den Sakramenten, in der rechtgläubigen Verkündigung wie in der orthodoxen Leitung ist der auferstandene Christus ohne jede Zweideutigkeit präsent. Er ist es, der tauft, das Brot verwandelt und die Sünden vergibt; er ist es, der lehrt, wenn die Kirche in Glaubens- und Sittenfragen feierlich und unumstößlich für die Gesamtkirche Richtlinien erläßt, und er ist es, der regiert, wenn die Kirche in Sachen ihrer Katholizität zusammen mit dem Papst Entscheidungen fällt, die das ganze Volk Gottes angehen. So erweist sich die Kirche als das vorrangige Sakrament der Gegenwart des auferstandenen Herrn.

Im Wort und vor allem im Gebet und in der Betrachtung seiner Geheimnisse ist der Herr zugegen, wie er selbst versprochen hat (Mt 18,20): „In der Liturgie spricht Gott zu seinem Volk; in ihr verkündet Christus noch immer die Frohe Botschaft" lautet eine ausgezeichnete Formulierung der Konstitution des Zweiten Vatikanischen Konzils über die Liturgie (Nr. 33). Und in der Tat eignet den Handlungen, Gesten, Texten und sakralen Gegenständen der Liturgie ein symbolischer Charakter; sie alle symbolisieren die Begegnung des Auferstandenen mit seinen Gläubigen und vergegenwärtigen ihn auf geheimnisvolle Weise schon innerhalb der alten Welt. In ihnen und durch sie teilt sich Christus mit, und der Mensch erfährt seine Nähe. Doch in der dichtesten Form ist der auferweckte Herr in der Eucharistie gegenwärtig: Die Transsubstantiation des Brotes und des Weines lokalisiert den Auferstandenen unter räumlich umschriebenen Gestalten. *Hier* ist er, in der Gesamtfülle seines Geheimnisses und in der Wirklichkeit seiner Verklärung. In der zerbrechlichen Form der Materie *zeigen* und *beinhalten* Brot und Wein den Herrn in vollem Realismus seiner verherrlichten Menschlichkeit, und er selbst gibt sich allen hin, wie er es in seinem sarkischen Dasein immer getan hat und jetzt in seiner pneumatischen Existenz in nicht mehr steigerbarer Weise tut. Das Essen seines Leibes und das Trinken seines Blutes bedeuten den radikalen Sinn seines Sich-Schenkens. „Denn nichts anderes wirkt die Teilnahme an Leib und Blut Christi, als daß wir in das übergehen, was wir empfangen" (*Lumen Gentium*, Nr. 26). Indem das Volk Gottes in der Eucharistie vom Leib Christi ißt, wird es auch Leib Christi. Die eucharistische Gegenwart ist kein Zweck an sich, sondern das Mittel, durch das Christus im Innern der Seinen leben will. In der Eucharistie feiern wir die Hingabe und die Selbstmitteilung des Herrn: „Das ist mein Leib (das bin ich), der für euch hingegeben wird ... Das ist der Kelch meines Blutes (das bin ich), das für euch und für alle vergossen wird zur Vergebung der Sünden." Wer von der Eucharistie ißt, muß Hingabe und Offenheit für die anderen leben. Die Eucharistie ist ein Aufruf zur Gegenseitigkeit, die es auch außerhalb des sakramentalen Raumes im Leben zu praktizieren gilt, damit der Katholik auch wirklich zur Diaphanie und zu einem Sakrament der Gegenwart des Auferstandenen in der Welt wird.

4. *Schluß: Der Stolz des Bechers ist sein Getränk, seine Demut das Dienen*

Wenn der verklärte Herr in den Menschen, in den Christen, in den Katholiken gegenwärtig ist, dann erwächst daraus eine Aufgabe für sie – die Aufgabe, sich als transparent für ihn zu erweisen und in der Welt Zeichen für ihn zu sein. Mit unserem Sein und Tun sind wir oft genug Gegenzeichen zum Herrn und zu seiner Sache; und anstatt ein „Syn-bolon" für Christus (Zeichen, das von Christus spricht und zu ihm hinführt) zu sein, sind wir nicht selten ein „Dia-bolon" (Zeichen, das trennt und spaltet). Bei anderen Gelegenheiten erliegen die Kirchen der Versuchung und setzen sich, anstatt Christus darzustellen, an seine Stelle. Anstatt die Menschen zu Christus zu führen, ziehen sie sie nur zu sich. Dann wieder bieten sie nicht die notwendige Ruhe, damit man seine Stimme hören kann. Für niemanden gelten die Worte Johannes' des Täufers mehr als für die Kirchen: „Er muß wachsen, ich aber muß kleiner werden" (Joh 3,30). An sich müßten wir Christen alle danach leben, was der Sinn eines Bechers ist: Sein Stolz ist sein Getränk, seine Demut das Dienen. Diese Worte schrieb Dag Hammerskjöld 1954 in sein privates Tagebuch. Der Sinn des Christseins besteht in dem unentwegten Bemühen, das im Leben zu vergegenwärtigen, was mit Jesus Christus sichtbar geworden ist, und Räume zu schaffen, damit er den Menschen in unserem Sein und Tun entgegentreten und sie einladen kann. Jeder Christ wie auch die Kirche insgesamt müßten sich wie die Freunde des Bräutigams verhalten: „Wer die Braut hat, ist der Bräutigam; der Freund des Bräutigams aber, der dabei steht und ihn hört, freut sich über die Stimme des Bräutigams" (Joh 3,29). Können wir mit Johannes sagen: „Diese Freude ist nun für mich Wirklichkeit geworden" (ebd.)? Weiter heißt es bei Dag Hammerskjöld: „Du bist nicht Öl noch Luft, nur der Verbrennungspunkt, der Brennpunkt, wo das Licht geboren wird. Du bist nur die Linse im Lichtstrom. Nur so kannst du das Licht entgegennehmen, geben und besitzen. Suchst du dich selbst ‚in deinem Recht', so verhinderst du die Vereinigung von Luft und Öl in der Flamme, raubst der Linse ihre Durchsichtigkeit. Weihe – Licht oder im Licht zu sein, vernichtet, damit es entstehe, vernichtet, damit es sich sammle und verbreite."

Die Auferstehung Christi hat eine neue Perspektive in das Weltverständnis gebracht. Nur im Glauben entdecken wir den verborgenen Kern der Dinge, wo diese sich mit Gott und dem kosmischen Christus verbinden, der jetzt als der Auferstandene bis in das Herz der Materie und der gesamten Schöpfung eingegangen ist. In unserer derzeitigen Situation als Fahrensleute, die die endgültigen Wirklichkeiten immer nur in Umrissen vor sich sehen, spüren wir kaum etwas von all dem. Doch trösten wir uns mit den Worten aus dem Ersten Petrusbrief: „Ihn habt ihr nicht gesehen, und dennoch liebt ihr ihn; ihr seht ihn auch jetzt nicht; aber ihr glaubt an ihn und jubelt in unsagbarer, von himmlischer Herrlichkeit verklärter Freude, da ihr das Ziel des Glaubens erreichen werdet: euer Heil" (1 Petr 1,8–9).

XI. Wie sollen wir Jesus Christus heute nennen?

Der Glaube an Christus ist ein fortwährender Prozeß, in dem wir das, was Christus bedeutet, in unser Verständnis von Leben, Mensch und Welt hineinholen. Wie aber sollen die Formeln lauten, in denen wir unseren Glauben zum Ausdruck bringen, die wir auch verstehen und mit denen wir unsererseits einen Beitrag zur Entzifferung des Christusgeheimnisses leisten? Im folgenden Kapitel möchten wir herausarbeiten, daß die Menschheit Christi – die uns ja nicht nur Gott, sondern auch die Antworten auf die Sehnsüchte der Menschen zu erkennen gibt – die Brücke bildet, welche uns mit Christus verbindet. Am Anfang aller Christologie steht gestern wie heute das Staunen über ihn. Sodann möchten wir einige Titel oder Namen beleuchten, mittels deren wir uns Christus heute in unseren Verstehenskategorien vergegenwärtigen: Jesus als der „homo revelatus", als die zukünftige Gegenwart, als Versöhnung der Gegensätze, als Revolutionär, als Archetyp der vollkommensten Individuation und als Gott der Menschen. Jesus als Mensch ist sowohl fortwährende kritische Erinnerung an das, was wir sein müßten und noch nicht sind, als auch ständige Einladung, es immer mehr zu werden.

In unseren bisherigen Überlegungen haben wir uns bemüht, den sogenannten christologischen Prozeß in seinen wichtigsten Koordinaten nachzuzeichnen. Jede kulturelle Gruppe – palästinensische Juden, Diasporajudentum und Griechen – schrieb Christus die größten und strahlendsten Ehren- und Ruhmestitel zu, die ihr die jeweilige Umwelt bot, und versuchte, so den Reichtum zu entziffern, den Leben, Tod und Auferstehung Christi geoffenbart hatten. Das Neue Testament kennt an die siebzig verschiedene Titel bzw. Namen für Jesus. Spätere Jahrhunderte fügten weitere hinzu. Dabei taten die Menschen nichts anderes, als ihr Leben in seiner ganzen Breite aus dem Glauben heraus mit dem Christusgeheimnis zu konfrontieren und dieses in ihre menschliche Existenz hineinzuholen, so daß ihnen Christus in der Tat als der Befreier aufging, als der Sinn von Leben und Welt wie auch als derjenige, der uns, während wir noch unterwegs sind, in aller Deutlichkeit bereits das Endziel zeigt und uns damit Harmonie, Standhaftigkeit, Licht und Sinngebung für die Grundproblematik unseres menschlichen Lebens vermittelt.

1. In der Christologie reicht es nicht zu wissen, was andere gewußt haben

Der Glaube an Christus ist ein fortwährender Prozeß, in dem wir das, was Christus bedeutet, in unser Verständnis von Leben, Mensch und Welt hineinholen. In der Christologie hat bis heute eine sakrale Perspektive vorgeherrscht, die Mehrzahl der Titel stammt aus dem kultisch-liturgischen Raum. Andere Bezeichnungen haben einen eminent weltlichen Charakter – wie die im Epheser- und Kolosserbrief, in denen Christus als das Haupt des Kosmos und der Kirche ebenso wie als dasjenige Element gepriesen wird, das der gesamten Wirklichkeit Existenz und Zusammenhalt verleiht. Gerade diese Titel aber haben Theologie und praktisches Glaubensleben noch nicht in der gebührenden Weise genutzt. Wer unsere liturgischen Formeln, unsere Handbücher in Christologie und die Bücher über Christus insgesamt mal durchsieht, wird leider feststellen, daß historizistisches Denken und ein Mangel an schöpferischer Glaubensphantasie vorherrschen. Was die anderen in der Vergangenheit gewußt und wie sie Christus in ihren Verstehenshorizont integriert haben, wissen wir haarklein; aber wie wir diesen Prozeß fortführen sollen und wie das konkret aussehen kann, davon haben wir kaum eine Ahnung. Wie nennen wir Christus heute? Welchen Beitrag können wir mit dem Reichtum, den unsere Welt bietet, zur Entschlüsselung des Christusgeheimnisses leisten? Welche Titel können wir ihm geben, um ihm unsere Liebe zu zeigen und unser Ja zu seiner Person und Botschaft zum Ausdruck zu bringen? In welchem Sinn ist unser Leben ein hermeneutischer Ort zum tieferen Verständnis der traditionellen Titel? Wenn die Hippie-Jugend sagt: „Jesus ist Heil; Jesus ist mein Herr; Wir alle sind Brüder am Leib Christi", oder: „Fahr auf Jesus ab, Typ! Brauchst keinen Stoff zu nehmen; 'n bißchen Matthäus, Markus, Lukas und Johannes tut's auch. Christus ist 'n ewiger Trip!", steckt dann in den Titeln und Namen: *Heil, Herr, Leib Christi* und *Nachfolge Jesu,* nicht ein differenzierterer und auch konkreterer Inhalt, den nur unsere Generation lebt und bezeugen kann? Und leisten wir nicht damit unseren Beitrag zur Beantwortung der Frage, wer Jesus sei?

a) Christusglauben reduziert sich nicht auf archaische Formeln

Die Gestalt Jesu ist von so vielen Titeln und dogmatischen Erklärungen überschüttet und umgeben, daß der normale Mensch kaum noch an sie herankommt. Christi Anziehungskraft und Geheimnischarakter, seine ursprüngliche Dynamik und sein Herausforderungspotential werden in einer Art von Begrifflichkeit vermittelt, die – wenn einem die Bedeutung der Formeln nicht mehr klar wird – dazu neigt, seine Originalität einzuebnen, sein menschliches Antlitz zu kaschieren und ihn selbst aus der Geschichte zu verbannen und zu einem überirdischen Halbgott zu hypostasieren. Der Glaube muß die Gestalt Jesu aus den Ketten befreien, die ihn fesseln und seine Bedeutung herabsetzen. Deshalb muß man noch keinen Glauben haben, wenn man Jesus als Messias, Herrn, Davidssohn, Sohn Gottes usw. verkündet, ohne sich jedoch darum zu kümmern, was all die Namen in unserem Leben besagen wollen. Was bedeutet denn für Nichtjuden, wie wir es sind, Messias, Sohn Davids, Löwe aus dem Stamm Juda? Christusglaube reduziert sich weder auf archaische, wenn auch ehrwürdige Formeln noch auf biblische Archäologie. An Jesus glauben – im Sinne eines existentiellen Aktes und einer konkreten Art zu leben – heißt: das Gesamt seines persönlichen, gesellschaftlichen, kirchlichen, kulturellen und sonstigen Lebens in Einklang mit der Wirklichkeit Jesu bringen. Glaube geschieht im Vollzug des Lebens mitsamt seinen Problemen, die sich von Christus und seiner Botschaft befragen und hinterfragen lassen. Umgekehrt befragen wir auch Christus, wenden uns mit unseren Sorgen an ihn und suchen Antworten für unsere menschlichen Probleme bei ihm. In diesem Dialog gedeiht der Glaube, und Christus geht in den allgemeinen Kontext der Existenz ein. Glauben haben heißt fähig sein, seine Stimme, die in unserer Situation spricht, zu vernehmen. Jede wahre Begegnung mit Christus führt zu einer Krise, die wie ein läuternder Tiegel wirkt; denn bei ihm stößt man auf eine Art von menschlicher Tiefe, von der man sich in Frage gestellt sieht; in Jesu Leben, Sprechen und Handeln werden ursprüngliche Strukturen des Menschen bezüglich des Absoluten greifbar, die an das erinnern, was jeder Mensch gegenüber Mitmensch, Welt und Gott sein müßte. Diese Norm, die aus der Berührung mit Christus erwächst, nimmt nun eine doppelte Funktion an. Erstens eine kritisch-urteilende Funktion: Sie macht deutlich, daß unser Zustand mit dem Maß, das Christus gelebt hat, nicht übereinstimmt; deshalb fällt sie ihr Urteil über uns und läßt uns spüren, wie weit wir noch von ihm entfernt sind und wie lang der Weg noch ist. Zweitens eine kritisch-läuternde und rettende Funktion: Der absolute Bezugspunkt, den wir in Christus entdekken, gibt uns einen neuen Impuls, eröffnet uns die Chance zur Umkehr und schenkt uns die Gewißheit, daß wir das Ziel mit ihm erreichen werden. In diesem Sinn ist Christus die permanente Krise der menschlichen Existenz. Aber Krise, die läutert und heilt.

b) Der Glaube gestattet nicht, die Titel Jesu zu ideologisieren

Für die Christologie kann es zu einer Gefahr werden, wenn aus dem Bemühen um Anpassung heraus biblische Christustitel *kritiklos* und ohne Wissen um ihre geschichtliche Relativität in die jeweiligen kulturellen Bedingungen hineingeholt werden. Natürlich läßt es sich nicht vermeiden, daß kulturelle Elemente in den christologischen Prozeß mit einfließen. Bereits in der Einleitung haben wir eingehend dargestellt, daß sich die Inkarnation sozusagen bis in die Geschichte hinein verlängert und damit menschliche Werte in das Christusgeheimnis hineinträgt. Doch bleibt die Gefahr, daß so etwas zur Ideologisierung eines sozialen und religiösen *Status* entartet und in der Christologie seine Rechtfertigung sucht. Päpste und Könige fanden in dem Titel „Christus-Imperator-König" eine ideologische Basis zur Rechtfertigung ihrer Macht, die sie freilich nicht immer in Einklang mit der Botschaft Christi und nicht selten gar gegen sie ausübten. Ohne viel Selbstkritik verstanden sie sich als die unmittelbaren Stellvertreter Christi in der Welt. So wurde zum Beispiel die Bezeichnung „Christkönig" nach Art des feudalen Königs oder des absoluten römischen bzw. byzantinischen Monarchen aufgefaßt. Als später die absolutistischen Monarchien in die Krise gerieten, interpretierte man „Christkönig" als den Träger der gesetzgebenden, ausführenden und richterlichen Gewalt. Überdies wurde Christus als der verstanden, der das ekklesiastische System rechtfertigt. Das Normative des Christusgeheimnisses wurde schlicht und einfach mit den Interventionen der Kirche gleichgesetzt und Christus in die Grenzen des Verständnisses einer offiziellen Theologie vereinnahmt. Nur durch die Kirche gelangt man zu Christus, hieß es. Damit fielen aber wichtige Parzellen der Geschichte und des Lebens, die nicht mit der ekklesiastischen Struktur in Verbindung standen, aus der Reichweite des Christusgeheimnisses heraus. Christus als Prophet, Lehrer, König, Herr usf. – so wurde überlicherweise gelehrt – lebt weiter in der kirchlichen Hierarchie, die damit Trägerin der prophetischen, leitenden und lehrenden Funktion ist. In all dem steckt viel Wahrheit, aber nicht die ganze Wahrheit. Gar zu leicht vergaß man, daß sich Christus der Prophet und Lehrer nicht in das gängige Schema von Prophet und Lehrer einpassen läßt und daß er gerade von den Lehrern seiner Zeit bekämpft, verhaftet und liquidiert worden ist.

Nichts in der konkreten Geschichte vermag den Reichtum Christi auszuschöpfen. Deshalb darf auch kein Christustitel verabsolutiert und das Reich Gottes weder privatisiert noch schlicht und einfach mit der Kirche oder mit einem Regime der Christenheit gleichgesetzt werden. Christi Titel und Botschaft dürfen nicht ideologisiert werden, mit dem Zweck, eine geltende Situation zu legitimieren oder zu sakramentalisieren. Aber auch die Kehrseite ist wahr: Solange die herrschenden Klassen Christus nach Maßgabe ihrer selbst verstanden, kamen Jesus und seine Predigt vom Gottesreich bei den notleidenden und unterdrückten Klassen als soziale Revolution an. Mit Christus bekamen die, die gesellschaftlich und religiös bisher keine Chance hatten, allmählich vor Gott Chance und Bedeutung. Gerade ihnen verkündete er die Gute Nachricht von der umfassenden Befreiung. Doch fällt auf, daß hier die Dinge verkürzt werden, indem man nur diesen Aspekt an Christus sieht und seine Botschaft einzig und allein auf die Praxis der Nächstenliebe beschränkt. Die Liebe ist nach unserer Meinung zentral und auch essentiell für die Predigt Jesu. Doch ist seine Botschaft umfassender und verspricht eine totale und globale Befreiung des Menschen wie des Kosmos für Gott. Die Liebe ist die Atmosphäre, in der das gelebt, erwartet und proklamiert wird. Nichtsdestoweniger sehen wir uns lieber an der Seite derer, die wenigstens das vom Evangelium gelernt haben, als an der Seite jener, die fanatisch für die Totalität der Orthodoxie eintreten, dabei aber Ungerechtigkeiten und Barbareien um sich herum dulden und nicht mehr imstande sind, die Worte Christi aufzunehmen: „Was ihr dem Geringsten dieser Kleinen getan habt, habt ihr mir getan." Es kommt darauf an, nicht bloß Christologie zu treiben, sondern vor allem auch Christus nachzufolgen. Trennt man beides voneinander, so fehlt eine wirkliche Kenntnis von Christus, weil auch keine wirkliche Begegnung mit Christus stattgefunden hat, in der der Mensch Fragen stellt, sich aber auch in Frage stellen läßt. Um Christus zu verstehen, dürfen wir nicht mit unseren Antworten, sondern müssen wir mit unseren Fragen zu ihm gehen. Wenn wir ihm dann begegnen, darf das nicht der Rechtfertigung unserer Lösungen dienen, sondern muß sie hinterfragen und kritisch beurteilen, damit er uns mit seinem Licht bereichert, er uns sein Wort sagt und er die Fragen in unserer Situation beantwortet. Das gilt insbesondere für jeden modernen Versuch, den Prozeß der Entschlüsselung des Christusgeschehens weiterzuführen. Unbeschadet dieser Gefahren dürfen wir uns nicht der Pflicht enthoben fühlen, aus dem Glauben heraus und im Kontext unserer Existenz unseren Beitrag zur Christologie zu leisten. Jede Generation muß sich mit dem Geheimnis Jesu auseinandersetzen und sich bemühen, ihm die Namen zu geben, die mit ihrer Erfahrung seiner unauslotbaren Tiefe korrespondieren. Im Grunde ist der mündige Glaube jedes Christen herausgefordert, gut oder schlecht von Jesus oder ausgehend von Jesus zu reden, so wie es ihm eben gegeben ist. Die Frage ist doch: Was bedeutet Christus für uns heute, insbesondere in unserer Situation in Brasilien und Lateinamerika? Zuvor jedoch muß noch ein ganz wichtiger Punkt geklärt werden.

2. Die Brücke zwischen Christus und uns

Wenn Christus für uns von entscheidender Bedeutung ist, dann liegt der Grund darin, daß wir in ihm die Antwort auf unsere Probleme und auf die Erwartungen unseres Menschseins finden. Dabei ist die Antwort so geartet, daß sie Gott und Mensch betrifft und wir ihr eben in der Wirklichkeit Christi begegnen. So erblickte der Glaube in ihm den Gottmenschen. Deshalb bekennen wir, daß wir in Christus den Weg und zugleich auch das Ziel des Weges haben: Durch den Menschen gelangen wir zu Gott, und durch Gott geht uns auf, wer der Mensch ist. Wir haben schon erörtert, daß der Glaube in seiner Menschheit die Gottheit entdeckt hat. Aus diesem Grund ist auch die Menschheit gestern wie heute die Brücke, die uns mit Christus verbindet. Allerdings dürfen wir unter Menschheit nicht etwas Statisches, Abgeschlossenes und Kategorisierbares verstehen. Mit Menschheit meinen wir vielmehr ein Geheimnis: Je mehr sie uns klar wird, um so weiter öffnet sie sich auf ein unbegrenztes Erkanntwerden hin, bis sie sich (und das begegnet uns in der Inkarnation) im Geheimnis Gottes verliert. In welchem Sinn ist aber die Menschheit Christi Brücke zwischen ihm und uns, und inwiefern wissen wir uns dadurch als eine solidarische Gemeinschaft mit ihm? Weil in der Menschheit Christi, in seiner schöpferischen Phantasie, in seinem enorm sicheren Gespür, in seiner Ursprünglichkeit, in seiner souveränen Art, zu reden und zu handeln, in seinem einzigartigen Verhältnis zum Vater sowie in der Liebe, die er allen entgegenbrachte, sich eine Wirklichkeit auftat, auf die alle warteten und warten: die Lösung aller grundlegenden Konflikte des Lebens, der Entfremdung, der Sünde, des Hasses und des Todes, in einem neuen Sinn für die Wirklichkeit und für die Gemeinschaft mit Gott im inneren Umgang zwischen Vater und Sohn, was auch die eigenen Verfolger und Mörder, ja, selbst die Versöhnung mit ihnen einschließt. Mit ihm ist eine neue Situation entstanden, was den Menschen ja auch nicht entgangen ist: Hier geschehen die Parusie (das Kommen) und die Epiphanie (Manifestation) des Befreiers der menschlichen Existenz in der gesamten Weite ihres Verhältnisses zu Gott, zum Mitmenschen und zum Kosmos.

Die Auferstehung bestätigt, daß mit Jesus die Geschichte an ihr Ende gekommen ist. Allerdings ist „Ende" hier nicht chronologisch zu verstehen, weil ja die Geschichte bis heute weitergeht, sondern im Sinn von Ziel und Höhepunkt: In ihm hat die Geschichte ihren Punkt Z erreicht, zu dem sie auf dem Weg war. Der Tod ist überwunden, alle verborgenen Fähigkeiten des Seins und des Menschen sind realisiert, und der Mensch ist eingegangen in die Sphäre Gottes. Damit ist Christus das neue Sein, der neue Adam, der neue Himmel und die neue Erde, die Erfüllung der menschlichen Hoffnungen auf umfassende Befreiung und menschlich-göttliche Verwirklichung. Deshalb kommt Christus eine einzigartige Funktion in der Geschichte zu; denn er ist ein Realsymbol und eine *Gestalt* für uns. Noch immer spricht er zu uns, und noch immer berührt er uns mit derselben Faszinationskraft, die er in den ersten Augenblicken der Auferstehung hatte. Heute wie gestern ist die Bewunderung für Jesus der Ursprung der Christologie. Das Spezifikum der Gestalt besteht darin, daß sie die Kräfte des Menschen aktiviert, die Grundstrukturen der menschlichen Wirklichkeit aufdeckt und bewirkt, daß sich jeder Mensch in ihr als in einem Realsymbol wiedererkennt. Bereits vor Christus hatte es zahllose Menschen gegeben (vgl. Hebr 1,1; 11,1–40 sowie die Stammbäume bei Lk und Mt), die – wiewohl jeder auf seine Weise – auch schon die neue Wirklichkeit zu erkennen gegeben hatten, welche aber jetzt mit Christus das erste Mal in der Geschichte in ihrer ganzen Ursprünglichkeit und Dynamik klar wie ein Gebirgsbach und tief, daß nur die Fleischwerdung Gottes sie angemessen erklären konnte, zutage getreten ist. Wie alle Menschen zu allen Zeiten sind wir auch heute auf der Suche nach dieser versöhnenden und totalisierenden Realität. Als Christen finden wir sie in Jesus. Deshalb nennen wir Jesus mit Recht den *Christus,* den Erwarteten, den Gesalbten und den Verheißenen. In seinem Leben, in seinem Tod und in seiner Auferstehung wird Wirklichkeit, wonach das menschliche Herz aus ist und was uns Gott als unsere Zukunft zugesagt hat. Solange wir das glauben, können wir mit Recht sagen: Wir kennen niemanden so gründlich wie Jesus. Denn unsere Kenntnis von ihm beziehen wir nicht so sehr aus den Informationsquellen der Vergangenheit als vielmehr aus jenen Tiefenstrukturen unseres Seins, die in ihm – in Jesus – ihre göttliche Fülle gefunden haben. Infolgedessen ist er unsere Gestalt, das Realsymbol, der Weg, das Licht und die Wahrheit von Gott und Mensch zugleich. Wie aber läßt sich die Begegnung unserer Sehnsüchte mit der Wirklichkeit Jesus heute beschreiben? Im Folgenden möchten wir fragmentarisch einige Möglichkeiten andeuten.

3. Elemente einer Christologie in säkularer Sprache

a) Christus als Punkt Omega, „homo revelatus" und zukünftige Gegenwart

Allen noch ungelösten Schwierigkeiten zum Trotz haben wir heute ein evolutionistisches Weltbild. Damit soll gesagt werden: Unsere Welt ist das Ergebnis eines langen Prozesses, in dem unvollkommene Formen zu immer vollkommeneren Formen konvergieren, bis sie die gegenwärtige Stufe auf dem Weg nach oben erreicht haben. Im Rückblick erkennen wir, daß ein Sinn in der Entwicklung der

Dinge liegt. So unwahrscheinlich die Erklärung isolierter Phänomene auch anmuten mag und so sehr Zufall und Absurdität zu herrschen scheinen, läßt sich nicht leugnen, daß das Ganze von einer *Entelechie* (von einem geheimen Sinn) geleitet wird: In der Tat mündete die Kosmogenese in die Biogenese, aus der Biogenese entwickelte sich die Anthropogenese, und aus der Anthropogenese ergab sich, christlichem Glauben zufolge, die Christogenese. Die Dinge, die uns umgeben, bilden kein Chaos, sondern einen Kosmos (Harmonie). Je weiter man vorstößt, desto komplizierter wird es; je komplizierter es wird, um so größer wird die Einheit; je größer die Einheit wird, um so mehr nimmt das Bewußtsein zu. In diesem Sinn ist der Geist kein Epiphänomen der Materie, sondern ihre höchste Verwirklichung und größte Konzentration auf sich selbst. Die Materie ist die Vorgeschichte des Geistes. In dieser Sicht entsteht der Mensch nicht als Rechenfehler oder Fehlprodukt der Entwicklung, sondern als ihr vollster Sinn, als der Punkt, an dem der Gesamtprozeß seiner selbst bewußt wird und beginnt, sich selbst zu leiten. Nun sah die Urgemeinde in Jesus die größte Offenbarung der menschlichen Menschheit, die so weit geht, daß sie das tiefste und innerste Geheimnis, das sie in sich trägt, voll zu erkennen gibt: Gott. Christus ist also in unserer evolutionistischen Sicht der Punkt Omega, das heißt: jener Scheitelpunkt, an dem der gesamte Prozeß in einem persönlichen Wesen an sein Ziel gekommen und damit schon in die göttliche Sphäre extrapoliert ist. In ihm ist Gott bereits alles in allen Dingen (vgl. 1 Kor 15,28), und er ist der Mittelpunkt zwischen Gott und Schöpfung. Der Mensch, den Gott gewollt hat und der radikal sein Bild und Gleichnis ist (Gen 1,26), ist weniger der erste Mensch, der sich von der Ebene des Tieres abhebt, als vielmehr der endzeitliche Mensch, der am Ende des gesamten Entwicklungs- und Schöpfungsprozesses in Gott eingeht. Als der Inkarnierte und Auferstandene tritt uns Christus mit den Merkmalen des letzten Menschen entgegen. Der Mensch, den der Aufwärtsprozeß latent in sich trug, ist nun in Christus sichtbar geworden. Christus ist der „homo revelatus". Er ist die in die Gegenwart hinein antizipierte Zukunft, das bereits hier und auf dem Weg erkennbar werdende Ziel. Damit aber hat er etwas Bestimmendes an sich: Als anregender, integrierender und orientierender Faktor, als Magnet, zieht er alle an, die noch auf dem beschwerlichen und langwierigen Aufstieg zu Gott unterwegs sind.

Christus ist ein Absolutum in der Geschichte. Zwei Dinge sind damit gesagt: Christus ist absolut, weil er die messianischen Hoffnungen des menschlichen Herzens erfüllt. Der Mensch lebt aus einem Prinzip Hoffnung, das ihn von umfassender Befreiung träumen läßt. Viele hat es gegeben, die dem Menschen auf dem Weg zu Gott geholfen haben, sowohl im Bereich der Religion als auch im Bereich von Kultur, Politik, Psychologie usw. Aber niemand hat es bisher vermocht, ihm zu zeigen, wie eine radikale Befreiung von allen Elementen der Entfremdung, von der Sünde bis hin zum Tod, möglich ist. In der Auferstehung ist das aber erkennbar geworden, zumindest in der Gestalt Jesu. In ihm ist etwas qualitativ *Neues* angebrochen und damit eine unauslöschbare Hoffnung entfacht worden: Unsere Zukunft ist die Gegenwart Jesu. Er ist der erste unter vielen Brüdern (Röm 8,29; Kol 1,18). In diesem Sinn ist Christus in der Geschichte absolut. Doch wird ihm dieser Charakter nicht dadurch zuteil, daß andere – Vorläufer oder Nachfolger von ihm – geringer veranschlagt werden: Buddha, Konfuzius, Sokrates, Gandhi, Martin Luther King und andere, sondern dadurch, daß er dem, was diese gelebt und vorangetrieben haben, seine volle und radikale Form gibt. Wenn wir behaupten, Christus sei *innerhalb* der Geschichte absolut, weil er die Kräfte dieser Geschichte erschöpfend realisiere, beinhaltet dieser Satz noch eine zweite Aussage: Da Christus das ist, was er ist, steht er auch außerhalb unserer Kategorie von Geschichte. Diese hat er hinter sich gelassen, und er hat eine andere Geschichte begründet, in der die Zweideutigkeiten des Geschichtsprozesses im Sinne von Sünde und Gnade, von Integration und Entfremdung ein Ende haben. Mit ihm hat ein neues Sein angefangen, das ganz auf das Positive, auf Liebe, Gnade und umfassende Gemeinschaft polarisiert ist. Als Absoluter innerhalb und außerhalb der Geschichte ist Christus eine fortwährende Krise für alle Gestalten und Realsymbole des Absoluten und der umfassenden Befreiung in der Geschichte. So ist er ein Maß, an dem sich alle Dinge messen lassen müssen, ohne entwertet oder diffamiert zu werden. Christi Größe läßt sich nicht dadurch vermehren, daß man die anderen herabsetzt, sondern nur dadurch, daß man Fähigkeiten entwickelt, die Wirklichkeit Christi auch in der realen Größe anderer großer Gestalten und Befreierpersönlichkeiten der menschlichen Geschichte verwirklicht zu sehen.

b) Christus als Versöhnung der Gegensätze, als göttlicher Bereich, als der, der „einfach ätzend" ist

Die wachsende Vereinigung der Welt mit Hilfe all der Medien läßt bei den Menschen ein planetarisches, ökumenisches und im Suchen nach einem neuen Humanismus solidarisches Bewußtsein entstehen. Die Begegnung der Kulturen und der verschiedenen westlichen und östlichen Weltanschauungen stürzt alle traditionellen Humanismen, vom klassischen griechisch-römischen, christlichen und renaissancebeeinflußten Humanismus bis hin zum technischen und marxistischen Humanismus, in eine Krise. Dieses ganze Gären und gegenseitige Sichdurchdringen der verschiedenen Horizonte und Modelle führt zu einem neuen Verständnis vom Menschen und von seiner Funktion in der Welt. Möglicherweise spielt Jesus Christus in diesem Prozeß eine entscheidende Rolle, weil seine Gestalt die Versöhnung der menschlichen und auch der göttlichen Gegensätze ist. Denn zunächst einmal ist er ja der Mittler zwischen Gott und Mensch – in dem Sinne, daß er das grundsätzliche Verlangen des Menschen, das Unerfahrbare und Unaussprechliche in einer greifbaren Erscheinungsform zu erleben, Wirklichkeit werden läßt. Als Mittler ist Christus aber kein drittes Wesen aus Mensch und Gott. Dann wäre er nämlich ein Halbgott und ein Halbmensch, und als solcher könnte er weder Gott noch den Menschen vertreten. Um Gott vor den Menschen und die Menschen vor Gott vertreten zu können, muß er ganz Gott und ganz Mensch sein. Bei unseren Überlegungen zur Bedeutung der Inkarnation haben wir schon darüber nachgedacht, daß Jesus der Mensch in der Radikalität der menschlichen Existenz, die er aber nicht auf sich selbst, sondern auf Gott zentriert hat, Gott manifestiert und repräsentiert. Dadurch ist er imstande, sowohl Gott als auch den Menschen zu vertreten, ohne sich von Gott oder vom

Menschen zu entfremden. Wer es vermag, so tief menschlich zu sein wie Jesus, bis dahin, daß er zugleich auch Gott in sich zu erkennen gibt, der gibt der menschlichen Geschichte Sinn und wird zur Gestalt des wahren und eigentlichen Menschseins. Darüber hinaus versinnbildet Christus auch die Versöhnung der menschlichen Gegensätze. Die menschliche Geschichte ist eine zwiespältige Sache; sie ist gemacht aus Frieden und Krieg, Liebe und Haß, Befreiung und Unterdrückung. Christus hat sich dieses menschliche Sosein zu eigen gemacht und in sich versöhnt. Obschon verfolgt, kritisiert, abgelehnt, verhaftet, gefoltert und liquidiert, hat er nicht mit derselben Münze heimgezahlt. Selbst die Verfolger hat er geliebt, und die Foltersknechte hat er erlöst, indem er sie Gott empfahl: „Vater, vergib ihnen, denn sie wissen nicht, was sie tun" (Lk 23,34). Den Kreuzestod hat er nicht einfach erlitten, sondern als Ausdrucksform von Liebe und Treue zu den Menschen innerlich angenommen. Auf diese Weise besiegte er mit einer Kraft, die nur die Kraft des in ihm offenbar gewordenen neuen Menschen sein kann, Entfremdung und Spaltung unter den Menschen. Das Kreuz ist das Symbol für die Versöhnung der Gegensätze: Zeichen menschlichen Hasses und Zeichen göttlicher Liebe. Dadurch schuf er eine neue Situation in der Menschheit, einen göttlichen Bereich, eine versöhnte Welt innerhalb einer mit einer solchen Gewalt und geschichtlichen Wirkkraft gespaltenen Welt, daß wir es auch heute noch zu spüren bekommen und wohl immer zu spüren bekommen werden. Wenn wir uns durch Glauben, Nachfolge, Hoffnung, Liebe und Sakramente in diesen gewinnenden und versöhnenden Brennpunkt hineinbegeben, werden auch wir neue Geschöpfe und erfahren die Kraft der zukünftigen Welt. In ihrer typischen Sprache sagt die *Hippie*-Jugend: „Jesus ist einfach ätzend". Hinter dem Ausdruck steckt eine typisch christliche Erfahrung, der Christus das sein läßt, was er ist: derjenige, der existentielle Gegensätze miteinander versöhnt und die verschiedenen Dimensionen des menschlichen Lebens auf der Suche nach Sinn und Licht auf dem Weg integriert. Das ist auch der menschliche Inhalt, der sich hinter den klassischen christologischen Formeln vom Menschensohn, vom leidenden Gottesknecht und vom abgelehnten Messias verbirgt.

c) Christus als Kritiker, Reformer, Revolutionär und Befreier

Die Welt der letzten drei Jahrhunderte zeichnet sich durch große gesellschaftliche Mobilität aus. Wissenschaftliche Mentalität und technische Möglichkeiten haben die natürliche und soziale Umwelt verändert. Unterschiedliche Formen des Zusammenlebens lösten einander ab. Ideologien, die gesellschaftliche und religiöse Verhältnisse legitimieren sollen, werden einer rigorosen Kritik unterzogen. Wo es nicht gelingt, sie auszuschalten, werden sie doch zumindest entlarvt. Der heutige Mensch definiert sich viel mehr aus der Zukunft als aus der Vergangenheit. Im Blick auf die Zukunft entwickelt er neue Modelle zur wissenschaftlichen Beherrschung der Welt, entwirft neue Formen zur gesellschaftlichen und politischen Organisation und konzipiert gar Utopien, deretwegen er die vorfindliche und soziologisch gegebene Situation hinterfragt. So treten Reformer, Kritiker und Revolutionäre auf den Plan. Nicht wenige halten Christus für solch einen Kritiker und Befreier, Reformer und Revolutionär. Also schließen sie sich ihm an. Bis zu einem gewissen Grad steckt viel Wahres darin. Doch dürfen wir die Begriffe nicht durcheinanderwerfen. Christus definiert sich nicht dadurch, daß er *gegen* etwas wäre; Christus ist kein Querulant. Christus ist *für* Liebe, Gerechtigkeit, Versöhnung, Hoffnung und umfassende Verwirklichung des Sinns der menschlichen Existenz in Gott. Wenn er *gegen* etwas ist, dann deshalb, weil er sich zunächst durch ein *Für* definiert. In heutiger Sprache ausgedrückt, predigt er eine wirkliche globale und strukturelle Revolution. Denn Reich Gottes heißt weder Befreiung von der Unterjochung durch die Römer noch Rebellion der Armen gegen die jüdischen Großgrundbesitzer, sondern volle und umfassende Befreiung von allem, was den Menschen entfremdet, von Krankheit und Tod bis hin vor allem zur Sünde. Reich Gottes darf nicht auf eine Dimension der Welt verkürzt oder privatisiert werden. In ihrer ganzen Länge und Breite muß die Welt im Sinne Gottes umgestaltet werden. In diesem präzisen Sinn, der überdies auch keine Gewalt zuläßt, kann man Christus Kritiker und Revolutionär nennen. Im Namen dieses Reiches wendet er sich gegen den Legalismus, gegen die Härte in der jüdischen Religion und gegen die gesellschaftlich-religiöse Klassenbildung seiner Zeit, in der durch die Aufteilung der Menschen in Reine und Unreine, in ehrenhafte und unehrenhafte Berufe, Nahe und Ferne usw. ein gut Teil diskriminiert wird. Allerdings muß deutlich gesagt werden, was Revolutionär und Reformer heißt. Der Reformer will nichts absolut Neues schaffen. Er akzeptiert die Welt und die Form von Gesellschaft und Religion, so wie sie sich ihm darstellen; nur will er sie weiterentwickeln. In diesem Sinn war Jesus auch ein Reformer. Im Judentum geboren, paßte er sich den Riten und Sitten seines Volkes an. Doch versuchte er, das religiöse Wertesystem zu verbessern. Deshalb erhob er harte Forderungen. Das Verbot zu töten radikalisierte er in der Weise, daß er auch die Ursache für das Töten – den Haß – ausgemerzt sehen wollte; das Verbot, die Frau des anderen zu begehren, radikalisiert er dermaßen, daß er verlangte, man solle sogar seinen Blick im Zaum halten. Und die Nächstenliebe nahm er so gründlich ernst, daß er auch Liebe zu den Feinden forderte. So erhellt: In diesem Sinn war Christus ein Reformer. Doch ging er noch weiter. Jesus wollte die Vergangenheit nicht bloß in verbesserter Neuauflage wiederholt sehen. Er sagte auch Neues (Mk 1,27); und darum war er ein großer Revolutionär und, wer weiß, vielleicht sogar der größte Revolutionär aller Zeiten. Anders als der Reformer will der Revolutionär nicht nur die alte Situation erneuern und verbessern. Er will etwas Neues einführen und die religiösen und gesellschaftlichen Spielregeln austauschen. Das Reich Gottes, das Christus predigt, ist keine Verbesserung dieses oder jenes Ausschnitts der Welt, sondern die globale Veränderung der Strukturen dieser alten Welt: Gott macht alles neu und heiter, und er selbst wird über alle Dinge herrschen. Christsein heißt: ein neues Geschöpf sein (2 Kor 5,17), und Reich Gottes ist in der Wiedergabe der Offenbarung des Johannes der neue Himmel und die neue Erde (Offb 21,1), wo „kein Tod, keine Trauer, keine Klage und keine Mühsal mehr sein werden; denn was früher war, ist vergangen" (21,4). Indem Christus dem Menschen diese gute Nachricht verkündet und verheißt, sagt er eine wirkliche Revolution an. Nur in diesem genau umrissenen Sinn dürfen wir ihn Revolutionär nennen – und nicht im emotionalen und ideologischen Sinn eines Gewalttäters oder Rebellen angesichts eines politisch-gesellschaftlichen Strukturzusammenhangs. Der sachgerechteste Ausdruck wäre vielleicht „Befreier“: Jesus als derjenige, der die Menschen von ihrem durch Sünde und alle Art von Entfremdung unterdrückten Bewußtsein ebenso wie von ihrem traurigen menschlichen Los im Verhältnis zur Welt, zu den Mitmenschen und zu Gott befreit.

d) Jesus Christus als Archetyp der vollkommensten Individuation

Einer der fundamentalsten Wünsche des Menschen besteht darin, alle Kräfte seines bewußten, unterbewußten und unbewußten Lebens immer besser zu integrieren. Der Mensch ist ein Knoten von Beziehungen in alle Richtungen. Sämtliche Regungen des menschlichen Lebens zu integrieren ist ein schmerzvoller Prozeß, der nicht immer ohne Konflikte und existentielle Dramen vonstatten geht. Die weiteste und gefährlichste Reise, die man als Mensch unternehmen kann, geht nicht zum Mond oder zu sonst einem Gestirn, sondern ins Innere von einem selbst, auf der Suche nach einem Mittelpunkt, der alles anzieht, polarisiert und harmonisiert. In der Sprache der komplexen Psychologie von C. G. Jung heißt dieses ständige Suchen Prozeß der Individuation. Dieser Individuationsprozeß geschieht aus der Fähigkeit des Menschen, immer dichter an das Symbol bzw. den Archetyp Gott – an das Selbst –, das das Zentrum der psychischen Energien des Menschen ausmacht, heranzukommen. Der Archetyp Gott (Selbst) ist verantwortlich für die Harmonie, für die Integration und Assimilierung sowohl des bewußten Ich mit seinen Kräften als auch vor allem des unbewußten Ich, das in der mächtigen und unwägbaren Erbmasse an Erfahrungen unserer primitiven vegetativen, tierischen und menschlichen Vorfahren, des Volkes, der Nation, des Clans, der Familie und anderer Ausprägungen unserer kollektiven und individuellen Geschichte besteht. Je mehr es dem Menschen gelingt, einen inneren Integrations- und Assimilierungskern aufzubauen, desto mehr individualisiert und personalisiert er sich. Die Religion, die den göttlichen Gott und nicht nur ein unendliches, für das System der Metaphysik notwendiges Wesen anbetet, spielt in diesem Prozeß eine entscheidende Rolle. Menschen mit einer außergewöhnlichen Integrationsfähigkeit wie die Mystiker, die Gründer der großen Religionen und andere Persönlichkeiten von bewundernswerter Menschlichkeit werden zu Archetypen und Symbolen des Selbst. So wie Jesus Christus in den Evangelien dargestellt und von der Gemeinde geglaubt wird, erweist er sich als die abgerundetste und vollkommenste Aktualisierung des Selbst (Archetyp Gott). Er tritt uns als die vollendetste Etappe des Individuationsgeschehens entgegen und kommt damit nicht nur an den Archetyp Selbst (Gott) heran, sondern ist mit ihm identisch.

Damit ist Christus für die Menschheit von entscheidender Bedeutung: Der Mensch, der jeder einzelne von uns ist, den wir als ein Geheimnis erfahren, der den Menschen unendlich übersteigt und sich als ein unbegrenztes Bündel von Möglichkeiten empfindet und der sich zugleich als begrenzt und in die engen Bedingungen der Geschichte eingesperrt erfährt, wird jetzt in der Begegnung mit dem getöteten und auferweckten Christus gewahr, daß er weder eine asymptotische Möglichkeit noch ein nie zu erfüllendes Verlangen nach umfassender Integration ist, sondern daß dies alles zumindest in einem Menschen ungetrübt und kristallklar wie das Licht am ersten Schöpfungsmorgen bereits in Erfüllung gegangen ist. Da wir solidarisch miteinander verbunden sind, haben wir die Hoffnung, daß das, was an Christus schon Wirklichkeit ist, auch für jeden Menschen, der sich dem Absoluten öffnet, noch Wirklichkeit wird. Er geht uns voraus als Weg, Licht, Symbol und Archetyp des am weitesten integrierten und vollkommensten Wesens, das die Welt je gesehen hat, so daß er selbst in das verborgene Geheimnis Gottes eintaucht und mit ihm eins wird.

e) Jesus Christus als unser großer Bruder

Daß sich Jesus mit sich selbst und mit Gott integriert (Inkarnation), geschieht nicht in einem spektakulären Lebenslauf, sondern im Auf und Ab eines alltäglichen Lebens. In der Inkarnation macht sich Gott das Ganze unseres ungewissen menschlichen Soseins mit seinen Ängsten und Hoffnungen, mit seinen Grenzen (Tod Gottes) und Sehnsüchten nach dem Unendlichen zu eigen. Darin besteht die große theologische Bedeutung der verborgenen Jahre Jesu in Kindheit und Jugendalter: In Nazaret ist er ein Mensch wie alle Menschen dort, weder Superheld noch Heiliger, der die Aufmerksamkeit auf sich zöge; solidarisch mit den Menschen und der Mentalität des Dorfes, teilt er das Los einer von ausländischen Besatzungskräften unterdrückten Nation. Er hat nichts Schriftliches hinterlassen und geht im buchstäblichen Sinn in der anonymen Masse der Namenlosen unter. In der Inkarnation hat sich Gott so weit erniedrigt, daß er sich geradezu verbarg, als er sich hier auf der Erde zeigte. Aus diesem Grund ist Weihnachten das Fest der Säkularisierung: Gott fürchtet sich nicht vor der Materie noch vor der Zwiespältigkeit und Niedrigkeit des Menschseins. Gerade in dieser Menschheit und nicht ihr zum Trotz hat sich Gott geoffenbart. In welcher Lage sich der Mensch auch befinden mag, immer ist sie gut genug, daß er sich in sich versenken, reifen und Gott begegnen kann. Christus ist unser Bruder, insofern er die Namenlosigkeit von nahezu uns allen teilte und die Bedingungen des Menschenseins, die ja für alle gleich sind, annahm. Deshalb ist das Leben, so wie es ist, wert, gelebt zu werden: grau und monoton wie die alltägliche Arbeit und aufreibend in der Geduld, mit anderen zusammenzuleben, sie anzuhören, zu verstehen und zu lieben. Doch ist er unser *großer* Bruder, insofern er nämlich in diesem menschlichen Leben mit seinen verborgenen und öffentlichen Momenten so menschlich lebte, daß er uns Gott offenbarte und durch Tod und Auferstehung alle Möglichkeiten, deren wir fähig sind, realisieren konnte. So kann Christian Duquoc sagen: „Das Christentum verkündet nicht den Tod, sondern die Menschlichkeit Gottes." Darin liegt die große Bedeutung des irdischen Lebens Jesu von Nazaret.

f) Jesus als Gott der Menschen und Gott-mit-uns

Unsere bisherigen Darlegungen dürften deutlich gemacht haben, daß die Frage: Gott oder der Mensch?, eine falsche Alternative ist. Ebenso falsch ist die Gegenüberstellung: Jesus oder Gott? Gott offenbart sich in der Menschlichkeit Jesu. Die Inkarnation kann als die erschöpfende und radikale Verwirklichung einer menschlichen Möglichkeit bezeichnet werden. So begegnet uns der Gottmensch Jesus als der Gott der Menschen und als Gott-mit-uns. Von diesem Verständnis her müssen wir wohl unseren gängigen Gottesbegriff entmythologisieren, weil er uns daran hindert, Christus als den Menschen zu erkennen, der uns in seiner Menschheit Gott als den Gott der Menschen offenbart. Gott ist kein Konkurrent für den Menschen noch dieser für jenen. In Jesus Christus leuchtet uns eine Seite Gottes auf, die das Alte Testament so nicht kannte: Gott kann ein anderer werden, kann uns in der Schwäche eines Kindes entgegenkommen, ist leidensfähig und weiß, was es bedeutet, Versuchungen ausgesetzt zu sein, enttäuscht zu werden, den Tod eines Freundes zu beweinen, mit Hinz und Kunz, die in dieser Welt nie eine Chance haben, umzugehen und gerade ihnen das absolut Neue von der Befreiung durch Gott zu verkünden. So zeigt sich, daß Gott keine Distanz zu den Menschen hat und das Geheimnis des Menschen ihm nicht fremd ist. Im Gegenteil: Wer dem Menschen begegnet, begegnet immer auch Gott, weil Gott das höchste und unaussprechliche Geheimnis ist, das auch die Existenz des Menschen umgreift, das – wenn man es spürt – sich in keinen Begriff und kein Symbol einfangen und – wenn es sich in seiner höchsten Manifestation in der Menschheit Jesu offenbart – durch keinen Namen und keinen Hoheitstitel erschöpfend beschreiben läßt. Aber das ist der menschliche Gott, der uns die Göttlichkeit des Menschen und die Menschlichkeit Gottes offenbart.

Fortan kann man nicht mehr den Menschen denken, ohne konsequenterweise Gott mit einzubeziehen, und *konkret* können wir Menschen auch Gott nicht denken, ohne ihn in Verbindung mit dem Menschen zu bringen – wegen des Gottmenschen Jesus Christus. Der Weg zu Gott führt über den Menschen, und der Weg zum Menschen führt über Gott. Die Weltreligionen erfuhren Gott als *fascinosum* und *tremendum* in der Natur, in der Macht der kosmischen Kräfte, in den Bergen, in der Sonne, in den Quellen usw. Das Alte Testament hatte Gott in der Geschichte entdeckt. Das Christentum sah Gott im Menschen. In Jesus wurde deutlich, daß der Mensch nicht nur der Ort ist, an dem sich Gott zeigt, sondern daß er ein Seinsmodus Gottes selbst sein kann. Der Mensch kann eine Artikulation der Geschichte Gottes sein. Dies wurde zumindest in Jesus von Nazaret Wirklichkeit. Die Folgen dieser Konzeption sind von größter theologischer Bedeutung: Die Berufung des Menschen ist die Vergöttlichung. Damit der Mensch Mensch werden kann, muß er aus sich selbst ausziehen, und muß Gott Mensch werden. Wenn der Mensch eine Artikulation der Geschichte Gottes sein kann, dann ist dies nur in Freiheit, Hingabe und spontaner Offenheit des Menschen für Gott möglich. Mit der Freiheit aber kam es zu einem Bruch: Kosmische Zwangsläufigkeit und mathematische Logik sind überwunden, fortan gelten Überraschung, Spontaneität und schöpferische Gestaltungskraft. Die

Dinge sind in ein unentzifferbares Geheimnis gehüllt. Mit der Freiheit ist alles möglich: Göttliches und Dämonisches, daß der Mensch vergöttlicht wird wie auch daß er als Folge seiner Absage an die liebevolle Selbstmitteilung Gottes völlig scheitert. Mit Jesus werden wir der unauslotbaren Tiefe des Menschen, die bis an das Geheimnis Gottes rührt, gewahr und erfahren überrascht, wie nahe auch Gott uns ist, was so weit geht, daß er sich mit uns Menschen identifiziert. Treffend sagt Clemens von Alexandrien († 211 oder 215): „Wenn du wirklich deinem Bruder begegnet bist, dann bist du auch deinem Gott begegnet" (Stromateis I, 19).

4. Schluß: Christus als die kritische Erinnerung und das kritische Bewußtsein der Menschheit

Gestern wie heute geht die Christologie der Frage nach: *Wer* ist Jesus? Wer fragt: „Wer bist du?", fragt nach einem Geheimnis. Menschen lassen sich nicht de-finieren und in Schemen pressen. Wenn wir die Frage stellen: „Wer bist du, Jesus Christus, für uns heute?", dann bedeutet das, daß wir unsere Existenz der seinen gegenüberstellen und uns von seiner Person, seiner Botschaft und seiner Bedeutung, die sich aus seinem Verhalten ergibt, herausgefordert fühlen. Sich heute von Christus betroffen fühlen heißt: sich auf den Weg des Glaubens machen und Jesus zu verstehen suchen, aber nicht indem man ihm neue Titel und andere Namen gibt, sondern sich bemüht, das zu leben, was er gelebt hat: immer wieder versuchen, aus sich auszuziehen; das Zentrum des Menschen nicht in sich selbst, sondern außerhalb seiner, im anderen und in Gott, suchen; den Mut haben, an Stelle anderer in die Bresche zu springen; ein Harlekin-Christus oder der Idiot-Christus von Dostojewskij zu sein, der nie die Menschen im Stich läßt, sondern Randexistenzen bevorzugt, ertragen kann und Vergeben gelernt hat, der Revolutionär ist, aber ohne irgend jemanden zu diskriminieren, der sich einmischt, wo der Mensch ist, der verhöhnt und geliebt wird und den man für einen Verrückten hält, der aber eine Weisheit an den Tag legt, die die Leute nur zum Staunen bringt. Christus vermochte es, ein *Und* zu sagen, wo wir üblicherweise ein *Oder* sagen würden, und damit gelang es ihm, die Gegensätze zu versöhnen und Mittler der Menschen und aller Dinge zu sein. Er ist die ständige, unbequeme Erinnerung an das, was wir sein müßten und nicht sind, das kritische Bewußtsein der Menschheit, sich nie mit dem zufrieden zu geben, was man einmal erreicht hat, sondern seinen Weg weiterzugehen und jene Versöhnung und jenen Grad an Menschlichkeit in die Tat umzusetzen, die die unergründliche Harmonie Gottes in allen Dingen und Menschen bekundet (vgl. 1 Kor 15, 28). Solange das aber nicht Wirklichkeit ist, wird Christus – wie Pascal sagt – weiter verhöhnt, liegt er weiter im Todeskampf und wird weiter für jeden einzelnen von uns hingerichtet (vgl. *Pensées,* Ausgabe Brunschvicg, Nr. 553). In diesem Sinn können wir uns den Inhalt eines Gebetes für unsere säkulare Zeit zu eigen machen:

„Ich glaube an Jesus Christus
der recht hatte, als er
‚ein einzelner, der nichts machen kann'
genau wie wir
an der Veränderung aller Zustände arbeitete
und darüber zugrunde ging
an ihm messend erkenne ich
wie unsere Intelligenz verkrüppelt
unsere Anstrengung vertan ist
weil wir nicht leben wie er lebte
jeden Tag habe ich Angst
daß er umsonst gestorben ist
weil wir seine Revolution verraten haben
in Gehorsam und Angst vor den Behörden
Ich glaube an Jesus Christus
der aufersteht in unser Leben
daß wir frei werden
von Vorurteilen und Anmaßung
von Angst und Haß
und seine Revolution weitertreiben
auf sein Reich hin."

Schluß
Jesus Christus und das Christentum
Überlegungen zum Wesen des Christentums

Jesus Christus ist kein in der Weltgeschichte umherirrendes Wesen. Vielmehr stellt er die höchste Gestaltwerdung der Kräfte dar, die Gott selbst in die Schöpfung und vor allem in den Menschen gelegt hat. Diese Kräfte aber begründen ein Christentum bereits vor Jesus Christus und außerhalb des Kreises derer, die sich ausdrücklich im Glauben zu ihm bekennen. Christ ist nicht einfach, wer sich mit dem Mund zu Christus bekennt, sondern wer – gestern wie heute – jene Struktur und jenes Verhalten in seinem Glauben realisiert, die Christus auch gelebt hat: Liebe, Vergebung, bedingungslose Offenheit für Gott usf. Religionen, die das leben und lehren, sind konkrete Formen, die ein weltweites Christentum integrieren kann. Als die beste geschichtliche Artikulation des Christentums erweist sich unter institutionellem Gesichtspunkt die katholische Kirche. Solange Mensch und Welt nicht die Fülle in Gott erreicht haben, hofft Christus weiter und hat weiter eine Zukunft.

Am Ende unserer christologischen Überlegungen drängt sich natürlich eine umfassendere Reflexion über das Christentum und einige seiner Grundstrukturen auf. Christentum kommt von Christus. *Christus* ist ursprünglich kein Eigenname einer Person, sondern ein Titel. Indem die Urgemeinde den Titel „Christus" dem gekreuzigten und auferweckten Jesus von Nazaret zusprach, brachte sie ihren Glauben daran zum Ausdruck, daß sich in diesem Menschen die kühnsten Erwartungen des menschlichen Herzens und alle Sehnsüchte nach Befreiung aus der zwiespältigen Situation als Mensch und im Kosmos ebenso wie nach Gottunmittelbarkeit in Erfüllung gegangen seien. Er ist der *Ecce homo*, der neue modellhafte Mensch, der mit der letztmöglichen Tiefe geoffenbart hat, was der Mensch ist und was er kann: sich so weit für Gott öffnen, daß er sich mit ihm identifizieren konnte. Die Inkarnation bedeutet gerade die absolute und erschöpfende Verwirklichung dieser Möglichkeit, die der Horizont menschlicher Realität in sich birgt und die das erste Mal in Jesus von Nazaret konkretisiert wurde. Seine persönliche Geschichte offenbarte eine solche Art von Menschenkenntnis und ein solches Modell in Verhalten, Reden und Umgehen mit Gott und den Mitmenschen, daß die gängigen Modelle religiöser Interpretation gesprengt wurden. Seine tiefe Menschlichkeit ließ anthropologische Strukturen durchscheinen, die so lauter und für das Göttliche so transparent waren, daß sie alles bisher in der religiösen Geschichte der Menschheit Dagewesene überstiegen. Menschlich wie Jesus konnte nur Gott selber sein. Aufgrund all dieser Dinge bezeichnete man Jesus von Nazaret mit Recht als den Christus. Auf ihn gründet und von ihm her versteht sich das Christentum. An der Basis des Christentums steht also Jesus Christus. Und an der Basis Jesu Christi steht ein Leben, ein Verhalten, ein Menschsein und eine Struktur, die Jesus von Nazaret so radikal gelebt hat, daß man ihn als den Christus bezeichnete. So hat die menschliche Wirklichkeit also eine christische Struktur, die in vollendeter und erschöpfender Weise in Leben, Tod und Auferstehung Jesu von Nazaret zutage trat.

1. Christentum ist weit wie die Welt

Die christische Struktur bestand auch schon vor dem historischen Jesus von Nazaret. Jedesmal, wenn sich der Mensch für Gott und den Mitmenschen öffnet, wenn er wirkliche Liebe praktiziert und seinen Egoismus überwindet, wenn er sich um Gerechtigkeit, Solidarität, Versöhnung und Vergebung bemüht, dann ist das wirkliches Christentum und kommt in der menschlichen Geschichte die christische Struktur zum Tragen. So kann es Christentum schon vor dem Christentum und – mehr noch – auch außerhalb seiner Grenzen geben. Das heißt, Christentum realisiert sich nicht nur dort, wo man sich ausdrücklich zu ihm bekennt und wo es orthodox gelebt wird. Christentum geschieht immer dann und immer dort, wo der Mensch das Gute, die Wahrheit und die Liebe bejaht. Vor Christus war das Christentum anonym und verborgen. Es hatte noch keinen Namen, obwohl es da war und auch von den Menschen gelebt wurde. Erst mit Jesus Christus bekam das Christentum einen Namen: Jesus lebte es so gründlich und so bedingungslos, daß man ihn aufgrund von Antonomasie Christus nannte. Die Tatsache, daß es noch nicht Christentum hieß, bedeutet nicht, daß es inexistent gewesen wäre. Es war existent, wenn auch im Dunklen, in Namenlosigkeit und Verborgenheit. Mit Jesus fand es dann zur vollen Form von Öffentlichkeit, Explizierung und Offenbarung. Die Erde war immer rund, auch bevor Magalhães den Beweis dafür erbrachte. Südamerika begann nicht erst zu existieren, als Christoph Kolumbus es entdeckte. Es existierte auch bereits vorher, obwohl es nicht ausdrücklich bekannt war. Ähnlich verhält es sich auch mit dem Christentum und mit Christus. Christus hat uns gezeigt, daß es in der menschlichen Wirklichkeit Christentum gibt. Deshalb hat er den Namen für das Christentum geliefert, wie Amerigo Vespucci, der zweite Entdecker Amerikas, seinen Namen für den neu entdeckten Kontinent zur Verfügung gestellt hat: Amerika. So konnte Augustinus, der diesen Zusammenhang sehr gut sah, sagen: „Dasselbe, was jetzt christliche Religion genannt wird, gab es auch bei den Alten und war von den Anfängen der Menschheit an gegenwärtig. Als Christus endlich im Fleische erschien, fing man an, das, was schon immer existierte, christliche Religion zu nennen" (Retractationes I, 12,3). So können wir behaupten, das Christentum sei weit wie die Welt. Christentum gab es gestern vor Christus, wie es es auch heute außerhalb der „christlichen" Grenzen gibt, wo man das Wort „Christentum" weder gebraucht noch kennt. Mehr noch: Christentum kann sich auch dort finden, wo es aufgrund eines falschen Bewußtseins bekämpft und verfolgt wird. Deshalb ist Christentum nicht einfach eine perfektere Weltanschauung, keine erhabenere Religion und erst recht keine Ideologie. Christentum ist das innerhalb der christlichen Struktur konkret und konsequent geführte Leben dessen, was Jesus von Nazaret gelebt hat im Sinne von völligem Offensein für den anderen wie für den großen anderen, von Liebe, die keine Unterschiede macht, von unerschütterlicher Treue zur Stimme des Gewissens und von Absage an das, was den Menschen an seinen Egoismus bindet. Mit Recht sagt der erste große christliche Philosoph Justin († 167): „Alle, die nach dem Logos leben, sind Christen. So unter den Griechen: Sokrates, Heraklit und andere; und unter den Nichtgriechen: Abraham, Ananias, Azanias, Elias und viele andere, deren Namen und Werke zu zitieren zu weit führen würde" (Apologie I, 46). Demnach kann Christentum sowohl im Sakralen als auch im Profanen zum Tragen kommen, in dieser wie in jener Kultur, im Gestern wie im Heute wie im Morgen. Jesus lebte in seiner Menschheit die christische Struktur mit solch einer Radikalität, daß er als die beste Frucht der menschlichen Evolution angesehen werden muß, als – um mit Paulus zu sprechen (1 Kor 15,45) – der neue Adam, als der Mensch, der bereits das Ziel der Vermenschlichung des Menschen erreicht hat. Aus diesem Grund ist jemand nicht einfach ein wirklicher Christ, weil er sich so nennt und zur christlichen Religion gehörig fühlt. Christ ist vielmehr, wer im Leben – wenn auch in unzulänglicher und bloß annähernder Weise; anders geht es nicht, solange wir in der Geschichte sind – das lebt, was Christus gelebt hat und weswegen er verhaftet, verurteilt und hingerichtet worden ist. Joseph Ratzinger bringt das sehr glücklich wie folgt zum Ausdruck: „Nicht der konfessionelle Parteigenosse ist der wahre Christ, sondern derjenige, der durch sein Christsein wahrhaft menschlich geworden ist. Nicht derjenige, der ein Normensystem sklavisch und einzig auf sich selbst bedacht hält, sondern derjenige, der frei geworden ist zur einfachen menschlichen Güte." Christsein heißt, das menschliche Leben in jener Tiefe und Radikalität leben, wo es sich für das Geheimnis Gottes öffnet und mit ihm kommuniziert. Nicht was christlich und katholisch ist, ist gut, wahr und gerecht, sondern was gut, wahr und gerecht ist, ist christlich und katholisch.

2. Die volle Menschwerdung des Menschen setzt die Menschwerdung Gottes voraus

Läßt sich in verständlicher Form umschreiben, was christische Struktur ist? Die christische Struktur ist eine Möglichkeit der menschlichen Existenz. Der Mensch definiert sich, anders als das Tier, als ein auf das Ganze der Wirklichkeit hin offenes Wesen, als ein Knoten von Beziehungen in sämtliche Richtungen. Der Mensch kommt nur zu sich selbst, wenn er sich fortwährend offen und ständig in Gemeinschaft mit der Gesamtwirklichkeit hält. Wenn er beim anderen ist, ist er bei sich selbst. Nur wenn er ek-sistiert (aus sich herauskommt: ek), wird er. Das Ich existiert nur, weil es von einem Du geschaffen und gespeist wird. Nur wenn der Mensch gibt, hat er. Aus diesem Grund muß der Mensch ständig über sich hinauskommen. Kraft seines Denkens taucht er in den unbegrenzten Horizont des Seins ein. Je mehr er sich dem Sein öffnet, desto mehr kann er wahrnehmen, und desto mehr kann er Mensch werden. Geben bedeutet nicht nur über sich hinaus- und aus sich herauskommen. Geben beinhaltet auch die Fähigkeit, die Gabe des anderen entgegenzunehmen. Indem der Mensch liebt und sich von den anderen lieben läßt, entdeckt er seine wahre Tiefe und sein Geheimnis. Je mehr der Mensch auf das Unendliche und auf den anderen ausgerichtet ist, desto größer ist seine Möglichkeit, Mensch zu werden, das heißt, sein Menschsein zu realisieren. Der vollkommenste, vollendetste, endgültigste und ausgereifteste Mensch ist der, dem es gelungen ist, sich mit dem Unendlichen zu identifizieren und mit ihm eins zu sein. Jesus von Nazaret ist der Mensch, der diese Möglichkeit des Menschseins bis zur Vollendung realisiert hat und damit bis an das Ziel der Menschwerdung vorgedrungen ist. Da er in einer Weise für Gott offen war, daß er ganz von Gott erfüllt wurde, muß er der inkarnierte Gott genannt werden. So wird verständlich, was Joseph Ratzinger auf die sehr treffende Formel gebracht hat: „Die volle Menschwerdung des Menschen setzt die Menschwerdung Gottes voraus." Das heißt: Damit der Mensch wirklich er selbst werden kann, muß er die seiner Natur innewohnenden Möglichkeiten, insbesondere die, mit Gott einswerden zu können, verwirklichen können. Wenn der Mensch zu einer solchen Gemeinschaft mit Gott findet, daß er eine unvermischte, ungeschiedene und unverwandelte Einheit mit ihm bildet, dann erreicht er den Höhepunkt der Menschwerdung. Wenn es dazu kommt, wird Gott Mensch und der Mensch wird vergöttlicht, und Jesus tritt in die Geschichte ein. Deshalb können wir Ratzingers Gedanken vervollständigen und sagen: Die volle Menschwerdung des Menschen impliziere seine Vergöttlichung. Damit gelangt der Mensch unendlich über sich hinaus, und zwar nicht dadurch, daß sein Wesen aufgelöst würde, sondern dadurch, daß er die seiner Natur innewohnende unbegrenzte Fähigkeit zur Gemeinschaft mit Gott voll und ganz realisiert. Das Ziel der Anthropogenese besteht in der Christogenese, will sagen: in der unbeschreibbaren Einheit zwischen Gott und Mensch in dem einen Wesen Jesus Christus.

Christentum wird immer dann in der Geschichte konkret, wenn sich Menschen nach dem Vorbild Christi für das Ganze der Wirklichkeit und vor allem für „jenes letzte und unsagbare Geheimnis unserer Existenz" öffnen, „aus dem wir kommen und wohin wir gehen: Gott" (*Nostra Aetate* Nr. 1). Diese Offenheit kann, wie wir weiter unten sehen werden, die verschiedensten sakralen und profanen Gestalten annehmen. Entscheidend ist nicht diese oder jene Form. Entscheidend sind die Offenheit und ständige Bereitschaft zu immer größerer Vervollkommnung. Was Jesus von Nazaret in absoluter und nicht wiederholbarer Weise realisiert hat, muß sich nach dem Maß eines jeden einzelnen in jeder menschlichen Person realisieren. Wo die christische Struktur herrscht, dort herrscht Menschwerdung, und dort ist Menschwerdung in Gang. Wo sie aber durch Abkapseln des Menschen in sich selbst verkümmert, dort wird auch die Menschwerdung verhindert, und dort kann kein Mensch zur Menschwerdung reifen. Die Offenheit für den anderen ist so entscheidend, daß davon Heil und absolutes Scheitern des Menschen abhängen. Im sogenannten Gleichnis von den anonymen Christen (Mt 25,31–46) mißt der göttliche Richter alle Menschen an ihrer Fähigkeit zur Nächstenliebe. Wer den Fremden beherbergt und den Nackten einkleidet, dem Hungernden zu essen und dem Dürstenden zu trinken gegeben hat, hat nicht nur einen Menschen aufgenommen, sondern unerkannterweise Gott selbst. Im Grunde soll damit gesagt werden, daß Gemeinschaft in

Liebe und Offenheit für ein menschliches Du in ihrer letzten Radikalität eine Offenheit für das absolute und göttliche Du implizieren. Gott ist immer beteiligt, wo wahre menschliche Liebe, Solidarität, Gemeinschaft und Entfaltung sind. Gerettet wird nicht alleine, wer zur christlichen Konfession gehört, sondern wer die christische Struktur in seinem Leben nachvollzogen hat. Nicht, wer „Herr, Herr" bekannt und darauf eine ganze Weltsicht aufgebaut hat, sondern wer sich in Einklang mit der christischen Wirklichkeit verhalten hat. Vorbilder und christliche Etiketten haben da wenig zu sagen. Was zählt, ist die konkrete und konsequente Praxis einer Wirklichkeit und eines Verhaltens, das Jesus von Nazaret thematisiert, radikalisiert und modellhaft vorgelebt hat. Darin besteht im wesentlichen das Christentum.

3. Die christische Struktur und das Geheimnis des dreifaltigen Gottes

Wenn die christische Struktur im wesentlichen darin besteht, geben und das Geben (die Gabe) des anderen entgegennehmen zu können, dann hat sie – bei genauerem Zusehen – einen tiefen Bezug zum Geheimnis Gottes selbst. Das Wesen Gottes – wenn man einmal eine menschliche Ausdrucksweise so gebrauchen darf – realisiert sich in der Liebe, im Geben und im Entgegennehmenkönnen: „Gott ist die Liebe" (1 Joh 4, 8.16). Gott existiert nur, indem er sich mitteilt und als Vater, Sohn und Heiliger Geist subsistiert. Gott ist Vater, weil er sich selbst mitteilt und schenkt. Diese Mitteilung heißt Sohn. Auch der Sohn schenkt sich seinerseits, kommt völlig aus sich heraus und übergibt sich dem Vater, der ihn voll entgegennimmt. Dieses wechselseitige Lieben und Schenken zwischen Vater und Sohn heißt Heiliger Geist, der damit aus dem Vater und dem Sohn hervorgeht. Der Vater existiert nicht ohne den Sohn noch der Sohn ohne den Vater noch der Heilige Geist ohne den Vater und ohne den Sohn. Im uneingeschränkten, vollen und bedingungslosen Verschenken des einen an den anderen realisiert der dreifaltige Gott seit ewig sein Sein. Die Struktur, die der gesamten Schöpfung, insbesondere aber der Wirklichkeit des Menschen zugrunde liegt und die in Jesus von Nazaret voll und ganz sichtbar wurde, ist analog zur Struktur im Geheimnis des dreieinigen Gottes. Explizit geoffenbart wurde dies den Menschen durch Jesus Christus, und zwar weniger durch Worte als vielmehr durch die Weise, wie er sein Menschsein in ungetrübtem und lauterstem Offensein für den Vater und für die Menschen und in uneingeschränktem Sich-Verschenken an ihn wie an sie gelebt hat. Aus diesem Grund konnten Offenbarung und Theologie nur dank Jesus Christus zur Erkenntnis des dreifaltigen und einen Gottes gelangen. Jesus hat uns nicht nur geoffenbart, daß er der inkarnierte Sohn Gottes ist, sondern auch, daß alle Menschen einen Sohn- bzw. Tochtercharakter haben (Röm 8, 14).

4. Christentum: eine verant-wort-liche Ant-wort auf ein vorgegebenes Wort

Wollte man die christische Struktur noch einmal mit anderen Worten formalisieren, könnte man sagen, es bestehe in einer verant*wort*lichen Ant-wort auf ein vorgegebenes Wort Gottes. Gott schenkt sich auch dem Menschen und sagt ihm ein Wort der Gemeinschaft mit ihm, der Liebe und des Miteinander. Auf dieses von Gott vorgegebene Wort muß der Mensch eine Ant-wort geben. Die Wechselseitigkeit verlangt es, empfangene Liebe mit Liebe zu vergelten. Dabei handelt es sich um eine innere Forderung, die nicht von dem ausgeht, der gibt und liebt, sondern von dem, der sich lieben läßt und geliebt wird. Das vorgegebene Wort der Liebe von anderen annehmen ist bereits Liebe erwidern und eine Ant-wort geben. Deshalb ist Entgegennehmenkönnen schon eine – vielleicht sogar die ursprünglichste – Form zu geben, weil es die für Begegnung, Dialog und Wachstum in der Liebe unabdingbare Atmosphäre schafft.

Das von Gott vorgegebene Wort meldet sich im menschlichen Bewußtsein und Gewissen, weil das eine wie das andere der Ort ist, an dem Gott zu jedem Menschen spricht. Jedesmal, wenn sich das Bewußtsein in der Verant*wort*ung weiß und sich herausgefordert fühlt, aus sich herauszukommen, den anderen zu akzeptieren und eine Aufgabe zu übernehmen, richtet Gott ein Wort an den Menschen und macht ihm einen Vorschlag. Das Wort kann ergehen im Leben, in den Zeichen der Zeit wie auch in den Forderungen der konkreten Situation. Jedesmal, wenn wir imstande sind, zu wachsen, zu lieben, aus uns herauszukommen, uns für die anderen und für Gott zu öffnen und vor uns selbst wie vor den anderen Verant-*wort*-ung zu übernehmen, ist das ein vorgegebenes Wort, das eine treue Ant-wort erheischt. Dann wird – falls sich der Mensch wirklich öffnet und liebt, die christische Struktur konkret. Man kann die Geschichte der Menschen als die Geschichte des Erfolgs bzw. Mißerfolgs der christischen Struktur betrachten; das heißt: man kann sie beschreiben als treue bzw. treulose Antwort, welche die Menschen unter den geschichtlichen und gesellschaftlichen Bedingungen ihrer jeweiligen Zeit auf das von Gott vorgegebene Wort gegeben haben. Die Frage lautet nur: Wie weit haben sie Strukturen geschaffen, die die Verwirklichung von Grundwerten wie Liebe, Brüderlichkeit, Verständigung unter den Menschen und bewußtes Offensein für Gott fördern? Deshalb kann man die gesamte Geschichte der Menschheit mit all ihren Dimensionen als Geschichte des Heils bzw. des Unheils der Menschen betrachten. Die Erfahrung lehrt uns, daß es der Ant-wort der Menschen nie gelingt, das vorgegebene Wort Gottes voll auszuschöpfen. Aber nicht nur das. Sie trägt das Merkmal einer grundsätzlichen Zwiespältigkeit; denn sie ist eine Geschichte der Offenheit und zugleich der Verschlossenheit des Menschen, der positiven wie der negativen Ant-wort auf das Vor-wort Gottes. Die Geschichte des menschlichen Heils ist ein weites Feld, auf dem zugleich Unkraut und Weizen wachsen. Die Geschichte des Alten wie des Neuen Testaments ist beispielhaft; sie zeigt uns, wie ein ganzes Volk im Laufe von zweitausend Jahren in einem ständig wachsenden Crescendo eine positive Ant-wort auf Gottes vorgegebenes Wort gibt. In einem jedoch kam es zu einem vollkommenen Einklang zwischen Gottes Vor-wort und der menschlichen Ant-wort. Einer war offen für Gott im Maße seiner unbeschreiblichen Selbstmitteilung. Dieser eine war Jesus von Nazaret, der die christische Struktur in absolut unüberbietbarer Weise realisierte, so daß seine Ant-wort zur vollen Deckung mit dem vorgegebenen Wort kam. Wir haben bereits hinlänglich bedacht, daß gerade in dieser unveränderlichen, unauflöslichen und unvermischbaren Einheit die Inkarnation Gottes wie auch die Subsistenz des Menschen und Gottes in dem einen und demselben Jesus Christus bestehen. In diesem Sinne ist Jesus von Nazaret das beste Geschenk, das die Menschen Gott zu geben haben, wie zugleich auch die erhabenste Gabe Gottes an die Menschen. So erweist er sich als das Sakrament der Begegnung zwischen Gott und der Menschheit wie auch als jener Brennpunkt, in dem alles, Schöpfung wie Schöpfer, zur Einheit findet und so das Endziel der Schöpfungsgeschichte erreicht.

5. Das katholische Christentum als die institutionell vollkommenste Artikulation des Christentums

Wenn Christentum grundsätzlich in der verant*wort*lichen Antwort auf das von Gott vorgegebene Wort besteht, dann stellen wir fest, daß sich die menschliche Ant-wort in der Geschichte in viele Formen kleiden kann. In seine Ant-wort trägt der Mensch seine Kultur, seine Geschichte, sein Weltverständnis, seine Vergangenheit und schließlich seine ganze Welt mit ein. An sich stellen die Weltreligionen trotz gewisser fraglicher und unter christlichem Gesichtspunkt auch abzulehnender Elemente gestern wie heute die Ant-wort und die religiöse Re-aktion der Menschen auf das vorgegebene Wort und auf die Aktion Gottes dar. Deshalb können und müssen die Religionen als Artikulationen der christischen Struktur angesehen werden und konkretisieren in gewisser Weise auch die Kirche Christi. In diesem Sinne gibt es keine natürlichen Religionen. Sie alle erwachsen nämlich aus einer Re-aktion auf die Heilsaktion Gottes, die sich an alle ohne Unterschied richtet und allen angeboten ist. Die Vielförmigkeit der Religionen hat mit der Vielgestaltigkeit der Kulturen und Weltanschauungen zu tun, die die Antwort auf Gottes Vor-wort bestimmen. Aber das von Gott vorgegebene Wort übertrifft alle Ant-worten und richtet sich in gleicher Weise an alle und an jeden einzelnen. So kann man sagen, die Religionen seien der reguläre Weg, auf dem sich die Menschen zu Gott bewegten, ihn erführen und von ihm das Heil mitgeteilt bekämen. Insofern die Religionen menschliche Antworten auf das von Gott vorgegebene Wort sind, können sie Irrtümer beinhalten und Gottes Vor-wort unsachgemäß interpretieren. Wenn wir also sagen, die Religionen artikulierten und konkretisierten jede auf ihre Weise die christische Struktur, wollen wir damit keineswegs alles, was es da gibt, rechtfertigen. Auch die Religion muß sich offen halten, sich der Selbstkritik unterziehen und zu einer mit dem von Gott vorgegebenen Wort immer stimmigeren Ant-wort reifen. Das Alte Testament bietet uns da ein schönes Beispiel: Von primitiven Formen der Religiosität und gar allzu anthropomorphen, ja dämonischen Gottesvorstellungen entwickelt es sich zu immer lauteren Formen bis hin zur Konzeption eines transzendenten Offenbarungsgottes, der alles geschaffen hat. Aufgrund ihrer engen und ununterbrochenen Verbindung mit Jesus Christus, den sie in der Predigt verkündet, in ihren Sakramenten und Geheimnissen bewahrt und lebt und von dem sie sich auch ständig kritisieren läßt, kann und muß die römisch-katholisch-apostolische Kirche als die hervorragendste *institutionelle* Artikulation des Christentums gelten. In ihr haben wir die lauterste Interpretation des Geheimnisses Gottes, des Menschen sowie ihrer gegenseitigen Durchdringung. In ihr findet sich die ganze Fülle der Heilsmittel. Obwohl auch sie sich als Sünderin und Pilgerin versteht, die es noch weit hat bis zum Vaterhaus, ist sie gleichwohl davon überzeugt, Christus und seine Sache ohne substantiellen Irrtum weiterzutragen. Weder schöpft sie die christische Struktur aus, noch identifiziert sie sich schlicht und einfach mit dem Christentum. Nichtsdestoweniger sind ihre Verobjektivierung und *institutionelle* Konkretisierung vollkommener und vollendeter, so daß das Reich Gottes in ihr schon im Ansatz gegeben ist und man bereits die ersten Früchte der neuen Erde und des neuen Himmels verkosten kann. Damit soll jedoch der religiöse und heilsmäßige Wert der übrigen Religionen nicht bestritten werden. Nur: Im Vergleich zur Kirche haben sie doch Defizite. Ohne Zweifel haben sie nach wie vor ihre Gültigkeit, doch müssen sie sich von der Kirche in Frage stellen lassen, damit sie sich öffnen und zu einer mit dem von Gott vorgegebenen und in Jesus Christus manifest gewordenen Wort immer stimmigen Antwort reifen. Aber die Kirche darf sich ihrerseits nichts auf sich selbst einbilden, sondern muß sich auch selbst offen halten für Gott, der sich in den Religionen offenbart und zu erkennen gibt, und muß von ihnen Facetten und Dimensionen religiöser Erfahrung lernen, die in den Religionen eben besser als in der Kirche thematisiert werden, wie etwa der Wert der Mystik in Indien, das innere Leerwerden im Buddhismus usf. Nur so kann sie wirklich katholisch, das heißt: universal, werden. Erst dann wird sie die Wirklichkeit Gottes und Christi auch außerhalb ihrer eigenen Artikulation und außerhalb der soziologischen Grenzen ihrer eigenen Realität wahrnehmen und achten.

6. Jesus Christus: „alles und in allen Dingen“

Wenn die christische Struktur ein Datum der Geschichte und eine anthropologische Struktur ist, die in jedem Menschen, der gerettet werden will, zum Tragen kommen muß und die erschöpfend in Jesus von Nazaret konkretisiert worden ist, dann können wir eine letzte Frage stellen: Woher kommt die christische Struktur? Was ist ihr letztes und transzendentes Ziel? Die traditionelle Theologie hatte die Frage in anderen Begriffen vorgetragen: Was ist das Motiv für die Inkarnation – die Erlösung des Menschen von der Sünde oder die Vervollkommnung und Verherrlichung des Kosmos? Jahrhunderte haben sich thomistische Dominikaner und skotistische Franziskaner über diese Frage heftigst gestritten. Im Rückgriff auf bestimmte Schriftstellen und auf den Satz im Credo: „Für uns Menschen und zu unserem Heil ist er vom Himmel gekommen und hat Fleisch angenommen durch den Heiligen Geist“, argumentieren die Thomisten, die Inkarnation sei eine Folge der Sünden der Menschen. Die Franziskaner antworten mit anderen Texten aus dem Epheser- und Kolosserbrief, Christus wäre auch ohne die Sünde Fleisch geworden, weil ja alles für ihn und in ihm geschaffen worden sei. Ohne ihn fehlte der Schöpfung etwas, und ohne Christus fände der Mensch nie zu seiner vollen Menschwerdung. Die Aussage, die Menschheit habe auf den Erlöser gewartet, sei ontologisch und nicht chronologisch zu verstehen. Das heiße: Der Mensch verlange danach, immer mehr er selbst zu werden und sich voll zu verwirklichen. Er strecke sich also nach seiner Vergöttlichung aus, und zwar nicht nur vor, sondern auch noch nach Christus. Das sei ganz die Dynamik der Schöpfung, die im Menschen konvergiere und im Menschen zu einem entscheidenden Höhepunkt finde. Was mit Christus geschehen sei, werde auch mit seinen Brüdern und Schwestern geschehen. Aus unseren Darlegungen dürfte klar geworden sein, was unsere Position ist.

Christus ist kein in der Geschichte der Menschheit umherirrendes Wesen, sondern ihr Sinn und ihr Höhepunkt. Christus ist das Wesen, das als erstes am Ziel der Reise angekommen ist und das uns die Hoffnung und die Gewißheit vermitteln will, daß auch wir dazu bestimmt sind, das zu werden, was er schon geworden ist, und daß wir, wenn wir leben, was er gelebt hat, auch dort ankommen werden. Die Einzigartigkeit Christi ist weder ein historischer Zufall noch eine bloß anthropologische Leistung. Seit aller Ewigkeit ist er von Gott dazu vorherbestimmt, der zu sein, der Gott auf göttliche Weise außerhalb Gottes liebte, und der Mensch zu werden, der alle in seiner menschlichen Natur steckenden Fähigkeiten, vor allem die, mit Gott eines zu sein, realisierte. Als das inkarnierte Wort nimmt Jesus einen einzigartigen Platz im Plane Gottes ein. Er stellt ein Moment des Geheimnisses Gottes selbst dar. Soweit wir Gottes Plan mittels Offenbarung und theologischer Reflexion erkennen können, hebt er auf die Verherrlichung Gottes ab, die darin besteht, daß Gott die ganze Schöpfung an seinem Leben, an seiner Liebe und an seinem Geheimnis teilnehmen läßt. Die Ehre Gottes besteht auch in der Ehre seiner Geschöpfe. Die ganze Schöpfung ist im innersten Geheimnis des dreifaltigen Gottes selbst gegründet. Die Schöpfung ist kein mit Gott nur äußerlich zusammenhängendes Moment, sondern eines der Momente seiner vollen Manifestation. Gott teilt sich ganz und gar mit und zeugt den Sohn und im Sohn die zahllosen Nachbilder des Sohnes. Der Sohn bzw. das Wort ist der ewige unendliche und wesentliche Gedanke Gottes des Vaters. Gottes Gedanken insgesamt, die geschaffen und realisiert werden, bilden die Schöpfung in ihrer Gänze und begründen damit die Schöpfung aus nichts. Insofern sie Gedanken Gottes sind, werden sie im selben Akt wie der Sohn gezeugt, und da sie von Gott aktiv im Sohn produziert werden, spiegeln sie den Sohn wider und sind sein Bild und Gleichnis. Das vollkommenste Bild und Gleichnis des ewigen Sohnes ist die menschliche Natur Christi. Deshalb tragen sie – noch im Schoß der Dreifaltigkeit – in ihrem innersten Wesen Merkmale und Zeichen des Sohnes. Damit die menschliche Natur Christi wirklich das vollendetste Bild und Gleichnis des Sohnes sein und das Höchstmaß an Ehre „außerhalb" Gottes haben und Gott geben konnte, beschloß Gott ihre Vereinigung mit der ewigen Person des Sohnes. Das heißt: Gott wollte, daß Jesus von Nazaret seine Menschheit in einer solchen Intensität und Dichte leben konnte, daß er mit Gott eins werde und zugleich Gott und Mensch sei. Wenn Gott alle Dinge im Sohn geschaffen hat und dieser Sohn sich inkarniert hat, dann spiegelt alles den ewigen fleischgewordenen Sohn wider. Die christische Struktur hat einen trinitarischen Ursprung. Alle Dinge sind für ein unbegrenztes Wachsen offen, weil Gottes Sein Liebe, Mitteilung und grenzenlose Offenheit ist. Und die totale Selbstmitteilung Gottes heißt Sohn oder Wort. So kommt es, daß allem in der Schöpfung die Struktur des Sohnes eignet, insofern sich alles mitteilt, Bezug nach außen hat und sein Sein dadurch verwirklicht, daß es sich selbst schenkt. So war der Sohn immer in der Welt am Werk, seit dem ersten Augenblick seiner Zeugung; dann aber, seitdem er in Jesus von Nazaret Fleisch geworden ist, verdichtete sich sein Wirken, bis er es dank der Auferstehung schließlich in die Dimensionen des Kosmos hinein ausweitete. In der Sprache des Kolosserbriefes heißt das, Christus sei „alles und in allen Dingen" (3, 11).

Die christische Struktur, die alles durchdrang, nahm in Jesus von Nazaret konkrete Form an, weil er von aller Ewigkeit her als das brennpunktartige Wesen gedacht und gewollt wurde, indem sich Gott das erste Mal ganz und gar in der Schöpfung zeigen wollte. Daß Gott sich jetzt manifestiert hat, bedeutet, daß er und die Menschheit sich in vollendeter Weise durchdrungen haben, daß sie eine unverwechselbare und untrennbare Einheit bilden und daß dies das Ziel der Schöpfung ausmacht, die fortan mit in das Geheimnis der Dreifaltigkeit hineingenommen ist. So erweist sich Jesus Christus als Beispiel und Modell dessen, was mit uns allen wie mit der ganzen Schöpfung geschehen wird. In ihm erkennen wir die bereits eingetroffene Zukunft. Die Geschichte und der kosmische Evolutionsprozeß können einen zwiespältigen und nicht selten auch dramatischen Charakter annehmen. In Jesus Christus ist uns jedoch offenbart worden, daß das Ende gut ausgehen und daß Gott es zu unseren Gunsten gestalten wird. Aus diesem Grunde kommt ihm für die gesamte Wirklichkeit in Vergangenheit, Gegenwart und Zukunft ein entscheidender und erhellender Deutewert zu. In ihm ist uns klar geworden, daß der Kosmos und insbesondere der Mensch weder zu sich selbst noch zu ihrer letzten Vollendung gelangen können, wenn sie nicht vergöttlicht und von Gott angenommen werden. Christus ist das vorletzte Glied in diesem gewaltigen Prozeß. An ihm ist exemplarisch Wirklichkeit geworden, was mit allen Dingen geschehen wird: Unter Beibehaltung der Eigenständigkeit eines jeden Seins wird Gott alles und in allen Dingen sein (1 Kor 15, 28).

7. Schluß: Hoffnung und Zukunft Jesu Christi

Solange der „christliche Pantheismus" des „Gottes, der alles und in allen Dingen sein wird" (1 Kor 15, 28), noch nicht eingetroffen ist, hat Christus nach wie vor Hoffnung und Zukunft. Seine Geschwister wie auch seine menschliche Heimat (der Kosmos) sind noch nicht wie er verklärt worden. Sie sind noch auf dem Weg und erleben noch die Zwiespältigkeit, die das Reich Gottes in dieser Welt an den Tag legt: Schwäche, Verachtung, Leiden und Verfolgungen. Jesus ist nicht bloß ein Individuum, sondern eine Person. Als Person ist er auf Zusammenleben hin angelegt, und dank seinem mystischen Leib ist er solidarisch mit den Menschen. Obwohl der auferweckte Jesus in seinem Leben bereits das Reich Gottes realisiert, wartet er dennoch darauf, daß das, was mit ihm konkret geworden ist und angefangen hat, zu einem glücklichen Ende findet. Wie die Heiligen im Himmel – in der Ausdrucksweise der Offenbarung (6, 11) – darauf warten müssen, „bis die volle Zahl erreicht sei durch den Tod ihrer Mitknechte und Brüder", so wartet auch Christus auf die Seinen. Bei Gott verherrlicht, „lebt er allezeit, um für die Menschen einzutreten" (Hebr 7,25), daß sie gerettet werden und der Kosmos neu gestaltet wird. So lebt auch der auferweckte Jesus noch in Hoffen und Warten. Nach wie vor wartet er darauf, daß sich sein Reich unter den Menschen ausbreitet; denn Jesu Reich beginnt nicht erst nach dem Tod, sondern schon in dieser Welt: jedesmal, wenn es zu mehr Gerechtigkeit kommt, mehr Liebe praktiziert wird und sich ein neuer Horizont im Aufnehmen des Wortes und der Offenbarung Gottes innerhalb des Lebens auftut. Nach wie vor wartet Jesus darauf, daß die Revolution – die er auf den Weg gebracht hat im Sinne einer Verständigung zwischen den Menschen und Gott, einer unterschiedslosen Liebe zu allen und einer fortwährenden Offenheit für die Zukunft, aus der Gott mit seinem endgültigen Reich kommen wird – mehr und mehr die Strukturen des Denkens, Handelns und Planens der Menschen durchdringt. Nach wie vor wartet er darauf, daß sich sein Reich unter den Menschen ausbreitet; denn Jesu Reich beginnt nicht erst nach dem Tod, sondern schon in dieser Welt: jedesmal, wenn es zu mehr Gerechtigkeit kommt, mehr Liebe praktiziert wird und sich ein neuer Horizont im Aufnehmen des Wortes und der Offenbarung Gottes innerhalb des Lebens auftut. Nach wie vor wartet Jesus darauf, daß die Revolution – die er auf den Weg gebracht hat im Sinne einer Verständigung zwischen den Menschen und Gott, einer unterschiedslosen Liebe zu allen und einer fortwährenden Offenheit für die Zukunft, aus der Gott mit seinem endgültigen Reich kommen wird – mehr und mehr die Strukturen des Denkens, Handelns und Planens der Menschen durchdringt. Nach wie vor wartet er darauf, daß das Antlitz des zukünftigen Menschen, das im gegenwärtigen Menschen noch verhüllt ist, sich immer weiter enthüllen kann. Nach wie vor wartet Jesus darauf, daß die *pro-missio* (Verheißung) Gottes im Sinne einer glücklichen Zukunft für Mensch und Kosmos zu einer menschlichen *missio* (Botschaft) der Hoffnung, der Freude und des Erlebens – wenn auch unter all den existentiellen Absurditäten – von radikalem Lebenssinn wird. Solange dies alles noch nicht in letztgültiger Form eingetreten ist, wartet Jesus nach wie vor. Deshalb gibt es für den Auferstandenen noch eine Zukunft. Zwar ist er bereits gekommen, für uns wird er aber erst noch kommen. Die Zukunft Christi besteht nicht nur in seiner Parusie und in der vollständigen Apokalypse (Offenbarung) seines göttlichen und menschlichen Seins. Die Zukunft Christi beinhaltet mehr, was eben noch nicht ganz realisiert und vollendet ist: die Auferweckung der Toten, seiner Brüder und Schwestern, die Versöhnung aller Dinge mit sich selbst wie auch mit Gott und die Umgestaltung des Kosmos. Treffend sagt Johannes: „Was wir sein werden, ist noch nicht offenbar geworden" (1 Joh 3,2). Das Erste ist noch nicht vergangen, und noch nicht waren die Worte zu hören: „Was früher war, ist vergangen ... Seht, ich mache alles neu" (Offb 21,4–5). Alles das ist auch für Christus Zukunft. Doch wird die Zukunft Zukunft Jesu Christo sein: Was an ihm geschehen ist, wird analog auch mit seinen Geschwistern und mit allen Dingen geschehen. Man darf sich das Ende der

Welt also nicht als kosmische Katastrophe vorstellen, sondern als Vollendung und Erreichen des Endes im Sinne von Ziel und Fülle. Was in der Schöpfung bereits als Sauerteig am Werk ist, wird uneingeschränkt zum Tragen kommen. Das Verborgene wird voll sichtbar werden und ganz die Richtung bestimmen. Dann werden die „Heimat und das Heim der Identität" (E. Bloch) aller Dinge mit allen Dingen ebenso wie mit Gott vor uns liegen, ohne daß sich irgend etwas in Homogenität identifizierte. Die Situation des Exodus, die der permanente Prozeß der Evolution ist, wird zur Situation im Vaterhaus bei Gott werden: „Es wird keine Nacht mehr geben, und sie brauchen weder das Licht einer Lampe noch das Licht der Sonne. Denn der Herr, ihr Gott, wird über ihnen leuchten, und sie werden herrschen in alle Ewigkeit" (Offb 22,5). Dann wird die wahre Genesis stattfinden: Mensch und Welt, so wie Gott sie wirklich und endgültig gewollt und geliebt hat, werden mit einem Male da sein. Durch Jesus Christus sind uns diese Hoffnung und diese Gewißheit zuteil geworden; denn „er ist das Ja zu allem, was Gott verheißen hat" (2 Kor 1,20).

Solange wir aber unterwegs sind, haben wir den Blick in die Zukunft gewandt – zum Herrn, der da kommt – und wiederholen voll unendlicher Sehnsucht die Worte, die bereits die Urkirche (Didaché) betete: „Es komme deine Gnade, und diese Welt vergehe! Amen. Hosanna dem Hause Davids! Wenn jemand heilig ist, trete er herbei. Wenn jemand es nicht ist, tue er Buße. Marána tha! Komm, Herr Jesus, Amen!"

I. Die Geschichte der Geschichte Jesu

„Für wen halten mich die Leute?" Auf diese Frage Christi gab es im Laufe der Geschichte die verschiedensten Antworten: Antworten des Glaubens, der kritischen Wissenschaft, der Philosophie, der Psychologie und der Soziologie ebenso wie einer unruhigen Jugend auf der Suche nach einem radikalen Sinn für das Leben. In diesem Anhang wollen wir den Mäandern und Schwierigkeiten nachspüren, mit denen sich unser kritischer und herausfordernder Geist von heute auseinanderzusetzen hat, wenn er gegenüber Jesus Christus eine verantwortliche Position beziehen will. Niemand kommt an Christus ohne Stellungnahme vorbei. An Christus entscheidet sich das Schicksal jedes Menschen.

„Für wen halten mich die Menschen?" Diese Frage, die Jesus seinen Jüngern stellte, hallt durch die Jahrhunderte bis in unsere Zeit. Sie hat noch dieselbe Aktualität wie damals, als sie zum ersten Male in Cäsarea Philippi ausgesprochen wurde (Mk 8,29). Niemand, der sich je für Christus interessiert hat, kann sich dieser Frage entziehen. Jede Generation hat sie im Rahmen ihres Welt-, Menschen- und Gottesbildes zu beantworten.

1. Die Antwort des unbesorgten Glaubens

Für den unbesorgten Glauben ist die Antwort klar: Jesus von Nazaret ist der Christus, der einziggeborene und ewige Sohn Gottes; er wurde als Mensch zu uns gesandt, um uns von unseren Sünden zu befreien; in ihm gehen alle Verheißungen, die unseren Vätern gemacht wurden, in Erfüllung; er führte einen von Gott im voraus aufgestellten Plan aus; sein schmerzvoller Tod am Kreuz ist Teil dieses Planes; treu bis zum Tod führte er den Willen des Vaters aus; von den Toten stand er wieder auf und machte damit klar, daß sein Anspruch, der Menschensohn, der Sohn Gottes und der Messias zu sein, begründet und wahr war. In all diesen Punkten konnte den durchschnittlichen Christen nichts anfechten, denn sie waren ja die vom Neuen Testament selbst bezeugte Botschaft. Auf diesen Christus setzte er im Leben wie im Tod sein Vertrauen. Wer die Frage nach Jesus Christus so beantwortet, braucht nicht zu unterscheiden zwischen historischem Faktum und Deutung dieses Faktums, die ihrerseits von einem philosophischen, religiösen, geschichtlichen und gesellschaftlichen Horizont abhängig ist. Alles, Inhalt und Form, kann er ohne Differenzierungen als im Heiligen Geist inspiriert und in den göttlich inspirierten Schriften niedergelegt bejahen. Vor ihm steht die Gestalt des dogmatischen Christus.

2. Antwort zur Zeit des kritischen Geistes

Nun trat um das 18. Jahrhundert die kritische Vernunft auf den Plan. Der Mensch begann, die Modelle der gesellschaftlichen und religiösen Deutung zu hinterfragen. Historische Untersuchungen auf der Grundlage eines ernsthaften Quellenstudiums entlarvten herrschende Mythen und Ideologien. Auch vor dem Neuen Testament machten sie nicht halt. Schon bald erkannte man, daß man es im Falle der Evangelien nicht mit historischen Jesusbiographien zu tun hat, sondern mit Glaubenszeugnissen, die das Ergebnis frommer und interessengeleiteter Predigt und Betrachtung der Urgemeinde sind. Die Evangelien sind eher theologische *Deutung* von Ereignissen als objektive und absichtsfreie Beschreibung dessen, was Jesus von Nazaret, historisch gesehen war. Diese Entdekkung wirkte sich wie eine Lunte aus, die einen bis heute noch nicht ganz erloschenen Flächenbrand auslöste. Die Reaktionen darauf waren vielfältig und gingen von einem Extrem ins andere. Die Frage drängte sich auf: Brauchen wir überhaupt den historischen Jesus, der dem dogmatischen Christus – als Wurzel – zugrunde liegt?[1]

a) Wieso wissen wir, daß Jesus gelebt hat?

Die erste Extremantwort wurde Ende des 18. Jahrhunderts laut. Wie der unbesorgte Glaube alles als massiv historisch auswies, wird jetzt alles bestritten: Christus habe nie existiert[2]; er sei ein Mythos[3], den sich das nach Befreiung strebende Unbewußte des Menschen geschaffen habe und das in allen Religionen zu beobachten sei[4]. Vielleicht könne man noch sagen, Jesus Christus sei die Projektion einer sozialen Bewegung von Armen und Sklaven, die in Gang gekommen sei, als sich diese ihrer Entfremdung allmählich bewußt wurden und sich auf den Weg ihrer gesellschaftlichen Befreiung machten[5].

Schon bald jedoch wurde diese Position in Frage gestellt. Treffend meint Bultmann: „Der Zweifel, ob Jesus wirklich existiert hat, (ist) unbegründet und keines Wortes der Widerlegung wert. Daß er als Urheber hinter der geschichtlichen Bewegung steht, deren erstes greifbares Stadium die älteste palästinensische Gemeinde darstellt, ist völlig deutlich."[6] Die Evangelien sind Interpretation – Interpretation jedoch von Geschehnissen, die sich wirklich zugetragen haben. Im übrigen lassen sich die außerbiblischen, sowohl römischen (Plinius, Ep. 10,96,2; Sueton, Claudius 25,4; Nero 16,2; Tacitus 15,44)[7] als auch jüdischen Belege (Flavius Josephus wie auch die talmudische Literatur)[8] nicht wegzaubern. Natürlich gilt diese Art der Annäherung nicht nur für Christus, sondern immer auch für Buddha, Caesar Augustus oder Karl den Großen. Mit der Methode, mit der einige Autoren an Christus herangegangen sind, läßt sich sogar beweisen, daß Napoleon nicht gelebt hat, wie es der Historiker R. Whateley (1787–1863) – obwohl Zeitgenosse Napoleons – versucht hat[9].

b) Es gibt weder eine Biographie Jesu, noch kann es sie geben

Um den dogmatischen Christus des unbesorgten Glaubens zu hinterfragen, versuchte man mit den Methoden und Werkzeugen der modernen wissenschaftlichen Geschichtsschreibung das wahre Bild Jesu von Nazaret herauszufinden, unabhängig von Dogmen und Glaubensinterpretationen. Rationalistische Historiker und Theologen hatten das Ansinnen, bis an den Jesus, der noch nicht als Christus und Sohn Gottes gedeutet und mit Kult und Dogmatik in Verbindung gebracht worden war, heranzukommen. Der *Christus des Glaubens* müsse sauber vom *Jesus der Geschichte* auseinandergehalten werden. Von Hermann Samuel Reimarus († 1768) über so bekannte Namen wie Ernest Renan († 1892), David Friedrich Strauß († 1874) bis zu William Wrede († 1906) und Maurice Goguel († 1950) entstanden Hunderte von Lebensbeschreibungen Jesu. Jeder Gelehrte hatte das Bestreben, Texte und Szenen aus den Evangelien als unhistorisch oder als dogmatische Deutungen seitens der Gemeinden zu erkennen und aufzudecken und so die wirklich historische Gestalt Jesu freizulegen. Der renommierte Theologe und Exeget und spätere berühmte Arzt im afrikanischen Lambarene Albert Schweitzer († 1965) schrieb die klassische „Geschichte der Leben-Jesu-Forschung“ [10]. Mit seinem Buch weist Schweitzer nach, daß dieses Vorhaben gescheitert ist. Mit folgenden Worten charakterisiert er die in der historischen Mentalität des 19. und beginnenden 20. Jahrhunderts geschriebenen Jesusbiographien: „So fand jede folgende Epoche der Theologie ihre Gedanken in Jesus, und anders konnte sie ihn nicht beleben. Und nicht nur die Epochen fanden sich in ihm wieder: jeder einzelne schuf ihn nach seiner eigenen Persönlichkeit. Es gibt kein persönlicheres historisches Unternehmen, als ein Leben-Jesu zu schreiben.“ [11]

Auf der Grundlage dessen, was Jesus gesagt und getan und wie er sich verhalten hat, wie auch im Rückgriff auf die Tendenzen und Trends seiner Zeit läßt sich unmöglich eine lückenlose Jesusbiographie schreiben, die wirklich seine Persönlichkeit hervortreten ließe. Die Evangelien liefern dem kritischen Historiker einen Berg von Überlieferungen, die zuweilen nichts miteinander zu tun haben und allenfalls äußerlich miteinander in Verbindung stehen, die kultische Glaubenszeugnisse und Zusammenfassungen von Predigten vor dem großen, vor allem heidenchristlichen Publikum sind. Das Problem wird noch schwieriger, wenn wir mit Hilfe der Texte des Neuen Testaments herausfinden wollen, welches historische Bewußtsein Jesus gehabt habe. Hielt er sich für den Messias und den Sohn Gottes? Verkündete er sich selbst als den Menschensohn, der in Kürze auf den Wolken kommen werde? Die rein historische Forschung hat uns bis heute noch keine sichere Antwort geben können. Darüber hinaus kommt noch ein weiterer Faktor hinzu, den wir weiter unten behandeln werden: der sogenannte hermeneutische Zirkel. Läßt sich die Geschichte überhaupt rekonstruieren, ohne daß sie zugleich schon interpretiert wird? Der Historiker wendet sich seinem Gegenstand zu mit den Augen seiner Zeit und mit den Interessen, die ihm der Begriff nahelegt, den er und seine Zeit u. a. von der Wissenschaft haben. So sehr er auch von sich als Subjekt des Geschehens absieht, nie wird er aus sich heraus können, um unmittelbar an das Objekt heranzukommen. Deshalb wird jedes Leben Jesu zwangsläufig auch ein Stück des Lebens des jeweiligen Autors sein. Ohne Interpretation geht's nicht. Aus diesem Zirkel kommt niemand heraus. Das läßt sich schon an den Evangelisten nachweisen.

So ist zum Beispiel für *Markus* (der um das Jahr 70 schreibt) Jesus vor allem der verborgene Messias-Christus und der große Befreier. Wo immer er auftritt, entdämonisiert er das Land. Deshalb referiert Markus weniger die Worte und Gleichnisreden Jesu, als daß er seine Taten und Wunderhandlungen erzählt. Jesus ist der kosmische Sieger über Tod und Dämonen, der die Erde von den Kräften der Entfremdung befreit und sie in den Frieden Gottes führt, obwohl er sich weigert, sich ausdrücklich und öffentlich als Messias zu offenbaren. *Matthäus,* der (zwischen 85 und 90) in Syrien lebenden Judenchristen und Griechen predigt, sieht in Jesus den vorhergesagten und erwarteten Messias-Christus, den neuen Mose, der kein verbessertes Gesetz und keinen noch rigoroseren Pharisäismus bringt, sondern ein neues Evangelium. Jesus ist derjenige, der besser als jeder sonst und in letztgültiger Weise den Willen Gottes zeigt, der sagt, wie man ihn finden und in die Tat umsetzen kann. *Lukas,* der Evangelist der Heiden und Griechen (er wirkt ebenfalls zwischen 85 und 90), schildert Jesus als den Befreier der Armen, Kranken, Sünder und gesellschaftlichen wie religiösen Randexistenzen. Jesus ist der geoffenbarte Mensch, der zugleich auch der Sohn Gottes ist und geoffenbart hat, daß alle Menschen Kinder sind. Der Mensch, der dem Beispiel Christi folgt, weiß, daß er radikal anders geworden ist und seinen Ort im Reiche Gottes hat. *Johannes* (der zwischen 90 und 100 schreibt) erblickt in Jesus den ewigen Sohn des Vaters, der sein Zelt unter den Menschen aufschlägt, um ihnen Weg, Wahrheit, Leben, Brot und lebendiges Wasser zu sein. Die Gestalt Jesu, die uns aus dem Evangelium des Johannes entgegentritt, ist feierlich und transzendent und bewegt sich stets in der Sphäre des Göttlichen. Mehr als jeder andere ist der vierte Evangelist der Theologe, für den die Tatsachen in Funktion einer Theologie stehen, was so weit geht, daß er das Kerygma historisiert. Sein Jesus ist uneingeschränkt der Christus des Glaubens. *Paulus,* der den historischen Jesus nicht gekannt hat, verkündet vor allem den auferweckten Christus des Glaubens als die neue Menschheit, den neuen Himmel und die neue Erde, die in dieser Welt bereits gegenwärtig ist, als den alleinigen Mittler und Retter der gesamten Geschichte. Der Verfasser des Kolosser- wie des Epheserbriefs (der sicher ein Schüler des Paulus war) benutzt Kategorien aus dem stoischen und gnostischen Denken, um die Frage zu beantworten: Welche Rolle spielt Christus für die Erlösung des Kosmos? So nennt er den Christus das Haupt aller Dinge (vgl. Eph 1, 10) und den Zentralpol, in dem alles seine Existenz und seinen Bestand hat (vgl. Kol 1, 16–20).

Diese kurzen Hinweise haben deutlich gemacht, daß jeder Verfasser bemüht ist, im Rahmen seiner pastoralen, theologischen, apologetischen und lebensmäßigen Anliegen auf seine Weise die Frage zu beantworten: „Für wen halten mich die Leute?“ Jeder neutestamentliche Autor sieht mit seinen Augen auf den einen Jesus. Mit dem Material, das auf der Schiene des Neuen Testaments zu uns gekommen ist, läßt sich keine Jesusbiographie konstruieren, die historisch und wissenschaftlich sauber wäre.

c) Vorrang des geglaubten Christus vor dem historischen Jesus, der erzählten Geschichte von der historischen Tatsache, der Deutung vor dem reinen Faktum?

In Anbetracht des Scheiterns der historischen Exegese, der es darum ging, exakt den historischen Jesus von Nazaret zu rekonstruieren, zieht Rudolf Bultmann die letzten Konsequenzen: Dieses Ansinnen müsse man endgültig aufgeben und sich einzig und ausschließlich auf den Christus des Glaubens konzentrieren[12]. Zwar habe uns die historisch-kritische Methode einige sichere Informationen über den geschichtlichen Jesus geliefert; aber diese Auskünfte seien für den Glauben irrelevant; denn sie stellten Jesus als einen jüdischen Propheten dar, der radikalen Gehorsam predige, Umkehr fordere sowie die Vergebung und die Nähe des Reiches verkünde. Jesus sei kein Christ, sondern ein Jude, und seine Geschichte sei kein Teil der Geschichte des Christentums, sondern des Judentums: „Die Verkündigung Jesu gehört zu den Voraussetzungen der Theologie des Neuen Testaments und ist nicht ein Teil dieser selbst."[13] Eine Voraussetzung unter anderen sei sie, wie Gnosis, Stoa und die zeitgenössische heidnische Welt mit ihren Mythen und Erwartungen. Bultmann hebt nachdrücklich eine Unterscheidung hervor, die er von seinem Lehrer Martin Kähler übernimmt und die sich in dessen für die ganze weitere Diskussion programmatischem Buchtitel niederschlägt: „Der sogenannte historische Jesus und der geschichtliche biblische Christus" (1892)[14]. Es gelte zu unterscheiden: zwischen *historisch* und *geschichtlich,* zwischen *Jesus* und *Christus.* Unter *Jesus* sei der Mann von Nazaret zu verstehen, dessen Leben die kritische Geschichtsschreibung vergeblich zu rekonstruieren versucht habe. *Christus* bedeute den Erlöser und Sohn Gottes, wie ihn die Kirche in den Evangelien verkündet haben. Mit *historisch* seien die Fakten der Vergangenheit zu bezeichnen, die anhand von Dokumenten belegt werden könnten, die ihrerseits mit den Methoden der historischen Wissenschaft kritisch analysiert worden seien. *Geschichtlich* hingegen ziele auf die Bedeutung ab, die ein Faktum für eine Zeit oder eine Gruppe von Menschen in der Historie habe. Für den Glauben sei nach dieser Unterscheidung nur der geschichtliche Jesus interessant, denn die Predigt (das Neue Testament) – und nur an sie kämen wir historisch heran – habe aus ihm den Retter der Welt gemacht. Damit gründet – Bultmann zufolge – der Verzicht auf den historischen Jesus im wesentlichen auf zwei Überlegungen:

aa) Wir könnten kein Leben Jesu schreiben, weil uns dazu die objektiven Quellen fehlten. Was wir als historisch sicher eruieren könnten, sei die Gestalt eines jüdischen Propheten mit einer Botschaft, die in der Radikalisierung des alttestamentlichen Glaubens bestehe. Beides sei jedoch ohne größere Bedeutung für den christlichen Glauben.

bb) Aufgabe der Theologie könne es nicht sein, Zeit zu verlieren auf der Suche nach dem historischen Jesus, der sich ohnehin nicht ausmachen lasse. Aufgabe sei es vielmehr, die apostolische Predigt, die Jesus als den Christus, Erlöser, Menschensohn und Gottessohn ausweise, zu deuten und in unsere heutige Sprache zu übersetzen. Wir hätten die Botschaft von ihrer synkretistischen Einkleidung aus der griechisch-römischen Kultur zu entmythologisieren[15].

Der Unterschied zwischen dem historischen Jesus und dem Christus des Glaubens läßt sich in folgenden von Bultmann aufgelisteten Punkten zusammenfassen[16]:

aa) An die Stelle der historischen Gestalt Jesu trete in der apostolischen Predigt (Kerygma) die mythische Gestalt des Sohnes Gottes.

bb) An die Stelle der eschatologischen Predigt vom Reiche Gottes trete im Kerygma die Predigt vom Christus, der am Kreuz für unsere Sünden starb und von Gott auf wunderbare Weise zu unserem Heil auferweckt wurde. Jesus habe das Reich gepredigt, die Kirche predige Christus. Der Prediger sei zum Gepredigten geworden.

cc) An die Stelle des radikalen Gehorsams und der grenzenlosen Liebe, die Jesus gefordert habe, trete nunmehr die Lehre von Christus, von der Kirche und von den Sakramenten. Was für Jesus auf Platz eins gestanden habe, rangiere jetzt auf Platz zwei: die ethische Paränese.

Angesichts der Kluft zwischen Jesus und Christus drängt sich die Frage auf: Welcher christologische Wert kommt der historischen Menschheit Jesu zu? Irrelevant sei sie, meint Bultmann.

Vom Leben Jesu wisse das Kerygma (die Verkündigung) genaugenommen nur, *daß* Jesus lebte und *daß* er am Kreuz starb. „Daß man über das Daß nicht hinauszukommen *braucht*, zeigten je in ihrer Weise Paulus und Johannes."[17] Lediglich, daß er gelebt habe, sei für den Glauben interessant. Was aber wirklich passiert sei, das heißt die objektive Historizität, sei nicht von Belang.

An Jesus glauben bedeutet demnach nicht an seine Person glauben, sondern an die Predigt von ihm, so wie sie in den Evangelien erhalten ist. Nicht Jesus rettet, sondern der gepredigte Christus. In der Predigt erreicht er jeden persönlich. Nun geschieht aber die Predigt durch die Kirche. Deshalb gibt es keinen Glauben an Christus ohne Glauben an die Kirche, weil es ohne die Predigt der Kirche ja keinen Christus gibt. Die Untersuchung der Traditionen wie die formgeschichtliche Forschung an den Evangelien lassen die theologische, literarische und redaktionelle Arbeit der Urgemeinden greifbar werden.

Was aber ist dann Christologie? Sie ist keine „Lehre über das göttliche Wesen Christi, sondern sie ist *Verkündigung, Anrede*", sich als den zu verstehen, „der das Kreuz Christi übernimmt, und zugleich als den Gerechtfertigten, der am neuen Leben, an der Auferstehung Christi teilhat."[18] Christologie ist das Wort Gottes, das mich heute und jetzt trifft. An Christus glauben, wie die Evangelien ihn predigen, bedeutet Heil erfahren und Heil erlangen. Allerdings müssen wir die Formulierungen der Evangelien entmythologisieren und herausfinden, was sie für unsere Existenz bedeuten. Was bedeutet es zum Beispiel, an das Kreuz Christi zu glauben? Es bedeutet nicht, an ein Faktum der Vergangenheit zu glauben, das an Jesus geschehen ist, sondern „aus dem Kreuz Christi sein eigenes Kreuz zu machen, das heißt sich mit Christus kreuzigen zu lassen"[19]. An den Gekreuzigten glauben besagt: sich von sich selbst losreißen. Darin aber besteht die Erlösung. Christologie ist nichts weiter als Soteriologie. Christologie ist „die Entfaltung des christlichen Seinsverständnisses"[20], „die Explikation des neuen Selbstverständnisses der Gläubigen"[21]; alles andere sind „mythologische Vorstellungen und kultische Begriffe des hellenistischen Synkretismus"[22].

So erhellt: Hier findet eine neue Radikalisierung statt. Wenn jene Theologen und Historiker, die auf der Suche nach dem Jesus der Geschichte den Christus des Glaubens und der späteren dogmatischen Interpretationen verdrängt haben, dann radikalisiert Bultmann anders herum, indem er nur den Christus des Glaubens will und den historischen Jesus verdrängt, dem er bloß noch den mathematischen Punkt seiner Existenz zubilligt[23].

3. Zurück zum historischen Jesus: Jesulogie und Christologie

So faszinierend Bultmanns Position auch scheinen mag, sie läßt manche für den Glauben schwerwiegende Probleme offen. Wie kam es zum Glauben? Worauf gründet das Kerygma? Wie kann man die Predigt über Jesus von Ideologien unterscheiden, die sich irgendwelche Gruppen anhand der Gestalt Jesu zurechtbasteln? Geht es um eine Idee oder um eine historische Person? Darf man wirklich einen Bruch zwischen dem historischen Jesus und dem Christus des Glaubens vertreten? Sind Erlösungstod und Auferweckung Jesu reine Interpretationen der Gemeinde, von denen wir heute absehen können? Oder haben wir es mit etwas zu tun, das tatsächlich mit Jesus geschehen ist?[24] Darf man, wie Bultmann es tut, Predigt, Jesus, Kirche, Neues Testament und Heiligen Geist wirklich gleichsetzen? Wenn wir Jesus mit der Predigt der Kirche identifizieren, begeben wir uns jedes kritischen Elements ebenso wie der Möglichkeit des berechtigten Einspruchs; dann nehmen wir uns den Maßstab, mit dem wir Markus, Lukas, Matthäus, Johannes, Paulus und andere Verfasser der Schrift messen und feststellen könnten, wie weit sie in Anbetracht der neuen Herausforderungen ihrer jeweiligen Gemeinden die ursprüngliche Botschaft Jesu deuten und weiterentwickeln. Woran könnten wir uns halten, wenn es gilt, gegenüber der Kirche kritisch zu sein, falls Christus – Bultmann zufolge – eine Schöpfung des Glaubens eben dieser Kirche ist? Darüber hinaus entleert Bultmanns Christologie auch völlig die Inkarnation. Christus war vor allem ein historisches, datierbares und unter bestimmten Bedingungen lebendes Wesen. In Bultmanns Theologie ist nicht das Wort Fleisch geworden, sondern das Fleisch ist Wort geworden.

Bei der Diskussion der hier angesprochenen Probleme zeichneten sich deutlich zwei Richtungen ab. Eine starke Strömung innerhalb Bultmanns Schülerschaft ist ihrem Lehrer mit seinen radikalen Thesen nicht gefolgt, sondern hat einen Schritt zurückgetan und sich erneut dem Problem des historischen Jesus zugewandt. Treffend faßt J. M. Robinson das Problem zusammen: „Die Frage nach dem historischen Jesus ist notwendig, weil das Kerygma den Gläubigen zu einer existentiellen Begegnung mit einer historischen Person, mit Jesus von Nazaret, führen will …“[25] Die postbultmannsche Problematik überstieg die Interessensgrenzen. Bitter stellte Bultmann selbst 1960 fest:

„Das Gewicht lag deshalb auf der Konstatierung der Differenz zwischen Jesus und dem Kerygma. Heute ist es umgekehrt: das Interesse liegt auf der Herausarbeitung der Einheit des historischen Jesus mit dem Christus des Kerygmas.“[26]

Die Wende bei der Suche nach dem historischen Jesus ist eine kritische

Wende. Allen ist klar, daß man niemals eine Biographie Jesu wird schreiben können. Dennoch: Trotz des christologischen, interpretierten und bekenntnishaften Charakters, der den vorliegenden Evangelien anhaftet, spiegeln diese eine Jesusgestalt von äußerster Urwüchsigkeit und Ursprünglichkeit wider: eine unverwechselbare und unaustauschbare Gestalt; die historische Konkretheit und die Einzigartigkeit Jesu sind trotz aller Interpretationen, die die Urgemeinden über sie gelegt haben, unübersehbar. Gerade dieser hoheitliche und überlegene Charakter des historischen Jesus war der Anlaß für den christologischen Prozeß und die unterschiedlichen Interpretationen. Auf dieser Linie liegt eine ganze Strömung in Theologie und postbultmannscher Exegese, wie wir weiter unten noch darstellen werden. Eine andere Richtung entwickelte Bultmann und insbesondere sein Programm der Entmythologisierung der evangelischen Botschaft bis zu den letzten Konsequenzen weiter und landete schließlich, wie wir noch sehen werden, in einem atheistischen Christentum, das der Meister jedoch nicht teilte.

a) Die Kontinuität zwischen Jesus und Christus: die indirekte Christologie

Worin besteht die Kontinuität zwischen dem historischen Jesus und dem Christus des Glaubens? Auf die Analyse und Erarbeitung dieses Problems konzentriert sich zu einem guten Teil die katholische wie protestantische theologisch-exegetische Forschung der letzten Jahre[27]. Die Arbeiten haben zu einer äußerst wichtigen Erkenntnis geführt, die wir weiter oben bereits ansprachen: Die Art und Weise, wie Jesus handelt, sowie sein Anspruch, nur wer zu seiner Person stehe, habe teil am Reich und am Kommen des Menschensohnes (vgl. Lk 12,8–10), mit ihm sei die letzte Chance zum Heil gegeben und mit ihm sei den Armen Trost und den Sündern Versöhnung geboten, beinhalten eine latente, implizite und indirekte Christologie[28].

James R. Robinson, Ernst Käsemann[29], Günther Bornkamm[30], Franz Mußner[31], Josef Rupert Geiselmann, Wolfgang Trilling, Wolfhart Pannenberg[32] und zahlreiche andere haben deutlich gemacht, daß die Autorität und Souveränität, mit der sich Jesus gegenüber den Gesetzestraditionen und selbst gegenüber dem religiösen Verständnis des Alten Testaments verhält, bei weitem das übersteigt, was sich ein Rabbiner erlauben konnte. Jesus begibt sich in die Sphäre Gottes und spricht wie jemand, der an Gottes Stelle steht. Selbst der anspruchsvollste Historiker kommt nicht an der Feststellung vorbei, daß wir hier vor jemandem stehen, der menschliche Kategorien sprengt. Jesus hatte ein messianisches Bewußtsein, auch wenn er es sicher nicht mit irgendeinem überlieferten endzeitlichen Titel wie Messias, Menschensohn, Sohn Gottes u. ä. zum Ausdruck gebracht hat.

Die Kontinuität zwischen dem historischen Jesus und dem Christus des Glaubens besteht mithin in der Tatsache, daß die Urgemeinde das explizierte, was in den Worten, im Anspruch, in der Haltung wie im Auftreten Jesu implizit enthalten war. Die Urgemeinde nennt Jesus Messias, Gottessohn, Herr u. ä., um die Autorität, das Hoheitliche und die Forderungen aufzudecken, die sie in der Seinsweise Jesu spürt. Seither spricht man von *Jesulogie* (der es darum geht, wie

Jesus sich selbst verstand und was sich aus seinen Worten und Taten erheben läßt) und von *Christologie* (mit der die nachträgliche Explizierung durch die Gemeinde gemeint ist). Christologie ist nichts anderes als das Weitertragen dessen, was in Jesus angebrochen ist. Was aber in Jesus angebrochen war, ist die Unmittelbarkeit zu Gott. G. Bornkamm, einer der besten Jesusforscher dieses Jahrhunderts, schreibt dazu in einer hervorragenden Formulierung: „Die Vergegenwärtigung der Wirklichkeit Gottes ist Jesu eigentliches Geheimnis."[33] Wenn dem aber so ist, dann ist der sachgerechte Horizont, innerhalb dessen wir uns dem historischen Jesus zu nähern haben, der Horizont des Glaubens, weil die Haltung und das Verhalten Jesu nur hier ihr natürliches Verständnis und ihre entsprechende Explizierung finden. Daraus folgt dann weiterhin, daß die Begegnung mit den Glaubenszeugnissen (Evangelien) schon eine Begegnung mit Jesus selbst bedeutet. Der historische Jesus ist der Jesus des Glaubens, und zwar nicht nur weil die Evangelien Glaubenszeugnisse sind, sondern auch weil Jesus selbst jemand war, der glaubt, und ein Zeuge des Glaubens war[34].

Im Lichte dieser Studien wurden bemerkenswerte Jesusbücher geschrieben. Jetzt wird die Geschichte nicht mehr mit den starren Begriffen der liberalen Kritik des Historismus verstanden; deshalb bietet sie ausreichendes historisches Material, wenn auch gewiß nicht für eine Biographie, so doch für eine schematische und hinlänglich sichere Darstellung Jesu von Nazaret. Ohne Zweifel gab es auch hier Übertreibungen. Zu nennen ist da vor allem Ethelbert Stauffer, der in der Euphorie über die neue, kritische Rückkehr zum historischen Jesus den Versuch machte, aufgrund einer minuziösen und gelehrigen Analyse der indirekten Jesus betreffenden Quellen – wie alte Berichte, zeitgenössische Dokumente aus darstellender Kunst, Politik, Rechtswesen, Moral, Numismatik und Archäologie – sowie aufgrund profunder Kenntnisse der Qumran-Literatur, des apokalyptischen Schrifttums und der rabbinischen Polemik gegen Jesus (insbesondere in Midrasch und Talmud) ein Leben Jesu strikt im Rahmen positivistischer Kriterien zu rekonstruieren[35]. Das Anliegen Stauffers ist es, bis an die echte, ursprüngliche Botschaft Jesu ebenso wie an sein Selbstbewußtsein heranzukommen. Aus dieser Perspektive beurteilt er die verschiedenen Theologien und Christologien, die die Gemeinden entwickelt haben und die uns in den Evangelien vorliegen. Dazu bemüht er sich mit geradezu religiösem Sinn, alle von ihm nicht für jesuanisch gehaltenen Elemente zu beseitigen. Das Ergebnis seiner Untersuchungen läßt sich wie folgt zusammenfassen: Gott habe sich in Jesus geoffenbart. Zum Ausdruck komme die göttliche Selbstoffenbarung in der Souveränität, mit der Jesus wiederholte Male „Ich bin ..." sagt (vgl. Mk 14,62). Sodann bestehe das Zentrum der jesuanischen Botschaft in einer neuen Moral, in der Moral der Liebe, zu der die Moral des Gehorsams, die später von Paulus und von der Kirche eingeführt worden sei, in Gegensatz stehe. Die vorliegenden Evangelien seien das Ergebnis eines Rejudaisierungsprozesses des Christentums. Die Christologie müsse ihre Hauptaufgabe darin sehen, die Gehorsamsethik zu überwinden, die durch die Rejudaisierung der jesuanischen Tradition im Laufe der christlichen Geschichte soviel Unheil angerichtet habe. Doch Stauffer fand mit seinem Programm eine schlechte Kritik[36]. Auch wenn die beeindruckende Gelehrsamkeit seiner Werke und die apostolische Wärme seiner Absichten Anerkennung verdienen, sind seine Studien nichts anderes als eine anachronistische Frucht der klassischen Leben-Jesu-Historiographie.

b) Christologische Konzentration und Verkürzung: die Theologen des Todes Gottes

Einige Schüler Bultmanns – wie u. a. Herbert Braun, Dorothee Sölle und P. van Buren – radikalisieren noch weiter die Positionen des Lehrers. Sie entmythologisieren nicht nur den Inhalt des Neuen Testaments, sondern auch die Grundbegriffe der Religion – wie das Gottesbild. Nach Kant – meint zum Beispiel der bekannte Mainzer Exeget und Theologe Herbert Braun – müßten wir Gott entschieden von jeder Objektivierung freihalten, selbst von Begriffen wie Geist und Person. Gott sei weder ein Gegenstand unseres Erkennens, noch existiere er einfach, wie andere Wirklichkeiten existieren. Gott ereigne sich im Leben des Menschen. Er sei der „Vorgang, in welchem der böse und hoffnungslose Mensch Zukunft und Hoffnung bekommt“[37]. Deshalb stelle er auch keine höhere Instanz und kein höheres Wesen dar, das die Welt in Gang gesetzt habe und jedem je nach Verdienst entweder Lohn oder Strafe zuteil werden lasse. Wer so denke, ordne Gott in metaphysische oder sprachliche Kategorien ein und lasse sich von den Strukturen antiken, mythischen und vorkritischen Denkens in Bann nehmen. So können sowohl Braun als auch die protestantische Theologin Dorothee Sölle behaupten, um Christ zu sein, brauche man nicht unbedingt Gott zu akzeptieren. Es sei durchaus möglich, Atheist und Christ zu sein[38]. Noch einen Schritt weiter geht Ernst Bloch, wenn er im Untertitel eines Buches das folgende Paradoxon formuliert: „Nur ein guter Christ kann ein Atheist sein. Nur ein guter Atheist kann ein Christ sein.“[39] P. van Buren macht den Vorschlag, den Namen „Gott“ endgültig zu streichen[40]. Damit bieten diese radikalen Autoren selbstverständlich keinen vulgären Atheismus feil. Gott habe nach wie vor eine *Funktion:* Er sei das Symbol für das Verhalten, das Christus von allen fordere: bedingungslose Liebe und absichtsfreien Gehorsam gegenüber der Aufforderung zu grenzenloser Gegenseitigkeit. Wo immer das anzutreffen sei, da sei Gott gegenwärtig (Braun)[41].

In der Gott-ist-tot-Theologie kommt es zu einer christologischen Konzentration, wie die Geschichte der christlichen Theologie sie bisher noch nicht gesehen hatte. Er ist der wahre Gott. Der Gott der Transzendenz, der Schöpfung und der göttlichen Attribute ist in unserer empirischen, auf Erfahrung abzielenden, pragmatischen und immediatistischen Welt gestorben. Der Gott, der sich mit unserer Situation, mit unseren Zweifeln und Ängsten identifiziert hat, das ist der göttliche Gott, und er heißt Jesus von Nazaret. Jesus füllt die unendliche Leere und das schreckliche Vakuum, die der Tod Gottes geschaffen hat, aus. Weil Gott nicht eingreift und seine Sache in der Welt nicht triumphieren läßt, tritt Christus an seine Stelle. „Er tröstet die, die Gott bislang im Stich gelassen hat, er heilt die, die Gott nicht verstehen, er sättigt die, die Gott hungern ließ.“[42] Christus ist der Protagonist Gottes. Er übernimmt die Rolle Gottes in der Welt, läßt ihn gegenwärtig werden und macht seine Abwesenheit weniger dramatisch. Gott redet nicht mehr, Gott hat aufgehört, für uns transparent zu sein. Dennoch haben wir einen Statthalter Gottes bei uns, Jesus Christus. Gott hat sich in Jesus schwach und ohnmächtig in der Welt gemacht[43]. Damit hat er das Problem des Schmerzes und des Bösen gelöst, das ja jeder Art von Atheismus bisher das große Argument lieferte. Der Gott, den der Atheismus im Namen des Bösen dieser Welt in Frage stellte, war der allmächtige und unendliche Gott, der Schöpfer des Himmels und der Erde, der Vater und der Herr der Welt. In Jesus Christus hat sich Gott selbst das Böse und das Absurde zu eigen gemacht. Er hat sich mit dem Problem identifiziert und es gelöst, und zwar nicht theoretisch, sondern im Leben und mit der Liebe. Aus diesem Grund ist nur dieser Gott der Gott der christlichen Erfahrung. Gott ist kein ewiger unendlich Einsamer mehr, sondern er ist einer unter uns, der mit unserem Schmerz und mit unserer Angst aufgrund der Abwesenheit und Verborgenheit Gottes in der Welt solidarisch ist.

So dürfte deutlich geworden sein, daß hier nicht nur eine christologische Konzentration, sondern auch eine Verkürzung dessen stattfindet, was Jesus Christus ist. Der Jesus, von dem uns die Evangelien Zeugnis geben, läßt sich ohne expliziten Bezug auf Gott nicht sachgerecht verstehen. Zugegeben: Jesus hat auch die Erfahrung des Todes Gottes gemacht. Aber das heißt noch lange nicht, er hätte Gott verdrängt und sogar die Menschen von jeder Gottheit befreit. Jesus handelt in Gottes Namen. Er verkündet das Reich als Reich *Gottes* und lehrt uns, Gott Vater zu nennen und uns als seine vielgeliebten Kinder zu fühlen. Das leugnen hieße die Christologie auf eine Phrasologie verkürzen.

c) Christologie des Wortes, des Schweigens und des Stammelns

Worin aber besteht das eigentliche Problem, das sich hinter der Problematik verbirgt, die viele mit Recht für nichts weiter als ein akademisches Problem halten? Zurückzuführen sei dieses Problem auf einen gar zu rigiden Geschichtsbegriff, der sich in einigen europäischen, insbesondere deutschen Kreisen seit dem 18. Jahrhundert entwickelt habe. Das eigentliche Problem reduziert sich im Grunde auf folgende Frage: Ist das, was der Glaube von Jesus sagt: er sei die Zukunft von Mensch und Welt, die höchste Verwirklichung der religiösen Sehnsucht des Menschen nach Gemeinschaft mit der Gottheit ebenso wie der fleischgewordene Gott selbst …, ist das alles Wirklichkeit innerhalb der Geschichte oder bloß die Projektion einer Interpretation der menschlichen, sich ständig selbst befragenden Existenz in den Bereich der Ideen und der Ideale? Was rettet? Das Wort und die Deutung der menschlichen Existenz oder der historische Mensch Jesus von Nazaret, der die Ursache des Wortes und einer neuen Deutung der Existenz ist? Was die Evangelien vermitteln wollen, ist der Anbruch einer neuen Wirklichkeit und damit einer neuen Hoffnung innerhalb der Geschichte: Jesus, den Auferweckten, den Sieger über Tod und Sünde wie über alles, was den Menschen entfremdet. Die Evangelien wollen primär weder eine neue Lehre noch eine neue Interpretation der Beziehungen des Menschen zu Gott verbreiten. Ihr Anliegen ist es, die Wirklichkeit eines Menschen zu zeigen, aufgrund dessen jedes menschliche Wesen im Blick auf seine Situation vor Gott und vor der ihm verbleibenden Zukunft Hoffnung haben kann: In Gemeinschaft mit dem Leben Gottes ist ihm Leben in Fülle zugesagt; das Fleisch hat eine

Zukunft – in der Vergöttlichung; und der Tod hat mitsamt allem, was er bedeutet, keine Chance mehr. Diese Wende der Geschichte zum Positiven hat Universal- und Ewigkeitscharakter, weil sie die Antizipation der Zukunft im Rahmen der Zeit darstellt. Viele stoßen sich daran. Ist das Wort imstande, solch ein großartiges Positivum zu vermitteln? Oder ist es lediglich ein zerbrechliches Gefäß, das den kostbaren Inhalt zwar enthält, aber nicht mit ihm identifiziert werden darf? Das Neue Testament wie die Verkündigung der Kirche bilden zwar das autoritäts- und machtvolle Wort, das die Positivität des *Faktums* Jesus des Christus enthält und vermittelt. Aber kann das Wort, das in der alten Welt befruchtet worden ist, sachgerecht die neue Welt zum Ausdruck bringen? Ist es nicht eher ein bloßes Stammeln des Geheimnisses oder eine wenn auch gläubige Ant-wort seitens des Menschen auf das Vor-wort Gottes und Christi an die Menschen? In der Theologie gibt es eine Strömung, die behauptet, Schweigen sei beredter als Worte. Aus Schweigen werde das fruchtbare Wort geboren. Die Weisheit des Wortes bestehe darin, in das Schweigen des Geheimnisses zurückzuführen. Aber besteht nicht in der Liebe die höchste Verwirklichung Gottes und des Menschen? Liebe ist Schweigen und Wort. Liebe ist nicht nur Wort, denn in jedem Menschen ebenso wie in Gott existiert ja auch das Unaussprechliche; und Liebe ist nicht nur Schweigen; denn Liebe will sich ja mitteilen und verlangt nach einem Du, einem Gegenüber und nach Gegenseitigkeit. Dem Menschen tut es gut, den Wert sowohl des Schweigens als auch des Wortes zu kennen. So ist es dem Menschen vor allem gegeben, über das Geheimnis seiner selbst, Christi wie Gottes zu stammeln. Das ist – Bonaventura zufolge – die Aufgabe der Theologie und des Theologen. Stammeln können, das heißt glauben – Glauben aber nicht verstanden als defiziente Form des Wissens, sondern als positive Verhaltensweise und Ortsbestimmung gegenüber den letzten Fragen nach Mensch, Welt und Gott. Damit aber haben wir die Dimension des Wissens als wissenschaftlichen Fragens bereits hinter uns gelassen und sind in einen anderen Horizont gelangt, in dem es auf die freie Entscheidung ankommt und in dem sich ein anderes Universum von Wirklichkeitsverständnis aufbaut. Glauben und wissenschaftliche Vernunft liegen nicht in Fehde miteinander, sondern sind zwei verschiedene Dimensionen – und nicht zwei Verstehensweisen innerhalb derselben Perspektive. Wer den historischen Jesus auf Kosten des dogmatischen Christus wiederhaben will, wirft die beiden Dimensionen durcheinander und mißversteht den Glauben als eine unangemessene und unzulängliche Form des Wissens. Kann man den historischen Jesus unabhängig von der Dimension des Glaubens verstehen, wenn er selbst – Jesus von Nazaret – sein ganzes Leben als Leben in Glauben verstanden hat? Ist nicht gerade der Glaube die sachgerechte Atmosphäre und der entsprechende Horizont, innerhalb deren nur zu verstehen ist, wer der historische Jesus war? Nicht ohne Grund hat die Urgemeinde den historischen Jesus im Fleisch mit dem auferweckten Christus in der Herrlichkeit identifiziert. Geschichte und Glauben gehen immer Hand in Hand. Deshalb muß jedem Doketismus – der Jesus entweder auf das reine Wort (Kerygma, Verkündigung) oder auf ein rein geschichtliches Wesen, mit dem es mit seinem Tod zu Ende war – *a priori* eine Absage erteilt werden. Damit soll gesagt werden: Daß es eine Geschichte des neuen und endzeitlichen, in epochaler und einzigartiger Weise mit

Jesus von Nazaret grundgelegten Seins gibt, liegt voll und allseits wahrnehmbar auf der Hand. Das ist der grundlegende Kern der christlichen Botschaft. Wie sich das Stammeln über diese Realität dann anhört, das variiert im Laufe der Geschichte, wie es bereits im Neuen Testament variiert. So wird deutlich, daß es in der Diskussion um den Jesus der Historie und den Christus des Glaubens um das Grundproblem des Christentums geht, um die Frage nämlich: Sind wir schon dem *homo revelatus,* das heißt dem voll vergöttlichten und in das Geheimnis Gottes eingegangenen Menschen, begegnet, oder haben wir noch – verloren in der alten Welt und in einem entfremdeten Lebensstil – angstvoll auf ihn zu warten (vgl. Lk 3, 15)? Das Neue Testament bezeugt einhellig: Das Heil ist uns bereits erschienen und heißt Jesus Christus; dieser ist der neue Mensch; als erster hat er das Ziel erreicht, und wir folgen ihm.

4. Weitere christologische Positionen der Gegenwart

Über diese Positionen hinaus gibt es noch andere Ansichten, die ebenfalls in den Horizont der Reflexion über Jesus und sein religiöses Wirken gehören. Einige seien kurz vorgestellt.

a) Philosophisch-transzendentale Jesusinterpretation

Die folgende theologische Richtung, an der im wesentlichen katholische Autoren[44] beteiligt sind, geht gleichfalls vom Problem der Entmythologisierung aus. Zahlreiche Aussagen über Jesus, und zwar gerade die grundlegendsten, klängen in unseren Ohren wie archaische Mythen: daß der Mensch Jesus von Nazaret zugleich Gott sei, daß er von einer Jungfrau geboren worden sei usw. Was bedeutet es denn für uns zu sagen, Jesus sei das fleischgewordene Wort? Wie läßt sich solch ein Datum in unseren Verstehenshorizont hinein vermitteln? Viele verständen die Inkarnation Gottes wirklich mythisch und falsch: als ob sie mit der Wirkung des Menschen nichts zu tun hätten und als ob sich Jesus unsere menschliche Bedingung mit allem, was sie an Vorwärtstasten und an Bedürfnissen, zu glauben und zu hoffen, zu wachsen, zu verstehen und mit Gott in Bezug zu stehen, nicht wirklich zu eigen gemacht hätte. Wenn Jesus wirklich Gott war, was ist dann die Bedingung der Möglichkeit dafür, daß die menschliche Natur von Gott angenommen werden konnte? Wenn der Mensch Jesus die Inkarnation des Wortes sein konnte, dann deshalb, weil in der menschlichen Natur die Möglichkeit dazu bestanden habe. Nun sei aber Jesus ein Mensch wie wir. Daraus folge, daß der menschlichen Natur als solcher Transzendenz und Bezug zum Absoluten innewohnten, daß sie sich mit ihm identifizieren und Teil seiner Geschichte werden könne. Aus diesem Grund setze die Christologie eine transzendentale Anthropologie voraus: Kraft seiner Natur strecke sich der Mensch nach dem Absoluten aus; er verlange danach und hoffe darauf, mit ihm – als letzten Sinn seiner vollen Menschwerdung – vereint zu werden; das radikalste Bedürfnis seiner Existenz bestehe darin, ein radikales Gespür für die Einheit mit dem Unendlichen zu haben. Diese Dynamik und Bewegung auf das Transzendente hin erfahre der Mensch in sich selbst und nehme sie in Freiheit an. Er anerkenne, daß einmal dieser Impetus tatsächlich als Bedingung dafür in ihm stecke und daß zum anderen das Unendliche sich ihm mitteile und das Verlangen seines Herzens stille. Diese Bewegung und totale Offenheit des Menschen gingen aber nicht ins Leere und blieben auch nicht in einer ständigen Wiederkehr und permanenten Sisyphus-und-Prometheus-Situation unerfüllbar. Vielmehr schenke sich das Unendliche dem Menschen und bilde unter Wahrung der Differenz zwischen Schöpfer und Geschöpf eine Einheit, in der Gott mit dem Menschen versöhnt sei. Das Christentum erblicke in Jesus von Nazaret die Erfüllung dieses Verlangens der menschlichen Natur. Deshalb habe es ihn das inkarnierte Wort, den menschgewordenen Gott und den Gott-mit-uns genannt. Das alles hat nichts Wundersames und Komisches an sich, das mit den Möglichkeiten der menschlichen Natur nicht in Einklang zu bringen wäre. Vielmehr wird hier gesagt, der Mensch finde seine höchste Verwirklichung in Gott selbst. Deshalb ist Jesus Christus als Gott und Mensch auch kein Mythos, sondern die eschatologische Verwirklichung der fundamentalen Möglichkeiten, die Gott in die menschliche Natur hineingelegt hat.

b) Kosmisch-evolutive Interpretation Jesu Christi

Diese Reflexionslinie wird von Pierre Teilhard de Chardin und seinen Schülern in einer kosmisch-evolutiven Sicht noch vertieft und weiter ausgezogen[45]: Nicht nur die menschliche Natur, sondern der ganze Prozeß der aufsteigenden Evolution sei offen für das Transzendente. Eine Bewegung von Wachstum, Einheit und Bewußtwerdung durchwehe die ganze Entwicklungslinie auf ihren verschiedenen Ebenen. Der in den Evangelien und in der Kirche geglaubte und verkündete Jesus Christus mache den Punkt Omega aus, in dem alle aufsteigenden Evolutionslinien konvergierten. Kraft seiner sei der Einbruch der gesamten Wirklichkeit in das Geheimnis Gottes, der alles in allen Dingen ist, bereits geschehen. Inkarnation bedeute nicht, Gott sei nur in einen Menschen, in Jesus von Nazaret, eingegangen. Vielmehr besage Inkarnation, daß die ganze in Evolution befindliche Materie angerührt sei, denn Jesus von Nazaret sei ja keine in der Welt verlorene Monade, sondern vitaler Teil und Ergebnis eines viele Millionen Jahre alten Prozesses konvergierender Evolution. So könne man Jesus Christus als das beste Geschenk sowohl der Schöpfung für Gott als auch zugleich Gottes für die Menschen bezeichnen. In ihm träfen sich die Wege der Welt mit den Wegen Gottes, gipfele die Schöfung in unumkehrbarer Weise auf und erreiche sie ihr letztes Ziel, auf das ja alle Kräfte der Evolution hinstrebten.

c) Jesusinterpretation anhand tiefenpsychologischer Kategorien

Eine andere, wenn auch erst noch in den Anfängen steckende theologische Richtung bedient sich der Kategorien der Tiefenpsychologie, insbesondere aus der Schule C. G. Jungs, um einige wesentliche Aspekte des Phänomens Jesus verständlich zu machen[46]. Dabei geht es nicht darum – worüber man ja seit langem hinweg ist –, das bewußte Leben Jesu in psychologisierender Weise zu verstehen.

Vielmehr will man herausfinden, wieweit das Handeln Jesu und die daraus entstandene Bewegung vom kollektiven Unbewußten bedingt sind. Das Unbewußte stellt sich in Mythen und Archetypen, Symbolen und Bildern dar. Dabei ist der Mythos für die Psychologie – anders als für die Religionsgeschichte – weder eine Geschichte von Göttern noch eine phantastische Erzählung von überirdischen Wesen mit ihrem Schicksal, ihren Kämpfen, Niederlagen und heldenhaften Siegen. Mythos ist vielmehr die Form, in der das kollektive Unbewußte sich den radikalen Sinn der ständigen Lebenssituation bezüglich Gott, Vater, Mutter, Frau, Mann, König, Priester, Tier, Mensch, bezüglich des Bösen, des Geschlechts usw. vorstellt. Der Mythos hat eigene Strukturen, eine eigene Sprache und eine eigene Logik. Absurd oder willkürlich ist er keineswegs, obgleich es der analytischen Vernunft des Bewußten, der es um die Verifikation der Dinge geht, so scheinen mag. Im Mythos spricht das Unbewußte und nicht das Bewußte. Eine rein „wissenschaftliche" und „objektive" Forschung wird ihn kaum verstehen, weil diese sich ja mit Kategorien aus dem bewußten Leben an ihn heranmacht. Die Wahrheit des Mythos besteht nicht in seiner „objektiven" Verwirklichung im Bereich der Realitäten. Eine „wissenschaftliche" und „kritische" Forschung, die so ans Werk ging, würde ihn unwillkürlich als Fabel und Illusion disqualifizieren. Der Irrtum läge dann aber nicht beim Mythos, sondern beim Wissenschaftler, der sich völlig in der Perspektive täuschte und der Illusion anhinge, der Mensch sei einzig Rationalität und bewußtes Leben. Das Bewußte und die Welt der Objekte bilden aber nur, wie Sigmund Freud treffend sagt, die Spitze des Eisberges, dessen größter Teil (das Unbewußte) sich unter dem Wasser verbirgt. Entmythologisierung heißt nicht: den Mythos im Gegenüber zur Wirklichkeit entlarven, was ein Mißverständnis des Mythos wäre, sondern heißt: sich seiner als Sprache des Unbewußten bewußt werden, ihn als eine rechtmäßige Form des logischen Verstehens akzeptieren und in den Prozeß der Individualisierung der Persönlichkeit integrieren. Nach dem Sinn des Mythos fragen heißt nicht danach forschen, ob er von den Persern oder von den Griechen stammt und welche Traditionen in ihn hineinspielen. Der Sinn und die Wahrheit des Mythos bestehen in der Interpretationskraft, die er hat, die Existenz zu erhellen. So stellt der Mythos vom Reich Gottes, das mit apokalyptischen Symbolen ausgewiesen ist, bei Jesus dar, daß Menschen nach dem Sinn aller Dinge suchen und daß ihnen zugesagt ist, das alles werde voll Wirklichkeit werden: Der Anbruch des Endziels der Geschichte stehe unmittelbar bevor. Für das Bewußte bedeutet das eine radikale Krise: Es muß sich ganz neu existentiell arrangieren und einem Archetyp aus dem Unbewußten, der den Horizont seiner Existenz umkrempeln wird, unter allen Umständen den Vorrang geben. In der Verkündigung Jesu bricht in dichtester Form der Sinn der Existenz an – als Gemeinschaft und Teilhabe aller Dinge mit bzw. an Gott. Der Mythos vom Reich bringt ein neues Gottesbild mit sich. Gott soll nicht mehr als Gesetz geoffenbart werden, sondern als Vater, der alle Menschen unterschiedslos, gute und schlechte, gerechte und ungerechte, ruft, am Reich teilzuhaben. Damit aber geriet Jesus in einen Konflikt mit den Juden, an dessen Ende er liquidiert wurde. Aber Jesus ertrug den Konflikt, als Form der Versöhnung auch mit den Henkern. Er predigte die Liebe. Und obwohl er aus Haß umgebracht wurde, lehrte er die Vergebung. So eröffnete er einen neuen Horizont: Vor Gott, der über allen Grenzen steht, sind alle Brüder und Schwestern. Die Auferstehung bestätigt den Anbruch des neuen Seins und des radikalen Sinn des Lebens – als ewiges Leben, dem der Tod nicht mehr drohen kann. Solange freilich der Mythos nicht für alle Menschen wie für den Kosmos Wirklichkeit geworden ist, kann er nicht ganz entmythologisiert und entzaubert werden.

In dieser Einschätzung stecken wertvolle Erkenntnisse, die manche dunklen und ständig mißverstandenen Punkte in der Botschaft Jesu erklären, wie etwa: seine Predigt vom unmittelbar bevorstehenden Kommen des Reiches, den Konflikt mit dem Gesetz u. a. mehr. Aber: Nur aufgrund seiner rationalistischen Sicht und nur im Rückgriff auf Kriterien allein aus dem bewußten Leben konnte Albert Schweitzer behaupten, Jesus habe sich mit seiner Predigt vom Reich elendig getäuscht und also könne er nicht Gott sein. Als Folge daraus gab er die Theologie auf, studierte Medizin und versuchte mit bewundernswerter Konsequenz bis zum Letzten, das in Lambarene zu leben, was vom Evangelium Christi geblieben war: seine ethische Botschaft von Liebe und Humanität gegenüber allen Menschen, insbesondere gegenüber denen, die am schlimmsten dran sind.

d) Weltliche und sozialkritische Deutung Jesu Christi

Die folgende Richtung in der katholischen und protestantischen Theologie[47] geht davon aus, daß die Botschaft Christi in der Tradition der Kirche ebenso wie in der modernen, transzendentalen, existentiellen und personalistischen Theologie einen deutlich privatisierenden Charakter angenommen hat. Man habe die revolutionäre Botschaft Christ auf die Glaubensentscheidung des Individuums verkürzt und den Bezug ausgeblendet, in dem es zu seiner gesellschaftlichen und geschichtlichen Welt stehe. Die Kategorien, in denen man die Botschaft verbreitet habe, stammten aus dem Bereich des Inneren, des Privaten, des Ich-Du-Verhältnisses und der interpersonalen Beziehungen. Auch die Umkehr sei – im Sinne einer Wende im persönlichen Leben – privatisiert worden, ohne daß damit der sozialpolitische Kontxt berührt werde, der von jeder Kritik ausgenommen sei. Dagegen würden sich die Evangelien und die Botschaft Christi an eine große Öffentlichkeit wenden. Sie hätten in den damaligen Kontext von Gesellschaft und Politik einschneidend eingegriffen. Der Tod Jesu habe als Hintergrund eine politische Intrige. Auch Jesu Botschaft vom Reich, die zugegebenermaßen keine Parteipolitik gewesen sei, habe eine unleugbare politische Konnotation gehabt – in dem Sinne, den das Wort in der klassischen Tradition als Beeinflussung des öffentlichen Lebens und des Verhältnisses des Menschen zu Welt und Mitmensch gehabt habe. Das Reich Gottes dürfe nicht nur auf die geistliche Dimension privatisiert werden, als Vergebung der Sünden und Versöhnung mit Gott. Reich Gottes beinhalte ebenso die Veränderung des Menschen, die Welt des Menschen wie des Kosmos. Im Blick auf die gesellschaftlichen und religiösen Überlieferungen seines Volkes und auf die Paragraphen der alttestamentlichen Religion transportiere Jesus in seiner Predigt auch einen stark kritischen Inhalt. Dies alles sei jedoch als geschichtsbezogene Kraft des Einspruchs und der Kritik im Namen der Freiheit der Kinder Gottes gegen die Manipulation der Religion zur Rechtfertigung von religiösen und kirchlichen Gruppeninteressen allmählich in der Kirche spiritualisiert und an den Rand gedrängt worden und schließlich ganz verlorengegangen. Diese theologische Strömung hebt nun an Jesus und seiner Botschaft gerade die Elemente von Kritik, Widerspruch und Befreiung hervor, die in unserem kulturellen Kontext neu verstanden werden und damit eine spezielle religiöse und politische Relevanz gewinnen. Der Botschaft Christi eignet eine kritisch-befreiende Funktion gegen repressive Situationen in Religion und Politik. Jesus ist nicht gekommen, eine neue Religion zu gründen, sondern einen neuen Menschen zu bringen. Aus diesem Grunde lassen sich Jesus Christus und seine Sendung nicht einfach in religiöse Schemen einordnen. Jesus übersteigt das Sakrale und das Profane, das Weltliche und das Religiöse. Deshalb ist die Kirche auch weder mit Jesus Christus noch mit dem Reich Gottes identisch. Sie selbst steht unter dem eschatologischen Vorbehalt, das heißt: sie ist weder Ziel noch Zweck in sich selbst, sondern Werkzeug und Sakrament des Reiches. Sie hat die Funktion, das befreiende Anliegen Christi weiterzutragen, und zwar nicht nur im persönlichen Bereich, den wir Bekehrung nennen, sondern auch im Raum der Öffentlichkeit, wobei es um eine ständige Veränderung geht, die sich aber nie auf verabsolutierende Schichtenmuster fixieren läßt. Angesichts der endgültigen Situation, die sich ja erst noch zeigen wird, ist in der gegenwärtigen Zeit kirchlich, dogmatisch und politisch alles relativ und offen für Vervollkommnung und Kritik. Eine solche Sicht zwingt nun aber zu sehr ernster Kritik auch innerhalb und nicht nur außerhalb der Kirche. So hat man zum Beispiel Christus gar zu eilfertig dazu benutzt, faktische Positionen der Kirche zu rechtfertigen. Es kam zu einer sogenannten „politischen Christologie“[48], welche die aus den Verfolgungen triumphierend hervorgegangene und nach Gottes Heilsplan jetzt als Erbin des römischen Reiches auftretende Kirche rechtfertigen sollte. An die Stelle der *pax romana* – heißt es bei den Kirchenvätern des 3. Jahrhunderts wie etwa bei Cyprian – sei die *pax christiana* getreten. Kurz darauf entsteht das *Heilige Römische Reich*. Fortan wird Jesus nicht mehr als Freund aller, insbesondere der Armen und Gedemütigten, dargestellt, sondern als Imperator, Gesetzesverkünder, Richter, Philosoph, Herr des Kosmos und Pantokrator[49]. Man braucht sich nur einmal die Christusbilder in den großen Kirchen seit dem 3. Jahrhundert anzuschauen. Der an Macht schwache, aber in der Liebe starke Jesus von Nazaret, der auf Schwert und Gewalt verzichtet und beides verurteilt hat, wird durch einen politischen Christus verdrängt, der durch die Auferstehung zum Herrn der Welt geworden ist. Seine Stellvertreter, Päpste und Bischöfe, regieren in seinem Namen und bedienen sich seiner Autorität, um alle „Feinde Gottes“ zu vernichten. In den offiziellen Chargen der nachkonstantinischen Kirche geriet die heftige Kritik Jesu an der Art und Weise, wie in der alten Welt Macht ausgeübt wurde, sehr rasch in Vergessenheit: „Ihr wißt, daß die Herrscher ihre Völker unterdrücken und die Mächtigen ihre Macht über die Menschen mißbrauchen. Bei euch soll es nicht so sein, sondern wer bei euch groß sein will, der soll euer Diener sein, und wer bei euch der Erste sein will, soll euer Sklave sein. Denn auch der Menschensohn ist nicht gekommen, um sich dienen zu lassen, sondern um zu dienen und sein Leben hinzugeben als Lösegeld für viele“ (Mt 20,25–28; Lk 22,25–27; Mk 10,42–45). Für Jesus sei demnach die

Hierarchie (heilige Macht) eine Sache der Heiden und die Hierodoulie (heiliger Dienst) eine Angelegenheit der Christen. Aber die Kirche sei in der Geschichte der Versuchung der Macht nach heidnischer Art mit Herrschaft und Ehrentiteln, die sie dem römischen und byzantinischen Hof entlehnt habe, erlegen. Bis in die jüngste Vergangenheit hinein hätten Bildhauerei und Malerei die Geburt Christi als Parusie eines römischen Kaisers mit Edelsteinen und prinzenhaftem Äußeren dargestellt. Die armen Hirten seien zu Fürsten, die dürftige Krippe zum Königsgemach und die heilige Jungfrau mit dem guten Josef zu Gestalten am Hofe geworden. Die Wunder und Predigten Christi habe man mit einem Nimbus von Luxus und Glanz umgeben, der die Armen nur habe schrecken und die Kleinen nur habe verschämen können. Aber gerade mit diesen habe sich Christus identifiziert und gerade diesen habe er eine große Freude verkündet. Die Folgen für Frömmigkeit und kirchliche Praxis waren verhängnisvoll, wie katholische Forscher vom Schlag J. A. Jungmanns und Karl Adams überzeugend nachgewiesen haben [50]: An die Stelle von Geborgenheit in der Nähe des Vaters trat Angst, anstatt kindlicher Unmittelbarkeit herrschte fortan Furcht vor dem herrscherlichen Christus, und anstatt daß sie sich alle als Brüder und Schwestern fühlten, sah man sich in ein hierarchisches Netz zwischen Christus und den Gläubigen eingebunden. Vor diesem Hintergrund begann man, viel mehr die Heiligen als Christus selbst zu verehren. Diese waren einem ja näher und konnten einen als Mittler zu Christus dienen. Neben den Heiligen entstanden zahllose Sakramentalien. Diese entwickeln sich zu einem sakralen Kosmos, mit dessenHilfe das einfache Volk seine religiöse Erfahrung leben konnte, nachdem es sich durch die Politisierung der Gestalt Christi und der kirchlichen Strukturen entfremdet fühlte. Und diese Situation dauert im religiösen und politischen Unbewußten unseres westlichen Christentums weithin noch an.

Diese wenigen Ausführungen haben deutlich gemacht: Früher wurde Christus politisiert, damit er die in der Kirche bestehenden Situationen rechtfertigte. Heute hat sich der umgekehrte Weg durchgesetzt: Vorrang hat die Tendenz, einen apolitischen und privatisierten Christus darzustellen, der sich nur an den Geist und an die Seele gewandt habe; die ideologische Absicht ist jedoch dieselbe: die etablierte Verfaßtheit der Kirche solle gerechtfertigt werden; die Kirche genösse ihre historischen Triumphe, ändere aber nicht ihre anachronistischen Strukturen, die den Kern und das innere Leben des Christentums in weiten Gebieten der Welt in Gefahr brächten. Die sozialkritische Sicht Jesu und seiner Botschaft will ihr Augenmerk auf die verschiedenen Ideologisierungsversuche richten, durch die die Kirche möglicherweise manipuliert wird. Jesus ist ein Element ständiger interner Kritik. Er ist unbequem. Kein theologisches System vermag ihn zu domestizieren. Nur einem befreienden Glauben gibt er sich liebend hin.

e) Die Bedeutung der Christuserfahrung in der Jugend von heute

Im Zusammenhang dieser Überlegungen gewinnt die neue Christuserfahrung in der Jugend von heute gesellschaftliche und religiöse Bedeutung. Seit den sechziger Jahren verspürte die westliche, insbesondere kapitalistische und nachindustrielle Welt heftige Unruhen in ihrer Studentenschaft[51]. Es entstand eine beeindruckende Bewegung, welche die Schemen der fixierten und traditionellen Werte unserer Gesellschaft in Frage stellte. Die Utopie einer Gesellschaft des globalen Konsums ohne entsprechende Bedürfnisse erwies sich in der Tat als eine illusorische Utopie. Die Technik, die ja eigentlich die Menschen befreien sollte, versklavte sie auf subtile Weise nur noch mehr. Die weltliche und empirische, städtische und technologische Kultur, die ursprünglich einmal bessere Freiheitsbedingungen schaffen sollte, schränkte die Bürger nur noch weiter ein. So heißt es in einer Untersuchung zur gegenwärtigen Lage der Jugend in den USA: „Dreihundert Jahre erfreuten sich Wissenschaft und wissenschaftliche Technik eines verdienten und unanfechtbaren Ansehens. Beide waren ein wunderbares Abenteuer, das Wohltaten unters Volk brachte und den Geist von den Irrtümern des Aberglaubens und des traditionellen Glaubens befreite ... In unserer Generation jedoch wurden sie in den Augen vieler und vor allem junger Menschen zu im Kern abstrakten und unmenschlichen Instrumenten, die die Menschen vermassen, Hand in Hand mit der Macht gehen und geradezu teuflisch sind."[52] Der Protest wurde unerbittlich und erbarmungslos: „Ihr, Leute im mittleren Alter, schaut euch doch mal an! Ihr braucht zwei Schluck harter Getränke, um den Mut aufzubringen, euch mit einem menschlichen Wesen zu unterhalten. Schaut euch doch an! Ihr braucht die Frau des Nachbarn, um euch selbst zu beweisen, daß ihr noch am Leben seid. Schaut euch doch an! Ihr plündert Erde, Himmel und Meer, seid nur auf Profit aus und nennt das Ganze Große Gesellschaft. Ihr wollt uns sagen, wie wir leben sollen? Ihr macht wohl einen Scherz."[53] So entstand die Bewegung der Antikultur, die vor allem von der Hippie-Jugend gepredigt und getragen wurde. Hier wird die Suche nach Frieden und Liebe, nach Sinn vor allem Streben nach Gewinn, die Suche nach Spontaneität, Freundschaft und universaler Geschwisterlichkeit zu einer kollektiven Leidenschaft. Zunächst versuchten die jungen Leute es mit der sexuellen Befreiung, mit Alkohol und Drogen; dann mit der transzendentalen Meditation des Maharischi Manesh Yogi, des Propheten der Beatles; und schließlich entdeckten sie Jesus Christus. Jesus wird gesehen, bewundert, geliebt und nachgeahmt als Superstar – als derjenige, der das, was alle suchen: Frieden, Liebe, Solidarität und Gemeinschaft mit Gott, zuerst gelebt und dann gepredigt hat. Er bringe mehr als ein LSD-Trip. Jesus sei einfach ätzend. Die Jugendlichen begrüßen sich mit Sätzen aus dem Neuen Testament, tragen T-Shirts mit Jesusbildern und rezitieren Stoßgebete wie: Jesus ist das Heil; Der Messias ist die Botschaft; Zurück zu Jesus!; Er kommt schon; Er läßt nicht auf sich warten.

Ob wohl wir die Bewegung durchaus kritisch betrachten sollen[54], müssen sich Gesellschaft und Kirche von ihr dennoch zum Nachdenken stimmen lassen. Die moderne, weltliche, religionslose und rationalistische Welt meinte, sie hätte mit ihrem wirtschaftlichen Wohlstand die grundlegenden Probleme des Menschen beantwortet. Aber die moderne Welt hat den Menschen auf eine einzige Dimension verkürzt und die Frage nach dem Sinn des Lebens, nach Gott und Jesus Christus in die individuelle Sphäre hinein privatisiert. Gott ist unnütz geworden. Als ökonomischer Faktor bringt er nichts. Aber der Mensch ist mehr als Wirtschaft und mehr als der Mund, der ißt. Unersättlich ist er auf der Suche nach einem anderen Brot, das den Hunger seiner inneren Konstitution stillt. Er möchte das Geheimnis ergründen, das unsere Existenz umhüllt, das sich in unserem Fleisch gezeigt hat und Jesus Christus heißt. Er ist der radikale Sinn der Existenz. Die Jugendbewegung muß auch für die Kirche Anlaß zu einer christologischen Reflexion werden. Warum wollen diese jungen Menschen nichts mit der Kirche zu tun haben? Warum ist ihr Jesus nicht der Jesus der kirchlichen Predigt und des kirchlichen Dogmas, sondern der der Evangelien? Für viele von ihnen ist Jesus Christus zu einem Gefangenen der Kirche, der kirchlichen Interpretation und der dogmatischen Kasuistik geworden. Jesus hat sein Geheimnis und seine Faszination für die Menschen eingebüßt. Man hat ihn für die kirchliche Struktur vereinnahmt. Wir müssen Jesus von der Kirche befreien, damit sein Wort wieder gilt und er eine Gemeinde schaffen kann, die sich dann mit Recht Kirche Christi nennen kann. Es ist symptomatisch, daß der Schlager *Jesus Cristo, estou aqui* (Jesus Christus, hier bin ich) von Roberto Carlos in Brasilien von Millionen von Menschen gesungen wurde. In ihm erfahren viele, daß Jesus in ihrem Leben eine neue Parusie erfährt. So ist der Schlager ein Aufschrei von Glauben und Hoffnung und von dem Wunsch, daß der Auftrag Christi in Erfüllung geht, der ja darin besteht, „die ganze Menschheit zusammenzuführen zu einer einzigen Menge, einer einzigen Rasse, einer einzigen Volkszugehörigkeit – auf der Suche nach einem einzigen Ideal: der Begegnung mit Gott, einem einzigen Gott, der von Gläubigen aller Religionen zwar auf verschiedene Weise, aber dennoch auf dem einen Weg des Friedens und der Liebe angebetet wird“[55]. Diese Hinwendung zu Jesus kann ein Zeichen der Zeit sein, wie Dom Paulo Evaristo Arns, Erzbischof von São Paulo, meinte[56]: ein Zeichen für die Hinkehr zum Wesentlichen, das imstande ist, das Leben und das Herz der Menschen wirklich zu erfüllen: „Jesus stellt die Liebe in der Welt dar. Er ist eine Art Leuchtturm. Seine Botschaft der Liebe macht es uns möglich, die Mitmenschen zu entdecken und sie zu lieben,wie sie sind.“[57] In ihm leuchtet vorwegnehmend das radikal Menschliche – im Sinne des ersten Momentes der Eschatologie – auf, das Menschliche, auf dessen Suche die junge Generation wie wahnsinnig ist.

II. Wie Christus erkennen?

Das hermeneutische Problem

Fragen: „Wer bist du, Jesus von Nazaret?", heißt nach einer Person fragen. Wer aber nach einer Person fragt, rührt an ein unauslotbares Geheimnis. Je mehr die Gestalt erkannt wird, desto weiter öffnet sie sich der Erkenntnis. Man kann nicht nach einer Person fragen, ohne sich von ihrer Atmosphäre umgreifen zu lassen. Wer also Christus definiert, definiert sich selbst. Je besser wir uns selbst kennen, desto besser sind wir imstande, Jesus zu erkennen. Wenn wir hier versuchen, unsere Position gegenüber Jesus im Kontext Lateinamerikas zu bestimmen, dann nehmen wir in diesen Auftrag all unsere Besonderheiten, unser ganzes Leben und all unsere Sorgen mit hinein. Damit aber verlängert Jesus seine Inkarnation bis in unsere Geschichte hinein und zeigt uns ein neues Gesicht, das gerade uns aufgeht und das gerade wir lieben.

Die angedeuteten Probleme dürften verdeutlicht haben, wie brisant die Frage ist: „Wie sind wir denn überhaupt imstande, Jesus Christus zu erkennen?" Für die meisten Menschen ist die Frage klar: durch die Schriften des Neuen Testaments und insbesondere durch die Evangelien. Diese müsse man nur richtig deuten (Hermeneutik), um Klarheit bezüglich Jesus zu haben. In einer derartigen Antwort, so plausibel sie auch scheinen mag, steckt dennoch eine sehr komplizierte Problematik. Fachleute sprechen vom hermeneutischen Problem (Interpretation)[1]. In der modernen Philosophie ist es ein zentrales Thema, wie es das in Theologie und Exegese immer schon war.

1. Historisch-kritische Hermeneutik

Wenn wir erfahren wollen, wer Jesus ist, müssen wir kritisch an die literarischen Dokumente herangehen, die von ihm sprechen: an die Evangelien. Das aber geht nicht ohne innere Schwierigkeiten vonstatten, weil wir es ja mit Texten zu tun haben, die vor annähernd zweitausend Jahren geschrieben wurden, in einer beträchtlich anderen Mentalität als der unseren, in einer vorwissenschaftlichen, mythischen und unkritischen Welt. Die historisch-kritische Methode will nun, soweit wie möglich, den ursprünglichen Sinn des Textes herausarbeiten, unabhängig von späteren Interpretationen und von unserem gegenwärtigen Verständnis. Das Element der Fremdheit zwischen dem Sinn des Textes und unserer Sicht bildet einen wesentlichen Faktor im rechten Verständnis der Botschaft Jesu. Die historisch-kritische Methode zwingt uns, auf die Botschaft von damals zu horchen, auf eine kritische Distanz von der Gegenwart zu gehen und uns auf der Grundlage dessen, was wir aus dem Text herausanalysiert und eruiert haben, in

Frage zu stellen. Das braucht nichts mit Archäologismus zu tun zu haben. Vielmehr bietet es eine Chance, unseren Horizont zu erweitern, unsere Plausibilitäten, die über jede Frage erhaben schienen, zu hinterfragen und einen inneren Raum für eine mögliche *metánoia* (Umkehr) zu schaffen.

Die historische Forschung an den Evangelien hat, wie bereits erwähnt, gezeigt, daß die Evangelien, so wie sie uns gegenwärtig vorliegen, das Endergebnis eines langen Prozesses von Reflexion, Verkündigung und Katechese sind, den die Gemeinde der Jünger über Jesus angestellt hat. Ja, wir können sogar sagen, die vorfindlichen Evangelien stellten die kristallisierte Dogmatik der Urkirche dar. Mit Hilfe der historisch-kritischen Methode lassen sich die verschiedenen Schichten eines Textes oder einer Evangelienperikope voneinander abheben, die Interpretationen und Einflüsse der Überlieferung ausmachen sowie die theologischen Aspekte benennen, unter denen sie schließlich geschrieben wurden. In den Evangelien steht wenig vom historischen Jesus, wie er war und wie er gelebt hat, aber viel darüber, wie die ersten Christen aus dem Glauben und aus der Reflexion über die Worte Christi reagiert haben, indem sie diese mit den lebendigen Situationen ihrer Umgebung verglichen.

Bei der Arbeit an den evangelischen Texten hat die kritische Exegese verschiedene Methoden entwickelt:

a) Formgeschichte[2]

Diese Methode sieht vom vorliegenden Rahmen, wie die Evangelien ihn bieten (Predigt Jesu in Galiläa, Reise nach Jerusalem, Prozeß, Tod und Auferstehung in der heiligen Stadt), ab und faßt die Perikopen (Formen) in sich selbst ins Auge. Sie untersucht den Sitz im Leben, in dem sie gereift sind: ob in der Katechese, im Gottesdienst oder in der Predigt vor Heiden, und versucht herauszufinden, ob es sich um ein jesuanisches (von Jesus selbst stammendes) Logion handelt, ob es bereits von der Gemeinde bearbeitet und interpretiert wurde oder ob es gar von der Gemeinde (die sich in Gemeinschaft mit dem Auferweckten und erfüllt von seinem Geist wußte) erst entwickelt und Jesus in den Mund gelegt wurde. So wurde die Arbeit an den Evangelien äußerst minuziös und anspruchsvoll. Nicht immer läßt sich überzeugend entscheiden, ob ein bestimmtes Wort von Jesus stammt oder nicht, obwohl es in der vorliegenden Formulierung von Jesus gesprochen wird. Unsere Studie hat im Verlaufe des ganzen Buches die formgeschichtliche Methode im Auge. An einigen Stellen kommen wir zu theologischen Entscheidungen, die auf einer kritischen Reflexion über diese Methode basieren. An anderen Stellen interpretieren wir einen Text als nicht jesuanisch, obwohl die übliche und um kritischen Anfragen unbesorgte Überlieferung ihn immer als direkt auf Jesus zurückgehend verstanden hat.

b) Traditionsgeschichte[3]

Die Traditionsgeschichte ist eine Verlängerung und Vertiefung der Formgeschichte. Sie untersucht die vorfindlichen Texte und benennt die schöpferische Tätigkeit – sei es in der Theologie, sei es im Gottesdienst – der Urgemeinde. Die Evangelien sind nicht nur Bücher über Jesus, sondern vielmehr Bücher, die die Überlieferungen und die dogmatische Entwicklung der Urkirche widerspiegeln. So haben wir zum Beispiel das schwierige Gleichnis vom klugen Verwalter, der den Schuldnern die Schulden nachläßt, um sie sich zu Freunden zu machen (Lk 16, 1–9)[4]. Das Gleichnis hat verschiedene Schichten. Da ist zunächst die Schicht, die auf den historischen Jesus zurückgeht (1–7): Jesus spielt auf eine List an, mit der jemand offensichtlich die Aufmerksamkeit der zeitgenössischen Chronik auf sich gezogen hat. Daraus zieht er dann die Lehre: So wie der listige Verwalter die Zeit, bis der Richter auf den Plan getreten ist, genutzt und sich damit die Zukunft gesichert hat, so soll's jedermann machen: die Zeit nutzen und dafür sorgen, daß er zu denen gehört, die das Reich erben; denn mit Jesus ist ja die letzte Stunde angebrochen. Frühe christliche Kreise fügten dem Wort und Rat Jesu jedoch noch eine weitere Deutung hinzu, die sie täglich erfahren konnten: „Die Kinder dieser Welt sind im Umgang mit ihresgleichen klüger als die Kinder des Lichtes" (Lk 16, 8b). Es ist eine Feststellung, die einen niederschmettern könnte: In geschäftlichen Dingen sind die Christen immer anderen unterlegen, weil sie sich nicht wie die Kinder der Finsternis unerlaubter Mittel bedienen dürfen. Auf dieser Überlieferungsebene spiegelt die Parabel die Resignation der Christen wider. In einem anderen Milieu wurde das Gleichnis üblicherweise anders verstanden, man bezog es nämlich auf den Gebrauch des Geldes: „Macht euch Freunde mit dem ungerechten Mammon, damit ihr in die ewigen Wohnungen aufgenommen werdet, wenn es zu Ende geht" (Lk 16, 9). Als Lukas das Gleichnis in sein Evangelium aufnahm, übernahm er auch diese Deutung, zumal er klar ein theologisches Augenmerk für die Armen hatte, die ja die natürlichen Erben des Reiches sind. Wenn auch die Reichen ins Himmelreich kommen, dann deshalb, weil sie sich ihres Geldes entledigen und arm werden. So wird deutlich: An eine endzeitliche Mahnung Christi (Das Reich ist nahe; man muß zusehen, daß man sich mit seinen Feinden versteht und sicher geht) werden zwei weitere Interpretationen seitens der frühen Gemeinden angehängt, von denen eine die Christen in ihrer Resignation gegenüber den irdischen Geschäften ansprechen und die andere sie zum rechten Gebrauch des Reichtums im Sinne der Entäußerung um des Reiches willen mahnen will. Die lukanische Redaktion legt jedoch alles Jesus in den Mund. Wer allerdings die im gegenwärtigen Texte angesammelten Traditionen sorgfältig untersucht, wird etwas erahnen von der theologischen und interpretierenden Arbeit der Urgemeinde während der dreißig bis vierzig Jahre nach dem Tod Christi, während deren die vorliegenden Evangelien geschrieben wurden.

c) Redaktionsgeschichte[5]

Form- und Traditionsgeschichte neigten dazu, in den Evangelisten Sammler von Aussprüchen und Deutungen der Gemeinde zu sehen. Die redaktionsgeschichtliche Methode dagegen erblickt in ihnen Redakteure, die sich des überlieferten Materials innerhalb einer Kompositionsordnung mit eigenen theologischen Perspektiven bedienten, die ihrerseits die Auswahl der Logien und Überlieferungen bestimmten. Die Evangelisten waren Theologen mit ihren je persönlichen und typischen Interpretationen. Dies zeigt, wie wahr der Satz ist, die bestehenden Evangelien seien keine Biographien Jesu, sondern *martyria,* das heißt Glaubenszeugnisse über Leben, Tod und Auferstehung Jesu. Die Redaktionsgeschichte macht darauf aufmerksam, daß man eine Perikope nicht in sich selbst verstehen kann, sondern immer nur im Kontext, den der letzte Redakteur geschaffen hat, indem er sozusagen den letzten Kommentar dazu lieferte. Wenn man die drei synoptischen Evangelien miteinander vergleicht, sieht man deutlich die redaktionelle Arbeit des einzelnen Evangelisten: an dcn stilistischen Verbesserungen, am Auslassen eines Wortes oder Textes, das bzw. der nicht gut in die entsprechende theologische Konzeption paßte, am Hinzufügen eines anderen Wortes oder einer anderen Tradition, am häufigen Rückgriff auf das Alte Testament (vor allem bei Matthäus), an der Dramatisierung einer Szene oder an der Hervorhebung eines bestimmten Themas, wie bei Lukas, der das Thema der Armen, Frauen, Heiden usw. liebt.

Zusammenfassend können wir sagen: Die Überlieferung der Urgemeinde hat nur das von Jesus bewahrt, was für Leben und Glauben der entsprechenden Gemeinde irgendwie eine Funktion hatte. Das Leben und die Entwicklung nach Tod und Auferstehung Jesu Christi wirkten also wie ein Filter. So kann es sehr gut sein, daß wertvolle Elemente der Predigt Jesu unwiederbringbar verlorengegangen sind. Im übrigen bediente sich die Urgemeinde gegenüber den Worten Jesu einer großen Freiheit: Sie deutete und modifizierte sie und schuf neue Perikopen – natürlich immer in dem Bemühen, Christus und seine Botschaft in ihrem Leben gegenwärtig werden zu lassen. Johannes kann als der Fürst der christlichen Freiheit angesehen werden. Die Worte Jesu handhabte er mit größter Freiheit, hielt sich aber strikt an den Geist. Den Ausdruck „Reich Gottes", der mit Sicherheit von Jesus stammt und der den Mittelpunkt seiner Predigt ausmachte, verwendet er gerade zweimal und dann auch nur im Vorbeigehen. Aber er übersetzt den Begriff „Reich Gottes", der zu der Zeit, da er sein Evangelium redigierte (90–100), leer geworden war, durch entsprechende Wörter, die der Mentalität seiner Hörer etwas sagten – wie: ewiges Leben, Licht, Weg, Wahrheit, Brot, lebendiges Wasser usf. Aus all dem erhellt, daß sich Jesus, seine Geschichte und seine Botschaft radikal mit der Geschichte des Glaubens und der Menschen vermengt haben, so daß sich beides nicht mehr sauber voneinander trennen läßt, obwohl die Dinge unterschieden werden können und müssen. Vielleicht stellt dieses Faktum eine Form dar, wie sich die Inkarnation Gottes in der Welt verewigt.

2. *Existentielle Hermeneutik*

Die historisch-kritische Jesusinterpretation hat ihre Grenzen. Sie erhebt, was Matthäus, Markus, Lukas, Johannes und Paulus über Jesus dachten. Aber sie ist einfach zu objektiv. Auf Seiten des Forschers setzt sie nicht notwendigerweise den Glauben voraus. Sie fragt wenig nach der Realität, die hinter jeder einzelnen Deutung steckt. Das historische Wissen um eine Person wie Jesus ist nicht nur ein Verstehen nach Art von Wissenschaften, die sich an das Schema Subjekt–Objekt halten. Wissenschaftliches Erkennen ist neutral, objektiv und objektivierend. Dagegen beinhaltet Verstehen im Sinne des lateinischen *com-pre(he)ndere* ein *cum,* das heißt: Das Subjekt ist mit angesprochen und an das zu Begreifende (pre(he)ndendum)[6] gebunden. Um eine Person zu verstehen, muß man ein lebendiges Verhältnis zu ihr haben. Sonst verobjektivieren wir sie und machen sie zu einem Gegenstand von Wissenschaften. Die Person ist immer ein Subjekt und im Grunde ein Geheimnis, das, je mehr man es erkennt, sich für einen grenzenlosen Horizont öffnet. Jesus verkündet Realitäten, die mich unmittelbar angehen, wie: Heil und Verderben, verspricht mir eine absolute Zukunft und vermittelt mir radikalen Sinn. Jedes Verstehen betrifft somit immer auch das Subjekt. An die Wirklichkeit führt kein Weg unmittelbar heran, immer geht er durch das Subjekt hindurch, weil es ja das konkrete Subjekt ist, das sich mit seinen Bedingungsschranken, Möglichkeiten und Grenzen zum Objekt bewegt. Verstehen ist zwangsläufig immer ein Interpretieren. Nur wer interpretiert, versteht. Wer also einen Gegenstand versteht, nähert sich ihm immer mit einem Vorverständnis, das von seinem Milieu, seiner Erziehung und dem kulturellen Ambiente, das ihn umgibt, abhängt. Allerdings muß sauber zwischen Vor-verständnis und Vor-urteil unterschieden werden. Das Vor-verständnis begibt sich zum Objekt und ist sich seines Bedingungsrahmens bewußt. Aber es hält sich offen, um die Botschaft, die ihm der Gegenstand sendet, aufzunehmen. Es läßt sich von ihr in Frage stellen. Ihm geht es um eine Begegnung zwischen eben dem Vorverständnis und dem gemachten Verstehensakt. Dagegen nähert sich das Vor-urteil dem Objekt mit einem bereits fertigen und definierten Begriff. Es beurteilt den Gegenstand, ohne sich von ihm beurteilen zu lassen. Im Vor-urteil treten sehr häufig Verteidigungsmechanismen des Unbewußten in Kraft, die die Begegnung mit der Wirklichkeit beeinträchtigen und das Verständnis unter den Menschen vereiteln.

a) Der hermeneutische Zirkel und seine Bedeutung

Das zwangsläufige Implikationsverhältnis zwischen Subjekt und Objekt heißt seit Schleiermacher üblicherweise „hermeneutischer Zirkel"[7]. Auf die Jesusfrage angewandt, bedeutet das: Wer wirklich verstehen will, wer Jesus ist, muß als Betroffener und von Jesus in den Bann Genommener an die Frage herangehen. Sich von Jesus betroffen fühlen bedeutet aus der Haltung des Glaubens leben. Wenn wir Jesus definieren, definieren wir uns selbst. Je besser wir uns kennen, desto besser kennen wir Jesus. Man kann nicht aus seinem Leben, seiner Kultur und seiner Situation aussteigen, um den echten Jesus zu haben, so wie er war. Wenn wir uns auf den Weg zu ihm machen, nehmen wir immer alles mit, was wir sind und haben. Die Evangelien selbst sind ein Beispiel dafür: Ihnen geht es darum, Christus und seine Sache weiterzutragen. Aber in dieses Unterfangen nehmen sie das ganze Leben der Gemeinde mit hinein, so daß wir bei der Beschäftigung mit den Evangelien Auskünfte nicht nur über das Leben Jesu, sondern auch über die ersten Christen erfahren. Konkret heißt das weiter, daß man heute an Jesus nicht nur durch ein vom Glauben her motiviertes Studium der Evangelientexte herankommt, sondern vor allem durch die Glaubensgemeinschaft, das heißt: durch die Kirche. In der Kirche entstand die Atmosphäre des Glaubens, wurden die Evangelien geschrieben und entwickelten sich die allgemeinen Koordinaten, mit deren Hilfe wir vor Christus hintreten und vor ihm stehen. Mehr noch: Jesus ist in das Unbewußte unserer westlichen Kultur eingegangen. Dort ist er immer anzutreffen, auf Schritt und Tritt kann man ihm begegnen, und stets kann er als Glaubenserfahrung wieder zum Leben erweckt werden. Selbst wenn unsere Welt vollständig atheistisch würde, könnte man gleichwohl immer noch glauben und sich an Christus binden, weil er bis in den Untergrund unserer Kultur eingedrungen ist und diese zutiefst geprägt hat. So wird in etwa die neue Christuserfahrung verständlich, die die Jugend heute macht: Ihr wird Christus nicht unbedingt durch die christlichen Kirchen vermittelt, sondern auch durch den kulturellen Untergrund, in dem Christus ebenso seine Inkarnation fortsetzt. Fleischwerdung Christi ist – wie wir im Laufe dieser Studie sahen – ein Prozeß, der eines Tages in Nazaret begonnen hat, der aber noch nicht beendet ist, weil ja Christus noch nicht die Wirklichkeit insgesamt christifiziert hat. So müssen die Kirchen und die vom Christentum beeinflußte Kultur darauf achten, daß die Kanäle, die zur Christuswirklichkeit führen, nicht verschmutzt und verstopft werden. Geschichtlich betrachtet, hat sich jedoch gerade bei denen, die Christus und seine Sache an erster Stelle repräsentieren müßten, so viel Unrat abgelagert, daß sie nicht selten zu Gegenzeichen seines göttlichen Seins wurden und ein lebendiges Ja der Welt zum Evangelium behindern.

b) Die Hermeneutik der politischen Existenz

Bekanntlich ist vor einigen Jahren eine Hermeneutik der politischen Existenz entworfen worden[8]. In die Kirche wie auch in die christlich mitgeprägte Kultur können ideologische Mechanismen einfließen, welche Botschaft und Person Christi gebrauchen und mißbrauchen, um bewußt und meistens unbewußt Gruppeninteressen zu legitimieren, sich der Selbstkritik zu verweigern und das Evangelium als unbequemen Sauerteig in der Umwelt schal werden zu lassen[9]. Christus hat uns weder ein bestimmtes Modell von Kultur gebracht, noch hat er eine christliche Kultur gegründet. Weder hat er eine starre Dogmatik aufgestellt noch eine herzlose Moral verordnet. Vielmehr hat er eine bestimmte Atmosphäre geschaffen; er hat Liebe und Gegenseitigkeit gebracht, die es überall, in jedem gesellschaftlichen und politischen Modell, unter jeder Art von religiösen oder moralischen Bedingungen zu verwirklichen gilt. Im Laufe der abendländischen Geschichte hat man jedoch Kirche und Christus, von Menschen gemachte Theologie und Botschaft Christi, Gesetzes- wie Gebotsmoral und Bergpredigt häufig gleichgesetzt. Wenn all diese Elemente – wie wir bei der Erörterung des hermeneutischen Zirkels zuvor sahen – auch immer miteinander verbunden sind, so soll damit doch keineswegs alles legitimiert und gerechtfertigt werden. Die Dinge müssen säuberlich auseinandergehalten werden, damit niemand die Stimme der Menschen mit der Stimme Gottes verwechselt. Auch im kirchlichen Raum ist die politisch-gesellschaftliche Existenz ideologischer Manipulation ausgesetzt. Hermeneutik ist nicht nur die Kunst, alte Texte zu verstehen, sondern alle Manifestationen des Lebens zu begreifen und mit der Botschaft des Evangeliums in Einklang zu bringen, insbesondere jene Faktoren, bei denen es nicht nur um das Individuum geht, sondern um die universale Kollektivität des Menschen wie etwa bei Themen wie Reich Gottes, Gerechtigkeit, Frieden, Versöhnung usf.

3. Die heilsgeschichtliche Hermeneutik

Diese hermeneutische Methode schließt die übrigen Seiten des hermeneutischen Problems mit ein[10]. Ausgangspunkt ist ein Verständnis von Heilsgeschichte, das die ganze Welt umgreift. Dabei wird Heilsgeschichte als die Geschichte der Selbstmitteilung Gottes und der Ant-worten von seiten der Menschen auf das von Gott vorgegebene Wort verstanden. Die Schöpfung ist Bedingung für die Möglichkeit der Selbstmitteilung Gottes und muß damit ursprünglich als ein Moment der Selbstmitteilung Gottes (Gnade) angesehen werden. Es herrscht eine Dialektik zwischen vorgegebenem Heils-wort Gottes und menschlicher Ant-wort, zwischen Faktizität der Wirklichkeit und Transzendenz der menschlichen Freiheit[11]. Die Spannung zwischen diesen Polen wird sich nie sachgerecht lösen lassen. Deshalb erfassen wir das Vor-wort Gottes in unseren geschichtlichen Ant-worten nie ganz, so sublim sie auch sein mögen. Nie kommen wir an das Ganze der Wirklichkeit heran, sondern stets nur an geschichtsbedingte Modelle, die aber immer wieder an der Wirklichkeit gemessen und von ihr bereichert, kritisiert und korrigiert werden wollen und für inneres Wachstum und Selbstüberbietung offen gehalten werden müssen. Im Modell, auch im religiösen Modell, haben wir immer nur eine bestimmte Vermittlung zwischen dem von Gott gegebenen Wort und der vom Menschen gegebenen Ant-wort, zwischen Natur und Freiheit, zwischen Subjektivität und Objektivität, zwischen Individuum und Gesellschaft. Die Weltreligionen sind geschichtliche Ausdrucksformen dieser Dialektik zwischen Vor-wort und Ant-wort. Die totale Deckung zwischen dem einen und dem anderen, die umfassende Syntonie des Menschen mit seiner Welt und die Überwindung aller Entfremdung, das bedeutet Heil und volle Verwirklichung des Sinns von Mensch und Welt. Solange das aber noch nicht eintritt, ist die Offenbarung immer noch in Gang und muß unentwegt in den jeweiligen geschichtlichen und gesellschaftlichen Kontext übersetzt werden. Die Identität der Wahrheit in der Verschiedenartigkeit der geschichtlichen Bedingungen wird nicht dadurch gewahrt, daß man fetischistisch an verbalen Formulierungen festhält. Wörter – wie Strukturalismus und analytische Sprachphilosophie[12], vor allem Wittgenstein (in seiner letzten Phase) scharf erkannt haben – besitzen ihre Koordinaten und Spielregeln, innerhalb deren sie ihre Bedeutung haben, die über die Zeit hin aber nicht die gleichen zu bleiben brauchen. Doch muß und kann die Identität erhalten bleiben, wenn man sich bemüht, ein und dasselbe auf verschiedene Weise und im Rahmen verschiedener Verstehenskoordinaten zu sagen. Infolgedessen darf man den Wortsinn eines Textes nicht verabsolutieren, sondern immer ist er nur eine beispielhafte Annäherung an die Identität innerhalb eines bestimmten Modells. So muß er für andere Modelle, die die Wirklichkeit anders erfassen und als solche das Verständnis von der Offenbarung Gottes in der Welt bereichern, offen sein.

Mit Jesus Christus kam es zu einem qualitativen Sprung in der Heilsgeschichte: Zum ersten Mal deckten sich von Gott vorgegebenes Wort und die vom Menschen gegebene Ant-wort, Wort und Wirklichkeit, Verheißung und Erfüllung. In ihm trat in absolutem und endzeitlichem Maß das Heil ein. In ihm wurden die verborgenen Kräfte und Möglichkeiten der Schöpfung konkret und vollauf sichtbar. In der Begegnung mit ihm erahnen wir, was die Zukunft der Welt und der radikale Sinn von Mensch und Kosmos sind. So erweist sich Christus als der Schnittpunkt der religiösen Hermeneutik, der Geschichte von Welt und Mensch.

4. Elemente einer Christologie in Lateinamerika

Unsere bisherigen hermeneutischen Überlegungen dürften verdeutlicht haben, daß man nicht einfach *über* Jesus sprechen kann, wie man über andere Dinge spricht. Man kann nur *ausgehend von* Jesus sprechen, wie jemand, der von der Bedeutung seiner Existenz betroffen ist. Wenn wir an ihn herantreten, bringen wir alles mit, was wir haben und sind, weil man ja zwangsläufig innerhalb eines bestimmten geschichtlichen und gesellschaftlichen Kontextes lebt. Wir sehen die Gestalt Christi mit unseren Augen und verstehen die heiligen Texte, die von ihm und ausgehend von ihm sprechen, neu. Aus diesem Grund muß eine Christologie, die im Lebenszusammenhang Lateinamerikas gedacht und gelehrt wird, unbedingt spezifisch lateinamerikanische Merkmale tragen. Wer das vorliegende Buch aufmerksam gelesen hat, wird das schon wahrgenommen haben. Die Rückgriffe vor allem auf ausländische Literatur und all die Zitate daraus bedeuten keine Flucht vor unserer Wirklichkeit und vor unseren Problemen. Aus der Perspektive unserer Sorgen, die eben unsere Sorgen im südamerikanischen Kontext sind, lesen wir nicht nur die alten Texte des Neuen Testamentes neu, sondern auch neuere Kommentare dazu aus Europa. Die Daten sind in anderen Koordinaten angesiedelt und werden von uns in einen anderen Horizont projiziert. An unserem Himmel stehen andere Sterne, die andere Sternzeichen bilden. Und an diesen orientieren wir uns beim Abenteuer des Glaubens und des Lebens. Im folgenden möchten wir einige Merkmale dieser Christologie nennen.

a) Vorrang des anthropologischen Elements vor dem ekklesiologischen

Was in Lateinamerika auf dem Prüfstand steht, ist nicht so sehr die Kirche als vielmehr der Mensch; diesen muß die Kirche unterstützen, wieder aufrichten und vermenschlichen. So herrscht in der Theologie Südamerikas eine deutliche ekklesiologische Skepsis; denn die Kirche hat hier weithin aus Europa importierte Modelle und Strukturen reproduziert. Der Glaube hat wenig Kreativität entfaltet. Wenn er aus unserem Raum her gelebt und entworfen worden wäre, hätte er sich in Strukturen mit eigenem Charakteristika ganz natürlich und frei ausdrücken können. Aber der allgemeine Rahmen, in dem das Kirchenrecht dogmatisch und die Dogmatik rechtlich interpretiert wurde, verhinderte von Grund auf auch gesunde Versuche, hierzulande eine neue Gestalt von Kirche außerhalb der traditionellen, aus dem griechisch-römischen Weltverständnis ererbten Muster zu schaffen. Die Zukunft der katholischen Kirche liegt angesichts des Bevölkerungsschwundes in Europa eindeutig in Lateinamerika. Aus einer mehr anthropologischen Betrachtungsweise, das heißt im neuen Menschen, der bei uns im Entstehen ist, lassen sich womöglich Elemente heben, die eine erneuerte christliche Reflexion speisen können. Wo liegen die großen Erwartungen unserer Menschen, denen der christliche Glaube entgegenkommen und eine bewegende Freude verkünden kann? Wenn es stimmt, daß zwischen Frage und Antwort immer ein Entsprechungsverhältnis herrschen muß, dann gilt es, eine Reflexion in Gang zu bringen, die die Wirklichkeit dort trifft, wo sie ihre Wunden hat.

b) Vorrang des utopischen Elements vor dem faktischen

Die entscheidende Perspektive des südamerikanischen Menschen ist nicht die Vergangenheit (unsere Vergangenheit ist eine europäische, kolonialistische Vergangenheit), sondern die Zukunft. Deshalb ist das utopische Element bei uns so aktivierend. Aber Utopie darf nicht als Illusion oder Flucht vor der gegenwärtigen Welt mißverstanden werden. Wie philosophische und theologische Studien in den letzten Jahren gezeigt haben[13], wird die Utopie aus dem Prinzip Hoffnung geboren; dieses ist verantwortlich für die Modelle zur Vervollkommnung unserer Gesellschaft, die ihrerseits den sozialen Prozeß nicht stagnieren oder sich ideologisch verabsolutieren lassen, sondern ihn unentwegt offen halten für eine sich ständig intensivierende Veränderung. Der Glaube verkündet die Utopie einer ganz und gar versöhnten Welt – als Potenzierung dessen, was wir hier mit Sinn und Liebe schaffen, und zeigt, daß dies in Christus bereits Wirklichkeit geworden ist. Unser Einsatz beim Aufbau einer menschlicheren und brüderlicheren Welt ist auch theologisch relevant: Er schafft und antizipiert die endgültige Welt, die uns verheißen ist und von der Jesus Christus gezeigt hat, daß sie möglich ist.

c) Vorrang des kritischen Elements vor dem dogmatischen

Menschen und vor allem Institutionen haben insgesamt die Neigung zu stagnieren, wenn sie sich innerhalb einer bestimmten Epoche existentiell mit Erfolg eingerichtet haben. So entstehen Mechanismen der Selbstverteidigung und dogmatisches Denken. Letzteres fürchtet und verdrängt jede Art von Kritik, die in dem Sinn vorgetragen wird, daß Institutionen immer funktional und offen sein müssen für jene Zukunft, die sich eine Gesellschaft stets erhalten muß, wenn sie den Rhythmus der Geschichte nicht verfehlen will. Aus diesem Grunde liegt der Akzent auf dem kritischen Element, das sich die Theologie hier besonders angelegen sein läßt, angesichts kirchlicher Traditionen und Institutionen, die früher sicher ihre Funktion hatten, heute aber oft genug überholt und anachronistisch und zu einem Zentrum der Verhinderung des Dialogs zwischen Glauben und Welt, Kirche und Gesellschaft geworden sind. Damit gewinnt die Kritik den Charakter, den Kern der christlichen Erfahrung zu durchleuchten und zu läutern, damit diese auch unter den Bedingungen unserer Erfahrung von Geschichte greifbare Gestalt annehmen kann.

d) Vorrang des Gesellschaftlichen vor dem Persönlichen

Das Hauptproblem der südamerikanischen Gesellschaft ist das soziale Randdasein riesiger Teile der Bevölkerung. Die Frage kann nicht bloß auf der Ebene der persönlichen Umkehr angesiedelt werden. Es gibt strukturelle Mißstände, für die nicht alleine Einzelpersonen verantwortlich sind. Ob die Kirche will oder nicht, sie ist in einen Kontext verwickelt, der über sie hinausgeht. Was ist da ihre Aufgabe? Muß sie Sand im sozialen Getriebe sein? Andererseits kann sie sich nicht eine eigene kleine Welt in der großen Welt zimmern. Vielmehr muß sie sich *kritisch* an dem umfassenden Aufbruch in Richtung Befreiung beteiligen, der die südamerikanische Gesellschaft erfaßt hat. Wie Jesus wird sie ihr Augenmerk besonders den Stimm- und Namenlosen schenken, die weltlichen und befreienden Dimensionen, die die Botschaft Christi beinhaltet, deutlich hervorheben und die Zukunft, die Christus dieser Welt auch verheißen hat, in angemessener Weise betonen müssen; denn in dieser Welt wächst ja, zwischen Unkraut und Weizen, das künftige Reich, und zwar nicht nur für ein paar Privilegierte, sondern für alle.

e) Vorrang der Orthopraxie vor der Orthodoxie

Die Schwäche der klassischen Handbuchchristologie liegt gerade in dem, was sie für ihre Stärke hält: in der philosophisch-theologischen Systematisierung. Die klassische Christologie hat weder zu einer Ethik noch zu einem Verhalten geführt, die typisch christlich wären. Das Grundthema der synoptischen Evangelien, die Nachfolge Christi, hat sie wenig thematisiert und kaum in konkrete Verhaltensweisen übersetzt. Die Orthodoxie, will sagen: das korrekte Denken über Christus, hatte den Primat über die Orthopraxie, über das im Lichte Christi richtige Handeln. So kam es, daß die Kirche zwar immer wieder Christus als den

Befreier gepredigt, aber selten befreit und Befreiungsbewegungen unterstützt hat. Nicht selten ließ sie die engagierten Christen völlig allein. Diese Situation während der letzten zwei Jahrhunderte führte dazu, daß die klügsten Köpfe und die aktivsten Kräfte immer wieder in die Emigration gingen. Doch für Christus und die Urgemeinde kam es bekanntlich nicht darauf an, seine Botschaft auf systematische Kategorien eines intellektuellen Verständnisses zu verkürzen, sondern es ging ihnen darum, neue Verhaltensweisen für Handeln und Leben in der Welt zu schaffen. Für dieses praxeologische Moment in der Botschaft Christi hat die theologische Reflexion in Lateinamerika eine besondere Sensibilität.

5. Schluß: Sprechen ausgehend von Jesus Christus in Schweigen

Unsere christologische Studie wollte eine Reflexion ausgehend von Jesus Christus sein – innerhalb des weiten Horizontes, so wie wir ihn auf den vorausgehenden Seiten beschrieben haben. Wir können nicht mehr wissenschaftlich naiv oder unkritisch sein. Ob wir wollen oder nicht, sind wir Erben der christologischen Diskussionen der letzten Jahrzehnte, die wir freilich im Rahmen unseres lateinamerikanischen Horizontes rezipieren. Was wir hier über Christus und seine Botschaft mit Worten gesagt haben, ist nichts gegenüber dem, was der Glaube erahnt und dankbar entgegennimmt. „Schweige still, denn er ist das Absolute", sagte Kierkegaard, und Bonhoeffer wiederholt den Satz zu Beginn seiner Christologievorlesung[14]. „Wovon man nicht sprechen kann, darüber muß man schweigen", mahnt Wittgenstein[15]. Trotzdem müssen wir über und angeregt von Jesus Christus sprechen. Anliegen ist es dabei, nicht ihn, sondern uns selbst, nicht das Geheimnis, sondern unsere eigene Position angesichts des Geheimnisses zu definieren. Jeder, der sich mit Christus beschäftigt, macht die Erfahrung, die schon Johannes vom Kreuz, jener große Mystiker, gemacht hat: „Sehr muß man sich in Christus vertiefen; denn er ist gleichsam eine unerschöpfliche Mine voll zahlreicher Gruben mit reichhaltigen Adern; wieviel man auch gräbt, niemals kommt man an ein Ende, und nie wird sie versiegen. Im Gegenteil: Immer wieder wird man in jeder Grube neue Adern voll neuer Reichtümer finden, allerorten, wie der heilige Paulus bezeugt, wenn er von Christus sagt: In Christus sind alle Schätze der Weisheit und Erkenntnis verborgen (Kol 2,3)."[16]

Anmerkungen zu den Anhängen

I. Die Geschichte der Geschichte Jesu

1 Vgl. die wichtigste Bibliographie: *H. Ristow / K. Matthiae* (Hg.), Der historische Jesus und der kerygmatische Christus (Berlin ^{2}1961); *R. Geiselmann,* Die Frage nach dem historischen Jesus I (München 1965); *X. Léon-Dufour,* Die Evangelien und der historische Jesus (Aschaffenburg 1968), *W. Trilling,* Fragen zur Geschichtlichkeit Jesu (Düsseldorf ^{2}1967); *ders.,* Christusverkündigung in den synoptischen Evangelien. Beispiele gattungsgemäßer Auslegung (München 1969); *U. Zilles,* O Jesus histórico e o Cristo da fé, in: Vozes 62 (1968) 195–222.

2 Zum ersten Mal so behauptet von: *F. Volney* (1791) und *Ch. F. Dupuis* (1791). Popularisiert wurde die These später von *Bruno Bauer* in seinem posthumen Werk: Christus und die Cäsaren, 1877; vgl. *O. Rietmüller,* Woher wissen wir, daß Jesus gelebt hat? (Stuttgart 1922).

3 Vgl. *A. Drews,* Die Christusmythe (1909); *H. Zimmern,* Der Streit um die Christusmythe (Berlin 1910).

4 Hauptvertreter dieser Ansicht sind: *A. Kalthoff,* Das Christusproblem. Grundlinien zu einer Sozialtheologie (Leipzig 1904); und: *K. Kautsky,* Der Ursprung des Christentums (Stuttgart 1908).

5 Vgl. *P. Alfaric,* Origines sociales du Christianisme (Paris 1959).

6 *R. Bultmann,* Jesus (Berlin 1926, hier: München – Hamburg ^{3}1967) 14.

7 Zu den Quellen vgl.: *C. K. Barret,* Die Umwelt des Neuen Testaments. Ausgewählte Quellen (Tübingen 1959) 21–18.

8 Vgl. *W. Trilling,* Fragen zur Geschichtlichkeit Jesu (s. Anm. 1).

9 Vgl. *W. Trilling,* Fragen zur Geschichtlichkeit Jesu.

10 Vgl. *A. Schweitzer,* Geschichte der Leben-Jesu-Forschung, 2 Bde. (1906 = München – Hamburg 1966); *ders.,* Le secret historique de la vie de Jésus (Paris 1961).

11 *Ders.,* Geschichte der Leben-Jesu-Forschung 48.

12 *R. Bultmann,* Jesus (s. Anm. 6); *ders.,* Theologie des Neuen Testaments (Tübingen ^{5}1965); *ders.,* Das Verhältnis der urchristlichen Christusbotschaft zum historischen Jesus (Sitzungsberichte der Heidelberger Akademie der Wissenschaften, Philosoph.-hist. Klasse 1960, 3) 1960.

13 *R. Bultmann,* Theologie des Neuen Testaments 1.

14 *R. Bultmann,* Der sogenannte historische Jesus und der geschichtliche biblische Christus (München ^{3}1961).

15 Vgl. *R. Bultmann,* Das Urchristentum im Rahmen der antiken Religionen (Hamburg ^{2}1954).

16 Vgl. *R. Bultmann,* Das Verhältnis der urchristlichen Christusbotschaft zum historischen Jesus (s. Anm. 12) 6; vgl. *W. Künneth,* Glauben an Jesus? Christologie und moderne Existenz (München – Hamburg 1969) 79–86.

17 *R. Bultmann,* Das Verhältnis der urchristlichen Christusbotschaft zum historischen Jesus 9.

18 *R. Bultmann,* Glauben und Verstehen I (Tübingen 1933) 260.

19 *Ders.,* Offenbarung und Heilsgeschehen (München 1941) 61.

20 *Ders.,* Glauben und Verstehen I 263.

21 Ebd. 22 Ebd. 266f.

23 Daß Bultmann trotz allem viel vom historischen Jesus weiß und kennt, zeigt sein Jesusbuch (1926).

24 Vgl. *R. Geiselmann,* Die Frage nach dem historischen Jesus (s. Anm. 1) 51f.

25 *J. R. Robinson,* Kerygma und historischer Jesus (Zürich 1960) 114.

26 *R. Bultmann,* Das Verhältnis der urchristlichen Christusbotschaft zum historischen Jesus 5–6.

27 Zur Forschung der letzten Jahre vgl.: *W. G. Kümmel,* Jesusforschung seit 1950, in: Theologische Rundschau 31 (1965/1966) 15–46; 290–315; *F. Mußner,* Leben-Jesu-Forschung, in: LThK VI (1961) 859–864; *J. Roloff,* Das Kerygma und der irdische Jesus. Historische Motive in den Jesus-Erzählungen der Evangelien (Göttingen 1970); *M. Lehmann,* Synoptische Quellenanalyse und die Frage nach dem historischen Jesus (Berlin 1970); *M. Hengel,* Nachfolge und Charisma (Berlin 1968); *C. K. Barret,* Jesus and the Gospel Tradition (London 1967); vgl. weiterhin: *Verschiedene Autoren,* Zur Frage nach dem historischen Jesus, in: Biblische Zeitschrift 15 (1971) 271–179; *R. Pesch,* Jesu ureigene Taten (Quaestiones Disputatae 52) (Freiburg – Basel – Wien 1970); *P. Grech,* Développements récents dans la controverse sur le Jésus de l'histoire, in: Bulletin de Théologie Biblique 1 (1971) 193–217.

28 Vgl. *H. R. Balz,* Methodische Probleme der neutestamentlichen Christologie (Neukirchen-Vluyn 1967) 124f, 218f.

[29] *E. Käsemann*, Das Problem des historischen Jesus, in: *ders.*, Exegetische Versuche und Besinnungen I (Göttingen 1964) 187–214.
[30] *G. Bornkamm*, Jesus von Nazareth (Stuttgart – Berlin – Köln – Mainz 1956).
[31] *F. Mußner*, Der historische Jesus und der Christus des Glaubens, in: Biblische Zeitschrift 1 (1957) 224–252.
[32] *W. Pannenberg*, Grundzüge der Christologie (Gütersloh [3]1969) bes. 47–60.
[33] *G. Bornkamm*, Jesus von Nazareth (s. Anm. 30) 56.
[34] Vgl. *G. Ebeling*, Jesus und Glaube, in: Wort und Glaube (Tübingen 1960) 203–254.
[35] Vgl. *E. Stauffer*, Jerusalem und Rom im Zeitalter Jesu Christi (Bern 1957); *ders.*, Jesus. Gestalt und Geschichte (Bern 1957); *ders.*, Die Botschaft Jesu damals und heute (Bern 1959).
[36] Vgl. *W. G. Kümmel*, Jesusforschung seit 1950 II, in: Theologische Rundschau 31 (1966) 291f, 296–298; *W. Marxsen* in: Theologische Literaturzeitung 86 (1961) 38–41; *E. Haenchen* in: Gnomos 32 (1960) 552–556.
[37] *H. Braun*, Jesus. Der Mann aus Nazareth und seine Zeit (Stuttgart – Berlin 1969) 170; vgl.: Post Bultmann locutum. Eine Diskussion zwischen Prof. D. H. Gollwitzer und Prof. D. H. Braun (Hamburg 1965) 30.
[38] Vgl. *D. Sölle*, Atheistisch an Gott glauben. Beiträge zur Theologie (Olten – Freiburg 1968).
[39] *E. Bloch*, Atheismus im Christentum. Nur ein guter Christ kann ein Atheist sein. Nur ein guter Atheist kann ein Christ sein (Stuttgart 1969).
[40] Vgl. *P. van Buren*, The Dissolution of the Absolute. Religion in Life, 1965; *ders.*, Linguistic Analysis and Christian Education. Religious Education, 1965; *ders.*, The secular Meaning of the Gospel (New York 1963).
[41] Post Bultmann locutum (s. Anm. 37) 30.
[42] *D. Sölle*, Stellvertretung. Ein Kapitel Theologie nach dem „Tode Gottes" (Stuttgart – Berlin [4]1967) 184–185 (= 1982, 156).
[43] Vgl. *D. Bonhoeffer*, Widerstand und Ergebung (München 1954) 242–244.
[44] Der wichtigste Vertreter ist *Karl Rahner*. Siehe seine Arbeiten: Jesus Christus, in: LThK V (1960) 943–961; Jesus Christus, in: Sacramentum Mundi II (1968) 900–957; in seinen „Schriften zur Theologie": Probleme der Christologie von heute I (1954) 169–222; Zur Theologie der Menschwerdung IV (1960) 137–155; Christologie im Rahmen des modernen Selbst- und Weltverständnisses IX (1970) 227–241. Siehe auch: *H. Küng*, Menschwerdung Gottes. Eine Einführung in Hegels theologisches Denken als Prolegomena zu einer zukünftigen Christologie (Freiburg – Basel – Wien 1970) bes. 647–670.
[45] Vgl. *L. Boff*, O Evangelho do Cristo cósmico (Petrópolis 1970); *P. Schellenbaum*, Le Christ dans l'Energétique teilhardienne (Paris 1971).
[46] Vgl. insbes. *K. Niederwimmer*, Jesus (Göttingen 1968); *W. W. Meissner*, Foundation for a Psychology of Grace (New Jersey 1966); *H. Harada*, Cristologia e Psicologia de C. G. Jung, in: Revista Eclesiástica Brasileira 31 (1971) 119–144 (reichhaltige Bibliographie!).
[47] Vgl. *J. B. Metz*, Zur Theologie der Welt (Mainz 1968); *ders.*, Das Problem einer „politischen Theologie" und die Bestimmung der Kirche als Institution gesellschaftskritischer Freiheit, in: Concilium 4 (1968) 403–411; *J. B. Metz / J. Moltmann / W. Oelmüller*, Kirche im Prozeß der Aufklärung. Aspekte einer „politischen Theologie" (München – Mainz 1970); *J. Moltmann*, Theologie der Hoffnung (München 1964); *F. Gogarten*, Jesus Christus. Wende der Welt (Tübingen 1966).
[48] Vgl. *H. Schmidt*, Anmerkungen und Anfragen zum Problem der „politischen Christologie", in: Concilium 4 (1968) 437–443; *W. Elert*, Das Problem des politischen Christus, in: Der Ausgang der altkirchlichen Christologie (Berlin 1957) 26f.
[49] Vgl. *R. Hernegger*, Christus in der Kunst des 3. Jahrhunderts, in: Macht ohne Auftrag (Olten – Freiburg 1963) 103–106; *ders.*, Die Verschmelzung des Christusbildes mit dem Kaiserbild, a.a.O. 267–280.
[50] Vgl. *R. Hernegger*, a.a.O. 279–280, und die dort angegebene Bibliographie.
[51] Vgl. den gut dokumentierten Artikel meines Schülers *José Ariovaldo da Silva:* A experiência de Cristo na juventude de hoje, in: Revista Eclesiástica Brasileira 32 (1972) 383–398.
[52] Vgl. Jornal do Brasil vom 22. 8. 1971, Heft B, Seite 4.
[53] So der Ausspruch eines führenden Hippie-Jugendlichen, in: Jornal do Brasil vom 18. 9. 1969, Heft B, Seite 1.
[54] Die deutsche Zeitschrift „Weltbild" (20. 11. 1971: Jugend im Jesusrausch und was dann?) weist darauf hin, daß mehr und mehr amerikanische Industrielle die Jesusbewegung unterstützen. Diese sei ein ausgezeichnetes Beruhigungsmittel, das die Jugend davon abhalten könne, sich gegen die etablierte Ordnung, in der unbestreitbare Ungerechtigkeiten und Diskriminierungen herrschten, aufzulehnen (S. 26).
[55] O Cruzeiro vom 15. 9. 1971, S. 286.

[56] Vgl. Fatos e Fotos vom 23. 9. 1971, S. 22; *B. Haering,* Il Gesù degli hippies, in: La Famiglia cristiana vom 28. 11. 1971, S. 7.

[57] So der Ausspruch eines jungen Ehepaares, in: Tribuna Ilustrada, Campinas (São Paulo), August 1971, S. 4.

II. Wie Christus erkennen? Das hermeneutische Problem

[1] Vgl. die wichtigste unser Thema betreffende Bibliographie: *Verschiedene Autoren,* Die neue Hermeneutik (Neuland in der Theologie 2) (Zürich – Stuttgart 1965); *G. Stachel,* Die neue Hermeneutik (München 1967); *R. Marlé,* Le problème théologique de l'herméneutique (Paris 1965); *H. Cazelles,* Ecriture, Parole et Esprit. Trois aspects de l'herméneutique biblique (Paris 1970); *F. Ferré,* Le langage religieux a-t-il un sens? Logique moderne et foi (Paris 1970); *W. Kasper,* Das Verständnis der Offenbarung (Das hermeneutische Problem), in: Handbuch der Verkündigung I (Freiburg 1970); *R. Bultmann,* Das Problem der Hermeneutik, in: *ders.,* Glauben und Verstehen II (Tübingen [4]1965) 142–150.

[2] Vgl. *K. Koch,* Was ist Formgeschichte? Neue Wege der Bibelexegese (Neukirchen-Vluyn 1967); *H. Zimmermann,* Neutestamentliche Methodenlehre. Darstellung der historisch-kritischen Methode (Stuttgart 1968) 128–213.

[3] Vgl. *H. Zimmermann,* Neutestamentliche Methodenlehre 175f.

[4] Vgl. die Darstellung in: *T. Maertens / J. Frisque,* Guia da Assembléia Cristã 7 (Petrópolis 1970) 101f.

[5] Vgl. *J. Rohde,* Die redaktionsgeschichtliche Methode (Hamburg 1966).

[6] Vgl. *M. Heidegger,* Sein und Zeit (Tübingen [10]1963) §§ 31–34; 141–167; *R. Bultmann,* Das Problem der Hermeneutik (s. Anm. 1).

[7] Siehe: *E. Coreth,* Der Zirkel des Verstehens, in: Grundfragen der Hermeneutik in philosophischer Betrachtung (Freiburg 1969) 12–22.

[8] Vgl. *J. Moltmann,* Hacia una hermenéutica política del Evangelio, in: Cristianismo y sociedad 8 (1970) 23–42; *J. Blank,* Das politische Element in der historisch-kritischen Methode, in: *P. Neuenzeit* (Hg.), Die Funktion der Theologie in Kirche und Gesellschaft (München 1969) 39–60; *R. Alves,* Religión: opio o instrumento de liberación? (Montevideo 1970).

[9] Vgl. *K. Lehmann,* Die Kirche und die Herrschaft der Ideologien, in: Handbuch der Pastoraltheologie II/1 (Freiburg 1966) 109–202.

[10] Vgl. *A. Darlap,* Fundamentale Theologie der Heilsgeschichte, in: *J. Feiner / M. Löhrer* (Hg.), Mysterium Salutis I (Einsiedeln – Zürich – Köln 1965) 3–156; *W. Kasper,* Das Verständnis der Offenbarung (s. Anm. 1) 90–96.

[11] Vgl. meine Arbeit: Tentativa de solução ecumênica para o problema da inspiração e da inerrância, in: Revista Eclesiástica Brasileira 30 (1970) 648–667.

[12] Vgl. *J. Macquarrie,* Die religiöse Sprache und die neuere analytische Philosophie, in: Concilium 5 (1969) 487–493.

[13] Vgl. den Bericht des Generalsekretariats der Zeitschrift „Concilium" über das Thema „Utopie", in: Concilium 5 (1969) 66–73; *M. Demaison,* Die Wege der christlichen Utopie, in: Concilium 6 (1970) 617–626.

[14] *D. Bonhoeffer,* Wer ist und wer war Jesus Christus? Seine Geschichte und sein Geheimnis (Stundenbuch 4) (Hamburg 1962) 9.

[15] *L. Wittgenstein,* Tractatus Logico-philosophicus (Werkausgabe in acht Bänden, suhrkamp taschenbuch wissenschaft 501) (Frankfurt a.M. 1984) 85.

[16] Obras de *São João da Cruz* II (Petrópolis 1960) 201.

ZWEITER TEIL

LEIDEN CHRISTI, LEIDEN DER WELT

Die Fakten, ihre Interpretation, ihre Bedeutung
gestern und heute

Einleitung

Diese Arbeit, „Leiden Christi, Leiden der Welt – die Fakten, ihre Interpretation, ihre Bedeutung gestern und heute" ist ausgesprochener als unsere anderen schon veröffentlichten Arbeiten über das christologische Geheimnis ein Versuch: wir wollen untersuchen, welche Bedeutung das Kreuz unseres Herrn Jesus Christus im Kontext unseres Glaubens heute und in unserer heutigen Situation hat. Das Wissen um den Ort, von dem unsere Überlegungen hier ausgehen, spielt eine sehr wichtige Rolle, auch im Hinblick auf die Schlußfolgerungen, zu denen wir gelangen werden. Dieser Ort ist der Ort sehr vieler Menschen heute: ein Ort der Gefangenschaft und des Widerstandes, ein Ort, der zudem dem Ort sehr ähnlich ist, von dem aus Jesus von Nazaret die historische Wirklichkeit seines Lebens lebte.

Das Kreuz lenkt unsere Aufmerksamkeit sehr stark auf die Menschlichkeit Jesu Christi, die nichts anderes ist als die Menschlichkeit Gottes selbst. Was diese Menschlichkeit Jesu betrifft, kann man verschiedene theologische Standpunkte einnehmen. In der Tradition haben sich vor allem zwei dieser Standpunkte niedergeschlagen, und diese haben bis heute nichts von ihrer Aktualität eingebüßt. Beide wurzeln sie im Evangelium und im christologischen Dogma, so wie es auf dem Konzil von Chalkedon (451) definiert wurde. Dort wurde auf eine für den christlichen Glauben endgültige und nicht mehr veränderbare Weise die wahre Menschlichkeit und wahre Göttlichkeit Jesu Christi definiert. In ihm bestehen in der Einheit der einen göttlichen Person des ewigen Wortes auf „unvermischte, unveränderte, ungetrennte und ungeteilte Weise" zwei verschiedene Naturen.

Auf diese spannungsgeladene Formel gehen in der Geschichte der Theologie zwei große Entwicklungslinien zurück, von denen die eine beim Gottmenschen Jesus Christus seine Göttlichkeit, die andere seine Menschlichkeit hervorhebt. Die verschiedenen Akzente deuten auf verschiedene Grundoptionen, die dazu führen, daß wir es mit wirklich verschiedenen theologischen Schulen zu tun haben: Schon im Neuen Testament hebt das Johannesevangelium mehr die Göttlichkeit Jesu hervor, die synoptischen Evangelien dagegen betonen mehr seine Menschlichkeit. In der Antike vertrat die Schule von Alexandrien, die erste, die von Antiochien die zweite Richtung. Bei beiden Richtungen bestand auch die Gefahr der Häresie: war es bei der Schule von Alexandrien der Monophysitismus, der nur eine einzige Natur in Jesus Christus, die göttliche, annahm, so war es bei der Schule von Antiochien der Arianismus, der so sehr die Dualität der beiden Naturen hervorhob, daß sie die Einheit der Person Jesu aus dem Auge verlor, vor allem seine menschliche Natur gelten ließ und die göttliche als etwas von außen Hinzukommendes und parallel zur menschlichen Natur Jesu Bestehendes betrachtete. Im Mittelalter ging die thomistische Schule bei ihrem Nachdenken über Jesus mehr von seiner Göttlichkeit, die franziskanische von seiner Menschlichkeit aus. In der heutigen Zeit ist die Rede von einer Christologie von oben (Deszendenz-Christologie), von Gott, der Mensch wird, und von einer Christologie von unten (Aszendenz-Christologie), vom Menschen Jesus, der nach und nach seine Göttlichkeit offenbart.

Von unserer Ausbildung, aber auch von unserer Grundoption her orientieren wir uns mehr an der franziskanischen Schule, die in der synoptischen Tradition und in der Tradition der Antiochener und eines Duns Scotus steht: In der vollen und vollkommenen Menschlichkeit Jesu begegnen wir Gott. Dabei gibt uns das Nachdenken über den Tod und das Kreuz Jesu von Nazaret die Möglichkeit, auch radikal über seine Menschlichkeit zu reflektieren.

Christen, die an das traditionelle, sehr von der Gottheit Jesu geprägte Jesusbild gewöhnt sind , könnten ihre Schwierigkeiten haben mit dem hier mit den Zügen unserer eigenen Menschlichkeit gezeichneten Jesusbild. Dennoch ist es nötig, sich der wahren Menschlichkeit Jesu zu öffnen. In dem Maße, in dem wir unser eigenes Menschsein mit der abgrundtiefen Dramatik, die unsere Existenz charakterisieren kann, akzeptieren, öffnen wir uns auch einer tiefen Annahme des Menschseins Jesu. Auch das Umgekehrte ist nicht weniger wahr: In dem Maße, in dem wir uns Jesus öffnen, wie er vor allem von den synoptischen Evangelien dargestellt wird mit seinem Leben voller Konflikte, seinem Leben des Schmerzes, und in dem Maße, in dem wir seine Inkarnation als Entleerung, ja als Entäußerung Gottes radikal ernst nehmen, in dem Maße lernen wir auch, uns selbst in all unserer Schwäche und in all unserem Elend ohne Scham und Beschämung zu akzeptieren.

Unsere Grundoption hat exegetische und dogmatische Konsequenzen. So beeinflußt sie unser Verständnis des messianischen Bewußtseins Jesu, seines Verhaltens dem Tod gegenüber, seines erst allmählichen, tastenden, in den verschiedenen Prüfungen heranreifenden Bewußtwerdens, was Gott mit ihm vor hatte.

Wir meinen, daß diese theologische Fährte uns zu sehr kostbaren und reichen Ergebnissen führt. Durch sie werden wir unmittelbar in die Nachfolge Jesu von Nazaret geführt, denn er ist als erster vom ersten Schritt bis zum letzten unseren eigenen menschlichen Weg gegangen.

Wir wollen nicht verhehlen, daß dieses theologische Vorgehen auch Gefahren in sich birgt, die wir immer zu meiden suchen, wobei wir fest innerhalb des Rahmens des von unseren Vätern in Chalkedon formulierten christologischen Dogmas bleiben. Die Menschlichkeit, von der wir in dieser Arbeit reden, muß immer als die Menschlichkeit Gottes gedacht und verstanden werden. Natürlich zwingt uns dies auch, unser bisheriges Verständnis von Gott radikal in Frage zu stellen, was wir in einem 1974 schon veröffentlichten Essay über die Aktualität der Gotteserfahrung zu tun versucht haben. Unser gängiges Gottesbild ist stark von der religiösen Erfahrung des Heidentums und vom Alten Testament beeinflußt. Unser Nachdenken über die Menschlichkeit Christi – die die Menschlichkeit Gottes ist – offenbart uns das unverwechselbare, wahre christliche Gesicht

Gottes. Natürlich gibt es nur ein Geheimnis Gottes, ob dies nun von Heiden oder von Christen erfahren wird. Aber in Jesus hat Gott uns sein eigenes, uns so unbekanntes, ja unerwartetes Gesicht gezeigt: das Gesicht des demütigen, gefolterten, ausgebluteten, mit Dornen gekrönten, und nach einem herzzerreißenden, geheimnisvollen Schrei zum Himmel, aber nicht gegen den Himmel gestorbenen Gerechten. Ein solcher Gott steht dem Drama des menschlichen Lebens äußerst nahe, bleibt uns aber gleichzeitig sehr fremd mit einer faszinierenden Fremdheit, die wie die der Abgründe unserer eigenen Tiefe ist. Vor einem solchen Gott können wir Luthers Angst verspüren. Aber wir können uns angesichts eines solchen Gottes von einer unendlichen Innigkeit gerührt fühlen, wie es der Fall war beim heiligen Franziskus, als er über das Leiden Jesu mit-leidend meditierte. Man betrachte es nicht als eine Anmaßung, wenn wir hier sagen, daß wir in seinem Licht unsere eigenen Überlegungen anstellen wollen.

Mit diesem unserem Versuch wollen wir denen helfen, die, vom Leiden dieser Welt selbst schmerzhaft betroffen, ihm einen Sinn zu geben versuchen. Vielleicht weckt die Meditation des Leidens des leidenden Gerechten und Propheten Jesus Christus in uns ungeahnte Kräfte des Widerstandes und der Auferstehung. In dramatischen Zeiten entstehen leicht Visionen der Erlösung. In ihnen entdekken die Leidenden eine geheime Identifizierung mit Jesus, dem Märtyrer, der am meisten gelitten hat, und diese setzt inmitten der Geschehnisse und Widrigkeiten des Lebens verborgene Kräfte frei, die uns ermutigen, gegen die verschiedenen Formen der Unterdrückung anzustürmen, die sich schließlich als schwach erweisen, weil sie ja aus dem Tod hervorgegangen sind.

Und die Geschichte lehrt uns, daß dann gerade dort das Leben seinen Sieg erringt und dort auf solche Weise Sinn entsteht, daß der Tod ihm nichts mehr anhaben kann.

Im wesentlichen entspricht diese Arbeit einer von uns im zweiten Semester des Studienjahres 1976 an der katholischen Universität von Lissabon gehaltenen Vorlesung. Der Text des ersten Teiles des zweiten Kapitels „Das historische Ziel und Vorhaben Jesu" wurde ursprünglich in der Festschrift „Teología y mundo contemporaneo" (Madrid 1975) zum 70. Geburtstag unseres verehrten Meisters Karl Rahner veröffentlicht, und der Abschnitt „Die wichtigsten Interpretationen des Todes Christi in der theologischen Tradition. Ihre Grenzen und Schwächen und ihre Aktualität" erschien zuerst 1974 in der Zeitschrift „Grande Sinal". Später bildeten diese beiden Texte das 9. und 8. Kapitel unseres Buches „Teologia do cativeiro e da libertação" (Lissabon 1976). Der Text „Das Leiden, das aus dem Kampf gegen das Leiden erwächst" erschien zuerst 1976 in der internationalen Zeitschrift „Concilium".

I. Das Problem und seine Formulierungen

1. Das unsere Untersuchung leitende Interesse

Wie objektiv irgendein Text und irgendeine Untersuchung auch sein wollen und wie sehr sie sich auch als solche geben mögen: Immer liegen ihnen konkrete Interessen zugrunde und immer werden sie auch von einem Horizont konkreter Interessen bestimmt. Erkennen ist immer auch interpretieren. Aufgrund des hermeneutischen Wesens jeden Wissens und jeder Wissenschaft wird das erkennende Subjekt seine Erfahrung des zu erkennenden Objekts mit seinen, auch noch durch eine Sprache vermittelten Modellen, Paradigmen und Kategorien strukturieren. Das erkennende Subjekt ist keine reine Vernunft: Es steht in einer Geschichte, lebt in einem bestimmten gesellschaftlich-politischen Kontext, geht seinen persönlichen Interessen nach, wie auch die Interessen der gesellschaftlichen Gruppen, zu denen es gehört, sein Denken und Handeln bestimmen. Es gibt daher kein ideologiefreies und interessenneutrales Wissen.

Die Erzählungen des Evangeliums, besonders die, die sich auf das Leiden und den Tod Jesu beziehen, sind tief von Interpretationen geprägt. Es spricht aus ihnen ein starkes, unleugbares theologisches Interesse. Das ist aber keine Schande für die christliche Botschaft. Wie jeder andere historische Text, so sind auch die Erzählungen über das Leiden und den Tod Jesu von der allgemeinen hermeneutischen Struktur geprägt, die auch sonst alles menschliche Reden und Schreiben bestimmt. Daher müssen sie auch dementsprechend interpretiert werden.

Mit diesen Bemerkungen wollen wir auch in bezug auf den hier vorliegenden Text auf eine Gegebenheit hinweisen, die für alle Texte gilt, aber in ihnen nur selten ausdrücklich zur Sprache kommt: das diesen Texten zugrundeliegende Interesse. Darum wollen wir hier auch sagen, von welchem Interesse wir ausgehen, wenn wir die Texte über den gewaltsamen Tod Jesu lesen, sie zu interpretieren suchen und über sie meditieren: Es handelt sich um ein Interesse im Kontext der Theologie der Befreiung, der Knechtschaft und des Widerstandes. Eine solche Theologie sucht eine dreifache Erfahrung aufzunehmen und zu reflektieren:

– Erstens ist diese Erfahrung eine Erfahrung der politischen, wirtschaftlichen und kulturellen Unterdrückung bestimmter Gruppen durch andere. Es besteht eine weltweite Aggression, unter deren Folgen ganze Nationen schwer zu leiden haben: Hunger, Elend, zerstörerische Kriege, eine Internationale des Verbrechens, die Kluft zwischen armen und reichen Ländern, weltweites Unrecht.

– Sie ist zweitens die Erfahrung der Befreiungsbewegungen, die in ihrem Streben nach neuen brüderlichen und gemeinschaftlicheren Formen des Zusammenlebens und bei ihren Bemühungen um die Entstehung eines neuen Menschen jedes Joch abzuschütteln suchen.

– Schließlich ist sie auch die Erfahrung des Widerstandes der zwar unterjochten, aber nicht endgültig besiegten Gruppen, die von ihrer Situation der Knechtschaft aus ihre Befreiung anstreben und dabei nicht zulassen, daß der glimmende Docht der Hoffnung ausgelöscht wird.

Diese dreifache Erfahrung mündet in eine neue, nicht weniger tiefgreifende Erfahrung: die Erfahrung, daß die reichen Gesellschaften sich jeder strukturellen Veränderung verschließen, daß sie zur Not auch zur repressiven Gewalt greifen, daß sie bereit sind, systematisch und erbarmungslos die zu vernichten, die sich ihnen entgegenstellen. Es gibt allerdings auch eine revolutionäre Gewalt, die in bestimmten Fällen nicht zögert, alles niederzureißen, ganze Bevölkerungsgruppen auszurotten, mit Gewalt ihre neuen Modelle aufzuzwingen. So werden von beiden Seiten oft ernsthafte Versuche, auf menschenwürdige und menschliche Weise wahre Befreiung zu erkämpfen, mit Schwert und Feuer erstickt. Besonders in der Dritten Welt waren deswegen viele Christen im Gefängnis und hatten dort Folter zu erleiden. Sie wurden dem Sadismus der repressiven Kräfte ausgesetzt, machten die Erfahrung, daß ihre Glaubensbrüder sie im Stich ließen, starben an ihren Wunden und Verletzungen.

Eine solche Situation wiederholt sich heute in vielen Ländern, in denen die sogenannte nationale Sicherheit, koste es, was es wolle, mit einem großen repressiven Apparat verteidigt werden soll. Aber gerade diese Situation ist eine äußerst kostbare Hilfe, wenn es darum geht, das Leiden und den Tod Jesu zu verstehen und zu interpretieren. Nicht wenige Christen sind durch eine solche Erfahrung des Leidens und des Kreuzes hindurchgegangen. Sie identifizieren sich mit dem leidenden Gottesknecht, sie fühlen sich eins mit dem Mann der Schmerzen, mit Jesus Christus.

Unser Interesse geht hier also dahin, den Mechanismen auf die Spur zu kommen, die dazu führten, daß Jesus verworfen, ins Gefängnis geworfen und gefoltert wurde, um schließlich den schändlichen Tod am Kreuz zu sterben. Wir wollen wissen, inwieweit und wie ein solches Ende die logische Folge eines Engagements und einer Praxis war, die den damaligen *Status quo* gefährdete. Wir wollen darauf eingehen, wie Christus sich in dieser Situation des Konfliktes verhielt, welche Bedeutung er ihr beimaß und wie sie dann im Neuen Testament und in der Geschichte des Reflektierens aus dem Glauben und über den Glauben interpretiert wurde. Schließlich wollen wir fragen, welche Bedeutung das Leiden und der Tod Jesu für unseren, auch vor dem Hintergrund jenes Interesses gelebten und gewagten Glaubens haben.

Es scheint uns wesentlich zu sein, die Gesamtproblematik so zu umreißen, wie wir es hier taten. Denn wenige theologische Themen wurden so mißbraucht und so verzerrt interpretiert wie gerade das Kreuz und das Leiden Jesu. Besonders die reichen Gruppen der Gesellschaft und die Machthaber haben sich des Symbols des Kreuzes und des erlösenden Todes Jesu Christi bemächtigt, um zu betonen, daß Leiden und Tod im Leben des Menschen unvermeidlich seien, und um so sich selbst zu rechtfertigen. Es wurde dann gesagt und fromm und resigniert geglaubt: Jeder muß sein Kreuz tragen, Tag für Tag. Zudem sei es wichtig, dies in Geduld und in stiller Demut zu tun, ja, mehr noch, durch das Kreuz komme der Mensch zum Licht und so werde der unendlichen, durch die eigenen Sünden und die Sünden der Welt beleidigten Majestät Gottes die Ehre gegeben.

Ein solches Reden ist sehr zwiespältig und ist leicht anfällig für Manipulation. Es hat kaum mit dem historischen Tod Jesu zu tun, denn dieser Tod war keine resignierende Annahme eines für unvermeidlich gehaltenen Schicksals. Der Tod Jesu war ein durchaus von bestimmten Gruppen gewollter und gewaltsam herbeigeführter Tod. Er war die Folge der Lebenspraxis Jesu, der in seinem Reden und Tun an den Fundamenten der jüdischen Gesellschaft und Religion rüttelte. Es gelang nicht, Jesus in dieses System zu integrieren, und daher wurde er schließlich ausgestoßen: er wurde physisch liquidiert. Das war der Preis für die Freiheit, die er sich genommen hatte, die Folge seines beharrlichen Kampfes gegen Pharisäertum, gegen Privilegien, Legalismus, gegen die Härte der Herzen Gott und den Brüdern und Schwestern gegenüber. Jesus litt und starb im Kampf gegen alle objektiven Ursachen des Leidens und des Todes gestern und heute.

Der Aufruf, sein Kreuz auf sich zu nehmen und vor dem Tod nicht zu fliehen, kann sehr wohl dazu dienen, die tiefe Ungerechtigkeit der Praktiken derjenigen, die den Tod und das Kreuz anderer verursachen, zu verschleiern. In einem solchen Fall ist dieser Aufruf nichts anderes als eine gemeine Ideologie, die es dem Leiden und dem Tod erlaubt, die knechtende Arbeit weiterzuführen im Dienst der Unterdrückung und der Aufrechterhaltung ungerechter Beziehungen zwischen einzelnen Menschen und Gruppen von Menschen, im Dienst der Privilegien und der Herrschaft. Das Kreuz Christi darf nicht so interpretiert werden, daß eine solche Instrumentalisierung möglich ist. Die Ehre Gottes besteht nicht darin, daß der Mensch leidet, ausgebeutet und Tag für Tag gekreuzigt wird, sondern darin, daß er lebt und glücklich ist. Unser Gott hat nicht die Fratze der heidnischen Götter, die den Menschen ihr Glück neiden. Er ist ein Gott, der uns aufruft und so zu leben drängt, daß das Drama der Kreuzigung Christi und der Kreuzigung vieler anderer Menschen sich in unserer Geschichte immer seltener wiederholt, immer mehr aus dieser Geschichte verschwindet. Der Tod Christi war ein Verbrechen, und nicht etwas, was notwendig geworden wäre, weil Gott es so wollte. Der Tod Jesu geht nicht darauf zurück, daß Gott seine gekränkte Ehre wiederhergestellt haben wollte, daß er irgendeine Ästhetik in der Beziehung zwischen ihm und der Menschheit anstrebte. Wie es ein mexikanischer Theologe formulierte: „Christus starb, damit man wisse, daß nicht alles erlaubt ist" (P. Miranda, El ser y el Mesías, Salamanca 1973, 9). Der Tod Jesu ist die Verurteilung jeder Form der Unterdrükkung. Er ist eine Anklage aller jener Mechanismen, die Leiden und Tod hervorrufen. Niemals kann und sollte er ihrer Sakralisierung und Legitimierung dienen. Das Kreuz hat nichts mit irgendeiner krankhaften Leidenssucht zu tun, sondern es ruft zum Kampf gegen Leiden und Schmerz und gegen die Ursachen von Leiden und Schmerz auf. Es ist eine unabdingbare, unverzichtbare Aufgabe, in der Frömmigkeit und in der Theologie die historische Dichte des Kreuzes Jesu wiederzufinden, so daß es aufhört, weiterhin reines Symbol der Resignation und der Sühne zu sein mit allen Mystifizierungen, die jedes Symbol mit sich bringt.

Die christliche Hoffnung verweist nicht auf das Kreuz: sie verweist auf den Gekreuzigten, denn er ist heute der Lebende und der Auferstandene. Er ist der Lebendige und Auferstandene, weil Gott in ihm gezeigt hat, daß bei jemandem, der aufgrund der Identifizierung mit den Unterdrückten und Armen dieser Welt gekreuzigt wurde, dieses Kreuz einen tiefen Sinn hat: einen Sinn, der so sehr mit dem Leben zu tun hat, daß der Tod dem nichts anhaben kann. Die Auferstehung bewahrt nur dann ihre christliche und eschatologische Bedeutung, wenn sie ihren engen Zusammenhang mit der Kreuzigung behält. Die Auferstehung ist das, was dem Aufstand für Recht und Gerechtigkeit seinen letzten Sinn gibt. Außerhalb dieses Kontextes droht die Auferstehung genauso wie das Kreuz mystifiziert zu werden als Symbol für eine in der Zukunft voll versöhnte Welt, die aber nicht durch eine Umkehr – Bekehrung – der heutigen Mechanismen des Unrechts hindurchgegangen ist. Wie wir es in diesem gesamten Essay darlegen werden, bewahrt die christliche Existenz nur in dem Maße ihre christliche Identität, in dem sie in der Nachfolge Jesu Christi die österliche Dialektik der Kreuzigung und der Auferstehung lebt und in dieser Dialektik bleibt. Nur dann wird das im Leidensweg Jesu enthaltene Sinn-Angebot deutlich: ein von anderen aufgezwungener Tod kann von dem Betroffenen in der Form einer sich allen Menschen, auch den Henkern schenkenden Liebe akzeptiert werden. Ein solcher Tod ist kein Schicksal, sondern Frucht menschlicher Freiheit. Oder wie es treffend von H. Küng formuliert wurde: „Der Mensch hat zu entscheiden. Er kann diesen – verborgenen – Sinn ablehnen: in Trotz, Zynismus oder Verzweiflung. Er kann ihn auch annehmen: in glaubendem Vertrauen auf den, der dem sinnlosen Leiden und Sterben Jesu Sinn verliehen hat. Es erübrigt dann der Protest, die Empörung, schließlich die Frustration. Es endet die Verzweiflung" (Hans Küng, Christ sein, München/Zürich 1974, 377).

Bevor wir nun dem Leidensweg Jesu nachgehen, wollen wir zuerst das den Leidensberichten der Evangelien zugrundeliegende Interesse mit dem Interesse unseres theologischen Lesens dieser Berichte konfrontieren.

2. Das den verschiedenen Leidensberichten der Evangelien zugrundeliegende Interesse

Was die Darstellung des Leidens und des Todes Jesu in den Evangelien angeht, sollten wir auf folgendes achten:

a) Die heutigen Texte wurden erst geraume Zeit nach dem Osterereignis im Licht der sie überragenden Auferstehung geschrieben. Diese Auferstehung eröffnete für das Neue Testament und eröffnet auch noch für uns heute eine ganz neue Dimension. Sie ermöglicht ein neues Sehen, das der Gesamtheit der Botschaft und der Person Jesu eine neue Bedeutung gibt. Sie ist der Ausgangspunkt der Christologie. Von der Auferstehung aus und im Licht der Auferstehung hat die Urgemeinde angefangen, das gesamte Leben Jesu zu durchdenken und zu interpretieren. Dadurch klärten sich alle Zweifel, die in bezug auf die Gestalt Jesu geblieben waren. Nun war deutlich, daß er kein falscher Prophet war. Gott war mit ihm. Jener Gott, der ihn an jenem Freitag vor dem Fest verlassen zu haben schien, erwies sich nun als derjenige, der ihn bestätigte und rechtfertigte. Daher haben die Gemeinden bei ihrem Zeugnis von Jesus in den Evangelien immer den Auferstandenen vor Augen. Die Gebärden, die Worte, die verschiedenen Andeutungen im Leben des historischen Jesus sehen sie als ebensoviele Offenbarungen des nun von ihnen als „Menschensohn", „Sohn Gottes", „Messias" usw. verstandenen Auferstandenen.

Die Evangelien sind Bücher des Zeugnisses. Immer sind sie auch Glaubensbekenntnis. Die Evangelisten schrieben nicht, weil sie Lust am Schreiben hatten oder weil sie den Nachkommen irgend etwas erzählen wollten, was es auch immer sei. Sie wollten überzeugen, verkünden, verteidigen, Polemik führen und Jesus als den Christus und Retter der Menschen bezeugen. Daher sind die Evangelien eine schwer zu trennende Einheit von Geschichte und Theologie, von Berichten und Glaubensbekenntnis, von Erzählungen und dogmatischen Thesen.

Im Licht der Auferstehung wurde das Ärgernis verständlich, das die Kreuzigung für die Jünger ursprünglich gewesen war. Sie verstanden nun Gottes Plan. Sie sahen im Tod Jesu eine Stufe dieses Planes, einen Übergang zur Auferstehung. Dieser Tod wird ganz der Perspektive des glücklichen Endes des jetzt auferstandenen Propheten untergeordnet. Diese Versöhnung eines Gottes, der Jesus am Kreuz allein ließ, mit dem Gott, der ihn von den Toten auferweckte, ist eine enorme theologische Leistung der Urkirche. Es mußte der Graben überwunden werden, der das eine von dem anderen trennte, es sollte die Einheit des einen Gottes, der sowohl hier wie dort handelte und die Einheit des Getöteten und des Auferstandenen, die Einheit des einen Subjektes, Jesus Christus, gezeigt werden. Wie wir unten detaillierter sehen werden, vermochte die Theologie die dazu nötigen Kategorien zu finden.

b) Neben dieser im Licht des Glaubens betrachteten allgemeinen Perspektive gab es auch noch ein apologetisches, für das Leben innerhalb der Gemeinschaft wichtiges Moment. Erstens sollte den bekehrten Juden das Phänomen Jesus Christus verständlich gemacht und so auch ihr Glaube gestärkt werden. Daher waren die Zitate aus dem Alten Testament so wichtig, um die Einheit von Gottes Plan und die Erfüllung der alten Prophetien hervorzuheben. In den Berichten des Evangeliums ist derjenige, von dem dort gesagt wird, daß er leidet, gefoltert wird und schließlich stirbt, nicht einfach nur der Jude Jesus von Nazaret: Er ist der Messias, der Menschensohn, der Sohn Gottes. Es spricht aus diesen Berichten zwar keine ausdrückliche Polemik, aber sie setzen dennoch eine erhebliche, von der Polemik geprägte theologische Arbeit voraus. Aus der Apostelgeschichte kennen wir einige dieser ersten Auseinandersetzungen. Stephanus macht dort den Juden, die sich nicht bekehrt haben, heftige Vorwürfe: „Ihr Halsstarrigen ..., ihr seid Verräter und Mörder des Gerechten geworden" (Apg 7,51–52). Auch Petrus äußert sich polemisch über die Kreuzigung: „[Jesus], den ihr verraten und vor Pilatus verleugnet habt", „ihr habt den Heiligen und Gerechten verleugnet und die Freilassung eines Mörders gefordert. Den Urheber des Lebens habt ihr getötet" (Apg 3,13–15); „im Namen Jesu Christi, des Nazoräers, den ihr gekreuzigt habt" (Apg 4,10); „[Jesus], den ihr ans Holz gehängt und ermordet habt" (Apg 5,30).

Diese Texte weisen auf die Polemik hin, die in der alten Kirche bestanden haben muß. Diese Polemik selbst ist in den Leidensberichten nicht mehr wiederzufinden, wohl aber ihr Ergebnis: die ausdrückliche Unterstreichung der Messianität desjenigen, der zwar als der Verworfene und Verurteilte dastand, der aber heute der Lebendige ist.

c) Welches ist das den Leidensberichten eigene *genus litterarium*? Diese Frage ist wichtig, denn von der literarischen Gattung eines Textes hängt ab, welche Fakten ausgewählt, welche Aspekte hervorgehoben und welche Dimensionen, die zu einem anderen Verständnis der Fakten führen könnten, übergangen werden. Über diese Thematik gibt es eine enorme exegetische Literatur. Die Leidensberichte gehören nicht zur literarischen Gattung der *acta martyrum*, obwohl durchaus Elemente dieser Märtyrerakten wiederzufinden sind. Auch sind sie nicht der paränetischen und der Erbauungsliteratur zuzurechnen, denn das Typische dieser Literatur fehlt. Weiter handelt es sich auch nicht um eine Anamnese (Gedächtnis) des Leidens Jesu: zwar gibt es Elemente einer solchen Gattung, aber sie hat den Text nicht auf die für sie typische Weise geprägt.

Es handelt sich um die Gattung des Leidens*berichtes*. Es wird *berichtet*, zwar nicht so, wie es den Kriterien der heutigen Geschichtsschreibung entspricht, aber mit einem eindeutigen Interesse am Berichten. Was wird hier also dann berichtet? Es wird über das Leiden und den Tod Jesu berichtet, der der Messias war. Hier zeigt sich also auch ein dogmatisches Interesse: Jesus ist der Messias. Und dieser Messias ist zudem ein leidender Messias. Eine solche Behauptung mußte den jüdischen Zuhörern ein wirkliches Ärgernis sein: Ein leidender und sterbender Messias! Aber gerade das wird von den Evangelien stark hervorgehoben: Das Kreuz wird als das Zeichen des wahren Messias dargestellt. Dies bedeutete aber einen diametralen Gegensatz zu den Messiasvorstellungen im damaligen Judentum. In diesen Berichten wird alle Schuld den Juden zugeschoben: Diese hätten Jesus nur deshalb verurteilt, weil sie seinen Anspruch, der Messias zu sein, ablehnten. Aus der Polemik zwischen den Juden und den Christen tragen die Evangelien nun ohne Polemik nur die Schlußfolgerung vor: Die Juden haben Jesus getötet, sie haben den Messias liquidiert. Durch das Berichtete soll der Glaube der Bekehrten gestärkt und das Selbstverständnis der Urgemeinde zum Ausdruck gebracht werden. Auch wollten die Evangelien den Juden eine Verständnisbrücke bauen: Der Messias mußte leiden, weil er der Gerechte und der leidende Gottesknecht ist. Wie wir sehen werden, hatte die jüdische Tradition viel über diese Thematik des leidenden Gerechten nachgedacht. In diesem Rahmen wird Jesus nun als der leidende Gerechte und als der Messias verstanden.

d) Die verschiedenen Berichte haben einen kultisch-liturgischen *Sitz im Leben*. In ihren Zusammenkünften erinnerten sich die Christen an die großen Momente des Lebens, des Todes und der Auferstehung ihres Herrn und nahmen sie in ihre Meditation auf. So bezieht sich die Apostelgeschichte an einer Stelle, an der vom Gebet der Gemeinde die Rede ist, ausdrücklich auf das Leiden Jesu (Apg 4,24–31): Nachdem die Apostel befreit worden waren, erhob die Gemeinde ihre Stimme zu Gott und rezitierte Teile des zweiten Psalmes, den sie auf das Leiden Jesu bezog, um dann hinzuzufügen: „Wahrhaftig verbündet haben sich in dieser

Stadt gegen deinen heiligen Knecht, den du gesalbt hast, Herodes und Pontius Pilatus mit den Heiden und den Stämmen Israels" (V. 27).

In der liturgischen Feier wird vor allem das Heilshandeln Gottes verkündet und zelebriert. Die Menschen treten im Rahmen dieses Heilshandelns auf wie Akteure in einem Stück, das von oben her inszeniert wird. Es wird nicht über die Schuldigen diskutiert, es werden keine größeren Apologien gehalten, und es werden auch nicht die Motive dargelegt, weshalb Jesus verurteilt wurde. Alles wird durch ein transzendentes Licht beleuchtet, das dem gesamten Drama einen Sinn zu geben vermag, den die in ihm auftretenden Akteure noch nicht erkennen können. Hierbei fordert der liturgische und kultische Diskurs eine gewisse Ordnung. Sie hat ihre eigene Grammatik und sie konzentriert sich auf einen zentralen Inhalt: das Bekenntnis des Glaubens an den Retter und Erlöser, den leidenden Gerechten, der nun der Auferstandene und Lebendige ist, sowie die Feier seiner Gegenwart.

3. Das Interesse unserer Beschäftigung mit dem Leiden Jesu

Die Leidensberichte des Neuen Testaments sind also tief von verschiedenen, für die damaligen Zuhörer und Leser höchst aktuellen theologischen Interpretationen geprägt. Es sollte die von der Urkirche verkündigte neue Vorstellung eines leidenden und gekreuzigten Messias verteidigt werden. Es sollte die Kontinuität des Heilswerkes Gottes zwischen dem Alten und dem Neuen Testament mit Zitaten belegt werden. Mit anderen Worten: Es sollte die Einmaligkeit und die Einheitlichkeit des Heilsplanes Gottes, der von Gott trotz solcher Rückschläge und Brüche wie des Scheiterns des historischen Vorhabens des Messias verwirklicht wird, aufgezeigt und bewiesen werden. All diese Probleme sind aber nicht gerade auch unsere Probleme. Für uns gehört es inzwischen zum gesicherten, unumstrittenen Glaubensgut, daß Jesus der Christus und daß der Gekreuzigte historisch die gleiche Person wie der Auferstandene ist: Der Gekreuzigte ist auch der Lebendige.

Auch lesen wir nicht nur in einem liturgischen und kultischen Rahmen die Schrift, und wir denken nicht nur in einem solchen Kontext theologisch über sie nach. Denn wir entdecken durch unser politisches Engagement, dadurch, daß wir uns auf eine befreiende Praxis einlassen, eine neue Bedeutung, einen neuen Sinn des Leidens und des Todes unseres Herrn. Wir gehen also von einem anderen *Sitz im Leben* als die Urgemeinde aus. Man sollte sich diesen Unterschied vor Augen halten, denn er ist der Grund dafür, weshalb wir einerseits die Schrift anders lesen und andererseits auch unsere Wirklichkeit anders sehen. Ein wichtiger Ausgangspunkt ist allerdings gleich geblieben: die Evangelien, wenn sie auch von einem anderen Interesse aus und in einer anderen Situation geschrieben wurden. Hätten die Evangelisten ein politisches Interesse an Befreiung gehabt, dann hätten sie auch ihre Evangelien anders geschrieben, und sie hätten andere Aspekte des Leidens Christi hervorgehoben.

Die Evangelisten interpretieren das Leidensdrama des Herrn nicht auf irgendeine profane Weise, sondern alles wird religiös gelesen und interpretiert: Alles wird ausdrücklich auch auf Gott bezogen. Gott greift unmittelbar in die menschliche Geschichte ein. Daher liest man in den Evangelien kaum etwas über die historischen Ursachen für den Tod Jesu. Die Ablehnung Jesu durch die Juden und ihr Handeln werden als Verweigerung, die in Jesus zu ihnen redende Stimme Gottes zu hören, als Versteinerung ihrer Herzen gedeutet. Die politische Dimension des Geschehens, das Interesse der Herrschenden an der Erhaltung des *Status quo,* auch im Hinblick auf die nationale Sicherheit des jüdischen Volkes in Palästina: das alles kommt kaum zur Sprache. Alles wird vielmehr von einem religiös-transzendenten Blickwinkel aus betrachtet.

Ausgehend von unserem aus einer Erfahrung der Unterdrückung geborenen Interesse daran, daß dieser Unterdrückung Widerstand geleistet und Befreiung errungen wird, wollen wir die Ursachen für das Scheitern der von Jesus angestrebten Befreiung sowie die religiös-politischen Gründe entdecken, die zu seinem Prozeß und schließlich zu seiner Liquidierung führten. Damit leugnen wir keineswegs die religiöse und transzendente Bedeutung des Leidens und des Todes des Herrn, sondern wir fragen nach den historischen und politischen Voraussetzungen für eine solche Bedeutung, nach ihrem historisch-politischen Substrat. Wir sollten nicht vergessen, daß Jesus nicht in einem Bett starb. Er wurde zum Tode verurteilt und gewaltsam hingerichtet. Dabei spielte auch die menschliche Verantwortung eine Rolle: Das Leiden Jesu war nicht wie ein Bühnenstück, in dem Gott als einziger Akteur und Handelnder auftrat: Dieses Leiden war vielmehr das Ergebnis von Intrigen und Konflikten, an denen verschiedene Personen beteiligt waren, die Jesus verrieten, ihn ins Gefängnis warfen, ihn folterten, ihn zum Tode verurteilten und ihn schließlich ans Kreuz hängten. Das alles war Voraussetzung, Infrastruktur, für die Offenbarung Gottes und die entsprechende theologische Interpretation. Wir sollten uns aber nicht mit einer solchen Interpretation und mit den in ihr hervorgehobenen Tatsachen begnügen. Höchstwahrscheinlich waren die Judenchristen der Urkirche sich der Gesamtsituation auch in ihrer politischen Relevanz durchaus bewußt. Aufgrund ihres religiösen und apologetischen Interesses haben sie allerdings nur die Tatsachen herausgestellt, die ihnen im Rahmen ihrer religiösen Interpretation erwähnenswert erschienen.

Liest nun jemand die Texte des Neuen Testaments mit einem anderen als dem ihnen unmittelbar zugrundeliegenden Interesse, dann sollte er zuerst einige kritische Fragen stellen und auch ständig überprüfen, inwieweit die erzählten Fakten historische Wirklichkeit sind, wieweit wir es mit einer theologischen Interpretation zu tun haben und welche Bedeutung diese hat. Er sollte sich also ehrlich fragen: Inwieweit stehe ich hier vor Projektionen des theologischen Interesses, das zur Entstehung dieser Texte geführt hat? Inwieweit sollten die hier erzählten Gegebenheiten interpretiert werden, und inwieweit haben sie sich dabei tatsächlich ereignet? Zudem sollten wir uns auch fortwährend fragen: Inwieweit können wir darauf vertrauen, daß angesichts unseres eigenen Interesses die Texte uns nicht mehr zu sagen scheinen als das, was tatsächlich auch in ihnen steht? Inwieweit projizieren wir in die Texte anderes hinein als das, was sich aus ihnen wirklich herauslesen läßt?

In diesen Texten des Neuen Testaments bilden Tatsachen und Interpretation eine homogene Einheit. Andere literarische Texte, von denen wir ausgehen könnten, haben wir nicht. Da nun unser Interesse ein anderes als das des Neuen Testaments ist, müssen wir versuchen, zwischen den erzählten Gegebenheiten und ihrer uns von den Evangelisten weitergegebenen Interpretation durch die Urkirche zu unterscheiden. Nur so erarbeiten wir uns die Chance, daß auch unser Lesen ein theologisches Lesen sei. Ohne daß wir uns deshalb etwas anmaßen wollen, können wir dennoch sagen, daß wir, was das Leiden unseres Herrn angeht, vor einer ähnlichen Situation wie die Evangelisten stehen. Auch wir wollen wie sie zu einer theologischen Interpretation dieses Leidens finden. Dabei sind unser Glaube und unsere Glaubenseinstellung dieselben, nur der *Sitz im Leben*, von dem wir in unserer Interpretation ausgehen, ist ein anderer.

Literaturhinweise

Vanhoye, A., Structure et théologie des récits de la passion dans les évangiles synoptiques: Nouvelle Revue Théologique 99 (1967) 135–167.

Ders., De narrationibus Passionis Christi in Evangeliis Synopticis (PIB, Rom 1970) 28–41.

Léon-Dufour, X., Les évangiles et l'histoire de Jésus (Paris 1963).

Ders., Passion: Dictionnaire de la Bible. Supplément VI 1473–1479.

Schille, G., Das Leiden des Herrn. Die evangelische Passionstradition und ihr Sitz im Leben: Zeitschrift für Theologie und Kirche 52 (1955) 161–202.

Schenke, L., Der gekreuzigte Christus. Versuch einer literarkritischen und traditionsgeschichtlichen Bestimmung der vormarkinischen Passionsgeschichte (Stuttgart 1974) 138–140.

Duquoc, Ch., Das Kreuz Christi und das Leid des Menschen: Concilium 12 (1976) 587–593.

Küng, H., Christ sein (München 1974) 409–426: „Deutungen des Todes"; 562–573: „Die Bewältigung des Negativen" („Mißbrauchtes Kreuz", „Mißverstandenes Kreuz", „Verstandenes Kreuz").

II. Der gewaltsame Tod Jesu am Kreuz: Folge einer Praxis und einer Botschaft

In *ontologischer* Hinsicht gehört der Tod zum Leben. Der Tod ist mehr als nur der Abschluß, der letzte Augenblick des Lebens: Er gehört zur Struktur des menschlichen Lebens, denn dieses Leben ist wesentlich, strukturell, ein sterbliches Leben. Dadurch, daß wir zu leben anfangen, fangen wir auch an zu sterben. Und in dem gleichen Maße, in dem sich unser Leben allmählich weiterentwikkelt, sterben wir auch allmählich, bis wir endgültig tot sind. Daher können wir nur dann angemessen über den Tod reden, wenn wir über unser Leben als ein sterbliches Leben reden. Diese ontologische Betrachtungsweise zeigt also deutlich, daß wir den Tod nicht als den letzten Augenblick unseres sterblichen Lebens umschreiben können, sondern daß er eher ein ein Ende ansteuernder, mit dem gesamten Leben des Menschen verwobener Prozeß ist, der im letzten Augenblick dieses Lebens seine Vollendung erreicht. Die Bedeutung, die man dem Tod beimißt, sollte daher dieselbe sein, die auch dem Leben beigemessen wird, so wie umgekehrt der Sinn des Todes auch der Sinn des Lebens ist.

Wenn wir uns nun dem Tod Jesu zuwenden und diesen jetzt nicht aus einem ontologischen, sondern aus einem historischen Blickwinkel betrachten, dann entsprach sein Ende nicht dem vom Prozeß des Todes in dem Leben des Menschen natürlicherweise angesteuerten Abschluß, der im Aufhören der Lebensenergie besteht, sondern dieses Ende wurde von historischen Kräften gewaltsam herbeigeführt. Jesus starb, weil dies von bestimmten Menschen so gewollt wurde, und dieser Wille durchkreuzte den normalen natürlichen Ablauf des Todesprozesses im Leben Jesu. Dabei war dieser todbringende Wille eine Re-aktion: ein Re-agieren auf ein Agieren Jesu. Maßgeblich ist hier also nicht so sehr dieses Reagieren, sondern das Agieren Jesu, das ein Agieren in umgekehrter Richtung hervorrief: die Aktion der physischen Liquidierung einer auf eine bestimmte Weise agierenden Person. In anderen Worten: Man kann den Tod Jesu nur verstehen, wenn man von seiner historischen Praxis, von seiner Botschaft, von seinen Forderungen ausgeht und von den Konflikten, die dies alles hervorrief. In diesem Zusammenhang werden wir hier eingehen auf:

1. Das historische Ziel und Vorhaben Jesu
   a) Die Voraussetzungen, „Infrastruktur", seiner Zeit: die Herausforderungen
   b) Das historische Ziel und Vorhaben Jesu: die Antwort auf die Herausforderungen
   c) Die neue Praxis der Befreiung des unterdrückten Lebens
   d) Das Fundament des historischen Ziels und der befreienden Praxis: die Erfahrung Gottes als Vater

2. Der gewaltsame Tod Jesu
   a) Schritte eines Weges
   b) Prozeß und Verurteilung Jesu
   c) Kreuzigung Jesu.

1. Das historische Ziel und Vorhaben Jesu

Bevor wir auf das historische Ziel und Vorhaben Jesu eingehen, wollen wir uns zuerst der historischen Dichte der Persönlichkeit und des Lebens jenes Juden aus Nazaret, der Jesus hieß, bewußt werden. Denn wir sind ja vertraut mit einem Jesus Christus, dem ewigen Sohn Gottes und Herrn des Universums, dem Erlöser der Welt, dem Erstgeborenen der Schöpfung und Erstauferstandenen unter vielen Brüdern. Aber diese Bezeichnungen der Huldigung und der Verehrung verdecken die einfache Herkunft Jesu und den Weg, den der wahre Jesus wirklich gegangen ist: sein Leben unter dem Volk, sein Herumziehen durch die Dörfer Galiläas und schließlich sein elender Tod vor den Stadttoren Jerusalems.

Wenn die Evangelien von einem gläubigen Menschen gelesen werden – und das ist doch der Normalfall –, neigt dieser dazu, in Jesus seinen Gott und Erlöser zu sehen. Das ist für ihn eine offensichtliche, in sich selbst evidente Wirklichkeit, und er geht fast automatisch davon aus, daß diese als solche von Anfang an gegeben war und die Apostel sie auch von Anfang an als solche kannten. Das Handeln und das Auftreten Jesu erscheint dann auch als eine glasklare und völlig zusammenhängende Wirklichkeit, denn hat er nicht im voraus alles gewußt und vorhergesehen? War er nicht der ewige Sohn Gottes? So scheint es auch selbstverständlich, daß seine Worte fertig und wohlformuliert aus seinem Mund flossen, denn ist er nicht das ewige Wort, das sich selbst mitteilt? Alles, was Jesus tut und sagt, scheint leicht und selbstverständlich zu sein. Jede Wahl und Entscheidung ist ihm abgenommen, denn war alles nicht von Gottes ewigen Plänen bestimmt und hat Jesus nicht diese Pläne getreu ausgeführt?

Eine solche Sicht Jesu ist dogmatisch bestimmt. Sie ist aber nicht historisch. Sie ist die Perspektive der später Lebenden, nicht derer, die mit Jesus zusammenlebten. Sie ist die Perspektive der Schüler der Apostel, nicht die der Apostel selbst.

Die Apostel kannten einen Jesus aus Nazaret, der als Prophet auftrat und mit dem sie ihr Leben und ihr Schicksal verbanden. Erst allmählich, ja erst nach seiner Auferstehung wurde ihnen klar, wer dieser Jesus war und was sich unter der Zerbrechlichkeit und Verletzbarkeit seiner Existenz als Prophet verbarg. Erst nach einem langen, schwierigen Weg des Gebetes und der Meditation kamen sie zu der Erkenntnis, daß er der Christus/Messias, der Erlöser der Welt und der Sohn Gottes ist.

Der Jesus, mit dem sie aber Tag für Tag umgegangen waren, war nicht der Architekt, der die gesamten Pläne des Gottesreiches bei sich hatte und zur Ausführung brachte, der Ingenieur, der auch die kleinsten Details kennt und dementsprechend darauf achtet, daß sie eingehalten werden. Nein, ihr Jesus war ein Jesus, der überlegen mußte, der suchte und fragte, der sich unter verschiedenen Möglichkeiten entscheiden mußte, der auf die Probe gestellt wurde, der sich in die Wüste zurückzog, um zu entdecken, was Gott von ihm wollte, dem es nur nach und nach gelang, sich eine Vorstellung von dem zu erarbeiten, was er mit seiner Tätigkeit verwirklichen wollte, und der erst dann zu konkreten Entscheidungen übergehen konnte. Das alles war nicht ohne Risiken. Es mußte überlegt und vorbereitet werden. Es gab ein Wachsen und ein allmähliches Deutlicherwerden, was zu tun war. Nicht ohne Grund schreibt Lukas: „Jesus wuchs heran, und seine Weisheit nahm zu, und er fand Gefallen bei Gott und den Menschen" (Lk 2,52). Hier wird nicht nur gesagt: *„bei den Menschen"*, etwa als ob er das, was er schon immer wußte, weil er ja in Gott war, nach und nach den Menschen offenbart habe, sondern es heißt auch: *„bei* Gott": Nur allmählich und nach und nach wurde ihm deutlich, was Gott mit ihm vorhatte, und er hat sich dies dann voll zu eigen gemacht.

Jesus war ganz und gar *homo viator,* so wie das jeder von uns ist. Allerdings fehlte bei ihm das, was uns Menschen von Gott entfremdet: die Sünde. Er lebte das Leben der Juden seiner Zeit, insbesondere das Leben der wegen ihres Zusammenlebens mit den Heiden schlecht angesehenen Galiläer.

Wir glauben an das Geheimnis der Inkarnation Gottes in Jesus von Nazaret. Aber diese Inkarnation sollte nicht ihres konkreten Inhalts entleert werden: Sie geschah nicht auf Kosten der wahren Menschlichkeit Jesu. Nicht trotz dieser Menschlichkeit Jesu, sondern gerade in ihr hat Gott sich offenbart. Das Vorhaben Gottes mit Jesus zerstört nicht, was er selber als Mensch vorhatte, sondern nimmt dieses menschliche, historische Ziel Jesu auf und überhöht es. Zwischen dem, was Gott vorhatte, und dem, was Jesus wollte, gab es einen engen Zusammenhang und eine gegenseitige Durchdringung, aber ohne daß das eine mit dem anderen identisch wurde, ohne daß das eine in dem anderen aufging oder die Grenzen zwischen beiden sich verwischten. Die Inkarnation ist nicht ein rein passives, sondern ein höchst aktives Geschehen: Vom Augenblick der Empfängnis Jesu an macht Gott dieses menschliche Leben in seinem Werden, in seinem Wachsen und seinen verschiedenen Entscheidungen zu seinem eigenen. Auf der anderen Seite wurde Jesus dazu bewogen, sich immer mehr Gott zu öffnen, was er dann auch tat.

Damit haben wir den Rahmen skizziert, in dem wir das historische Ziel und Vorhaben Jesu, sein „Projekt", situieren werden. „Projekt" bedeutet hier eine fundamentale Option, eine grundsätzliche Entscheidung, die die Orientierung des Lebens Jesu, die Richtung seines Denkens (Theorie) und seines Handelns (Praxis), seine gesamte auf die Zukunft ausgerichtete Vision bestimmt. Wie die etymologische Bedeutung des Wortes nahelegt, hat jedes Projekt wesentlich mit der Zukunft zu tun: „pro": nach vorn, „jekt": geworfen. Wie stellte Jesus sich die Zukunft der Welt vor? Wie handelte er, um diese Zukunft zu verwirklichen? Wie haben die verschiedenen gesellschaftlichen Gruppen auf seine Tätigkeit und seine Verkündigung reagiert? Wie hat Jesus den mit den Inhabern der Macht und den Ideologieproduzenten entstandenen Konflikt verarbeitet?

a) Die Voraussetzungen, „Infrastruktur", der Zeit Jesu: die Herausforderungen

Die gesellschaftspolitische Situation, von der Jesus bei seiner Tätigkeit ausging, weist erstaunliche Ähnlichkeiten mit der Situation auf, von der unsere Theologie der Befreiung in Lateinamerika ausging. Erwähnen wir hier einige Parallelen.

1) Eine allgemeine Situation der Abhängigkeit
In der Zeit Jesu hatte Palästina schon Jahrhunderte der Unterdrückung gekannt. Seit 587 v. Chr. wurde es von verschiedenen Großmächten aus der Region beherrscht: Babylonien (bis 538), Persien (bis 331), das Mazedonien Alexanders des Großen (bis 323), die Reiche seiner Nachfolger (das ägyptische der Ptolemäer bis 197 und das syrische der Seleukiden bis 166). Schließlich gerät es unter den Einfluß des römischen Imperialismus (seit 64 v. Chr.), ist dabei eine unbedeutende Ecke der römischen Provinz Syrien und wird zur Zeit der Geburt Jesu von einem faktisch heidnischen, vom Zentrum der Macht, Rom, aus unterstützten König, Herodes, regiert. An diese Abhängigkeit von einem im Ausland gelegenen Machtzentrum wurde man im Inneren dauernd durch die Gegenwart von Besatzungstruppen und durch eine ganze Klasse von Eintreibern der Reichssteuern erinnert. In Rom wurde dieses Amt – es war die Ritterklasse, die es innehatte – einer Gruppe von Juden verkauft, die es in ihrem eigenen Land anderen vermieteten und so ein ganzes Netz von herumziehenden Steuereintreibern aufbauten. Dabei war es gang und gäbe, daß diese mehr zu erpressen versuchten, als offiziell festgesetzt war. Schließlich gab es auch noch die Partei der Sadduzäer, die mit den Römern kollaborierten, um ihr großes Vermögen, das sie vor allem im Zusammenhang mit dem Tempel investiert hatten, und die ihnen in Jerusalem gehörenden großen Immobilien zu retten.

Diese politische Abhängigkeit bedeutete gleichzeitig auch eine kulturelle Abhängigkeit. Der in Rom erzogene Herodes ließ gewaltige Bauwerke errichten: Paläste, Bäder, Theater, Burgen. Bei einem so an seiner Religion hängenden Volk wie dem jüdischen machte die Gegenwart dieser fremden römischen Kultur in ihrem Land die Fremdherrschaft noch verhaßter und erniedrigender.

2) Die sozioökonomische Unterdrückung
Die Wirtschaft Palästinas beruhte auf der Landwirtschaft und dem Fischfang. In Galiläa, dem wichtigsten Ort der Tätigkeit Jesu, bestand die Bevölkerung vor allem aus den Familien kleiner Landwirte und Fischer. Im allgemeinen hatte jeder Arbeit, aber der Wohlstand war nicht groß. Sparen war faktisch unbekannt, so daß in den Jahren schlechter Ernten oder nach Seuchen viele das Land verließen auf der Suche nach Arbeit in den kleinen Städten. Die Tagelöhner verdingten sich auf den Plätzen der Städte (Mt 20, 1–15) oder traten in den Dienst von Großgrundbesitzern, bis sie ihre Schuld bezahlt hatten. Das Gesetz des Mose, das dem Erstgeborenen einen doppelten Anteil an dem Erbe der Eltern gab, trug so indirekt dazu bei, daß sich die Zahl der Lohnabhängigen vermehrte. Fanden diese keine Arbeit, wurden sie zu wahren Proletariern, Bettlern, Vagabunden oder Kriminellen. Auch gab es die reichen Landbesitzer, die den kleinen Landwirten Dar-

lehen gaben und sie dann aufgrund nicht bezahlter Schulden enteigneten. Die vielen auf der Bevölkerung schwer lastenden Abgaben waren im Detail festgelegt: sie waren für fast alles zu entrichten: für jedes Mitglied der Familie, für den Besitz von Land, Vieh, Obstbäumen und anderen Pflanzen, für Wasser, Fleisch, Salz, für die Benutzung fast aller Wege. Die Monumentalbauten des Herodes trugen zur Verarmung des gesamten Volkes bei, und sogar die Großgrundbesitzer wurden nicht verschont. Der von den Männern in der Familie Jesu ausgeübte Beruf war der des „téktōn", was sowohl Zimmermann als auch Dachdecker bedeuten kann. Auch arbeitete der „téktōn" gelegentlich als Maurer. Wahrscheinlich hat der heilige Josef an dem Neuaufbau der hinter den Bergen Nazarets gelegenen Stadt Sepphoris mitgearbeitet, die von den Römern in dem Jahr 6. v. Chr. total verwüstet wurde, nachdem sie von zelotischen Guerilleros zurückerobert worden war.

Die Gegenwart fremder und dann auch noch heidnischer Besatzungstruppen in ihrem Land stellte den Glauben des jüdischen Volkes schwer auf die Probe. Denn sie betrachteten und verehrten ihren Gott als ihren einzigen Herrn und als den einzigen Herrn ihres Landes. Er hatte Israel für immer das Land versprochen. Die Unterdrückung und Fremdherrschaft inspirierte in diesem Kontext die religiöse Phantasie vieler. Fast alle erwarteten ein nahendes Ende, bei dem Gott auf spektakuläre Weise eingreifen würde. Man lebte in einem apokalyptischen Rausch, von dem auch Jesus nicht unberührt war, wie uns die Evangelien bezeugen (Mk 13 par). Verschiedene Befreiungsbewegungen, vor allem die der Zeloten, wollten mit Gewalt und durch Guerillaaktionen das erlösende Eingreifen Gottes vorbereiten oder gar herbeizwingen, der in seinem Auftreten alle Feinde Israels vernichten und alle Völker seiner absoluten Herrschaft unterwerfen würde.

3) Die religiöse Unterdrückung

Am schwersten wog aber nicht die Gegenwart einer fremden heidnischen Besatzungsmacht, sondern eine legalistische Interpretation der Religion und des Gotteswillens. Die richtige Befolgung des Gesetzes war nach dem Exil faktisch zum Wesen des Judentums geworden. Das Gesetz, das dem Menschen auf der Suche nach seinem Weg auf Gott hin eine Hilfe sein sollte, hatte sich durch seine penible und ins kleinste Detail gehende Interpretation und durch eine absurde Traditionsbildung in ein schreckliches Instrument der Versklavung im Namen Gottes verkehrt (Mt 23, 4; Lk 11, 46). Jesus selbst empörte sich: „Sehr geschickt setzt ihr Gottes Gebot außer Kraft und haltet euch an eure eigene Überlieferung" (Mk 7, 7)! Eine skrupulöse Beachtung des Gesetzes, die von der Hoffnung inspiriert war, sich so sein Heil zu sichern, drängte Gott, den Urheber des Gesetzes und des Heiles, in den Hintergrund. Vor allem die Gruppe der Pharisäer suchte jedes Detail im buchstäblichen Sinn zu befolgen und terrorisierte mit dieser skrupulösen Einstellung das gesamte Volk. Sie scheuten sich nicht zu sagen: „Dieses Volk, das vom Gesetz nichts versteht, verflucht ist es" (Joh 7, 49). Obwohl sie, was die Beachtung des Gesetzes anging, sehr vollkommen gewesen sein mögen, war an ihrer Einstellung doch grundsätzlich etwas faul, so daß Jesus sie anklagen konnte: „Ihr laßt das Wichtigste im Gesetz außer acht: Gerechtigkeit, Barmherzigkeit und Treue" (Mt 23,23). Statt dem Menschen eine Hilfe zur Befreiung zu sein, wurde das Gesetz so zu einem goldenen Gefängnis; statt dem Menschen zu helfen, Gott und dem anderen Menschen zu begegnen, führte es dazu, daß er sich Gott und den Menschen verschloß, indem er sich eine Unterscheidung anmaßte zwischen dem, der von Gott geliebt wurde, und wer nicht, zwischen Reinen und Unreinen, zwischen dem Nächsten, den man lieben sollte, und dem Feind, den man hassen darf. Die Pharisäer verstanden Gott als einen stummen Gott, als einen Gott, der zu den Menschen nicht redete, sondern ihnen ein Gesetz hinterlassen hatte, damit sie sich orientieren könnten.

b) Das historische Ziel und Vorhaben Jesu: die Antwort

1) Die Gegebenheit eines absoluten, die Gegenwart in Frage stellenden Sinnes
Die Reaktion Jesu auf diese Situation ist gewissermaßen überraschend. Jesus tritt nicht als ein Revolutionär auf, der wie ein Bar Kochba die herrschenden Kräfteverhältnisse verändern will. Auch war er kein Prediger, der wie ein Johannes der Täufer nur an einer Umkehr seiner Zuhörer interessiert war. Jesus verkündet eine letzte, die gesamte Wirklichkeit strukturierende, globale Dimension, die alles vom Menschen Machbare und Bestimmbare überschreitet. Er weist auf ein letztes Ziel hin, das alle unmittelbaren gesellschaftlichen, politischen oder religiösen Interessen in Frage stellt. Diese universale und kosmische Perspektive ist in all dem gegenwärtig, was Jesus tut und sagt. Er befriedigt nicht unmittelbar die konkreten und beschränkten Erwartungen seiner Zuhörer. Er ruft sie vielmehr auf, sich einer absolut transzendenten Dimension zu öffnen, die diese Welt in ihrer historischen Faktizität als Ort des Aufeinandertreffens der verschiedenen Kräfte, der Durchsetzung der Interessen und des Kampfes um das Überleben, in dem nur die Stärksten siegen, übersteigt. Er verkündigt also nicht irgendeinen partikularen, politischen, wirtschaftlichen, religiösen Sinn der Wirklichkeit, sondern eine absolute Dimension dieser Wirklichkeit, die alles umfaßt und alles überhöht. Das Schlüsselwort für diesen allgegenwärtigen absoluten Sinn, der die Gegenwart in Frage stellt, ist „Reich Gottes". Dieser Ausdruck spricht den Menschen in der utopischsten Schicht seines Wesens an. Dort weckt Christus die Dynamik einer absoluten Hoffnung, die von geschichtlich bedingten und entstandenen Strukturen eingeschläfert und überdeckt wurde. Sie ist die Hoffnung auf eine totale Befreiung, die auch all die Aspekte, in denen der Mensch von seiner wahren Identität entfremdet ist, umfaßt. Daher spricht auch das erste Wort der Verkündigung Jesu von dieser Utopie, die nun als beglückende Wirklichkeit verheißen wird: „Die Zeit ist erfüllt. Das Reich Gottes ist nahe. Kehrt um, und glaubt an das Evangelium!" (Mk 1,15).

Die gesamte Schöpfung, und nicht nur die kleine, so eingegrenzte Welt der Juden, wird in all ihren Dimensionen befreit werden! Es handelt sich hier um mehr als nur um die Verkündigung einer prophetischen und utopischen Botschaft: Durch eine sich nur darauf beschränkende Verkündigung hätte Jesus sich nicht von den jüdischen und anderen Propheten aller Zeiten unterschieden, die das Kommen einer neuen, die Versöhnung aller mit allen und allem beinhaltenden

Welt verkündigen. Das Neue bestand bei Jesus darin, daß er die Zukunft vorwegnahm und das Utopische in Topisches verwandelte. So sagt Jesus nicht: „Das Reich wird kommen", sondern: „Das Reich Gottes ist nahe" (Mk 1, 15; Mt 3, 17), und: „Das Reich Gottes ist (schon) mitten unter euch" (Lk 17,25). In der Gegenwart Jesu ist auch das Reich Gottes gegenwärtig: „Wenn ich ... die Dämonen durch den Finger Gottes austreibe, dann ist doch schon das Reich Gottes zu euch gekommen" (Lk 11,20). In Jesus ist der Stärkere gekommen, der den Starken besiegt (Mk 3,27).

2) Die Versuchung Jesu: die Versuchung der Regionalisierung des Reiches
„Reich Gottes" ist die gesamte Bedeutung, die die Welt in Gott bekommt. Es besteht die Versuchung, dieses Reich zu einer innerweltlichen Angelegenheit umzufunktionieren: es zu regionalisieren oder zu privatisieren. Dagegen kann die Befreiung nur dann eine wahre Befreiung bleiben, wenn sie eine universale, alles umfassende Dimension bewahrt und wenn sie das von dem Menschen angestrebte Absolute zum Ausdruck bringt. Daher würde eine Regionalisierung, d. h. ein Festmachenwollen des Gottesreiches an einem bestimmten Ort oder an einem bestimmten Punkt im Sinne einer Wohlstandsideologie oder einer bestimmten Religion eine Verkehrung dessen sein, was Jesus ursprünglich mit dem Gottesreich gemeint hat. Die Evangelisten berichten, daß auch Jesus selbst in diesem Sinn versucht wurde (Mt 4, 1–11; Lk 4, 1–13), ja daß er sein ganzes Leben lang einer solchen Versuchung ausgesetzt war (Lk 22,28). Diese Versuchung bestand gerade darin, das universale Reich Gottes auf irgendeine seiner Teilregionen, seiner „Provinzen", reduzieren zu wollen: auf eine Konkretisierung des Reiches in einer Form politischer Herrschaft – die Versuchung auf dem Berg, wo Jesus alle Reiche dieser Welt gezeigt wurden –, in einer Form der religiösen Macht – die Versuchung oben auf den Zinnen des Tempels – oder in der Form einer gesellschaftlichen und politischen Wundertätigkeit, durch die es möglich ist, alle Grundbedürfnisse des Menschen wie seinen Hunger zu befriedigen – die Versuchung in der Wüste, Steine zu Brot werden zu lassen. Diese drei Versuchungen der Macht entsprechen genau drei damals bestehenden Vorstellungen vom Gottesreich und vom Messias (der Messias als König, als Prophet und als Priester). Alle drei Versuchungen haben mit Macht zu tun: Christus wurde während der gesamten Zeit seiner irdischen Tätigkeit versucht, sich seiner göttlichen Macht zu bedienen, um so durch diese Macht und mit einer Spur Magie eine radikale Änderung dieser Welt herbeizuführen. Dies wäre nicht nur eine Manipulation der göttlichen Macht, sondern auch eine Manipulation des Menschen und seines Willens gewesen, dem dadurch jede Verantwortung genommen würde. Der Mensch hätte dann nur abzuwarten und sich zu bedienen. Wirklich beteiligt wäre er aber nicht. Der Mensch würde auch nicht mehr seine Geschichte gestalten. Seine Befreiung wäre nicht mehr Frucht eines Sieges und einer Eroberung, sondern das Ergebnis paternalistischer Bevormundung.

Jesus weigert sich ausdrücklich, ein solches Reich der Macht zu errichten. Er ist der Diener der geschaffenen Menschheit, nicht ihr Herrscher. Er verkörpert daher nicht die Macht Gottes in dieser Welt, sondern seine Liebe, oder, noch genauer ausgedrückt: er macht die Gottes Liebe eigene Macht sichtbar, die darin besteht, daß eine Ordnung errichtet wird, in der die menschliche Freiheit nicht vergewaltigt wird und die den Menschen nicht von der Verantwortung für die eigene Zukunft dispensiert. Daher ist die Gestalt, in der das Reich anfängt, in der Geschichte gegenwärtig zu sein und errichtet zu werden, die der Bekehrung. Durch diese Bekehrung öffnet der Mensch sich der neuen Hoffnung für diese Welt und engagiert sich gleichzeitig in der Arbeit der Errichtung des Gottesreiches in den vielen Bereichen, wo es unter vielerlei Gestalt gegenwärtig ist: in der Politik, in der Gesellschaft, im religiösen Bereich, im eigenen Leben.

In seinem gesamten Verhalten, sowohl in seinen Auseinandersetzungen mit den Pharisäern über Fragen der Moral und der Religion als auch in seinem Widerstand gegen die von seinen Aposteln an ihn herangetragene Versuchung der Macht (Lk 9,46–68; Mt 20,20–28) weigert Jesus sich, Normen zu diktieren, Lösungen als verpflichtend hinzustellen oder Hoffnungen zu nähren, die eine Verengung, eine Partikularisierung oder Regionalisierung des Reiches bedeuten würden. Dadurch distanziert er sich kritisch von jener Struktur, die die unsere Welt tragende Säule ist: von der Macht in der Gestalt der Herrschaft. Diese Verweigerung Jesu, sich der Macht zu bedienen, war der Grund dafür, weshalb die Massen sich enttäuscht von ihm abwandten. Nur wenn er bereit wäre, ihnen seine Macht zu zeigen, würden sie noch glauben: „Er soll vom Kreuz herabsteigen, dann werden wir an ihn glauben" (Mt 27,42). Jesus nimmt der Macht als Kategorie der Befreiung und als religiöser Kategorie jede Göttlichkeit. In der Gestalt der Herrschaft aber ist jede Macht teuflisch, und sie verstößt gegen das Geheimnis Gottes (Mt 4,1–11; Lk 4,1–13).

Die Hervorhebung und Wahrung der allesumfassenden Universalität des Reiches führt allerdings bei Jesus nicht zu einer Haltung des reinen Wartens auf ein plötzliches Kommen einer neuen Ordnung in Glanz und Herrlichkeit. Sondern das absolute Ziel, das er vor Augen hat, sucht er auf dem Weg der Vermittlung über viele kleine Gebärden. Er nimmt es vorweg in einem unerwartet neuen Handeln, er bereitet ihm den Weg in einem Verhalten, das schon die Gegenwart des Endes inmitten des Lebens bedeutet. Die von Jesus Christus gebrachte Befreiung weist also eine doppelte Dimension auf: einerseits kündigt sie eine totale Befreiung der gesamten Geschichte und nicht nur einzelner Teile dieser Geschichte an; andererseits nimmt sie in einem befreienden Prozeß, der sich in vielen, immer auf die Gesamtbefreiung hin offenen Teilbefreiungen konkretisiert, diese Gesamtbefreiung vorweg. Wenn sie dem Menschen die Utopie, daß alles schließlich gut ausgeht, verkünden würde, ohne dieses glückliche Ende schon in der Geschichte vorwegzunehmen, würde sie nur Phantasien und Wahnhoffnungen hervorrufen, die nichts ausrichten, denen aber auch jede Glaubwürdigkeit fehlt. Führte sie nur Teilbefreiungen, die keinen Ausblick auf die Zukunft und auf irgendeine Totalperspektive zuließen, würde sie schließlich die geweckten Hoffnungen enttäuschen und sich in einer perspektivenlosen Unmittelbarkeit, die keinen Bestand haben kann, verrennen. In seinem gesamten Auftreten gelingt es Jesus, jene dialektische Spannung durchzuhalten zwischen einerseits der schon gegebenen Gegenwärtigkeit des Reiches mitten unter uns, die die alte Ordnung durchdringt und durchbricht, und andererseits der Tatsache, daß die volle Wirklichkeit des Reiches noch aussteht und so Gegenstand der Hoffnung und der gegenseitigen Zusammenarbeit von Gott und Mensch ist.

c) Jesu neue Praxis der Befreiung des unterdrückten Lebens

Das eschatologische Reich Gottes, das die endgültige Befreiung der Welt bringen wird, wird schon innerhalb der Geschichte errichtet. Es nimmt in dieser Welt schon dadurch konkrete Gestalt an, daß sich das Leben auf verschiedene Weisen verändert. Wir wollen hier auf einige dieser konkreten Schritte hinweisen, durch die die neue Welt vorweggenommen wird und die Zeichen sind des von Jesus begonnenen und fortgeführten Prozesses der Erlösung und der Befreiung.

1) Relativierung der menschlichen Selbstgenügsamkeit
In der Welt, so wie Jesus sie vorfand, gab es verschiedene Formen der Verabsolutierung, die eine Versklavung des Menschen bedeuteten: Verabsolutierung der Religion, der Tradition und des Gesetzes. Die Religion war nicht mehr Ausdruck der Offenheit des Menschen Gott gegenüber, sondern war zu einer in sich geschlossenen Welt der Riten und der Opfer geworden. In seiner Kritik an dieser Religion stellt Jesus sich in die Tradition der Propheten (Mk 7,6–8). Wichtiger als der Kult, so Jesus, sind Liebe, Gerechtigkeit und Erbarmen. Nicht der Kult, sondern die Nächstenliebe ist Kriterium des Heiles. Der Mensch ist wichtiger als der Sabbat und die Tradition (Mk 2,23–26), wichtiger als alles andere (Mt 6,26), als der Dienst des Kultes (Lk 10,30–37) oder das Opfer (Mt 5,23–24; Mk 12,33). Er kommt vor der frommen und genauen Beachtung der heiligen Vorschriften des Gesetzes und der Tradition (Mt 23,23). Immer, wenn Jesus von der Liebe zu Gott redet, redet er gleichzeitig auch von der Nächstenliebe (Mk 12,31–33; Mt 22,36–39 par). Nicht die Liebe zu einem Gott an sich, sondern eine in der Nächstenliebe konkretisierte Liebe zu Gott entscheidet über das Heil (Mt 25,31–46). Auf die Frage, was nötig ist, um gerettet zu werden, antwortet Jesus durch den Verweis auf die Gebote auf der zweiten Gesetzestafel des Mose, die sich alle auf den Nächsten beziehen (Mk 10,17–22). Auf diese Weise läßt er keinen Zweifel daran bestehen, daß man nicht abstrakt und losgelöst von den Söhnen und Töchtern Gottes und der Liebe zu den Menschen von Gott reden kann. Es gibt eine Einheit zwischen der Nächstenliebe und der Gottesliebe, die von Johannes treffend zum Ausdruck gebracht wurde: „Wenn jemand sagt: Ich liebe Gott!, aber seinen Bruder haßt, ist er ein Lügner. Denn wer seinen Bruder nicht liebt, den er sieht, kann Gott nicht lieben, den er nicht sieht" (1 Joh 4,20). Damit relativiert, „entabsolutiert" Jesus die verschiedenen Formen des Kultes, des Gesetzes und der Religion in ihrer Bedeutung als unabdingbare Wege des Heiles. Das Heil ist nur auf dem Weg über den Nächsten möglich: dort entscheidet sich alles. Die Religion ist nicht dazu da, einen Ersatz für die Nächstenliebe als Weg des Heiles zu schaffen, sondern sie sollte gerade den Menschen dauernd zur wahren Liebe dem Nächsten gegenüber anhalten, in dem sich „incognito" Gott selbst verbirgt (Mk 6,20–21; Mt 25,40). Auch relativierte Jesus die als sakrosankt betrachtete Macht des Kaisers, dem er die Göttlichkeit absprach (Mt 22,21) und den er auch

nicht als wirklich letzte Instanz anerkannte: „Du hättest keine Macht über mich, wenn es dir nicht von oben gegeben wäre", wird er Pilatus antworten (Joh 19, 11).

2) Die Schaffung einer neuen Solidarität

Die Erlösung konkretisiert sich nicht nur in einer Relativierung der Gesetze und der verschiedenen Formen des Kultes, sondern auch in einer neuen Solidarität unter den Menschen. In der Zeit Jesu war das gesellschaftliche Leben extrem festgelegt, und es wurde von unzähligen geschriebenen und ungeschriebenen Regeln bestimmt. Es gab eine unterschiedliche gesellschaftliche Behandlung, also Diskriminierung, von Reinen und Unreinen, Nahestehenden und Nichtnahestehenden, Juden und Heiden, Männern und Frauen, von den Theologen, die das Gesetz befolgten, und dem einfachen Volk, das dadurch von den Gelehrten terrorisiert und unterdrückt wurde, weil ihm deutlich gemacht wurde, daß es nicht nach den Gesetzesinterpretationen der Gelehrten leben konnte, von den Pharisäern und den Schwachen, Kranken, Marginalisierten und den als Sünder Verachteten: alles Gruppen, von denen die Pharisäer sich voller Hochmut absetzten. Jesus dagegen solidarisierte sich mit allen genannten Gruppen von Unterdrückten. Er ergriff immer die Partei der Schwachen und derjenigen, die nach den herrschenden Normen nicht sehr angesehen waren: die Prostituierte, der samaritanische Ketzer, der Zöllner, der römische Hauptmann, der Blindgeborene, der Lahme, die bucklige Frau, die syro-phönikische Heidin, die Apostel, als sie kritisiert wurden, weil sie nicht so fasteten wie die Jünger des Johannes. Die Haltung Jesu bestand hier darin, sich aller anzunehmen und sie erfahren zu lassen, daß sie vom Heil nicht ausgeschlossen sind, sondern daß Gott alle, auch die Undankbaren und Bösen, liebt (Lk 6, 35): „Nicht die Gesunden brauchen den Arzt, sondern die Kranken" (Mk 2, 17). Jesus sah es als seine Aufgabe an, „zu suchen und zu retten, was verloren ist" (Lk 19, 10). Dabei fürchtete Jesus die Folgen dieser Solidarität nicht: Er wird verleumdet und beleidigt; man redet davon, daß er immer in schlechter Gesellschaft zu sehen sei; er wird der Subversion und der Ketzerei angeklagt; man hält ihn für einen Besessenen oder einen Verrückten usw. Aber gerade in der Liebe Jesu und den verschiedenen konkreten Gestalten, die sie annimmt, kann tastbar erfahren werden, was das Reich Gottes bedeutet und was eine Befreiung von den die Menschen diskriminierenden und unterdrückenden Vorurteilskategorien bedeutet. Der Nächste ist nicht nur der Mensch aus der eigenen Familie, von der gleichen Rasse, der dieselbe Religion hat: Nächster ist jeder Mensch, vom Augenblick an, an dem ich mit ihm in Berührung komme, und dies unabhängig von seiner Ideologie oder seinem religiösen Bekenntnis (vgl Lk 10, 30–37).

3) Respekt vor der Freiheit des anderen

Wenn man die Evangelien liest und dabei auf die Weise achtet, wie Jesus das Evangelium verkündet, fällt unmittelbar auf, daß er nicht irgendwie von der Bühne oder dem Podest einer transzendenten oder autoritären Instanz herab redet: Seine Sprache ist einfach, voller Bilder, Gleichnisse und Beispiele aus dem Leben der damaligen Zeit. Er mischte sich unter die Menge, wußte zuzuhören und geduldig Fragen zu stellen. Er gibt jedem die Chance, das, was er für wichtig hält, vorzutragen. Er fragt den, der ihn fragt, was das Gesetz sagt, und er fragt die Jünger, was die Menschen von ihm sagen, fragt den an der Straße sitzenden Blinden, was er wolle, daß ihm geschehe. Er beantwortet Fragen und stellt sie, und dabei läßt er jedem die Freiheit und die Chance, sich selbst und sein Leben zu definieren und sich in den Angelegenheiten, die für seine eigene Zukunft wichtig sind, selbst zu entscheiden. Wenn man ihn nach der dem Kaiser zu zahlenden Steuer oder nach der politischen Macht des Kaisers fragt, fängt er nicht mit einer theoretischen Darlegung an. Er bittet, daß man ihm eine Münze gebe. Dann fragt er: Wessen Münze ist dies? Immer läßt er dem anderen das Wort. Nur der reiche Jüngling hat sein Wort nicht vorgetragen. Vielleicht wissen wir deshalb nicht, wie er hieß. Er definierte sich nicht.

Jesus läßt sich nicht bedienen, sondern dient selbst am Tisch (Lk 22,27). Dies ist keine Demutsdemonstration und daher auch Demutsmystifizierung, in der sich in der Geschichte der Kirche Päpste und Bischöfe als Meister zeigten. Sie nannten sich gern „Diener", aber dies war nur allzu oft eine raffinierte Verschleierung der von ihnen über die Gewissen ausgeübten antievangelischen und repressiven Macht. Das wiederholte Insistieren Jesu darauf, daß Macht Dienst ist und daß der Letzte der Erste sein wird (Mk 10,42–44; 9,35; Mt 28,8–12) will die Beziehung Herr–Sklave bzw. die Struktur der Macht als die Selbstverständlichkeit des Privilegs auf der einen und die blinde Unterwerfung auf der anderen Seite durchbrechen. Jesus predigt nicht die Hier-archie, die heilige Macht, sondern die Hiero-dulie, den heiligen Dienst. Jesus will nicht die Macht, die autokratisch sich selbst genügt, sondern einen Dienst zum Wohle aller und so in Funktion der Gemeinschaft. Keine Instanz, die sich unabhängig von der Gemeinschaft der Gläubigen behaupten will, und sei sie auch eine kirchliche Instanz, kann sich auf die Autorität Jesu berufen. Und wie Jesus redete, so verhielt er sich auch. Er argumentiert nie auf fanatische Weise und fordert nie eine passive Hinnahme von dem, was er sagt. Er sucht immer zu überzeugen und zu argumentieren, spricht die Vernunft und den gesunden Menschenverstand an. Was er behauptet, behauptet er nicht autoritär, sondern sucht es überzeugend darzulegen. Immer läßt er dem anderen seine Freiheit. Er lehrt seine Jünger keine fanatische Treue seiner Lehre gegenüber, sondern die Ehrfurcht ihren Feinden und Gegnern gegenüber. Er zwingt seine Vorstellungen nie gewaltsam auf. Er spricht die Gewissen an, appelliert an sie.

Zu der Gruppe derer, die ihm am nächsten stehen, der Gruppe der Zwölf, gehören sowohl ein Steuereintreiber, und daher auch Kollaborateur mit der Besatzungsmacht (Mk 2,15–17), als auch ein nationalistischer, zu den Zeloten gehörender Guerillero (Mk 3,18–19), sowohl Jünger, die leicht zu begeistern sind, als auch Skeptiker. Sie alle leben aber zusammen und bilden untereinander und mit Jesus eine Gemeinschaft.

4) Eine unerschöpfliche Fähigkeit, Konflikte auszuhalten

Wir wollen hier zeigen, wie Jesus im Rahmen einer konkreten menschlichen Geschichte und durch diese Geschichte erlöst und befreit. Er richtete sich an alle, setzte keinen zurück, schloß niemanden aus: „Wenn jemand zu mir kommt, werde ich ihn nicht wegschicken", faßt Johannes die grundsätzliche Einstellung

Jesu paradigmatisch zusammen. Aber zuerst wandte er sich in seiner Evangelisierung an die Armen. So stellt J. Jeremias fest, daß die ‚Armen' die Niedergedrückten im ganz umfassenden Sinne sind: die Bedrängten, die sich nicht verteidigen können, die Verzweifelten, die Heillosen ... alle Notleidenden, die Hungernden und Dürstenden, die Unbekleideten und Fremdlinge, die Kranken und Gefangenen, ... die Schwerarbeiter, die Lastträger, die Letzten, die Einfältigen, die Verlorenen, die Sünder (vgl. Jeremias 115). Jesus will ihnen allen helfen, will ihre Rechte verteidigen. Dies trifft auf eine besondere Weise für die Armen, Aussätzigen und Besessenen zu, deren Leiden man auf ihre Sünde zurückführte und die daher als Sünder herabgesetzt wurden. Er übernimmt die Verteidigung ihres guten Rechtes und zeigt, daß ihr Leiden nicht auf eine von ihnen persönlich oder von ihren Eltern und Ahnen begangene Sünde zurückzugehen braucht und daß ihr Leiden sie auch nicht unrein macht. Jesus bewegt sich öfter im Kreis seiner Gegner, die in einem legalistischen Konservatismus befangen und an Ehrbezeugungen interessiert sind, wie die Pharisäer (Mk 2,13 – 3,6). Er läßt sich von ihnen zum Essen einladen (Lk 7,36ff; 11,37ff), teilt aber nicht ihre Mentalität. Denn im Laufe eines solchen Essens bei seinen Gegnern kann er ihnen sagen: „Aber weh euch, die ihr reich seid; denn ihr habt keinen Trost mehr zu erwarten" (Lk 6,24). Allerdings läßt er sich gleichfalls von den schlecht angesehenen Steuereintreibern einladen. Wie aber die Geschichte des Zachäus zeigt, führt seine Gegenwart unter ihnen oft zu einer Veränderung ihres Verhaltens.

Alles, was sich in unserem Herzen und in der Gesellschaft gegen das Recht des anderen richten kann, wird von Christus verurteilt, wie Haß und Wut (Mt 5,21–22), Neid (Mt 5,27–28), Verleumdung, Überfall und Mord. Er kämpft um Güte und Milde und rügt die Nichtbeachtung der Menschenwürde anderer (Mt 7,1–15; Lk 6,37–41). Jesus geht unbeirrt seinen Weg, aber nicht mit dem Hochmut eines Menschen, an dem alle Konflikte abgleiten: Immer ergreift er Partei, wenn es sich darum handelt, den anderen und sein Recht zu verteidigen, sei er Ketzer, Heide, Fremder, übel Beleumundeter, Frau, Kind, öffentlicher Sünder, Kranker, Marginalisierter. Er läßt sich auf alle ein, geht mit allen um und ruft alle dazu auf, auf die Gewalt als Instrument zur Erreichung ihrer Ziele zu verzichten. Der Mechanismus der Macht besteht darin, immer mehr Macht zu wollen und die anderen den eigenen Vorstellungen und Idealen zu unterwerfen zu suchen. Dies ist dann Quelle der Angst, der Rache, des Herrschaftswillens: alle Ursachen für die Zerstörung der Kommunikation unter den Menschen. Unter solchen Voraussetzungen kann die existierende Gesellschaftsordnung nur auf Zwang beruhen: Sie wird mit hohen gesellschaftlichen Kosten erzwungen. Alles, was dann sowohl auf der Ebene der Gesellschaft als auch im Bereich der Religion die herrschende Ordnung in Frage stellen kann, Unsicherheit hervorruft, Veränderungen herbeiführen kann, muß strengstens überwacht werden. Und wird eine solche Gefahr konkret, fängt sie an, eine wirkliche Bedrohung der herrschenden Ordnung zu werden, kommen die primitiven Mechanismen der Verleumdung, des Hasses, der Repression, der physischen Eliminierung ungehindert zur Geltung. Die herrschende Ordnung muß von den inneren Feinden ihrer Sicherheit gereinigt werden. Solche Reaktionen, wie sie auch heute gegeben sind, können sich zu ihrer Selbstrechtfertigung nicht auf Jesus und sein Verhalten berufen, denn gerade in seinem Verhalten strebte Jesus Prozesse des Nachdenkens, der Veränderung und des Austausches zwischen den verschiedenen Gruppen an.

Dem Aufruf Jesu, auf Macht zu verzichten, entspricht sein Aufruf zur Vergebung und zur Barmherzigkeit. Dies setzt voraus, daß die Wirklichkeit dieser Welt aufmerksam wahrgenommen wird: Es wird immer Strukturen der Macht und der Rache geben. Das soll aber nicht dazu führen, daß man mutlos wird oder sich mit diesen Strukturen abfindet. Statt dessen tun Vergebung, Erbarmen, die Fähigkeit, die Exzesse der Macht zu ertragen und mit ihnen zu leben, not. Dementsprechend will Jesus auch, daß seine Jünger ihre Feinde lieben. Das heißt aber nicht, daß sie auf eine romantische Weise geliebt werden sollten, als ob sie eine Art Freunde wären, nur ein bißchen anders. Denn den Feind gerade als Feind zu lieben heißt sich durchaus bewußt zu sein, daß er ein Feind ist, und ihn dann zu lieben, wie Jesus seine Feinde liebte: Er entzog sich dem Umgang mit ihnen nicht, aber er stellte ihr Verhalten in Frage, das an erster Stelle auch eine Versklavung für sie selbst bedeutete und sie genau dadurch zu Feinden machte. Darauf verzichten, sich vom Haß leiten zu lassen, heißt nicht, darauf zu verzichten, dem Bösen zu widerstehen. Jesus widersetzte sich seinen Feinden, diskutierte, argumentierte mit ihnen, aber auf eine Weise, die die Automatismen des Hasses durchbrach, in einer Einstellung des äußersten Eingehens auf die Person des anderen. Hätte er aber darauf verzichtet, seinen Feinden zu widerstehen, hätte dies bedeutet, daß er auch darauf verzichtete, das Wohlergehen und die Rechte seiner Nächsten – der von seinen Feinden Geschädigten und dieser selbst – zu fördern und zu verteidigen. Und ein solcher Verzicht hätte bedeutet, daß er zugelassen hätte, daß das zerstörerische Feuer der Herrschaft weiter geschürt wird.

5) Die Akzeptierung der Sterblichkeit des Lebens

Im Leben Jesu zeigt sich das Leben selbst in seiner gesamten Widersprüchlichkeit. Jesus war kein Mensch der ständig jammert, der dauernd über das Böse in der Welt klagt: Hätte Gott keine bessere Welt erschaffen können? Warum reagiert er nicht auf die vielen Sünden und auf die Bosheit zwischen den Menschen? Nichts von all dem findet sich bei Jesus. Er nahm das Leben, so wie es sich darbot. Er hatte keine Angst vor den Opfern, die jedes wirklich engagiert gelebte Leben notwendigerweise mit sich bringt: Einsamkeit, Verfolgung, Unverständnis, Verleumdung usw. Er kennt und akzeptiert alle Beschränkungen des Lebens. Alles, was authentisch menschlich ist, finden wir bei ihm wieder: Zorn, Freude, Güte, Trauer, Versuchung, Entbehrung, Hunger, Durst, Mitleid, Sehnsucht und Wehmut *(saudade)*. Er lebte das Leben als ein Geschenk des Menschen an die anderen Menschen und nicht als einen Dauerkampf im Dienst der Selbsterhaltung und der Durchsetzung der eigenen Interessen: Ich bin in eurer Mitte um zu dienen (Mk 10,45 im Kontext 10,42–45). In seiner Grundeinstellung des „Seins für die anderen" kennt er kein Zaudern und keine Rückzüge. Wenn man aber sein Leben als ein Geschenk leben will, bedeutet dies Opfer, Zermürbung und Hingabe für die anderen.

Wenn der Tod nicht nur der letzte Augenblick des Lebens ist, sondern wesentlich zur Struktur dieses sterblichen Lebens gehört, so daß dieses Leben sich langsam verbraucht, sich allmählich entleert und der Mensch anfängt zu sterben von dem Augenblick an, als er empfangen wurde; wenn der Tod als ein fortschreitendes Vergehen des Lebens keine biologische Fatalität, sondern für den Menschen eine Chance ist, in seiner Freiheit die Endlichkeit und die Sterblichkeit seines Lebens zu akzeptieren und sich so jemandem zu öffnen, der größer ist als der Tod; wenn sterben also heißt, daß man einem Größeren Raum macht, daß man sich selbst so leer macht, daß man die Fülle eines Kommenden empfangen kann, der größer ist als das Leben, dann können wir sagen, daß das Leben Christi vom ersten Augenblick an ein Umarmen des Todes war mit dem gesamten Mut und der gesamten Großmut, deren ein Mensch nur fähig sein kann. Jesus war ganz leer von sich selbst, um von den anderen und von Gott erfüllt werden zu können. Er nahm sein sterbliches Leben auf sich und sah dem Tod, der sich in seinem Engagement als herumziehender Prophet und messianischer Befreier abzeichnete, klar und bewußt in die Augen. Dies alles sollten wir uns vor Augen halten, wenn wir über den Tod Christi und seine erlösende Bedeutung nachdenken.

Wir sind daran gewöhnt, den Tod Jesu so zu verstehen, wie es den Leidensberichten der Evangelien entspricht. Dort wird betont, daß er wegen unserer Sünden getötet wurde, daß dieser Tod den Prophezeiungen des Alten Testaments entspricht und wesentlicher Teil der Jesus vom Vater anvertrauten Aufgabe und so im Heilsplan Gottes unverzichtbar war. Diese Interpretationen weisen klar auf die transzendente Wahrheit der totalen Selbsthingabe Jesu hin. Allerdings können sie auch dazu Anlaß sein, daß wir uns ein falsches historisches Bild vom Ende Jesu machen. Denn jene Interpretationen der Evangelien sind das Ergebnis eines gesamten Prozesses des Nachdenkens der Urgemeinde über das Ärgernis des Karfreitags. Der schändliche Tod Jesu am Kreuz (vgl. Gal 3, 13), der unter den damaligen Voraussetzungen notwendigerweise als ein Verlassensein Jesu von Gott und ein Beweis dafür, daß er ein falscher Prophet gewesen sei, gedeutet werden mußte (wichtig sind hier Mt 27,39–44; Mk 15,29–32; Lk 23,35–37), war ja für die Urgemeinde selbst ein ernsthaftes Problem gewesen. Im Lichte der Auferstehung, des Nachdenkens und der Meditation über die Schriften des Alten Testaments (vgl. Lk 24,13–35) fing man allmählich an zu verstehen, was vorher absurd erschien. Diese theologische Arbeit der Interpretation, die also unter den schmählichen Ereignissen des Leidens Jesu einen verborgenen Sinn zu entdecken wußte, schlug sich in den verschiedenen Berichten über den Prozeß, das Leiden, den Tod und die Auferstehung Jesu nieder. Die Evangelisten gingen dabei nicht vor als Geschichtsschreiber, die neutral sein wollten, sondern ihnen lag vor allem daran, als Theologen die transzendente, universale und definitive Bedeutung des Todes Jesu hervorzuheben.

Eine solche Interpretation ist höchst legitim. Aber dies verhindert nicht, daß der Leser sich, wenn er nicht acht gibt, ein falsches Bild vom Leiden Jesu macht. Dieses Leiden erscheint ihm dann als ein über der Geschichte stehendes Drama, in dem die verschiedenen Akteure, Jesus, die Juden, Judas, Pilatus, ohne eigene Verantwortung als von außen nach einem festgelegten Plan gesteuerte Marionetten auftreten. Der Tod Jesu verliert dann seinen dramatischen, schmerzhaften Charakter: Er entspreche ja einem notwendigerweise zur Ausführung gebrachten Plan. Aber nirgendwo wird dann deutlich, worin die Notwendigkeit dieses

Planes besteht. Der Tod Jesu verliert dann seinen Bezug zum übrigen Leben Jesu, um eine soteriologische Bedeutung in sich zu haben. Damit geht aber ein großer Teil der historischen Dimension dieses Todes verloren, denn in Wirklichkeit war er die Folge des konsequenten, souveränen Verhaltens Jesu und das Ergebnis eines Gerichtsprozesses. Zu Recht sagt ein hervorragender katholischer Theologe, Ch. Duquoc: „In Wirklichkeit kann man das Leiden Jesu nicht von seinem irdischen Leben und von seinem Wort trennen. Die Bedeutung seines Todes geht ebenso wie aus seiner Auferstehung auch aus seinem Leben hervor. Jesus ist nicht irgendeinen Tod gestorben, sondern er wurde verurteilt. Und dieses Urteil beruht nicht auf irgendeinem Mißverständnis, sondern auf seinem wirklichen historischen Verhalten Tag für Tag. Eine heutige Interpretation, die unmittelbar von der Besonderheit dieses Lebens und dieses Todes zu der Entdeckung eines ‚metaphysischen' Konfliktes zwischen der Liebe und dem Haß, zwischen dem Unglauben und dem Sohn Gottes übergeht, vergißt die Vielzahl der historischen Faktoren („mediations": Vermittlungen), die zu seinem Verständnis notwendig sind. Dieses Vergessen der Geschichte hat aber religiöse Konsequenzen. Ein Beispiel: Das Meditieren über das Leiden Jesu war nicht immer frei von einer verdächtigen Leidenssucht. Statt dazu einzuladen, alles Mögliche gegen das Leiden und den Tod zu unternehmen, führte es oft zu einer ungesunden Fixierung auf dieses Leiden oder zur Resignation. Auf diese Weise wurden das Leiden und der Tod an sich verherrlicht" (197).

Wenn wir uns also das, was sie Evangelisten als die bleibende und auch heute gültige Bedeutung des Leidens und des Todes Jesu entdeckt haben, aneignen wollen, müssen wir dabei eher von dem historischen und weniger von dem theologischen Kontext des Todes Christi ausgehen. Nur so hört dieser Tod auf, zu einer ahistorischen und so schließlich auch leeren Wirklichkeit degradiert zu werden, um die Dimensionen zurückzugewinnen, die auch für unseren Glauben heute gültig sind.

Der Tod Jesu war an erster Stelle der Tod eines Menschen. Mit anderen Worten: Dieser Tod steht in dem Zusammenhang eines ganzen Lebens. Und hier im Leben Jesu hat er ganz konkret mit einem Konflikt zu tun, der schließlich zu diesem Tod führte: einem Tod, dessen Ursachen nicht außerhalb der Geschichte etwa in einem göttlichen Ratschluß zu finden sind, sondern für den ganz bestimmte Menschen verantwortlich sind. Es ist ein Tod, der in der Geschichte seinen Platz hat, der zu den vielen Todesfällen in der Geschichte gerechnet werden kann.

Jesus starb aus demselben Grund, aus dem die Propheten zu allen Zeiten sterben: Er stellte die von ihm verkündigten Werte über das eigene Leben. Er zog es vor, frei zu sterben, als auf die Wahrheit, die Gerechtigkeit, das Recht, das Ideal einer universellen Brüderlichkeit, die Wahrheit der Gotteskindschaft und der uneingeschränkten Güte Gottes zu verzichten. In diesem Sinn reiht Jesus sich in die Reihe der Tausende von Zeugen ein, die die Notwendigkeit einer besseren Welt, eines brüderlicheren Zusammenlebens der Menschen untereinander und einer größeren Offenheit dem Absoluten gegenüber predigten. Sein Tod ist der Protest gegen die Herrschaft geschlossener und verschlossener Systeme: Er ist eine dauernde Anklage dagegen, daß die Welt sich in sich selbst verschließt, also eine Anklage gegen die Sünde.

Das gesamte Leben Jesu steuerte auf diesen Tod hin: Er wurde im Lauf dieses gesamten Lebens vorbereitet. Oben haben wir darauf hingewiesen, wie Jesus eine radikale Krise im Judentum seiner Zeit hervorruft. Er tritt als ein Prophet auf, der nicht die Tradition wiederholt, der aber eine neue Lehre verkündet (Mk 1,27); der sich nicht darauf beschränkt, seine Zuhörer zur Befolgung des Gesetzes nach den herrschenden Interpretationen anzuhalten, sondern der sich verhält, als ob er über dem Gesetz steht: Wenn das Gesetz der Liebe dient und der Begegnung der Menschen untereinander sowie ihrer Begegnung mit Gott, so betont Jesus das Gesetz; wenn es dagegen dem Menschen ein Hindernis ist auf seinem Weg zum anderen Menschen oder zu Gott, setzt er sich über das Gesetz hinweg oder er schafft es einfach ab. Nach Meinung des Propheten aus Nazaret ist der für die Juden klassische Ort der Schrift nicht der einzige Ort, an dem man Gottes Willen entdecken kann. Auch das eigene Leben ist ein Ort, an dem sich Gottes Heilswille erkennbar macht. Aus dem gesamten Verhalten Jesu aus all seinen Worten spricht das Streben, die gefangenen Gewissen zu befreien. Das Volk merkt dies. Es begeistert sich. Die Autoritäten schrecken auf: Jesus bedeutet eine Gefahr für das herrschende System der inneren Sicherheit. Das Volk könnte sich zu einem Aufstand gegen die römische Besatzungsmacht hingerissen fühlen. Die Autorität, mit der er spricht, seine Souveränität, sein überlegenes Auftreten: das alles ruft bei den Verwaltern der offiziellen Dogmatik eine Gewissenskrise hervor. Der Mann aus Galiläa distanzierte sich zu stark von der offiziellen Dogmatik, ohne die Rechtmäßigkeit seines Verhaltens, seiner Forderungen und seiner Lehre mit einem anerkannten Zeichen unter Beweis zu stellen.

Wir sollten nicht davon ausgehen, daß die Juden und vor allem die Pharisäer und die Vertreter der herrschenden religiösen oder gesellschaftlichen Ordnung böswillig, rachsüchtig, nachtragend gewesen seien und nur von schlechten Absichten geleitet wurden. In Wirklichkeit waren sie treue Befolger des Gesetzes und Anhänger einer Religion, die Generationen lang in Frömmigkeit überliefert worden war und die ihre Bekenner und Märtyrer hatte. Die Fragen, die sie Jesus stellten, und der Versuch, ihn nach den offiziellen Normen der herrschenden Moral und Dogmatik zu integrieren, hatten ihren Grund in der von der Person und der Tätigkeit Jesu hervorgerufenen Gewissenskrise. Sie wollten ihn in den vom Gesetz definierten Rahmen hineinzwängen. Als ihnen das nicht gelang, stießen sie ihn aus, verleumdeten ihn, machten ihm den Prozeß, verurteilten und kreuzigten ihn.

Der Tod Jesu ging aus einem ganz konkreten, gesetzlich sehr wohl definierbaren Konflikt hervor. Er war nicht das Ergebnis sadistischer Machenschaften. Die Gegner Jesu meinten wirklich, daß er ein falscher Prophet war, der auf religiöser Ebene Verwirrung säte und dadurch möglicherweise auch politisches Unheil anrichten könnte. Ihre Enge, ihr Gefangensein in einem Wertesystem, das sie selbst für unantastbar und nicht hinterfragbar erklärten, ihre Unfähigkeit, sich zu öffnen und zu lernen, ihr beschränkter Horizont, ihr Fanatismus im Festhalten an einem bestimmten Lebensstil oder an bestimmten religiösen Gewohnheiten, ihr Traditionalismus, ihre auf der Tradition oder ihrer vermeintlichen Orthodoxie beruhende Selbstsicherheit, ihre Engstirnigkeit: das alles sind auch noch heute typische Charakterzüge der Verteidiger einer herrschenden Ordnung, seien sie Kleriker oder Politiker. Im allgemeinen fehlt es ihnen keineswegs am guten Willen, aber jede kritische Einstellung ist ihnen fremd, und es fehlt ihnen auch jeder Sinn für geschichtliche Relativität. Es waren solche Banalitäten, die an sich keine großen Verbrechen sind, die die Liquidierung Jesu motivierten.

d) Das Fundament des historischen Ziels Jesu und seiner befreienden Praxis: die Erfahrung von Gott als Vater

Manchem mag unsere obige Darstellung zu anthropologisch erscheinen: Der Mann aus Galiläa habe durch sein Leben und seinen Tod befreiend gewirkt, so wie man das auch für viele vor und nach ihm sagen kann. Auf dieser Ebene der Betrachtung reiht Jesus sich in die Reihe der Gerechten und der ungerecht behandelten und getöteten Propheten ein. Wie wir sofort sehen werden, war es nur die Auferstehung, die Jesus über alle vergleichbaren Fälle hinaushob und die uns in der Banalität seines Todes als Prophet-Märtyrer neue Dimensionen entdecken läßt. Allerdings ist die Frage zu stellen: Von welcher Kraft nährt sich sein befreiendes Leben? Die Evangelien geben hier eine klare Antwort: Das befreiende Wirken Jesu ging aus einer tiefen Erfahrung Gottes hervor. Dieser Gott war für Jesus der absolute Sinn der gesamten Geschichte (Reich Gottes) und ein Vater, der von einer unendlichen Güte und Liebe für alle Menschen, besonders für die Undankbaren und Schlechten, die außerhalb der Gesellschaft Stehenden und Verlorenen, erfüllt ist. In der Erfahrung Jesu ist Gott nicht mehr der Gott des Gesetzes, der zwischen Guten und Bösen, Gerechten und Ungerechten unterscheidet, sondern der gute Gott, der liebt und vergibt, der das verirrte Schaf sucht, der bange auf die Rückkehr des verlorenen Sohnes wartet und der sich mehr über die Bekehrung eines Sünders als über die Rettung von neunundneunzig Gerechten freut.

Die oben skizzierte Praxis Jesu wurzelt also letztendlich in dieser neuen Erfahrung Gottes. Wer sich von Gott total geliebt fühlt, liebt wie Gott alle ohne Unterschied, liebt sogar seine Feinde. Wer sich von Gott angenommen weiß und seiner Vergebung gewiß ist, nimmt auch die anderen an und vergibt ihnen. Jesus verkörperte die Liebe und die Vergebung Gottes, denn er war ja selber gut und barmherzig allen gegenüber, vor allem gegenüber den von der Religion Zurückgestoßenen und den gesellschaftlich Geächteten. Er war die Inkarnation der Liebe des Vaters mitten im Leben. Wenn Gott gut und barmherzig zu allen ist, weshalb sollte es dann der Sohn Gottes nicht auch sein?

Literaturhinweise

Boff, L., Jesus Christus, der Befreier, Kap. II–IV (S. 43–75 in diesem Band).
Boff, C., Foi Jesus um revolucionário?: Revista Eclesiástica Brasileira 31 (1971) 97–118 (ausführl. Bibliogr.).
Gonçalves, O. L., Jesus e a contestação política (Petrópolis 1974).
Hengel, M., War Jesus Revolutionär? (Calwer Hefte, Stuttgart 1970).
Cullmann, O., Jesus und die Revolutionäre seiner Zeit (Tübingen 1970).

Audet, J. P., Le projet évangélique de Jésus (Paris 1969).
Flender, H., Die Botschaft Jesu von der Gottesherrschaft (München 1968).
Knorzer, W., Reich Gottes. Traum, Hoffnung, Wirklichkeit (Stuttgart 1969).
Vögtle, A., Das Neue Testament und die Zukunft des Kosmos (Düsseldorf 1972).
Schillebeeckx, E., Jesus. Die Geschichte von einem Lebenden (Freiburg i. Br. 1974) 105–159.
Sobrino, J., Cristología desde Amércia Latina (Mexiko 1976) 79–185.
Küng, H., Christ sein (München 1979) 167 ff.
Jeremias, J., Zöllner und Sünder: Zeitschrift für Neutestamentliche Wissenschaft 30 (1931) 209–300.
Jeremias, J., Neutestamentliche Theologie, Tl. 1: Die Verkündigung Jesu (Gütersloh ²1973), 111–115: Wer sind die Armen?
Hofius, O., Jesu Tischgemeinschaft mit den Sündern (Stuttgart 1967).
Pesch, R., Das Zöllnergastmahl (Mk 2, 15–17): Mélanges Bibliques offerts au R. P. B. Rigaux (Gembloux 1970) 63–87.
Berger, Kl., Die Gesetzesauslegung Jesu, Bd. I (Neukirchen 1972).
Gils, F., Le sabbat a été fait pour l'homme et non l'homme pour le sabbat: Revue Biblique 69 (1962) 506–523.
Duquoc, Ch., Jesus, homem livre (Lissabon 1975); Christologie. Essai dogmatique, Bd. 2: Le Messie (Paris 1972).
Kessler, H., Erlösung als Befreiung (Düsseldorf 1972) 17–25: Das befreiende Wirken Jesu nach dem Neuen Testament; 62–74: Die neue, befreiende Praxis Jesu.
Boff, L., A experiência de Deus de Jesus de Nazaré: Versch. Autoren, Experimentar Deus hoje (Petrópolis 1975) 162–173.
Konings, J., Jesus nos evangelhos sinóticos (Porto Alegre 1974).
Vidales, R., La prática histórica de Jesús: Christus 40 (1975) 43–55.

2. Der gewaltsame Tod Jesu

Wir werden nun versuchen, einige historische Momente und Stufen des Prozesses, der Verurteilung und der Kreuzigung Jesu nachzuzeichnen. Wie oben bereits erwähnt, sind die Texte, so wie sie uns heute vorliegen, von einer Theologie durchtränkt, die den verschiedenen Ereignissen und Gegebenheiten des Leidens Jesu im Licht der Auferstehung eine neue Bedeutung geben. Es ist äußerst schwer und gar problematisch, in diesen Texten scharf zwischen historischem Bericht und theologischer Interpretation trennen zu wollen. In der Geschichte der Exegese ist in dieser Richtung schwer gearbeitet worden, aber es ist den Exegeten kaum gelungen, sich über die Ergebnisse einig zu werden.

Ein Leser, der mit den vom Zweiten Vatikanum gutgeheißenen und in der akademischen Praxis der exegetischen Lehre allgemein bejahten exegetischen Methoden kaum vertraut ist, könnte sich angesichts dieser Exegese manchmal desorientiert und befremdet vorkommen. Es wird ihm willkürlich vorkommen, wenn ein Text historisch genannt und ein anderer als das Ergebnis der theologischen Bemühungen der Evangelisten und ihrer Gemeinden dargestellt wird. Er muß uns schon glauben, wenn wir ihm sagen, daß diese Methoden nicht ganz so willkürlich sind. Dies verhindert allerdings angesichts der Eigenart dieser Texte nicht, daß es hier verschiedene Meinungen gibt, für die es jeweils gute exegetische und theologische Gründe gibt. Auch sollte hier gesagt werden, daß es keine vollkommen neutrale Exegese gibt: Der Exeget liest die Texte in den Augen, die er hat. Er interpretiert sie mit Hilfe der theologisch-dogmatischen Vorstellungen, die er in seinem Kopf und in seinem Herzen hat als Mensch, der an Jesus

Christus als menschgewordenen Gott und als Retter der Welt glaubt. Bevor er mit seiner exegetischen Arbeit anfängt, hat er ein bestimmtes Bild von Jesus, und dieses Bild beeinflußt seine Forschung. Dieses Bild von Jesus ist einerseits Frucht seines kirchlichen Glaubens und seines christlichen Werdegangs von seiner Kindheit bis zur theologischen Fakultät; andererseits ist es auch das Ergebnis seiner eigenen wissenschaftlichen Auseinandersetzung mit den Texten des neuen Testaments. Dieses Bild, das ein Theologe vorher von Jesus hat, ist ihm in dem Sinne eine Orientierung bei seinen exegetischen Überlegungen und Erörterungen, daß es seine Wahl für diese oder jene Meinung beeinflußt, daß er also zu jener Lösung hinneigt, die am besten mit seiner Vorstellung von Jesus und seiner Gesamtsicht des christologischen Mysteriums übereinstimmt.

Wir sagen dies alles, um dem Leser die Reichweite und die Grenzen unserer eigenen Darlegung klarzumachen. Sie ist ein Versuch unter vielen legitimen Versuchen, diese Texte zu lesen. Dabei wird sie sich von manchen Interpretationen unterscheiden, die stärker der gewöhnlich in der Kirche verbreiteten Frömmigkeit und Theologie nahestehen. Wiederholen wir, was unseren Standpunkt angeht, das, was wir schon am Anfang dieser Schrift schrieben: Wir stehen in der christologischen Tradition des heiligen Franziskus und anderer franziskanischer Meister, die in zärtlicher Naivität und naiver Zärtlichkeit über die heilige Menschheit Jesu in ihrem radikalsten Sinn als Entäußerung Gottes und über sein Sterben am Kreuz nachgedacht haben. Diese Tradition wollen wir weiterführen. Zudem wollen wir uns in unseren Überlegungen auch die Ergebnisse der ernsten Exegese der Leidensberichte aneignen und diese in systematischer und dogmatischer Hinsicht vertiefen und fruchtbar werden lassen. Wie werden dabei so wichtigen Exegeten folgen wie E. Lohse, H. Schürmann, J. Blinzler, P. Benoit und anderen. Wir werden hier nicht alle exegetischen Diskussionen wiedergeben, denn das würde zu weit führen. Wir wollen das aufnehmen, was uns angesichts des Bildes, das wir im Glauben von Christus haben, am geeignetsten erscheint. Aber der Leser soll wissen, daß es auch andere Meinungen gibt, die auf anderen, ebenfalls kirchlichen und legitimen Wegen erreicht werden. Unser Weg will denen helfen, die ein tiefes Interesse an Jesu voller Menschlichkeit haben, damit sie dort einem größeren und näheren Gott als bisher begegnen und damit sie sich aufgerufen fühlen, auch auf dem Weg zu gehen, auf dem Jesus, der leidende und als Märtyrer sterbende Christus vorangegangen ist.

a) Die Schritte eines Weges

Nach L. Schenke, der sorgfältig die literarische Entwicklung der Leidensberichte untersucht hat, sei die ursprüngliche Version des Leidensberichtes folgende gewesen (Schenke 135–137):

Es war aber das Pascha
und das Fest des ungesäuerten Brotes nach zwei Tagen.
(Da kommen sie) zu einem Landgut mit Namen Getsemani.
Und er begann zu zittern und zu beben
und sagt zu (seinen Jüngern):

Meine Seele ist betrübt bis zum Tod.
Bleibt hier und wacht!
Und er ging ein wenig weiter, fiel nieder auf die Erde und sprach:
Abba, Vater, alles ist dir möglich!
Nimm diesen Kelch von mir fort!
Aber nicht was ich will, sondern was du willst.
Und er kommt und findet sie schlafend.
Und er sagt zu Petrus:
Simon, du schläfst? Konntest du nicht eine Stunde wachen?
Der Geist ist zwar willig, aber das Fleisch ist schwach.
Denn ihre Augen waren ihnen schwer geworden
(und sie wußten nicht, was sie ihm antworten sollten).
Und er sagt zu ihnen: Es ist genug!
Steht auf! Laßt uns gehen!
Siehe, der mich überliefert, ist nahe.

Und noch während er redete, kommt Judas hinzu,
und mit ihm eine Volksschar mit Schwertern und Knüppeln
vom Hohenpriester aus.
Sein Verräter hatte ihnen aber ein Zeichen gegeben:
Den ich küsse, der ist's, den ergreift und führt ihn sicher weg!
Und er kommt und sagt: Rabbi! und küßte ihn innig.
Sie aber legten Hand an ihn und nahmen ihn fest.
Irgendeiner aber aber zog das Schwert,
traf den Knecht des Hohenpriesters und hieb ihm das Ohr ab.
Da verließen ihn und flohen alle.

Und sie führten Jesus weg zum Hohenpriester.
Der Hohepriester aber und das ganze Synedrium
suchten gegen Jesus ein Zeugnis, um ihn zu töten.

Und sie fanden es nicht.
Denn viele zeugten gegen ihn,
aber ihre Zeugnisse waren nicht gleich.
Da stand der Hohepriester auf, in die Mitte,
und fragte Jesus und sagte:
Antwortest du nichts dem, was diese gegen dich bezeugen?
Er aber schwieg und antwortete nichts.
Wiederum fragte ihn der Hohepriester und sagt ihm:
Bist du der Messias, der Sohn des Hochgelobten?
Jesus aber sprach: Ich bin es!
Der Hohepriester aber zerreißt seine Kleider und sagt:
Was brauchen wir noch Zeugen?
Ihr habt die Lästerung gehört!
Was dünkt euch?
Sie aber verurteilten ihn alle, des Todes schuldig zu sein.
Und es fingen einige an, ihn anzuspeien
und sein Antlitz zu verhüllen
und zu sagen: Weissage!
Und die Diener gaben ihm Stockschläge.

Nachdem aber der Hohepriester und das ganze Synedrium
einen Beschluß gefaßt hatten,
führten sie Jesus gefesselt ab und überlieferten ihn dem Pilatus.
Und der Hohepriester klagte ihn heftig an.
Pilatus aber fragte ihn:
Antwortest du nichts? Sieh, wie sehr sie dich verklagen!
Jesus aber antwortete gar nichts, so daß Pilatus sich verwunderte.
Und Pilatus fragte ihn (wiederum):
Bist du der König der Juden?
Er aber antwortete und sagt: Du sagst es.
...
(Da übergab Pilatus Jesus, nachdem er gegeißelt worden,
zur Kreuzigung.)
Die Soldaten aber führten Jesus ab in den Hof
und rufen die ganze Kohorte zusammen.
Sie ziehen ihm einen Purpurmantel an
und setzen ihm eine Dornenkrone auf, die sie geflochten.
Dann fingen sie an, ihm zu huldigen:
Gegrüßt, König der Juden!
Und sie schlugen auf sein Haupt mit einem Rohr,
spien ihn an, beugten die Knie und fielen vor ihm nieder.
Nachdem sie ihn verhöhnt hatten,
zogen sie ihm den Purpurmantel aus und zogen ihm seine Kleider an.
Und sie führen ihn hinaus, um ihn zu kreuzigen.

Und sie bringen ihn zur Stätte Golgota.
Und sie wollten ihm mit Myrrhe gewürzten Wein geben,
er aber nahm nicht.
Und sie kreuzigten ihn.
Und sie verteilen seine Kleider, das Los darum werfend,
was einer davon bekommen sollte.
Und es war als Aufschrift seiner Schuld angeschrieben:
Der König der Juden!
Und mit ihm kreuzigen sie zwei Rebellen,
einen zur Rechten, einen zur Linken.
Und die Vorübergehenden lästerten ihn,
schüttelten ihre Häupter und sagten:
Andere hat er gerettet, sich selbst kann er nicht retten.
Der Messias, der König Israels!
Er steig nun herab vom Kreuz,
damit wir sehen und glauben!
Und auch die Mitgekreuzigten lästerten ihn.

In der neunten Stunde schrie Jesus mit lauter Stimme:
Eloi, Eloi, lema sabachtani.
Da lief einer, füllte einen Schwamm mit Essig,
steckte ihn auf ein Rohr und wollte ihn tränken.
Jesus aber, einen lauten Schrei ausstoßend, hauchte aus.
Als der Hauptmann, der ihm gegenüberstand, sah, daß er ausgehaucht hatte, sagte er:
Wahrhaftig, dieser war ein Sohn Gottes!

Weil Rüsttag war,
kam Josef von Arimathäa, ein angesehener Ratsherr,
der selbst auch die Herrschaft Gottes erwartete,
wagte es, ging zu Pilatus hinein und bat um den Leib Jesu.
Pilatus aber wunderte sich, ob er denn schon tot sei,
rief den Hauptmann herbei
und fragte ihn, ob er bereits gestorben sei.
Und als er es vom Hauptmann erfuhr,
schenkte er die Leiche dem Josef.
Und er kaufte Leinwand, nahm ihn herab
und umwickelte ihn mit der Leinwand und legte ihn in ein Grab,
das aus einem Felsen herausgehauen war.
Maria von Magdala aber und Maria, die des Joses,
sahen, wohin er gelegt worden war.

Dies wäre, so Schenke, der älteste Passionsbericht, der dem heutigen Markustext zugrunde liege. Markus habe diesen Text verschönert und mit neuen historischen und theologischen Daten ergänzt.

Sehr wahrscheinlich stammt dieser älteste Text von den hellenistischen Christen Jerusalems, die sich um Stephanus versammelt hatten (vgl. Apg 6–7). Wie schon oben gesagt wurde, handelt es sich um einen *Bericht* über Jesus, der der leidende Messias war. Die Gruppe war aufgrund ihrer Polemik mit den Juden, die keinen leidenden und dazu noch schändlich an einem Kreuz gestorbenen Messias akzeptieren wollten, verfolgt, Stephanus wurde liquidiert, andere flohen, und so entsteht die Missionierung unter den Heiden (Apg 8).

Die anderen Evangelisten ergänzten den vormarkinischen Text und den Text des Markus mit anderen Daten. Deren Historizität ist ziemlich umstritten und die spärlichen Quellen lassen hier kaum einen Konsens zu. Hinzu kommt, daß wir nichts von Augenzeugen des Prozesses Jesu wissen, von denen die Evangelisten ihre Informationen haben könnten. Daher schreibt E. Lohse treffend: Es ist „zu verstehen, daß die Christen von dem Leiden und Sterben Jesu gar nicht anders erzählen konnten, als daß sie sich der Sprache des Alten Testaments bedienten. Wir finden in den Kapiteln der Passionsgeschichte auf Schritt und Tritt alttestamentliche Zitate und Wendungen – nicht nur an solchen Stellen, an denen mit einer ausdrücklichen Einleitung ein Wort aus der Schrift eingeführt wird, sondern noch öfter innerhalb der fortlaufenden Erzählung. Man hat dabei nicht nur bestimmte Vorgänge des Leidensweges Jesu im Lichte alttestamentlicher Worte beschrieben – wie etwa seine Verspottung, seine Kreuzigung inmitten von zwei Übeltätern oder seine Grablegung. Sondern ohne Zweifel hat das Studium des Alten Testaments auch dazu geführt, daß einzelne Sätze aus den Psalmen und Propheten in die Passionsgeschichte hineingenommen wurden und zu deren Ausgestaltung beigetragen haben. Manchmal können wir gar nicht mehr sicher feststellen, ob einzelne Sätze der Passionsgeschichte über Geschehenes berichten wollen oder ob sie nicht aus dem Schriftbeweis herübergeholt und zur Erweiterung der Erzählung benutzt worden sind" (Lohse 16–17).

Ein Beispiel dafür ist, daß Jesus ein Schwamm mit Essig gereicht wurde (Mk 15,23.36 par), was Ps 69,22 entspricht, oder daß über die Kleider Jesu das Los geworfen wurde, was sich vollkommen mit Ps 22, 19 deckt. Der berühmte letzte Satz Jesu: „Mein Gott, mein Gott, warum hast du mich verlassen?“ (Mk 15, 34), ist wörtliches Zitat von Ps 22, 2. Allerdings stehen wir im letzten Fall höchstwahrscheinlich vor einer historischen Tatsache: Es handelt sich mit großer Sicherheit um den letzten Schrei Jesu, denn seine Worte sind uns im griechischen Text auf Hebräisch erhalten. Aber von den anderen Stellen wissen wir nicht, ob es vom historischen Geschehen zu einer Erinnerung an die biblischen Texte kam oder ob umgekehrt die Erinnerung an diese biblischen Texte dazu führte, daß sie in den Leidensbericht aufgenommen und so schließlich in Fakten verwandelt wurden.

1) Der Weg Jesu nach Jerusalem

Bevor wir auf den Prozeß und die Verurteilung Jesu eingehen, sollten wir uns fragen, warum Jesus nach Jerusalem ging, denn schließlich wurde er dort gekreuzigt. Nach der synoptischen Tradition handelte es sich dabei um das einzige Mal, daß er während seiner Tätigkeit zur heiligen Stadt zog. Jesus empfand und verstand sich als ein Prophet. Er rechnete mit dem baldigen Kommen des Gottesreiches. Seine Verkündigung in Galiläa war sehr volksnah und volkstümlich gewesen, hatte aber dennoch nicht viel Erfolg gehabt. Aus den Evangelien ergibt sich ziemlich deutlich, daß das Auftreten Jesu als Prophet weitgehend ein dauerndes Scheitern war. Sofort am Anfang der Tätigkeit Jesu gab es, so Markus, schon Widerstand: Schon da machten die Pharisäer zusammen mit den Anhängern des Herodes Pläne, um Jesus umzubringen (Mk 3, 6). Später suchten auch die Hohenpriester und Schriftgelehrten nach einer solchen Möglichkeit (Mk 11, 18). Die Wehklagen Jesu über Chorazin, Betsaida und Kafarnaum (Lk 10, 13–15; Mt 11, 20–24 = Q) sind ein Hinweis darauf, daß Jesu Botschaft nicht angenommen wurde. Um ihn herum wird es immer einsamer. Nach Johannes verlassen ihn auch viele Jünger (Joh 6, 67). Er bleibt allein mit den Zwölf. Dieses Scheitern vermag aber Jesus nicht groß zu beeindrucken oder zu entmutigen. Wie jeder Prophet ist er von der Wahrheit seiner Botschaft überzeugt.

Die konkreten Motive, weshalb Jesus nach Jerusalem ging, entziehen sich unserer Kenntnis. Markus sagt nur, daß der Menschensohn leiden und sterben müsse. Dieses „muß“, das, wie wir später eingehender sehen werden, dreimal vorkommt (Mk 8, 31; 9, 31; 10, 33), hat nichts mit einem unabwendbaren und fatalen Geschehen zu tun, sondern verweist auf den Willen Gottes, der durch den Tod Jesu verwirklicht werden wird. Wir stehen hier vor einer theologischen Interpretation der ersten Christen, die den Tod Jesu als so von Gott in seinem Heilsplan gewollt verstanden. Eine andere Erklärung bieten die Evangelisten uns nicht. In Lk 13, 33 sagt Jesus, daß ein Prophet in Jerusalem sterben muß. In diesen Worten klingt etwas von dem historischen Bewußtsein Jesu durch, der sich als eschatologischer Prophet verstand. Er rechnet auch selbst mit dem tragischen Schicksal aller Propheten. Für das Alte Testament ist Jerusalem *der* theologische Ort. Dort müssen alle großen heilsgeschichtlichen Entscheidungen ihre Bestätigung finden! Dort wird der große Kampf zwischen den Kräften des Guten und denen des Bösen, zwischen dem Messias und seinen Feinden stattfinden. Jesus, der selbst von solchen Vorstellungen beeinflußt ist, geht also dorthin: In Jerusalem wird die Entscheidung fallen. Entweder kommt dort das Gottesreich, oder es ist alles umsonst gewesen.

2) Der Einzug Jesu in Jerusalem

Weil die biblischen Reminiszenzen und die Theologie des leidenden Messias an dieser Stelle eine entscheidende Rolle spielen, ist es hier noch schwieriger als sonstwo, einen historischen Kern herauszuschälen. Markus berichtet uns, daß Jesus von Jericho über Betfage und Betanien am Ölberg gekommen war und sich nun der Stadt näherte (Mk 11, 1). Die darauf folgende Szene, daß Jesus zwei Jünger ausschickte, um eine junge Eselin zu suchen, ist von Gen 49, 11 und Zach 9, 9 eingegeben worden. Dort ist davon die Rede, daß der messianische Befreier Jerusalems vom Ölberg auf dem Fohlen einer Eselin kommt. Die Hosannarufe haben mit Ps 118, 25 zu tun. In der Urkirche hatten sie allerdings nicht mehr wie ursprünglich, auch der Etymologie des Wortes entsprechend, die Bedeutung eines Hilferufes, sondern sie waren dort zu einer Art Glaubensruf und Glaubensbekenntnis geworden. E. Lohse schreibt in diesem Zusammenhang: „Markus will gar nicht einen historischen Bericht darbieten, sondern er will zu Beginn des großen Zusammenhanges, in dem die letzten Tage Jesu und sein Weg an das Kreuz beschrieben werden, hervorheben, wer dieser dem Leiden entgegengehende Christus ist. Dabei nennt der Evangelist die kommende Königsherrschaft unseres Vaters David, um mit seinen Worten zu sagen, daß sich Gottes Geschichte mit Israel in dem an das Kreuz gehenden Herrn vollendet und entscheidet" (Lohse 31).

Wahrscheinlich liegt diesem Bericht die tatsächliche Gegebenheit eines Einzuges Jesu in Jerusalem zugrunde. Wie es in Palästina Brauch war, saß der Meister auf einer jungen Eselin, und seine Schüler begleiteten ihn zu Fuß. So gingen sie in die Stadt hinein, ohne daß daraus ein großer Triumphzug entstand, denn solches wäre von der römischen Besatzung nicht zugelassen worden. Als solcher war dieser Einzug ein alltägliches, nicht ungewöhnliches Geschehen, das nach der Auferstehung Jesu theologisch ausgeschmückt wurde. Die Jünger Jesu fingen nun an zu verstehen, daß die Banalität des Vorgangs etwas Tieferes verborgen hatte: Es habe sich damals um den Einzug des Messias in seine heilige Stadt gehandelt. So versteht man sehr gut, daß Johannes schreiben kann: „Das alles verstanden seine Jünger zunächst nicht; als Jesus aber verherrlicht war, da wurde ihnen bewußt, daß es so über ihn in der Schrift stand und daß man so an ihm gehandelt hatte" (Joh 12, 16).

Jeder Evangelist malt diesen Einzug Jesu auf seine Weise aus, jeweils aufgrund eines theologischen Verständnisses, das sich erst viel später als das, was berichtet wurde, herausgebildet hatte. Es würde uns hier zu weit führen, auf die jeweiligen Details dieser Berichte einzugehen. Um uns nur auf ein Beispiel zu beschränken: Bei Matthäus setzte der Einzug Jesu die ganze Stadt in Aufregung, und das Volk begrüßte ihn als den Propheten Jesus von Nazaret (Mt 21, 10–11). Sofort darauf geht Jesus in den Tempel und reinigt diesen von den Händlern und Käufern. Er heilt Lahme und Blinde, und die Kinder rufen ihm zu (Mt 21, 14–17): Der Diener Gottes nimmt die Lasten auf sich und heilt die Leiden. Er wird dabei umgeben von den Kleinen und Verachteten, und diese sind seine wahre Gemeinde. Der

Einzug Jesu in Jerusalem wird also von Matthäus theologisch gedeutet: Es handelt sich mehr um Theologie als um den Bericht historischer Tatsachen.

3) Die Tempelreinigung

Markus berichtet, daß Jesus vor der Tempelreinigung einen Feigenbaum verfluchte, an dem er keine Früchte gefunden hatte, und daß Petrus Jesus am Tag nach der Tempelreinigung darauf hinwies, daß der Baum tatsächlich verdorrt war. Auch Matthäus berichtet, allerdings auf eine andere Weise, darüber. Diese Episode ist wahrscheinlich eine Fortführung des Gleichnisses des unfruchtbaren Feigenbaumes (Lk 13,6–9). Sie hat in dem Zusammenhang der Leidensgeschichte Jesu die Funktion, auf die Ernsthaftigkeit des Gerichts hinzuweisen, das der heiligen Stadt in diesen Tagen, an denen der Messias in ihr ist, droht.

Es gibt gute Gründe für die Annahme, daß eine Reinigung des Tempels durch Jesus tatsächlich stattgefunden hat, wenn auch die Synoptiker diese Reinigung, so wie es wohl gewesen ist, am Ende des Lebens Jesu situieren, während Johannes sie aus theologischen Gründen an den Anfang seines öffentlichen Wirkens stellt. Die Bedeutung dieses Berichtes liegt darin, daß er, wie wir unten sehen werden, uns etwas über das historische Bewußtsein Jesu offenbart und in ihm auf zugespitzte Weise die Frage nach der Autorität Jesu gestellt wird. Mit welchem Recht, mit welcher Autorität, in welcher Kraft tut er, was er tut (Mk 11,28 par)? Es bahnt sich hier in dieser Frage ein tödlicher Konflikt zwischen Jesus und den jüdischen Autoritäten an, der sich immer mehr zuspitzt. Dies wird von den Texten dadurch zusätzlich betont, daß auf die Tempelreinigung der Bericht über die Diskussionen zwischen Jesus und den Pharisäern und Sadduzäern folgt (Mk 11,27–12,40). Dann kommen in Mk 13 eschatologische Texte, wo von schrecklichen Drohungen die Rede ist und wo die die Gemeinde belastenden Ängste zur Sprache kommen. Aber der Menschensohn wird kommen und die Seinen befreien. Diese Texte wollen also sagen, daß der, der nun von den Autoritäten bekämpft und verfolgt wird, in Wirklichkeit der Menschensohn und eschatologische Richter ist, der über seine Feinde urteilen und sie bestrafen wird. Es handelt sich also auch hier um ein nachösterliches Nachdenken über die Bedeutung des schmerzhaften Weges des Messias. Der geschichtliche Kern, den es gegeben haben mag, wird hier in einen theologischen Rahmen aufgenommen und neu interpretiert.

4) Das letzte Abendmahl

In ihrer heutigen Form stellen die Texte uns vor viele Probleme. Alles deutet darauf hin, daß dieser Text erst für sich, unabhängig von der Leidensgeschichte in einem hellenistischen Milieu, wo die jüdischen Gewohnheiten nicht so genau bekannt waren, entstanden ist, um dann nachträglich in die Leidensgeschichte eingefügt zu werden. So heißt es bei Mk 14,12: „Am ersten Tag des Festes der ungesäuerten Brote, an dem man das Paschalamm schlachtete". Das Osterlamm wurde aber in Wirklichkeit am Tag zuvor, am Vorabend des Festes der ungesäuerten Brote, geschlachtet. Es ist also deutlich, daß der hellenistische Autor die Gewohnheiten der Juden nicht genau kannte.

Auch gibt es einen Unterschied zwischen den Synoptikern und Johannes, was das genaue Datum dieses letzten Abendmahles angeht. Nach Johannes fand es in der Nacht von Dienstag auf Mittwoch, bei den Synoptikern in der von Mittwoch auf Donnerstag statt. Nach Johannes starb Jesus noch am Vorabend des Paschafestes, als die Paschalämmer geschlachtet wurden. Für die Synoptiker geschah das am Tag nachher, am Freitag. Es gibt viele Theorien, die diese Unstimmigkeiten zu erklären versuchen. Die Lösung dieses Problems scheint darin zu liegen, daß wir hier nicht vor historischen, sondern vor theologisch inspirierten Chronologien stehen. Die Synoptiker (Mt, Mk, Lk) wollen hervorheben, daß das letzte Abendmahl mit dem jüdischen Paschamahl in einem engen Zusammenhang stand. Das neue Herrenmahl tritt an die Stelle des alten. Das Fest, das die Befreiung aus Ägypten feierte, ist nun zum Fest des Herrn geworden, der die endgültige Befreiung bringt. Johannes setzt dagegen andere theologische Akzente, die wir mit einer Formel der alten Kirche (vgl. 1 Kor 5,7) wie folgt zusammenfassen können: Christus ist als unser Paschalamm geopfert worden. Für Johannes starb Jesus am gleichen Abend, an dem das Paschalamm geopfert wurde, um so die Überwindung des einen durch das andere hervorzuheben. Der Tod Jesu führt eine neue Ordnung ein. Das Fest des Alten Testaments verliert seinen Sinn und weicht dem neuen Fest des gestorbenen und auferstandenen Sohnes. Die Unterschiede zwischen den Synoptikern und Johannes sind also theologisch bedingt und stehen jeweils im Dienst einer bestimmten Verkündigung.

Diese verschiedenen theologischen Interpretationen sollten uns allerdings nicht das historische Problem vergessen lassen: War das letzte Abendmahl Jesu ein jüdisches Paschamahl oder nicht? Die Antwort auf diese Frage wird kaum in dem Rahmen zu finden sein, in den die Evangelisten den Bericht über das Herrenmahl nachträglich situiert haben. Mit anderen Worten: Wir werden die Antwort nicht in den Leidensberichten der Evangelien suchen dürfen, denn dort wird uns das letzte Abendmahl von vornherein in einem theologischen und also nicht in einem historischen Rahmen dargestellt.

Eine mögliche Lösung wäre anhand der Worte des letzten Abendmahles selbst zu suchen. Wie wir nicht nur aus den Evangelien, sondern auch aus 1 Kor 11 ableiten können, wurden diese Worte auf jeweils unabhängige Weise in den alten christlichen Gemeinden überliefert. Das reicht allerdings nicht, damit wir uns dieser Worte als einer gesicherten historischen Basis bedienen können. Auch wenn Paulus sagt: „In der Nacht, in der er ausgeliefert wurde, nahm Jesus Brot ...“, heißt dies noch nicht, daß wir es hier mit einem jüdischen Abendmahl zu tun haben, denn das Herrenmahl wurde, wenn wir Johannes glauben, am Tag vor dem jüdischen Paschamahl gefeiert. Dabei wissen wir, daß Jesus sehr oft mit anderen, mit seinen Jüngern, mit Zöllnern und mit Pharisäern, das Abendmahl zu sich nahm und dabei Brot aß und Wein trank, so daß er gar als Fresser und Säufer gescholten wurde (Mt 11, 19 par). Es kann sich also sowohl um ein Paschamahl als auch um irgendeine andere Mahlzeit – in diesem Fall die letzte –, die Jesus mit seinen Jüngern einnahm, gehandelt haben.

Gegen die Tatsache, daß das letzte Abendmahl ein Paschamahl war, spricht der *Inhalt* der Worte des eucharistischen Mahls. Diese stehen in keiner Beziehung zu den Worten, die beim jüdischen Paschamahl gesprochen wurden und durch die die Bedeutung der bitteren Kräuter und der ungesäuerten Brote erklärt wurde: *Bitter* seien die Kräuter, um das bittere Leben zu symbolisieren, das die Juden unter den Ägyptern führen mußten, und *ungesäuert* seien die Brote, weil man damals, bei der befreienden Flucht aus Ägypten, nicht mehr die Zeit gehabt habe, den Teig durchsäuern zu lassen. Beim Abendmahl Jesu ist weder von bitteren Kräutern noch von ungesäuertem Teig die Rede, sondern es wird von Brot und Wein gesprochen. Die Worte Jesu wurden nicht wie beim jüdischen Abendmahl im Kontext eines liturgischen Ritus gesprochen, sondern sie gaben der Verteilung von Brot und Wein eine Deutung.

Wie diese Worte Jesu beim letzten Abendmahl ursprünglich gelautet haben, wissen wir nicht genau, denn wir stehen vor zwei verschiedenen Traditionen: einerseits die Markus und Matthäus gemeinsame Tradition, andererseits die des Lukas und des Paulus. Nach Meinung der großen Mehrzahl der Exegeten, darunter solch angesehene Fachleute wie Schürmann, Hahn, Conzelmann, Kümmel und andere, ist es nicht mehr möglich, genau zu rekonstruieren, welche Worte Jesus tatsächlich gesprochen hat.

Hierbei sollte man auf folgendes achten: Am wichtigsten sind nicht die Worte, am wichtigsten ist das Abendmahl als Ganzes, als ein ganzheitliches Handeln. Im Rahmen dieser Gesamtheit wollen die Worte einen Sinn verdeutlichen, der dem Ganzen als Ganzem gegeben ist. Die Worte sind also in eine Gesamtheit integriert und stehen im Dienst dieser Gesamtheit. Das Abendmahl ist das Abschiedsmahl des Herrn. Dieser Abschied bedeutet etwas Entscheidendes für das Verhältnis zwischen Jesus und den Seinen, und dies wird durch das Mahl hervorgehoben. Nun erinnern Brot und Wein an einen jüdischen Kontext. Bei jüdischen Festen nimmt der Familienvater das Brot in seine Hände, spricht einen Segen, und alle antworten: „Amen". Darauf tut er das gleiche mit dem Wein, und dann nimmt jeder Brot und Wein und bedient sich. Jesus muß dieses Ritual übernommen und ihm eine neue Bedeutung gegeben haben.

Trotz der literarischen Unterschiede zwischen beiden Traditionen über das Abendmahl gibt es auch zwei gemeinsame Elemente: die Vorstellung vom Bund und die Vorstellung von der Selbsthingabe Jesu im Opfer – also ein eschatologisches Thema, der Bund, und ein soteriologisches Thema, die Hingabe des Leibes und das Vergießen des Blutes. Wie wir unten sehen werden, läßt sich das eschatologische Thema mit der historischen Tätigkeit Jesu sehr wohl in Übereinstimmung bringen. Dagegen kann, wie wir auch darlegen werden, die Thematik des Opfers nur schlecht auf den historischen Jesus zurückgeführt werden. Es bleibt aber auf alle Fälle die wesentliche Bedeutung des Überreichens von Brot und Wein bewahrt: Es handelt sich um eine Handlung, die das baldige Kommen des Reiches symbolisiert. Jesus hat in seinem Leben das Reich öfter mit einem Mahl verglichen (Mt 8,11; Lk 14,15–24; Mk 2,18f usw.). In Lk 22,15–18 par; Mk 14,25 wird an diesem eschatologischen Inhalt des Mahles festgehalten: Das letzte Abendmahl ist Ausdruck der eschatologischen Einstellung und des eschatologischen Verhaltens Jesu.

Als sich nach der Auferstehung ein Verständnis des Todes Jesu als freier Selbsthingabe und freier Selbstaufopferung herausbildete, kam es auch zu einem neuen Verständnis des Brotes und des Weines als Symbole, die geeignet sind, auf das Opfer Jesu hinzuweisen. Aber wie auch immer, es handelt sich um eine neue

Deutung, die zu der ursprünglichen eschatologischen Bedeutung hinzukommt. Die Gemeinde hat aber auch immer diese ursprüngliche, eschatologische Deutung bewahrt, wie es auch im Zeugnis des Paulus zu lesen ist: „Sooft ihr von diesem Brot eßt und aus dem Kelch trinkt, verkündet ihr den Tod des Herrn, *bis er kommt*" (1 Kor 11,26). Und wir wissen, daß die Christen die Eucharistie mit einem eschatologischen Aufschrei abschlossen: „Maranatha": Komm, Herr Jesus, komm.

Nun könnte man fragen: Was hat aber das Sakrament der Eucharistie mit dem Mahl des Herrn zu tun? Christus hat die Eucharistie als Sakrament eingesetzt. Diese Einsetzung muß in ihrem Zusammenhang mit dem gesamten Mysterium Jesu verstanden werden. Sie darf nicht auf die Worte und das Handeln des Jesus von Nazaret während der Zeit, die er unter uns lebte, reduziert werden. Das Wirken Jesu erstreckt sich über seinen Tod hinaus bis in die Zeit der Kirche. Die gesamte apostolische Zeit ist noch eine Zeit der Konstituierung der Kirche und der Offenbarung: Erst in dieser Zeit wird diese endgültig abgeschlossen. So entsteht die Eucharistie als Sakrament aus der Totalität des Ereignisses Jesus: Sie beruht auf dem Tun des Jesus von Nazaret, der mit den Seinen ein letztes Mal zu Abend aß und dabei Worte sprach und Gebärden machte, die zuerst eine jenem Mahl eigene, eschatologische Bedeutung hatten; sie entsteht durch die Tätigkeit des auferstandenen Herrn und die Wirkung seines Geistes, die die Apostel dazu bewog, das Mahl des Herrn immer neu zu feiern, dabei seine Gesten und Worte zu wiederholen und ihnen die Bedeutung des Opfers, eine ekklesiologische Bedeutung, zu geben. Diese zweite Bedeutung steht nun in einem anderen Zusammenhang als die erste eschatologische Bedeutung: Sie steht in dem Zusammenhang der Kontinuität der Kirche und der missionarischen Aufgabe der Kirche für diese Welt. Alle diese Schritte gehören auf verschiedene Weise zum Werk Jesu Christi. Ohne ihn könnten wir sie nicht auf angemessene Weise verstehen, so wie wir sie heute, historisch, verstehen.

5) Die Versuchung von Getsemani

Die Synoptiker berichten uns von dem Todeskampf, der Angst, dem drängenden Bitten und sogar in Lk 22,44 vom Schweiß Jesu, der wie Blut war, das auf die Erde tropfte. Das alles soll im Ölgarten, wenige Augenblicke vor der Gefangennahme Jesu passiert sein. Die heutigen Berichte sind voller Theologie, die im Dienst einer an den Bedürfnissen der Urgemeinde orientierten Paränese steht. Jesus wird hier noch einmal versucht, er muß durch eine schreckliche Probe hindurch (Mk 14,34: Meine Seele ist zu Tode betrübt): „Abba, Vater, alles ist dir möglich. Nimm diesen Kelch von mir" (Mk 14,36). Um welche Probe und welche Versuchung handelt es sich? Höchstwahrscheinlich handelt es sich um die große Versuchung, die dem Kommen des Reiches vorangeht und von der die apokalyptischen Texte mit Angst und Bangen sprechen. Demnach handelt es sich nicht um eine Anfechtung eines Menschen, der den Tod nahe weiß, sondern um etwas noch Grundsätzlicheres: um die große eschatologische Bedrängnis, der die Söhne des Lichtes, Nachfolger des Messias, durch das Tun der Söhne der Finsternis ausgesetzt sein werden. Es ist nun die „Stunde", der Höhepunkt, an dem alles entschieden werden muß. Markus sagt hier sehr zutreffend, daß Jesus betete, „daß die Stunde, wenn möglich, an ihm vorübergehe" (Mk 14,35).

Die Worte des Gebetes Jesu scheinen von der Urgemeinde erarbeitet worden zu sein. Denn auch nach den vorliegenden Texten hat niemand Jesus beten hören: Alle schliefen. Die Christologie der Urkirche interpretierte aber den gesamten historischen Weg Jesu im Lichte von Textstellen aus dem Alten Testament, denn diese waren ihnen eine Hilfe, um das Geheimnis seiner Erniedrigung und Verherrlichung zu verstehen. Auch hier wird auf eine solche Weise vorgegangen: Die messianische Versuchung Jesu und sein aus dieser existentiellen Bedrängnis hervorgehendes Gebet wurden im Licht der Psalmen (*das* Gebet par excellence) verstanden und mit Worten aus den Psalmen interpretiert. Die Psalmen sind ja oft das Gebet eines leidenden und angefochtenen Gerechten, der zum Herrn um Hilfe ruft und der dann Gott für diese Hilfe und für seinen Trost dankt. In diesem Zusammenhang können wir dann auch sehr leicht und sehr wohl die Worte des Hebräerbriefes verstehen, die diese Tradition des angefochtenen und betenden Jesus aufnehmen: „Als er auf Erden lebte, hat er mit lautem Schreien und unter Tränen Gebete und Bitten vor den gebracht, der ihn aus dem Tod retten konnte, und er ist erhört und aus seiner Angst befreit worden" (Hebr 5,7).

Die Mahnung: „Wachet und betet, damit ihr nicht in Versuchung geratet; der Geist ist willig, aber das Fleisch ist schwach" (Mk 14,38), ist höchstwahrscheinlich ein paränetisches *Logion* der ersten Gemeinden, das allerdings gut mit der Mentalität Jesu übereinstimmt. „Fleisch" und „Geist" dürfen hier nicht in einem paulinischen Sinn verstanden werden, sondern in dem Sinn, der dem Judentum zur Zeit Jesu eigen ist und der uns in den Texten der Gemeinde von Qumran sehr gut belegt ist. Nach diesen Texten führen der Geist der Wahrheit und der Geist der Lüge einen so erbitterten Kampf, daß dieser sich sogar bis in das Herz des Menschen ausdehnt und sich also auch im Inneren der Söhne des Lichtes abspielt. Wie kann der Mensch, der die Schwäche des eigenen Fleisches spürt und bei dem der Kampf sich im eigenen Herzen vollzieht, in diesem Kampf bestehen? Daher das dringende Gebet um Hilfe. Aber es ist wichtig, daß es über dieses Bestehen im Kampf hinaus gerade in dem Augenblick („Stunde"), in dem die Anfechtung ihren Höhepunkt erreicht, zu jenem endgültigen und entscheidenden Kampf kommt, der mit dem Sieg Gottes enden wird. Auch Johannes fügt sich in diese Tradition ein, wenn er, allerdings in einem anderen Kontext als dem der Leidensgeschichte, Jesus sagen läßt: „Jetzt ist meine Seele erschüttert. Was soll ich sagen: Vater, rette mich aus dieser Stunde? Aber deshalb bin ich in diese Stunde gekommen" (Joh 12,27).

Das Wissen um die Anfechtung Jesu, und darum, wie er diese im Gebet bestanden hatte, führte zur Erarbeitung der Episode von Getsemani durch die Urgemeinde. Ihr Inhalt beschränkt sich nicht auf konkrete historische Gegebenheiten, sondern sie enthält auch das Ergebnis der christologischen Reflexion über Jesus: Er wurde versucht, hat aber die Versuchung bestanden und ist so zum Vorbild für die Gemeinde geworden. Die Szene von Getsemani besitzt einen unvergleichbaren paränetischen Wert: Sie zeigt auf einmalige, wunderbare Weise die tiefe Menschlichkeit Jesu sowie zugleich seine totale Offenheit Gott gegenüber inmitten der Anfechtung und der Gefahr.

b) Der Prozeß und die Verurteilung Jesu

Nach Getsemani kommt eine von Judas geführte Schar von Soldaten. Jesus wird gefangengenommen, und damit fängt der Prozeß gegen Jesus an. Die uns vorliegenden Berichte unterscheiden sich recht stark voneinander. Der älteste, der des Markus, bleibt ziemlich kurz. Die der beiden anderen Synoptiker, Matthäus und Lukas, sind erheblich länger. Johannes folgt einem eigenen Schema. Wir wollen hier nicht auf die Übereinstimmungen, Unterschiede und die jedem Evangelisten eigenen Details eingehen. Im allgemeinen herrscht in der Exegese Übereinstimmung darüber, daß wir wenige historisch gesicherte Kenntnisse darüber besitzen, wie die Prozesse Jesu, sein Prozeß vor den jüdischen und der vor den römischen Autoritäten, gelaufen sind. Auch wissen wir nicht genau, wann er gefangengenommen, verurteilt und gekreuzigt worden ist. Die ersten Christen waren nicht daran interessiert, uns ein genaues Protokoll über die Ereignisse zu hinterlassen. Vielmehr wollten sie uns davon überzeugen, daß der leidende Gerechte, Jesus, der von den Menschen herbeigesehnte Messias und der Erlöser der Welt ist.

Historisch gesichert ist dagegen, daß Jesus von Pilatus verurteilt und gekreuzigt wurde und daß der Grund seiner Kreuzigung auf einer Inschrift in den drei damals den Juden bekannten Sprachen am Kreuz angebracht war. Alles andere ist entweder sehr stark von theologischer Reflexion beeinflußt worden oder ist gar reine Theologie, die im Licht der Auferstehung und des Nachdenkens über das Alte Testament erarbeitet wurde.

Wir wollen hier einem Schema folgen, das von dem katholischen Exegeten Josef Blinzler aufgrund der vier Evangelien im Rahmen der historisch-kritischen Methode erarbeitet wurde und das unter Exegeten große Zustimmung gefunden hat.

Nun gab es zwei Prozesse: ein von den jüdischen Autoritäten angestrengter religiöser Prozeß und ein politischer Prozeß vor dem Vertreter der römischen Besatzungsmacht.

1) Der religiöse Prozeß: die Verurteilung Jesu wegen Gotteslästerung

Vom Garten am Ölberg aus wurde der gefangene Jesus zum Palast des Hohenpriesters Kajaphas geführt. Dort verbrachte er die Nacht. Nach dem Gesetz konnte der aus 71 Mitgliedern bestehende Hohe Rat zu jener nächtlichen Stunde keine Sitzung abhalten. Während des langen Wartens wurde Jesus vom ehemaligen Hohenpriester und Schwiegervater des amtierenden Hohenpriesters Kajaphas, also von Hannas, und von anderen Führern der Juden eingehend und ausgiebig befragt. Die Exegese hat bis zum Überdruß über den Stellenwert dieser Befragung Jesu vor Hannas diskutiert. Hatte sie irgendeinen offiziellen Stellenwert? Auf alle Fälle weigert Jesus sich auf würdevolle Weise, größere Erklärungen abzugeben. Die Synoptiker berichten hier auch von einer Verspottung und Folter Jesu durch die Wächter, einer Szene, die oft genug vorkommt in der Unterwelt der Kommissariate und Wachen der Repressionsorgane.

Am folgenden Tag (vgl. Lk 22,66) versammelt sich in der südwestlichen Ecke des Tempels – der *boulé* oder *lischkathá-gazith* – das Synedrium unter dem Vorsitz des Hohenpriesters Kajaphas (was „Inquisitor" heißt). Kajaphas eröffnete die Sitzung mit der Zeugenvernehmung. Wir wissen nicht genau, was dabei gegen Jesus vorgebracht wurde. Wahrscheinlich handelte es sich um die freizügige Einstellung Jesu dem Sabbat gegenüber (Mk 2,33ff par; Joh 5,9ff), die für die Juden eine dauernde Quelle des Ärgernisses war, um die Beschuldigung, er sei ein Verführer und falscher Prophet (Mt 27,63; Joh 7,12; Lk 23,2.5.14), um die Beschuldigung, er treibe die Dämonen im Namen der Dämonen aus (Mk 3,22; Mt 9,34). Die Aussagen der Zeugen stimmten aber nicht überein (Mk 14,56). Dann wurde eine andere schwerwiegende Anklage gegen Jesus erhoben, die ähnlich auch gegen Jeremia erhoben worden war (Jer 26,1–19) und diesen das Leben gekostet hatte: Jesus habe behauptet, er würde den Tempel niederreißen und in drei Tagen wieder aufbauen (Mk 14,58; Joh 2,19). Aber auch in diesem Punkt widersprachen sich die Zeugen.

Das ist der Augenblick für den Auftritt des Kajaphas. Er unterwirft Jesus einer strengen Befragung, und schließlich wird Jesus wegen des Verbrechens der Gotteslästerung zum Tode verurteilt (Mk 14,64). Worin hatte dieses Verbrechen der Gotteslästerung bestanden? Nach Mk 14,61–62 in der Tatsache, daß Jesus auf die Frage des Hohenpriesters: „Bist du der Messias, der Sohn des Hochgelobten?", geantwortet habe: „Ich bin es. Und ihr werdet den Menschensohn zur Rechten der Macht sitzen und mit den Wolken des Himmels kommen sehen." Seit langem fragt sich sowohl die katholische wie auch die protestantische Exegese: Stehen wir hier vor einer historischen Gegebenheit, oder handelt es sich um ein Glaubensbekenntnis der Urgemeinde, die im Licht der Auferstehung und des Alten Testaments in Jesus den Christus/Messias und den Menschensohn, von dem Dan 7 spricht, sah? Sicher ist hier jedenfalls, daß die Evangelisten keine Geschichtsbücher schreiben wollten. Ihre Schriften waren Verkündigung und Glaubensbekenntnis, und darum mischen sich in diesen Schriften Geschichte und Interpretation dieser Geschichte im Licht des Glaubens in einer vitalen Einheit.

Was sollen wir denn nun zu der Historizität dieser Szene sagen? Erstens: Es war keine Gotteslästerung, sich für den Christus/Messias auszugeben. Schon vor Jesus hatten sich verschiedene Befreiergestalten als Messias bezeichnet. Sie waren aber aus diesem Grund niemals zum Tode verurteilt worden.

Zweitens sollte man darauf achten, daß der Titel „Messias" oder „Christus" hier mit einem anderen Titel „Sohn des Hochgelobten" (Umschreibung für Gott) in Zusammenhang gebracht wird. Der Ausdruck „Sohn Gottes" war in der hellenistischen Welt geläufig. Im Judentum aber wurde er trotz Ps 2,7, in dem der Messias/Christus („Gesalbter") Sohn genannt wird, nie, auch nicht in bezug auf den Messias, in einem physischen Sinn gebraucht, höchstens kam er gelegentlich in einem adoptionistischen Sinn vor, so wie sich auch die orientalischen Könige „Sohn Gottes" nannten. Im Gegensatz zu den heidnischen Religionen bekämpfte aber das Judentum die Vorstellung einer Gottessohnschaft des Königs.

Auch für den Messias wurde der Titel „Sohn Gottes" nicht verwandt. Wenn die Christen dies aber wohl taten, dann lag der Grund darin, daß sie alle Ehrentitel der damaligen Zeit, seien sie jüdisch, hellenistisch oder jüdisch-hellenistisch, auf den auferstandenen Herrn bezogen. Aufgrund dieser Tatsache muß gesagt werden, daß der Hohepriester diese uns hier interessierende Frage nie so gestellt haben kann, wie das von den Evangelien berichtet wird.

Andere gehen zur Interpretation der Gotteslästerung, deren Jesus beschuldigt wurde, von Dtn 17,12 aus: „Ein Mann aber, der so vermessen ist, auf den Priester, der dort steht, um vor dem Herrn, deinem Gott Dienst zu tun, oder auf den Richter nicht zu hören, dieser Mann soll sterben." Wie wir aus der Geschichte nach 70 n. Chr. wissen, berief man sich gerade bei der Verurteilung falscher Propheten und Lehrer auf diesen Satz. Das Schweigen Jesu vor der höchsten Autorität des Judentums sei als Unverschämtheit und fehlende Ehrfurcht ausgelegt und einer Gotteslästerung gleichgesetzt worden, und aus diesem Grund wurde er dann zum Tod verurteilt (so J. Bowker, eine Interpretation, die übernommen wurde von E. Schillebeeckx 277–282).

Die Argumentation, die diese Hypothese stützen soll, ist wenig überzeugend. Alle historischen Belege datieren aus der Zeit nach 70 n. Chr. Übrigens spielte die Beschuldigung Jesu als falschen Propheten offensichtlich keine große Rolle.

Wohl aber können wir mit Sicherheit sagen, daß Jesus gegen Ende seines Lebens ein klares Bewußtsein seiner Sendung und der engen Verbundenheit zwischen seiner Person und dem Reich Gottes hatte. Er wußte, daß die Situation des Menschen und der Welt vor Gott von ihm bestimmt werden würde. Wahrscheinlich hat sich dieses Bewußtsein in der offiziellen Befragung Jesu durch Kajaphas klar gezeigt.

Man kann aber nicht einen solchen Anspruch erheben, ohne sich dadurch auch auf die Ebene des Göttlichen zu stellen. Und das bedeutet für einen Juden angesichts des strengen Monotheismus des Judentums eine schwere Gotteslästerung. Aber Jesus vermag es, diese maßlose Anmaßung auch noch zu steigern: Nicht nur wird deutlich, daß er sich auf der Ebene des Göttlichen ansiedelte, sondern gleichzeitig stellt er sich als extrem verletzbar und seinen Foltern ausgeliefert dar, und es fehlen ihm offensichtlich alle Mittel, um seine angebliche Sendung auch zu verwirklichen. Eine solche Einstellung ist aber eine Verhöhnung von Gottes Verheißungen einer totalen Befreiung, also auch einer Befreiung von den politischen Feinden. Angesichts einer solchen Gotteslästerung konnten die 71 Mitglieder des Hohen Rates nichts anderes, als einstimmig beschließen: Lamaweth! Lamaweth! Zum Tod mit ihm, zum Tod mit ihm.

Objektiv hatte Jesus in den Augen des Synedriums die Todesstrafe durch Steinigung verdient. Aber auch wenn über diese Angelegenheit noch viel diskutiert werden kann, scheint es ziemlich wahrscheinlich zu sein, daß nach den eindeutigen Belegen des Talmuds die Juden das Recht verloren hatten, jemanden zum Tode zu verurteilen: dies war den Römern vorbehalten. Die dagegen angeführten Beispiele sind entweder als ein Akt der Lynchjustiz (Apg 7,54–8,3; die Steinigung des Stephanus) oder als eine Kompetenzüberschreitung zu interpretieren (Apg 12,2: die Enthauptung des Jakobus, des Bruders des Johannes, eines der Söhne des Zebedäus). Es beruht also auf einer wirklichen historischen Gegebenheit, wenn es in Joh 18, 31 heißt: „Uns ist es nicht gestattet, jemand hinzurichten."

2) Der politische Prozeß: die Verurteilung Jesu als Subversiver und Guerillero
Der politische Prozeß vor dem römischen Prokurator Pilatus sollte zur Ratifizierung der Entscheidung des Hohen Rates führen. Mit raffinierter Taktik werden die religiösen Beschuldigungen in politische umgewandelt. Nur so hatten die jüdischen Autoritäten eine Chance, von den Römern gehört zu werden und die Verurteilung zum Tode zu erreichen. Sie beschuldigten Jesus, er wolle ein politischer Befreier (Messias) sein, er habe behauptet, König der Juden zu sein (Mk 15, 26 par) und wiegele dadurch das ganze Land auf (Lk 23, 2.5.14). Nach dem vormarkinischen Bericht habe Jesus auf die Frage des Pilatus, ob er der König der Juden sei (Mk 15, 2), nichts geantwortet, sondern in großer Würde und Souveränität geschwiegen. Denn hätte Jesus die Frage bejaht, wie er es nach dem heutigen Text der Evangelien getan hat, in denen sehr viel theologische Arbeit eingegangen ist und die in dem Befragten schon den Auferstandenen und Kyrios, den Herrn des Kosmos und den König der Juden und des Universums, sehen, dann ist die Reaktion des Pilatus schwer zu verstehen. Denn dieser wiederholt dreimal: „Ich habe nichts feststellen können, wofür er den Tod verdient" (Lk 23, 4.15.22). Wahrscheinlich ist es Pilatus bei der Befragung Jesu schnell deutlich geworden, daß er es bei ihm nicht mit einem politischen Revolutionär zu tun hatte, wie es die Zeloten waren, und daß die Römer alle von Jesus keine Gewalt zu befürchten hatten.

Markus gehört zu denen, die das Wort „König" am meisten gebrauchten. Dieses Wort stand ja in einem engen Zusammenhang mit dem Schlüsselbegriff der Verkündigung Jesu, dem Gottesreich. Auf intelligente literarische Weise bedient Markus sich des Stilmittels der Gegensätze, um zu zeigen, daß Jesus auf eine ganz andere Weise König ist als die anderen: Er ist ein verspotteter König (Mk 15, 18.32); ein wegen Mord und Aufruhr Verurteilter wurde ihm vorgezogen (15, 6–12); er wurde öffentlich verurteilt (15, 2.4); hängt nackt an einem Kreuz (15, 24.26–27).

Um aus der Sackgasse herauszufinden, schickt Pilatus Jesus zu Herodes, der jene Tage in Jerusalem verbrachte (Lk 23, 6–12). Herodes war Tetrarch von Galiläa, dem wichtigsten Bereich des Wirkens Jesu, und hatte daher ein Wort mitzureden. Jesus wird von ihm befragt. Das Schweigen Jesu irritiert den Tetrarchen, und dieser schickt ihn als König ausstaffiert und lächerlich gemacht zu Pilatus zurück. Diese nur von Lukas berichtete Szene scheint legendären Ursprungs zu sein, wie M. Dibelius überzeugend nachgewisen hat (M. Dibelius, Herodes und Pilatus: Botschaft und Geschichte I, Tübingen 1953, 278–292). Wahrscheinlich handelt es sich hier um eine Historisierung nach Art des Midrasch des Textes von Ps 2, 2, wo es heißt: „Die Könige der Erde stehen auf, die Großen haben sich verbündet gegen den Herrn und seinen Gesalbten (= Messias)."

Auch die Szene mit der Freilassung des Barabbas scheint legendär zu sein. Die Gewohnheit, daß das Volk sich einmal im Jahr die Freilassung eines Gefangenen ausbitten durfte, ist außerhalb der Evangelien nirgends belegt. So scheinen die

Szene der Vorführung Jesu vor Herodes, die der Freilassung des Barabbas, die des *ecce homo* und die des Händewaschens des Pilatus alle im Dienst eines apologetischen Anliegens der Urkirche zu stehen. Es sollte gezeigt werden, daß das Christentum dem römischen Staat nicht gefährlich war. Dabei wurde Pilatus als ein römischer Bürger dargestellt, der sich in der gesamten Angelegenheit anständig zu verhalten gesucht habe. Demnach haben die Christen nichts gegen das Reich und seine Vertreter. Es sollte auf diese Weise die Verbreitung des Evangeliums im römischen Reich erleichtert werden. Dies erklärt die Tendenz, Pilatus von Schuld freizusprechen und die gesamte Verantwortung für den Tod Jesu den Juden und ihren das Volk manipulierenden Führern anzulasten. Diese Tendenz der Evangelien kommt in späteren Texten noch viel deutlicher zum Ausdruck. So war es nach dem apokryphen Petrusevangelium Herodes, der Jesus zum Tode verurteilte und hinrichten ließ. Während Pilatus seine Hände in Unschuld wäscht, weigern sich die Juden und Herodes, dies zu tun, und nehmen so ausdrücklich die Verantwortung auf sich für das, was geschieht. Der Prozeß der Entlastung des Pilatus geht schließlich so weit, daß Tertullian ihn für einen Kryptochristen, einen Anhänger Jesu im geheimen, hält (Apologeticum 21,24). Eine andere Tradition läßt Pilatus schließlich als christlichen Märtyrer sterben: Bis heute verehrt ihn die äthiopische Kirche, wie übrigens auch den Judas, als einen Heiligen.

Währenddessen bezeugen römische Quellen, daß Pilatus, der im Jahr 26 n. Chr. Prokurator geworden war, sich durch folgendes auszeichnete: „Käuflichkeit, Gewalt, Raubzüge, schlechte Manieren, Beleidigungen, unaufhörliche Hinrichtungen ohne Urteil, Grausamkeit ohne Grund" (Philo, Legatio ad Caium § 38). Zehn Jahre später wurde er abgesetzt, nachdem er ein großes Blutbad unter den Samaritanern angerichtet hatte. Vor dem römischen Legaten in Syrien angeklagt, wurde er abgesetzt und deportiert. Dieses Bild des Pilatus stimmt kaum mit dem der Evangelien überein, was wiederum eine Bestätigung eines apologetischen Interesses dieser Evangelien ist.

Dort muß erst damit gedroht werden, daß er sonst als ein Feind des Kaisers angesehen werden könnte (Joh 19,21), bis er dem Schreien der jüdischen Masse nachgibt. Bei Markus heißt es einfach: „Pilatus gab den Befehl, Jesus zu geißeln und zu kreuzigen" (15,15). Auch wird in dem in drei Sprachen am Kreuz angebrachten *titulus* der Grund für die Verurteilung Jesu angegeben, der auf lateinisch hieß: *I*esus *N*azarenus *R*ex *I*udaeorum.

Der größte Teil der Schuld für die Verurteilung Jesu fällt auf die Juden zurück. Für ihre Führer war die Popularität Jesu eine Gefahr, wodurch sie zudem auch ihre Privilegien und ihre Macht bedroht sahen. Die Sadduzäer, die den Handel im Tempel und den Handel in Jerusalem kontrollierten und die auch im Hohen Rat sehr einflußreich waren, befürchteten, daß das Auftreten Jesu die Römer provozieren könnte. Auch fühlten sie sich in ihrer Stellung bedroht. Die Pharisäer haßten Jesus wegen der Freiheiten, die er sich, ihrer Meinung nach, dem Gesetz, Gott und den heiligen Traditionen gegenüber herausnahm. Für sie war er ein Verführer des Volkes. Verschiedene politische, nationalistische und religiöse Motive führten also zur Liquidierung des Propheten. Das Volk, das von seinen sich bedroht fühlenden Führern aufgehetzt worden war, setzte Pilatus unter

Druck, und dieser befahl aus Feigheit und aus Angst, vor dem Kaiser schlecht dazustehen und womöglich als sein Feind betrachtet zu werden, die Folterung und die Hinrichtung Jesu.

Der Tod Jesu ist ein „Justizmord" (Blinzler 450). Er war kein Gerichtsirrtum, auch kein Versehen: Böser Wille und selbstsüchtige Interessen führten zu ihm. Will man das Verbrechen, dessen Opfer Jesus war, noch genauer umschreiben, könnte man sagen: Es war ein mittels eines Mißbrauches der Justiz herbeigeführter politisch-religiöser Mord. Vom Gottesmord ist aber im Neuen Testament nie die Rede (siehe allerdings 2 Thess 2,15).

c) Die Kreuzigung Jesu

Nach der Verkündigung der Todesstrafe wurde Jesus der üblichen Folter übergeben. Die römischen Legionäre pflegten die armen zum Tode Verurteilten auf schreckliche Weise zu foltern. Ihnen wurden die Kleider ausgezogen, sie wurden gegeißelt, in ihrer Würde verletzt, dem Spott preisgegeben: Szenen der Unmenschlichkeit, die aber auch noch heute bei der Folter von politischen Gefangenen, die für subversiv gehalten werden, Gang und Gäbe sind.

Von dieser Szene geht Markus äußerst trocken zur nächsten über: „Nachdem sie so ihren Spott mit ihm getrieben hatten, nahmen sie ihm den Purpurmantel wieder ab und zogen ihm seine eigenen Kleider wieder an. Dann führten sie Jesus hinaus, um ihn zu kreuzigen" (15,20).

Die Strafe der Kreuzigung, die „meist barbarische und schrecklichste Strafe" (Cicero, Verres II V 65 § 165) wurde faktisch nur bei politischen Rebellen und Sklaven angewandt. Nach der Folter mußten die Verurteilten selbst das Instrument ihrer Strafe tragen. Am Ort der Kreuzigung angekommen, wurden ihnen die Kleider ausgezogen. Sie wurden ans Kreuz genagelt, und dann wurde das Kreuz aufgerichtet, so daß die Verurteilten zwei oder drei Meter über dem Boden hingen. Man weiß, daß die Verurteilten dort tagelang hängen konnten, bevor sie schließlich ihren Schmerzen erlagen. Jesus hing drei Stunden am Kreuz, von zwölf Uhr mittags bis um drei Uhr (Mk 15,25.33).

Markus berichtet, daß Simon von Zyrene das Kreuz tragen half. Dieser sei „der Vater des Alexander und des Rufus" gewesen: offensichtlich zwei in der Gemeinde des Markus bekannte Namen, die dann bei Lukas weggelassen werden. Es ist verständlich, daß Jesus nach drei Folterungen – in der Nacht nach der Gefangennahme im Palast des Kajaphas und bei seiner Vernehmung durch Hannas (Lk 22,63–65), nach seiner Verurteilung durch den Hohen Rat (Mk 14,65) und schließlich nach seiner Verurteilung durch Pilatus (Mk 15,15–20) – extrem geschwächt war.

Die Begegnungen Jesu mit seiner Mutter und mit Veronika scheinen legendären Ursprungs zu sein. Veronika kommt in den Evangelien nicht vor: Erst seit dem 4. Jahrhundert ist von einer Veronika die Rede, die teils mit Marta von Betanien, teils mit der blutflüssigen Frau (die den Namen Berenike/Veronika erhält) identifiziert wird. Nach der Legende sei sie zu Kaiser Tiberius gegangen und habe Pilatus angeklagt, worauf dieser verurteilt wurde. Sie habe zudem ein Bildnis Jesu malen lassen, und Tiberius habe sich beim Anblick dieses Gemäldes bekehrt. Eine andere, uns bekanntere Version sagt, sie habe das Angesicht Jesu abgewischt, und dabei sei ein Abbild des leidenden Antlitzes Jesu auf dem von ihr verwendeten Tuch hinterblieben.

Dagegen scheint die Begegnung Jesu mit den Töchtern Jerusalems (Lk 23,27) historisch gesichert zu sein. Aus historischen Quellen (Talmud) weiß man, daß gewisse Frauen für die Verurteilten ein aromatisches Getränk zubereiteten, um so ihre Schmerzen zu lindern. Die bei dieser Begegnung gesprochenen Worte sind aber alle dem Alten Testament entnommen und geben daher wohl eher wieder, was Jesus nach Lukas Meinung zu ihnen gesagt haben könnte.

Die beiden mit Jesus gekreuzigten Räuber sind wahrscheinlich verurteilt worden, weil sie Zeloten (Guerilleros) waren und auf die Römer Attentate verübt hatten. Lk 22,37 erinnert in einem Zusammenhang, in dem auf das Leiden Jesu angespielt wurde, an Jes 53,12: „Er wurde zu den Verbrechern gerechnet." Die Verspottung Jesu am Fuß des Kreuzes wird im Licht alttestamentlicher Texte, vor allem der Psalmen, dargestellt. Dadurch wird auf den leidenden Gerechten verwiesen, der alles in Geduld erträgt. In Lk 23,40–43 wird der Text um eine legendäre Begebenheit über einen der beiden, die mit Jesus gekreuzigt wurden, bereichert: „Heute noch wirst du mit mir im Paradies sein."

Der letzte Ruf Jesu, „Eloi, Eloi, lama sabachtani" (Mk 15,34), ist äußerst wichtig, um das Bewußtsein Jesu zu verstehen. Nach unserer Meinung sollte man von diesem Satz aus über den historischen Weg Jesu nachdenken. Alle anderen uns in den Evangelien berichteten Worte Jesu am Kreuz (Lk 23,34.43.46; Joh 19,26.28.30) haben zweifelhaften historischen Wert.

Die Zeichen der Natur nach dem Tod Jesu haben ebenfalls eine literarische Funktion: Sie sollen die Bedeutung und das große Gewicht des Todes Jesu hervorheben. So reden Mk 15,33 par von einer Finsternis, die von der sechsten bis zur neunten Stunde über das ganze Land hereinbrach. Dies heißt in der damals den Juden sehr wohl vertrauten Sprache der Apokalyptik: Die Erde liegt in Finsternis, denn der Tod Jesu bedeutet das Ende dieses Äons.

Die Evangelien reden davon, daß der Vorhang des Tempels von oben bis unten entzweiriß (Mk 15,38 par). Auch dies ist keine historische Begebenheit, sondern ein literarisches Mittel, um zu sagen: Der Vorhang des Tempels, des Heiligen der Heiligen, fiel, weil wir nun durch Jesus und seinen Tod direkten Zugang zu Gott haben (Hebr 10,19–20).

Mt 27,51–53 erzählt auch noch, daß die Erde bebte, die Felsen sich spalteten, die Gräber sich öffneten und die auferweckten Toten vielen in Jerusalem erschienen. Auch hier haben wir es mit einem literarischen Verfahren zu tun. Damit soll gesagt werden: Mit Jesus kam das Ende dieser Welt. Das Eschatologische ist nun Wirklichkeit. Nach apokalyptischem Verständnis hängt das Ende der Welt mit der Auferstehung der Toten und dem Erscheinen der anderen kosmischen Zeichen zusammen. Jesus war der erste der Auferstandenen, und daher endet mit seinem Tod die alte Welt, und die neue fängt an.

In der alten Formel der christlichen Verkündigung hatte es geheißen: „Christus ist für unsere Sünden gestorben, gemäß der Schrift, und ist begraben worden" (1 Kor 15,3–4). Mit dem Verweis auf das Begräbnis Jesu sollte hervorgehoben werden, daß er wirklich tot war. Nun wird von den Evangelien dargestellt, wie er auf würdige Weise beerdigt wurde, nicht von seinen Verwandten, sondern von Einwohnern Jerusalems (vgl. Apg 13,29). Das Gesetz sagte ausdrücklich, daß die Leiche eines an einen Pfahl gehängten Toten „nicht über Nacht am Pfahl hängen bleiben" sollte (Dtn 21,23). Dies durfte um so weniger geschehen, als nach den Synoptikern der folgende Tag ein Sabbat war.

Markus schließt seinen Leidensbericht mit dem Glaubensbekenntnis des Hauptmannes ab: „Wahrhaftig, dieser Mensch war Gottes Sohn" (Mk 15,39). Dies ist dann auch das Glaubensbekenntnis des Evangelisten und seiner Gemeinde. Für jeden, der diesen Bericht liest, ist dieses Bekenntnis die Einladung: Erkennst auch du in dem Gefolterten und Gekreuzigten den Sohn Gottes? Markus schrieb sein Evangelium in Rom. Nicht umsonst legt er also jenes höchste Glaubensbekenntnis in den Mund einer römischen Autorität: Er will alle Römer einladen, dem Weg Jesu zu folgen.

Literaturhinweise

Blinzler, J., Der Prozeß Jesu (Regensburg [4]1969).

Conzelmann, H., Historie und Theologie in den synoptischen Passionsberichten: Zur Bedeutung des Todes Jesu (Gütersloh 1967) 35–54.

Delling, G., Der Kreuzestod Jesu in der urchristlichen Verkündigung (Berlin 1971).

George, A., Comment Jésus a-t-il perçu sa propre mort?: Lumière et Vie 20 (1971) 34–59.

Fischer, K., Der Tod Jesu heute. Warum mußte Jesus sterben?: Orientierung an Jesus 35 (1971) 196–199.

Jeremias, J., Der Opfertod Jesu Christi (Stuttgart 1963).

Klappert, B., Die Diskussion um Kreuz und Auferstehung (Wuppertal 1967).

Kessler, H., Die theologische Bedeutung des Todes Jesu (Düsseldorf 1970).

Linnemann, E., Studien zur Passionsgeschichte (Göttingen 1970).

Popkes, W., Christus Traditus. Eine Untersuchung zum Begriff der Dahingabe im Neuen Testament (Zürich – Stuttgart 1967).

Schenke, L., Der gekreuzigte Christus (s. Bibl. zu Kap. I).

Lohse, E., Die Geschichte des Leidens und Sterbens Jesu Christi (Gütersloh 1969).

Viering, F., Der Kreuzestod Jesu (Gütersloh 1969).

Schürmann, H., Jesu ureigener Tod (Freiburg i. Br. 1975).

Best, E., The Temptation and the Passion. The Markan Soteriology (Cambridge 1965).

Ferraro, B., A significação política da morte de Jesus à luz do Novo Testamento: Revista Eclesiástica Brasileira 36 (1976) 811–857.

Benoit, P., Paixão e ressureição do Senhor (São Paulo 1975); Le procès de Jésus: Exégèse et Théologie I (Paris 1961) 265–289.

Zur theologischen Bedeutung des Todes Jesu: Herderkorrespondenz 26 (1972) 149–154.

Cousin, H., Le prophète assassiné (Paris 1976).

III. Wie könnte Jesus seinen eigenen Tod interpretiert haben?

Wir sind schon darauf eingegangen, daß der Prozeß, die Verurteilung und die Kreuzigung Jesu eine Folge seines Lebens und seiner Praxis waren. Es stellt sich nun die Frage: Hat Jesus mit seiner Verurteilung und seinem gewaltsamen Tod gerechnet? Wer solche Forderungen stellte wie er, wer so wie er das Gesetz, den Sinn des Kultes und des Tempels im Namen einer tieferen Wahrheit in Frage stellte und dabei die Massen begeisterte, wer sich zudem für die Verkündigung seiner Botschaft ideologisch geladener Worte bediente (Reich Gottes, Gewalt), konnte und mußte mit einer Reaktion der Ordnungshüter jener Zeit rechnen, also mit der Reaktion der Pharisäer, was das Gesetz angeht, mit der der für den Kult im Tempel zuständigen Sadduzäer und mit der der politischen Besatzungsmacht, also der Römer. Dies alles ist unmittelbar deutlich. Es stellt sich aber sofort eine andere, tiefere Frage: Wie hat Jesus seinen Tod interpretiert? Als einen Tod der Erlösung der Menschen? Als einen Tod anstelle anderer? Als den Tod eines als Märtyrer sterbenden Propheten? Wir werden auf diese beiden Fragen nacheinander eingehen.

1. Das Verhalten Jesu seinem gewaltsamen Tod gegenüber

Auf alle Fälle geht aus den Texten des Evangeliums eindeutig hervor, daß Jesus nicht naiv und nichtsahnend in den Tod gegangen ist. Er hat seinen Tod frei auf sich genommen und bejaht. Als er festgenommen wurde, verbot er seinen Aposteln, sich zu wehren, „damit die Schrift erfüllt werde" (Mt 26,52–56). Nach Johannes reagierte Jesus auf die Versuchung im Garten mit den Worten: „Der Kelch, den mir der Vater gegeben hat – soll ich ihn nicht trinken?" Allerdings muß trotz der Eindeutigkeit dieser Texte daran festgehalten werden, daß Jesus den Tod nicht gesucht hat. Er wurde ihm von einer Situation aufgezwungen, aus der es keinen anderen Ausweg gab, wenigstens, wenn er nicht seiner Sendung untreu werden wollte. Sein Tod war die Folge eines Lebens und die Folge eines von anderen gesprochenen Urteils über die religiöse und politische Qualität dieses Lebens. Er sucht den Tod nicht, er wollte ihn nicht, aber mußte ihn akzeptieren. Er hat ihn dann auch akzeptiert, aber nicht in ohnmächtiger Resignation oder in einem unberührten Stoizismus, sondern als ein freier Mensch, der über der Härte des ihm aufgezwungenen Schicksals steht. Er wartet nicht darauf, daß ihm das Leben genommen wird: er gibt dieses Leben selbst hin, so wie er sein ganzes Leben dauernd hingegeben und geschenkt hat.

Jesus wollte den Tod nicht. Er wollte das Reich, und er wollte dieses Reich verkündigen. Er wollte, daß dieses Reich mit all dem, was es an Befreiung für die

Menschen bedeutete, mit der Bekehrung des Menschen und dessen Annahme durch den Vater der unendlichen Güte, zu den Menschen käme. Um diese Botschaft zu verkündigen und um ihr auch in seiner Praxis treu zu bleiben, war er bereit, alles zu opfern, auch das eigene Leben. Wenn die Wahrheit, die er verkündet, die er bezeugt und die er selbst lebt, von ihm den Tod fordert, dann ist er bereit, zu sterben. Nicht weil er den Tod an sich sucht, sondern weil er in diesem Fall die Folge einer Treue und einer Loyalität ist, die stärker ist als dieser Tod. Ein solcher Tod ist ein Sterben in Würde. Denn es ist der Tod, der von allen Propheten-Märtyrern gestern und heute durchgestanden und gelebt, ja, *gelebt* wurde und wird.

Jesus teilt das Schicksal aller Propheten (Mt 23,37; Lk 13,33–34; Apg 2,23). Man hält ihn für den enthaupteten, nun auferstandenen Johannes den Täufer (Mk 6,14). Öfter sucht man ihn festzunehmen (Mk 11,18; Joh 7,30.32.44–52; 10,39), man will ihn steinigen (Joh 8,59; 10,31), man denkt ernsthaft daran, ihn umzubringen (Mk 3,6; Joh 5,18; 11,49–50). Es ist nicht möglich, daß Jesus das alles nicht wahrgenommen hat, denn naiv war er nicht. Zudem lösten die gewaltsame Vertreibung der Händler und Geldwechsler aus dem Tempel (Mk 11,15–16 par) und das wahrscheinlich authentische Wort Jesu über die Zerstörung des Tempels (Mk 11,15–16 par) einen religiösen Prozeß aus, der für ihn gefährlich werden konnte. Hinzu kam noch die suspekte Tatsache, daß es unter den Zwölf auch solche gab, die sich auf Gewalt und politische Subversion eingelassen hatten wie „Simon, der Zelot" (Lk 6,15 par; Apg 1,13), Judas Iskariot (eine Aramäisierung von „siccarius" = Zelot) und „Boanerges", Söhne des Donners, was auch auf die zelotische Bewegung hinweist. Dies alles schafft für Jesus einen Gesamtkontext der religiösen und politischen Gefahr.

Jesus bewahrt aber angesichts dieser Gefahr das volle Vertrauen in Gott: „Wer sein Leben zu bewahren sucht, wird es verlieren, wer es dagegen verliert, wird es gewinnen" (Lk 17,33 par; 14,26; Mk 8,35).

Wiederholen wir nun unsere Frage: Rechnete Jesus mit einem gewaltsamen Tod? Diese Frage ist legitim vor dem Hintergrund seiner Verkündigung des Reiches und dessen baldigen Kommens. Jesus versteht sich gleichzeitig als der eschatologische Prophet und als der, der die neue Ordnung, die von Gott in Kürze in Kraft gesetzt werden wird, verwirklicht. Er selbst ist ja das gegenwärtige Reich. Die Zugehörigkeit zum Reich hängt von der Zustimmung zu seiner Person ab. Seinerseits bedeutete das Reich auch einen neuen Himmel und eine neue Erde sowie die Überwindung der Zerbrechlichkeit dieser Welt und das Ende jeder Behinderung und Einschränkung des Lebens. Das Reich bedeutete also auch den Sieg über den Tod. Wenn die Dinge sich so verhalten, rechnete Jesus dann tatsächlich mit seinem Tod am Kreuz?

a) Exegetisch-theologische Aporien

Die uns heute vorliegenden Texte des Evangeliums sagen uns deutlich, daß Jesus um sein Ende wußte. Er habe dieses Ende vorhergesagt und erklärt, er werde sein Leben hingeben als Lösegeld für viele (Mk 10,45). Dreimal habe Jesus seinen Tod geweissagt:

Mk 8,31: „Dann begann er, sie darüber zu belehren, der Menschensohn müsse vieles erleiden und von den Ältesten, den Hohenpriestern und den Schriftgelehrten verworfen werden; er werde getötet, aber nach drei Tagen werde er auferstehen."

Mk 9,31: „Der Menschensohn wird den Menschen ausgeliefert und sie werden ihn töten; doch drei Tage nach seinem Tod wird er auferstehen."

Mk 10,33: „Er sagte: Wir gehen jetzt nach Jerusalem hinauf; dort wird der Menschensohn den Hohenpriestern und den Schriftgelehrten ausgeliefert; sie werden ihn zum Tode verurteilen und den Heiden übergeben; sie werden ihn verspotten, anspucken, geißeln und töten. Aber nach drei Tagen wird er auferstehen."

Sowohl die katholische als auch die protestantische Exegese streiten seit vielen Jahren darüber, ob Jesus tatsächlich solches gesagt hat. Die große Mehrheit der Exegeten hält wenigstens den Wortlaut dieser Weissagungen für nichtjesuanisch, auch die, die wie J. Jeremias meinen, sie könnten wenigstens inhaltlich auf Jesus zurückgehen. Auf alle Fälle ist die heutige Formulierung jüngeren Datums, denn sie setzt eine genaue, detaillierte Kenntnis des Prozesses Jesu und der gesamten Osterereignisse voraus.

Alle drei Weissagungen, besonders aber die letzte (Mk 10,33), sind eine kurze Zusammenfassung der gesamten Leidensgeschichte. Stünden diese Berichte nicht in der Zukunfts-, sondern in der Vergangenheitsform, würden wir sie sofort als einen Bericht der ersten Gemeinde über den Prozeß Jesu interpretieren: Er ist nach Jerusalem gegangen, wurde dort den führenden Priestern und den Schriftgelehrten ausgeliefert, von ihnen zum Tode verurteilt und den Heiden (= Römern) weitergegeben. Er wurde dann verspottet, angespuckt, gegeißelt und getötet. Nach drei Tagen ist er auferstanden.

Diese Worte, so viele Exegeten, sind so nicht vom historischen Jesus gesprochen worden, sondern sie gehören zur Verkündigung der Urgemeinde. Am Anfang jeder Weissagung steht der Ausdruck „Menschensohn". Nach dem apokalyptischen Denken kommt diese Gestalt am Ende der Zeiten auf den Wolken, um zu richten und die Gerechten zu befreien. Niemals erscheint aber dieser Menschensohn im Judentum in einem Kontext des Leidens, der Verurteilung und des Todes.

Nun könnte man meinen, Jesus habe diesen Titel zwar übernommen, habe ihm aber im Hinblick auf seinen baldigen Tod einen neuen Inhalt gegeben. Die Hypothese ist jedoch nicht haltbar, denn Jesus verwendete den Begriff Menschensohn deutlich im apokalyptischen Sinn: Der Menschensohn wird mit den heiligen Engeln in der Hoheit seines Vaters kommen (Mk 8,38); man wird den Menschensohn mit großer Macht und Herrlichkeit auf den Wolken kommen sehen (Mk 13,26 par). Nun gibt es keinen Zweifel daran, daß der Ausdruck Menschensohn in jenem apokalyptischen Sinn von Dan 7, wonach der Menschensohn derjenige ist, der auf den Wolken kommt, zur ältesten Schicht der synoptischen Evangelien gehört. Die Herstellung eines Zusammenhangs zwischen einem so verstandenen Menschensohn und der Verurteilung, dem Tod und der Auferstehung Jesu ist also Ergebnis der theologischen Arbeit der Urgemeinde. Daher sind die uns vorliegenden Weissagungen in Wirklichkeit *vatici-*

nia ex eventu: Sie wurden also erst nach den betreffenden Ereignissen formuliert und dann in die Zeit des irdischen Lebens Jesu zurückprojiziert. Dafür gab es dann auch einen ganz bestimmten theologischen Grund: Alles, was Jesus vor seinem Tod und seiner Auferstehung sagte, sollte auf diese Weise mit diesem Tod und dieser Auferstehung in Zusammenhang gebracht werden, damit so die tiefe Einheit zwischen den Worten und dem Leben Jesu und seinem Tod und seiner Auferstehung deutlich werde. Man kann nicht über das Leben Jesu berichten, ohne zu sagen, wo ein solches Leben hinführt: zum Tod und zur Auferstehung Jesu. Und umgekehrt kann man unabhängig vom Leben Jesu nicht von seinem Tod und seiner Auferstehung erzählen: Das eine hängt mit dem anderen zusammen, und beides gehört zum konkreten historischen Weg Jesu.

Zudem bezeugen diese Weissagungen die Einheit und Konsequenz des Planes Gottes in Jesus: Jesus wurde nicht am Karfreitag von Gott verlassen, wie es den Anschein hat. Gott war mit Jesus, und dieser verwirklichte trotz allen menschlichen Tuns und aller menschlichen Bosheit den geheimen und geheimnisvollen Plan Gottes. Der Tod und die Auferstehung Jesu waren das Werk Gottes, denn er war es, der alles in seiner Hand hatte, ohne darum den Menschen ihre Verantwortung zu nehmen. Diese werden dann auch zu Recht in diesen Weissagungen angeklagt. Hinzu kommt der Ausdruck, daß Jesus sterben „müsse". Dieser Ausdruck ist nicht dem Alten Testament entnommen, sondern er entstammt dem apokalyptischen Denken. Es sollte damit Gottes Souveränität unterstrichen werden: Gott verfolgt seinen Plan trotz aller menschlichen Fähigkeit, ihm Widerstand zu leisten. Zugleich sollte der Ausdruck auch ein Trost sein: dieses göttliche „Müssen" könne paradox erscheinen und schmerzhaft sein, aber es steht im Dienst der von Gott letztendlich gewollten Herrlichkeit und Fülle. Im Falle Jesu heißt das, daß sein Tod im Dienst seiner Auferstehung steht.

Hinzu kommt noch ein in den Leidensberichten immer gegenwärtiger Gedanke: Jesus ist der leidende Gerechte. Im Alten Testament bestand eine solche Vorstellung von einem leidenden Gerechten, der schließlich belohnt und in die Herrlichkeit aufgenommen wird. Diese Tatsache erleichterte die Interpretation des Todesschicksals Jesu als das Schicksal des leidenden und schließlich verherrlichten Gerechten.

b) Hinweise auf ein zunehmendes Bewußtsein Jesu

1. Ein Hinweis darauf, daß es Jesus nach und nach deutlicher wurde, welches Ende sein Leben nehmen würde, ist wohl der synoptische Text über den Bräutigam, der den Seinen genommen wird (Mk 2, 19–20 par). Der Text steht in einem Kontext der Polemik. Jesus wird gefragt: „Warum fasten deine Jünger nicht?" Er antwortet: „Können denn die Hochzeitsgäste fasten, solange der Bräutigam bei ihnen ist? Es werden aber Tage kommen, da wird ihnen der Bräutigam genommen sein; an jenem Tag werden sie fasten."

Nach Meinung vieler Bibelwissenschaftler ist dieser Text aber nur zum Teil von Jesus: Ihm sei nur Mk 2, 19a zuzuschreiben: „Können denn die Hochzeitsgäste fasten, solange der Bräutgam bei ihnen ist?" Der weitere Vers sei ein Ergebnis der Gemeindereflexion. In einem schon fortgeschrittenen Stadium der Christologie wurde Jesus mit dem Bräutigam identifiziert, etwas, was im Alten Testament nur mit Jahwe geschah. Durch den gesamten Vers habe die Gemeinde ihre asketisch-pönitentialen Bräuche rechtfertigen wollen, da sie sich in diesen Dingen nicht mehr so frei verhielt, wie das Jesus getan hatte (vgl. Taylor 208–212; Percy 233, 236).

2. Ein anderer Text, der hier berücksichtigt werden muß, ist Lk 13,31–33: Einige Pharisäer kommen zu Jesus und teilen ihm mit, daß Herodes ihn töten will. Jesus „antwortete ihnen: Geht und sagt diesem Fuchs: Ich treibe Dämonen aus und heile Kranke, heute und morgen, und am dritten Tage werde ich mein Werk vollenden. Doch heute und morgen und am folgenden Tag muß ich weiterwandern, denn ein Prophet darf nirgendwo anders als in Jerusalem umkommen." Diese Stelle wird im wesentlichen auf Jesus selbst zurückgeführt. Allerdings schreibt die große Mehrheit auch der konservativen Exegeten den letzten Vers über den Tod in Jerusalem der lukanischen Redaktion zu (Dupont 299: „Es ist schwierig, ganz auszuschließen, daß wir hier vor einer Erklärung des Evangelisten stehen"; George 37). Daher ist dieser Text auch kaum als ein Argument dafür brauchbar, daß Jesus von vornherein alles gewußt habe.

3. Bekannt ist der Text Mk 10,45, über den auch viel diskutiert worden ist: „Denn auch der Menschensohn ist nicht gekommen, um sich dienen zu lassen, sondern um zu dienen und sein Leben hinzugeben als Lösegeld für viele (= alle)."

Es wird darauf hingewiesen, daß hier die Thematik des Menschensohnes mit der des Todes verbunden wird, etwas, was im damaligen Judentum ungebräuchlich war. Zudem hat die Exegese gezeigt, daß das Thema der Diakonie (des Dienstes) in der Abendmahltradition der Christen der Urkirche seinen *Sitz im Leben* hat. Jesus greift öfter auf das Bild des Dienens am Tisch beim Mahl im Reich zurück (Lk 22,27; als ein Dienst besonders an den Armen und Bedürftigen: Lk 10,29–37; 14,12ff; Mt 5,42 par; 18,23–24; 25,31–46).

Der Text hatte eine paränetische Funktion im Zusammenhang mit den verschiedenen Diensten (Diakonien) in den Urgemeinden. Weil der Sitz im Leben dieser Dienste die Eucharistie ist und in diesem eucharistischen Kontext auch die Thematik des Opfers erarbeitet worden ist, ist es sehr wohl erklärlich, daß unter solchen Voraussetzungen der oben zitierte Text entstehen konnte. Als solcher stamme dann dieser Text nicht von Jesus, eine Meinung, die viele Exegeten teilen. Wie wir unten sehen werden, war es vor allem die Reflexion über Jes 53, die es ermöglichte, daß die Christen den Tod Christi als Opfer interpretierten (vgl. Apg 8,32–35; Phil 2,6–11; vgl. Apg 3,13.26; 4,27.30). In der von Jes 53 vorgezeichneten Richtung wurde das Vorgehen und Handeln Jesu bei seinem Abschiedsmahl interpretiert. Nach dem T od und der Auferstehung Jesu kamen die Christen so dazu, den Tod Jesu als ein Opfer zu interpretieren. Sie fingen an zu verstehen, daß Jesus sich mit der Hingabe seines Lebens ganz hingegeben hatte. Dieses neugewonnene theologische Verständnis wird dann auch von den eucharistischen Texten sehr gut zum Ausdruck gebracht: Dies ist mein Leib, der hingegeben werden wird; dies ist mein Blut, das vergossen werden wird. Dabei handele es sich ja nicht um Worte Jesu, sondern um einen Ausdruck der von den frühen Gemeinden in einem eucharistischen Zusammenhang erarbeiteten Theologie.

Im Paralleltext zu Mk 10,45, in Lk 22,27, fehlt jede soteriologische Erweiterung. Dort heißt es einfach: „Ich aber bin unter euch wie der, der bedient." Die Erweiterung „(der Menschensohn ist gekommen, um ...) und sein Leben hinzugeben als Lösegeld für viele" finden wir also nur bei Markus. Sie gehört zu seinem theologischen Denken und seiner theologischen Sprache.

Der Kontext des uns hier interessierenden Logions ist klar: „Ihr wißt, daß ... die Mächtigen ihre Macht über die Menschen mißbrauchen" (Mk 10,42; Lk 22,25). Und weiter: „Bei euch aber soll es nicht so sein, sondern wer bei euch groß sein will, der soll klein und der Diener aller sein" (Mk 10,43f; Lk 22,26), „denn der Menschensohn ist nicht gekommen, um sich dienen zu lassen, sondern um zu dienen" (Lk 10,45; Lk 22,27). Die verschiedenen Gedankenschritte folgen ganz natürlich aufeinander: nichts weist darauf hin, daß hier nachträglich etwas eingefügt wurde: Wer Jünger Jesu sein will, muß genau umgekehrt verfahren, als es in der Welt üblich ist. Er muß dies, weil auch der Menschensohn so vorgegangen ist. Er, der Menschensohn, ist Vorbild für die Jünger. Der Zusatz aber, „um sein Leben hinzugeben als Lösegeld für viele", ist späteren Datums und wurde hinzugefügt, als man angefangen hatte, den Tod Jesu als Opfer zu interpretieren.

Wir können also die Schlußfolgerung ziehen, daß dieser Text, wie wichtig er theologisch auch sein mag, uns keine solide historische Grundlage gibt, von der aus wir zu dem Denken und den Absichten Jesu einen Zugang finden könnten.

4. Auch der Text Mk 10,38 bzw. Mt 20,22, „Könnt ihr den Kelch trinken, den ich trinke?", scheint kein Beweis dafür zu sein, daß Jesus von vornherein um seinen Tod wußte. Im traditionellen Sprach- und Bildgebrauch stand „Kelch" sowohl für ein glückliches (Ps 16,5–6; 23,5) als für ein unglückliches Ende (Ps 11,6). Im letzteren Fall handelte es sich dann vor allem um Gottes Zorn (Jer 25,15–29; Jes 51,17.22; Ez 23,31–34). Hier im Text der Evangelien ist „Kelch" etwas, was der Herrlichkeit vorangeht. Wie wir unten sehen werden, ist am gesichertsten, daß das Wort nichts mit dem Tod Jesu zu tun hat, sondern mit der großen Versuchung, die die große Auseinandersetzung zwischen dem Messias und seinen Feinden ist.

5. Ein weiterer Hinweis, daß Jesus von vornherein alles gewußt habe, sei das Gleichnis des einzigen, von den Winzern umgebrachten Sohnes (Mt 21,33–46; Mk 12,1–12; Lk 20,9–19).

Dieses tief beeindruckende Gleichnis redet nicht vom Tod Jesu. Vielmehr ist es eine ernsthafte Warnung an die Mitglieder des Hohen Rates (die Winzer des Weinberges des Herrn), aufzuhören mit ihren Überlegungen, Jesus umzubringen. Damit würden sie nur die Schuld Israels fortsetzen, das die Propheten umbrachte (Mt 5,11–12 par; 23,29–36). Dadurch, daß sie Jesus töten wollen, verraten sie den ihnen von Gott gegebenen Auftrag, Führer seines Volkes zu sein.

6. Auch die Weissagung über den erschlagenen Hirten (Mk 14,27; Mt 26,31) wird von vielen als ein Hinweis darauf interpretiert, daß Jesus um seinen Tod wußte. Auf der Grundlage von Sach 13,7 prophezeie Jesus dort den eigenen Tod: „Ihr werdet alle (an mir) Anstoß nehmen und zu Fall kommen; denn in der Schrift steht: ‚Ich werde den Hirten erschlagen, dann werden sich die Schafe zer-

streuen.' Aber nach meiner Auferstehung werde ich euch nach Galiläa vorausgehen" (Mk 14,27–28). Nicht wenige Exegeten sind der Meinung, daß das Sacharjazitat später von der Urgemeinde dem Text hinzugefügt worden ist, die auf diese Weise die Erfahrung des Auseinandergehens und der Zerstreuung der Apostel verarbeitet habe (vgl. Dodd 42). Dieses Zitat sei dann in einen Zusammenhang eingefügt worden, in dem es heißt: „nach meiner Auferstehung" und „ich werde euch nach Galiläa vorausgehen": typische Elemente der ältesten Ostertradition.

7. Ein anderer Text, der darauf hinweisen könnte, daß Jesus sich allmählich bewußt wurde, welch gewaltsames Ende sein Leben nehmen würde, ist der über die Salbung des Hauptes Jesu durch eine Frau „mit einem Alabastergefäß voll echtem, kostbaren Nardenöl" (Mk 14,3–9; Mt 26,6–13; Joh 12,1–8). Auf den Vorwurf der Verschwendung reagierte Jesus: „Hört auf! Warum laßt ihr sie nicht in Ruhe? Sie hat ein gutes Werk an mir getan. Denn die Armen habt ihr immer bei euch, und ihr könnt ihnen Gutes tun, so oft ihr wollt, mich aber habt ihr nicht immer. Sie hat getan, was sie konnte. Sie hat im voraus meinen Leib für das Begräbnis gesalbt" (Mk 14,6–8). Jesus habe also konkret um seine Beerdigung gewußt, denn beerdigt zu werden, ohne vorher gesalbt zu sein, bedeutete eine große Unehre. Daher habe die Frau Jesus im vorhinein gesalbt. Die ersten Vertreter der *Formgeschichte* wie Dibelius und Bultmann haben aber gezeigt, daß es sich hier um eine Erweiterung eines älteren Berichts (Mk 14,3–7) handelt. In diesem Bericht selbst habe sich ein damaliger Streit in der Gemeinde über die Armenfürsorge niedergeschlagen. – Ein weiteres Argument dafür, daß der Teil über die Beerdigung Jesu erst jüngeren Datums ist, ist der folgende, die typischen Merkmale einer nachösterlichen, kirchlichen Entstehung aufweisende Vers Mk 14,9: „Amen, ich sage euch: Überall auf der Welt, wo das Evangelium verkündet wird, wird man sich an sie erinnern und erzählen, was sie getan hat" (vgl. Bultmann 37; Dibelius 54 58 178–179).

8. Die Episode im Garten von Getsemani (Mt 26,36–46; Mk 14,32–46; Lk 20,40–46) wurde schon besprochen. Dort haben wir auch gesehen, daß die Versuchung nicht im Sinne einer Angst vor dem nahenden Sterben interpretiert werden muß, sondern daß es sich vielmehr um eine Furcht vor der großen Auseinandersetzung zwischen den Söhnen des Lichtes (des Messias) und denen der Finsternis, den Feinden des Messias, handelt.

9. Die letzten Worte Jesu am Kreuz (Mk 15,34; Mt 27,46) weisen alle typischen jesuanischen Merkmale auf. Ihr hebräischer Wortlaut ist bewahrt worden: „Eloï, Eloï, lama sabachtani?" Die Tatsache, daß sie bei Lukas und Johannes fehlen, erklärt sich dadurch, daß beide Schwierigkeiten hatten, diese Worte mit ihrer Christologie in Übereinstimmung zu bringen: In ihrer Zeit bestand kein Zweifel mehr an der Gottheit Christi. Johannes hat daraus das sein ganzes Evangelium zusammenhaltende Thema gemacht. Man kann so verstehen, daß Lk 23,46 jenes Zitat des Ps 22,2 bei Markus und Matthäus durch ein anderes, nämlich Ps 31,9, ersetzt: „Vater, in deine Hände lege ich meinen Geist." Joh 16,32 kann als der Versuch interpretiert werden, Mißverständnisse in bezug auf das scheinbare Verlassensein Jesu am Kreuz vorzubeugen: „Die Stunde kommt, und sie ist schon da, in der ihr versprengt werdet, jeder in sein

Haus, und mich werdet ihr allein lassen. Aber ich bin nicht allein, denn der Vater ist bei mir."

Jene letzten Worte Jesu: „Mein Gott, mein Gott, warum hast du mich verlassen", sollten sehr ernst genommen werden. Obwohl sie dem Anfang eines Psalms entnommen sind (Ps 22,2) und dieser Psalm die tiefe Bedrängnis des Gerechten und sein Getröstetwerden durch Gott zum Ausdruck bringt, weist nichts darauf hin, daß sie von Jesus vor dem Hintergrund dieses Psalmes gesprochen wurden. Statt dessen handelt es sich um den letzten, abgrundtiefen Schrei Jesu aus der Hölle seiner Erfahrung eines Verlassenseins durch Gott heraus. Der Vater, mit dem er sich immer sein ganzes Leben lang in kindlicher Treue verbunden gefühlt und den er als den Vater der unendlichen Güte verkündet hat, dieser Vater verläßt ihn jetzt. Nicht wir sind es, die dies behaupten, sondern Jesus selbst schreit es laut. Er selbst verläßt aber Gott nicht. Es bleibt ihm nur abgrundtiefe Leere; er hat nichts mehr, worauf er sich berufen oder was ihm helfen könnte, wie etwa seine Treue, der Kampf, den er für Gott gegen die in seiner Zeit vorherrschenden Verhältnisse gestritten hat, die Gefahren, denen er getrotzt hat, der verleumderische und erniedrigende Prozeß und die Verurteilung zum Tode, durch die er hindurch mußte. Es gibt nichts mehr, was er Gott noch geben könnte. Aber auch wenn ihm der Boden unter den Füßen weggezogen ist, vertraut er auch denn noch auf Gott. Er schreit (Mk 15,34: „mit lauter Stimme", vgl. Lk 23,46): „Mein Gott, mein Gott ...", ohne vielleicht den ganzen Satz in einem radikalen Sinn zu verstehen.

Wir stehen hier vor der schwersten Versuchung, die Jesus durchzustehen hatte und die wir wie folgt formulieren könnten: Ist möglicherweise alles, was ich getan habe, umsonst gewesen? Kommt das Reich vielleicht gar nicht? War vielleicht alles schöne Illusion? Bin ich doch nicht der Messias? Auch die Vorstellungen und Ideen, die Jesus hatte, brachen zusammen. Er stand nun ohne irgendwelche Verteidigung und Hilfe, völlig leer und nackt vor dem Absoluten. Wie verhält er sich? Läßt er auch das Letzte zerreißen, was ihm Trost und Sicherheit sein könnte? Nein! Jesus liefert sich dem wahrhaftig namenlosen Geheimnis aus. Dieses wird ihm die einzige Hoffnung und Sicherheit sein. Er stützt sich einzig und allein auf Gott. Dieses absolute Vertrauen, diese absolute Hoffnung Jesu kann nur vor dem Hintergrund seiner absoluten Verzweiflung verstanden werden. Da wo die Verzweiflung groß ist, da vermag die Hoffnung noch größer zu werden. Denn die Hoffnung Jesu war unendlich: getragen wurde er einzig und allein durch das Unendliche, so wie auch seine Verzweiflung maßlos gewesen war. Die Größe Jesu bestand darin, daß er eine solche Versuchung auszuhalten und durchzustehen vermochte. Kein Sterben braucht absolute Einsamkeit zu sein: Der Tod ist nur dann absolute Einsamkeit, wenn der Sterbende nur auf das eigene Ich konzentriert ist. Aber er ist auch die Chance der Hingabe an einen Größeren. Hätte Jesus noch etwas von sich behalten, eine letzte Sicherheit, irgendeine Zuversicht, die er aus seinem messianischen Bewußtsein geschöpft hätte, dann wäre seine Hingabe nicht total gewesen. Denn er hätte irgendeine Stütze in sich selbst gefunden, hätte irgend etwas für sich behalten: Er hätte nicht alles Gott gegeben. Da er aber vollkommen leer geworden war, konnte er auch vollkommen erfüllt werden. Das ist dann die Auferstehung.

Die gesamte Christologie so wie das Thema des messianischen Bewußtseins Jesu und seines konkreten Lebensweges sollten nach meiner Meinung von Mk 15,34 aus neu durchdacht und erarbeitet werden. Denn an dieser Stelle entscheidet sich, ob wir das radikale Geschehen der Inkarnation Gottes voll akzeptieren und ernst nehmen, so wie sie auch von Phil 2 dargestellt wird als eine Menschwerdung Gottes von Grund auf und als die totale Selbstentleerung Gottes, in der er auch auf alle göttlichen Attribute verzichtete. Er, Gott, wurde durch die Inkarnation wahrhaftig ganz anders. Daher können wir auch theologisch von einer wahren und wirklichen Menschlichkeit Jesu reden, in der die Göttlichkeit gegenwärtig ist, deren sich aber diese Göttlichkeit nicht von weitem als eine selbst unberührbare, außerhalb der Geschichte stehende Instanz bedient: „Und das Wort *ist* Fleisch geworden und hat unter uns seine Zelte aufgeschlagen" (Joh 1,14), mitten in den Schatten des Todes, zwischen denen wir unser Leben verbringen.

2. Wie könnte Jesus sich sein eigenes Ende vorgestellt haben?

Gewöhnlich wird diese Frage anders formuliert: Wie hat Jesus seinen Tod interpretiert? Jedenfalls ist deutlich geworden, daß für keinen der soeben zitierten Texte genügend gesichert ist, daß er auch tatsächlich auf Jesus zurückgeht, so daß wir daraus kaum auf ein Vorwissen Jesu bezüglich seines nahenden Todes schließen können. Nach unserer Meinung wurde Jesus erst am Kreuz klar, daß sein Ende gekommen war und daß er wirklich sterben würde. Ein lauter Schrei bringt dann seine Verlassenheit und seine Verunsicherung, ja, fast können wir sagen: seine Enttäuschung, zum Ausdruck. Gleichzeitig aber gibt er sich Gott hin. Lk 23,46 „Vater, in deine Hände lege ich meinen Geist" bringt hier sehr gut die tiefe, innere Einstellung Jesu einer letzten und absoluten, von allen weiteren Überlegungen freien Hingabe Jesu an den Vater zum Ausdruck. Was erhoffte Jesus also damals? Um uns davon eine Vorstellung machen zu können – wobei diese natürlich wie jede Vorstellung unscharf und unsicher bleiben wird –, müssen wir auf folgende Punkte achten:

1. Jesus verkündete das Reich Gottes und nicht sich selbst. „Reich" war hier ein Schlüsselwort der Hoffnung: die Hoffnung, daß durch das Kommen Gottes die sündige und hinfällige Wirklichkeit der Welt und des Menschen in der Wurzel verwandelt, versöhnt und geheilt wird. Dieses „Reich" ist dann nicht die andere Welt, sondern diese, voll unter der Herrschaft Gottes stehende Welt, in der Gott sich gegenwärtig zeigt und aus der er alles, was dem Menschen oder Gott feindlich ist, alles Böse und alles an den Tod erinnernde und aus dem Tod hervorgehende bannt. Jesus nimmt diese aus dem tiefsten Grund der Utopie im Herzen und in der Geschichte der Menschen hervorquellende Hoffnung auf und macht sie zum Gegenstand seiner Verkündigung.

2. Dieses Reich war, so Jesus, nahe (Mk 1,15; Mt 3,17), ja: „Das Reich Gottes ist (schon) mitten unter euch" (Lk 17,21). Dies ist die zweite große Erneuerung in der Verkündigung Jesu: Es reicht nicht, eine Utopie zu verkündigen, sondern es soll gezeigt werden, wo die Utopie topisch wird: wo sie hier und jetzt zur Wirklichkeit wird. Es muß gesagt werden, daß ein Stärkerer als der Starke ge-

kommen ist und daß dieser sich entschlossen hat, einzugreifen, um der Bosheit und Verstocktheit der Welt ein Ende zu bereiten (vgl. Mk 3,27). Die Grundtendenz der Verkündigung Jesu, seine harten Forderungen, sein Aufruf zur Bekehrung: das alles stand im Dienst des baldigen Kommens des Reiches, das aber schon in der Welt seine Wirksamkeit entfaltete und sich in Kürze in seiner gesamten Fülle manifestieren sollte.

3. Jesus verstand sich selbst nicht nur als der Verkündiger dieser Frohbotschaft (Mk 1,15), sondern auch als ihr Träger, als derjenige, der ihre Wirklichkeit herbeiführt: „Wenn ich aber die Dämonen durch den Finger Gottes austreibe, dann ist doch schon das Reich Gottes zu euch gekommen" (Lk 11,20) – ein Logion, das als eins der authentischsten Jesusworte gilt. Jesus identifizierte sich so sehr mit dem Reich, daß nur der zum Reich gehören kann, der sich zu Jesus bekennt (Lk 12,8f). In seiner eigenen Praxis zeigt Jesus dann, was das Reich konkret bedeutet, und diese Praxis ist Pro-Existenz, ist freies und befreites Sein-für-die-anderen, ist der Anfang eines Prozesses der Befreiung, aber auch des Konflikts mit den damals historisch Handelnden und ihrer Verstocktheit auf persönlicher und gesellschaftlicher Ebene.

4. Der historische Jesus lebte in einer kulturellen Welt, die auch die der anderen Menschen war, mit denen er zusammenlebte. Er entschied sich für eins der damals möglichen Systeme, die Apokalyptik, und entnahm diesem System wesentliche Begriffe seines eigenen Denkens, wie den Begriff des Gottesreiches und die Vorstellung eines bevorstehenden, nahen Eingreifens Gottes. Viele, zweifellos auf Jesus zurückgehende Texte sind von der apokalyptischen Mentalität seiner Zeit geprägt (vgl. Lk 22,29–30; Mt 19,28; Mk 13,30; 10, 23).

In diesem Zusammenhang sind zwei Texte äußerst wichtig, wollen wir zu entdecken versuchen, welche Vorstellung Jesus von seinem Tod hatte. Beide Texte stehen im Kontext des letzten Abendmahls:

Mk 14,25: „Amen, ich sage euch: Ich werde nicht mehr von der Frucht des Weinstocks trinken bis zu dem Tag, an dem ich von neuem davon trinke im Reich Gottes."

Der andere Text, Lk 22,15–18.29, steht ebenfalls in einem eucharistischen Kontext: „Ich habe mich sehr danach gesehnt, vor meinem Leiden dieses Paschamahl mit euch zu essen. Denn ich sage euch: Ich werde es nicht mehr essen, bis das Mahl seine Erfüllung findet im Reich Gottes. Und er nahm den Kelch, sprach das Dankgebet und sagte: ‚Nehmt den Wein und verteilt ihn untereinander! Denn ich sage euch: von nun an werde ich nicht mehr von der Frucht des Weinstocks trinken, bis das Reich Gottes kommt ... Darum vermache ich euch das Reich, wie es mein Vater mir vermacht hat. Ihr sollt in meinem Reich an meinem Tisch essen und trinken, und ihr sollt auf Thronen sitzen und die zwölf Stämme Israels richten.'"

Wie wir schon andeuteten, hatte das letzte Abendmahl eine stark eschatologische Bedeutung. Es symbolisierte das große Mahl Gottes in der neuen Ordnung der Dinge, im Reich, ja, es nahm dieses Mahl vorweg. Wie wir sehen werden, symbolisierten Brot und Wein hier ganz im Anfang noch nicht den geopferten Leib und das geopferte Blut Jesu – so sollten sie erst später von der Urgemeinde, für die das Sterben und das Auferstehen des Herrn eine intensiv gelebte Wirklichkeit war, gedeutet werden. Hier symbolisieren sie noch einfach das Mahl. Brot und Wein verwiesen, wie bei jedem jüdischen Mahl, in dem sie eine Rolle spielten, auf das Festmahl im Himmel. Daher kann Jesus auch, ohne die Logik zu verletzen, sagen: Ich vermache euch das Reich (= das Mahl im Himmel), ... damit ihr („Ihr sollt ...") eßt und trinkt. Wein und Brot symbolisieren hier also das Mahl/das Reich.

Diese beiden Texte des Markus und des Lukas stehen in keinem organischen Zusammenhang mit dem Leben der Kirche, so daß sie von dorther erklärt werden müßten. Sie sind also nur im Leben Jesu selbst verständlich. Es ist sogar erstaunlich, daß sie uns ohne eine theologische Interpretation der Urgemeinde bewahrt worden sind. Wir können also davon ausgehen, daß sie uns auf eine historisch gesicherte Weise die eschatologische Mentalität Jesu wiedergeben, die von den ersten christlichen Theologen immerhin zum Teil respektiert wurde.

Mit Hilfe der apokalyptischen Bildersprache ließen sich auf sehr adäquate Weise das Utopische und die totale, allumfassende Dimension der Befreiung zum Ausdruck bringen. Sie ist schließlich das, was zählt, und nicht das dazu benutzte linguistische, vorstellungsmäßige oder kulturelle Instrumentarium.

Nach diesen Texten hat auch Jesus in jener apokalyptischen, einem nahen Kommen des Reiches entgegenfiebernden Erwartung gelebt. Nach und nach muß ihm aber klargeworden sein, daß nicht das Reich kam, sondern daß für ihn der Tod sehr nahe war: Hier liegt der Grund für seinen Schrei am Kreuz und für seine totale Hingabe an Gott. Er sah alle Vorstellungen, die er sich vom Reich und von seiner eigenen Rolle in bezug auf das Reich gemacht hatte, zusammenbrechen. Er war aber größer als seine Vorstellungen. Deren Zusammenbrechen konnte ihn nicht mitziehen, sondern er hielt seine Treue Gott gegenüber aufrecht.

5. Ein recht wichtiges Thema im apokalyptischen Denken war das der großen Versuchung. Von einer solchen Versuchung reden uns auch die apokalyptischen Stellen des Neuen Testaments sowie die Offenbarung des Johannes. Dieses Thema bestand darin, daß am Ende der Zeiten vor dem Einbruch des Reiches die letzte große Auseinandersetzung zwischen dem Messias und seinen Feinden stattfinden werde. Satan selbst werde diese große Versuchung herbeiführen. Man solle sich gegen sie rüsten, damit man ihr nicht unterliege. Und wenn Gott nicht eingreifen würde, würden sogar die Guten ihr unterliegen. Auch der Messias werde verfolgt werden. Er werde in äußerste Not geraten. Aber im entscheidenden Augenblick werde Gott eingreifen: Er werde den Messias befreien, und damit werde das Reich anfangen.

K. G. Kuhn hat überzeugend gezeigt, daß dieses Denken den Hintergrund für die Versuchung Jesu im Garten bildet. Daher darf man diese Versuchung nicht wie eine Art innere Unsicherheit oder Zweifel Jesu vor dem Ende interpretieren. Vielmehr bestand sie darin, daß Jesus bewußt wurde: Bald wird die große Versuchung mit all dem, was sie an Bedrohendem in sich birgt, mit der Gefahr, ihr zu unterliegen, hereinbrechen. Die Bitte des Vaterunsers, „und führe uns nicht in Versuchung", muß auch im Zusammenhang mit der apokalyptischen Versuchung, wenn alle Kräfte mobilisiert werden und alles sich entscheidet, verstanden werden.

In diesem Zusammenhang paßt auch gut folgendes Wort Jesu: „Ich muß mit einer Taufe getauft werden, und ich bin sehr bedrückt, solange sie noch nicht vollzogen ist" (Lk 12,50). Der Kontext ist die Frage Jesu an die Söhne des Zebedäus, Jakobus und Johannes: „Könnt ihr den Kelch trinken, den ich trinken werde?" (Mt 20,22; Mk 10,38). Jesus stellt diese Frage vor dem Hintergrund jener großen Versuchung.

Wichtig war und blieb auf alle Fälle für Jesus die unaufhörliche Treue dem Vater gegenüber: „Nicht, was ich will, sondern was du willst."

Rechnete Jesus mit seinem Tod? Wenigstens muß er ihn aufgrund der Machenschaften seiner Gegner und des um seine Person entbrannten Konflikts für möglich gehalten haben. Aber man hat nicht den Eindruck, daß diese Möglichkeit in seinem Leben eine große Rolle gespielt hat. Er predigte weiterhin mit der gleichen Souveränität und mit der gleichen Schärfe wie zuvor. Er wußte sich in den Händen des Vaters, dem er sich immer sehr nah gefühlt hatte und dessen Willen er auch immer zu tun suchte. Dieser Vater werde ihn aus allen Gefahren retten. Dennoch hatte er die große, schreckliche und furchteinflößende Versuchung vor sich: eine Versuchung, in der viele zu Fall kommen würden und auch der Messias durch furchtbare Prüfungen hindurch müsse. Daher bekommt Jesus im Garten Angst und fleht zum Vater.

Am Kreuz selbst aber weiß er, daß der Tod naht. Die apokalyptische Vorstellung einer großen Versuchung spielt dort bei Jesus keine Rolle mehr. Es ist ihm nun bewußt, daß der Vater sein Sterben will. Sein letzter Schrei ist Ausdruck dieser letzten großen Krise. Der lukanische Satz: „Vater, in deine Hände lege ich meinen Geist" (Lk 23,46), sowie das johanneische „Es ist vollbracht" (Joh 19,30) verweisen auf die totale Hingabe Jesu, die keine Hingabe aus Resignation, sondern ein totales Sichselbstgeben in Freiheit ist.

3. Versuch der Rekonstruktion des historischen Weges Jesu

Wie schon aus den vorherigen Überlegungen deutlich geworden ist, sind die Texte des Neuen Testaments, so wie sie uns heute vorliegen, so sehr von theologischer Interpretation durchtränkt, daß es uns nicht möglich ist, den Weg Jesu historisch zu rekonstruieren. Nur über den Christus unseres Glaubens ist uns der historische Jesus zugänglich. In anderen Worten: Zwischen uns und dem historischen Jesus stehen die von jeweils ganz bestimmten Interessen geprägten Interpretationen der ersten Christen. Dies ist eine objektiv gegebene Situation, die wir jedenfalls in ihrer Gesamtheit nicht verändern können. Der Glaube braucht nicht die Konstruktion eines historischen Systems, um gültig und authentisch zu sein. Es reicht dem Glauben, daß die von den vorherigen Generationen ererbten Interpretationen eine globale, sichere Grundlage haben: Jesus lebte, verkündigte und verkörperte selbst das eschatologische Kommen Gottes zu den Menschen; man wandte sich aber gegen ihn, es wurde ihm der Prozeß gemacht, und er wurde umgebracht, seine Apostel bezeugten dann aber, sie hätten ihn als den zum göttlichen und ewigen Leben Auferstandenen gesehen. Die historischen Details dieser verschiedenen Abschnitte seines Weges sind für den Glauben zwar wichtig, entscheidend sind sie aber nicht. Die Glaubensgemeinschaft interessiert sich für diese verschiedenen Details und sucht sie in unserer Zeit kritisch zu prüfen. Sie macht aber ihre bedingungslose Zustimmung zu Jesus Christus nicht von dem Denken der Historiker und den letzten Hypothesen der Theologen abhängig, was nicht heißen soll, daß dieses Denken und diese Hypothesen die Gemeinde gleichgültig lassen. Denn normalerweise ernähren dieses Denken und diese Hypothesen den konkreten Glauben dieser Gemeinde, aktualisieren diesen Glauben und machen ihn zu einer lebendigen Wirklichkeit in der Welt. Sie sind aber nicht notwendig, damit es diesen Glauben überhaupt gibt, sondern nur, damit er sich entfalten und Rechenschaft seiner Hoffnung ablegen kann, damit die rationalen Strukturen der freien Zustimmung, die der Glaube ist, aufgezeigt und bewußt gemacht werden können.

Infolgedessen haben alle Versuche, den historischen Weg Jesu zu rekonstruieren, einen nur vorläufigen, hypothetischen, hinfälligen Wert. Dies gilt selbstverständlich auch für unseren Versuch hier. Aber jede Generation wird ihrer konkreten Situation und ihrer Interpretation der Texte des Neuen Testaments entsprechend einen solchen Versuch wagen. Jeder Glaube lebt konkret von solchen Versuchen und den entsprechenden Vorstellungen über den historischen Jesus. Das Problem besteht also nicht darin, ob es solche Vorstellungen gibt oder nicht gibt, denn es wird sie immer geben. Sondern das Problem liegt darin, *wie* wir uns diese Vorstellungen machen. In diesem *Wie* zeigt sich unsere eigene Lebensweise, zeigen sich unsere Ängste und unsere eigene Situation in der Gesellschaft und in der Welt. Daher gibt es auch soviele Interpretationen des Weges Jesu, wie es auch verschiedene Weisen gibt, den christlichen Glauben konkret in der Geschichte zu leben. Inzwischen darf und kann man sich nicht der Auseinandersetzung mit den Texten des Neuen Testaments entziehen, muß man sich ihnen unterwerfen und sie als eine kritische Instanz zur Beurteilung unserer Interpretationen und unseres Lebens gelten lassen. Eine Interpretation, die sich einer solchen kritischen Prüfung entziehen will, kann nicht mit einer gemeinschaftlichen und kirchlichen Anerkennung rechnen.

Beschreiben wir innerhalb der so gezogenen Grenzen kurz, was uns der historische Weg Jesu gewesen zu sein scheint.

1. Jesus kam aus Nazaret in Galiläa. Seine Familie gehörte zu den Frommen Israels, die das Gesetz und die heiligen Traditionen befolgten. Diese Familie führte Jesus in die Erfahrung Gottes ein. Wenn Jesus das wurde, was er war und was uns zu erkennen gegeben worden ist, dann verdanken wir dies nicht nur den Ratschlüssen des Geheimnisses, sondern auch seiner Familie. Gott macht die Vermittlung von Menschen und Dingen nicht überflüssig: Er bedient sich ihrer zur Verherrlichung seiner Geschichte. In jeder religiösen jüdischen Familie hatte das Lesen und die Meditation der Heiligen Schriften einen großen Stellenwert, und dies nicht nur, weil es sich dabei um eine Äußerung der Frömmigkeit handelte: Dieses Lesen und Meditieren waren eine Schule des Lebens. Durch sie lernte man es, das Leben und die Geschichte im Licht Gottes zu interpretieren. Dabei suchte man nicht nur die Vergangenheit, sondern auch die Gegenwart im Licht des Gotteswortes zu verstehen.

2. In einem solchen familialen Milieu lernte Jesus, die Zeichen seiner Zeit

theologisch zu interpretieren – zwar besitzen wir keine historischen Dokumente über dieses Lernen in seiner Familie, aber die Geschichte besteht nicht nur in literarischen Dokumenten, die später von ihr erhalten bleiben: Der Rhythmus des Lebens selbst ist daher die wichtigste Quelle der historischen Erkenntnis. Jesus lernte es also, seine Zeit theologisch zu interpretieren. Und dies war eine Zeit der politischen und religiösen Unterdrückung. Schon Jahrhunderte hatten Fremde in dem Land Jesu das Sagen. Dies stand im Widerspruch zu den Verheißungen Gottes der universalen Herrschaft Israels und des über alles erhabenen Gottesreiches. Das Volk lebte unter dem Joch einer kleinlichen und ängstlichen Interpretation des Gesetzes und des Gotteswillens. Die überlegene Haltung Jesu gegenüber dem Gesetz und den Traditionen fiel nicht wie ein Blitz vom Himmel. Diese gelassene Überlegenheit war ein allmählich in seiner Familie und in seiner Erziehung gewachsener Teil seines eigenen Wesens. Das Leben des jungen Jesus war von einer tiefen, intimen, warmen Erfahrung Gottes (Abba-Papa) geprägt und erfüllt gewesen.

3. Die kulturelle Umwelt, in der Jesus lebte und die die kulturelle Welt einer von vielen tiefen politischen und religiösen Gegensätzen gezeichneten Zeit war, war von der Apokalyptik tief geprägt. Hintergrund dieser Apokalyptik war die Erfahrung des Verfalls, der Bosheit und des Starrsinns dieser Welt, die von teuflischen, gottfeindlichen Kräften in Besitz genommen ist. Die Römer, die Paganisierung des Landes, der Legalismus einer gewissen Art damaliger jüdischer Religionsausübung, die Kompromisse der Herodianer sind nichts anderes als unterschiedliche Elemente eines Dramas, in dem der Böse der eigentlich Handelnde ist. Gott aber hat sich dazu entschlossen, einzugreifen und all dem ein Ende zu bereiten. Es wird der Menschensohn auf den Wolken kommen. Er bringt Gottes Gericht und wird die Gerechten erhöhen, die Bösen strafen und eine neue Ordnung der Dinge einleiten. Diese neue Ordnung hatte schon einen Namen, der eine unendliche Hoffnung, die ganze Erwartung des gesamten Gottesvolkes (Lk 3, 15) zum Ausdruck brachte: Reich Gottes. Auf das Kommen dieses Reiches sollte der Mensch sich vorbereiten. Er sollte sich bekehren, will er das Gericht bestehen und das Heil erlangen. Als Mensch seiner Zeit war auch Jesus von diesen Hoffnungen und Erwartungen erfüllt. Hermeneutisch betrachtet, ist die Apokalyptik ein System, in dem sich das menschlich Utopische ausdrückt. Die bizarre Sprache vor allem im Zusammenhang mit den Zeichen, die das Ende ankündigen und dieses Ende zu beschreiben suchen, stehen im Dienst einer großen Hoffnung und Freude. Der Herr wird kommen und siegen. So drückt sich in der Sprache der Apokalyptik der beharrliche Optimismus aus, der Kern jeder Religion ist, denn jede Religion ist Quelle und Verdichtung der Hoffnung auf Heil und Versöhnung.

4. Im Erwachsenenalter fühlte Jesus sich angesprochen durch die Verkündigung des Johannes. In der Mitte dieser Verkündigung standen das nahe Gericht Gottes und die Notwendigkeit, sich als Vorbereitung auf dieses Gericht zu bekehren. Man kann nicht behaupten, daß Jesus Schüler des Johannes war, aber auch das Gegenteil steht nicht fest. Es ist wahrscheinlich, daß sich um Johannes ein Kreis von Jüngern gesammelt hatte, die ihm folgten und ihm bei der Bußtaufe halfen (Mk 2, 18; Mt 11, 1–2; Joh 1, 35; 3, 22). Nach dem Johannesevange-

lium hat auch Jesus eine solche Taufe gespendet (Joh 3,22–36; vgl. 4,1–2). Ob er dies unabhängig von Johannes oder als einer seiner Assistenten tat, wissen wir nicht. Wohl aber ist sicher, daß einige Jünger Jesu vorher Jünger des Johannes gewesen waren (Joh 1,35–51). Zudem wissen wir auch, daß Jesus die zentrale Botschaft des Täufers bejahte und unterstützte: Es muß Buße getan werden. Dies enthält zweierlei: Erstens stehen sowohl jeder Mensch als einzelner als auch Israel als Ganzes vor Gott schlecht da. Zweitens ist die Buße ein sich Vorbereiten auf Gottes Heilsgabe, denn er kommt. Für Jesus stammte die Verkündigung des Johannes vom Himmel (Lk 20,4).

5. Bei seiner Taufe durch Johannes hatte Jesus eine entscheidende prophetische Erfahrung – allerdings ist der uns heute vorliegende Bericht voller Theologie und die Herrlichkeit des Auferstandenen wird in das Taufgeschehen zurückprojiziert. Es wurde ihm klar, daß er eine wesentliche Rolle in der Heilsgeschichte spielen würde. Mit ihm würde sich alles entscheiden. Er wird fortan seinen eigenen Weg verfolgen, der also ein anderer Weg als der des Johannes ist. Johannes verkündigte das Gericht, Jesus verkündigt nun die Frohbotschaft des Heiles und der Freude. Johannes war eher ein strenger Asket, Jesus wird nun dagegen der Völlerei in Essen und Trinken sowie der schlechten Gesellschaft von Leuten wie Zöllnern und Sündern beschuldigt. Das Gleichnis der Kinder, die auf dem Marktplatz auf der Flöte spielen, will den Unterschied zwischen Jesus und Johannes verdeutlichen: Jeder von beiden handelte in Übereinstimmung mit der von ihm gebrachten Botschaft, die bei Johannes eine Botschaft des strengen Gottesgerichtes, bei Jesus die frohe Botschaft des Heiles war (Mt 11,16–19; Lk 7,31–35).

6. Die Frohbotschaft Jesu läßt sich im wesentlichen wie folgt zusammenfassen: a) Das von allen so erhoffte Reich ist nahe; b) der Mensch sollte sich in diesem Reich durch den Glauben an die Frohbotschaft seines Nahens und durch die Bekehrung öffnen, denn c) das Kommen dieses Reiches steht unmittelbar bevor; d) es wird ein Reich des Heiles für alle Menschen, besonders aber der Sünder sein; e) denn Gott ist ein Vater der unendlichen Güte, der ohne Ausnahme alle, auch die Undankbaren und Bösen, liebt, der allerdings auch eine besondere Liebe für die Armen, Schwachen, für die Kleinen und Sünder hat; f) das alles ist verbunden mit der Nachfolge Jesu und der Zustimmung zu ihm, denn er ist derjenige, der das Reich, seine Vergebung und sein Heil verkündigt, vorwegnimmt und verwirklicht.

7. Jesus verkündigt diese Frohbotschaft in der Freiheit seines Wortes und in seinem befreienden Handeln. Typisch für die Art und Weise, wie Jesus sich verständlich machte, waren Gleichnisse und Weisheitssprüche, die dem Leben entnommen und daher leicht verständlich waren. Am wichtigsten aber war die Verkündigung der Nähe des Reiches in seiner Praxis: Jesus befreit durch symbolische und wundertätige Gesten. Diese wollen nicht sosehr die göttliche Macht Jesu unter Beweis stellen, sondern sie wollen auf dem harten Boden der Geschichte und des getretenen, erniedrigten Lebens konkretisieren, was die Wirklichkeit des Reiches sein wird. Jesus befreite vor allem dadurch, daß er den herrschenden Gesetzesinterpretationen und Traditionen, die dem Leben seine Menschlichkeit nahmen und es verhinderten, daß das Volk das Wort Gottes

hörte, ihre Absolutheit nahm und sie entmystifizierte. Dabei bezog sich seine Praxis in ihrer Stoßkraft nicht auf einzelne Bereiche des Lebens, wie auf den Kult, sondern auf das Leben in seiner Gesamtheit, wobei er dieses Leben als einen Dienst an den anderen in Liebe verstand. Der Mensch sollte immer wissen, daß er vor Gott steht, und immer vor Gott leben: Er darf also dieses Sein vor Gott nicht auf das Gebet oder das Opfer beschränken: Das war die wesentliche Forderung Jesu. In demselben Geist, in dem wir Gott lieben, sollen wir auch die anderen lieben. Dies ist keine Moralisierung des menschlichen Lebens, sondern das Leben bekommt eine neue Qualität: Die Veränderung, die Jesus bringt, bezieht sich mehr auf das Sein des Menschen als auf die Moral. Die Moral ist nur die Folge des neuen Seins, seine Widerspiegelung im konkreten Leben des Menschen.

Die Botschaft und die Lebenspraxis Jesu („Er hat alles gut gemacht": Mk 7,37) beruhen auf seiner tiefen Gotteserfahrung. Dieser Gott war nicht mehr ein strenger und ferner Gott, sondern er war der Vater der unendlichen Güte, der für jedes menschliche Geschöpf da ist und allen, ganz besonders auch den Undankbaren und Bösen gegenüber (Lk 6,35b), ohne irgendwelches Verdienst ihrerseits sein Wohlwollen und seine Güte erweist. Jesus fühlt auch einen Abstand zwischen sich selbst als Geschöpf und Gott: er betet zu ihm und bittet ihn. Zugleich aber fühlt er auch eine so tiefe und intime Vertrautheit mit Gott, daß er sich als Gottes Sohn fühlt und sich auch so nennt. Er spürt, daß Gott durch ihn handelt. Gottes Reich offenbart sich in seinem Tun und in seinem Leben. Sein Essen mit den Sündern, sein Umgang mit den Unreinen und Marginalisierten ist nicht an erster Stelle eine Form des Humanismus, sondern ein konkreter Ausdruck der Liebe Jesu zu Gott und der unbeschränkten Vergebung Gottes für alle, die von ihrem Gewissen angeklagt wurden und sich für verloren hielten. Indem er sich zu ihnen gesellte, gab Jesus ihnen die Sicherheit, daß Gott mit ihnen war, sie zu sich kommen ließ und ihnen vergab. In Funktion jener von Jesus gelebten Liebe zu Gott steht auch das große Paradox seines Lebens, und von dort aus läßt es sich auch verstehen: einerseits seine freie Einstellung in bezug auf das Gesetz, die Traditionen, die verschiedenen gesellschaftlichen und religiösen Bräuche und Etiketten seiner Zeit, andererseits aber ein extremer ethischer Radikalismus wie er in der Bergpredigt zum Ausdruck kommt. Dieses Paradox muß im Licht der Erfahrung, die Jesus von Gott als einem Gott der Liebe und der Güte hatte, verstanden werden. Bei der Liebe sind Grenzen und Beschränkungen fehl am Platze: Sie würden den Tod der Liebe bedeuten. Jesus fordert daher sehr viel: Alles und alle sollen geliebt werden. Wegen dieser Liebe geht er dem Konflikt mit den Gesetzesinterpretationen und den Traditionen nicht aus dem Wege, denn diese stehen ihm bei der Konkretisierung und Durchsetzung der Liebe im Wege, behindern ihn. An sich ist Jesus gegen nichts, auch nicht gegen die Gesetzesinterpretation und die Frömmigkeit der Pharisäer. Sein Einspruch und sein Widerstand gegen beide haben ihren Grund in seinem Entwurf einer neuen Existenz im Licht einer neuen Erfahrung Gottes. Im Namen dieser Erfahrung wird dann alles andere einer läuternden und reinigenden Kritik unterworfen.

9. Das Reich wird nicht magisch auf die Erde heruntergezaubert: Es ist ein Vorschlag, ein Angebot an den Menschen und setzt so dessen freie Antwort vor-

aus. Daher ist das Reich eine historische und persönlich strukturierte Wirklichkeit, obwohl sein Geltungsbereich sich weit über das nur Persönliche ausdehnt. Gott setzt sein Reich nicht mit Zwang durch, denn er ist kein Gott der Gewalt, sondern ein Gott der Liebe und der Freiheit. So kann man verstehen, daß Jesus mit der gleichen Entschiedenheit und Insistenz sowohl die Frohbotschaft vom Kommen des Reiches als auch die Notwendigkeit der Bekehrung hervorhebt. Das eine wird dem Menschen nicht ohne das andere geschenkt. Die Bekehrung ist zudem mehr als nur eine *conditio sine qua non* des Reiches: Sie ist das schon im Leben der Menschen Wirklichkeit gewordene Reich.

10. Aufgrund ihrer Neuheit und der Freude, die sie auszulösen vermochte, zog die Verkündigung Jesu die Massen an und übte einen starken Einfluß auf sie aus. Weil Jesus aber ein radikales Umdenken und ein ganz neues Handeln forderte, entstand schließlich eine tiefe Krise im Volk, das ihm zuvor gefolgt war, von der auch seine Jünger erfaßt wurden. Die gesamte Arbeit Jesu schien zu scheitern, und Jesus fühlte sich gezwungen zu sagen: „Selig ist, wer an mir keinen Anstoß nimmt" (Lk 7,18–23; Mt 11,6). Die Massen blieben weg, viele Jünger entfernteten sich, und auch die Apostel wollten gehen (vgl. Joh 6,67). Schließlich kam es zu der sogenannten galiläischen Krise (Mk 9,27 ff; Lk 9,37 ff). Es wurde Jesus deutlich, daß gegen sein Leben ein ernstzunehmendes Komplott geschmiedet wurde. In Lk 9,51 heißt es: „Jesus verhärtete sein Gesicht", d. h., er faßte den festen Entschluß, „nach Jerusalem zu ziehen". Mk 10,32 kommentiert: „Während sie auf dem Weg hinauf nach Jerusalem waren, ging Jesus voraus. Die Leute wunderten sich über ihn, die Jünger aber hatten Angst." Dort in Jerusalem, im Tempel, sollte, so glaubte eine Richtung der Apokalyptik, das Reich hereinbrechen.

11. Jesus hat diese Krise und die dadurch entstehende Einsamkeit um ihn herum wohl auf sich genommen und sie dann auch verarbeitet. Ihm wurden schwere Vorwürfe gemacht: er sei ein falscher Prophet (Mt 27,62–64; Joh 7,12), ein Verrückter (Mk 3,24), ein Betrüger (Mt 27,63), ein Subversiver (Lk 23,2.14), ein Besessener (Mt 3,22; Joh 7,20), ein Ketzer (Joh 8,48) und so fort. „Nirgends hat ein Prophet so wenig Ansehen wie in seiner Heimat" (Mk 6,4; Mt 13,57; Lk 4,24; Joh 4,44), tröstet sich Jesus. Angesichts dieser Krisen hat sich wohl auch die Vorstellung, die Jesus von sich selbst hatte, gewandelt. Jesus blieb nicht unberührt von dem, was um ihn herum geschah: Er lebte nicht in erhabener Entfernung von allen historischen Ereignissen. Am Anfang hatte er sich als der eschatologische Verkündiger und Prophet Gottes verstanden, als derjenige, der das Heil ankündigt und zur Bekehrung ausruft. Als der Widerstand gegen ihn wuchs und es ihm auch deutlich wurde, daß man ihm ein dramatisches Ende bereiten wollte, veränderte er trotzdem sein Grundverhalten nicht. Mit dem gleichen Mut wie zuvor setzte er seine Verkündigung fort und vertraute nach wie vor auf die Fähigkeit des Menschen zur Bekehrung und Nachfolge. Er fühlte sich aber auch als der leidende Gerechte, so wie er von der Theologie des Alten Testaments und der Apokalyptik dargestellt worden war. Der Gott und dem Gesetz treue Gerechte wird demnach verfolgt, erniedrigt und möglicherweise sogar getötet. Gott aber wird ihn verherrlichen. Diese Gestalt eines gerechten und lei-

denden Propheten paßte sehr wohl in das apokalyptische Klima, in dem Jesus lebte.

Der Tod eines Gerechten als Sühne für die Sünden eines anderen ist ein Thema der rabbinischen Theologie und nicht der Apokalyptik. Nach den Rabbinen brauchte derjenige, der als Märtyrer starb, zuvor kein Gerechter gewesen zu sein (2 Makk 7,32): Auch wenn er dies nicht gewesen sei, könne er die Sünden anderer sühnen (4 Makk 6,28; 17,22). Auch ein zum Tode verurteilter Krimineller könne die Sünden anderer sühnen, vorausgesetzt, er akzeptiere seinen Tod in Freiheit. Gegen die Meinung von O. Cullmann und J. Jeremias scheint Jesus sich wohl nicht als den leidenden Gottesknecht betrachtet zu haben. Nach F. Hahn und vor allem W. Popkes habe Jesus sich zwar hingegeben, aber ohne sich auf das Lied vom leidenden Gottesknecht bei Jes 53 zu beziehen bzw. ohne sich ausdrücklich und bewußt für einen solchen zu halten.

Höchstwahrscheinlich hielt der historische Jesus sich also für den leidenden Gerechten und Propheten (L. Ruppert). Aber das entsprechende Bewußtsein entstand erst allmählich in dem Maße, in dem Jesus den zunehmenden Widerstand spürte und die so entstehende Situation verarbeitete und interpretierte.

12. Allgemein geht aus den Evangelien sehr klar hervor, daß Jesus in allem, was er tat, ganz und gar von Gott und nicht von der jeweiligen Situation ausging. Sein Leben war ein ursprüngliches, in ihm selbst seinen Anfang habendes Handeln und nicht eine Re-aktion auf ein sich auf ihn beziehendes Handeln anderer. In allem suchte er den Willen des Vaters zu tun, mit dem er sich eins fühlte. Allerdings war dieser Wille nicht ein Jesus deutlich vor Augen stehendes Drehbuch, das von vornherein feststand, das er kannte und nach dem er nur noch vorzugehen hatte. Hätte Jesus alles im vorhinein gewußt, dann wären seine Verkündigung, sein Insistieren auf der Notwendigkeit der Bekehrung und sein gesamtes Engagement nur ein „Tun als ob" gewesen, eine reine Aufführung eines zuvor verfaßten Stückes. Dann wäre auch sein Tod nur Theater gewesen. Statt dessen war Jesus aber „homo viator" wie wir alle. Allerdings hatte er als der eschatologische Prophet und Gerechte ein in dieser Intensität nie zuvor und nie nachher gegebenes Feingefühl für das Göttliche und den konkreten Willen Gottes. Aber das heißt nicht, daß er diesen Willen zuvor, a priori, kannte, sondern er suchte diesen Willen in vollkommener innerlicher Reinheit, in radikaler Treue. Er entdeckte diesen Willen im konkreten Leben, so wie er es sich als umherwandernder Prophet lebte, im Zusammensein mit den Seinen, in den Auseinandersetzungen mit seinen Gegnern, in den Begegnungen, die er hatte, im Gebet sowie in seinem Nachdenken über Gott, den er immer neu und unerwartet entdeckte, sowohl in den Lilien des Feldes als im Lesen der Schrift. Was Gott in einem bestimmten Augenblick von ihm wollte, wußte Jesus nicht a priori. Aber er entdeckte es, indem er die Geschichte auf sich nahm in ihrer gesamten Unvorhersehbarkeit und Zufälligkeit. Durch seine angestrengte Suche nach Gottes Willen und seine intime Einheit mit Gott vermag er diesen Willen ganz intensiv zu spüren: in der Freude der Apostel, die zufrieden von ihrer Verkündigungsreise zurückkommen (Mk 6,30–31; Mt 14,22), in seiner Flucht vor denjenigen, die ihn festnehmen und töten wollten (Lk 4,30; Joh 8,59; 10,39), und sogar am Kreuz im Angesicht des Todes. Es wird Jesus nicht immer leicht gewesen

sein, diesen Willen Gottes zu akzeptieren. So zerstörte dieser Wille möglicherweise in mancherlei Hinsicht das Bild, das Jesus sich vom Reich Gottes gemacht hatte (vgl. Lk 22, 15–29; Mk 14, 25), wie es auch bei der Szene der Versuchung Jesu im Garten von Getsemani deutlich wird. Das war aber für Jesus nicht ausschlaggebend: ausschlaggebend war es, in vollkommenem Gehorsam bis zum Tode auf diesen Willen Gottes zu hören. So wie die ganze Existenz Jesu ein Sein-für-die-anderen , eine Pro-existenz war, so nahm er auch sein Leiden auf sich, weil es für die von ihm vertretene und verteidigte Sache notwendig war und weil die Treue allen Menschen gegenüber, für die er Prophet war, dies forderte.

13. Nach der Feststellung des Scheiterns seines Wirkens in Galiläa ging er nach Jerusalem. Dort erwartete er das Hereinbrechen des Gottesreiches und den totalen Sieg der von ihm vertretenen Sache. Er zog mit den Seinen in Jerusalem ein und richtete seine Schritte zum Tempel: denn dort sollte sich das Gottesreich manifestieren. So heißt es Mk 11, 11: „Und er zog nach Jerusalem hinein, in den Tempel; nachdem er alles angesehen hatte, ging er spät am Abend mit den Zwölf nach Betanien hinaus."

Wir glauben hier vor einem entscheidenden Text zu stehen, der eine Zäsur im allgemeinen Zusammenhang bedeutet und daher auch eines der schwierigsten exegetischen Probleme aufwirft. Dieses wird aber im Licht des Selbstbewußtseins Jesu als leidender Gerechter und Prophet verständlich. Jesus trat in den Tempel hinein und schaute gespannt um sich. Jeden Augenblick könne das Reich in irgendeinem Teil des Tempels hereinbrechen. Aber nichts geschah ... Dann ging Jesus aus dem Tempel hinaus nach Betanien , wo seine Freunde Lazarus, Marta und Maria wohnten.

Am folgenden Tag kam er wieder. An dieser Stelle erzählen die Evangelien die Tempelreinigung. Was mag deren Sinn gewesen sein? War sie nur Ausdruck der strengen, rigorosen Einstellung Jesu? Wir meinen, daß sie im Zusammenhang mit der Erwartung Jesu des baldigen Kommens des Reiches verstanden werden muß. Demnach habe sich im Tempel nichts getan und das Reich sei dort nicht gekommen, weil der Tempel unrein und so Gottes unwürdig geworden sei. Daher müsse er gereinigt werden. Dadurch werde dann die Voraussetzung geschaffen, daß Gott sich allen in seiner Herrlichkeit zeigen könne und so seine Herrschaft über alle Dinge einen Anfang nehme. Bei Markus endet der Bericht über die Tempelreinigung mit fast den gleichen Worten wie der vorherige Bericht über den Einzug Jesu in Jerusalem und seinen ersten Besuch im Tempel: „Als es Abend wurde, verließ Jesus mit seinen Jüngern die Stadt" (Mk 11, 19).

Damit hatte sich wieder einmal eine bestimmte Erwartung Jesu als falsch erwiesen. Nun ist das Leben eines jeden Menschen ein andauernder Prozeß der Entstehung von Erwartungen und Vorstellungen, ihres sich möglicherweise Nichtbewährens, der Entstehung neuer Erwartungen und Vorstellungen: also ein dauernder Prozeß des Sterbens und des Auferstehens. Das war für Jesus nicht anders. Jeder Mensch lebt, indem er interpretiert, und er interpretiert, solange er lebt. Er konstruiert dauernd selbst die Bedeutung, die die Welt für ihn hat. Die Aufgabe des Glaubens besteht nun darin, sich in all dem für Gott und sein immer neues Kommen jeden Tag offen und frei zu halten. Jesus war mehr als jeder andere Mensch ein Mensch des Glaubens und der Hoffnung. Wenn der Glaube nicht nur darin besteht, daß ich gewisse Wahrheiten annehme und die Heilsrelevanz bestimmter Ereignisse für mich anerkenne, sondern er zudem grundsätzlich auch einen neuen Lebensstil beinhaltet, durch den ich mich immer auf Gott ausrichte und ihm hingebe, dann war Jesus der Urtyp des Glaubenden. In diesem Sinn heißt es Hebr 12,2, daß Jesus der „archēgós" und der „teleiōtés", der „Urheber" und „Vollender" des Glaubens ist. Mit anderen Worten: Er glaubte auf eine so voll-kommene Weise, daß er zu einem jeden Glauben fördernden und nährenden Prinzip wurde. Der Grund dafür liegt in der Tatsache, daß er so glaubte, wie es die lange Kette der in dem einmaligen Text von Hebr 11 gerühmten Glaubensvorbilder des Alten Testaments getan hatte. Daher wird Jesus „pistós" genannt (Hebr 3,2: der, der Glauben hat; vgl. Hebr 2,13; 2,17; 5,8, wo vom Gehorsam, den Jesus gelernt hat, die Rede ist – „Gehorsam" ist dabei Synonym für „Glauben").

Dieser Glaube nährte und orientierte dauernd das Leben Jesu. Im Licht des Glaubens erkannte er in den Ereignissen seines Lebens den Willen Gottes, den er bejahte und zu dem seinen machte.

14. Im Garten von Getsemani mußte er durch die ersten Anzeichen der großen eschatologischen Versuchung hindurch. Es wurde ihm deutlich: Der große Augenblick war nah, in dem sich alles entscheiden würde. Vor diesem Augenblick verspürte er Angst: „Meine Seele ist zum Tode betrübt" (Mk 14,34). „Nun werde ich beten" (Mk 14,32). Er bat, „daß die Stunde, wenn möglich, an ihm vorübergehe" (Mk 14,35): „Abba, Vater, alles ist dir möglich. Nimm diesen Kelch von mir! Aber nicht, was ich will, sondern was du willst (soll geschehen)" (Mk 14,36). Auch hier in diesem Text gibt es die typischen Ausdrücke „die Stunde" und „Kelch".

Jesus ging aus der Versuchung gestärkt hervor. Er gab sich voller Vertrauen dem geheimen Ratschluß Gottes hin. Er vertraute darauf, daß Gott ihn befreien würde, wie schlimm sich die Dinge auch zu verhalten schienen.

15. Der ganze Leidensbericht steht unter dem Zeichen der Selbsthingabe bzw. des Überliefertwerdens Jesu: Von Judas wurde er dem Synedrium ausgeliefert (Mk 14,10.42); das Synedrium lieferte ihn Pilatus aus (Mk 15,1.10); Pilatus übergab ihn den Soldaten (Mk 15,15) und diese übergaben ihn dem Tod (Mk 15,26); schließlich überließ Gott ihn dem eigenen Schicksal, und Jesus starb mit einem Schrei der Verlassenheit auf den Lippen (Mk 14,34). Während seines gesamten Prozesses bewahrte Jesus die Ausgeglichenheit und seine Souveränität, was in den Evangelien sehr gut hervorgehoben wird. Diese Haltung Jesu hat nichts mit einem Stoizismus zu tun: Es beruht auf seinem absoluten Vertrauen Gott gegenüber, das in seiner absoluten Selbsthingabe an ihn zum Ausdruck kommt. Er folgt dem Weg des Geheimnisses, wohin dieser auch führe.

16. Welche Bedeutung hat Jesus seinem Tod beigemessen? Dieselbe, die er auch seinem Leben gab. Er verstand das Leben nicht als etwas, was der Mensch für sich selbst lebt oder genießt, sondern als Dienst an den anderen. Die Diakonie ist ein charakteristisches Merkmal des Lebens Jesu. So heißt es treffend bei Markus: „Er hat alles gut gemacht; er macht, daß die Tauben hören und die Stummen sprechen" (Mk 7,37). Oder wie es ein heutiger Theologe schrieb: „Mit allergrößter Wahrscheinlichkeit kann die heutige neutestamentliche Forschung sagen: Jesus hat seinen Tod nicht als Sühneopfer, nicht als Genugtuung, nicht als

Loskauf verstanden, und es lag auch nicht in seiner Absicht, gerade durch seinen *Tod* die Menschen zu erlösen. Die Erlösung der Menschen hing nach der Meinung Jesu davon ab, ob sie sich auf seinen Gott und auf die Art für andere zu leben einließen, mit der er ihnen begegnete. Heil und Erlösung hängen also für Jesus nicht erst von seinem zukünftigen Tod ab, sondern davon, daß Menschen diesen durch Jesus eröffneten universal guten Gott auch an sich heranlassen und sich – ineins damit – zu einem entsprechenden Verhalten gegenüber den Mitmenschen frei machen lassen. Kurz, daß sie sich in den in der Liebe tätigen, vertrauenden Glauben (Gal 5,6) hineinstellen lassen" (Kessler 25).

Unsere Erlösung hängt also nicht von einem mathematisch bestimmbaren Punkt des Lebens Jesu, von seinem Tod ab: Das gesamte Leben Jesu hatte erlösenden Wert. Der Tod Jesu ist ein erlösender Tod, weil er aus der Mitte des Lebens Jesu stammt. Er nahm den Tod auf sich, wie er alles andere, was von Gott kam, auf sich nahm. Allerdings hat der Tod eines jeden Menschen anthropologisch einen sehr hohen Wert, denn er ist Abschluß, Ende, Zielpunkt eines Lebens. Daher ist der Tod Jesu Höhepunkt seiner Pro-existenz und seines Seins-für-die-anderen. In voller Freiheit und mit höchster Intensität lebte er seinen Tod als totale Hingabe an Gott und die Menschen, die er bis ans Ende liebte (vgl. Joh 13,1). In diesem Sinn kann man sagen, daß der Tod Jesu der Höhepunkt seines Dienstes ist – wie übrigens sein gesamtes Leben Dienst war. Was Jesus an Heil bringen wollte und brachte, erschöpft sich nicht im Augenblick des Todes.

4. Die transzendente Bedeutung des menschlichen Todes Jesu

Wenn auch die Motive derer, die Jesus vor Gericht schleppten und dann in den Tod trieben, banal waren: Motive der Sicherheit und der Sicherung eigener Privilegien, Egoismus, die Sklerose eines Systems – der Tod Jesu war es nicht. Auf dem Hintergrund dieses Todes zeigt sich die ganze Größe Jesu. Durch ihn wird die Unterdrückung selbst zum Weg der Befreiung. Von einem bestimmten Punkt seines Lebens an (galiläische Krise) rechnete er mit der Möglichkeit eines Anschlags auf sein Leben. Der Tod des Täufers blieb ihm nicht verborgen (Mk 6, 14–29). Er wußte um das Schicksal der Propheten (Mt 23,27; Lk 13,33–34; Apg 2,23) und verstand sich selbst als solchen. Er ging seinem Tod also nicht naiv entgegen, was nicht heißt, daß er ihn suchte oder gar wollte. Die Evangelien reden davon, daß er sich verbarg (vgl. Joh 11,57; 12,36; 18,2; Lk 21,37) und die Pharisäer mied, die ihn sehr bedrängten (Mk 7,24; 8,13; Vgl. Mt 12,15; 14,13). Wie jeder Gerechte aber war er bereit, sein Leben zu opfern, wenn es notwendig sei, um für die Wahrheit Zeugnis abzulegen (vgl. Joh 18,37), wenn er auch seinem apokalyptischen Denken entsprechend hoffte, von Gott befreit zu werden. Er suchte die Juden zu bekehren. Auch wenn er sich allein und isoliert fühlte, resignierte er nicht , und er ging auch keinen Kompromiß ein, um in einer gegebenen Situation zu überleben. Er blieb seiner Wahrheit treu bis zum Ende, auch wenn dies für ihn die höchste Gefahr bedeutete. Er bejahte diese Gefahr und nimmt sie frei auf sich, nicht als ein unumgängliches Schicksal, sondern als die Freiheit, als Zeugnis für die verkündigte Botschaft, das eigene Leben zu wagen:

„Niemand entreißt mir das Leben, sondern ich gebe es aus freiem Willen hin" (Joh 10, 18). Sein Tod ist nicht Strafe, sondern Zeugnis; nicht Schicksal, sondern Freiheit. Jesus lebt und handelt trotz der Möglichkeit des Todes weiter, denn die Kraft und die Inspiration seines Lebens ist nicht die Furcht vor dem Tod, sondern sein Engagement der Bejahung und Verwirklichung des Willens seines Vaters und sein Engagement in der Verkündigung einer Botschaft der Befreiung für seine Brüder.

Die Propheten und Gerechten wie Jesus, der für die Gerechtigkeit und die Wahrheit starb, klagen die Mißstände dieser Welt an und rütteln an die geschlossenen Systeme, die ein Monopol an Wahrheit und der Verwirklichung des Guten zu besitzen meinen. Diese monopolisierende Verschlossenheit ist die Sünde dieser Welt. Es war diese banale, sich auch in den Strukturen der Welt niederschlagende Sünde, die Jesus den Tod brachte. Jesus reagierte aber nicht wie seine Gegner das erwarteten. Selbst Opfer der Unterdrückung und Gewalt, griff er nicht auf Unterdrückung und Gewalt zurück, um sich durchzusetzen. *Der Haß kann zwar töten, er kann aber nicht die Bedeutung definieren, die, wer so den Tod stirbt, seinem Tod gibt* (Duquoc 204). Jesus definierte seinen Tod als Liebe, Selbsthingabe und freies Opfer für die, die ihn töteten, sowie für alle Menschen. Der Prophet von Nazaret, der am Kreuz starb, war aber gleichzeitig der Sohn Gottes, eine Wirklichkeit, die erst nach der Auferstehung vom Glauben wahrgenommen werden konnte. Als Sohn Gottes bediente er sich aber nicht göttlicher Macht, mit der er jede Situation hätte verändern können. Bei ihm ist Macht kein Beherrschen anderer, denn dies wäre Macht im diabolischen Sinn als Quelle der Unterdrückung und Hindernis für das Entstehen von Gemeinschaft. Jesus legt Zeugnis ab für die wahre Macht Gottes, die die Liebe ist. Diese befreiende Liebe läßt Solidarität entstehen und weckt die Offenheit für einen wirklichen Prozeß der Befreiung. Sie schließt alle Gewalt und Unterdrückung aus, auch nicht um das zu verwirklichen, was sie verwirklichen will. Ihre Effizienz ist eine andere als die der Gewalt mit ihrer Beseitigung von Menschen und bestimmten Situationen. Denn die Effizienz der Gewalt ist nur eine scheinbare Effizienz: Sie vermag nicht, die Unterdrückung und den Geist der Unterdrückung zu durchbrechen. Die Liebe besitzt dagegen eine eigene Effizienz, auch wenn diese nicht unmittelbar sichtbar und deutlich zu erkennen ist: Diese Effizienz ist der Mut, das eigene Leben aus Liebe als Opfer darzubringen. Sie ist die Sicherheit, daß die Zukunft die des Rechtes und der Gerechtigkeit, der Liebe und der Brüderlichkeit und nicht der Unterdrückung, der Rache und des Unrechts ist. Wie es die Geschichte der vergangenen Jahrhunderte aber auch heute beweist, ist es nicht verwunderlich, daß die Mörder der Gerechten und Propheten um so gewaltsamer werden, je mehr sie ihre eigene Niederlage voraus spüren. Ihr eigenes Unrecht hetzt die Mörder gegeneinander auf und trennt sie voneinander. Gott macht hier nichts, wenn der Mensch selbst nicht will. Das Reich ist ein Prozeß, an dem der Mensch sich beteiligen muß. Wenn der Mensch sich verweigert, dann wird er von Gott nicht durch Gewalt gezwungen, sondern die sich opfernde Liebe hört nicht auf, ihn einzuladen: „Wenn ich über die Erde erhöht bin, werde ich alle zu mir ziehen" (Joh 12, 32).

Unabhängig von der neuen Bedeutung, die der Tod Jesu im Licht seiner Auferstehung gewinnt, hat dieser Tod einen Sinn, der dem Leben Jesu entspricht. Alle, die wie Jesus mehr Gerechtigkeit, mehr Liebe, mehr Rechte für die Unterdrückten und eine größere Freiheit, um freier zu sein für Gott, fordern, müssen damit rechnen, auf Widerstand zu stoßen, und laufen Gefahr, liquidiert zu werden. Der Tod ist dann überwunden, wenn er nicht mehr zu einem die Menschen bedrohenden Schrecken gemacht wird, der sie hindert, zu leben und die Wahrheit zu verkünden. Er hat dann seinen Platz und wird akzeptiert im Gesamtkontext des Lebens und Wirkens des Gerechten und wahren Propheten. Mit solchem Tod kann und muß man rechnen. Die Größe Jesu besteht darin, daß er trotz allen Widerstands und trotz seiner Verurteilung nicht den bequemen Weg ging. Auch wenn er sich am Kreuz von dem Gott verlassen fühlt, dem er immer zu dienen suchte, gibt er sich nicht der Resignation hin. Er vergibt und glaubt und hofft weiterhin. Er gibt sich mitten im totalen Scheitern in die Hände des geheimnisvollen Vaters, bei dem die Absurdität des Sterbens eines Unschuldigen ihren letzten Sinn hat. Im Tiefpunkt der Verlassenheit und der Hoffnungslosigkeit offenbart sich der Höhepunkt des Vertrauens und der Hingabe an den Vater. Jesus kann sich nicht mehr auf sich selbst und das, was er getan hat, stützen. Er vertraut nur auf Gott. Nur in Gott ruht seine Hoffnung, eine Hoffnung, die auf diese Weise die Grenzen des eigenen Todes schon überschritten hat. Dies ist die vollkommene Befreiung: Jesus befreit sich ganz von sich selbst, um ganz von Gott zu sein. Wenn, wie Bonhoeffer sagte, Sokrates uns durch sein gelassenes und souveränes Sterben vom Schrecken vor dem Sterben befreite, dann tat Christus viel mehr: er befreite uns vom Tod. Sein Tod kam der Verzweiflung sehr nah. Seine Hingabe zum Wohle der Menschen und an Gott war so uneingeschränkt und total, daß das Reich des Todes überwunden wurde. Dadurch vermochte die Auferstehung dort, wo totale Vernichtung herrschte, einzubrechen.

Literaturhinweise

Dibelius, M., Die Formgeschichte des Evangeliums (Tübingen 1933).
Bultmann, R., Die Geschichte der synoptischen Tradition (Göttingen [6]1964).
Dodd, C. H., According to the Scriptures (Welwyn 1952).
Fascher, E., Theologische Beobachtungen zu *dei:* Neutestamentliche Studien zu R. Bultmann (Berlin 1957) 228 ff.
Taylor, V., The Gospel according to St. Mark (New York 1966).
Percy, E., Die Botschaft Jesu (Lund 1953).
Dupont, J., Les béatitudes (Paris 1969).
George, A., Comment Jésus a-t-il perçu sa propre mort?: Lumière et Vie 101 (1971) 39–54.
Mahieu, L., L'abandon du Christ sur la croix: Mélanges de Sciences religieuses 2 (1945) 209–242.
Murphy, T. A., The Dereliction of Christ on the Cross (Washington 1940).
Gnilka, J., Mein Gott, mein Gott: Biblische Zeitschrift 3 (1959) 294–297.
Gerhardson, B., Jésus livré et abandonné: Revue Biblique 76 (1969) 222–225.
Gese, H., Psalm 22 und das NT: Zeitschrift für Theologie und Kirche 63 (1968) 1–22.
Kuhn, K. G., Jesus in Gethsemani: Evangelische Theologie 12 (1952) 260–285.
Feuillet, A., La coupe et le baptême de la Passion: Revue Biblique 74 (1967) 365–391.
Ruppert, L., Jesus als der leidende Gerechte? Der Weg Jesu im Lichte eines alt- und zwischentestamentlichen Motivs (Stuttgart 1972).
Rahner, K./Thüsing, W., Christologie – systematisch und exegetisch (Freiburg i. Br. 1972).
Kessler, H., Erlösung als Befreiung (Düsseldorf 1972).

IV. Die Auferstehung als der letzte Sinn des Todes Christi

In unseren vorangehenden Überlegungen haben wir versucht, den von Jesus in allen Dimensionen seines Lebens in Angriff genommenen Prozeß der Befreiung herauszuarbeiten. Indem die Befreiung ein Prozeß ist, kann sie nur partiell sein: Ein Prozeß ist noch nicht abgeschlossen. Es ist noch nicht deutlich, wohin er führt, was er vorwegnimmt. Wenn die befreiende Tätigkeit Christi sich nur auf diesen von ihm in Angriff genommenen Prozeß der Befreiung beschränkt hätte, dann hätte er nicht als der universale Befreier verkündigt werden können, denn die von ihm gebrachte Befreiung wäre nicht total gewesen: sie wäre partiell geblieben. Eine Befreiung, die diesen Namen verdient, muß eine gewisse Totalität und Universalität besitzen. Diese Totalität der Befreiung wurde in der Auferstehung Jesu Wirklichkeit. Durch sie wird die utopische Wahrheit des Reiches topisch, und es entsteht die Sicherheit, daß der Prozeß der Befreiung nicht in einem nie aufhörenden Wechsel von Unterdrückung und Befreiung stecken bleibt, sondern daß er zu einer totalen, restlosen Befreiung führt.

Dabei ist die Auferstehung kein Phänomen der menschlichen Biologie oder der Zellphysiologie: Christus wurde nicht zu einem Leben auferweckt, das seinem vorherigen Leben ähnlich war. Die Auferstehung ist die totale Inthronisierung der geistig-körperlichen Wirklichkeit des Menschen in die Sphäre des Göttlichen. Daher ist sie auch die volle Verwirklichung des Menschseins und der Befreiung. In Jesus erreicht die menschliche Geschichte durch die Auferstehung ihr Ziel. Daher kann man sie als die vollkommene Befreiung des Menschen darstellen. Durch sie ist der Tod besiegt, und es entsteht eine neue menschliche Lebensweise, die nicht mehr von den Mechanismen des Verschleißes und des Todes beherrscht wird, sondern die vom göttlichen Leben selbst lebendig gemacht wird. In diesem Sinn ist die Auferstehung ein Protest gegen eine „Gerechtigkeit" und ein „Recht", auf deren Grundlage Jesus verurteilt wurde. Sie ist ein Protest dagegen, daß diese Welt mit ihrer Ordnung und ihren Gesetzen einen rein immanenten Sinn haben soll, denn diese Ordnung und diese Gesetze haben dazu geführt, daß der von Gott in der Auferstehung Bestätigte vorher verworfen worden war. Die Auferstehung ist so Quelle einer befreienden Hoffnung, die über diese vom Gespenst des Todes beherrschte Welt hinausgeht.

Treffend schreibt der bekannte Vertreter der schwarzen Befreiungstheologie James Cone:

„Die Auferstehung Christi zeigt, daß die Unterdrückung für Gott keine Niederlage bedeutet, sondern von ihm in eine Möglichkeit der Freiheit verwandelt wird. Für Menschen, die in einer Gesellschaft der Unterdrückung leben, heißt dies, daß sie nicht leben sollten, als ob der Tod die letzte Wirklichkeit wäre. Gott hat uns in Christus vom Tod befreit, und nun können wir leben, ohne uns um unsere Marginalisierung in der Gesellschaft, die wirtschaftliche Unsicherheit oder den politischen Tod zu kümmern. In Christus hat der unsterbliche Gott den Tod geschmeckt und diesen dadurch auch vernichtet" (Teologia negra 148).

Der Gekreuzigte ist nun der Auferstandene: der leidende Knecht und Unterdrückte ist nun der Befreier. Die Befreiung vom Tod zu leben bedeutet nun, nicht mehr zuzulassen, daß er das letzte Wort über das Leben hat und unser gesamtes Verhalten und alles, was wir tun, von der Angst zu sterben bestimmt werden. Die Auferstehung hat uns gezeigt, daß es nicht sinnlos ist, für die Wahrheit und Gerechtigkeit zu leben, daß dem Unterdrückten und Ermordeten das Leben vorbehalten ist, das schon in Jesus Christus offenbar geworden ist. Dies ermutigt dazu, die Freiheit der Söhne Gottes zu leben, ohne durch die Kräfte des Todes gelähmt und von ihnen beherrscht zu werden.

Die Auferstehung erlaubte es den Evangelisten, den Tod des Märtyrers und Propheten Jesus von Nazaret neu zu verstehen. Dies war nicht ein Sterben wie das Sterben anderer, wie heroisch dies auch sein möge. Es war das Sterben des Gottessohnes und des Gesandten des Vaters. Der Konflikt, der hier im Spiel war, war nicht nur der Konflikt zwischen der Freiheit Jesu und den Zwängen einer legalistischen Befolgung des Gesetzes: Es war auch der Konflikt zwischen dem Reich des Menschen als Reich der Verfallenheit und dem Reich Gottes. Dabei ist das Kreuz nicht allein die schändlichste Strafe jener Zeit: Es ist auch ein Symbol, wie weit der Mensch in seiner gesamten Frömmigkeit – es waren ja die Frommen, die Jesus verurteilten –, in seinem fanatischen Eifer für Gott, in seinem geschlossenen Dogmatismus und in seiner Reduktion der Offenbarung auf die Fixierung eines Textes gehen kann. Daher mußte Jesus, der immer von Gott aus lebte, dieser Tod abstoßend und absurd erscheinen (vgl. Hebr 5,7). Indem er ihn aber trotzdem auf sich nahm, verwandelte er ihn in ein Zeichen einer allerdings mühsamen Befreiung von all dem, was zum Kreuz geführt hatte: von einem selbstgenügsamen Sichverschließen des Menschen in sich selbst, von kleinlicher Knauserei und einem Geist der Rache. Die Auferstehung ist nicht nur eine Rechtfertigung und Verherrlichung Jesu Christi und eine Bestätigung der Wahrheit seines Verhaltens, sondern sie offenbart auch die Fülle des Gottesreiches als Epiphanie der von Gott verheißenen Zukunft. Sie zeigt, was Gott versprochen hat und der Mensch also erwarten kann.

All diese von der Urgemeinde im Licht der Auferstehung im Leben und Tod Christi entdeckten Dimensionen sind in die Texte des Evangeliums eingegangen. So werden zwar einerseits Fakten und Gegebenheiten berichtet, andererseits aber bekommen sie dort eine tiefe, weit über ihre faktische Historizität hinausgehende Deutung. Wenn wir nicht, wie wir es oben auch getan haben, diese beiden Ebenen auseinanderhalten, wird uns jene tiefe Bedeutung des Lebens und des Todes Christi abstrakt und ohne irgendwelche Grundlage in der Wirklichkeit erscheinen.

Die durch die Auferstehung ausgelöste Entdeckung, daß der Unterdrückte auch der Befreier ist, motivierte zu einem neuen Verständnis der Kindheit Jesu und seines aktiven Lebens, das dessen tiefe Bedeutung zu entdecken vermochte.

Wie von den Synoptikern sehr gut dargestellt wird, zeigt sich in der Geburt Jesu seine Identifizierung als der große Unterdrückte und Befreier mit den Unterdrückten dieser Erde: mit den Hirten, den von Herodes ermordeten unschuldigen Kindern, den heidnischen Königen. Schon dort war Jesus deutlich ein Unterdrückter: „In der Herberge war kein Platz für sie" (Lk 2,7). In dieser selben Perspektive der Identifizierung Jesu mit den Armen und Erniedrigten wird auch die gesellschaftliche und wirtschaftliche Situation der Eltern Jesu hervorgehoben: sie waren arm. Dies alles bedeutete für die Urgemeinde, die diese Berichte las und über sie meditierte: Die Messianität Jesu ist eng mit seiner Erniedrigung verknüpft. Daher dürfen die Erniedrigten und Zurückgesetzten sich getröstet fühlen: Der Messias ist einer von ihnen und nicht trotzdem, sondern gerade deshalb ist er auch der messianische Befreier. Diese Gedankenlinie wird von den Evangelisten in ihrer Darstellung der öffentlichen Tätigkeit Jesu und seinem Zusammenleben mit den Marginalisierten jener Zeit weiterverfolgt. Neben einem gewissen historischen Interesse steht bei ihnen vor allem ein theologisches Anliegen im Vordergrund: Es soll gezeigt werden, daß Jesus sich mit den Leidenden und Getretenen seiner Zeit identifizierte, ihre Last auf sich nahm und sie zu einer neuen Solidarität befreite.

So bekommen das gesamte Leben, die Tätigkeit, der Tod und die Auferstehung Jesu eine tiefe Bedeutung der Befreiung, der schon damals in der oberflächlichen Faktizität der Ereignisse selbst gegeben war, die aber erst nach dem überwältigenden Geschehen der Auferstehung voll offenbar wurde. Dadurch wurde es möglich, die Ereignisse auf eine weit intensivere Weise neu zu verstehen und ihre tiefe, transzendente, exemplarische und universale Bedeutung zu entdecken. Aber nur in ihrem Zusammenhang mit dem vorherigen Leben und dem Tod Jesu ist diese tiefe Bedeutung der Auferstehung gesichert. Ohne diesen Zusammenhang wäre die Auferstehung nur ein heidnischer Mythos oder eine moderne Ideologie einer künftigen Versöhnung, die aber das real existierende Böse in der Geschichte der Menschheit nicht berührt. Dagegen ist sie in der Konkretheit, die sie angesichts des Lebens und Sterbens Jesu bekommt, der Sieg des Lebens, des Rechts des Unterdrückten und der Gerechtigkeit, auf die der Schwache einen Anspruch hat.

Literaturhinweise

Boff, L., Die Auferstehung Christi – unsere Auferstehung im Tod (Teil III dieses Bandes, S. 365–441).

Cone, J., Teología negra de la liberación; Urspr.: *Cone, J. H.*, A Black Theology of Liberation (New York 1970).

V. Interpretationen des Todes Christi in den urchristlichen Gemeinden

Durch den Tod Jesu wurde die Gemeinde, die sich um ihn gesammelt hatte, zerstreut. Nicht nur waren die Hoffnungen der Jünger Jesu unerfüllt geblieben, sondern sie verloren auch ihren Glauben. Mk 15,50 (Flucht der Jünger), Lk 24,21 (die Jünger von Emmaus reden untereinander über ihre Enttäuschung, daß Jesus nicht die von ihnen erhoffte Erlösung Israels gebracht habe) und Joh 20,19 (Angst der Jünger vor den Juden) sind Belege dafür. Nach der Gefangennahme und dem Tod Jesu blieben die Jünger nicht länger in Jerusalem. Dort war ihr Lebensunterhalt und ihr Leben nicht gesichert, und sie hatten Angst, selbst gefangengenommen zu werden. Historisch betrachtet fanden die ersten Erscheinungen Jesu in Galiläa statt. Das setzt voraus, daß die Apostel dorthin zurückgekehrt waren, um wieder ihr früheres, normales Leben aufzunehmen.

Damit es ihnen gelingen könnte, dem Tod Jesu einen Sinn zu geben, war die Auferstehung Jesu nötig. Durch ihre ganz besondere Erfahrung der Begegnung mit dem Auferstandenen wurde ihnen deutlich, daß der sterbende Jesus nur scheinbar vom Vater verlassen worden war. Die Auferstehung zeigte ja, daß Gott noch immer mit ihm war. Daher wurde die Auferstehung als die Verherrlichung Jesu zur Rechten des Vaters und seine Inthronisierung im Gottesreich verstanden. Gott bestätigte ihn und gab ihm und seiner Botschaft recht.

Durch die Auferstehung wurden die zerstreuten Jünger wieder zur Gemeinde und wurde der durch den Tod Jesu entstandene Bruch wieder überwunden. Sie fanden ihren Glauben an den Herrn wieder. So wurde die Kirche aus dem Glauben, und zwar dem Glauben an die Auferstehung geboren.

Hier stand die Urgemeinde vor folgender Notwendigkeit: Wie sollte sie sich das Paradoxon erklären, daß sowohl der Tod/die Verfluchung Jesu (vgl. Dtn 21,23) und seine Auferstehung/Verherrlichung in Gott ihren Ursprung haben? Wie sollten sie verstehen, daß der Gott, der Jesus am Kreuz verließ, derselbe Gott ist, der in der Auferstehung Jesu offenbarte, daß er auf seiner Seite stand?

Um hier eine Lösung zu finden, hat man Theologie getrieben, und es war eine lange Zeit der Reflexion notwendig. Wir werden hier den verschiedenen Stufen von den ersten Schritten in der judenchristlichen Kirche bis zur vollen Entfaltung in der paulinischen Theologie nachgehen.

1. Das gemeinsame Schicksal der Propheten und Gerechten: Der gewaltsame Tod

In den ersten Jahren nach dem Tod Jesu gab es in Palästina eine kleine Gruppe von Christen, für die die von ihm gebrachte Erlösung in einem neuen, von Jesus vorgelebten und von ihm den anderen Menschen ermöglichten Verhalten der Welt und den Menschen gegenüber bestand: ein Verhalten der universalen Liebe, auch den Feinden gegenüber, des Gewaltverzichtes, des Erbarmens und der Weigerung, über andere zu urteilen. Zudem war es ein Verhalten der Verkündigung des Reiches und des Harrens auf die baldige Wiederkunft Jesu als der Menschensohn, von dem Daniel gesprochen hatte.

Es handelt sich um die Gemeinde der sogenannten *Spruchquelle* „Q" (eine vor den heutigen Evangelien existierende, von Matthäus und Lukas benutzte Quelle). Zu dieser Gemeinde gehörten christliche Juden, die den jüdischen Traditionen treu blieben und auch noch den kleinsten Buchstaben des Gesetzes befolgten (Mt 5,18 par), am Tempelkult festhielten und keine andere missionarische Perspektive hatten als die Bekehrung Israels zu Jesus Christus und den darauf folgenden Aufbruch aller Nationen nach Jerusalem (vgl. Jes 2,2–5; Mt 8,10–11 par).

Für diese Quelle, aus der Matthäus und Lukas neben dem Markusevangelium schöpften, ist typisch, daß sie nur Worte und Gleichnisse Jesu enthält. In ihr gab es auch keinen Leidensbericht: Dieser wurde entweder vorausgesetzt, oder es gab ihn noch nicht, da ja auch noch keine Interpretation des Todes Jesu erarbeitet worden war.

Wie oben schon gesagt wurde, waren die zentralen Themen dieser Quelle typisch jesuanisch: das Kommen des Gottesreiches (Lk 11,20 par; Mt 13,31 ff), das Hineingehen in dieses Reich (Mt 8,11), das baldige Kommen des Menschensohnes und die als Vorbereitung auf das Ende notwendige Bekehrung.

Diese Gemeinde verstand Jesus als den eschatologischen Propheten und den letzten Botschafter des nahenden Reiches. Der Tod Jesu wurde von dieser Gemeinde als das Schicksal eines jeden Propheten interpretiert (Lk 11,49 ff; Lk 13,14; 1 Thess 2,14; Apg 7,51 ff): Er wird umgebracht, wie es in der Geschichte Israels immer mit den Propheten der Fall zu sein pflegte. Diese Interpretation achtet nicht so sehr auf das durch dieses Sterben Erreichte, sondern auf die dafür Verantwortlichen. Durch den Tod Jesu wird die Verweigerung Israels, sich zu bekehren, und seine Verwerfung offenbar. Diese Verwerfung des prophetischen Gesandten wird nun alle in ihr angelegten Folgen nach sich ziehen: Er kommt wieder, aber zum Gericht! Seine Verwerfung bedeutet daher die Zurückweisung Israels im bevorstehenden Gericht (Lk 12,8 par).

Diese frühe christliche Gemeinde machte auch die Erfahrung, daß sie selbst aufgrund ihrer Verkündigung verfolgt wurde. Möglicherweise sind auch Mitglieder gefangengenommen und gar getötet worden. Dies wurde von der Gemeinde als Nachfolge Jesu interpretiert: Im Leben ihrer Angehörigen wiederholte sich, was mit Jesus geschehen war. In diesem Kontext lassen sich folgende Jesusworte (Logien) verstehen: Für die Angehörigen der Gemeinde: „Selig seid ihr, wenn euch die Menschen hassen ... um des Menschensohnes willen ... Denn ebenso haben es ihre Väter mit den Propheten gemacht" (Lk 6,22). Und für die, die außerhalb blieben: „Deshalb hat auch die Weisheit Gottes gesagt: Ich werde Propheten und Apostel zu ihnen senden, und sie werden einige von ihnen töten und andere verfolgen, damit das Blut aller Propheten, das seit Anfang der Welt vergossen worden ist, an dieser Generation gerächt wird, vom Blut Abels bis zum Blut des Zacharias, der im Vorhof zwischen Altar und Tempel umgebracht wurde. Ja das sage ich euch: An dieser Generation wird es gerächt werden" (Lk 11,49–51). Hatte die Gemeinde den Tod Christi als den Tod eines Propheten verstanden, so verstand sie nun auch ihr eigenes Schicksal als ein dem seinen paralleles Schicksal: als ein Schicksal in der Nachfolge Jesu.

2. Der gekreuzigte Messias

In anderen Kreisen der Urkirche fing man statt dessen sehr früh an, über die Bedeutung des Todes Jesu zu reflektieren. Dies geschah vor allem in einem apologetischen Kontext, sowohl dem eigenen Glauben als den Einwänden der Juden gegenüber. Was den eigenen Glauben angeht, bedeutete es eine sehr ernste theologische Herausforderung für die Urgemeinde, dem Kreuz Jesu einen Platz in der Heilsgeschichte zu geben und mit den in der einzigen Heiligen Schrift, die sie kannten, dem Alten Testament, enthaltenen Hoffnungen und Erwartungen in Übereinstimmung zu bringen. Dort hatte man nach einem triumphierenden und ruhmreichen Messias Ausschau gehalten. Der Geschundene am Kreuz entsprach nicht gerade dem Messias, den das Volk und die Apostel erwarteten. War er, der andere vor dem Verderben retten wollte, nicht schließlich selbst verloren? Das Kreuz war ein Argument gegen die Messianität Jesu. Die Texte von Jes 53 über den leidenden Gottesknecht wurden damals noch nicht zum Verständnis des Kreuzes herangezogen: In der traditionellen Exegese wurde dieser Text eher auf die Situation des gesamten Israel im Exil bezogen. Niemals war dabei an den Messias gedacht worden.

Diese schon innerhalb der Gemeinde existierende Schwierigkeit wurde noch von außen her verschärft: Die Juden argumentierten mit Hilfe von Dtn 21,23 – ein Gehenkter (Gekreuzigter) ist ein von Gott Verfluchter – gegen die Messianität Jesu. Zum Beweis, daß es tatsächlich eine solche Polemik gab, reicht Gal 3,13, wo Paulus diese Problematik aufnimmt und die Begriffe umkehrt: Christus ist für uns zum Fluch geworden, um uns vom Fluch unserer Sünden zu befreien. Das Kreuz ist also keine Widerlegung der Messianität Jesu, sondern ihre Bestätigung.

Um zu zeigen, daß der Tod Jesu und das Kreuz nicht absurd seien, verweisen die Leidensberichte dauernd auf Texte der Schrift. Damit soll gesagt werden: Wie paradox der Weg Jesu auch erscheint, er stimmt überein mit der Schrift. Er ist also von Gott gewollt und kann sinnvoller nicht sein.

Die Verweise auf den Tod Jesu stehen aber auch immer im Zusammenhang mit seiner Auferstehung. Dies will besagen: Nur oberflächlich, von außen her betrachtet, scheint der Tod Jesu absurd zu sein und seiner Messianität zu widersprechen. Auf einer tieferen Ebene betrachtet, hat Gott ihn aber nicht verlassen. Er war mit Jesus in seinem Leiden und seinem Tod. Er hat ihn nicht verlassen, er blieb bei ihm im Tod, und diese Gegenwart Gottes wird durch die Auferstehung bestätigt. Die Auferstehung offenbart so das Verborgene: Das, was als ein Ärgernis erschien, bekommt Sinn im Licht der Auferstehung. Die Weissagungen des Todes und der Auferstehung Jesu lassen hier keinen Zweifel.

So begann man alles von Gott aus zu verstehen: das Auftreten Jesu, seine missionarische Tätigkeit, seinen Tod und seine Auferstehung. Gottes Heilshandeln habe sich nicht nur im Tod Jesu vollzogen, sondern in seinem gesamten Weg, in all dem, was ihm geschah, was er tat und sagte, was er erlebte. In allem, und so auch in seinem Tod. So wird der gesamte Heilsplan Gottes deutlich, und so erweist sich dieser als ein einziger, zusammenhängender Plan. Der Verweigerung der Juden tut diesem Plan keinen Abbruch. Er „zwingt" nur Gott (= das heilsgeschichtliche „muß"), seinen Sohn leiden zu lassen. Jesus aber leidet, ohne Gott und die Menschen zu verraten. Dann rettet Gott.

Gott will den Tod Jesu nicht unmittelbar: Er will die Treue Jesu bis zum Ende. Diese Treue kann aber den Tod miteinschließen. Der Tod Jesu hat also seinen Platz in dem Geflecht von Faktoren und Ereignissen, das die Geschichte ist und in dem eine grundsätzliche Ambiguität des Bösen und des Guten existiert. Daher ist der Tod Jesu einerseits eine Anklage der Bosheit der Menschen, die ihn umbrachten, andererseits aber auch Symbol einer Liebe, die stärker ist als der Tod. Um diese Liebe bis zum Ende zu leben, schreckte Jesus vor dem Tod nicht zurück. Er nahm ihn nicht auf sich wie eine Last, der man nicht aus dem Weg gehen kann. Er nahm ihn sich als wesentliches Element der Treue zu seiner Sendung, an der er bis zur äußersten Konsequenz festhielt.

In diesem Kontext wurden in der Urgemeinde die sogenannten Ankündigungen des Todes und der Auferstehung Jesu Christi (Mk 8,31; 9,31, 10,33 par) erarbeitet und Jesus in den Mund gelegt. Obwohl wir hier nicht in eine detaillierte Analyse eintreten können, läßt sich dennoch behaupten, daß sie sehr wahrscheinlich erst nach Ostern entstanden sind. Sie sind der theologische Versuch, um, wie wir schon sagten, im Licht des Heilsplanes Gottes dem Tod Jesu einen logischen Platz in diesem Heilsplan und so einen Sinn zu geben. Schon hier spielt das Licht der Auferstehung eine Rolle. Zudem stehen diese Leidensankündigungen vor einem eschatologischen Hintergrund, weil sie vom Leiden des Menschensohnes reden. Dieses ist aber ein eschatologisches Geschehen und Folge eines eschatologischen Gerichts über die Verhärtung der Herzen der Juden und ihre Gesetzesauslegung als ausschließlichen Heilsweg. Der von den Menschen gerichtete Menschensohn erweist sich paradoxerweise als der Richter der Menschen.

3. Der Tod als Sühne und Opfer

An vielen Stellen des Neuen Testamentes wird der Tod Jesu im Sinne einer Sühne, eines Opfers oder eines Loskaufs verstanden. Bei diesen Themen denken wir sofort an den leidenden Knecht Jahwes, von dem Jes 52, 13–53, 12 die Rede ist. In der christlichen Theologie und Frömmigkeit wurde im allgemeinen angenommen, daß diese Texte Jesus immer vor Augen gestanden haben. Der Tod Jesu wird im allgemeinen als ein Tod für unsere Sünden und als Sühne für die Sünden der Welt verstanden. Diese Interpretation gehört zu einer der großen Selbstverständlichkeiten des christlichen Glaubens. Immerhin versteckt sich hinter jenen Formulierungen eine langwierige und mühsame theologische Arbeit. Der Text Jes 53 ist sehr klar:

> „Er (= der Knecht) wurde verachtet und von den Menschen gemieden, ein Mann voller Schmerzen, mit Krankheit vertraut. Wie einer, vor dem man das Gesicht verhüllt, war er verachtet; wir schätzten ihn nicht. Aber er hat unsere Krankheit getragen und unsere Schmerzen auf sich geladen. Wir meinten, er sei von Gott geschlagen, von ihm getroffen und gebeugt. Doch er wurde durchbohrt wegen unserer Verbrechen, wegen unserer Sünden zermalmt. Zu unserem Heil lag die Strafe auf ihm, durch seine Wunden sind wir geheilt ... Der Herr lud auf ihn die Schuld von uns allen ... Er wurde vom Land der Lebenden abgeschnitten und wegen der Verbrechen seines Volkes zu Tode getroffen ... Doch der Herr fand Gefallen an seinem zerschlagenen (Knecht), er rettete den, der sein Leben als Sühneopfer hingab. Er wird Nachkommen sehen und lange leben. Der Plan des Herrn wird durch ihn gelingen ... Mein Knecht, der Gerechte, macht die vielen gerecht; er lädt ihre Schuld auf sich ..., weil er sein Leben dem Tod preisgab und sich unter die Verbrecher rechnete" (Jes 53, 3–12).

Diese Texte scheinen uns so sehr unserer Vorstellung vom Leiden Jesu Christi zu entsprechen, daß wir in ihnen eine wahre Prophezeiung sehen: Er hat alles verwirklicht, was dort geschrieben wurde.

Aber hier stellt sich die Frage: Hat die erste Gemeinde die christologische und messianische Bedeutung dieser Worte auch von Anfang an erkannt?

Diese Texte des Jesaja sind der älteste Beweis dafür, daß dem Leiden und dem Tod in Israel auch ein sühnender und stellvertretender Wert zuerkannt wurde. Wahrscheinlich bezog sich der Autor auf die Situation Israels im Exil, wo Israel als Volk zerschlagen worden war. Dieses Leiden sei nicht vergeblich gewesen. So wurde in diesem Kapitel dem Leiden Israels eine universale Bedeutung der Stellvertretung für andere beigemessen. Dabei blieb es aber auch in der späteren Literatur, und die Stelle hatte insgesamt weiter keinen Einfluß.

Nirgendwo im Alten Testament werden die zitierten Sätze auf den Messias angewandt. Die Erwartung eines siegreichen Messias und Herrn der Welt ließ sich mit ihnen nicht vereinen. Wenn man sich später, besonders im etwa 63 v. Chr. geschriebenen sogenannten äthiopischen Henochbuch, dennoch im Zusammenhang mit dem Messias auf Jesaja bezieht, geschieht dies voll innerhalb der damaligen Messiaserwartung. Dementsprechend wurde nur die Stelle des Jes 52, 13–15 zitiert: „Seht, mein Knecht hat Erfolg, er wird groß sein und hoch erhaben ... Jetzt setzt er viele Völker in Staunen, Könige müssen vor ihm verstummen. Denn was man ihnen noch nie erzählt hat, das sehen sie nun; was sie niemals hörten, das erfahren sie jetzt."

Nur diese doxologischen Sätze wurden auf den Messias bezogen. Die anderen Sätze aber über seine *kenosis* und seine Erniedrigung wurden *niemals* in Betracht gezogen, ja sie wurden sogar aus dem Jesajatext gestrichen (Kessler 29). Aufgrund dieser Feststellung können wir sagen, daß Jes 53 weder vor der Zeit Jesu noch in seiner Zeit eine messianische Nebenbedeutung hatte.

Nun hat die Urgemeinde Jes 53 auf das Leiden und den Tod Jesu bezogen. Aber dies geschah nicht von Anfang an. Apg 8,32 und Mk 15,28, wo Jes 53 zitiert wird, gehören nicht zu den ältesten Texten des Neuen Testaments. Auch erscheinen dort nicht die Sätze, in denen von Sühne geredet wird. Mk 15,28 heißt es schlicht: „So erfüllt sich das Schriftwort: Er wurde zu den Verbrechern gerechnet." Im Kontext von Apg 8,32 liest Philippus einem äthiopischen Eunuchen vor: „Wie ein Schaf wurde er zum Schlachten geführt; und wie ein Lamm, das verstummt, wenn man es schert, so tat er seinen Mund nicht auf. In der Erniedrigung wurde seine Verurteilung aufgehoben. Seine Nachkommenschaft, wer kann sie zählen? Denn sein Leben wurde von der Erde fortgenommen."

Von Sühne und Stellvertretung ist also offensichtlich nicht die Rede. Dies bleibt einem späteren Stadium der theologischen Reflexion der Gemeinde vorbehalten. Erst allmählich entdeckte diese die gesamte Fülle des Textes Jes 53. Wichtig ist hier die von uns schon oben vorweggenommene Schlußfolgerung: Im Anfang wurde Jes 53 nicht als ein Beweis dafür genutzt, daß der leidende Jesus der Messias ist, denn eine entsprechende traditionelle Exegese gab es nicht. Die Entdeckung der christologischen Potentialität von Jes 53 geschah nicht dadurch, daß man über diesen Text meditierte, sondern fand auf andere Weise statt. Erst auf einer späteren Stufe der Entwicklung war man so weit, daß man auch Jes 53 im Sinne einer von Jesus durch seinen Tod erbrachten Genugtuung und Sühne interpretieren konnte.

Gehen wir hier kurz auf die grundlegende erste Stufe ein, die notwendig war, damit auf einer weiteren Stufe Jes 53 in einem messianischen Sinn der Sühne und der Stellvertretung gedeutet werden konnte.

a) Ein Fragment eines judenchristlich-hellenistischen Hymnus: Röm 3,24–26 a

An einem entscheidenden Punkt seiner Darlegungen im Römerbrief greift Paulus auf eine Tradition zurück, die sicherlich nicht auf die Urgemeinde, sondern auf eine spätere judenchristliche Gemeinde zurückgeht. Es handelt sich um eine liturgische Tradition, die wahrscheinlich in einer eucharistischen Liturgie ihren *Sitz im Leben* hatte: „Ohne es verdient zu haben, werden sie (= Juden und Heiden) gerecht, dank seiner Gnade durch die Erlösung in Jesus Christus. Ihn hat Gott dazu bestimmt, *Sühnopfer zu sein* durch den Glauben in seinem Blut. So sind in der Vergangenheit die Sünden durch Gottes Langmut geduldet worden, damit sich seine Gerechtigkeit in der heutigen Zeit erweise ..."

Die Formulierung ist klar: Durch seinen Tod (Blut) wurde Christus zum Sühnopfer. Die Exegeten tendieren dahin, diese Stelle auf die Zeit um das Jahr 40 herum zu datieren. Entstehungsort sei das syrische Antiochien, wo es damals eine christliche Gemeinde gab, die aus in der Diaspora lebenden Juden entstanden war. In diesem hellenistischen Milieu war schon früher ein Text verfaßt worden, der später in den jüdischen und auch in den christlichen Kanon nicht aufgenommen wurde: das vierte Makkabäerbuch.

Dieser Text erzählt von zwei Jahrhunderten des Kampfes frommer Juden unter der Führung der Makkabäerbrüder und ihrer Nachkommen gegen Herrscher. wie vor allem Antioches IV. Epiphanes. Dieser suchte die hellenistische Kultur durchzusetzen und wollte die Juden zwingen, ihre Traditionen und die Befolgung des Gesetzes aufzugeben. Dabei scheute er vor Verfolgung nicht zurück. Viele starben als Märtyrer. Erinnern wir hier nur an den alten Eleasar und die sieben Makkabäerbrüder mit ihrer unerschrockenen Mutter (4 Makk 5, 1–17; vgl. 2 Makk 7, 1–42). Für die Juden wurde durch diese Martyrien ein ernsthaftes Problem aufgeworfen: Welchen Sinn könnte der Tod dieser vor der Zeit gewaltsam gestorbenen Unschuldigen haben? Sie hatten keine persönliche Schuld, die diesen Tod als Strafe rechtfertigen könnte. In diesem Kontext stellte sich auch die Frage nach dem Tod unschuldiger kleiner Kinder. Das vierte Makkabäerbuch versucht eine befriedigende Antwort zu finden: Sie starben nicht aufgrund eigener Sünden, sie starben stellvertretend als Sühnopfer für die Sünden des Volkes. Dadurch bekommt der vorzeitige Tod, auch der kleiner Kinder, einen Sinn: Gott nimmt diesen Tod als Sühne für das sündige Volk an und kann diesem dadurch auch seine Vergebung schenken. Im scheinbar absurden Tod Unschuldiger vollzieht sich so der Heilsplan Gottes in der Welt: Ihr Tod ist also nicht absurd, sondern steht im Dienst der Vergebung Gottes. Gott siegt immer, auch trotz der Sünden der Verfolger. Gott läßt nicht zu, daß der Tod ohne Sinn bleibt: Er verwandelt ihn in ein Mittel der Vergebung: zwar nicht der Vergebung der Verfolger, sondern der Vergebung des sündigen Volkes (2 Makk 6, 28; 17, 20–22; 18, 4; 1, 11).

Zu dieser Interpretation konnte es nur außerhalb Palästinas, im Judentum der Diaspora, kommen. In Palästina hätte die Konzentration der Sühnopfer im Tempel, wo Tieropfer dargebracht und Blut vergossen wurde, eine solche Interpretation verhindert. Niemand hätte dort daran gedacht, den Tod und das Blut eines Gerechten als Sühne für die Sünde zu interpretieren. Zum Sühnopfer war nie Menschenblut vergossen worden. Die Juden der Diaspora dagegen, die keinen Tempel hatten, kamen eher dazu, die mit dem Sühnopfer verbundene Begrifflichkeit in einem bildhaften und analogen Sinn auf das Blut des Menschen zu übertragen.

Etwa um das Jahr 40, also ungefähr zehn Jahre nach dem Tod und der Auferstehung Christi, übertrugen die Christen von Antiochien, die jene Theologie der Diaspora in ihrer Umwelt kennengelernt hatten, diese Vorstellungen auf den Tod Jesu. Dabei spielt eine wichtige Rolle, daß der *Sitz im Leben* dieser theologischen Übertragung wahrscheinlich die eucharistische Feier war. Dadurch wurde der Tod Jesu einerseits als durch das Blut stattgefundenes Sühnopfer interpretiert, andererseits geschah dies in dem Kontext der eucharistischen Feier, in der des letzten Abendmahles und des Todes des Herrn als Anfang eines neuen Bundes gedacht wurde. Dieser Bund erinnerte dann wieder an das Bundesopfer, von dem in Jer 31,31 ff die Rede ist (im Vergleich mit Ex 24,8): „Das ist das Blut des Bundes, den der Herr aufgrund all dieser Worte mit euch geschlossen hat" (Ex 24,8).

Wahrscheinlich war es dieses Motiv der Sühne und der Hingabe eines Lebens für die Sünden anderer, das ein neues Verständnis von Jes 53 und seine Anwendung auf das Geheimnis des Todes Christi erlaubte.

b) Eucharistische Texte und die Thematik des Opfers

Bekanntlich spielt die Thematik des Opfers, der Sühne und des Bundes im Blut Christi in den uns heute vorliegenden eucharistischen Texten des Neuen Testaments eine nicht unwichtige Rolle: „Dies ist mein Leib, der für euch hingegeben wird; dies ist mein Blut, das vergossen werden wird für die Erlösung aller ..." Diese Worte sind uns in vier verschiedenen Versionen überliefert (1 Kor 11,24/Lk 22,19–20; Mk 14,22 ff/Mt 26,26 ff. Joh 6,51–58 ist eine spätere, etwa um das Jahr 100 entstandene Interpretation). Keine dieser Versionen scheint so auf den historischen Jesus zurückzugehen. Allerdings ist gesichert, daß Jesus ein besonderes, letztes Abschiedsmahl mit den Seinen feierte. Was er aber dabei gesagt hat, können wir, wie wir oben dargestellt haben, nicht mehr mit Sicherheit rekonstruieren. Die uns heute vorliegenden Worte sind in dieser Form frühestens zehn Jahre nach dem letzten Abendmahl und dem Tod des Herrn entstanden. Sie spiegeln verschiedene eucharistische Liturgien wider, wie diese in den verschiedenen Gemeinden gefeiert wurden. So gibt es einerseits die eucharistische Tradition, in der Lukas und Paulus stehen, andererseits die des Markus und Matthäus.

Zu der Interpretation des Todes des Gerechten als Sühne und Stellvertretung zugunsten des Volkes kam im Kreis derer, die den Tod Jesu als Sühnopfer mit dem neuen Bund in Zusammenhang brachten, noch eine weitere Assoziation. Diese erlaubte es, einen noch anderen und neuen Sinn des Todes des Herrn zu entdecken: Dieser wurde nun interpretiert wie der Tod der Glaubenszeugen und Unschuldigen und wurde dadurch zu einem erlösenden und sühnenden Opfertod, der die Vergebung der Sünden wirkt und einen neuen Bund Gottes mit seinem Volk, der Kirche, gründet.

Mit den Worten des eucharistischen Mahls: „Dies ist mein Leib (dies bin ich), der sich euch gibt; dies ist der Kelch meines Blutes ..." soll nichts anderes hervorgehoben werden als das, was für das Leben Jesu immer gegeben war: Jesu Sein war ein Sein-für-die-anderen. Er verschenkte sich dauernd. In ihm war Gott erlösend gegenwärtig durch seine Gnade, die den Menschen erhöht, durch seine Freiheit, die aufbaut. Durch seine große Nähe zu den Verlorenen und Verworfenen symbolisierte und brachte Jesus die Vergebung Gottes. Nun redet das eucharistische Mahl nicht so sehr vom irdischen Leben Jesu, in dem diese Einstellung schon deutlich geworden war, sondern geht bei ihrer Darstellung vom Tod Jesu aus, d.h. von der von seinem Leben in Liebe hervorgerufenen Krise, die schließlich mit seiner Liquidierung endete (vgl. Joh 12). So wie das Leben Jesu eine dauernde Hingabe, ein Opfer für die anderen gewesen war, so war es auch sein Tod.

So kam man durch diese theologische Überlegungen und Assoziationen mit

Hilfe der Makkabäerbücher und dann des Textes von Jes 53 zu der Einsicht: Durch den Sühnetod Jesu vergibt Gott die Sünden der Menschen, nimmt er das Hindernis, das dem Heil im Wege stand, weg und nähert sich auf heilbringende Weise dem Menschen, indem er im Blut Christi einen neuen Bund stiftet.

Schon im Leben Jesu war der Gott der Güte und des Erbarmens den Menschen nahegekommen und hatte mit ihnen eine neue Gemeinschaft (Bund) zu gründen versucht: mit Zachäus, mit der Samariterin, den Zöllnern, mit allen Menschen. Der Tod Jesu war die Ratifizierung dieser Nähe Gottes im Verhalten Jesu.

In diesem Modell eines Opfertodes Jesu durch sein Blut, in dem Gott den Menschen in Christus erlöst, erschöpft sich nicht das gesamte Heilshandeln Gottes: Dieses erstreckt sich auf das gesamte Leben und auf alle Handlungen und Gebärden Jesu. Wiederholen wir hier, was wir schon so oft sagten: Nicht nur der Tod, sondern das gesamte Leben Jesu erlöst uns.

Diese drei soteriologischen Modelle sind ein Beweis dafür, wie intensiv und umfassend die ersten Gemeinden sich bemüht haben, im Tod Christi einen transzendenten Sinn zu entdecken. Dieser Sinn fiel also nicht wie ein Blitz aus dem Himmel: Mit Hilfe des Heiligen Geistes wurde er erst allmählich entdeckt. Gottes Offenbarung dispensiert den Menschen nicht von der eigenen Anstrengung, sondern setzt diese voraus, fördert sie, weist ihr eine sichere Richtung. So wird der heilige Paulus noch weitere Fortschritte in der Entdeckung der Heils- und Befreiungsrelevanz des Todes Jesu machen. Wir wollen hier nur auf einige Aspekte seines Denkens eingehen, nämlich die, die uns im Zusammenhang mit dem Ort, von dem aus wir denken, und seiner Problematik von Interesse zu sein scheinen.

4. Der Tod Christi im theologischen Denken des Paulus

In der ersten Phase der theologischen Arbeit des Paulus stand vor allem die Thematik der Auferstehung im Vordergrund, wie es aus seinem im Jahre 49, fast zwanzig Jahre nach seiner Bekehrung geschriebenen Ersten Brief an die Thessalonicher deutlich wird. Die Auferstehung Christi weckte die Hoffnung auf die Auferstehung aller und das baldige Kommen des neuen Äons. In apokalyptischen Farben malt Paulus die Erwartung der Wiederkunft des Herrn (1 Thess 4,15–17). Dies führte zu einer fast orgiastischen Begeisterung, durch die die meist paradoxe Lebensweise noch gerechtfertigt erschien. Der Geist, der die Gegenwart des Auferstandenen in der Welt sei, trete in diese Zwischenzeit zwischen dem flüchtigen und vorübergehenden Jetzt und dem baldigen Kommen des Herrn. Nichts kann noch über den Menschen befehlen und herrschen, es sei denn der Geist. Man müsse nur noch ein bißchen durchhalten und inständig hoffen. Man solle sich nicht mehr um diese Welt und um die legalistische oder fromme Befolgung ihrer Ordnungen kümmern, denn das alles werde in Kürze durch den Sieg Christi hinfällig werden.

Vom Ersten und Zweiten Korintherbrief an kann man aber eine Wende und so auch eine zweite Phase im paulinischen Denken feststellen. 1 Kor 2,2 heißt es buchstäblich: „Ich hatte mich entschlossen, bei euch nichts zu wissen außer Jesus Christus, und zwar als den Gekreuzigten." Und gleich am Anfang des Briefes betonte Paulus: „Wir dagegen verkündigen Christus als den Gekreuzigten; für Juden ein empörendes Ärgernis, für Heiden eine Torheit, für die Berufenen aber, Juden wie Griechen, Gottes Kraft und Gottes Weisheit" (1 Kor 1,23–24).

Was führte zu dieser Wende? Sicherlich wurde die Thematik der Auferstehung nicht aufgegeben: Sie sollte immer die Mitte der paulinischen Theologie bleiben, denn Paulus hatte nicht den historischen Jesus oder den Jesus am Kreuz, sondern nur den Auferstandenen gekannt. Und im Grund läßt sich seine gesamte theologische Arbeit als der Versuch zusammenfassen, der Welt all das, was die Auferstehung in sich enthält, zu verdeutlichen. Aus dieser Auferstehung zieht er seine Schlußfolgerungen: Was die Vergangenheit angeht, wird das Judentum aufgehoben; was die Zukunft betrifft, ist die Auferstehung der Anfang eines neuen Menschen, eines neuen Himmels und einer neuen Erde. Wenn Paulus vom Tod Christi redet, geschieht dies immer auch im Zusammenhang mit der Auferstehung: Der Ermordete wurde auferweckt und lebt.

Dieser theologische Inhalt der Auferstehung war nun von konkreten Problemen, die in den Gemeinden entstanden waren, bedroht. Mancherorts wurde die Auferstehung zu einem Opium, zur Quelle einer Art Begeisterung, die alle Normen umkehrte und das Leben in den Gemeinden in Mitleidenschaft zog. Paulus hatte sich gegen viele zu wenden, die die Frohbotschaft der Auferstehung verfälschten. In ihrer Denkwelt hatte das Kreuz mit der gesamten im Kreuz enthaltenen Mystik der Kenosis, der Demut und der Askese keinen Platz.

Hinzu kam, daß es für die bekehrten Römer und Griechen als ein echtes Ärgernis erscheinen mußte, sich zu einem gekreuzigten Jesus zu bekennen. Das wäre ähnlich, als wenn man jemanden, der wegen schwerer Vergehen gegen die Menschheit zum elektrischen Stuhl verurteilt worden ist, verehren und anbeten würde. Daher verdrängten diese Christen die Thematik des Kreuzes.

Unter diesen Voraussetzungen sieht Paulus sich gezwungen, eine Theologie des Kreuzes zu erarbeiten. Seine Theologie geht dabei von einer sehr konkreten Situation aus und steht also in engem Zusammenhang mit den Auseinandersetzungen in den Gemeinden. Hätte es diese Situation nicht gegeben, hätte Paulus vielleicht nie die Problematik des Kreuzes thematisiert. Aber auch so ist sie keine isolierte Thematik, sondern bleibt in einem engen Zusammenhang mit dem, was für Paulus nach wie vor die Hauptthematik ist: die Auferstehung, mit der die Neuerschaffung der Welt anfängt. Aber diese Auferstehung hebt sich von einem Hintergrund ab, ohne den es sinnlos ist, von ihr zu reden: der Tod. Ohne diesen Tod ist sie nur ein griechischer Mythos, der nichts Neues bringt. Daher mußte diese Thematik des Kreuzes bei der Erarbeitung einer Theologie der Auferstehung früher oder später irgendwann zur Sprache kommen. Konkret geschah dies als Reaktion des Paulus auf einige Formen der Verzerrung des christlichen Glaubens in den Gemeinden Korinths. In dieser Auseinandersetzung mit seinen theologischen Gegnern wurde Paulus gezwungen, näher darzulegen, welche Bedeutung er dem Tod Jesu beimaß.

Wir wollen diese Theologie im Zusammenhang mit der damaligen Polemik darstellen. Denn mit Ausnahme vielleicht des Römerbriefes sind die Briefe des Paulus Gelegenheitsschriften, die immer eng mit einer ganz bestimmten Problematik zu tun haben. Daher ist seine Theologie eine funktionale und engagierte und daher auch wenig systematische Theologie, was aber nicht heißen soll, daß sie nicht auf einem systematischen Denken beruht. Paulus war ein außergewöhnlicher Theologe. Aber er hat niemals eine systematisch erarbeitete Synthese niedergeschrieben. Seine verschiedenen situationsbedingten Interventionen lassen uns aber die wunderbare Architektur seines theologischen Gebäudes ahnen.

a) Die Freiheit ist keine Freiheit gegenüber den anderen Menschen, sondern für sie

In seinem Ersten Korintherbrief setzt Paulus sich mit Möchtegern-Theologen auseinander: mit Leuten, die sich durch seine Predigt zum Glauben bekehrt hatten, aber seine theologischen Grundgedanken und -anliegen in verzerrter Form aufgriffen und weiterzuentwickeln suchten: Es werde keine Auferstehung mehr geben. Wir seien doch schon jetzt auferstanden. Diese Leute stellten sich den Empfang des Geistes in der Taufe (1 Kor 6, 11) so konkret vor, daß sie sich alle für Auferstandene und Pneumatiker hielten (1 Kor 2, 13 ff; 3, 1; 12, 1; 14, 37). Als Beweis für den Besitz des Geistes der Auferstehung sollten ihre geistlichen Charismen und Charismen der Weisheit (1 Kor 1, 20; 2, 1.4–13; 12, 8), die Glossolalie und die Ekstase (12, 10; 13, 1; 14, 2 ff) gelten. Wer solche Charismen besaß, brüstete sich und lebte in einer fast fanatischen Schwärmerei. Sie ließen sich die „Geisterfüllten" (2, 15) im Gegensatz zu den „Fleischlichen" und „Unreifen" (3, 3; 13, 11) nennen. Diese Geisterfüllten wähnten sich schon auferstanden und in der Vollendung angelangt. Daher hielten sie sich auch für die Weisen (1, 26; 3, 18; 6, 5), rühmten sich und kränkten die anderen, die sie für weniger geistig oder noch fleischlich hielten (8, 1.10; 13, 2.8). Sie hielten sich für die Vollkommenen (2, 6; 13, 10; 14, 20). Sie glaubten nicht an eine künftige Auferstehung, denn für sie habe diese schon stattgefunden (15, 12; vgl. 2 Tim 2, 18). Daher interessierten der irdische und der gekreuzigte Jesus sie gar nicht, sondern nur der Auferstandene. Sie gingen sogar so weit, Jesus dem Fleische nach zu verfluchen (12, 3). Zwar hat auch Paulus in einem anderen Zusammenhang geschrieben, daß nicht so sehr Jesus katà sárka (nach dem Fleische), sonder eher Jesus katà pneûma (nach dem Geiste) ihn interessiere (2 Kor 5, 6). Aber daraus war bei den Pneumatikern eine Ideologie der Selbstverherrlichung und der Selbstbehauptung geworden.

Im Namen der Auferstehung forderten sie für sich die volle Freiheit, zu tun und lassen, was sie wollten (9, 1.19; 10, 29; vgl. 7, 12 f). Alles sei ihnen erlaubt (6, 12; 10, 23). Es kann daher kaum verwundern, daß sie jede Moral für überholt hielten: einer schläft mit der eigenen Mutter (5, 1), andere besuchen Prostituierte, nehmen an heidnischen Opfern teil und essen Opferfleisch (8, 1 ff; 10, 23 ff). Die Schwachen interessierten sie nicht, so wie auch der schwache und gekreuzigte Jesus sie nicht interessierte.

Das, was Paulus für eine nahe Zukunft erwartete, war für sie schon eschatologische Gegenwart, schon verwirklichte Fülle und Vollkommenheit, derer sie sich in geistiger Schwärmerei brüsteten.

Paulus antwortete darauf mit einer vernichtenden Argumentation, die sie im

Licht einer Theologie des Kreuzes und des gekreuzigten Christus, Christòs stauroménos, Punkt für Punkt widerlegt. Das Kreuz klagt dieses Sichrühmen an, entlarvt diese Großtuerei und diese vermeintliche Vollkommenheit. Das Kreuz zeigt, was das von dieser Welt für gut Gehaltene in Wirklichkeit ist: Torheit und Kot. Wenn die Welt den Menschen retten, die Weisheit der Griechen ihn erlösen und das jüdische Gesetz mit seinen Wundern ihn befreien könnten, dann wäre das Kreuz nicht nötig gewesen. Wenn es aber dieses Kreuz tatsächlich gibt, dann zeigt dies das Scheitern der gesamten griechischen Weisheit und jüdischen Vollkommenheit. Das alles stellt sich dann als Torheit und Ärgernis heraus. Es gibt nur eine Weisheit: die des Kreuzes. Die griechische und jüdische Weisheit sind trügerisch und führen zu nichts anderem hin als zu dem, was man auch in der Gemeinde von Korinth feststellen konnte: zu einer Umkehrung aller Werte, zu Immoralität und der Verachtung und Diskriminierung einer Gruppe durch die andere. War aber in der Taufe nicht eine Gemeinschaft aller mit dem Herrn entstanden (1,9), und war der dort geschenkte Geist nicht ein Geist der Einheit statt der Uneinigkeit (Kap 12)? So sollen auch die Charismen nicht der Selbstverherrlichung, sondern dem Aufbau der Gemeinschaft dienen. Es ist besser, ein Wort zu sprechen, das verstanden wird, als zehntausend, die keiner begreift. Zudem verbietet es die Gemeinschaft der Getauften mit Christus, daß sie Prostituierte aufsuchen (6,12–20).

Mit dem Kreuz wendet Paulus sich gegen die Illusionen der Schwärmer, und er konfrontiert sie mit der tatsächlichen Wirklichkeit der gegenwärtigen Zeit, in der Fleisch und Blut nach wie vor eine Rolle spielen, und wo das Reich so lange keine volle Wirklichkeit sein würde, wie sie diese Rolle noch spielen. Zwar ist für einen Gläubigen das Reich in der Taufe, im Glauben, in der Eucharistie, im Pneuma schon Gegenwart; aber es gibt nach wie vor auch noch das Fleisch mit seinen Werken. Das Kreuz zeigt uns, wozu das Fleisch fähig ist: Es kann töten und morden. Christus ist durch das Werk des Fleisches getötet worden. Daher gibt es im Leben des Christen auch notwendigerweise eine asketische Dimension. Der Glaube an die Auferstehung versetzt den Christen nicht in eine künftige Welt: Er muß seine Hoffnung noch hier, in der alten Welt, leben, wo noch die Sünde herrscht. Daher ist er zu einem Leben der Klugheit, der demütigen Nachfolge des Kreuzes, der Sorge für die anderen und der Liebe für alle verpflichtet. Auf diese Weise das Kreuz zu leben heißt Gottes Kraft und Weisheit erfahren (1,24).

So ist das Kreuz Christi der kritische Maßstab zur Beurteilung, ob etwas im christlichen Sinn Weisheit ist. Diese Weisheit ist auch die Liebe, die alles erträgt, alles vergibt, alles glaubt, alles erhofft, alles entschuldigt, die langmütig und gütig ist, sich nicht ereifert, nicht prahlt, sich nicht aufbläht, nicht nachträgt, die geduldig ist und sich an der Wahrheit freut (vgl. 13,4–7). Am Kreuz entscheidet sich die Wahrheit des christlichen Denkens sowie des konkreten Verhaltens des Christen. Mit Hilfe des Kreuzes lassen sich die verschiedenen Geister und Praktiken beurteilen.

Die Verkündigung des Kreuzes hat so eine eschatologisch-kritische Funktion. Man kann an diesem Kreuz nicht vorbeigehen oder es seines Inhalts entleeren (1 Kor 1,17; vgl. 12,3). Auch darf man es nicht als etwas Überholtes betrachten, als etwas, was definitiv der Vergangenheit angehört (Gal 5, 11). Auch sollte es nicht heroisiert werden (2 Kor).

Das Kreuz verpflichtet uns, uns eine andere Weisheit zu eigen zu machen: die Weisheit Gottes, die nicht in Prahlerei und Großsprecherei besteht, sondern in der Fähigkeit, die menschlichen Schwächen und die menschlichen Mühen eines jeden Tages auf sich zu nehmen. Wer wie die Schwärmer von Korinth die Schwachen und die, die noch auf dem Weg des Geistes sind, verachtet, muß dann notwendigerweise auch den Gekreuzigten verachten und verfluchen, wie es dann tatsächlich auch geschah. Dabei vergessen sie aber, daß Gott seine Kraft und sein Heil gerade in dieser Schwäche geoffenbart hat. Weil der Herr in dieser Welt schwach war, konnte er sich für die anderen engagieren und das Leben hingeben und sie so aus ihrer Isolierung und Schutzlosigkeit befreien. Er ging nicht einen Weg, auf dem er sich den anderen gegenüber frei machte, sondern sein Weg war ein Weg der Freiheit für die anderen. Daher ging er konsequent den Weg bis zum Ende. Gerade in der Schwäche dessen, der nichts vermag, offenbarte sich die Kraft, die der Liebe eigen ist: die Kraft, die Herzen zu erobern und eine wahre Revolution des Heiles einzuleiten. Der Tod und das Kreuz Jesu sind ein Aufruf zur Nachfolge. Ohne das Kreuz bleibt die Auferstehung ohne jeden konkreten Inhalt, ohne jede Bedeutung. Hierin liegt dann auch der Grund, weshalb Paulus das Kreuz als ein wesentliches Element des christlichen Glaubens verteidigt.

b) Die soteriologische und eschatologische Funktion des Kreuzes Jesu

Der zweite Korintherbrief zeugt von einer anderen Situation. Zwischen dem ersten und dem zweiten Brief hatte sich etwas Neues getan. In der Gemeinde waren wundertätige Pneumatiker und Verkünder aufgetreten, die dem griechischen Typus der *theîoi ándres* entsprachen und behaupteten, mit Empfehlungsschreiben des Paulus für ihre Arbeit ausgestattet zu sein (1 Kor 3, 1; 5, 12; 10, 12). Wie die Geisterfüllten des ersten Briefes, schwärmten auch sie von der Neuheit des Geistes. Sie behaupteten, daß in ihnen der Auferstandene mit wunderbaren Zeichen rede (2 Kor 12, 11 ff; 13, 3). Auch sie hatten ihre Schwierigkeiten mit der Anerkennung der Bedeutung des Kreuzes und des Todes Christi. Denn das hatte nach ihrer Meinung mit Schwäche und nicht mit der Kraft der Gegenwart des Geistes zu tun. Wenn Paulus ihnen schwach vorkam und auch nicht so ein guter Redner zu sein schien, dann deuteten sie dies als eine fehlende Legitimation des Paulus durch den Geist und den Auferstandenen (1 Kor 1, 17; 2, 1 ff; 4, 8–13; 15, 8–11; 2 Kor 11, 21; 10, 1.10; 11, 6).

Im Gegensatz zu den „Geisterfüllten" des ersten Briefes hatte diese Gruppe eine große Verehrung für Christus. Nach ihrer Meinung hatte dieser nicht nur einen neuen Bund gegründet, sondern auch den alten Bund des Mose durch seine Wundertaten vollendet. Er sei ein *theîos anér* gewesen, ein göttlicher Mann, ein Held nach der griechischen Vorstellung eines solchen. Er sei eine Art Übermensch, der die Grenzen alles Menschlichen überschreite und im Bereich des Göttlichen anzusiedeln sei. Er habe seine Größe in solchen wunderbaren Taten unter Beweis gestellt, daß er wirklich eine Manifestation Gottes gewesen sei (2 Kor 13, 3).

In einer solchen Vorstellung von Christus hatten selbstverständlich das Kreuz und das Leiden keinen Platz. Einem solchen Verständnis der Größe und der Herrlichkeit Jesu setzte Paulus das Kreuz und das Leiden, die Schwäche und den Tod Jesu gegenüber. Dadurch will er das christliche Geheimnis davor bewahren, zu einem griechischen Mythos zu verkommen, und er will verhindern, daß Jesus auf den Heroismus der griechischen Kultur reduziert wird. Nach jenem Denken sei auch die Auferstehung nur ein großes, herrliches Wunder und nicht die Umwandlung und Transfiguration des Todes und des Kreuzes gewesen.

Im Gegensatz dazu betonte Paulus, daß das Leben Jesu ein normales irdisches Leben wie das der anderen Menschen gewesen und daß er *in conspectu omnium* gestorben sei (2 Kor 5, 14 b). Das Außergewöhnliche an diesem Leben war nun gerade die Tatsache, daß Gott in dieser menschlichen Schwäche und diesem menschlichen Tod das Heil endgültig und radikal gewirkt hat. In seiner Armut hat er uns den Reichtum Gottes geschenkt (8,9); in seiner Ohnmacht empfingen wir die Lebenskraft Gottes (13,4); in seiner Liebe für uns hat er sich klein gemacht und sich für uns hingegeben (5,14), um uns so das Heil und die Versöhnung mit Gott zu bringen.

Versöhnung, neues Leben und Heil ereignen sich immer dann, wenn diese Lebens- und Existenzweise von den Menschen in der Nachfolge Jesu übernommen wird (6,10; 12,9–10; 5,18–20).

Paulus zerstörte die in der Gemeinde existierende Illusion, es sei möglich, die gegebene Situation so zu vervollkommnen, daß die Gemeinde sich schließlich erlösen könne. Für ihn ist Christus kein mit herkulischen Kräften, einer apollinischen Intelligenz und großer Wunderkraft ausgestatteter griechischer Held. Sondern durch seinen Tod und sein Kreuz ist er die Krise aller menschlichen Vorhaben und Projekte, die alle am Kreuz scheitern. Die Auferstehung darf also nicht als eine Sublimierung der heutigen Situation des Menschen verstanden werden. Sie hat nur Sinn, wenn der Mensch zuvor stirbt. Nur dann kann er wiederaufgenommen und erfüllt werden, nicht durch eigene Kraft und Leistung, sondern durch das Werk Gottes. So war die Auferstehung der Anfang von etwas qualitativ Neuem in der Geschichte: Gottes eschatologisches Handeln und Eingreifen in der Auferstehung. Wer in Christus ist, ist schon eine neue Schöpfung: „Das Alte ist vergangen, Neues ist geworden" (5,17). Dies muß wie folgt verstanden werden: Wer lebt, so wie Christus lebte, wer daher in Christus ist und so auch den Tod und das Kreuz auf sich nimmt, der ist eine neue Schöpfung und hat teil an der Auferstehung. Diese Neuheit des Lebens ist also schon Gegenwart, aber noch nicht in ihrer Fülle, denn noch immer leiden wir und müssen uns Mühe geben (2 Kor 6,4 ff). Sie ist aber Grund der Hoffnung und des Vertrauens demjenigen gegenüber, der die Toten auferweckt (1,9). Das Heil und die künftige Welt gibt es nur für den, der sich der Liebe Gottes öffnet, die sich in der Schwäche des Kreuzes geoffenbart hat, und seine eigene Schwäche auf sich nimmt. Jesus suchte nicht auf Kosten anderer groß zu sein, sondern ist für alle klein geworden. Er hat allen bis zum Ende gedient, denn er ist für alle gestorben.

Paulus sieht also im Kreuz ein Argument, um sowohl die Schwärmerei der Hellenisten von Korinth als den Evolutionismus der hellenistischen Judenchristen derselben Gemeinde zu bekämpfen.

c) Der Tod Christi befreit uns vom Fluch eines nicht befolgten Gesetzes

Im Galaterbrief hatte Paulus es mit einer Gruppe von Christen zu tun, die neben der Erneuerung, die das Christentum bedeutete, auch die jüdische Tradition aufrechterhalten wollten. Es handelte sich dabei vor allem um die Befolgung des mosaischen Gesetzes, von der angenommen wurde, daß sie den Menschen vor Gott rechtfertigen könne. Paulus, der selbst Pharisäer gewesen war und wußte, was es hieß, unter dem Gesetz zu leben, startete einen theologischen Feldzug gegen das, was er als einen legalistischen Rückfall des Christentums betrachtete: Wer sein Heil von der Befolgung des Gesetzes abhängig mache, sei schon verloren. Denn es werde ihm niemals gelingen, das Gesetz so zu befolgen, daß er sich sicher sein könne. Er werde immer in irgendeinem Punkt noch etwas schuldig sein, und daher werde er sich nicht der Sünde und dem Fluch entziehen können (3,23; 4,3; 3,22; 2,17; 3,10).

Gott, so Paulus, hat uns aber vom Fluch befreit, indem er Jesus gesandt hat und dieser in einer Welt der Sünde und des Fluches geboren ist (Gal 4,4; 3,13). Er selbst wurde zum Fluch, damit wir Segen werden. Es sind also nicht unsere Werke, die uns retten werden, sondern wir werden gerettet durch den Glauben an Jesus Christus, der unser Leben und unsere Situation auf sich nahm und uns befreite (Gal 5,1). In Gott darf der Mensch sich sicher fühlen, nicht aber aufgrund seiner Werke. Das soll aber nicht heißen, daß der Glaube die Werke überflüssig macht: Diese folgen dem Glauben. Die Werke sind eine Folge des Glaubens und der vertrauensvollen Hingabe an Gott, der uns in Christus angenommen und befreit hat. Daher betont der Apostel Paulus: Wir werden gerecht durch den Glauben an Jesus Christus und nicht durch Werke des Gesetzes (2,16).

Dieser Glaube an Gott durch Jesus Christus schenkt uns eine echte, wirkliche Freiheit, damit wir auch für echte, sinnvolle Werke in dieser Welt frei werden. Wir brauchen ja nicht mehr Werke der Frömmigkeit aufeinander zu türmen mit dem Ziel, so unser Heil zu sichern. Dies würde uns doch nie gelingen. Wenn wir aber durch den Glauben gerettet sind, sind wir also nicht mehr auf die Sicherung des eigenen Heiles fixiert, und daher haben wir die Kräfte frei, um im Glauben und im uns geschenkten Heil die anderen zu lieben, indem wir am Aufbau einer brüderlicheren Welt arbeiten. Daher sagt Paulus, daß die Freiheit, zu der wir befreit worden sind (5,1), kein Vorwand zur Anarchie sein soll, sondern Aufruf zum Dienst an den anderen ist und zum Tun von guten Werken, von Werken der Brüderlichkeit, der Freude und des Erbarmens (5,6).

Durch seinen Tod hat Jesus uns von einer überspannten Beschäftigung mit der Anhäufung frommer Werke zur Sicherung des Seelenheiles und so von einer damit einhergehenden Lähmung und Scheinfrömmigkeit befreit. Wo wir nun durch ihn frei geworden sind, können wir unsere Hände gebrauchen zum Dienst der Liebe. Hier bekommt das Christentum eine neue Dimension: Es befreit uns nicht zu einer rein kulturellen, nur auf das eigene Seelenheil fixierten Frömmigkeit, sondern es macht uns frei für den Aufbau der Welt. Die Frömmigkeit, das Gebet und die Religion sind nun Zeichen dafür, daß wir Gottes Liebe schon empfangen und er uns sein Heil schon geschenkt hat. In ihrer Struktur sind sie jetzt Ausdruck unseres Dankes, Ausdruck, daß wir uns nun von jener Sorge, gute Werke anzuhäufen zu müssen, frei wissen.

Es gibt noch viele andere Dimensionen des Todes Christi, über die Paulus nachgedacht und die er verkündigt hat, vor allem die Thematik unserer Rechtfertigung. Auf all diese Aspekte konnten wir hier nicht weiter eingehen. Darum haben wir uns auf jene beschränkt, die uns in der theologischen Situation, so wie sie sich uns heute darstellt, von großer Aktualität zu sein scheinen.

5. Der Tod Christi als Opfer im Hebräerbrief

Der sicherlich von einem Schüler des Paulus verfaßte Hebräerbrief ist eines der wichtigsten Produkte theologischer Arbeit im Neuen Testament. Er wurde in einer Zeit der Verfolgung geschrieben (10,32 ff; 13,2). Die Gemeinde, für die er bestimmt war, fühlte sich niedergeschlagen und ohne Hoffnung (3,7–4,11; 5,11–14; 2,15; 12,12 ff). Sie spürte am eigenen Leibe, wie wahr die Charakterisierung des Kreuzes durch Cicero war: „crudelissimum taeterrimumque supplicium" (In Verrem II 5 165) : das Kreuz brachte ihr Schande und Schmach (12,2; 13,3). Viele fielen vom Glauben ab (10,39; 12,15). Der Hirte, der die Paraklese des Hebräerbriefes schrieb, wollte diese Gemeinde stärken und trösten. Dazu erarbeitet er eine doppelte Argumentation:

1. Der Glaube schließt auch das Leiden und das Kreuz mit ein, denn nur durch sie kann der Gläubige in die Fülle des Himmels eingehen (Kap. 12). In diesem Zusammenhang hat auch Jesus seinen Platz: Er mußte leiden, wurde gefoltert, mußte durch das Leiden den Gehorsam und unter Tränen das Akzeptieren des Todes lernen. So ist er Vorbild und Prototyp des Glaubens (12,2). So ist er uns auch vorangegangen in das Vaterland des Himmels.

2. Jesus hat das endgültige Heil für alle gebracht. Um dies zu erklären, scheut der Autor nicht einen weitgehenden Vergleich mit den bekannten Zeremonien des jüdischen Versöhnungstages: Nicht durch das Blut der Opfertiere, sondern durch das eigene Blut ist der Hohepriester Jesus ein für allemal durch den Vorhang (den Tod) in das Allerheiligste hineingegangen. Dort steht er von Angesicht zu Angesicht vor Gott, um unsere Sünden zu tilgen und für uns einzutreten (7,25; 9,24; vgl. 6,19; 8,1; 9,12; 10,14; 12,12 ff). Der Autor des Hebräerbriefes geht vom jüdischen Opferkult aus, um die Bedeutung des Todes Jesu zu erklären: Jesus ist gleichzeitig der Vorgang des Opfers selbst, das, was geopfert wurde, und der opfernde Priester.

Allerding sollte man hier darauf achten: Der Tod Jesu ist kein Opfer, wie das die Opfer im Tempel sind. Daher fängt die Argumentation wie folgt an: Gott will keine Schlacht- und Speiseopfer, er hat an Brand- und Sündopfern keinen Gefallen. Daher hat er Jesus einen Leib geschaffen, damit er den Willen Gottes tue (10,5–7). Gott hat also die Opfer verworfen: Er wollte statt dessen einen neuen Gehorsam. So ist Christus das Ende aller kultischen Opfer, und auch das Opfer Christi darf nicht als ein kultisches Opfer verstanden werden. Zum Beleg dafür reicht es, 13,15 zu lesen: „Durch ihn laßt uns Gott allezeit das Opfer des Lobes darbringen, nämlich die Frucht der Lippen, die seinen Namen preisen.

Vergeßt nicht, Gutes zu tun und mit anderen zu teilen; denn an solchen Opfern hat Gott Gefallen." Hier sehen wir noch einmal, wie der Glaube den Menschen zu einem befreienden und durchaus weltlichen Handeln in der Welt befreit.

Nach dieser Interpretation ist Christus die einzige Sühne für die Sünden der Welt, und auch heute noch tritt er für uns ein und erfüllt für uns seine Aufgabe bei Gott. Sein Opfer läßt sich nicht auf die Zeit seines Todes beschränken, und auch dieser Tod selbst ist nicht das eigentliche Heilshandeln. Er ermöglicht aber dieses Heilshandeln, denn durch seinen Tod trat der Hohepriester Jesus in das Allerheiligste ein, um dort sein Eintreten für uns zu beginnen. Jesus Christus ist dabei kein Priester nach der Ordnung Aarons, dessen Priesterschaft mit dem Tod beendet und daher nur auf Zeit war: Er ist Priester für alle Zeit, Priester auf ewig, nach der Ordnung Melchisedeks (7, 11–28). Daher ist seine Priesterschaft eine eschatologische, nicht geschichtlich gebundene, auf der Ebene der Auferstehung gegebene Priesterschaft. In diesem Sinn erfüllt Jesus durch die Jahrhunderte hindurch dauernd seinen Dienst der Erlösung und des Eintretens für uns.

Obwohl er der Sohn war, hat Jesus gelitten, weil er so der dauernd für alle Menschen amtierende Hohepriester werden wollte. Dieses immerwährende Opfer Jesu darf nicht mit der Messe identifiziert werden. Der Autor des Hebräerbriefes dachte ja dabei nicht an einen spezifischen kultischen Akt, sondern an die Heilsbedeutung der durch den Tod Jesu eingeleiteten dauernden Gegenwart Jesu bei Gott. Dieser Tod erlaubte es Jesus, Hoherpriester auf ewig zu sein. Jetzt tut er dort vor Gott für uns Dienst. Daher kann er uns helfen, und dadurch werden wir auch dauernd erlöst.

Literaturhinweise

Schelkle, K. H., Die Passsion Jesu in der Verkündigung des Neuen Testaments (Heidelberg 1949).

Schrage, W., Das Verständnis des Todes Jesu Christi im Neuen Testament: *Bizer, E.* u. a., Das Kreuz Jesu Christi als Grund des Heiles (Gütersloh 1967) 49–90.

Paul, A., Pluralité des interprétations théologiques de la mort du Christ dans le Nouveau Testament: Lumière et Vie 101 (1971) 18–33.

Kessler, H., Die theologische Bedeutung des Todes Jesu (Düsseldorf 1970).

Gnilka, J., Das Christusbild der Spruchquelle: Jesus Christus nach frühen Zeugnissen des Glaubens (München 1970) 110–127.

Schillebeeckx, E., Jesus. Die Geschichte von einem Lebenden (Freiburg i. Br. 1974) 242–260.

Wilckens, U., Weisheit und Torheit (Tübingen 1959).

Kuss, O., Der Brief an die Hebräer (Regensburger Neues Testament, Regensburg 1966).

Goppelt, L., Theologie des Neuen Testaments, 2 Bde. (Tübingen 1974. 1976).

VI. Die wichtigsten Interpretationen des Todes Christi in der theologischen Tradition: Ihre Grenzen und Schwächen und ihre Aktualität

Wir haben uns gefragt, welche Deutung Jesus seinem Tod gegeben haben mag. Danach sind wir auf die von der Urkirche verfolgten Wege der Interpretation eingegangen. Nun wollen wir auf die wichtigsten Versuche der theologischen Tradition eingehen, sich eine Vorstellung davon zu machen, welche Bedeutung und welchen aktuellen Wert der heilbringende Tod Jesu habe und wie man ihn besser verstehen könne.

Alle diesbezüglich in der theologischen Tradition existierenden Vorstellungen haben, wie unterschiedlich sie auch sonst erscheinen mögen, eines gemeinsam: Sie wollten jeweils für ihre eigene Zeit einen tiefen Glauben und eine tiefe Hoffnung zum Ausdruck bringen: Dank sei Gott, denn wir wurden durch Jesus Christus, unseren Herrn, befreit (vgl. Röm 7,25). Diese Befreiung ist die Antwort Gottes auf eine der wesentlichsten Fragen der menschlichen Existenz.

Wie sollte diese so erhabene Antwort Gottes den Menschen nahegebracht und glaubwürdig und akzeptabel dargestellt werden? So können wir heute fragen: Bringen die verschiedenen Vorstellungen und Darstellungen von dieser uns in Jesus geschenkten Befreiung in der Frömmigkeit, der Theologie und der Liturgie für uns heute deutlich genug die wahrhaft befreiende Dimension des Lebens, des Todes und der Auferstehung Jesu zum Ausdruck, oder wird diese Dimension dadurch eher verdeckt? Wir sagen zwar: Christus hat uns erlöst durch sein kostbares Blut. Durch seinen Tod hat er Sühne und Genugtuung für unsere Sünden erwirkt. Er hat sein eigenes Leben für die Erlösung aller hingegeben. Was bedeutet das alles aber in Wirklichkeit? Verstehen wir alles, was wir da sagen? Ist es uns, ehrlich gesagt, noch möglich, uns vorzustellen, daß Gott zornig war wegen unserer Sünden, und daß er dann durch den Tod Jesu besänftigt wurde? Kann jemand wirklich an die Stelle eines anderen treten und für ihn sterben, während dieser andere nach wie vor Sünder bleibt? Wer sollte sich hier denn eigentlich ändern: Gott, indem er von einem zornigen Gott wieder zu einem wohlwollenden wird oder der Mensch, damit er aufhört ein Sünder zu sein und ein Gerechter wird? Denn wir bekennen zwar: Christus hat uns von der Sünde befreit, aber wir sündigen nach wie vor. Oder: Er hat uns von dem Tod befreit, und wir sterben noch immer. Er hat uns mit Gott versöhnt, und dennoch benehmen wir uns als Feinde Gottes. Welche konkrete und wirkliche Bedeutung besitzt dann unser Reden über eine Befreiung vom Tod, von der Sünde und von der Feindschaft Gottes überhaupt? Das Vokabular, das verwandt wird, um die uns von Jesus Christus gebrachte Befreiung zum Ausdruck zu bringen, verweist jeweils auf die gesellschaftliche Situation und die ideologischen Interessen und Tendenzen einer bestimmten Zeit. So wird eine Zeit mit einer ausgeprägten juristischen Mentalität auch auf eine juristische und vom Kommerziellen geprägte Terminologie wie die Begriffe eines Freikaufs, der Ablösung der Herrschaftsrechte Satans über den Sünder, Genugtuung, Verdienst, Strafersatz und Stellvertretung usw. ansprechen. Eine kultische Mentalität dagegen bedient sich der Begrifflichkeit des Opfers. Eine andere, die sich Sorgen macht über die gesellschaftlichen und kulturellen Folgen der menschlichen Entfremdung, wird eher von einer Befreiung des Menschen durch Jesus Christus reden. Wie verstehen wir es weiter, daß der Tod Christi zum Heilsplan Gottes gehört? Gehört zu diesem Heilsplan dann auch, daß Jesus durch die Juden abgelehnt, durch Judas verraten und durch die Römer verurteilt wurde? Schließlich waren diese Personen und Gruppen keine Marionetten im Dienst eines schon vorher festgelegten Planes und eines übergeschichtlichen Dramas: Es handelte sich um konkrete Menschen, die für ihr Tun verantwortlich waren. Wie wir es schon im Detail gesehen haben, war der Tod Christi ein menschlicher Tod, d. h. die Folge eines menschlichen Lebens sowie einer Verurteilung, die durch das konkrete historische Verhalten des Jesus von Nazaret ausgelöst worden war.

Es reicht nicht, die alten und heiligen Formeln der Tradition wie einen Fetisch zu verehren und sie dauernd zu wiederholen. Man sollte versuchen, sie und die Wirklichkeit, die sie zum Ausdruck zu bringen versuchen, zu verstehen. Diese Heilswirklichkeit kann und darf und muß auf viele verschiedene Weisen wiedergegeben werden: So war es in der Vergangenheit, und so ist es auch noch in der Zukunft. Wenn wir heute von Befreiung reden, dann meinen wir damit auch eine ganz bestimmte Richtung, den Glauben zu verstehen und zu leben, zu „inkarnieren", genauso wie es sich um eine ganz konkrete Glaubensinkarnation gehandelt hat, als Anselm von Canterbury von „stellvertretender Genugtuung" sprach. Denn ohne sich wahrscheinlich dessen bewußt zu sein, betonte er damit etwas, was für die mittelalterliche Welt sehr einleuchtend war und ihrer Sensibilität entsprach: Ein untergeordneter Vasall kann die einem höchsten Fürsten angetane Beleidigung nicht wiedergutmachen. Mit der Betonung von Befreiung wiederum knüpfen wir an bei der starken Sensibilität unserer Zeit für die gesellschaftliche strukturelle Dimension menschlicher Gefangenschaft und Entfremdung: In welchem Sinn und wie ist Christus Befreier *auch* von dieser Gegen-wirklichkeit?

Unsere Überlegungen hier konzentrieren sich auf eine Aufgabe der „De-konstruktion": Wir werden uns kritisch mit den drei gängigen Erklärungslinien des Heilshandelns Christi in seinem Tod, nämlich der Darstellung dieses Todes als Opfer, als Erlösung und als Genugtuung auseinandersetzen. Wir reden hier von einer „De-konstruktion" und nicht von einer Arbeit der „Destruktion" oder der Zerstörung. Denn die drei erwähnten Modelle sind theologische Konstruktionen, die jeweils in einer bestimmten Zeit und in einem bestimmten kulturellen Raum dem Ziel dienten, die Heilsbedeutung Jesu Christi zu erfassen. „Dekonstruieren" würde heißen, sich den Bauplan, „Konstruktions"plan eines Hauses genau anzuschauen, um dann den Prozeß seines Aufbaus, seiner Konstruktion, kritisch wieder nachzuvollziehen und das Ergebnis zu überprüfen. Für unser Beispiel hieße das, auch auf die Zeitbedingtheit und eventuell auch Überholtheit und Unbrauchbarkeit des Vorstellungsmaterials, dessen sich jene Erklärungslinien bedient haben, hinzuweisen, gleichzeitig aber auch das, was in jenen Erklärungen von bleibendem Wert ist, sowie ihr noch immer gültiges Anliegen hervorzuheben. „Kritik“ hat hier selbstverständlich auf einen positiven Sinn: Sie ist die Fähigkeit, den Wert, die Reichweite und die Grenzen einer bestimmten Äußerung zu überprüfen und zu erkennen.

1. Was ist das eigentlich Erlösende in der Tätigkeit und der Person Jesu: der Anfang (die Inkarnation) oder das Ende (das Kreuz)?

Sowohl in den liturgischen Texten, wie sie heute noch gültig sind, als in der theologischen Tradition scheint die uns von Jesus gebrachte Erlösung auf zwei mathematische Punkte der Existenz Jesu begrenzt zu sein: auf den Anfang dieser Existenz, die Inkarnation, und auf das Ende, sein Leiden und seinen Tod am Kreuz. Auch das Glaubensbekenntnis spiegelt dieses abstrakte Verstehen wider: Nach der Inkarnation wird dort sofort auf den Tod und dann auf die Auferstehung Jesu übergegangen: Das irdische Leben Jesu und die Heilsbedeutung seiner Worte, Verhaltensweisen, seines Handelns und seiner Reaktionen wird ausgeklammert.

Für die von der griechischen Mentalität geprägte Theologie ist die Inkarnation das entscheidende Erlösungsereignis. Der griechischen Metaphysik entsprechend ist Gott Synonym für das Leben, die Vollkommenheit und die Unsterblichkeit. Die Schöpfung, die nicht Gott ist, ist daher, aufgrund der ontologischen Struktur des geschaffenen Seins als solchem, notwendigerweise vergänglich, unvollkommen und sterblich: Das alles ist also unausweichliches Schicksal und nicht Folge der Sünde. Die Erlösung bedeutet in diesem Zusammenhang die Erhebung der Welt in die Sphäre des Göttlichen. Durch sie werden Mensch und Kosmos vergöttlicht und von der Last der ihnen innewohnenden Endlichkeit befreit. „Gott wurde Mensch, damit der Mensch Gott werde“, heißt es lapidar beim heiligen Athanasius *(De incarnatione Verbi 54)*. Durch die Inkarnation bricht die Erlösung in die Welt ein, denn in Jesus Christus begegnet der unendliche und unsterbliche Gott dem sterblichen und endlichen Geschöpf. Es reicht demnach dieses auf einen mathematischen Punkt festlegbare Ereignis der Inkarnation, damit davon alle Geschöpfe berührt und erlöst werden. In dieser Perspektive interessieren also nicht so sehr der konkrete Mann Jesus von Nazaret, seine persönliche Lebensgeschichte, der von ihm provozierte Konflikt mit den religiösen und politischen Gegebenheiten seiner Zeit, sondern vielmehr seine abstrakte Menschlichkeit, die die aller Menschen ist. Gott ist hier derjenige, der die Erlösung wirkt, indem er sich dem Geschaffenen mitteilt, es erhöht und vergöttlicht.

In dieser Perspektive bleibt nur noch eine Abstraktion der Geschichtlichkeit von Jesus von Nazaret. Die Inkarnation wird statisch verstanden: Sie beschränkt sich auf den Augenblick der jungfräulichen Empfängnis des Gott-Menschen Jesus durch seine Mutter. Dort sei alles entschieden. Der dynamische und historische Aspekt der verschiedenen Stufen des Lebens Jesu, seines Wachsens, seines Redens, seiner Entscheidungen, seiner Versuchungen, seiner Begegnungen, also der verschiedenen aufeinanderfolgenden Elemente des Lebens Jesu, die so, wie sie aufeinanderfolgen, von Gott an- und aufgenommen wurden und in denen er so sein Heilshandeln vollzog, wird hier nicht beachtet.

Nach diesem Verständnis vollzieht sich auch heute die Erlösung auf eine Weise, die von der konkreten Historizität des Menschen abstrahiert. Das Anliegen ist hier nicht die Konkretisierung der Auferstehung in einer Veränderung der menschlichen Praxis im Sinne einer größeren Brüderlichkeit, Billigkeit und Gerechtigkeit, sondern die subjektive, ihrerseits den Menschen vergöttlichende Teilnahme eines jeden einzelnen an dem objektiven, in der Vergangenheit stattgefundenen, heute aber von der Kirche aktualisierten Ereignis der Erlösung in den Sakramenten und im Kult.

Ein anderer, von der ethisch-juristischen Mentalität des römischen Denkens geprägter Typ von Theologie betrachtet das Leiden und den Tod Christi als das für die Erlösung entscheidende Geschehen. Nach dem römischen Denken ging die Unvollkommenheit der Welt nicht so sehr auf die ontologische Beschränktheit alles Geschaffenen, sondern auf die Sünde des Menschen und den Mißbrauch seiner Freiheit zurück. Dadurch habe der Mensch Gott beleidigt und gegen die richtige Ordnung der Natur verstoßen. Was er an Bösem angerichtet habe, solle er wiedergutmachen. Daher seien Verdienste, Opfer, Bekehrung und Versöhnung notwendig. Denn nur wenn es all dieses gebe, sei es möglich, die alte Ordnung wiederherzustellen, so daß Ausgeglichenheit, Ruhe und Ordnung herrschen. Dazu, so diese Meinung, kommt Gott dem Menschen entgegen: Gott hat seinen Sohn gesandt, damit dieser durch seinen Tod stellvertretend für die Menschen die von ihnen Gott angetane unendliche Beleidigung wiedergutmache. Christus kam also, um zu sterben und wiedergutzumachen. Die Inkarnation und das Leben Jesu hatten nur insoweit Heilswert, als sie diesen Tod vorbereiteten und vorwegnahmen. Der eigentlich Handelnde ist hier nicht so sehr Gott als vielmehr der Mensch Jesus, der das angerichtete Übel durch sein Tun wiedergutmacht. Nach diesem Denken ist die Erlösung nicht die Einführung von etwas ganz Neuem wie der Vergöttlichung des Menschen, sondern sie ist die Wiederherstellung einer alten gerechten und heiligen Ordnung.

2. Problematik und Aporien dieser beiden Stellvertretungsmodelle der Erlösung

Diese beiden Modelle laufen Gefahr, eine fast schizophrene Dichotomie zwischen der Inkarnation und dem Tod Jesu herbeizuführen, indem entweder das eine oder das andere zu dem entscheidenden Moment des von Jesus gebrachten Heils gemacht wird. Dadurch wird zugleich das konkrete Leben des Jesus von Nazaret seiner Heilsbedeutung entleert, und die Erlösung wird zu etwas äußerst Abstraktem. Hatte denn nicht das gesamte Leben Jesu ebenfalls die gleiche Bedeutung des Heiles und der Befreiung? Hat er nicht in seinem Leben, in der Art und Weise, wie er der in den verschiedenen Situationen gegebenen Herausforderung und schließlich auch dem Tod entgegentrat, gezeigt, was die Erlösung wirklich und konkret ist? Diese Dimension fehlt aber in den beiden abstrakten Erlösungsmodellen, in dem inkarnatorischen und in dem staurologischen (staurós = Kreuz).

Denn dort werden Anfang und Ende der Existenz Jesu als zwei unabhängige, sich selbst genügende und ihren vollen Sinn in sich allein habende Momente betrachtet. Auch fehlt zwischen diesen beiden Momenten jede Beziehung, und diese Beziehung ist naturgemäß der historische Weg des Jesus von Nazaret. Der Tod Jesu war ja auch keine metaphysische Notwendigkeit: Er war die Folge eines Konfliktes und das Ergebnis einer Verurteilung vor Gericht, also einer Entscheidung der menschlichen Freiheit.

Zudem verlagern die beiden Modelle das Erlösungsgeschehen an jedem einzelnen heute in die Vergangenheit: Die Erlösung vollziehe sich unabhängig von den verschiedenen Formen der Vermittlung der Gegenwart. Völlig aus dem Rahmen scheint hier die Frage zu fallen: Wie verhält sich die von Jesus Christus gebrachte Erlösung zu der Befreiung von den Folgen der Sünde in der Gesellschaft, zu der Erlösung der Menschen vom strukturellen Unrecht, zum Kampf gegen den Hunger und das menschliche Elend? Beide Modelle erlauben keine sinnvolle Antwort auf diese Fragen, die dennoch höchst legitim und von einer brennenden theologischen Aktualität sind.

Will man verstehen, was die von Jesus gebrachte Erlösung und Befreiung wirklich ist, darf man dabei nicht von abstrakten und formalen Modellen ausgehen, in denen die Einheit der Existenz Jesu nicht respektiert wird, sondern man muß von dem von ihm tatsächlich gegangenen, konkreten Weg ausgehen: von seinem Leben, seinem Auftreten, den von ihm gestellten Forderungen, dem von ihm ausgelösten Konflikt, von seinem Tod und seiner Auferstehung. Denn die Erlösung ist grundsätzlich eine historische Praxis und ein historischer Prozeß. Will die Erlösung wirklich und wahr sein, müssen diese Praxis und dieser Prozeß sich in der Herausforderung der jeweiligen konkreten, von Menschen gelebten Situationen bewähren. Die von Jesus gebrachte Erlösung fing schon an in seiner Forderung und seinem Vorbild einer neuen Praxis.

Auch bedeutet die Inkarnation das Kommen Gottes in eine ganz bestimmte religiöse und kulturelle Welt und damit auch die Veränderung, Transfiguration dieser Welt. Denn er hat diese Welt nicht friedlich so hingenommen, wie sie war, und dadurch allem, was er vorfand, einen Heiligenschein verliehen. Gott nahm sich dieser Welt kritisch an: er läuterte sie und forderte Umkehr, Veränderung, Umorientierung, Befreiung.

Wir wollen hier nicht die ontologischen Aspekte des von Jesus Christus gegangenen Weges der Erlösung vergessen. Man könnte diese wie folgt formulieren: Warum vermochte gerade Jesus von Nazaret und nicht ein anderer die Menschen zu befreien? Warum fand nur er die Kraft, ein so vollkommenes und transparentes, ein so zugleich göttliches und menschliches Leben zu leben, daß dies die wahre Befreiung und das wahre Leben bedeutet, die von den Menschen immer gesucht wurden? Er hat dies erreichen können, nicht weil er ein humanistisches und religiöses Genie gewesen wäre, das dies alles durch eigene Leistung und Verdienst gewirkt hat, sondern weil Gott sich in ihm inkarniert hat und dadurch in der Welt als Befreiung und Erlösung gegenwärtig war. Allerdings ist diese ontologische Aussage nur dann wahr, wenn sie die letzte Erklärung ist der von Jesus von Nazaret konkret gelebten, erlittenen, durchgestandenen und schließlich auch siegreich bestandenen Geschichte, so wie die Evangelien uns diese ausmalen. Das Heil und die Erlösung zeigen sich gerade in diesem Leben, das alles miteinschließt: auch den Tod und die Auferstehung. Sie zeigen sich also nicht abstrakt in der mathematischen Definierbarkeit bestimmter Momente oder Formulierungen, sondern in Gesten und Gebärden, die von der konsequenten Einheit eines sich total den anderen und Gott hinschenkenden Lebens umschlossen werden. Dies haben wir oben schon ausführlicher thematisiert.

Ein verengtes Glaubensverständnis des befreienden Handelns Christi wirkt sich nicht nur aus in der Beschränkung seines Heilshandelns auf einen Ausgangspunkt (die Inkarnation oder das Kreuz), sondern auch in der Auswahl der Bilder und Vorstellungen, die die Universalität und Endgültigkeit seines Heilshandelns ausdrücken und verdeutlichen sollen. Wir denken hier vor allem an folgende drei in der christlichen Frömmigkeit und Theologie sehr geläufigen Vorstellungen vom Tode Jesu als Sühnopfer, als Erlösung/Freikauf, als stellvertretende Genugtuung.

Diese drei Modelle gehen von einer gemeinsamen Grundlage aus, die dann in drei verschiedenen Richtungen weitergedacht wird: die Sünde. So sei die Sünde erstens eine Beleidigung Gottes, für die Wiedergutmachung und Genugtuung zu erbringen sei. Zweitens sei sie ein Vergehen des Menschen, das bestraft und gesühnt werden müsse. Drittens bedeute sie auch den Bruch der Beziehung zwischen dem Menschen und Gott, was zur Folge habe, daß er nun dem Bereich des Satans überlassen und so versklavt sei, daß er erlöst und freigekauft werden müsse.

Diesen drei Versuchen, das uns von Jesus gebrachte Heil zu verstehen, entsprechend, ist der Mensch zur Wiedergutmachung seiner Sünde unfähig. Er vermag also nicht, der beleidigten Gerechtigkeit Gottes Genüge zu tun. Die Befreiung besteht also gerade darin, daß Jesus Christus an die Stelle des Menschen tritt und so das tut, was der Mensch tun müßte, aber von sich aus nie ausreichend und befriedigend leisten kann. Nach dieser Theologie zeigt sich das Erbarmen Gottes darin, daß der Vater seinen Sohn sendet, damit dieser anstelle des Menschen der Gerechtigkeit des beleidigten Gottes voll Genüge tun kann, den Tod als die angemessene Strafe für die Sünde auf sich nimmt und Satan den für den Loskauf des Menschen notwendigen Preis zahle, so daß der Mensch frei werde. Dies alles sei von dem sühnenden, Genugtuung erbringenden und erlösenden Tod Jesu gewirkt worden.

Stellt man nun dieser Theologie die Frage: Wer hat den Tod Jesu gewollt, dann würde sie antworten: der Vater. Er habe diesen Tod als Sühne für die Sünde und Wiederherstellung der göttlichen Gerechtigkeit gewollt.

Hinter diesen Vorstellungen zeigt sich ein juristisches und formales Denken über die Sünde, die Gerechtigkeit und die Beziehung zwischen Gott und Mensch. Die Begriffe Sühne, Wiedergutmachung, Genugtuung, Loskauf verdekken eher die Neuheit und Erhabenheit der uns von Jesus Christus gebrachten Befreiung, als daß sie diese deutlich machen. Zudem wird die historische

Dimension des Lebens Jesu gewaltsam unterdrückt. Der Tod Jesu wird nicht als die Konsequenz seines Lebens wahrgenommen, sondern als ein unabhängig von den Entscheidungen der Menschen, also unabhängig von der Ablehnung Jesu durch die Juden, dem Verrat des Judas und der Verurteilung Jesu durch Pontius Pilatus, vorher festgelegtes Ereignis. Empfindet Gott Vater Freude und Genugtuung bei dem Tod Jesu am Kreuz?

Wir dürfen diese Vorstellungen nicht länger gelten lassen, wollen wir in unserem Glaubensverständnis den wirklich befreienden Charakter des Lebens, des Todes und der Auferstehung Jesu Christi verstehen. Übrigens fällt bei dieser gesamten Soteriologie auf, daß die Auferstehung vollkommen fehlt. Denn nach diesem Denken sei es noch nicht einmal nötig gewesen, daß Jesus auferstehe. Um sein Heilswerk zu verwirklichen hätte es gereicht, daß er gelitten, sein Blut vergossen hat und am Kreuz gestorben ist. Wir wollen hier nicht verschweigen, daß ein solches Verständnis des uns in Jesus Christus gebrachten Heiles sehr schwerwiegende Mängel und ernstzunehmende Folgen hat.

Zudem werfen diese drei Modelle verschiedene Fragen auf, die befriedigend beantwortet werden müssen, wollen sie nicht als ein überholter Rest mythologischen und archaischen Denkens erscheinen, der zudem die faktische Historizität und so auch den faktischen Inhalt der von Jesus gebrachten Befreiung zu überdecken droht. Was bedeutet das, wenn gesagt wird, daß Jesus stellvertretend für die anderen gestorben sei? Kann jemand stellvertretend für einen anderen freien Menschen sterben, wenn er von diesem dazu nicht beauftragt worden ist? Und wie sollte man sich dann diese Stellvertretung Jesu für die Menschen vor ihm und nach ihm denken, die nie von der Erlösung reden hörten? Können das Leiden, die Strafe und der Tod, die ein Unschuldiger auf sich nahm, einen Schuldigen, der für dieses Leiden, diese Strafe und diesen Tod verantwortlich ist, vor Schuld und Strafe bewahren? Vor welchem Hintergrund kann man die für das Heilswerk Jesu typische universale Stellvertretung deutlich machen? Welche Erfahrung erlaubt uns, die heilbringende und befreiende Mittlertätigkeit Christi für alle Menschen zu verstehen, zu akzeptieren und an sie zu glauben? Es sind solche Fragen, die zu klären sind.

Bevor wir zu einer kritischen und „de-konstruktiven" Analyse dieser Modelle übergehen und dabei einerseits ihre Grenzen und Schwächen und andererseits ihre bleibende Aktualität aufweisen, sollte zuerst auf ihren symbolischen und mythologischen Charakter hingewiesen werden. Wenn zum Beispiel gesagt wird, die Erlösung sei das Ergebnis des Kampfes Christi mit dem Satan oder sie sei ein Gott gezahlter Preis als Ausgleich für die ihm angetane Beleidigung usw., sind dies offensichtlich sehr begrenzte Versuche, etwas über transzendente Wirklichkeiten zu sagen, die in einer sich historischem Wahrnehmen und Reden entziehenden Sphäre angesiedelt sind. Es gab eine Zeit, in der ein solches Reden über diese Wirklichkeiten nicht als ein mythisches und symbolisches Reden galt. Man meinte, daß so tatsächlich über Wirklichkeit berichtet bzw. Wirklichkeit erklärt wurde: Es habe ja tatsächlich einen Kampf zwischen Christus und Satan gegeben und es sei auch ein Lösepreis gezahlt worden. Wir aber leben in einer modernen Zeit und zehren auch von den Ergebnissen der Sprachwissenschaft. Daher haben wir den Mythos entmythologisiert, was aber nicht heißt, daß der Mythos seine Funktion verloren habe: Für uns heute hat er die Würde des Symbols bekommen, d. h. die Würde einer semantischen Stütze der Offenbarung von Wahrheiten wie Gott und seine Erlösung, die Sünde und ihre Vergebung, die nur symbolisch zum Ausdruck gebracht werden können. Wie von Paul Ricœur treffend dargestellt worden ist, bewahrt der Mythos immer seine symbolische Funktion, d. h. „seine Macht, das Band des Menschen mit seinem Heiligen zu ent-decken und zu offenbaren". Unsere Analyse muß dieses Band deutlich herausarbeiten und hervorheben, wollen wir nicht die Verbindung mit der Vergangenheit und ihrer Sprache verlieren.

3. Das Modell des Sühnopfers: Der Tod Jesu als Sühne für die Sünden des Volkes

In der Nachfolge des Hebräerbriefes hat die Tradition den Tod Jesu als Sühnopfer für das von uns begangene Unrecht interpretiert: „Obwohl er kein Unrecht getan hat und kein trügerisches Wort in seinem Mund war" (Jes 53,9), wurde Jesus „durchbohrt wegen unserer Verbrechen, wegen unserer Sünden zermalmt" (Jes 53,5), „wegen der Verbrechen seines Volkes zu Tode getroffen" (Jes 53,8). So wurde er zu dem, „der sein Leben als Sühnopfer hingab".

Dieses Modell geht von dem Opferritual im Tempelkult aus. Durch die Opfer suchte man nicht nur Gott zu verehren, sondern man meinte auch, Gottes Zorn wegen der Bosheit der Menschen besänftigen zu können, so daß Gott durch das Opfer wieder gütig und wohlwollend gestimmt werde. Durch die Inkarnation sei nun die Möglichkeit eines makellosen, vollkommenen Opfers gegeben, durch das Gott dann auch vollkommen versöhnt werden könne. So sei Jesus auch in voller Freiheit bereit gewesen, stellvertretend für alle Menschen vor Gott geopfert zu werden und so für sie die volle Vergebung Gottes zu wirken. Man könne sich dies so denken, als ob Gottes Zorn sich im gewaltsamen Tod Jesu am Kreuz voll ausgewirkt und dann gelegt und Jesus dies ertragen habe als Sühne und Strafe für die Sünden der Welt.

a) Grenzen dieser Vorstellung

Solange es tatsächlich in der Umwelt blutige Sühnopfer gab wie in der römischen Kultur, war dieses Modell auch sehr verständlich. Es fing aber an, problematisch zu werden, als eine solche konkrete Kenntnis verlorenging, so daß schon damals ein Prozeß der „De-konstruktion" und der Neuinterpretation nötig gewesen wäre. Jesus selbst hielt in der Fortsetzung der prophetischen Tradition viel mehr von Erbarmen und Güte, Gerechtigkeit und Demut als von Brand- und anderen Opfern (vgl. Mk 7,7; Mk 12,33; Hebr 10,5–8): Gott will nicht Dinge oder Tiere vom Menschen; er will den Menschen selbst: sein Herz und seine Liebe.

Die fordernd-rächende und blutige Eigenart des Opfers läßt sich schlecht mit dem uns von Jesus geoffenbarten Vater in Übereinstimmung bringen. Dieser ist kein Gott des Zorns, sondern ein Gott, der auch gütig ist gegen die Undankbaren und Bösen (Lk 6,35). Er ist Leben und Vergebung. Er braucht keine Opfer als Voraussetzung für seine Gnade: Er kommt dem Menschen zuvor und übertrifft in seinem Wohlwollen und Erbarmen alles, was der Mensch tun und erhoffen kann. Sich ihm zu öffnen und sich ihm vertrauensvoll als sein Kind hinzugeben: Das ist das wahre Opfer. Jeder ist Opfer in dem Maße, in dem er sich selbst hingibt und seine Sterblichkeit akzeptiert, in dem er sich opfert, sich zermürbt, seine Existenz, seine Zeit und seine Energien einsetzt, um in größerer Freiheit für die anderen und für Gott zu leben. Jeder ist Opfer in dem Maße, in dem auch der Tod in seinem Leben einen Platz hat. Denn der Tod ist nicht der letzte Punkt des Lebens: Er ist die Struktur des Lebens selbst, denn dieses Leben ist ein sterbliches Leben, und daher stirbt der Mensch langsam im gleichen Maße, in dem er auch lebt, bis er aufhört, zu sterben und zu leben. Dem Tod einen Platz in seinem Leben geben heißt fähig sein, in der Hinfälligkeit der eigenen Existenz mehr als eine rein biologische Notwendigkeit zu sehen: sie als die Chance der Freiheit zu betrachten, das eigene Leben, das einem nach und nach entrissen wird, hinzugeben. Dabei sollte vermieden werden, daß uns das Leben durch jenen biologischen Prozeß aus der Hand gerissen wird: In der Freiheit, die die Grenzen des Unüberschreitbaren akzeptiert, besitzen wir die Fähigkeit, das Leben hinzugeben und Gott und den anderen zu weihen. Im letzten Augenblick des sterblichen Lebens findet die Struktur, die das persönliche Leben eines jeden Menschen prägt, ihren Abschluß und ihre formale Vollendung: Als Ausdruck vertrauensvoller Liebe übergebe ich mein Leben dem Reichtum des anderen, der Gott ist. Ein solches Verhalten ist, wie Paulus schreibt, das wahre christliche Opfer: „Ich ermahne euch also, Brüder, bei den Erbarmungen Gottes, daß ihr eure Leiber (hebräischer Ausdruck für „Leben") als ein lebendiges, heiliges, Gott wohlgefälliges Opfer darbringt, als euren geistigen Gottesdienst" (nach der neuen von Christus gebrachten Wirklichkeit des Geistes) (Röm 12, 1).

b) Bleibender Inhalt und Wert dieser Vorstellung

Die Vorstellung des Opfers ist tief in der menschlichen Existenz verwurzelt. „Opfer" bedeutet hier, wie es auch noch heute in der gewöhnlichen Umgangssprache der Fall ist, ein Weggeben von sich selbst, das schwierig ist und etwas kostet. „Im allgemeinen neigen das Böse, das Leiden, die Sünde, die Trägheit, die Gewohnheit, viele der uns umgebenden (wirtschaftlichen, gesellschaftlichen, kulturellen, politischen) Faktoren dazu, uns den großen Strom unseres Lebens einzudämmen, dessen unendliche Potentialität wir aber verspüren. Durch das Opfer aktualisieren wir in uns und in der Welt das Weiterströmen des Lebens. Wir erhalten seine Stärke und Strömung. Und dieses Opfer ist Ausdruck der Liebe."

Die tragische Fehlentwicklung im Verständnis des Opfers bestand darin, daß das Opfer den Gesten des Opfernden und den geopferten Dingen gleichgesetzt wurde. So war das Opfer nicht mehr eine tiefe Bekehrung des Menschen zu Gott. Aber gerade in einer solchen Bekehrung besteht das wahre Opfer als vollkommene Selbstübergabe des Menschen an Gott, wobei sich dann diese Übergabe in den Gesten des Opfers und den geopferten Dingen sichtbar darstellt. So wurde treffend von Augustinus gesagt, daß das sichtbare Opfer ein Sakrament, d. h. ein sichtbares Zeichen, des unsichtbaren Opfers ist (*De civitate Dei* 1. X § 5). Ohne innere Einstellung des Opfers ist das äußere Opfer bedeutungs- und inhaltslos.

Ontologisch betrachtet, hat das menschliche Leben eine Struktur des Opfers. Mit anderen Worten: Das Leben ist so strukturiert, daß nur jenes Leben wirklich menschlich ist, das sich der Gemeinsamkeit öffnet, sich selbst hingibt, sich selbst gegenüber stirbt und sich im anderen verwirklicht. Nur in dieser Hingabe und diesem Opfer kann der Mensch sich retten. Daher wird von Johannes sehr zutreffend gesagt: „Wer an seinem Leben hängt, verliert es; wer aber sein Leben in dieser Welt geringachtet, wird es bewahren bis ins ewige Leben" (Joh 12, 24f). Ein solches Opfer fordert Gott immer von uns: Nicht weil seine Gerechtigkeit dies fordert oder er irgendwie besänftigt werden muß, sondern weil es eine Forderung und Notwendigkeit vom Wesen des Menschen her ist, weil dieser nur dann menschlich leben und existieren kann, wenn er sich dem Anderen (Gott) hingibt und sich von sich selbst leermacht, um durch seine Gnade erfüllt zu werden. In diesem Sinn war Christus das Uropfer, denn er war bis zum Äußersten ein Sein-für-die-anderen. Und nicht nur sein Tod, sondern sein ganzes Leben war Opfer, denn es war unaufhörliche Hingabe. Wenn wir zum Verständnis des Todes Jesu als Opfer nur auf das dabei wie bei den alten Opfern vergossene Blut verweisen, verlieren wir die Spezifizität des Opfers Christi aus dem Auge. Jesus wäre auch ein Opfer gewesen, wäre er nicht geschlachtet und wäre sein Blut nicht vergossen worden, denn nicht in dem gewaltsamen Tod oder dem Blut liegt das Wesen des Opfers, sondern in der totalen Hingabe des Lebens und des Todes. Mit dieser Hingabe können, historisch betrachtet, ein gewaltsamer Tod und Blutvergießen zusammengehen. Denn das Wesen des Opfers liegt nicht im Blut *an sich* und auch nicht im gewaltsamen Tod *an sich*. Denn Blut und Tod verweisen nur auf das innere Opfer als eine Gestaltung des ganzen Lebens im Sinne einer totalen Verfügbarkeit und einer unbeschränkten Hingabe Gott und seinen geheimen Ratschlüssen gegenüber.

Wenn das Leben des Menschen sich im Opfer artikuliert, dann können wir sagen, daß das, was das Leben bedeutet, auf definitive und eschatologische Weise in Jesus Christus offenbar wird. Daher ist er das vollkommene Opfer und das gegenwärtige Heil. Das Heil ist die vollkommene Verwirklichung des Menschseins. Die vollkommene Verwirklichung des Menschseins, der Hominisierung, ist die Fähigkeit, ganz aus sich herauszugehen und sich radikal Gott zu übergeben, so daß man eins wird mit ihm. Diese Dimension der vollkommenen Hominisierung wird durch nichts so sehr verwirklicht wie durch das Opfer, und daher bedeutet das Opfer auch das vollkommene Heil des Menschen. Jesus hat dies alles vorgelebt und verwirklicht, und daher lädt er die Menschen, mit denen er ontologisch solidarisch ist, ein, das gleiche zu tun. In dem Maße, in dem wir dies auch tun, werden wir gerettet.

Ein solches Verständnis des Opfers ist offensichtlich auch noch heute gültig und fruchtbar, vorausgesetzt, wir reinigen es von den letzten mythischen und heidnischen Resten.

4. Das Freikaufs- und Erlösungsmodell: wegen unserer Sünden zermalmt

Ein anderes Bild des uns von Jesus Christus gebrachten Heils ist dem Sklavenwesen der Antike entnommen worden: Um einen Sklaven freizukaufen, wurde ein bestimmter Preis bezahlt. So gibt es im Lateinischen das Wortfeld „emere", „redimere": kaufen, loskaufen, befreien durch die Bezahlung eines bestimmten Preises, und dementsprechend auch „Redemptio", Loskauf, Erlösung. Diesem Modell nach sei der Tod Jesu ein von Gott geforderter Preis bzw. der Preis der gezahlt wurde, um den Menschen aus der Gefangenschaft des Satans zu befreien. Wir stehen demnach also unter der Herrschaft des Dämonischen und all dessen, was Entfremdung bedeutet: wir sind verstrickt in eine Gefangenschaft, aus der wir uns aus eigener Kraft nicht befreien können.

Für die Teile der Bibel, die eine nomadische Kultur widerspiegeln, ist die Erlösung auch eine Befreiung von Hunger, von Wassermangel, vom Fehlen von Weideplätzen. Sie ist Exodus, Auszug, Übergang von einer Situation der Not zu einer des Überflusses. Hinter diesem Denken stand die Erfahrung einer wirklichen Gefangenschaft des Volkes in Ägypten. So bedeutete die Erlösung ein befreiendes Wegziehen, Ausziehen aus einer Situation der Versklavung zur Freiheit. Befreiung hat in der Bibel also auch mit räumlichen Kategorien zu tun: Erlösung ist das Gehen von einem Ort zu einem anderen.

Als Israel seßhaft geworden war, wurde die Erlösung eher zeitlich gedacht. Gott wird das Volk dann befreien, wenn er es aus der Zeit des Vorläufigen, aus der vorübergehenden Zeit in die Zeit des Bleibenden führen wird. Erlösung wird hier vor dem Hintergrund des Künftigen und Eschatologischen gedacht: Erlösung ist also ein Unterwegssein durch die Geschichte hindurch in einem dauernden Prozeß der Befreiung von den Mechanismen der Unterdrückung, die das Leben begleiten. Christus ist in diesem Zusammenhang jemand, der schon das Ziel erreicht und sich so von der entfremdenden Last der Vergangenheit und der Geschichte befreit hat. Als Punkt Omega zieht er alle aufsteigenden Linien der Geschichte zu sich hin. Auf diese Weise ist Christus dann auch der Erlöser der Welt.

a) Grenzen dieses Modells

Diese Vorstellung von einer Gefangenschaft, von der der Mensch freigekauft werden muß, will hervorheben, wie sehr der Mensch verloren ist. Vor der Erlösung verfügten wir nicht über uns selbst, wir besaßen uns selbst nicht, sondern wir wurden von etwas beherrscht, was uns daran hinderte, authentisch zu sein. Die Grenzen dieses Modells liegen darin, daß sie die Erlösung als ein Geschehen zwischen Gott und dem Satan vorstellt. Dieses Geschehen bedeutet zwar alles für den Menschen, aber daran beteiligt ist er nicht. Er ist höchstens Zuschauer eines übergeschichtlichen Heilsdramas. In Wirklichkeit aber ist Erlösung keineswegs etwas, was sich unserem Leben und unserer Erfahrung entzieht: Wir meinen durchaus kämpfen und unser Leben hingeben zu können. Wir fühlen uns nicht von außen her ohne eigenes Zutun von Gott oder von Satan gelenkt: Wir bewahren unsere Freiheit, meinen auch letztendlich selbst unsere Entscheidungen zu treffen. Allerdings hängt dies auch damit zusammen, daß wir unsere Freiheit als eine beeinträchtigte, gefangene Freiheit erfahren und unsere Entscheidungen von einer tiefen Zwiespältigkeit geprägt sind.

b) Dauernder Wert dieses Modells

Trotz seiner Grenzen und Mängel hat dieses Modell auch seinen dauernden Wert. Auch der Christ erfährt seine Freiheit nicht als eine totale Freiheit. Der Mensch macht die Erfahrung seiner Freiheit auch vor dem Hintergrund einer tiefen, die Menschheit in ihrem Griff haltenden Gefangenschaft. Wir fühlen uns dauernd von gesellschaftlichen und religiösen Systemen der Unterdrückung versklavt. Zudem bleiben diese Systeme nicht auf der Ebene des Unpersönlichen: Sie bekommen konkrete Gestalt in bestimmten Persönlichkeiten des zivilen und religiösen Lebens. Zwar sind diese im allgemeinen voll des guten Willens, sie sind aber unfähig einzusehen, daß das Böse nicht nur außerhalb des von ihnen vertretenen und verteidigten Systems existiert, sondern mitten in diesen Systemen selbst zu finden ist, daß es dort eher schlecht und recht von Ideologien genährt und verteidigt wird. Diese suchen durch auf allerlei Weise und mit allen möglichen Mitteln vorgetragene Vorstellungen und Ideen das innerhalb des Systems gegebene Unrecht als vernünftig darzustellen und plausibel zu machen.

Von dieser Gefangenschaft hat Christus uns befreit. Von einer neuen Erfahrung von Gott und von einer neuen menschlichen Praxis ausgehend, zeigte er sich als ein befreiter, freier und befreiender Mensch. Mit seinem Leiden und seinem gewaltsamen Tod hat er den Preis gezahlt für diese Freiheit, die er sich im Namen Gottes genommen hatte. Er hat sich niemals nach dem herrschenden gesellschaftlichen und religiösen, von Entfremdung geprägten und Entfremdung verursachenden *status quo* gerichtet. Auch war er kein Re-aktionär, dessen Handeln, Aktion, ein Re-agieren auf die ihn umgebende Umwelt gewesen wäre: Ausgangspunkt seines Handelns war eine neue Erfahrung von Gott und von den Menschen. Diese seine Aktion rief beim offiziellen Judentum jener Zeit die Reaktion hervor, die zu seinem Tod führte. Mutig und treu, ohne Kompromisse und Tricks oder Rückzüge hat er einen Tod auf sich genommen, den er nicht gesucht hatte, sondern der ihm aufgezwungen wurde. Ein solches Verhalten wirkt auch noch heute pro-vozierend, drängt sich auch noch heute unwiderstehlich auf. Es rüttelt auch noch heute die eingeschlafenen Gewissen auf, damit sie sich immer neu in einem Prozeß der Befreiung engagieren gegen jede Bequemlichkeit und jeden Zynismus, die von einer Situation gesellschaftlicher und religiöser Gefangenschaft nahegelegt zu werden scheinen. Christus hat nicht gesagt: Ich bin die herrschende Ordnung und die Tradition! Er hat gesagt: Ich bin die Wahrheit. Von dieser Wahrheit wurde er befähigt, so zu sterben, daß er durch sein Sterben die Menschen von ihrer Angst vor dem Tod befreien konnte: Durch seine Auferstehung hat er ja den Tod überwunden.

5. Das Modell der stellvertretenden Genugtuung: Durch seine Wunden sind wir geheilt

Im Rahmen einer juristischen Mentalität bediente man sich eines Begriffes des römischen Rechts – Genugtuung – als Instrument, um das Heilshandeln Christi zu erklären. Aufgegriffen von Tertullian, von Augustinus vertieft, erreichte dieses Modell in dem Werk des Anselm *Cur Deus homo?* Warum wurde Gott Mensch? seine klassische Formulierung. Im Geiste einer starken, in der gesamten Scholastik gegebenen Tendenz zum Rationalismus suchte Anselm einen auch einem Ungläubigen einleuchtenden und ausreichenden Grund zu finden, weshalb die Inkarnation notwendig gewesen sei. Dabei argumentiert der Theologe Anselm wie folgt: Der Mensch hat durch die Sünde die richtige Schöpfungsordnung verletzt. Dadurch hat er Gott, auf den diese universale Ordnung zurückgeht, verletzt. Nun fordert die göttliche Gerechtigkeit, daß diese Ordnung wiederhergestellt wird. Dies geht nicht ohne eine entsprechende Genugtuung. Diese muß unendlich sein, da ja auch eine Beleidigung des unendlichen Gottes unendlich ist. Wie aber könnte ein endlicher Mensch eine unendliche Genugtuung erbringen? Seine Situation ist hoffnungslos.

Anselm sieht hier aber eine absolut rationale Lösung: Der Mensch ist Gott eine unendliche Genugtuung schuldig, aber nur Gott kann eine solche unendliche Genugtuung erbringen. Es ist also notwendig, daß Gott Mensch wird, denn nur so kann eine unendliche Genugtuung vom Menschen erbracht werden. So erbringt der *Mensch* Jesus das, was die Menschheit Gott schuldig ist: die Wiedergutmachung, und da er zudem *Gott* ist, bekommt diese menschliche Genugtuung die Qualität, die jeder anderen menschlichen Wiedergutmachung fehlt: sie ist unendlich: Durch den *Gottmenschen* wird die Gott angemessene unendliche (also nur *Gott* mögliche) Wiedergutmachung (die vom *Menschen* zu erbringen ist) geleistet. Die Inkarnation sei kraft einer unwiderlegbaren Logik notwendig.

Allerdings werde die Genugtuung, die durch die Beleidigung Gottes notwendig geworden sei, nicht durch die Inkarnation und auch nicht durch das Leben Jesu erbracht. Denn diese seien nur die Voraussetzung dafür, daß schließlich die Genugtuung auf angemessene Weise im blutigen Tod Jesu am Kreuz geleistet werden könne. Es sei dieser Tod, der die Sühne wirke, die Genugtuung für die Gott angetane Beleidigung erbringe und so die richtige Ordnung des Universums wiederherstelle. Gott, so Anselm, finde den Tod Jesu am Kreuz sogar schön, denn dadurch werde seiner Gerechtigkeit Genüge getan (Cur Deus homo I 14).

a) Grenzen dieser Vorstellung

Dieses Modell der uns von Jesus gebrachten Befreiung spiegelt wie kaum ein anderes die gesellschaftlichen Voraussetzungen einer bestimmten Zeit wider. Der Gott des Anselm hat wenig mit dem von Jesus verkündigten Vater zu tun. Er verkörpert eher die Gestalt eines absoluten Feudalherrschers, der über Leben und Tod seiner Untertanen bestimmt. Er nimmt die Züge eines grausam und blutdürstigen Richters an, der das, was ihm zusteht, erbarmungslos bis zum letzten Heller zurückfordert. In der Zeit des Anselm herrschte gerade in diesem Bereich eine wilde Grausamkeit. Es ist dieser gesellschaftliche Hintergrund, der sich im theologischen Text des Anselm widerspiegelt und der zu dessen Vorstellung von einem grausamen, blutdürstigen und rachsüchtigen Gott führte, der auch noch heute in vielen frommen, aber gequälten und ängstlich unfreien Köpfen und Gemütern weiterlebt.

Es wird ein Mechanismus der Beleidigung/Verletzung und der notwendigerweise darauf folgenden Wiedergutmachung vorausgesetzt, dem auch Gott selbst unterworfen sei und der ihm vorschreibe, was er zu tun habe. Ist das der Gott, von dem Jesus aus seiner Gotteserfahrung heraus spricht, den zu lieben und auf den zu vertrauen er uns lehrte? Ist das der Vater des verlorenen Sohnes, der vergeben kann? Ist das der Hirte, der die neunundneunzig Schafe im Stall zurückläßt, um das eine verlorene auf den Feldern zu suchen? Wenn Gott den Tod Jesu für so schön hält, warum verbietet er dann zu töten (Ex 20,13; Gen 9,6)? Wie kann ein Gott, der es verboten hat, dem Bruder zu zürnen (Mt 5,21), selbst seinem Zorn nachgeben?

b) Der bleibende Wert dieses Modells

Anselm hat im Rahmen der Voraussetzungen seiner Zeit, der Zeit des Mittelalters, die Vorstellung von einer Gott erbrachten Genugtuung weiterentwickelt. Er hat dies vor allem auf einer juristischen Ebene getan. Dadurch aber blieb die Möglichkeit, diesen Gedanken einer Genugtuung eher ontologisch zu verstehen, ungenützt. Dabei hätte gerade ein solches ontologisches Verständnis von Genugtuung einen angemessenen Weg zur Erklärung des uns von Jesus Christus gebrachten Heiles geboten. Diese ontologische Dimension zeigt sich, wenn wir uns fragen, worin grundsätzlich das menschliche Heil besteht. Kurz beantwortet: Darin, daß der Mensch immer mehr er selbst wird. Wenn ihm dies gelingt, wird er sich voll verwirklichen und das Heil erlangen. Aber hier setzt auch das Drama der menschlichen Existenz ein: Der Mensch fühlt sich unfähig, jene Identität mit sich selbst vollkommen zu erlangen. Er fühlt sich verloren. Immer bleibt er sich selbst noch etwas schuldig. Er kann den Anforderungen, die er in sich selbst spürt, die von seinem eigenen Wesen ausgehen, nicht genügen. Er fühlt sich nicht zufrieden, und sein Verhalten kann ihn auch nicht zufriedenstellen.

Was soll der Mensch nun tun, um ganz er selbst zu werden und dadurch das Heil zu erlangen und erlöst zu sein? Dazu müßte er die unerschöpfliche Offenheit, die er selbst ist, verwirklichen. Das Drama seiner Geschichte besteht aber darin, daß er sich in sich selbst verschließt. Daher lebt er in einem Zustand verfallener Menschlichkeit: in der Sünde.

Jesus ist der Mensch, dem Gott es ermöglichte, sich so sehr dem Absoluten zu öffnen, daß er sich mit ihm identifizieren konnte. Jesus war offen für alle und für alles. Er war ohne Sünde, d. h., er hatte sich nicht in sich selbst verschlossen. Er war der einzige Mensch, der der doch für jeden Menschen gegebenen Notwendigkeit einer ontologischen Offenheit entsprach. Daher zeigt Gott sich vollkommen in ihm (vgl. Joh 14,20). Er ist das Ebenbild des unsichtbaren Gottes, der in ihm in körperlicher Gestalt erscheint (Kol 1,15; 2 Kor 4,4).

Gott inkarnierte sich in Jesus von Nazaret nicht nur, damit der Mensch göttlich werde, sondern auch, damit er Mensch und menschlich werde und sich also von der Last der Unmenschlichkeit befreie, von der seine Geschichte belastet ist. In Jesus Christus erlangte der Mensch nun endlich wirkliches Heil und echte Erlösung. Als erster und einziger entsprach er in der Kraft des Geistes dem *ordo* der menschlichen Natur. Daher wurde er zu unserem Erlöser, der uns in dem Maße erlöst, in dem wir an ihm Anteil haben und in dem auch uns die totale Offenheit gelingt, die von ihm als Hoffnung allen ermöglicht wurde. Er hat gezeigt, daß eine solche totale Öffnung keine anthropologische Utopie, sondern ein Sicherеignen des Heiles in der Geschichte ist. Um an Anselm und seine Meinung, Gott habe sich inkarnieren müssen, anzuknüpfen, können wir sagen: Damit der Mensch wirklich Mensch werden konnte, mußte Gott sich inkarnieren, d. h., er mußte auf eine solche Weise der unendlichen Offenheit des Menschen entgegentreten und in sie eindringen, daß er sie ganz erfüllen konnte. Und der Mensch mußte sich so vom Unendlichen durchdringen, erfüllen und emporheben lassen, daß er dort seine volle Verwirklichung findet, wo sie allein gegeben sein kann: in Gott. Indem dies stattfindet, ereignet sich auch die Inkarnation Gottes und die Vergöttlichung des Menschen. Dann ist auch der Mensch gerettet, denn dann entspricht er dem tiefsten Ruf seines Seins, dem Ziel seiner Existenz: Gemeinschaft zu haben mit Gott.

Christus, der Erlöser, ruft uns auf, das zu verwirklichen, was er selbst verwirklicht hat. Wir werden nur dann erlöst sein und Frieden haben (zu-frieden, *satisfactus*), wenn wir uns bemühen, unserer grundsätzlichen Berufung als Mensch zu entsprechen *(satis-facere)*. Jesus hat uns gezeigt, daß eine unaufhörliche Suche unserer letzten Identität (die nur in Gott gegeben sein kann) nicht sinnlos ist (im Gegensatz zum Mythos von Sisyphus und Prometheus): Diese Suche kann zum Ziel gelangen. Der Mensch hat also die Chance, wirklich das zu sein, was er sein muß.

Von einer solchen ontologischen Perspektive her scheint uns die Vorstellung einer von Jesus Gott dargebrachten Genugtuung möglicherweise eine sehr fruchtbare Hilfe zu sein, um die Befreiung, die Jesus uns brachte, zu verstehen. Es ist sicherlich wegen dieses latenten Reichtums, daß dieses Modell eines der beliebtesten ist. Wir fühlen uns mit Jesus solidarisch in unseren Leiden und unseren Anstrengungen: Er ist derjenige, der im Namen aller dem Ruf zu einer vollkommenen Offenheit und Nähe Gott gegenüber entsprochen hat. Darüber hinaus sind wir auch mit ihm solidarisch in der Sehnsucht nach der Begegnung und in der Sicherheit des Ankommens.

All diese Vorstellungen und Bilder sind Versuche, den jede Vorstellung und jedes Bild sprengenden Reichtum des Heiles besser zu verstehen. Wir dürfen also auf keinen dieser Versuche fixiert sein. Wir müssen sie überprüfen, „de-konstruieren", neu aufnehmen, erweitern, reinigen, so wie der Horizont unserer Glaubenserfahrung in einer konkreten Situation es erfordert und erlaubt.

Von den oben angesprochenen Fragen bleibt uns noch eine der schwierigsten, aber auch der wichtigsten: Wie sollen wir die Universalität der uns in Jesus geschenkten Befreiung verstehen? Inwieweit ist er dabei mit uns solidarisch und heilt und befreit seine Heilswirklichkeit auch unsere Wirklichkeit?

6. Jesus Christus befreit in der universalen Solidarität mit allen Menschen

Jesus ist nicht der universale Erlöser aller Menschen einfach deshalb, weil Gott es so gewollt hat. Es gibt einen tieferen Grund, der unserer eigenen Erfahrung zugänglich und in dieser Erfahrung von uns auch verifiziert werden kann. Wir machen ja die Erfahrung, daß es eine tiefe Gemeinsamkeit, also eine Grundsolidarität zwischen den Menschen gibt: Niemand lebt allein. Die Einheit des einen Menschengeschlechts läßt sich nur vor dem Hintergrund jener universalen Herkunfts- und Schicksalsgemeinschaft oder Solidarität erklären: Wir leben in derselben Welt, wir sind zusammen das Ergebnis eines biologischen Prozesses, wir stehen in der gleichen Geschichte der Erfolge und der Fehlschläge, der Liebe und des Hasses, der gewaltsamen Trennungen und der Sehnsucht nach einer universalen Brüderlich- und Schwesterlichkeit, der Beziehung schließlich auch mit jenem Transzendenten, das wir Gott nennen. Aufgrund dieser radikalen, ontologischen Solidarität sind wir im Guten und im Bösen, was das Heil und die Verdammung angeht, füreinander verantwortlich. „Das Gebot der Nächstenliebe wurde uns nicht gegeben, damit wir uns gegenseitig, sei es durch die Institutionen der Gesellschaft, sei es privat, unterstützen, oder weil so das Leben angenehmer wird: Es wurde uns gegeben, damit jeder sich für das Heil des anderen verantwortlich fühle und es dem anderen ermögliche, dieses Heil zu erlangen."

Schon bei unserem Eintritt in unsere Welt kommen wir in eine Situation hinein, die uns solidarisch mit den anderen verbindet, die uns bis ins Tiefste unseres Seins berührt, an deren Sünde und Gnade, deren Problemen und Ängsten, an deren zeitlicher Beschränktheit und deren Geist wir Anteil haben. Diese Situation, in die wir hineingeboren wurden, berührt dabei nicht nur unsere zwischenmenschlichen sowie unsere kulturellen Beziehungen: Sie berührt auch unser Verhalten Gott gegenüber, sei dies ein Verhalten der Offenheit und der Annahme oder des Sichverschließens und der Ablehnung.

Dem Menschen als Geist ist es im Gegensatz zu den Dingen eigen, niemals „neben", sondern immer „zusammen mit" all dem, „inmitten" all dessen zu leben, was ihm begegnet. Mensch/Geist zu sein heißt gewissermaßen alles sein zu können, denn er kann erkennend und liebend mit allen Dingen in Beziehung treten, und dadurch entsteht Gemeinsamkeit mit und Teilnahme an allem Erkannten und Geliebten. Zwar kann niemand an die Stelle eines anderen treten, denn kein Mensch ist mit einem anderen austauschbar: Jeder ist einmalig, einzig, unwiederholbar, er ist ein historisch ganz bestimmtes und konkretes Wesen. Aber kraft der universalen Solidarität kann er sich in den Dienst des anderen stellen, sein Schicksal mit dem des anderen verbinden, am Drama der Existenz der anderen Anteil nehmen. Wenn es dann einem Menschen gelingt, an Menschlichkeit zu gewinnen und voranzukommen, dann gewinnen alle, kommen alle voran. Wenn einer sich in den Abgrund der Leugnung der eigenen Menschlichkeit stürzt, zieht er alle mit. So sind wir solidarisch mit den Weisen, den Heiligen, den Mystikern aller Zeiten, durch die sich den Menschen das Heil und das Geheimnis der Selbstmitteilung Gottes offenbart. Wir sind aber auch solidarisch mit den Verbrechern, Schuldigen und Übeltätern aller Zeiten, durch die auf der Welt die Atmosphäre verdorben und so für die Menschen das Heil erschwert wird.

In dieser ontologischen, universalen Solidarität standen auch Jesus und sein befreiendes Handeln. Dies wurde von der Theologie der Urkirche gut dargestellt, als sie Jesus in eine Genealogie hineinstellte, die bei Matthäus (1, 1–17) die Geschichte Israels, bei Lukas (Lk 3, 23–38) sogar die der Welt mitumfaßt, und als sie ihn bei Johannes (1, 1–14) aus der intimen Geschichte Gottes hervorgehen ließ. In der Konkretheit seines persönlichen historischen Weges konnte Jesus von Nazaret durch Zutun des Geheimnisses, dank dem Geheimnis sich Gott so öffnen und von Gott so angenommen und erfüllt werden, daß er mit Gott ohne Vermischung und ohne Trennung eins war. Diese Einheit Jesu mit Gott war keine abstrakte, sondern eine konkrete Einheit, die sich Tag für Tag im Leben des Zimmermanns in Nazaret, des Wanderpropheten in Galiläa, in seiner Verkündigung, in den Auseinandersetzungen, die er auslöste, im Konflikt, der zu seinem Tod führte und der von ihm bestanden wurde, in seinem Tod und seiner Auferstehung zeigte und verwirklichte. In diesem vom Juden Jesus aus Nazaret gegangenen historischen Weg fand die höchste Selbstmitteilung Gottes statt und offenbarte sich am radikalsten die absolute Offenheit des Menschen. Dieser Höhepunkt der menschlichen Geschichte ist unumkehrbar und hat daher endgültigen und eschatologischen Wert: Er zeigt das Ziel der Entfaltung der menschlichen Geschichte auf Gott hin. Gott und Mensch waren eins geworden, ohne dabei ihre Identität zu verlieren. Dieser Punkt Omega ist die höchste Stufe der Menschwerdung und daher auch die Fülle des Heiles und der Befreiung des Menschen.

Weil dieser Jesus von Nazaret mit unserer Geschichte ontologisch solidarisch ist, haben wir in ihm und durch ihn an diesem Punkt Omega und der damit gegebenen Fülle des Heiles und der Befreiung teil. Aus diesem Grund bekennt der Glaube ihn als den universalen Befreier und Retter. In ihm erreichen die radikalsten anthropologischen Strukturen, in denen sich unsere Sehnsüchte nach Einheit, Versöhnung, Brüderlichkeit, Befreiung, Nähe zum Geheimnis, das unsere Existenz umgibt, bündeln, ihre höchste Entfaltung, ihre vollste Verwirklichung. Gerade hier stoßen wir auf den tiefen und verborgenen Sinn seiner Auferstehung. Christus, der schon am Ziel angekommen ist, berührt die Existenz eines jeden Menschen von Grund auf, ob diese sich nun dessen bewußt sind oder nicht, oder ihn sogar ablehnen. Indem er in seiner ontologischen Solidarität mit uns uns in unserer Menschlichkeit selbst fördert und erhöht, öffnet er uns die Möglichkeit des Heiles und der Befreiung, ermutigt er uns bei dem Auszug aus jeder Form des Exils und der Gefangenschaft, aktiviert er die Kräfte, die an allen Formen der Knechtschaft rütteln.

Wir haben schon gesehen, wie all diese Aussagen im Leben des Jesus von Nazaret konkrete Geschichte, sichtbare Wirklichkeit geworden sind. Es gibt diese

Aussagen, weil es auch eine Befreiungsgeschichte gibt. Sie werden nur dann Sinn haben, wenn sie immer neu mit der Quelle, aus der sie hervorgegangen sind, mit der Wirklichkeit, auf die sie hindeuten, konfrontiert werden. Nur dann werden sie aufhören, als reine Ideologie zu erscheinen oder als billiger Trost frustrierter Hoffnung.

Literaturhinweise

Rivière, J., Le dogme de la rédemption. Étude théologique (Paris 1931).

Ders., Rédemption: Dictionnaire de Théologie Catholique XX/2 1912–1957.

Duquoc, Ch., Christologie. Essai dogmatique, Bd. II: Le Messie (Paris 1972) 171–226.

Aulen, G., Christus victor. La notion chrétienne de rédemption (Paris 1949).

Richard, L., Le mystère de la Rédemption (Toulouse 1959).

Willems, B./Weier, R., Soteriologie von der Reformation bis zur Gegenwart (Handbuch der Dogmengeschichte III/2c, Freiburg i. Br. 1972).

Kessler, H., Die theologische Bedeutung des Todes Jesu. Eine traditionsgeschichtliche Untersuchung (Düsseldorf 1970).

Gironés, G., Jesucristo, Tratado de soteriología cristológica (Valencia 1973).

Greshake, G., Der Wandel der Erlösungsvorstellungen in der Theologiegeschichte: *Scheffczyk, L.* (Hg.), Erlösung und Emanzipation (Freiburg i. Br. 1973) 69–101.

Sobrino, J., Cristología desde América Latina (México 1976) 137–186.

Maldonado, L., La violencia de lo sagrado (Salamanca 1974).

Dumas, B., Los dos rostros alienados de la Iglesia una (Buenos Aires 1971) 41–80.

Rahner, K., Der eine Mittler und die Vielfalt der Vermittlungen: Schriften zur Theologie VIII (Einsiedeln 1967) 218–235.

VII. Die Theologie des Kreuzes und des Todes Jesu vor dem Horizont heutiger Theologie

In unseren bisherigen historisch-systematischen Darlegungen haben wir die wichtigsten Probleme, die mit dem Kreuz und dem Tod Jesu zusammenhängen, angesprochen und wenigstens ansatzweise erörtert. Hier wollen wir sie in systematischerer und expliziterer Form auch im Zusammenhang mit der sehr lebendigen Diskussion der letzten Jahre wieder aufnehmen.

1. Eine noch immer offene Frage ...

In der Geschichte der Menschheit läßt sich die grausame Gegenwart einer Antigeschichte und damit unmeßbarer Dimensionen des Bösen, des Leidens, der Gewalt und des Verbrechens beobachten. Was uns Menschen dabei befremdet, ist nicht so sehr die physische und kosmische Gewalt, die ihre Opfer fordert, wie Stürme, Feuer, Erdbeben, biologischer Verfall usw. Es ist vor allem die von Menschen anderen Menschen, von Gruppen von Menschen anderen Gruppen von Menschen angetane Gewalt, die uns vor Probleme stellt. In der heutigen Gesellschaft sowie im Auftreten und Handeln der Individuen gibt es eine ausgeprägte Aggressivität, die für das anthropologische Denken ein ernstzunehmendes Rätsel ist.

Es gibt Übel und Leiden, die der notwendige Preis jeden Wachstums und jeden Fortschritts sind. Diese Übel und Leiden haben im Hinblick auf das schließlich aus ihnen Hervorgehende einen gewissen Sinn und eine gewisse Berechtigung. Es gibt aber auch Übel und Leiden, die das Ergebnis menschlicher Dummheit oder gar menschlicher Bosheit, faule Frucht des maßlosen Hasses des menschlichen Herzens sind: also vom Menschen gewollte und zugefügte Übel und Leiden. Zudem gibt es eine ganze Geschichte des Bösen, eine Leidensgeschichte dieser Welt, die sich in Ideologien verdichtet, die den Menschen ersticken, in gesellschaftlichen Strukturen und einer gesellschaftlichen Dynamik, die Gewalt, Demütigung, Völkermord erzeugen.

Es gibt auch ein gewaltsames Leiden und Sterben, das durchaus einige Zustimmung hervorrufen kann: Wenn die Ursache des Leidens im Unrecht zu suchen ist, das vom Leidenden der Welt zugefügt wurde. In einem solchen Leiden gibt es eine gerechte Strafe und eine gewisse Kompensation für das Böse, das der Betreffende anderen zufügen wollte und das sich nun gegen ihn selbst wendet.

Es gibt aber auch ein Leiden und Sterben, das diejenigen trifft, die sich für mehr Liebe auf der Welt einsetzten, die für eine menschlichere Welt kämpften: Sie hatten die Hoffnung verkündet und das Böse angeklagt, hatten sich vom Ziel einer großen Versöhnung leiten lassen und von einer Welt geträumt, wo es leichter wäre, dem anderen Schwester oder Bruder zu sein, und wo wirkliche Liebe nicht so schwer fallen würde. Statt dessen sind sie gewaltsam gestorben, umgebracht von der Verstocktheit und Erstarrung der menschlichen Gesellschaft, Opfer von Ideologien, die vor allem der Verteidigung der Privilegien nur am eigenen Vorteil und eigenen Interesse interessierter Gruppen dienen. Sie starben unschuldig, Beute des Hasses, den sie besiegen wollten. Treffend ist dies vom Autor des Hebräerbriefes in tiefer Trauer, aber auch unendlicher Hoffnung beschrieben worden: Aufgrund des Glaubens haben soviele „Spott und Schläge erduldet, ja sogar Ketten und Kerker. Gesteinigt wurden sie, verbrannt, zersägt, mit dem Schwert umgebracht; sie zogen in Schafspelzen und Ziegenfellen umher, notleidend, bedrängt, mißhandelt. Sie, derer die Welt nicht wert war, irrten umher in Wüsten und Gebirgen, in den Höhlen und Schluchten des Landes. Doch sie alle, die aufgrund des Glaubens (von Gott) besonders anerkannt wurden, haben das Verheißene (die Verheißung einer besseren Welt) nicht erlangt" (Hebr 11,36–39). Sie starben und wurden getötet. Ihr Tod schien absurd und sinnlos zu sein. Wer wird dem „Blut aller Propheten, das seit Erschaffung der Welt vergossen ist" (Lk 11,50), Sinn verleihen? Welcher Sinn hat der Mord so vieler Namenloser, so vieler Bauern und Arbeiter, die für sich selbst und für andere für ein menschlicheres und würdigeres Leben gekämpft haben und von den Mächtigen in ihrer Übermacht massakriert wurden? Wer wird sie auferwecken? Der Herr hat uns gesagt: „Es wird Rechenschaft für das Blut aller getöteten Propheten verlangt werden" (Lk 11,50). Aber wann wird dies sein? Gibt es eine Kompensation und eine Lösung dafür, daß die Existenz des Menschen mit Füßen getreten und zermalmt wird?

Es ist in diesem Zusammenhang, daß wir den Sinn des Todes und des Kreuzes Jesu Christi suchen müssen. Die mit diesem Tod und diesem Kreuz zusammenhängenden Probleme haben zu tun mit:
– demjenigen, der das Kreuz verursacht und es auferlegt (der Aggressor);
– demjenigen, der es auf sich nimmt und leidet (der Gekreuzigte);
– der Tatsache, daß der Gekreuzigte dabei für andere dieses Kreuz auf sich nimmt und leidet (das Opfer);
– Gott, der es zuläßt, daß das Kreuz vom Aggressor auferlegt und vom Gekreuzigten auf sich genommen wird;
– Gott, der selbst das Kreuz auf sich nimmt, am Kreuz leidet und stirbt.

Der christliche Glaube stellt den am Kreuz gestorbenen und auferstandenen Jesus dabei vor als denjenigen, der alle großen, mit der Thematik des Bösen verbundenen Probleme auf sich genommen hat, wie die Sünde und das Kreuz als das große Geheimnis der Leidensgeschichte der Menschheit: Er war Opfer der Gewalt seiner Zeit; er hat frei das Kreuz auf sich genommen und ist frei gestorben; er hat es als Opfer für die anderen auf sich genommen; damit entsprach er dem Plan Gottes, der die Freiheit der Menschen und den profanen Verlauf der Menschheitsgeschichte respektiert; schließlich war der, der dort starb, Gottes eigener Sohn, so daß wir sagen können: Gott ist am Kreuz gestorben. Dieser vom Menschensohn und Gottessohn durchlebte und durchlittene Prozeß befreite die Welt von der Absurdität des Kreuzes und des Todes und gab den Menschen die

Chance der Erlösung und der Begegnung mit Gott. Das ist in bezug auf das Kreuz der Inhalt unseres christlichen Glaubensbekenntnisses.

Bevor wir uns kurz mit jedem dieser Punkte befassen werden, wollen wir hier einige heutige Richtungen einer Theologie des Kreuzes skizzieren.

2. Heutige Theologien des Kreuzes

Im christlichen Glauben, in der christlichen Frömmigkeit und der Theologie hatte das Kreuz immer einen wichtigen Platz. Ohne dieses Kreuz wäre die Verkündigung der Auferstehung eine Hoffnung ohne Inhalt gewesen: Es ist der Gekreuzigte, der auferstanden ist. Dennoch hat man nicht immer alle wichtigen Folgerungen aus dem Kreuz und dem Tod Jesu gezogen. Wichtige Versuche, den christlichen Glauben im Licht des Kreuzes radikal zu durchdenken, wurden von evangelischer Seite von Jürgen Moltmann, auf katholischer Seite von Hans Urs von Balthasar unternommen. Sie waren aber nicht die einzigen. Die Erfahrung des Leidens in der heutigen Welt war auch bei anderen christlichen Denkern Ausgangspunkt und Anlaß für den Versuch, dem Sinn-losen im Licht des Leidens des Herrn einen Sinn zu geben.

a) Jesus Christus, der gekreuzigte Gott

J. Moltmann geht von einer tief in der lutherischen Theologie verwurzelten These aus: Eine wahre christliche Theologie ist nur die, die vom Kreuz ausgeht und sich im Schatten des Kreuzes vollzieht. Auf diesem Kreuz beruht die christliche Identität. Wer könnte den Schmerz und das Leiden lieben? Und dennoch verkündet der Christ einen Gekreuzigten und folgt diesem Gekreuzigten. Wenn die Kirche versucht hat, ihre Identität an Riten, Dogmen und Traditionen festzumachen, dann liegt der Grund darin, daß sie nicht mehr das Kreuz in die Mitte des Christentums stellte. Dieses Problem der Identität stellt sich auch auf der Ebene der Praxis: Was den Christen vom Nichtchristen unterscheidet, ist nicht sein Engagement für eine bessere Welt: Auch viele andere verfolgen, von anderen Ideologien und Idealen inspiriert, ein solches Ziel. Und wenn es sogar eines Tages gelingen sollte, eine wahrhaft klassenlose Gesellschaft zu errichten – ein Ziel, das von fast allen heutigen Befreiungsbewegungen angestrebt wird –, dann würde noch immer der Christ eine eigene Identität bewahren. Denn diese Identität des Christen beruht auf dem Kreuz, das für die Weisen eine Torheit, für die Frommen ein Ärgernis und für die Mächtigen ein Hindernis ist. Sowohl der Horizontalismus der Liebe als auch der Vertikalismus des Gebets scheitern angesichts des Kreuzes, das alles in Frage stellt: Gott schweigt angesichts des betenden und bittenden Schreis Jesu und zeigt sich zudem hilflos angesichts des Engagements Jesu, der während seines gesamten Lebens in dieser Welt nur Gutes tat und die Beziehungen zwischen den Menschen zu verändern suchte. Die Theologie des Kreuzes kreuzigt den Christen. Sie stellt all unsere Modelle, alle Vorstellungen, die wir vom Menschen, von Gott, von der Gesellschaft haben, in Frage. Sie verpflichtet den Christen zu einer Identität, die er nicht in ein politisches oder religiöses oder geschichtsimmanentes Zukunftsmodell projizieren kann. Das Kreuz zerstört dies alles und läßt den Menschen nackt, nackt wie den Gekreuzigten am Kreuz.

Von diesen Auffassungen ausgehend, sucht Moltmann den Tod Jesu einzuordnen. Worin offenbart dieser Tod seine letzte Idenität, die also auch die christliche Identität überhaupt ist? Moltmann verweist auf den Prozeß Jesu, in dem er als Gotteslästerer und pseudomessianischer Verführer verurteilt wurde. Der Tod Jesu ist also Folge der Konsequenz seines Lebens. Es reicht also nicht zu sagen, daß er als Märtyrer oder Prophet starb. Dies stimmt zwar, aber damit sind wir noch nicht bei der Wahrheit angelangt, die diesem Tod seine Identität gibt. Wo liegen denn diese Wahrheit und diese Identität? Außer in der Ablehnung Jesu durch die Juden und die Römer liegen sie in seiner Ablehnung durch Gott selbst. Gott weist seinen Sohn zurück. Der Schrei der Verlassenheit und Hoffnungslosigkeit am Kreuz bringt die Erfahrung dieser Zurückweisung zum Ausdruck. Jesus leidet unter der totalen Abwesenheit Gottes und fühlt sich den Qualen der Hölle ausgeliefert. Der Tod Jesu bedeutet das absolute Ende der von ihm vertretenen Sache, das absolute Scheitern seiner Verkündigung. Dies unterscheidet das Kreuz Jesu von den vielen Kreuzen der Geschichte.

Dieses Verständnis zerstört all unsere Vorstellungen von Gott. Denn hier haben wir es nicht mehr mit einem Gott zu tun, der die Fülle des Seins ist, der uns verteidigt gegen alle, die uns das Seine nehmen wollen. Dieser Gott hier ist ein Gott, der zerstört. Er zeigt sich genau in dem, was ihm entgegengesetzt ist: Seine Gnade zeigt sich in den Sündern, seine Gerechtigkeit in den Bösen, seine Gottheit in einem Gekreuzigten. Er offenbart sich nicht durch seine Macht, sondern in der Ohnmacht. Der Gott Jesu Christi ist so ein Gott, der alle menschlichen Vorstellungen von Gott götzendienerisch erscheinen läßt und sie vernichtet. Das ist dann auch der Grund, weshalb Moltmann in der Nachfolge Barths jede Art von Religion, sei sie christlich oder heidnisch, ablehnt. Sie bewähren sich nicht am Kreuz, sondern sie zerfallen zu Staub.

Wer stirbt am Kreuz? Jesus, der Sohn Gottes! Kreuz und Tod bewahren daher eine enge Beziehung zu Gott. Gott selbst stirbt. Daher gibt Moltmann seinem Buch auch den Titel: „Der gekreuzigte Gott". Gott ist hier Subjekt und Objekt: der, der kreuzigt, und der, der gekreuzigt wird. Er kreuzigt, weil er seinen Sohn verflucht und verwirft. Dieser selbst stirbt als ein verlassener Gott. Im Schmerz seiner Liebe erleidet Gott selbst den Tod seines Sohnes. In Jesus wird Gott selbst gekreuzigt, unterliegt Gott selbst dem Tod. Der Tod des Gottessohnes Christus ist die Verwirklichung einer der Möglichkeiten, die es für Gott gibt: die Möglichkeit, gekreuzigt zu werden und zu sterben. Wenn Gott nicht gestorben wäre, wäre er nicht größer als der Mensch, der sterben kann. Im Kreuz offenbart sich also die heiligste Dreifaltigkeit: der Vater, der ablehnt und verwirft, der Sohn, der verlassen wird, und der Geist, in dessen Kraft alles geschieht und die Einheit erhalten wird.

Auf diese Weise wird das Leiden der Welt von Gott angenommen, nicht als etwas, was außer ihm geschieht, sondern als eine Wirklichkeit in Gott selbst. Allerdings sollten wir, so Moltmann, dabei nicht meinen, daß der Tod und die Motive, die zum Tod führten, wie der Haß und die Gewalt, dadurch Ewigkeitswert bekommen, weil sie in Gott aufgenommen worden seien. Gott muß als Prozeß gedacht werden: Gott ist verletzbar und veränderlich, gerade weil er leiden und lieben kann. Am Ende aber, wenn Gott zu seiner vollen Identität gekommen ist und der Sohn dem Vater das Reich übergeben wird, wird Gott alles in allem sein, und es wird das Böse und den Tod nicht mehr geben. Gott selbst wird dann das Zurückweisen und das Töten, das Kreuzigen und Gekreuzigtwerden ... überwunden haben. Er wird Gott in seiner Herrlichkeit sein.

b) Gott sagt nein zum Leiden

In seinem Buch „Wider die Versöhnung Gottes mit dem Elend. Eine Kritik des christlichen Theismus und A-theismus" verfolgt U. Hedinger einen ganz anderen Gedankengang als Moltmann: Das Leiden kann man nicht akzeptieren, sondern man muß es bekämpfen, ist seine Hauptthese. Jede Rechtfertigung des Leidens, die irgendwie Gott miteinbezieht, erschwert das Problem, statt seiner Lösung näher zu kommen. Dies gilt für die theistische Lösung, die sagt, daß Gott der allmächtige Vater ist und einen unendlichen Abstand zwischen ihm und dem Leid schafft. Dies gilt aber auch für die dialektische Lösung, die von der Gleichzeitigkeit und Aufeinanderfolge von Leben und Tod spricht und so theoretisch das Böse neutralisiert, dabei an dem Bösen als Haß und Verbrechen vorbeigeht und sie nicht in eine höhere Synthese aufzunehmen vermag. Auch der christliche A-theismus vieler Theologen, der im gekreuzigten Jesus den mit den Menschen leidenden Stellvertreter Gottes sieht, beantwortet nicht die Frage, warum Gott das Böse nicht vernichtet, sondern es weiterexistieren läßt.

Es gibt, so Hedinger, keine Rechtfertigung für das Böse. Dem Bösen kann im Reich überhaupt kein Platz zugewiesen werden, denn das Reich ist ein Reich des Glückes. Jede Kreuzesspiritualität ist eine falsche Leidenssucht, die die zur Bekämpfung des Bösen in der Welt notwendigen Kräfte schwächt. Daher wird die Welt erst in der Eschatologie befreit und wirklich gut sein. Bis dahin wird das Böse im Prozeß einer Schöpfung-im-Werden weiterexistieren. Das Böse ist das „noch nicht". Die Sünde ist die Verweigerung zu wachsen, sich zu entwickeln, die Unvollkommenheiten zu überwinden. Sie ist die Verweigerung, mit Gott mitzuarbeiten, damit die Schöpfung nicht nur von Gott, sondern auch Ergebnis der Mühen des Menschen sei.

Hedinger zieht hier eher einen Dualismus vor, als daß er bereit wäre, Gott das Böse zuzuschreiben. Jede Sublimierung des Leidens, wie es bei Moltmann geschehe, sei Grausamkeit. In der Geschichte der Liebe kann das Leiden nicht die zentrale Gegebenheit sein. Das ist es auch nicht in der menschlichen Erfahrung im allgemeinen oder in der Erfahrung, die wir von Gott haben. Im Gegenteil: Gott ist Liebe und nicht ein Sichzerreißen, ein Aufstand von Gott gegen Gott: „Deus contra Deum". Denn wie könnten das Töten, wie könnten Verwerfung und Ablehnung Momente im Prozeß der Liebe Gottes sein? Die Vernichtung eines anderen wird ja niemals als Ausdruck der Liebe empfunden. Der Tod Christi war ein Verbrechen: ein politischer Mord. Jesus mußte nicht am Kreuz sterben, damit Gottes Liebe sichtbar wurde. Wohl aber war sein Tod die Folge eines gesamten Lebens der Treue dem Vater gegenüber.

Es kann also nicht gesagt werden, daß Gott der Urheber des Bösen und des Guten, der Verwerfung und der Liebe ist. Der Vater, der seinen Sohn am Kreuz zurückweist, wäre ein Gott ohne Liebe. Wenn wir aber sagen, daß Gott in Jesus Christus mit uns gelitten hat, dann heißt das: Gott ist mit den Leidenden solidarisch und er leidet selbst, um vom Leiden dadurch zu befreien, daß in ihm eine Liebe in die Welt gekommen ist, die Leiden und Tod auf sich nimmt. Das geschieht nicht, weil Leiden und Tod ein Wert an sich wären, sondern um Leiden und Tod von innen heraus unmöglich zu machen. Die Schöpfung ist ja noch unterwegs zu ihrer vollen Identität – daher ist auch noch nicht alles Böse überwunden. Das heißt aber ebenfalls, daß auch Gott noch unterwegs ist. Wenn die Schöpfung in Gott ihre Fülle haben wird, dann wird auch Gott die Fülle erlangt haben.

c) Das Leiden hat keinen Sinn, wir können ihm aber einen geben

Das Werk der bekannten evangelischen Theologin Dorothee Sölle, *Leiden*, ist eine harte, unnachgiebige Polemik vor allem gegen Moltmann. Für Sölle hat das Leiden keinen Sinn, man kann ihm aber einen geben. Es gibt also ein Leiden, das wir überwinden können, und ein anderes Leiden, dem gegenüber wir ohnmächtig sind. Gegenüber wirklich tiefem Leiden verstummt jedes Wort, wäre jedes Wort ein Verrat. Es bleibt nichts anderes übrig, als vor dem unaussprechlichen Geheimnis zu schweigen. Auch wenn Gott eingreifen und den Mord an einem unschuldigen Kind verhindern würde, hätten wir noch immer keine Antwort. Wir dürfen uns nur jenem Leiden nähern, an dem wir etwas ändern oder von dem wir lernen können. Wohl aber haben der Schmerz und der Tod, den wir auf uns nehmen, um das Leiden auf der Welt zu bekämpfen, Sinn. Der Christ ist kein Stoiker, der alles geschehen läßt und der angesichts des vielen Leids auf der Welt ungerührt bleibt. Er revoltiert gegen das Leiden und das Böse und sucht sie zu überwinden.

In welchem Bezug steht dann dieses Leid zu Gott? Zu Recht schreibt Sölle, daß Gott das Leid nicht als Strafe und auch nicht als Prüfung des menschlichen Gehorsams will, denn ein solcher Gott wäre ein Gott der Willkür. Gott quält nicht, und er will auch das Leiden nicht. Gott ist kein Sadist. Er will, daß wir gegen den Schmerz kämpfen. Dabei ist der Schmerz, der aus dem Kampf hervorgeht, ein Schmerz, der des Menschen würdig und von Gott gewollt ist, nicht weil er den Schmerz als solchen, sondern weil er unseren Kampf will. Dabei kritisiert Sölle, wie wir unten ausführlicher sehen werden, Moltmann recht heftig. Wie Hedinger weigert auch sie sich, Gott irgendwie mit dem Elend zu versöhnen: „Es ist nicht der Sinn des Kreuzes, Gott mit dem Elend zu versöhnen und uns im Paradox abzuspeisen. Die Einheit von Kreuz und Auferstehung, Scheitern und Sieg, Weinen und Lachen macht die Utopie eines besseren Lebens erst möglich. Wer nicht weint, hat sie nicht nötig, und wer nur weint, dem bleibt Gott stumm" (Sölle 202–203). Der Mensch muß die Herausforderung des Leidens auf sich nehmen, damit Liebe entstehen kann, und er muß die Liebe auf sich nehmen, auch wenn daraus Leiden entsteht.

d) Die memoria passionis

Die Theologie von J. B. Metz befindet sich im ständigen Umbruch. Von einer anthropologisch-existentialen Theologie (*Christliche Anthropozentrik* 1962) führt sein Weg über die Theologie der Säkularisierung (*Zur Theologie der Welt* 1968, zuvor Aufsätze) bis zur politischen Theologie (1967 ff). Von 1969 an redet er von der *memoria passionis,* die auch zu einer neuen Art des Theologisierens führt: zur *narrativen* Theologie, die ein Gegengewicht zur argumentativen Theologie bilde (1972). Der Inhalt des christlichen Glaubens lasse sich nicht vollkommen auf argumentative und konkordistische Weise und auch nicht durch eine dialektische Methode, die alle gesellschaftlichen und historischen Probleme in einer höheren Synthese aufhebt und löst, zum Ausdruck bringen. Es bleibt immer eine negative Dialektik bestehen, die sich nicht in eine solche höhere Synthese integrieren läßt. Mit anderen Worten: Es gibt Übel und Leiden, die zu gar nichts nützen, die reines Unrecht, Böses an sich sind. Die Geschichte der Benachteiligten und Ausgebeuteten und der Ermordeten kann nicht irgendwie aufgearbeitet und so ungeschehen gemacht werden. Sie bleiben in der Geschichte dauernd als Ankläger des *homo emancipator* gegenwärtig, des Menschen, der an den linearen Fortschritt ohne Opfer glaubt. Der Glaube wird durch die *memoria passionis* wieder auf den Boden der Wirklichkeit geholt. Diese Erinnerung ist die gefährliche und subversive Erinnerung an die Erniedrigten, Entrechteten und Besiegten. Sie kann gefährliche Visionen wachrufen und zu neuen Befreiungsbewegungen führen. Im Rahmen dieser Erinnerung wird auch von Jesus erzählt. Es wird nicht argumentiert – es wird nur seine Geschichte erzählt. Aber diese Geschichte sprengt alle Synthesen, in denen das Böse, der Schmerz und die Sünde in eine höhere Einheit integriert werden sollen. Es gibt eine Negativität, die sich nicht integrieren läßt und sinnlos bleibt. Es gibt aber auch eine Zukunft. Und diese wurde im auferstandenen Jesus von Nazaret geoffenbart. Ein auf sinnlose Weise Ermordeter steht auf und gibt so dem großen Problem und Rätsel der Geschichte Lösung und Antwort: Alle Ermordeten seit Anfang der Welt leben mit Jesus. Die *memoria passionis* wird so zu einer *memoria resurrectionis.* Diese Zukunft zeigt uns, daß Sinn nicht das Monopol der Sieger und Arrivierten ist. In der Auferstehung zeigt sich ein anderer Sinn, der die Zukunft derer ist, die die *massa damnata* der Vergessenen und An-den-Rand-Gedrückten war. Auf diese Weise ist die Kirche, in der sich die beiden *memoriae* verbinden, keine argumentative, sondern eine erzählende Gemeinschaft, in der Erinnerungen aktualisiert und so die memoria eine lebendige *memoria* ist: Das Evangelium steht dann mitten im Leben dieser Gemeinschaft. Das Erzählen und Erinnern soll aber dabei so geschehen, daß alle totalitären Ideologien entlarvt werden. Daher verliert das argumentative Denken nicht seine Funktion: es hat die apologetische Funktion, das Erzählen zu schützen und zu verteidigen und andauernd zu aktualisieren.

e) Das Kreuz soll nicht verstanden werden: Der Christ soll es als ein Ärgernis auf sich nehmen

Hans Urs von Balthasar weigert sich, sich der Vernunft zu bedienen, um den Skandal, der das Kreuz für jedes menschliche Denken ist, zu beseitigen. Das Kreuz ist ein Ärgernis. Und in dem Maße, in dem es ein Ärgernis bleibt, bleibt es auch das Kreuz. Sucht man es mit Hilfe der Vernunft zu bewältigen, hört es auf, Kreuz zu sein, und wird zu einer anderen Wirklichkeit. Das Kreuz als Ärgernis ist dann verlorengegangen.

Von Anfang an, so von Balthasar, war schon die Inkarnation selbst auf das Leiden ausgerichtet: hatte sie Leidensqualität. Denn „Inkarnation" heißt, daß Gott die gesamte menschliche Erfahrung, auch die der Sünde und der Hölle, auf sich nahm. Christus hat sein Leben lang das alles auf sich genommen: auch den Tod, auch die Erfahrung, die wir alle machen, von Gott verlassen zu sein, auch den Abstieg in die Hölle als das Gefühl einer totalen Verurteilung. Auf diese Weise wird das Leiden dieser Welt in das Leiden Jesu Christi verwandelt. Diese Kenosis bedeutet auch eine Veränderung unseres Gottesbildes, das bisher an der statischen griechischen Vorstellung eines *Deus immobilis* krankte.

In der Tradition gibt es diesbezüglich zwei wesentliche Aussagen. Erstens: Die abgrundtiefe Kenosis Jesu ist seine Verherrlichung (Johannes: Der Tod Jesu ist eine Erhöhung im doppelten Sinn des Wortes: Eine Erhöhung Jesu ans Kreuz; seine Erhöhung in die Herrlichkeit). Zweitens: Durch die Inkarnation hat Gott nicht nur die Welt erlöst, sondern auch die Abgründigkeit seines Wesens geoffenbart. Daher berührte die Inkarnation Gott durchaus, denn er hat *sich* geoffenbart. Die Offenbarung bedeutet, daß die Welt und die Inkarnation nicht nur als Werke Gottes *ad extra,* sondern auch innertrinitarisch zu denken sind. Dies vorausgesetzt gilt auch: Indem Gott, indem die heiligste Dreifaltigkeit sich inkarniert, nimmt sie den Schmerz und den Tod auf sich. Auch in seinem Tod am Kreuz bleibt Gott Gott. Der Tod ist eine Erscheinungsform Gottes. Gottes Allmacht besteht darin, daß er alles ertragen kann, nicht darin, daß er alles meiden muß. Die Unveränderlichkeit Gottes besteht darin, daß er sich ganz ändern kann. Mit anderen Worten: Die Unveränderlichkeit Gottes liegt darin, daß er immer veränderlich und immer Prozeß ist.

Die theologische Wahrheit bewegt sich zwischen einer reinen Unveränderlichkeit Gottes – so daß die Inkarnation als etwas sich voll außerhalb Gottes selbst Ereignendes gedacht wird – und einer solchen Veränderlichkeit Gottes, daß das (göttliche) Selbstbewußtsein Jesu völlig entfremdet zu sein scheint in seinem menschlichen Bewußtsein, daß er das Lamm ist, das geschlachtet wurde seit Anfang der Welt (Offb 13,8; vgl. 5,6.9.12).

Konkret: Der konkrete Weg Jesu Christi ist im Rahmen des ewigen Gottesplanes zu denken, der alles umfaßt: Schmerz, Tod und Kreuz. Dies alles ist auch Besitz des ewigen Sohnes, der bei seiner Menschwerdung alles auf sich nimmt.

Unser Gottesbild muß sich daher verändern, und dabei muß auch unser Verstehenshorizont, unser Verständnis dessen, was wir Welt und Geschichte nennen, erweitert werden. Welt und Geschichte verstehen wir dann nicht länger als etwas außerhalb Gott Gegebenes, sondern als Element des innertrinitarischen

Prozesses Gottes. Auf diese Weise wird verständlich, daß Gott sich ändern kann. Die Veränderung der Welt ist ja nichts anderes als die weltliche Gestalt der Veränderung Gottes.

Gott ist *sub contrario* zu suchen: dort, wo es keinen Gott zu geben scheint, dort, wo er sich zurückgezogen zu haben scheint: gerade dort ist er am meisten Gott. Diese Logik widerspricht der Logik der Vernunft: Sie ist die Logik des Kreuzes. Diese Logik des Kreuzes ist ein Ärgernis für die Vernunft, aber es muß an ihr festgehalten werden, denn nur so finden wir einen Zugang zu Gott, den wir sonst nicht finden würden. Die Vernunft sucht die Gründe des Schmerzes, die Ursachen des Bösen. Das Kreuz sucht überhaupt keine Ursache, sondern dort ist Gott, auch im Schmerz, am meisten gegenwärtig. Dort, wo die Vernunft nur die Abwesenheit Gottes festzustellen meint, ist nach der Logik des Kreuzes die volle Offenbarung Gottes.

Von diesem Ausgangspunkt aus führt Balthasar eine harte Polemik gegen jede Philosophie, die das Kreuz in ein universales Erkenntnisprinzip verwandeln will. Das Kreuz hat mit einem solchen Prinzip überhaupt nichts zu tun. Statt dessen soll das Kreuz Kreuz bleiben: Für das Licht der Vernunft und die Weisheit dieser Welt soll es Schatten und Finsternis bleiben.

Die Kluft zwischen Kreuz und Vernunft wird nur in der eschatologischen Wirklichkeit der Auferstehung aufgehoben. Dort erscheint das gegenwärtige Leben im Schatten des Kreuzes im vollen Licht. Die Auferstehung ist nicht das Werk des Lichtes der Vernunft, sondern der Schatten des Todes. Nicht Apollo, nicht Jupiter, nicht ein Mensch in seiner Herrlichkeit auf dem Wege zu einer noch größeren Herrlichkeit ist auferstanden, sondern der Gekreuzigte, Verlassene, Verworfene. Dadurch offenbart sich, daß die Verlassenheit und das Verworfensein ein anderes, vollkommen göttliches Leben in sich bergen: die Auferstehung. In dieser Auferstehung zeigt sich die Einheit des trinitarischen Prozesses.

Das trinitarisch gedachte Kreuz ist mehr als ein Kreuz, das nur das Kreuz des Sohnes wäre: Die drei göttlichen Personen haben mit dem Kreuz zu tun: der Vater als die wichtigste handelnde Person, der Sohn als der, der, ohne je selbst nein gesagt zu haben (Hebr 4, 15), in der Solidarität mit den Menschen spüren muß, was es heißt, zu Gott nein zu sagen, und der Heilige Geist als die totale Versöhnung: die Versöhnung des Vaters mit dem Sohn und der Schöpfung mit Gott.

f) Das Kreuz ist ein Ärgernis, denn es ist ein Verbrechen

Die vor dem Hintergrund der Theologie der Befreiung unternommenen theologischen Überlegungen über den historischen Wert und die Heilsbedeutung des Kreuzes konzentrieren sich vor allem auf die inkarnatorische Dimension des Heiles. „Die Theologie des Kreuzes muß geschichtlich sein, d. h. das Kreuz darf nicht als ein Akt der Willkür Gottes, sondern muß als die Folge einer vorherigen Entscheidung Gottes gesehen werden: als Folge der Inkarnation. Das Kreuz ist die Folge einer konkreten Inkarnation Gottes in einer Welt der Sünde, die sich als eine Macht gegen den Gott Jesu offenbart" (Juan Sobrino 155).

Das Kreuz muß als die Solidarität Gottes mit den Menschen verstanden werden, denn er nahm den Weg des menschlichen Schmerzes auf sich, nicht um ihn so zu verewigen, sondern damit er ein Ende finde. Dieses Ende will er nicht von oben herab, mit Gewalt, sondern durch die Liebe herbeiführen. Christus verkündigte und lebte diese neue Dimension. Er wurde aber von dieser auf die Selbsterhaltung der Macht ausgerichteten „Welt" abgelehnt. Er unterlag dieser Macht, aber gab sein Vorhaben der Liebe nicht auf. Das Kreuz ist Symbol menschlicher Macht, es ist aber auch Symbol der Treue und der Liebe Jesu. Die Liebe ist stärker als der Tod, dem schließlich jede Macht unterliegt. Daher siegte das Kreuz der Treue, das Kreuz der Liebe. Dies nennen wir Auferstehung: ein Leben, das stärker ist als das Leben als Macht, als das Leben als *bios,* als das Leben als Ich. Das Kreuz kann dabei nicht in Gott selbst projiziert werden. Um welches Kreuz handelt es sich? Um das Kreuz der Liebe? Sicherlich. Aber dieses Kreuz der Liebe ist Folge des Kreuzes des Hasses: An sich ist das Kreuz kein Symbol der Liebe und der Begegnung, denn es ist eine bestimmte Strafe, ein Mittel der vindikativen Macht des Menschen. Daher kann man dieses Kreuz nicht in Gott hineinprojizieren, wenn man nicht von vornherein jedes mögliche Verständnis von Gott zerstören will. Ein Gott, der stirbt und der seinen eigenen Sohn ablehnt, kann nur im Rahmen einer Theologie der Liebe verstanden werden. Der Verworfene steht an der Stelle der Sünder, vertritt die Sünder dieser Welt. *Er wird nicht zurückgewiesen, weil er der Sohn ist, sondern weil er zur Sünde der Welt geworden ist,* wenn er auch selbst keine Sünde begangen hat.

Es ist die Aufgabe des Glaubens und des als historische Kraft organisierten Christentums, dafür zu arbeiten, daß der Haß, der zum Kreuz führt, immer mehr unmöglich wird, und dies nicht durch die Anwendung von Gewalt, sondern durch eine alle gewinnende Liebe und Versöhnung.

3. Übereinstimmungen und Unterschiede der verschiedenen Positionen

a) Ein Gott, der nicht leidet, befreit nicht vom Leiden

Alle diese theologischen Anschauungen sind ja auch wirklich „Anschauungen". Vielleicht ist die meist theo-logiegemäße Form, um von solchen radikal menschlichen Problemen wie dem Leiden, dem Tod, der Liebe, dem Leben zu reden, die Sprache des Symbols und des Mythos. Symbol und Mythos leisten als Erklärungen wenig, aber sie „regen zum Denken an": Sie zeigen einen Weg der Lösung, der nicht eine Formel und die Schlußfolgerung einer Argumentation ist, sondern in einem Zusammengehen, Sichsolidarisieren, Zusammenweinen und Sichgegenseitigtrösten zu suchen ist. Dies setzt auch den Übergang von einem statischen Gottesbild (eines apathischen, nicht leidenden Gottes) zu einem Bild Gottes als eines lebendigen, „pathetischen" Gottes (der sowohl leidenschaftlich sein kann als selbst das Leiden kennt). Diese Entwicklung ist bei allen Autoren festzustellen. Wie Bonhoeffer sagt, kann ein Gott, der nicht leidet, uns nicht befreien. Bleibt uns die Frage, wie wir dieses Leiden Gottes verstehen sollen. Wie können wir von einem solchen Leiden reden?

b) Ein Gott, der stirbt: Um welchen Gott handelt es sich?

Dürfen das Leiden und der Tod so mit Gott in Zusammenhang gebracht werden, daß Gott zum verursachenden Subjekt des Schmerzes und des Leidens gemacht wird und so nicht nur Objekt des von anderen verursachten Leidens und Schmerzens ist (Gott als *aktiv* Handelnder: als Ursache des Schmerzes in der Welt; Gott als *passiv* Leidender: als der, der am Schmerz der Welt leidet, der sich mit diesem Schmerz solidarisiert)? Gerade hier stehen wir vor einem schwerwiegenden Problem. Wenn Gott undifferenziert zum Subjekt des Todes gemacht wird – also sowohl derjenige sein soll, der stirbt, als der, der dieses Sterben verursacht – dann führt dies zu einem zutiefst unklaren und eigentlich primitiven religiösen Reden.

Bei Moltmann kann man ein Fehlen theologischer Konsequenz und Methode feststellen. Gott ist epiphanisch und erscheint als Schmerz und Tod. Moltmanns Gottessprache sucht ein Phänomen so zu beschreiben, wie andere Phänomene aus unserer täglichen Erfahrung beschrieben werden. So redet er ohne viel Umstände vom Aufstand Gottes gegen Gott, von einer Nichteinheit in Gott, von einer Feindschaft zwischen Gott und Gott. Es ist die Rede davon, daß der Gott der Ablehnung ein Gott gegen Gott sei, Gott selbst von Gott verlassen werde, die Verlassenheit Jesu am Kreuz ein positiver, nur dem Vater, der den Sohn zurückweist und sich gegen den Sohn erzürnt, zuzuschreibender Akt sei ... Dies ist aber kein theo-logisches Reden mehr, das sich der Mehrdeutigkeit und des analogen Charakters unseres Redens über Gott bewußt ist. Befremdlich genug, daß gerade dieses Bewußtsein bei einem der gefeiertsten Theologen unserer Zeit fehlt.

c) Kreuzigt Gott seinen Sohn?

Die am schwersten annehmbare These Moltmanns ist die, daß der Vater seinen Sohn am Kreuz geopfert habe. Was Abraham schließlich nicht tat, habe der Vater getan. Abraham war nur bereit, seinen Sohn zu töten. Der Vater aber ist weitergegangen: er hat seinen Sohn getötet. Nach Moltmann stehen wir hier vor einer radikalen Theologie des Kreuzes. Nicht mehr der Sohn tötet den Vater, wie es nach Freuds Theorie der Fall sein müßte, sondern der Vater tötet den Sohn.

In Moltmanns Sicht der Dinge gibt es für das Leiden Jesu nur eine einzige Ursache: den entsprechenden Beschluß des Vaters. Das Handeln der Gegner Jesu, die in ihrer Verstocktheit den Tod Jesu suchten und schließlich herbeiführten, wird nicht ernst genommen. Dies alles verschwindet irgendwie im Handeln Gottes. Darf man tatsächlich, so fragt Sölle, den Vater als die Ursache des Leidens Jesu betrachten? Man darf es nicht, denn Jesus hat in Freiheit, aus Liebe für die Welt, die Gesellschaft und die Leidenden und in seinem Trachten nach dem Absoluten gelitten. Nicht die Tatsache, daß auch der Sohn gelitten hat, trägt zur Humaniserung des Leidens auf dieser Welt bei, sondern *die Art und Weise, wie* er gelitten hat. Wenn er als Mensch so leidet wie die anderen Menschen, wenn er das Leiden nur des Leidens wegen auf sich nimmt, weil dieses Leiden Gott sei und weil auch Gott leide und ganz Schmerz sei, dann gibt es auch keine Möglichkeit, diesen Schmerz zu besiegen. Dann sind wir notwendigerweise verloren und der Dynamik der Entmenschlichung durch das Leiden ausgeliefert. Nach dieser Betrachtungsweise gibt es für die Erfahrung des Leidens keinen Ausweg.

Der Irrtum dieser Theologie, die das Kreuz und das Leiden ohne Vorbehalt und Einschränkung in das Leben Gottes selbst hineinverlegt, besteht darin, daß sie den Vater für den Mord an Jesus verantwortlich macht: Gott will den Tod seines eingeborenen Sohnes. Auf diese Weise bekommt der Sohnesmord eine sakrale und theologale Dimension. Eine solche Auffassung zerstört die Neuheit, für die das Evangelium steht, und macht es zum Instrument der Sakralisierung des Unrechts in dieser Welt. Dazu aber sind wir nicht in Jesus Christus getauft worden und mit ihm in der Taufe gestorben und auferstanden.

Wenn Gott zum Leiden schweigt, dann liegt der Grund darin, daß er selbst das Los der Gemarterten und Leidenden auf sich nimmt und leidet (vgl. Mt 25,31), Leiden und Tod sind ihm also nicht fremd. Wenn er sie aber auf sich nahm, war es nicht, um ihnen den Status des Ewigen zu geben und uns so die Hoffnung zu nehmen. Im Gegenteil: er nahm das Kreuz auf sich, um allen Kreuzen der Geschichte ein Ende zu bereiten.

In seinen Anfängen war das Christentum eine Religion der Sklaven, Proletarier und Marginalisierten. Das Christentum war dies aber nicht, damit seine Anhänger auf ewig in jener untergeordneten Situation weiterlebten, sondern damit sie diese schließlich auch überwänden. So ist das Christentum eine subversive Moral, die das Verhältnis Herr/Sklave zu beseitigen sucht.

Wozu ist das Leiden denn gut? Dient es der Veränderung und Umgestaltung der Welt? In diesem Fall hat das Leiden Sinn und ist, um mit Paulus zu sprechen, eine gottgewollte Traurigkeit (2 Kor 7,8–10). Dient es der Zerstörung, der Lähmung und der Verhärtung? In diesem Fall ist es eine weltliche Traurigkeit, die den Missetäter in den Tod und so in die Hölle führt (vgl. ebd.).

Die Problematik des Bösen ist keine Problematik der Theodizee, sondern der Ethik. Wer das Böse, die Last, die es bedeutet und die Wege zu seiner Überwindung kennenlernen will, sollte nicht an erster Stelle über dieses Böse spekulieren, sondern sich in der Praxis eines Kampfes für das Gute und für alles, was Liebe hervorbringt und von den Kreuzen dieser Welt befreit, engagieren.

d) Der leidende Gott: Wie leidet Gott?

Zu behaupten, daß Gott Liebe ist, heißt auch zu behaupten, daß er verletzbar ist. Mit anderen Worten: Gott liebt, und es besteht sowohl die Möglichkeit, daß dieser Liebe entsprochen, als auch daß sie zurückgewiesen wird. Liebe verwirklicht sich nur in Freiheit und sucht die Begegnung mit dem anderen, der auch frei ist. Die Heilsgeschichte zeigt, daß der Mensch Gottes Liebe auch zurückweisen kann. Dies läßt Gott nicht gleichgültig: Er leidet unter der Zurückweisung seiner Liebe. Das heißt aber nicht, daß die Liebe das Leiden sucht: Weil die Liebe das Glück des anderen über alles stellt, liebt sie diesen anderen auch dann, wenn dieser nicht lieben will, sich also der Liebe verweigert. Dann nimmt die Liebe dieses Leiden auf sich, denn sie liebt den anderen und will noch immer diese Liebe mit dem anderen teilen. Hier sagt Moltmann zu Recht: „Die Trinität ist vollkommen sich selbst. Sie ist aber menschenoffen, weltoffen und insofern ‚unvollkommen' in ihrem Sein der Liebe, so wie der Liebende ohne die Geliebten nicht vollkommen sein will" (Theologische Quartalschrift 153 [1973] 350).

Wir sollten aber nicht die Mechanismen, die das Leiden, das Kreuz, die Uneinigkeit und den Haß unter den Menschen hervorbringen, in Gott hineinprojizieren. Mit anderen Worten: Wir dürfen keine Beziehung zwischen Gott und dem Kreuz herstellen, die auch die Identität Gottes berühren würde. Denn berührte das Kreuz die Identität Gottes, wären wir verloren. Wenn Gott im eigenen Wesen leidet, haßt, kreuzigt, gibt es für uns kein Heil. Denn er wäre dann gleichzeitig gut und böse und wir würden vom ewigen Wechsel Gottes zwischen dem Guten und dem Bösen mit hin- und hergerissen werden. Wie könnten wir von einer von Gott kommenden Erlösung sprechen, *wenn Gott selbst Erlösung brauchen würde!*

Dennoch wird Gott vom Kreuz berührt, denn das Kreuz wendet sich gegen Gottes Werk der Liebe in der Geschichte, es verstößt gegen sein heiliges göttliches Recht. Das Kreuz ist Rebellion gegen Gott, ist die Errichtung eines Reiches ohne Gott. Wenn Gott über dem Kreuz als Instrument des Hasses steht, wenn er mit dem Automatismus des Kreuzes als Verbrechen nichts zu tun hat, dann, ja dann kann er das Kreuz in Liebe verwandeln, dann kann das Kreuz durch Gott zum Segen für die Menschen werden.

Wenn Gott aber selbst Kreuz wäre, dann bedeuten die von Jesus Christus gebrachte Erlösung und seine Solidarität mit den Gekreuzigten dieser Welt überhaupt nichts. Um leiden zu können, muß Gott auf sich nehmen, was von ihm verschieden ist. Verschieden, ja radikal verschieden von Gott ist eine Situation des Nichtdaseins Gottes, der Verneinung Gottes, eine Situation des Kreuzes als Verbrechen. Wenn das Kreuz schon zum inneren Wesen Gottes gehören würde, wäre schon die Inkarnation Gottes die Errichtung des Kreuzes, und Gott hätte nichts auf sich genommen. Er hätte durch das Kreuz nur geoffenbart, was er schon war: Kreuz und Schmerz. Kreuz und Schmerz wären nichts anderes als die Extrapolation Gottes in der Welt. Aber Gott ist nicht das Kreuz. Wenn er das Kreuz auf sich nimmt, ist das auch für ihn etwas Neues. Und dies bedeutet auch für Gott einen Gewinn. Denn das Kreuz, das er auf sich nimmt, ist seine Solidarität mit den Leidenden. Gott nimmt das Kreuz nicht auf sich, um ihm Ewigkeitswert zu geben und es zu sublimieren, sondern um sich mit allen Gekreuzigten zu solidarisieren, um das Kreuz in ein Zeichen des Segens und einer vom Leid erprobten Liebe zu verwandeln. Die Liebe ist hier also das große Motiv.

Hier, in diesem Kontext, ist das zu interpretieren, was Gott am Kreuz für uns ist. Hier bekommen ebenfalls die Sätze des Glaubens über Gott, der leidet, und eine „pathetische" Theologie, eine Leidenstheologie, ihre Bedeutung. In diesem Zusammenhang gewinnen die Armut, das Engagement, das durchgestandene Leiden und Verletztwerden eine göttliche Dimension. Nicht, um damit die Gewissen in ihrem Kampf gegen die Gewissen dieser Welt zu lähmen, sondern um uns zu sagen, daß der Kampf gegen das Kreuz nur in der Solidarität mit den Gekreuzigten möglich ist: Nur durch die Identifikation mit den Gequälten und Bedrängten ist es möglich, diese von den Bedrängnissen und Nöten des Lebens zu befreien. Gerade dieser Weg ist von Jesus gegangen worden, gerade diesen Weg hat der inkarnierte Gott gewählt.

4. Das Kreuz als der Tod aller Systeme

Das Kreuz kann und darf nicht zu einem Grundprinzip des Verstehens erhoben werden. Das Kreuz ist der Tod aller Systeme, denn es läßt sich in kein System integrieren. Es sprengt alle Zusammenhänge. Es ist Symbol einer totalen Verneinung. Es ist Sünde und Ablehnung Gottes. Daher ist es auch das Ergebnis einer Freiheit. In fast allen theologischen Systemen, von denen oben die Rede war, wird fast nie von einer menschlichen Freiheit gesprochen, die dazu fähig ist, Gott den Rücken zu kehren und eine Hölle entstehen zu lassen. Das Kreuz ist das Ergebnis der Ablehnung des Reiches. Als Sünde ist es vollkommen absurd. Es besitzt keine Intelligibilität, entzieht sich also jedem Verstehen. Es kann daher kein Schritt, kein Glied in einem logischen und kohärenten System sein. Es zersprengt, bricht jedes System, weil es mit Gott, dem absoluten Logos, gebrochen hat. Aber mag das Kreuz auch absurd sein, noch absurder ist es, daß Gott dieses Kreuz auf sich genommen hat: Dies ist die entscheidende Tatsache, die neue grundlegende Wirklichkeit. Denn ist das Kreuz auch absurd, es setzt Gott keine Grenzen. Gott ist so groß, so über jede mögliche Verneinung und Leugnung erhaben, daß er auch das Absurde auf sich nehmen kann. Nicht um dies Absurde zu divinisieren oder zu verewigen, sondern um die Weite, die Größe und die Tiefe seiner Herrlichkeit zu offenbaren, die jeden menschlichen *logos* und jede aus dem Herzen des Menschen hervorgehende Finsternis übersteigt. Gott nimmt aus Liebe zu den Gekreuzigten, in Solidarität mit denen, die ihr Kreuz tragen müssen, das Kreuz auf sich. Er sagt ihnen: Auch wenn es absurd ist, ist das Kreuz der Weg zu einer großen Befreiung, vorausgesetzt, du nimmst es in Freiheit und in Liebe auf dich. Denn dann nimmst du dem Kreuz seine Absurdität und befreist du auch dich selbst. Sei und werde größer als das Kreuz. Die Freiheit und die Liebe sind ja größer als alles Absurde, sie sind stärker als der Tod. Das Absurde und das Kreuz kannst du zu einem Weg zu mir umwandeln.

Das Kreuz kommt so vor einem Hintergrund der Liebe zu stehen, vor dem Hintergrund dessen, was die Liebe als Fähigkeit zur Solidarität vermag. Das Kreuz ist der Ort, an dem sich die Liebe in ihrer höchsten Sublimität offenbart, wo ihr Wesen offenbar wird. Das Wesen der Liebe besteht darin, daß sie in dem anderen als anderen und so auch im ganz anderen sein kann. Das ganz andere als ich, das ist der Feind. Den Feind zu lieben (Kreuz), in ihm sein zu können, sich seiner anzunehmen: das ist das Werk der Liebe. Hierin liegt das Wesen der Liebe, hierin liegt ihr Wesen. Das vom Menschen auf sich genommene Kreuz bedeutet die vollkommene Verwirklichung dieses Menschen, denn es verleiht ihm die Möglichkeit, auf sublime Weise zu lieben. Das Kreuz ist nicht die Liebe und auch nicht Frucht der Liebe. Es ist aber der Ort, an dem die Liebe zeigt, was sie vermag. Das Kreuz ist Haß; die Liebe, die dieses Kreuz des Hasses auf sich nimmt, bereitet aber dadurch dem Haß ein Ende. Das ist Befreiung.

Inzwischen bleibt der Haß des Kreuzes ein der diskursiven menschlichen Vernunft unzugängliches Geheimnis, das aber in der menschlichen Praxis durchaus Wirklichkeit werden kann. Es gibt kein logisches Argument, das die Abweisung eines Menschen durch einen anderen Menschen und die Verleugnung Gottes durch den Menschen rechtfertigen kann. Und dennoch geschieht dies. Das Kreuz läßt sich daher nicht in einer systematischen Gesamtkonzeption von Gott und der Welt einbauen. Es zerreißt und sprengt alles. Auf diese Weise ist es ein Symbol unserer Endlichkeit und der Begrenztheit unserer Vernunft. Das Kreuz kreuzigt unsere Vernunft und kreuzigt die Theologie als systematischen Versuch, Gott und die Dinge zu verstehen. Die große Chance und Herausforderung für unsere Freiheit ist es, diese unsere Zerbrechlichkeit zu lieben und sie als einen anderen Zugang zu Gott als die Vernunft zu verstehen: als die Möglichkeit, das Kreuz in Liebe auf sich zu nehmen.

Das Kreuz ist nicht da, um verstanden zu werden. Es ist da, damit der Mensch es auf sich nehme und den Weg des Menschensohnes gehe, der auch dieses Kreuz auf sich genommen und uns dadurch erlöst hat.

Literaturhinweise

Van Bavel, T. J., Teologia della croce (Bolletino Stauros 1975/1, Pescara 1975).

Schillebeeckx, E., The Mystery of Injustice and the Mystery of Mercy. Questions Concerning Human Suffering (Stauros Bulletin 1975/3, Löwen 1975).

Küng, H., Kasper, W., Moltmann, J., Sulla teologia della croce (Brescia 1974).

Moltmann, J., Der gekreuzigte Gott (München 1972).

Hedinger, U., Wider die Versöhnung Gottes mit dem Elend. Eine Kritik des christlichen Theismus und A-theismus (Zürich 1972).

Metz, J. B., Zukunft aus dem Gedächtnis des Leidens. Eine gegenwärtige Gestalt der Verantwortung des Glaubens: Concilium 8 (1972) 399–407.

Ders., Erlösung und Emanzipation: *Scheffczyk, L.* (Hg.), Erlösung und Emanzipation (Freiburg i. Br. 1973) 120–140.

Ders., Kleine Apologie des Erzählens: Concilium 9 (1973) 334–341.

Balthasar, H. U. von, Mysterium Paschale: Mysterium Salutis 3/2, Das Christusereignis (Einsiedeln 1969) 133–326.

Sobrino, J., La muerte de Jesús y la liberación en la historia. Cristología desde América Latina (Mexiko 1976) 137–186).

Boff L., Rettung in Jesus Christus und Befreiungsprozeß: Concilium 10 (1974) 419–426.

Ellacuria, Ig., Caracter político de la misión de Jesús (MIEC-JECI, Documento 13–14, Lima 1974).

Revista de Espiritualidad 139 (1976): Sabiduría de la Cruz.

VIII. Das Leiden, das aus dem Kampf gegen das Leiden erwächst *

Um an die großen Probleme des Lebens und Sterbens, der Schmerzen und der Liebe heranzutreten, gehen wir nicht vom Begriff aus, sondern vom Mythos, und nicht auf dem Weg über Argumente, sondern über Erzählungen. Die Geschichte der Überlegungen über das Leiden weist vom Ijob der Bibel bis zum Ijob C. G. Jungs auf den Fehlschlag aller theoretischen Lösungen und das Scheitern aller Begriffe hin. Das Übel will nicht begriffen, sondern bekämpft werden. Diese Folgerung ergibt sich aus der Lebensbeschreibung derer, die dazu beigetragen haben, dem Leiden einen Sinn zu verleihen, und zwar nicht durch eine Abhandlung darüber, sondern durch den beharrlichen Kampf dagegen. Sie hatten bei diesem Kampf gegen das Leiden zu dulden; doch ihr Dulden war würdig, lohnend und zutiefst befreiend. Hören wir eine *passio vitae.*

1. *Mysterium et passio liberationis*

Pater Carlos Alberto ist Pfarrer auf dem Lande, in einem Gebiet, das zahlreiche Großgrundbesitzungen in den Händen weniger, sehr reicher Familien aufweist. Tausende von Bauern führen als halbe Analphabeten ein „überhartes" Leben („severino": Ausdruck von João Cabral de Melo Neto). Über einen solchen Menschen schreibt Dom Helder Camara:

> „Er vegetiert mehr, als ein wirklich menschliches Leben zu leben. Er vegetiert, jedoch nicht wie der blühende Baum mit satten Wurzeln, sondern wie der Kaktus, sein Bruder. Bis heute hat er sich nicht aufgelehnt. Von seinen analphabetischen Eltern und in der Kapelle seines Grundherrn hat er gelernt, Geduld zu haben, wie der Sohn Gottes, der so ungerecht behandelt wurde und am Kreuz starb, um uns zu retten. Er kommt auf seine Weise zu dem Schluß, daß das Leben halt so ist. In der Schule des Christentums und des Fatalismus lernt er, daß die einen reich geboren werden, die anderen arm, alles nach dem Willen Gottes" (Revolution für den Frieden, Freiburg im Breisgau 1969, 21).

Pater Carlos Alberto gibt sich daher Rechenschaft: In diesem Gebiet das Evangelium verkünden bedeutet auch, die grundlegenden Rechte des Menschen zur Geltung bringen; Seelsorge verlangt auch soziale und politische Förderung und Befreiung. Wie kann man für den Nicht-Menschen die christliche Botschaft, daß Gott sein Vater ist, glaubhaft und befreiend machen? Was für Strukturveränderungen werden in seinem Bereich notwendig, wenn die Kunde, daß wir alle Brüder sind, wahrhaftig sein und existentielle Bedeutung haben soll?

* Aus dem Portugiesischen übersetzt von *Hildebrand Pfiffner* in: Concilium 12 (1976) 547–553.

Unter großen Schwierigkeiten beginnt er, das Volk zu sammeln. Allmählich bilden sich kleine Basisgruppen, in denen Texte aus dem Neuen Testament gelesen und erwogen werden. Carlos Alberto stellt keine ideologische Lehre auf. Er aktualisiert das Evangelium, wendet es auf das Leben, bringt die Leute zum Nachdenken, läßt sie ihr wahres Wort sprechen und das Bewußtsein gewinnen, daß sie Menschen sind, nicht Figuren oder Tiere. Stark betont er die Kraft des Evangeliums, eine Wandlung in der Geschichte herbeizuführen. Dies tritt z. B. in der Idee vom Gottesreich zutage, das nicht nur das neue Leben ist, dem wir zuschreiten, sondern das schon hier auf Erden beginnt und durch Gottes Gnade und das menschliche Bemühen fortschreitend errichtet wird.

Es gehört zum Reich Gottes, ein Mindestmaß von Mitteln zu besitzen, die ein ehrbares Leben erlauben, die Hygiene zu organisieren, Schulen zu bauen und mit allen Menschen solidarisch zu werden, besonders mit den Erniedrigten und Geschädigten. Aber das ist nicht das ganze Gottesreich. Dieses schließt auch das Leben mit Gott, die Vergebung der Sünden und die glückliche Zukunft für alle Gerechten in sich. Es wäre jedoch nicht das Gottesreich, wenn es nicht auch die Umgestaltung der Welt verlangte. Die Forderungen des Reiches bringen Konflikte mit sich; trotzdem ist es die Bedingung wahrer Umkehr und Befreiung. Jesus selber hat Konflikte hervorgerufen. Sein Tod war nicht das Werk des Schicksals, sondern der Intrigen seiner Gegner, die sich bedroht fühlten. Aus Treue zu Gott und aus Liebe zu seinen Brüdern nahm er aber Tod und Leiden tapfer auf sich.

Vom Evangelium aus befreit sich das Volk von den Bindungen des Fatalismus und der Mutlosigkeit. Es begreift, daß es nicht Gottes Wille ist, daß es Reiche und Arme gibt. Die Armut entsteht nicht von allein. Sie schließt das Problem der Gerechtigkeit, des Mangels an Solidarität und des Fehlens der Brüderlichkeit in sich und entsteht durch die maßlose Gewinnsucht gewisser Menschen. Es steckt nicht nur eine persönliche Sünde, sondern auch eine Sünde auf internationaler Ebene darin. Im niederen Volk entwickelt sich durch die Lektüre und Erwägung des Evangeliums ein kritisches Bewußtsein, das den Zustand der Welt in Frage zu stellen beginnt: „Wenn Gott die Erde allen Menschen gegeben hat, warum besitzen dann einige fast alles? Warum pflanzen und ernten wir, die Ernte aber gehört nur dem Herrn? Was müssen wir tun, um in vermehrtem Maße Brüder zu sein und zu erreichen, daß es weniger schwierig wird zu lieben?"

Ganz allein erreichte P. Carlos Alberto mit harter Mühe und unter Opfern, die seine Gesundheit gefährdeten und ihn an den Rand eines Infarktes brachten, in gut drei Jahren, daß das Volk entschlossen den Weg der Befreiung beschritt. All das erlangte er nicht ohne Leiden und Widerstände jeder Art. Aber dieses Leiden war sinnvoll, weil es aufbaute; das ist die Vorbedingung für jedes wahre Wachstum. Bis dahin hatte das Volk sinnlos, unter dem Druck einer schrecklichen Mutlosigkeit, gelitten. „Gott will es so; er will, daß jeder sein Schicksal hat, der eine reich, andere arm." Jetzt kam eine andere Art des Leidens, für das Volk wie für P. Carlos Alberto: das Leiden zur Erhaltung des Erreichten, zu weiterem Fortschreiten, zur Verteidigung gegen die, welche sich bedroht fühlten, aber Macht über Leben und Tod hatten. Der Besitzer hielt sich für gut und hochherzig, weil er nicht nur jeder Familie eine Hütte gab, sondern ihr auch erlaubte, sein Land zu bebauen und ein wenig für sich zu ernten. Nun fühlte er sich bedroht und dachte: „Das Volk hat sich mit neuen Ideen vollgestopft, ist zum Pfarrer in die Schule gegangen und den ländlichen Gewerkschaften beigetreten; es redet von seinen Rechten, ist umstürzlerisch, kommunistisch geworden." Ohne Zögern beginnt er, die Arbeiter zu verjagen, ihre Hütten niederzubrennen und gegen den Pfarrer, der all das verursacht hat, zu Felde zu ziehen.

Damit beginnt für alle eine wahre Leidenszeit. Beschränken wir uns auf den Pfarrer; die *passio populi nostri* würde uns zu weit führen. Als erstes sieht P. Carlos Alberto seine Gemeinde gespalten; der Großgrundbesitzer geht nicht mehr in die Kirche, fängt an, den Pfarrer in Verruf zu bringen, klagt ihn an, eine Klüngelpolitik zu treiben und den Aufruhr zu predigen, weil er für die Gerechtigkeit kämpft und auf den Menschenrechten beharrt. Er muß aus der Pfarrei entfernt werden. Man geht zum Bischof und erhebt Anklagen aller Art gegen ihn. Das Volk erklärt sich mit ihm solidarisch. Die Spannung wächst; Leute aus dem Volk werden verhaftet, vor allem die Führer der Evangeliumsgruppen; man gibt vor, sie besetzten die Ländereien. Sie werden gefoltert. Die Familien sehen sich bedroht, bleiben jedoch fest. Der Bischof beruft sich auf höhere Gründe und die Notwendigkeit, die Ordnung nicht stören zu lassen; er beschließt, den Pfarrer zu entfernen. Die Presse beginnt einen Verleumdungsfeldzug: der Pfarrer habe marxistische Methoden, sei ein Aufwiegler. Schließlich wird er von der Polizei verhaftet, verhört und tagelang gefoltert. Der Bischof und viele Priester besuchen ihn; es besteht eine Solidarität auf persönlicher Ebene.

Wenige geben sich Rechenschaft, daß die Machthaber sich schließlich durchsetzen und die geistliche Autorität des Bischofs vorschieben, um durchzudringen, sich selber zu rechtfertigen und die Ordnung zu wahren, die eine Ordnung der Unordnung ist. Nach einiger Zeit wird der Pfarrer wieder freigelassen. An irgendeinem anderen Ort wird die Geschichte von neuem beginnen. Mit der gleichen Begeisterung, vielleicht etwas reifer und mit viel größerer Entschlossenheit. Eine Freude, die nicht von dieser Welt ist und von ihr nicht erzeugt werden kann, belebt das Herz dieses unbekannten Martyrers: die Freude, für die Sache seines Volkes zu leiden, an der Passion des Herrn teilzunehmen und ein weiteres Glied in den Strom der geschichtlichen Befreiung einzufügen, die Gott durch die menschlichen Bemühungen zum Sturze aller üblen Ordnungen leitet, welche sich dem Reiche widersetzen.

Wir sehen in diesem Priester ein Beispiel der vielen andern, die sich im unterentwickelten Kontinent Lateinamerika weiterhin in fast allen Ländern opfern. Viele sind dabei schon gestorben, z. B. 1975 der Franziskaner Ivan Bettencourt in einem kleinen Staat Zentralamerikas. Er erklärte sich solidarisch mit den Bauern, die von mächtigen Großgrundbesitzern von ihrem Land vertrieben wurden. Man verhaftete und verhörte ihn, um das Geständnis zu erreichen, er sei Marxist und Revolutionär. Man schnitt ihm die Ohren ab und fragte weiter; man schnitt ihm die Nase weg und fragte weiter; sie kastrierten ihn, schnitten ihm die Zunge heraus und stellten endlich das Verhör ein. Danach durchstachen sie ihn am ganzen Leibe, und da er sich noch regte, erschossen sie ihn mit einem Maschinengewehr und warfen ihn schließlich in einen Brunnenschacht, den sie dann zuschütteten. Er starb zur Verteidigung seiner Brüder.

Es scheint einem bei diesem Bericht, man öffne die *Acta Martyrum* der alten Kirche oder den Hebräerbrief: „Einige nahmen die Freilassung nicht an und ließen sich foltern ... Andere haben Spott und Schläge erduldet, ja sogar Ketten und Kerker. Gesteinigt wurden sie, verbrannt, zersägt, mit dem Schwert umgebracht; sie zogen in Schafspelzen und Ziegenfellen umher,notleidend, bedrängt, mißhandelt. Sie, derer die Welt nicht wert war, irrten umher in Wüsten und Gebirgen, in den Höhlen und Schluchten des Landes" (Hebr 11,35b–38): Erinnerungen an eine ruhmreiche Vergangenheit in Leiden und Martern, Erzählungen von namenlosen modernen Heiligen der Kirche, die in unseren Ländern aus dem Streben nach mehr Menschlichkeit und Christentum geboren wird.

Wenn wir die Geschichte der lateinamerikanischen Kirche aus der Sicht der Gedemütigten und Geknechteten lesen, so entdecken wir überall Leiden und Martyrium der Vielen, die ihr Leben für die Verteidigung des heiligen Rechtes der andern, der Indianer, Neger und Ausgebeuteten einsetzten. So mußten zwischen 1576 und 1680 von den elf Prälaten, die die Kirche von Rio de Janeiro leiteten, drei abdanken, drei wurden vergiftet (eine Vermutung), zwei mußten verzichten, und einer wurde abgesetzt.

Nicht weniger reich an Leiden war die Geschichte der Jesuiten in Rio de Janeiro: zu verschiedenen Malen (1640 und wiederum 1661) wurden sie mit der Vertreibung aus der Stadt bedroht. Auch in São Paulo und Santos wurden sie 1640 verfolgt und vertrieben, weil sie die päpstliche Bulle zugunsten der Indianer veröffentlichen wollten. All diese Verfolgungen waren die Folge ihres Kampfes zur Verteidigung der Indianer, die das Opfer der Feldzüge wurden, durch die auf Kosten der Eingeborenen die territoriale Größe Brasiliens zustande kam. Den berühmten Expeditionsführer Raposo Tavares allein trifft die Schuld an der Ermordung von 15000 Indianern und am Verkauf von weiteren 10000 als Sklaven. P. Gonzalo Leite (1546–1603) verfocht die These: „Kein Sklave Afrikas oder Brasiliens ist rechtmäßigerweise Sklave." Er wurde bestraft und mußte nach Portugal zurück. P. Antonio Vieira (1608–1697), der hervorragendste Prediger und Theologe der Kolonie, setzte sich so entschlossen für die Indianer ein, daß er mehrmals verfolgt und beinahe gelyncht wurde (mehr darüber bei E. Hoornaert, A tradição lascasiana no Brasil: Revista Eclesiástica Brasileira 35 [1975] 379–389).

Der eigentliche Prophet Lateinamerikas aber, der jede Art Verfolgung erlitt und zehnmal von Zentralamerika nach Spanien fuhr, um die Indianer zu verteidigen, war sicher Fray Bartolomeu de las Casas (1474–1566). Zu den echtesten Nachfolgern von Las Casas zählt Dom Helder Câmara, der größte Prophet der Dritten Welt. Er durchzieht dauernd die Erde, um den ursächlichen Zusammenhang zwischen dem Reichtum der entwickelten Länder und der Ausbeutung der verarmten Völker der Welt aufzuzeigen. Das Vorhandensein reicher Länder neben armen wirft ein Problem internationaler Gerechtigkeit auf und bedeutet für den christlichen Glauben das Fortbestehen einer Struktursünde, die Gott beleidigt und eine Unterdrückung der Brüder darstellt. Die Folge seiner Botschaft sind Verfolgungen aller Art, Verleumdungen, Todesdrohungen, der moralische Tod, indem man ihm jedes Auftreten verbietet und die sozialen Kommunikationsmittel daran hindert, weiterhin seinen Namen zu nennen.

Ein solches Leiden hat seinen Sinn, und der Tod für eine solche Aufgabe ist voller Würde. So starben die Propheten und der größte unter ihnen, Jesus von Nazaret. Und sie werden immer leiden und sterben müssen, weil die in sich geschlossenen Systeme, die den unseligen Gang der Geschichte bestimmen, nie Propheten aufnehmen können, die ein künftiges Reich größerer Brüderlichkeit und weiteren Raumes für Gott verkünden und verwirklichen wollen. Dieses Leiden ist das wahre Leiden, denn es ergibt sich aus dem Kampf gegen das Leiden. Und dieses Leiden hat Sinn; es verursacht Freude und Gelassenheit und überwindet die zwei Gegebenheiten, die dauernd Leiden verursachen, den Schmerz und den Tod. Niemand leidet, nur um zu leiden. Das Leiden kann nicht um seiner selbst willen gesucht werden. Selbst der Sadist tut es nicht; denn er sucht das Leiden nicht um des Leidens willen, sondern dem Genuß zuliebe, den es ihm bereitet. Was er als Ziel anstrebt, ist nicht das Leiden, sondern der Genuß, den es ihm bietet. Das Leiden, das des Menschen würdig ist, das ihn erhebt und dem Gottesknecht, dem Mann der Schmerzen (Jes 53, 3) ähnlich macht, ist das, welches sich aus einem Vergleich zwischen dem Kampf und der Überwindung jenes Leidens ergibt, dessen Ursache der böse Wille des Menschen ist. Denn dieser verschließt sich dem Propheten, verfolgt und verleumdet ihn, setzt ihn gefangen, martert und ermordet ihn. Dieses Leiden ist nicht unseliges Geschick, sondern wird im Rahmen eines befreienden Planes übernommen. Es ist daher die Frucht einer mutigen Freiheit und des Entschlusses eines mündigen Menschen. Es nährt und adelt den Menschen allem Zynismus der Geschichte und allem Geist schlaffer Ergebung gegenüber. Was für eine Struktur offenbart sich so im freien Dulder?

2. Was macht das Leiden würdig?

Der gerechte Grund macht es würdig. Dieser gerechte Grund besteht darin, daß man der gesetztlichen Ordnung und der Logik des aufgezwungenen Systems gegenüber die Gerechtigkeit für die Ausgebeuteten und die Rechte auch der Letzten verteidigt. Das System möchte sich als bedeutsames Ganzes ausgeben, als die Wahrheit im bestimmten geschichtlichen Augenblick, als die befreiende Lösung der Probleme des Volkes. Es tut aber im Gegenteil der menschlichen Würde Gewalt an, macht den Mitmenschen zu einer Sache, zum Nicht-Menschen, und stößt ihn aus. Wie Pater Carlos Alberto stellt der Prophet das ganze System in Frage, da es dem Nächsten gegenüber nicht offen ist. Ein solches Infragestellen ist der Haltung des Glaubens eigen. Neben seinem geschichtlichen Inhalt, der mit dem Schicksal Jesu Christi und des Volkes, in dem er geboren wurde, verknüpft ist, besagt der christliche Glaube zutiefst eine Haltung, die alle geschlossenen Systeme zerreißt. An Gott glauben heißt glauben, daß ein ganz beliebiges Neues in die vom Menschen aufgestellten Ordnungen einbrechen und das Leben heilsam umgestalten kann.

Wenn sich daher ein System in sich selber einschließt, die religiösen Werte seinen eigenen Ansichten unterwirft und Gott in die Maschen seiner eigenen Unternehmungen hineinpreßt, so wird es zur Unterdrückung. Da erhebt sich der Prophet im Namen des heiligen Rechtes der verletzten menschlichen Person; denn in der Sache jedes Menschen ist auch die Sache Gottes betroffen. Er beginnt anzuklagen und eine neue, „umstürzlerische" Tätigkeit in die Wege zu leiten. Da wird er jedoch bestraft dafür, daß er „Unordnung" in die Ordnung bringt, die er als ungerecht anklagt. Wenn er vom Armen ausgeht, in dem er eine Begegnung mit Gott erlebt hat, urteilt der Prophet über die ganze Gesellschaft. Schreitet er aber nicht zur Anklage und setzt er sich nicht für eine befreiende Tätigkeit ein, so fühlt er sich den Brüdern und Gott gegenüber untreu. Er kann nicht mehr zurück. Dieses Von-Gott-erfaßt-Sein verleiht ihm Kraft, Mut und Heldengeist, so daß er ungetrübt und mit innerer Freude jeden Widerspruch, selbst den Tod ertragen kann.

Es gibt Werte, für die man das Leben opfern muß. Der Ruhm eines gewaltsamen Todes ist mehr wert als der Genuß einer verfluchten Freiheit, sagte Bischof Phileias zur Erklärung des fröhlichen Martertodes der Christen (Eusebius von Cäsarea, Historia Ecclesiastica, Buch VIII 10, 10). Der Blutzeuge für die Sache der Freiheit ist ein getreuer Zeuge für jene heilige Freiheit, die niemand ungestraft verdrehen oder verletzen kann. Er bestimmt sich selber dazu, frei zu sterben, und nimmt den Tod als Sakrament auf sich, das gegen alle Gewalttat protestiert. Die Erinnerung an ihn wirkt umstürzend und wird zum schlechten Gewissen für die Unterdrücker.

Der christliche Glaube an etwas absolut Heiliges im Menschen und an einen Gott, der mit dem Schicksal eines jeden verbunden ist, wird zu einer Mystik, die jedem Schmerz und jedem Opfer einen transzendenten Sinn zu geben vermag.

Pater Carlos Alberto schrieb aus dem Gefängnis an seine Eltern: „Während der langen Verhöre, denen ich unterzogen wurde, suchte ich die Überzeugungen, die aus meinem Glauben erwuchsen, ganz klar hervortreten zu lassen, obwohl ich vor einer Welt stand, in der nicht alles gut geht. Ich war nicht besorgt, wie sie sie aufnehmen würden. Ich hatte nur das Zeugnis Jesu Christi vor Augen, der auch Gefangener war und verurteilt wurde. ‚Selig seid ihr, wenn sie euch um meinetwillen beschimpfen und verfolgen und alles Üble gegen euch zusammenlügen.' ‚Es wird die Stunde kommen, wo einer, der euch tötet, der Ansicht ist, er habe für Gott ein gutes Werk getan', hat er selbst zu seinen Jüngern gesagt. Es wäre naiv zu denken, ich habe eine christliche Entscheidung getroffen, ohne den Kreuzweg gehen zu müssen. Heute bin ich überzeugt, daß dieser Weg zwar den Leib zerstört, ihn aber würdiger und edler macht. Was den Menschen wirklich zerstört, auch wenn er in größter Sicherheit lebt, ist vielmehr das Fehlen eines Weges."

Nach einer barbarischen Folterung wird P. Carlos Alberto in die Zelle zurückgebracht; er hat noch die Kraft, die Leidensgeschichte Christi nach Johannes zu lesen. Er fühlt sich im Adel der gleichen Schmerzen vereint. Und als ob es noch nicht genügte, schreibt er in einem anderen Brief: „Zuweilen frage ich mich: Bis wann, Herr? Und ich habe den klaren Eindruck, daß Er noch nicht alles von mir verlangt hat, was ich zu geben fähig bin."

Hier scheint es uns, wir hören Zeugenworte, von denen die *Acta Martyrum* voll sind, z. B. das des einfachen Volksmannes Maximus, den der Prokonsul Optimus foltern ließ. Er aber bemerkte scherzend: „Was mir wegen meines Glaubens an den Herrn Jesus Christus angetan wird, sind keine Qualen, sondern Salbungen" (A. Schwend [Hg.], Lateinische Märtyrerakten [München 1960] 41).

Die Glaubenshaltung, die das System abweist, lebt aus einer anderen Dimension: aus der Wirklichkeit in der neuen Welt, aus der Brüderlichkeit, aus dem Gottesreich, das für alle die bestimmt ist, die sich ihm zuwenden. Sie relativiert die Absolutheitsansprüche dieser Welt und bewirkt, daß man sich ihnen gegenüber überlegen geben kann. Daher ist der Dulder, das Opfer des Systems und seiner Gewalttat, frei und fröhlich; er ist vom wahren Absoluten erfaßt, das Verfolgung und Tod mit Sinn erfüllt. Gott hat eine Welt verheißen, „die kein Auge gesehen, kein Ohr jemals gehört hat", die aber so wahrhaft wirklich ist und so erfüllend, daß kein noch so gewaltsamer Tod, keine noch so raffinierte, unmenschliche Hinrichtung als Zerstörung empfunden wird. Solch eine freie, befreiende Haltung erbittert die Agenten des Systems, verblüfft sie und erfüllt sie mit einer unbegreiflichen Verwunderung, wie von der Hinrichtung des heiligen Polykarp berichtet wird (Eusebius von Cäsarea, Historia Ecclesiastica, Buch IV, 15, 18–25). Tut sich das Transzendente so nicht auf eine Weise kund, die alle geschaffenen Formen durchbricht? Ist das nicht eine Parusie Gottes, des wahren Herrn über Leben und Tod? Die Häscher und die Unterdrückungskräfte können diese Fülle der Freude und des Sinnes nicht unterbinden noch zerstören, so daß sie wie geschlagen, moralisch zerstört sind.

Diese Dimension des Glaubens ist nicht nur befreiende Verwirklichung der vernichtenden Bedeutung des Leidens. Der freie Dulder lebt überdies aus der Hoffnung, die den Sinn seiner Qualen verklärt. „Was ist die Hoffnung?", fragte sich Rubem Alves. Und er gab die Antwort: „Sie ist die Vorahnung, daß die Phantasie wirklicher und die Wirklichkeit weniger wirklich ist, als es scheint. Sie ist das Empfinden, daß das letzte Wort nicht der Brutalität der Tatsachen zusteht, die uns niederdrücken und zurückdrängen. Sie ist die Ahnung, daß die Wirklichkeit viel komplizierter ist, als der Realismus uns glauben lassen möchte, daß die Grenzen des Möglichen nicht durch die Schranken der Gegenwart bestimmt sind, daß das Leben auf eine wunderbare, überraschende Weise das schöpferische Ereignis vorbereitet, das den Weg zur Freiheit und Auferstehung öffnet" (R. Alves, O filho de amanhã).

Kraft der Hoffnung weigert sich der Prophet anzunehmen, daß diese Welt die bestmögliche ist. Der wahre Mensch ist noch nicht geboren, und wir müssen dazu beitragen, daß er in der Geschichte entstehen und zur Geburt gelangen kann. Der Mensch muß erringen, was er noch nicht ist, aber werden kann und soll; das ist der geschichtliche Plan Gottes für ihn. Er ist geschaffen, um Bruder, Sohn und dienender Herr des Universums zu sein. Die christliche Hoffnung stellt sich als eine Prophezeiung über den Menschen dar, die auf eine Erfüllung in der Zukunft hinzielt, aber in der Gegenwart vorweggenommen und vorbereitet wird.

Im Namen dieser Hoffnung protestiert Carlos Alberto und klagt an und hilft, eine menschlichere Gesellschaft aufzubauen, entzieht dem System, das sich als einzige Alternative vorstellt, seinen Notwendigkeitsanspruch, befreit die Zukunft von der Verhaftung an ideologischen Zwang und an die Imperative der Politik, die den Menschen schlecht bleiben läßt. Der Kampf um die Befreiung der Geschichte von ihrer toten Vergangenheit und ihrer knechtenden Gegenwart im

Namen des Nicht-Menschen hat die prophetische Aufgabe, die Hoffnung, ohne die der Mensch keinen Grund für sein Dasein mehr sieht, lebendig zu erhalten.

R. Garaudy erklärt in seinen Erwägungen über seine Kämpfe in Frankreich und Algerien: „Eine einfache Wahrheit kann das Leben ändern, sobald man sie nur erahnt hat: von allen erlittenen Leiden ist keines wirklich tödlich. Man kann alles besiegen: die Krisen, die Niederlagen, selbst den Krieg, vorausgesetzt, man kämpft gegen sie. Die Résistance hat dafür, wenn nicht den Beweis, so doch zumindest die Hoffnung erbracht" (R. Garaudy, Menschenwort. Ein autobiographischer Bericht [Wien/München/Zürich 1976] 86).

Überdies setzt der christliche Glaube an Rettung und Befreiung die grundlegende Überzeugung voraus, daß nichts auf der Welt unabwendbar, unerläßlich und völlig unheilbar ist, sondern alles sich erneuern läßt und die Welt dazu bestimmt ist, die Utopie des Gottesreiches zu verwirklichen. Der christliche Glaube umfaßt nicht nur, was auf der Welt schon heilsmäßig geschehen ist, sondern ist vor allem auf das gerichtet, was noch kommen und werden und was der Mensch verlangen soll. Das Gottesreich kommt nicht durch Zauber, sondern durch das menschliche Ringen, das mit Gott wirkt, um die endgültige Zukunft hervorzubringen. Die vollkommene Rettung erfolgt nicht am Ende der Geschichte, sondern verwirklicht sich in einem Befreiungsprozeß, der Augenblicke des Kampfes enthält. Jede geschichtliche Befreiung, auch die von Christus gewirkte, erfolgt in einem Bündnis von Schmerz, Leiden und Tod.

Das ist der Preis, der wegen des Widerstandes der fatalisierenden Systeme gegen jede Qualitätsveränderung bezahlt werden muß. Dieses Leiden und Opfern erspart Gott niemand, wie er es auch seinem Sohn nicht ersparte. Das ist kein harmloses, bedeutungsloses Leiden; es ist voll tiefen Sinnes, da es sich in einen Befreiungsplan einfügt und Ausdruck der Loyalität und Treue zur Sache der Gerechtigkeit und Wahrheit ist. Diese Haltung besitzt eine eigene Wirksamkeit, die nicht identisch ist mit der Wirksamkeit der Gewalttat, welche Situationen ändern und Personen ausschalten kann. Die Wirksamkeit der Gewalttat ist scheinbar, da es ihr nicht gelingt, die Spirale der Gewalt zu durchbrechen. Das Wirken des Leidens für eine gerechte Sache ist weniger sichtbar, aber wirklich; es zeigt, daß die Zukunft und das für den Menschen Wünschenswerte auf der Seite des Rechts, der Gerechtigkeit, der Liebe und Brüderlichkeit steht, nicht auf der Seite der Gier, der Gewalt und des Willens zur Macht. Es ist nicht verwunderlich, daß die geschlossenen Systeme um so gewaltsamer werden, je mehr sie ihr Ende nahe fühlen.

3. *Das Geheimnis der passio mundi*

Von dieser Erfahrung des wertverleihenden Leidens aus wird es sinnvoll, die radikalsten Fragen über die *passio mundi* aufzuwerfen, ohne Gefahr zu laufen, daß man sie auf eine Linie der Resignation und des Zynismus schiebt. Der gerechte Dulder wirft die Frage auf – und sie schafft ihm aus einem anderen Grunde Leiden: Warum besitzt der Mensch die unerhörte Fähigkeit, der Wahrheit zu widerstehen? Warum wird er maßlos blind, angriffig, zerstörerisch? Von den Kriegen, von denen wir Kunde haben, errechnet man, daß sie drei Milliarden 640 Millionen Menschen das Leben gekostet haben. Was haben demgegenüber die Wörter Friede und Befreiung für einen Sinn? Von den drei Milliarden 700 Millionen Menschen, die augenblicklich die Erde bevölkern, leidet ungefähr eine Milliarde an äußerster Armut, und 800 Millionen sind Analphabeten. Können wir die Verantwortung für solche Strukturgewaltsamkeiten konkreten Menschen zuschieben, die man für Unterdrücker hält?

Wenn wir die Wirklichkeit sorgfältiger ins Auge fassen, so müssen wir uns überzeugen, daß das Problem sich nicht auf die persönliche Ebene stellen läßt. Es nützt wenig, den nächstbesten Unterdrücker zu erledigen, wenn die Struktur dauernd Unterdrückung und neue Unterdrücker zeitigt. Es ist Illusion, rachsüchtige Blindheit oder Mangel an historischer Sicht, den Kampf gegen das Übel auf der Welt unter Beschränkung auf die Personen führen zu wollen. Diese sind nicht die Urheber, sondern nur die Spieler eines tieferen Dramas. Die Gesellschaftsform, die Struktur des Systems ist ungerecht; nur wenn man zu ihrer Analyse schreitet, ihr eine andere, gegensätzliche Praxis entgegenstellt, kann man sinnvoll und wirksam gegen die Übel der Welt ankämpfen.

Andererseits entspricht die Strukturantwort nicht allen Fragern, die wegen ihrer Erfahrung des Widerstandes für qualitativ menschlichere und gerechtere Veränderungen einstehen. Die Struktur besitzt eine Geschichte, die sich im Lauf der Jahrhunderte gebildet hat und die Frucht eines mit geschichtlicher Freiheit verknüpften Planes ist. Hier wird nun das Problem äußerst schwierig. Wo ist die Verantwortung anzusetzen? Zweifellos besitzt sie eine persönliche Dimension, ist jeder Person eigen; denn keine ist ein Automat. Sie empfängt, übernimmt, verwirft oder gleicht nach einem persönlichen Plane an. Andererseits hat sie eine kollektive Strukturdimension, die von der Vergangenheit herkommt, das Herz der jetzigen Strukturen durchzieht und das Herz jedes Menschen durchpulst. Warum kann die Geschichte der Freiheit auf ihrem Weg das System des Bösen erzeugen, dessen schmerzliche Erfahrung der Mensch macht. *Gaudium et spes* 13 zeugt davon: „Ja, der Mensch findet sich unfähig, durch sich selbst die Angriffe des Bösen wirksam zu bekämpfen, so daß ein jeder sich wie in Ketten gefesselt fühlt."

Hier ist eine wesentliche, radikale Erwägung am Platz; sie betrifft die Frage nach den Bedingungen der Möglichkeit des Bösen und der Sünde. Vielleicht wird man diese Möglichkeit im Schicksal, Geschöpf zu sein, sehen müssen. Das Wesen der Geschöpflichkeit ist im ontologischen Sinne das Abfallen. Das hat die Scholastik sehr gut erfaßt, wenn sie vom metaphysischen Übel spricht, das nicht vom Menschen abhängt, sondern schon vor ihm besteht, ein Übel, das nicht durch die Freiheit gesetzt werden kann, weil es ein ontologischer Zustand und an das Geheimnis der Geschöpflichkeit gebunden ist. Denn weil die Welt nicht Gott ist, ist sie begrenzt und abhängig, von Gott getrennt und verschieden. Sie mag noch so vollkommen sein, nie ist sie so vollkommen wie Gott; ihm gegenüber ist sie immer unvollkommen. Dieses Übel ist die *bewußte* Endlichkeit der Welt, eine Begrenztheit, die vom bewußten Leben als Leiden erlebt wird. So bemerkt Hegel: „Das Bewußtsein des Lebens, seines Daseins und Tuns ist nur der Schmerz über dieses Dasein und Tun" (Phänomenologie des Geistes, hrsg. v.

J. Hoffmeister [Hamburg 1952] 160). Das Bewußtsein ist endlich, kann sich aber als solches nur am Horizont der Erfahrung des Unendlichen empfinden. Dieser Unterschied zwischen der Erfahrung des Endlichen und des Unendlichen ruft das Leiden und den ontologischen Schmerz hervor. Dieses Leiden bildet jedoch die Würde des Menschen und bringt sein Menschsein zum Ausdruck. Auf diese Weise empfindet er die Hinfälligkeit der Welt, der Menschen, der Liebe und öffnet sich dem Absoluten. Dieses Leiden nimmt den Tod vorweg als Möglichkeit, vollständig im Unendlichen und in Gott zu sein.

In dieser Sicht ist der Tod ein Gut; er gehört zum sterblichen Leben des Menschen und bildet die Möglichkeit seiner größten Vermenschlichung in Gott. Ähnlich steht es mit dem Leiden. Es ist nicht die Vorwegnahme der zerstörenden Tat des Todes; es intensiviert vielmehr die Befreiung von uns selber und unserer Freiheit zugunsten der Freiheit, die Gott ist. Jedes Leiden, auch das namenlose, kann diese Struktur besitzen, kann ein schweigendes, unbeachtetes Heldentum unseres begrenzten Daseins sein. Das ontologische Leiden und das ontologische Übel bilden so den Samen der Hoffnung, setzen die Phantasie frei und lassen Träume totaler Befreiung entstehen. Sie bedeuten die geschöpfliche Gefangenschaft des Menschen, die durch die Hoffnung und das Begehren auf vollständige Befreiung hingeordnet ist.

Dieses schuldlose Übel wirft für uns keine Probleme auf. Es bildet nur die Vorbedingung für die Möglichkeit des Übels als Sünde und Frucht des Mißbrauchs der Freiheit. Der geschaffene und schöpferische Mensch kann das ontologisch-geschöpfliche Übel und dementsprechend seinen Schmerz zurückweisen; er kann sich weigern, seine Endlichkeit und Sterblichkeit anzunehmen; er kann wie Gott sein wollen (Gen 3,5). Wie ist Gott? Er ist genau das, was dem Menschen unmöglich ist: unendlich, unsterblich, grundlose Grundlage. Die Sünde besteht darin, das Unmögliche zu wünschen, sein zu wollen, was Gott ist; man weigert sich zutiefst, die eigene, bewußt begrenzte Lage, die daher erlitten und schmerzlich ist, anzunehmen. Die Sünde ist der sinnlose, weil aussichtslose Versuch, sich selbst zu bewirken, sein zu wollen, was der Mensch nie sein kann: Grundlage seiner selbst, absolut unabhängig, Schöpfer seiner selbst. Daher ist alle Sünde Abirrung vom Sinne der Geschöpflichkeit, gewaltsame Trennung von Gott und selbstsüchtige Hinwendung zu sich selbst.

Insofern dieser Plan seine Geschichte besitzt und das ganze Gewebe der Menschheit durchdringt, bildet er die Sünde der Welt; er ist die Ursünde und die Anti-Geschichte der Sinnlosigkeit, der irrationalen, unterdrückenden Macht des Menschen und wird als Frucht der Selbstsucht, des Willens zu Macht und Herrschaft Leiden hervorbringen. Das ist eine Knechtschaft ohne jede Würde, ein Leiden ohne Sinn, ein nutzloser Schmerz, und erzeugt Leiden als Zerstörung des Lebens, Unterdrückung als eine Form der Herrschaft über die Freiheit der anderen und eine nekrophile Struktur des Verlaufs der Geschichte, die einen großen Teil der Menschheit zu Sklaven macht, wie wir es heute mit Entsetzen erleben.

Mit dieser Erwägung stoßen wir auf das Geheimnis der menschlichen Freiheit. Sie kann ein Gefühl der Machtlosigkeit hervorrufen, da sie die Geschehnisse der Geschichte der Willkür der Stärkeren anheimstellt. Doch müssen wir dagegen einwenden: sie ist in der Geschichte entstanden und kann daher auch in der Geschichte bekämpft und in ihre Grenzen zurückgedämmt werden. Die Erwägung ihrer geschichtlichen Gültigkeit legt jedem interessierten Menschen nahe, den Kopf nicht in utopischen Modellen zu verlieren, als ob es in unserer Macht läge, das Übel vollständig aus der Welt auszurotten. Aber es verlangt den Mut zum Provisorischen, die Entschlossenheit, konkrete Schritte zu unternehmen, um versklavende Situationen zu überwinden und das quälende Vorhandensein des andauernden Übels zu ertragen, ohne sich in der Hoffnung und im Widerstandswillen schwächen zu lassen. Die christliche Botschaft will in diesem Sinne eine Saat der Hoffnung sein. Da der Herr auferstanden ist, hat er uns gezeigt, daß er über die düstere Dimension der Sünde und des Todes, die vom menschlichen Haß verursacht sind, Macht besitzt. Das Wort Jesu: „In der Welt werdet ihr Betrübnis erleben. Aber seid zuversichtlich: Ich habe die Welt besiegt" (Joh 16,33) ist daher keine bloße Phrase, sondern bildet vielmehr die Bestätigung einer österlichen Erfahrung.

Nur im Rahmen des Kampfes gegen das Übel, wobei dessen Widerstand erlebt wird, erlangt die radikale Erwägung über die *passio mundi* Berechtigung, ohne zur Ideologie zu werden, und vermag die feindlichen Mächte zu überwinden. Das ist für die schlußfolgernde und analytische Vernunft kein Problem, für das sie zuständig wäre, sondern ein unzugängliches Geheimnis, so tief wie das der Freiheit, die sich sowohl als Haß wie auch als Liebe zeigen kann.

Wir haben am Anfang dieses Kapitels nicht Überlegungen, sondern eine eher symbolische Erzählung vorgebracht. Das scheint uns mehr Anregungen für die Darlegung der Richtung zu bieten, in der das Geheimnis des Leidens betrachtet werden muß. Denn nach dem Worte P. Ricœurs bieten uns Symbole und Mythen Stoff zum Denken. Bis zu den Wurzeln eines Problems denken heißt immer vom Geheimnis aus denken und ins Innere des Geheimnisses hinein, um aus der Tiefe des Geheimnisses zu schöpfen, nicht um es wegzuschaffen. Angesichts des Geheimnisses von Schmerz und Leiden von Millionen und der Schwierigkeiten im Kampf flehen wir nur um eines zu Gott: Entreiße uns nicht den gefährlichen Wogen, aber befreie uns von der hemmenden Furcht.

Literaturhinweise

Leiden und christlicher Glaube (thematisches Heft 11 von Concilium 12 [1976] 587–593).
Lesbaupin, I., A bem-aventurança da perseguição (Petrópolis 1975).
Boff, L., Teologia do cativeiro e da libertação (Lissabon 1976).
Kampf, J., Souffrance de Dieu, vie du monde (Tournai/Paris 1971).
Romer, K. J., Esperar contra toda esperança (CRB II, Rio de Janeiro 1973).
Bello, F., Uma leitura política do evangelho (Lissabon 1975).

IX. Wie sollen wir heute das Kreuz unseres Herrn Jesus Christus verkünden?

Zuerst sollten wir hier unseren Begriff von Kreuz und Tod weiter fassen, als wir das gewohnt sind. Der *Tod* ist nicht nur der letzte Augenblick des Lebens: Das gesamte Leben steuert dem Tod entgegen, verengt sich immer mehr, bis es an einem letzten Punkt aufhört weiterzuexistieren. Daher entspricht die Frage: Wie ist Jesus gestorben?, der Frage: Wie hat er gelebt? Wie hat er sich den Konflikten des Lebens gegenüber verhalten? Wie ist er den Weg des Lebens gegangen, bis dieser im Sterben aufhörte? Jesus hat den Tod auf sich genommen, wie er alles auf sich genommen hat, was das Leben bringt: Freude und Trauer, Konflikte und Auseinandersetzungen aufgrund seiner Botschaft und seiner Lebensweise.

Ähnliches gilt auch für das Kreuz. Das Kreuz ist nicht nur ein Stück Holz. Es ist auch die Verdichtung des Hasses, der Gewalt und der Verbrechen der Menschen. Kreuz ist das, was unser Leben einschränkt (die Kreuze des Lebens), was uns aufgrund des bösen Willens der Menschen leiden läßt und den Weg des Lebens erschwert (jeden Tag sein Kreuz tragen). Wie hat Christus das Kreuz auf sich genommen? Er hat das Kreuz nicht gesucht. Er hat nur den Menschen jenen Geist bringen wollen, der dazu führt, Kreuze für sich selbst und für andere zu meiden und wieder abzubauen. Jesus verkündigte und lebte die Liebe. Wer nicht liebt und zum Dienst bereit ist, errichtet durch seinen Egoismus oder durch seinen bösen Lebensstil Kreuze für die anderen. Jesus verkündigte die Frohbotschaft des Lebens und der Liebe. Für diese Botschaft tat er alles. Die Welt verschloß sich aber ihm und seiner Verkündigung, errichtete ihm viele Kreuze auf seinem Weg und hängte ihn schließlich an das Holz des Kreuzes. Dieses Kreuz war so die Folge einer den Menschen und sein bisheriges Leben in Frage stellenden Verkündigung und einer befreienden Praxis. Auch als das Kreuz drohte, suchte er nicht zu fliehen oder Zeit zu gewinnen. Auch mit seiner Verkündigung und seinem Zeugnis hörte er nicht auf. Trotz des Hasses liebte er weiterhin. In Treue zu Gott und zu den Menschen und als Zeichen dieser Treue nahm er das Kreuz auf sich. Er wurde gekreuzigt für Gott – in seiner Treue zu Gott – und durch und für die Menschen – in seiner Liebe und Treue ihnen gegenüber.

Heute das Kreuz Jesu Christi zu verkündigen heißt:

1. Sich dafür engagieren, daß Liebe, Friede, Brüderlichkeit, Offenheit Gott gegenüber und Hingabe an ihn heute auf der Welt weniger behindert werden. Dies schließt auch die Anklage von Situationen mit ein, die in der Form von Strukturen, Idealen, Ideologien und konkreten Formen der Praxis Haß, Uneinigkeit und Atheismus hervorrufen. Und dies schließt auch die Verkündigung und die Verwirklichung in einer engagierten Praxis der Liebe, der Solidarität, der Gerechtig-

keit in den Familien, im Erziehungswesen, im Wirtschaftssystem, in den politischen Beziehungen mit ein. Allerdings führt dieses Engagement auch zu Krisen, Auseinandersetzungen, Leiden und Kreuzen. Wer infolge eines solchen Engagements das Kreuz auf sich nimmt, nimmt es auf, wie es der Herr getan hat: als Folge der von ihm vertretenen Sache und des von ihm gelebten Lebens.

2. Das mit diesem Engagement verbundene Leiden, das auf diesem Weg getragene Kreuz ist ein für Gott und seine Sache in dieser Welt erlittenes Leiden und Martyrium.

Ursache dieses Martyriums ist nicht das System, sondern die Bereitschaft, für Gott zu sterben. Zwar wird der Märtyrer vom System umgebracht, aber er stirbt für Gott. Auf diese Weise ist der Gekreuzigte und Leidende für die Gerechtigkeit in dieser Welt Zeuge für Gott. Er durchbricht das geschlossene System, das selbst als gerecht, brüderlich, gut gelten möchte. Wer wie Jesus und seine Nachfolger Märtyrer für die Gerechtigkeit ist, ent-deckt die Zukunft, öffnet die Geschichte, damit es in ihr mehr Liebe in der Gesellschaft, mehr Gerechtigkeit als bisher gebe. Das System will die Zukunft ver-decken, möchte sich ihr verschließen. Es ist fatalistisch, es meint, Reformen und Veränderungen seien nicht nötig. Wer das Kreuz auf sich nimmt und gegen diesen dem herrschenden System inhärenten Fatalismus kämpft, leidet und trägt das Kreuz wie Jesus, mit Jesus. Dies ist ein würdiges Leiden, dies ist ein kostbares Sterben.

3. Das Kreuz tragen wie Jesus es getragen hat, heißt also, sich mit all den Gekreuzigten dieser Welt zu solidarisieren: Wer Gewalt leidet, wird in seinem Besitz, in seiner Menschlichkeit, in seinen Rechten angegriffen und verletzt. Sie zu verteidigen, die Praktiken anzugreifen, durch die sie zu Nichtmenschen gemacht werden, sich der Sache ihrer Befreiung anzunehmen, deswegen auch zu leiden, das heißt, sein Kreuz zu tragen. Das Kreuz Jesu und sein Tod waren ja Folgen dieses Engagements für die Entrechteten und Enterbten dieser Erde.

4. Ein solches Leiden und Sterben wegen der anderen Gekreuzigten bedeuten auch die Umkehrung der vom System durchgesetzten Werte und ein entgegengesetztes Engagement. Das System sagt: Wer sich der Sache der Armen und Schutzlosen annimmt, ist ein Subversiver und Verräter, ein Feind der Menschen, ein von der Religion Verfluchter und von Gott Verlassener („Verflucht ist jeder, der am Pfahl hängt" [Gal 3, 13]). Sie wollen ja die herrschende Ordnung umstürzen! Indessen widersetzt sich der Leidende und Märtyrer dem System und klagt seine Werte und sein Vorgehen an, denn sie sind nur die scheinbare Ordnung einer tiefen Unordnung. Was das System gerecht, brüderlich, gut nennt, ist in Wirklichkeit ungerecht, diskriminierend und schlecht. Der Märtyrer entlarvt das System und bekommt daher seine Gewalt zu spüren. Er leidet wegen einer höheren Gerechtigkeit, für eine Sache, die nach einer anderen Ordnung als der des Systems viel größer ist: „Wenn eure Gerechtigkeit nicht größer ist als die der Pharisäer ..." Er leidet, ohne zu hassen; er trägt das Kreuz, ohne vor ihm zu fliehen. Er trägt es aus Liebe zur Wahrheit und zu den Gekreuzigten, für die er seine persönliche Sicherheit und sein Leben aufs Spiel setzte. So hat es Jesus getan. So muß es im Laufe der Geschichte auch jeder tun, der ihm nachfolgt. Er leidet dann wie ein „Verfluchter", ist aber in Wahrheit ein „Gesegneter"; er stirbt wie ein „Verlassener", in Wahrheit nimmt Gott sich seiner an und nimmt ihn zu

sich. Auf diese Weise macht Gott die Weisheit und Gerechtigkeit dieser Welt zuschanden.

5. So ist das Kreuz Symbol der Verletzung und Ablehnung des heiligen Gottesrechtes und der Rechte der Menschen. Es ist ein Produkt des Hasses. Wenn jemand sich engagiert, um das Kreuz aus der Welt zu schaffen, spürt er selbst das Kreuz, das ihm von denen, die das Kreuz in dieser Welt entstehen ließen, auferlegt wird. Er nimmt dann dieses Kreuz auf sich, nicht weil er im Kreuz an sich einen Wert zu erkennen vermöchte, sondern weil er so eine Möglichkeit sieht, durch die Liebe die Logik des Kreuzes, die die Logik der Gewalt ist, zu durchbrechen. Das Kreuz auf sich zu nehmen heißt hier größer zu sein als das Kreuz. So zu leben heißt stärker als der Tod zu sein.

6. Die Verkündigung des Kreuzes kann möglicherweise auch den ganz konkreten Aufruf zu einer äußersten Tat der Liebe, des Vertrauens, des totalen Aus-sich-heraus-Gehens: der „De-konzentration" von sich selbst enthalten. Das Leben hat auch eine dramatische Seite: Es gibt die, die für eine gerechte Sache gekämpft haben und gescheitert sind, die, die die Hoffnung verloren haben, die zu lebenslänglichem Gefängnis Verurteilten, die einem fatalen Tod Ausgelieferten. Auch wenn nicht jeder das Kreuz gleich schwer zu tragen hat, hat doch jeder irgendwie mit ihm zu tun. Wir sind oft die ohnmächtigen Zeugen eines menschlichen Dramas, demgegenüber wir nur schweigen und stillhalten können, denn jedes Wort des Trostes wäre hier Schwätzerei, jede Geste der Solidarität nutzlose Resignation. Unser zugeschnürter Hals bringt kein Wort heraus, vor Ratlosigkeit vermögen wir auch nicht mehr zu weinen. Vor allem wenn das Leiden und der Tod Folge eines herzzerreißenden Unrechts sind oder wenn das Drama ohne irgendeinen Ausweg einem verhängnisvollen Ende zusteuert. Aber auch dann hat das Kreuz trotz allen Zynismus, trotz aller Resignation und Hoffnungslosigkeit seinen Sinn. Denn das Drama braucht sich nicht notwendigerweise zur Tragödie zu entwickeln. Jesus, der durch das Kreuz und den Tod hindurchgegangen ist, hat seine Schmerzen und seine Verurteilung zum Tode in einen Akt der Freiheit und der sich selbst hingebenden Liebe umgewandelt. Er hat dadurch einen neuen Zugang zu Gott erschlossen, und er hat sogar eine neue Nähe zu denen, die ihn ablehnten, gesucht: Er vergab ihnen und gab sich einem Größeren hin. Die Vergebung ist eine schmerzliche Form der Liebe. Vertrauensvolle Hingabe ist ein völliges Lassen von sich selbst, um sich ganz auf jemanden auszurichten, der uns unendlich übersteigt, ist ein wagemutiges Sicheinlassen auf das Geheimnis als letzten Ort eines Sinnes, an dem wir teilhaben, den wir aber selbst nicht geben oder schaffen können. Es handelt sich hier um eine Chance, die sich der menschlichen Freiheit bietet. Der Mensch kann diese Chance wahrnehmen, und dann ruht er in seinem Vertrauen; er kann sie aber auch vertun, und dann versinkt er in der Hoffnungslosigkeit. Sowohl die Vergebung als die Hingabe sind Kräfte, mit deren Hilfe wir nicht zulassen, daß Haß und Verzweiflung das letzte Wort haben. Sie sind höchster Ausdruck menschlicher Größe.

Wer auf solch hingebungsvolle, vertrauende, ganz von sich selbst freie Weise stirbt, entdeckt den letzten, ihm von der Auferstehung geoffenbarten Sinn. Die Auferstehung ist ja mitten im Leben und im Tod die Fülle der Manifestation des Lebens und seiner Gegenwart. Aber nur, wenn er auf den Gekreuzigten, der heute der Auferstandene ist, blickt, wird der Christ von dieser Fülle des Lebens zeugen können.

7. So zu sterben ist leben. Hinter einem derartigen Kreuzestod verbirgt sich ein Leben, das nicht genommen werden kann. Dies ist kein Leben, das es erst nach dem Tod gibt: Dieses unvergängliche Leben ist schon mitten in einem Leben der Liebe, der Solidarität, des Mutes, sein Kreuz auf sich zu nehmen und zu sterben, gegenwärtig. Mit dem Tod offenbart sich die Macht und die Herrlichkeit dieses Lebens.

Dies wird von Johannes dadurch zum Ausdruck gebracht, daß die Erhöhung Jesu am Kreuz die Verherrlichung Jesu genannt wird und wenn mit der „Stunde" sowohl die Stunde des Leidens Jesu als die Stunde seiner Verherrlichung gemeint ist. Für Johannes besteht also eine Einheit zwischen dem Leiden und der Auferstehung. So für die Gerechtigkeit und die Sache Gottes zu leben und zu sterben ist wirkliches Leben. Daher hat der Bericht vom Leiden Jesu immer auch mit der Verkündigung seiner Auferstehung zu tun. Wer im Aufstand gegen das System dieser Welt und bei seiner Verweigerung, sich den Schemata dieser Welt anzupassen (Röm 12,2), gestorben ist, der ist auferstanden. Der Aufstand für die Sache Gottes und der anderen ist Auferstehung. Der Tod scheint keinen Sinn zu haben. Indessen birgt gerade ein solcher Tod wie der Tod Jesu die Zukunft und den Sinn der Geschichte in sich.

8. Heute das Kreuz zu verkünden heißt auch zur Nachfolge Jesu aufzurufen. Dies ist keine Leidenssucht oder eine Verherrlichung des Negativen, sondern ist die Verkündigung des Positiven, des Engagements, das immer mehr verhindert, daß Menschen weiterhin andere Menschen kreuzigen. Ein solcher Kampf schließt mit ein, daß man das Kreuz auf sich nimmt, es tapfer trägt und schließlich auch bereit ist, tapfer am Kreuz zu sterben. Ein solches Leben ist schon Auferstehung, und es wurzelt in einem Leben, das vom Kreuz nicht gekreuzigt werden kann. Das Kreuz zeigt sich in einem solchen Leben nur um so siegreicher. Das Kreuz zu verkünden heißt Jesus nachzufolgen. Und Jesus nachzufolgen (seguir) heißt weiter seinen Weg zu ver-folgen (per-seguir), beharrlich an seiner Sache festzuhalten (pro-seguir) und schließlich den Sieg zu erlangen (conseguir).

9. Die Leidenden und Opfer der Geschichte sind Gott nicht gleichgültig. Aus Liebe und Solidarität (vgl. Joh 3,16) wird er zu einem Armen, Verurteilten, Gekreuzigten und Ermordeten. Er nahm eine Wirklichkeit auf sich, die, objektiv betrachtet, Gott widersprach, denn dieser will nicht, daß Menschen verarmen oder daß Menschen andere Menschen kreuzigen. Diese Tatsache offenbart uns, daß Gott sich nicht vorzugsweise in Manifestationen seiner Herrlichkeit oder in der Transparenz eines Sinnes in der Geschichte, sondern sich vor allem im reellen Leiden des Unterdrückten zeigt. „Liebe Brüder, wenn Gott uns so geliebt hat, müssen auch wir einander lieben" (1 Joh 4,11). Sich Gott zu nähern heißt auch sich den Armen zu nähern (Mt 25,46ff) und umgekehrt. Die Aussage, daß Gott das Kreuz auf sich genommen hat, schließt keine Verherrlichung oder Perpetuisierung des Kreuzes mit ein. Diese Aussage besagt nur, daß Gott die Leidenden *geliebt hat.* Er leidet und stirbt mit ihnen.

Andererseits bleibt Gott auch den Verbrechen, in einem Wort, dem gesamten negativen Gewicht der Geschichte gegenüber nicht gleichgültig. Er läßt nicht zu, daß die Wunden bis zur Manifestation seiner Gerechtigkeit am Ende der Welt geöffnet bleiben. Er greift ein und rechtfertigt im auferstandenen Jesus alle Verarmten und Gekreuzigten der Geschichte. Die Auferstehung will die wahre Reichweite und Bedeutung und die verbürgte Zukunft der Gerechtigkeit, der Liebe und der scheinbar gescheiterten Kämpfe der Liebe und der Gerechtigkeit im Lauf der Geschichte offenbar machen. Schließlich werden die Gerechtigkeit und die Liebe siegen. Das wird dann das Reich der reinen Güte sein.

Literaturhinweise

Zum Verständnis des Todes Jesu. Stellungnahme des Theologischen Ausschusses und Beschluß der Synode der Evangelischen Kirche der Union (Gütersloh 1968).

Viering, F., Der Kreuzestod Jesu. Interpretation eines theologischen Gutachtens (Gütersloh 1969).

Chevalier, M. A., La prédication de la croix (Paris 1971).

Küng, H., Christ sein (München 1974) 562–573.

Ferraro, B., A significação política da morte de Jesus à luz do Novo Testamento: Revista Eclesiástica Brasileira 36 (1976) 811–857.

X. Zum Schluß: Geheimnis und Mystik des Kreuzes

Das Kreuz unseres Herrn Jesus Christus zu leben schließt auch eine Mystik mit ein. Diese beruht auf einem Mysterium: auf dem Geheimnis eines Lebens, das dort gelebt wird, wo scheinbar der Tod waltet; auf dem Geheimnis einer Liebe, die dort stark ist, wo sich der Haß zeigt. Dies alles findet im Kreuz seine Zusammenfassung.

Einerseits ist das Kreuz das Symbol der sich gegen Gott auflehnenden menschlichen Freiheit: Es entsteht durch die Ablehnung des anderen und den Willen zur Rache und zur Selbstbehauptung, die bis zur Eliminierung des anderen zu gehen bereit ist. Das Kreuz zeigt uns also, wozu der Mensch fähig ist, wenn er sich Gott verweigert. Es ist ein Symbol des verfallenen Menschen, des Nichtmenschen. Es ist Symbol des Verbrechens.

Andererseits ist es aber auch das Symbol der positiven Kraft der menschlichen Freiheit. Wenn der Mensch dieses Kreuz auf sich zu nehmen weiß in einem Engagement zur Überwindung des Kreuzes, das die Kreuze auf dieser Welt zurückzudrängen sucht, dann wird das Kreuz zum Symbol eines ganz anderen Lebens, in dem der Mensch nicht mehr auf sich selbst konzentriert ist, sondern ein Leben als Prophet, als Märtyrer, als Mann oder Frau des Gottesreiches lebt. Hier wird das Kreuz nicht gesucht, aber es wird aufgenommen und getragen. Allerdings bleibt es nicht beim Tragen des Kreuzes, sondern das Kreuz wird auch bekämpft und im Kampf gegen das Kreuz werden die Kreuzträger auch Opfer des Kreuzes: Durch den Haß derer, die ihren Brüdern und Schwestern und Gott gegenüber ihr Herz verschließen, werden sie gekreuzigt. Als Gekreuzigte aber können sie durch ihr Opfer der Liebe das Kreuz in ein Symbol des neuen und lebendigen Menschen umwandeln: Das Kreuz ist Symbol der Liebe.

Jedes Kreuz ist zudem Aufruf und Anklage. Es klagt die Verschlossenheit des Menschen in sich selbst an, durch die der Mensch so weit geht, daß er Gott kreuzigt. Es ruft auf zu einer Liebe, die alles auf sich zu nehmen und bis zum Äußersten zu gehen vermag wie der Vater, der seinen eigenen Sohn für seine Feinde sterben ließ.

Das Kreuz hat also keinen eindeutigen Wert. Man sollte sich diese Vieldeutigkeit des Kreuzes vor Augen halten, damit auch die kritische Funktion dieses Kreuzes gewahrt bleibt, sowohl zur Entlarvung der Anmaßung menschlicher Selbstbehauptung als zur Reinigung unseres Gottesbildes, nach dem Gott bisher als ein dem Leiden der Gekreuzigten der Geschichte gegenüber gleichgültiger Gott vorgestellt wurde. Gott kann leiden.

So hat jedes Kreuz zwei Seiten: die Rück- und die Vorderseite. Die einsame und nackte Rückseite des Kreuzes verweist auf den menschlichen Haß. Seine schmerzende, von einem Menschen bewohnte Vorderseite zeugt dagegen von menschlicher und göttlicher Liebe.

Dieses Paradox des Kreuzes kann von einer formellen oder von der dialektischen Vernunft nicht verstanden werden. Es liegt jenseits jeder abstrakten Logik: Wir stehen hier vor dem *logos tou staurou,* vor der Logik des Kreuzes (1 Kor 1,18). Diese Logik kann man sich nur durch eine Praxis des Kampfes gegen Kreuz und Tod und des Aufsichnehmens von Kreuz und Tod aneignen. So wie man den Hunger eines Ausgehungerten nicht mit Vorträgen über die Kochkunst stillen kann, so findet man durch reines Nachdenken allein keine Lösung für das Problem des Leidens. Nur im Kampf gegen das Böse wird die Absurdität des Kreuzes überwunden.

Oder, wie Paulus schrieb und das von ihm Geschriebene auch lebte:

„Von allen Seiten werden wir in die Enge getrieben und finden doch noch Raum;
wir wissen weder aus noch ein und verzweifeln dennoch nicht;
wir werden gehetzt und sind doch nicht verlassen;
wir wurden niedergestreckt und dennoch nicht vernichtet ...
wir sind wie Sterbende, und seht: wir leben; ...
uns wird Leid zugefügt, und doch sind wir jederzeit fröhlich;
wir sind arm und machen doch viele reich;
wir haben nichts und haben doch alles" (2 Kor 4,8–9; 6,9–10)!

Eine solche Praxis offenbart uns, was sich im Drama des Kreuzes und des Todes verbirgt: der letzte Sinn des Lebens und das Leben selbst.

Nudus nudum sequi: Das ist die Mystik und das Mysterium des Kreuzes.

Literaturhinweise

Balthasar, H. U. von, Mysterium Paschale: Mysterium Salutis III/2, Das Christusereignis (Einsiedeln 1969) 133–326.

Grillmeier, A., Der Logos am Kreuz (München 1956).

Rahner, H., Das Mysterium des Kreuzes: Griechische Mythen in christlicher Deutung (Zürich 1945).

Guénon, R., Le symbolisme de la croix (Paris 1931).

Breton, St., La passion du Christ et les philosophes (Teramo 1954).

Renoux, Ch., Crucifié dans la création entière: Bulletin de littérature ecclésiastique (1976/2) 119–122.

DRITTER TEIL

DIE AUFERSTEHUNG CHRISTI – UNSERE AUFERSTEHUNG IM TOD

Lied an den Tod

Ich warte auf den Tod, wie auf den Geliebten.
Ich weiß nicht, wann,
ich weiß nicht, wie er kommt.
Ich warte aber.
In diesem Warten gibt es keine Angst,
ein bißchen Bangen nur und Neugier,
denn schön ist der Tod.
Denn eine Pforte ist der Tod
zu unbekannten Orten,
oft erträumten.

Wie die Liebe
entführt er uns in eine andre Welt.
Wie die Liebe
führt er uns in ein andres Leben ein,
verschieden von unsrem jetzigen.

Ich warte auf den Tod, wie auf den Geliebten.
Denn ich weiß, eines Tages kommt er und schließt mich in seine freundschaftlichen Arme.
Seine kühlen Lippen berühren meine Stirn,
und seine Liebkosung
wiegt mich in den Schlaf der Ewigkeit
wie in den Armen des Geliebten.

Und dieser Schlaf
wird sein ein Wiederauferstehn.
Denn der Tod ist Auferstehung,
ist Befreiung,
ist reine Gemeinschaft
mit der reinen Liebe.

Maria Helena da Silveira (1922–1970)
Unveröffentlichtes Gedicht, verfaßt 1944 im Alter von 22 Jahren

I. Auf der Suche nach dem neuen Menschen

Mehr als andere Zeiten beschäftigt sich die unsere mit der Zukunft, und in deren ersten Anzeichen sieht sie auch schon die Umrisse des Menschen von morgen. Darin sind alle einer Meinung: Der Mensch, so wie er heute ist, muß überwunden werden. Der wahre Mensch ist ein noch fernes Ideal, ein Entwurf. Er ist noch nicht geboren. Er verbirgt sich in der Dynamik der Evolution. Diese Suche nach dem neuen Menschen ist vielleicht eines jener Anliegen der menschlichen Geschichte, bei dem niemals wirkliche Fortschritte gemacht wurden. Sie ist eine konstante Gegebenheit in den verschiedenen menschlichen Kulturen, ob sie nun einen mythischen Ausdruck in urtümlichen Denken (sogenanntes „wildes Denken" nach Claude Lévi-Strauss) finden oder vor dem Hintergrund der wissenschaftlichen Utopien des objektivierenden neuzeitlichen Denkens formuliert werden[1].

1. Der neue Mensch im urtümlichen Denken

Das mesopotamische Denken brachte das Gilgamesch-Epos hervor[2], dessen Berichte über die Schöpfung und die Sintflut eine interessante Ähnlichkeit mit den entsprechenden biblischen Texten aufweisen. In diesem Epos wird erzählt, wie Gilgamesch, durch das Drama des Todes geängstigt, auf die Suche nach dem Gewächs des Lebens geht, das den alten und sterblichen Menschen ihre Heiterkeit und Jugend zurückgebe. Dazu will er Utnapischtim, den Helden der Sintflut, aufsuchen, dem von den Göttern die Unsterblichkeit geschenkt und der dann von ihnen auf eine wunderbare Insel versetzt worden war. Gilgamesch bittet ihn um das Geheimnis des ewigen Lebens. Auf seinem aussichtslosen Weg wird er vom Sonnengott (Schamasch) bespöttelt: „Gilgamesch, wohin läufst du? Das Leben, das du suchst, wirst du nicht finden!"[3] Auch die göttliche Nymphe („Schenkin") Siduri warnt ihn: „Gilgamesch, wohin läufst du? Das Leben, das du suchst, wirst du nicht finden. Als die Götter die Menschheit erschufen, teilten den Tod sie der Menschheit zu, nahmen das Leben für sich in die Hand. Du, Gilgamesch – dein Bauch sei voll. Ergötzen magst du dich Tag und Nacht! Feiere täglich ein Freudenfest!"[4] Gilgamesch läßt sich aber nicht abschrecken. Er gelangt zur wunderbaren Insel des unsterblichen Menschen und kann das Gewächs des Lebens zu sich nehmen. Dann macht er sich auf den Rückweg, eine Schlange aber riecht den Duft des Gewächses und raubt es ihm. Der enttäuschte Held stirbt wie alle Menschen und geht ins Land, „aus dem es keine Rückkehr gibt, in dem man sich von Staub und Schlamm ernährt und den Königen ihre Krone genommen wird."[5] Der Mensch wird immer Mensch bleiben: Seine Existenz wird immer im Zeichen des Todes stehen. Er wird aber auch immer von der Unsterblichkeit und einem neuen Leben träumen. Aber dies wird immer ein Traum bleiben.

Die alten Ägypter beschäftigten sich wie kaum ein anderes Volk mit der Thematik des Sterbens und der Unsterblichkeit[6]. Ihre Kultur zeugt von einem Optimismus in dieser Frage, wie wir ihn im großen und ganzen in den ältesten Texten des Alten Testaments nicht finden: Dem guten Menschen wird ein neues und glückliches Leben in einer anderen Welt versprochen, wo er mit den Göttern Osiris, Horus, Re und Atum zusammenleben wird. Dabei sollte die Einbalsamierung des Leichnams eine Spiegelung der Ereignisse im Jenseits sein, wo die bewußte Persönlichkeit (ba) in Unsterblichkeit mit dem Körper (jet) und dem lebengebenden Prinzip göttlichen Ursprungs (ka) vereint überdauern wird.

Im Judentum der Zeit der Bibel entstand die Erzählung vom Paradies, die in Wirklichkeit eine in die Vergangenheit projizierte Weissagung der Zukunft ist[7]. Dort werden Mensch und Welt so dargestellt, wie sie in der Zukunft sein werden: Es ist die Rede vom Menschen am Morgen der Schöpfung in der Reinheit seiner harmonischen Beziehung zur Welt und zu Gott. Es gibt hier keine Herrschaft mehr des Mannes über die Frau, keine Geburtswehen, keine Trockenheit, keine harte Arbeit, keine Gefahr, die von den wilden Tieren ausgeht, keine Religion der Angst, keinen Tod. Der Mensch wird seine Bestimmung, seine Heimat, im Garten Gottes finden (Ez 31,7–9.16.18; 36,35 – Texte, die die Entstehung von Gen 2–3 beeinflußt haben). Dort wird ein vollkommener Friede zwischen dem Menschen und der Natur (Jes 11,6–9), zwischen den Menschen untereinander und mit Gott herrschen (Jer 24,7; 32,39; 31,34). Alles wird neu und paradiesisch sein (Jes 66,22; 65,17; vgl. Jes 11,9 – auch dies Texte, die Gen 2–3 beeinflußt haben). So ist der von Gott gewollte Mensch noch immer im Entstehen als das Werk Gottes und das Werk der Menschen selbst in der Geschichte. Eines Tages aber wird dieser neue Mensch ganz nach dem Bild und dem Gleichnis des Schöpfers geboren werden (Gen 1,16). Dies ist die große Hoffnung des Alten Testaments.

Bei unseren Tupi-Guaranis und den Apapocuva-Guaranis in Südamerika lebte die Utopie eines „Landes ohne Übel" (yuý maraeý) und eines „Vaterlandes der Unsterblichkeit". Neuere historische und ethnologische Untersuchungen[8] haben nachgewiesen, daß diese Indiostämme dauernd unterwegs waren: Von der Küste von Pernambuco im Nordosten Brasiliens zogen sie ohne erkennbare Ursachen von außen mitten in den Urwald bis zu den Quellen des Madeira (Nebenfluß des Amazonas); eine andere Gruppe machte sich von der Mitte des Urwaldgebiets am Amazonas auf den Weg nach Peru; noch eine andere Gruppe zog von der paraguayischen Grenze zum Atlantik usw. Lange Zeit haben die Ethnologen sich diese geheimnisvollen Wanderbewegungen nicht erklären können: Erst das Studium der indianischen Mythen brachte Licht in diese Angelegenheit. Infolge der Prophezeiungen ihrer *pajé,* ihrer Stammespriester, daß das „Land ohne Übel", von dem die Mythen sprachen, sich im Meer zeigen würde, machten ganze Stämme sich hoffnungsvoll auf den Weg. Durch verschiedene Riten, Tänze und durch Fasten hofften sie so leicht werden zu können, daß sie durch die Luft zu jenem Land der Unsterblichkeit hinfliegen könnten. Enttäuscht zogen sie dann schließlich immer wieder in ihre Heimat zurück, bis dort die Utopie wieder auflebte und die Hoffnung auf das Ende der alten Welt wieder erstarkte.

Der Ausdruck, den diese Utopie hier findet, ist dem wilden Denken zuzurechnen, die verwendete Sprache ist die des Mythos. Aber wie sehr auch Denken und Sprache verschieden sind: sie offenbaren das gleiche, das Herz des Menschen dauernd bewegende Prinzip der Hoffnung, von dem auch heute, unter ganz anderen Umständen, unsere Erfahrung geprägt ist.

2. *Der neue Mensch im wissenschaftlichen Denken*

Der Mensch unserer Zeit erwartet den neuen Menschen nicht mehr vom Himmel, sondern sucht ihn selbst mit den Mitteln der Wissenschaften und der biologischen Manipulation des menschlichen Erbgutes hervorzubringen. Gerade in unseren Tagen macht das Experimentieren mit dem Menschen große Fortschritte: die Suche nach immer wirksameren Mitteln der Geburtenkontrolle oder nach einem Impfstoff gegen die Geschlechtskrankheiten, die Transplantation menschlicher Organe und menschlichen Gewebes, die künstliche Befruchtung auch des Menschen – in den USA Ende der sechziger Jahre schon etwa 25 000 pro Jahr[9] –, die Erzeugung und Entwicklung von Embryonen im Reagenzglas, wie die berühmten Experimente der Professoren Daniele Petrucci aus Bologna und Landrum Shettles der Universität von Columbia, die Manipulationen des menschlichen Gehirns und die Genmanipulationen mit Hilfe von Chromosomenveränderungen: Dies sind ebensoviele Beispiele dafür, wie weit die Suche nach dem neuen Menschen in der heutigen Forschung geht. Hier stellt sich die Frage, ob diesem Forschen immer eine richtige Interpretation des Menschen und seiner Stellung in dieser Welt zugrunde liegt und ob hier nicht ethische Prinzipien verletzt werden. Diese Frage stellt sich noch dringlicher, wenn wir die allzu begeisterten Prognosen von nicht wenigen Biologen und Genetikern zu hören bekommen. Ein Nobelpreisträger für Medizin, Herman J. Müller, redet von Samenbanken mit der entsprechenden Möglichkeit für potentielle Mütter, sich anhand von Katalogen mit der genauen Beschreibung des jeweiligen Spenders das Gewünschte auszuwählen[10]. Der französische Biologe Rostand sieht eine Zeit kommen, in der man durch eine entsprechende Dosis ADN seinen Kindern die gewünschten physischen und intellektuellen Qualitäten geben kann. Der englische Biologe I. B. S. Haldane sieht sogar die Züchtung einer für Raumflüge geeigneten Menschensorte ohne Beine vor, die mit wenig Nahrung auskommen und hohe Geschwindigkeiten ertragen können. „Für Weltkörper mit hoher Gravitation, wie zum Beispiel den Jupiter ... könnten vermutlich kurzbeinige oder vierbeinige Menschen von Vorteil sein." Th. Löbsack ist der Meinung: „Nichts stünde dann theoretisch dagegen, daß wir sogar Menschen hervorbrächten, die am Grunde der Ozeane leben, oder solche, die auf einem anderen Planeten heimisch würden."

Auch Nathan Line und Mandred Clynes der Rockland-State-Hospitals in New York befürworten die Züchtung von zu Raumflügen geeigneten Wesen, die zur

Hälfte Mensch, zur Hälfte Maschine seien. Ein anderer Wissenschaftler namens K. Atwood denkt an die Möglichkeit, den Menschen mit Qualitäten anzureichern, die bisher nur bei Pflanzen und Tieren zu finden sind. Dadurch entstünden Wesen, „mit einem großen Gehirn, um sich der Philosophie hingeben zu können, und zugleich mit einem photosynthetischen Bereich auf dem Rücken, damit sie nicht mehr zu essen brauchten". Es gebe sogar noch weitere Möglichkeiten: „Anstatt eines komplexen photosynthetischen Systems könnten wir in das menschliche Genom auch eine DNS-Folge mit der Information für das Enzym Zellulase einpflanzen. In diesem Fall wären diese Individuen in der Lage, Papier oder Sägmehl zu verzehren, weil sie das Enzym Zellulase besitzen, um Zellulose zu verdauen, wie es Kühe und Termiten mit Hilfe von Mikroorganismen schon vermögen."[11]

Durch die totale genetische Manipulation und auf andere hier angedeutete Weisen könnte so der wahre, von jedem Fehler und physischen Gebrechen freie Supermensch mit dem Körper Cäsars und der Seele Christi entstehen, der mit einer außergewöhnlichen Fähigkeit zur Liebe und selbstlosem Verhalten anderen gegenüber, mit großer Rechtschaffenheit und Ausgeglichenheit, mit einem feinen Gespür für die ethischen Werte ausgestattet und auch zu intensiver religiöser Erfahrung fähig wäre. Diese Visionen, aus denen sicherlich viel Utopie und auch eine Menge Naivität spricht, stellen uns vor ein schreckliches Paradox, das von dem großen Biologen Dobzhansky treffend wie folgt beschrieben worden ist: „Es ist der auffallende Erfolg sowohl der biologischen als auch der kulturellen Evolution unserer Art, der Gefahren entstehen läßt, ja vielleicht sogar die Keime der Vernichtung ausstreut."[12] Beeindruckend ist auch das Zeugnis des großen französischen Biologen Jean Rostand, Inquiétudes d'un biologiste: „Die drei Worte: Sein, Zeugen, Sterben, haben nach den letzten Entwicklungen der Wissenschaft, die uns große Vorteile brachten, aber auch viele unmittelbare Bedrohungen in sich bergen, nicht mehr denselben Inhalt. Auch die Vorteile selbst rufen bei uns schreckliche Gewissensfragen hervor: Die Entdeckungen, die die Biologen begeistern, verwirren oft die Moralisten."[13]

Vor solchen Experimenten versagen die klassischen Moralbegriffe. Es scheint unmöglich zu sein, diese Experimente mit der Menschheit ganz zu verhindern. Ihre Dynamik ist nicht mehr aufzuhalten. Statt dessen brauchen wir eine ethische und religiöse Sicht des Menschen, die es ihm erlaubt, das gewaltige manipulatorische Instrumentarium, über das er verfügt, auf mehr Menschlichkeit hin zu orientieren. An sich ist es ja nicht illegitim, daß der Mensch die Möglichkeiten der Manipulation seiner Menschlichkeit im Sinne einer größeren physischen oder psychologischen, kollektiven oder individuellen Befreiung nützt. Im Gegenteil: Solches scheint uns zu dem Auftrag Gottes an die Menschen zu gehören, sich die Natur zu unterwerfen und sie zu beherrschen. Der Mensch ist ja nach dem Bild und dem Gleichnis Gottes erschaffen worden, damit er in einer Freiheit, die sich heute auch auf die Welt der Genetik ausdehnt, sich selbst verwirklicht, „erschafft." Durch die Manipulation seines Erbgutes sucht er – sei es zum Guten, sei es zum Bösen – Einfluß auf sein Menschsein zu gewinnen, und er steht dabei in der Verantwortung zuerst gegenüber Gott, aber auch gegenüber der vermenschlichten Welt in der psychosozialen Phase ihrer Evolution und schließlich gegenüber den Voraussetzungen, die dem Biologischen eigen sind. In seinem 1969 überzeugend geschriebenen Buch, Come, Let Us Play God (Kommt, spielen wir Gott)[14] vertritt der Biophysiker Leroy Augenstein die Meinung, daß der Mensch heute vielleicht zum ersten Mal in seiner Geschichte den ihm von Gott der Welt und seinem eigenen Schicksal gegenüber gegebenen Auftrag erfüllen kann. Der Versuch, dies dann auch zu tun, sei keine *hybris* oder Rebellion gegen Gott, sondern die radikale Ernstnahme und Bewußtwerdung, was es heiße, wenn die Schrift sagt, daß der Mensch nach dem Bild und dem Gleichnis Gottes erschaffen ist. Denn dies heiße, daß er in dieser Welt der Stellvertreter Gottes sei, das Instrument, durch das Gott weiterhin in der Gesamtheit seiner Schöpfung wirkt. Diese Ansicht suggeriert uns ein ethisches Kriterium für die Beurteilung der biologischen Manipulation und Selbstbestimmung des Menschen, worauf wir hier aber nicht weiter eingehen können, weil es den Rahmen dieser Arbeit sprengen würde.

3. Der neue Mensch in der christlichen Erfahrung

Welche Rückwirkung hat diese heutige profane Suche des neuen Menschen auf das Christentum? Dieses sagt hier etwas ganz Unerwartetes: Der seit Jahrhunderten erwartete und erhoffte neue Mensch ist ja schon in unsere Geschichte eingetreten und hat sie so ihrem Ziel zugeführt. Er nennt sich Jesus von Nazaret, er ist der auferstandene Christus. In ihm wurden die menschlichen Sehnsüchte nach Fülle, nach der totalen Offenheit des Seins und der Versöhnung aller mit Gott, mit den anderen und mit der Welt konkrete Wirklichkeit. Der *homo absconditus* hat sich voll geoffenbart, ist ganz aus seiner Verborgenheit hervorgetreten. In ihm ist eine Sonne aufgegangen, die nie mehr untergeht. So ist er in unserer Mitte. Zwar sehen wir ihn nicht mit den Augen des Leibes, wohl aber mit den Augen des Glaubens, mit denen wir ihn erkennen als den, der die ganze Wirklichkeit erfüllt. Dies ist dann auch der Grund, weshalb sich das Christentum als die Religion der menschlichen und göttlichen Freude darstellt: Dabei ist sie nicht die Religion des Über- bzw. Supermenschen, wohl aber die des Gottmenschen. Die Zukunft, die dieses Christentum den Menschen verkündigt, ist keine Zukunft, die sich biologisch herstellen ließe, als ob der Mensch etwa durch die Manipulation der Gene über sich hinaussteigen und das Geheimnis Gottes erreichen könnte: Diese Zukunft ist die Zukunft Jesu Christi. Er ist der erste unter den Menschen, der das Ziel in der Form einer totalen Transfiguration der menschlichen Existenz erreicht hat. So befreit er uns von dem Tod, von den Beschränkungen und der Enge unseres Sein-in-der-Welt. Die Utopie der Unsterblichkeit und der Neuheit des Lebens wurde zur topischen Wirklichkeit mitten in unserer Welt. Wie sehr dann auch ein Christ die biologischen Errungenschaften unserer Zeit bewundert und sich über ihre möglichen positiven Folgen für die Menschheit und ihre Zukunft freut, niemals wird er dies mit der uns von Gott in der Auferstehung Jesu, des neuen Adam, verheißenen Zukunft verwechseln.

Hiermit soll nicht gesagt werden, daß der Prozeß einer aufsteigenden Evolution theologisch irrelevant wäre. Denn ein solcher Prozeß weist schon, wie im

Keim, auf die Fülle des Endes hin, die schon jetzt, allerdings auf unklare, nicht eindeutige Weise in der Zeit sich zeigt und wirkt. So können die Wissenschaft, die Technik und die biologische Manipulation sogar eine prophetische Sendung erfüllen in ihrem Bestreben, zu der Entstehung eines besseren Menschen beizutragen, indem sie dadurch diese Welt der Welt, wie sie am Ende des Prozesses der Evolution sein wird, ähnlicher machen.

Ist die christliche Sicht der Zukunft des Menschen auf diese Weise auch sehr optimistisch, dann heißt dies nicht, daß sie aufhört, den Weg dorthin konkret so zu sehen, wie er ist. Sie trägt nach wie vor der Möglichkeit Rechnung, daß der Mensch in seiner Manipulation der ihm heute von der Biologie gegebenen Möglichkeiten nicht wiedergutzumachende Fehler begeht. So wie es die Möglichkeit gegeben hat, daß der Mensch sich auf eine Weise selbst manipulierte, die für den gesamten weiteren Verlauf der Geschichte fatale Folgen hatte (die sogenannte Erbsünde), so besteht auch heute die Möglichkeit eines vom Menschen verschuldeten Prozesses der Entmenschlichung und der Involution, der dazu führt, daß Teile der Menschheit wie eine stumme Herde der Willkür der Ideologie und der herrschenden Kräfte ausgesetzt sind[15]. Daher sollte man den Vorhersagen über die Zukunft des neuen Menschen immer mit einer gewissen Skepsis und kritischem Vorbehalt entgegentreten. Der Christ weiß, daß sich die menschliche Fähigkeit, Böses zu tun, nicht auf irgendwelche biologischen Vorgänge reduzieren läßt und daher durch biologische Manipulationen zu beseitigen wäre: Vielmehr hat sie mit der geistigen Struktur des Menschen selbst zu tun, und so sind alle Dimensionen seines Seins von ihr geprägt. Es liegt nicht in der Macht des Menschen, über seinen eigenen Schatten zu springen. Allerdings, wie P. Overhage schreibt: „Es ist aber sehr erfreulich, feststellen zu können, daß die Vertreter der ernsten naturwissenschaftlichen Forschung sich weithin auf recht kurzfristige Prognosen beschränken und sie sehr behutsam formulieren ... Eugenische Vorschläge, die sich auf die ferne Zukunft des Menschen beziehen, liegen nämlich ... außerhalb des Bereiches der Wissenschaft."[16] Zudem weiß der Christ aufgrund seines Glaubens und seiner Hoffnung, daß es auch für den Menschen, der auf verhängnisvolle Weise biologisch manipuliert worden ist, noch immer einen Weg zu der von Gott verheißenen absoluten Zukunft gibt: den Tod. Dieser Tod ist nicht nur, wie wir es unten im Detail sehen werden, der Abschluß eines biologischen Prozesses. Er ist vor allem das Ende eines Geborenwerdens und so die Art und Weise, wie der Mensch durch eine letzte Entscheidung vollkommen die zu ihm gehörende Fülle erlangen kann. Denn wie sehr der Mensch auch seine Geschichte manipulieren kann, so daß er ihr sogar in aller Absurdität ein Ende bereiten könnte: diese wird immer notwendigerweise bei Gott münden, sei es zum Heil, sei es zur totalen Verdammung. Indem er auf den auferstandenen Christus schaut, bekennt sich der Christ trotz allem zum Sinn der Geschichte und erklärt sich zum Todfeind alles Absurden. Zwar kann die Geschichte noch immer radikal in eine Nichtgeschichte umschlagen, und so könnte die Menschheit in einen kollektiven Selbstmord verfallen, aber dies ändert nichts daran, daß die Geschichte in Jesus ihr Ziel erreicht und ihren Punkt Omega schon verwirklicht hat. Diese Tatsache ist der Grund, weshalb der Mensch gegen jede Hoffnung hoffen kann.

Der griechische Hoffnungsmythos bekommt nun seinen wahren, sicheren Sinn: Die Hoffnung wird sich nicht als eine trügerische, den Menschen irreführende Göttin erweisen, sondern sie wird in dem Besitz des Ersehnten münden. Nach dem griechischen Mythos schickte Zeus die Göttin Pandora zu den Menschen, um sie zu verwirren. Sie sollte eine Büchse voller Geschenke für die Menschen mitnehmen. In ihrer Neugierde öffnete sie die Büchse, und wie durch Zauber waren alle Geschenke verschwunden. Den Menschen blieb nur die Hoffnung, daß sie eines Tages zurückkehrten. Nun fragten sich die griechischen Weisen: Ist die Hoffnung gut oder schlecht? Einige meinten, sie sei gut, denn sie sei die einzige Gottheit, die den Menschen geblieben sei, während alle anderen sich auf den Olymp zurückgezogen haben. Sie lasse uns ja von wunderbaren Welten träumen und erfülle auch unsere dunklen Tage mit Sinn und Hoffnung. Andere hielten dagegen: Die Hoffnung ist trügerisch wie die Pandora. Mit den von ihr geweckten Phantasien täuscht sie unser Leben.

Dagegen ist die Hoffnung Merkmal des Christentums und Inhalt der von ihm verkündigten Botschaft, denn in Christus ist für den Christen der neue Mensch schon erschienen. Der Mensch braucht sich nicht wie ein Prometheus ewig vergeblich anzustrengen. Das Herz des Christen ist von einer bangen Erwartung erfüllt, denn für ihn ist die Utopie eine konkrete Möglichkeit, die in Jesus von Nazaret schon Wirklichkeit ist. Daher konnte Dostojewski bei seiner Rückkehr aus dem Totenhaus Sibiriens voller Hoffnung und Vertrauen das Glaubensbekenntnis formulieren: „Ich glaube, es gibt nichts Schöneres, Tieferes, Sympathischeres, Vernünftigeres, Mutigeres und Vollkommeneres als Christus, und nicht nur, daß es nichts gibt, mit eifersüchtiger Liebe sage ich mir, es kann auch nichts geben. Damit nicht genug, wenn mir jemand bewiese, daß Christus jenseits der Wahrheit sei und tatsächlich die Wahrheit außerhalb von Christus wäre, dann würde ich eher bei Christus bleiben als bei der Wahrheit." [17]

Nun ist es heute, auch für die Christen, keine leichte Aufgabe, in Funktion der Hoffnung über die Entstehung des neuen Menschen Rede und Antwort zu stehen.

Daher wird diese Arbeit in einem ersten Schritt über den Stand der heutigen (d. h. Anfang der siebziger Jahre [d. Übers.]) Diskussion über die Auferstehung Jesu berichten und die verschiedenen Meinungen kommentieren.

Danach werden wir in einem zweiten Schritt zu einer kurzen, aber auch das Wesentliche beinhaltenden Analyse der Texte übergehen, die von den Erscheinungen des auferstandenen Herrn und vom leeren Grab reden. Wir werden auch auf die anthropologischen Folgen eines solchen Ereignisses für die Koordinaten unseres menschlichen Verständnisses von der Auferstehung achten.

Schließlich werden wir die Frage nach unserer eigenen Zukunft stellen. Wie Christus sind auch wir für die Auferstehung bestimmt, wenn wir im Tod das Ziel unserer Existenz erreicht haben.

II. Die Entstehung des neuen Menschen: Der auferstandene Jesus vor dem Gericht der kritischen Theologie

Schon seit den Tagen der Apostel bis heute wird der Glaube an die Auferstehung in Frage gestellt. Die Gewißheit der Kirche in dieser Sache ist eine Gewißheit des Glaubens. Aus den verschiedenen Auferstehungsberichten geht eines hervor: Das über das leere Grab und die Erscheinungen Gesagte vermag nicht jeden Zweifel auszuschließen[18]. Am Ende des Matthäusevangeliums scheint die Bemerkung in der Luft zu liegen: „Einige aber hatten Zweifel" (Mt 28, 17 b). Immerhin hängt mit der Lösung, die man der Problematik des Glaubens an die Auferstehung gibt, auch die Antwort auf die Frage nach dem Sein oder Nichtsein des Christentums zusammen. Läßt sich die Auferstehung widerlegen, „dann ist unsere Verkündigung leer und euer Glaube sinnlos; wir werden dann auch als falsche Zeugen Gottes entlarvt", dann „sind wir erbärmlicher daran als alle anderen Menschen" (1 Kor 15, 14–19). Wir hätten uns dann besser denen angeschlossen, die da sagen: „Laßt uns essen und trinken, denn morgen sind wir tot" (1 Kor 15, 32). Statt dessen hätten wir uns aber vor der Wirklichkeit in einen Mythos des Überlebens zurückgezogen und dazu auch noch andere mit solchen Vorstellungen in die Irre geführt.

Aus diesen Gründen wurden in den letzten Jahren sowohl in der evangelischen als auch in der katholischen Theologie heftige Diskussionen geführt über den Inhalt und die Bedeutung unseres Glaubensbekenntnisses, „Gott hat ihn (= Jesus) von den Toten auferweckt" (Apg 3, 15; 4, 10). In dieser Frage wurden oft radikale Standpunkte eingenommen, die dann ihrerseits heftige Reaktionen unter den Gläubigen hervorriefen[19]. Die römische Kommission für die Kongresse über die Theologie des Zweiten Vatikanums hat über dieses Thema ein internationales Symposium organisiert, das vom 31. März bis zum 6. April 1970 in Rom abgehalten wurde[20]. Hier sollte eins klargestellt werden, auch wenn es in der Hitze der Debatten oft vergessen wurde: Auch für die Radikalsten ging es nicht um die Frage, ob Christus auferstanden ist oder nicht. Keiner der Teilnehmer hatte irgendwelche Glaubenszweifel daran, daß der lebendige Herr mitten unter uns gegenwärtig ist. Alle sagten das gleiche Glaubensbekenntnis. Die Frage, die sich stellte, war aber folgende: Was bedeutet für uns heute die alte Glaubensaussage: „Der Herr ist wirklich auferstanden und ist dem Simon erschienen" (Lk 24, 34). Wie sollen wir diesen Satz interpretieren, damit er heute den gleichen Inhalt und die gleiche Wirkung hat wie in der alten Kirche? Vor diesem Hintergrund fanden damals die verschiedenen Diskussionen statt, und vor diesem Hintergrund bewegt sich auch unsere Fragestellung hier. Wir werden über den *status quaestionis* berichten, wie er sich eben sowohl auf evangelischer[21] wie auf katholischer Seite darstellt[22]. Bei jedem der referierten Standpunkte werden wir kritisch Position beziehen. Schließlich werden wir selbst eine systematische Synthese zu erarbeiten versuchen, in der besonders die Bedeutung der Auferstehung für unser heutiges Hier und Jetzt des Glaubens hervorgehoben werden soll.

1. *Interpretationen des Glaubens an die Auferstehung in der protestantischen Theologie*

Unter den verschiedenen, in dieser Frage in der protestantischen Theologie von Theologen wie K. Barth, G. Ebeling, H. Braun, U. Wilckens usw. eingenommenen Positionen wollen wir besonders drei hervorheben: die von R. Bultmann, W. Marxsen und W. Pannenberg.

a) R. Bultmann: Die Auferstehung ist kein historisches Faktum, sondern Ausdruck der Bedeutung des Kreuzes

Die Apostel betrachteten das Kreuz Christi nicht als den Tod eines Verfluchten (Dtn 21,23; vgl. Gal 3,13), sondern für sie hatte diese historische Begebenheit eine transzendente Heilsbedeutung. Dieser Tod sei nämlich „das befreiende Gericht Gottes über die Welt, das Gericht Gottes, das als solches den Tod entmachtet."[23] Um diese Bedeutung zu erkennen, reichte die nackte Tatsache des Kreuzes nicht. Daher sei sie auch nicht historisch in dem Sinne, daß sie von einem Geschichtswissenschaftler, der hier mit dem Instrumentarium der historisch-kritischen Methode zu analysieren sucht, entdeckt werden könne. Aber man könne an sie glauben: „Kann die Rede von der Auferstehung Christi etwas anderes sein als *der Ausdruck der Bedeutsamkeit des Kreuzes*?"[24] Es heiße aber nicht, daß damit etwas *Historisches* über Jesus gesagt werde. Wohl aber, daß *historisch* etwas mit den Aposteln geschehen sei, nämlich, daß sie zu dem Glauben gelangt seien, daß der Tod Jesu Leben für die Menschen sei[25].

Der Glaube an die Auferstehung ist so für Bultmann die konkrete Form, in der der Glaube an die Heilsbedeutung des Todes Christi zum Ausdruck gebracht wird. In diesem Sinn ist die Auferstehung kein historisches Ereignis, das von jedem verifiziert werden kann. Was aber wohl von einem Geschichtswissenschaftler verifiziert werden kann, ist, daß es Menschen gab, die an die Auferstehung glaubten und sie verkündeten. Nur für den Glauben ist die Auferstehung ein Faktum. Dabei interessiert der christlicher Glaube als Glaube sich nicht dafür, wie der Glaube an die Auferstehung entstanden ist. Ihn interessiert nur die existentielle Bedeutung des Todes Christi als unser Heil[26]. Und dieses weiß man nur durch das Wort der Verkündigung. Daher ist der Glaube an diese Verkündigung auch in Wirklichkeit Glaube an die Auferstehung[27]. So gehört auch dieses Wort zum eschatologischen Geschehen und hat folglich auch Heilscharakter. Dementsprechend kann man also sagen, daß „der Auferstandene im verkündigten Wort gegenwärtig ist"[28]. Jesus ist ins Kerygma auferstanden[29]. Von „den Legenden vom leeren Grabe und ... den Ostergeschichten, die von Demonstrationen der Leiblichkeit des Auferstandenen berichten", kann man sagen: „Zweifellos sind das spätere Bildungen, von denen Paulus noch nichts wußte."[30]

Stellungsnahme
Um die Position Bultmanns zu verstehen, muß man vom *Sitz im Leben* seiner gesamten Theologie sowie des von ihm eingeleiteten Programms der Entmythologisierung ausgehen. Er steht zwischen den liberalen Theologen, die im 19. Jahrhundert die Schrift mit Hilfe der historich-kritischen Methode zu erforschen suchten, und verschiedenen Apologeten des christlichen Glaubens. Mit den liberalen Theologen stimmt er darin überein, daß wir die verschiedenen Ereignisse des Lebens Jesu historisch nicht mehr rekonstruieren können. Auch können wir die Widersprüche zwischen den verschiedenen Auferstehungsberichten nicht irgendwie beseitigen. Das ist aber, so Bultmann, keine Widerlegung des christlichen Glaubens, denn dieser beruhe nicht auf der historischen Wissenschaft. Bultmann hält daher gegenüber den Vertretern der liberalen Theologie am christlichen Glauben fest. Gegenüber den Apologeten vertritt er die Meinung, daß die Auferstehung kein Faktum wie andere Fakten der Geschichte ist, das von jedem verifiziert werden könne. Nur einigen war es gegeben, den Herrn zu sehen. Daher könne die Auferstehung nicht als eine Art „Beweis" der Wahrheit des christlichen Glaubens den Nichtglaubenden gegenüber betrachtet werden.

Hierin müssen wir Bultmann Recht geben: Die Auferstehung ist „kein historisches Ereignis, sondern ein geschichtliches"[31]. Nur dem Glauben ist sie zugänglich. Verdeutlichen wir dies: Wenn wir sagen: die Auferstehung ist *kein* historisches Ereignis – d. h., es sei nichts nach dem Tode Jesu geschehen –, verstehen wir Bultmann falsch. Meinen wir aber, daß die Auferstehung tatsächlich stattgefunden hat, aber dieses Tatsache nur den Glauben – also nur auf *geschichtliche* Weise – und nicht dem Historiker – also nicht auf *historische* Weise – zugänglich ist, dann haben wir Bultmanns Grundthese verstanden. Bultmann will nicht viel Zeit damit verlieren, über einen eventuellen harten historischen Kern der Berichte über die verschiedenen Erscheinungen und über das leere Grab zu diskutieren. Er will sich vielmehr auf das Wesentliche konzentrieren, das aber oft wegen der endlosen Diskussionen aus den Augen verloren wird: Die Auferstehung ist eine Botschaft des Lebens für die menschliche Existenz. Der Tod wurde durch das Kreuz endgültig besiegt, und damit hat unser Leben seinen Sinn bekommen. Um diese im christlichen Glauben gegebene Neuheit auszudrücken, bedient Bultmann sich nicht der objektivierenden und objektivistischen Kategorien der klassischen Philosophie, sondern der Terminologie des Heideggerschen Existentialismus, die ihm geeigneter erscheint, existentielle Situationen zu beschreiben.

Um die Botschaft der Auferstehung zu verstehen, müssen wir sie, so Bultmann, im Glauben leben. So wie die wahre Existenz im Prozeß des Lebens selbst gegeben ist, so vollzieht sich auch das Verstehen der Glaubensbotschaft in der Verwirklichung dieses Glaubens[32]. Daher ist es wenig wichtig zu wissen, ob der Bericht über das leere Grab eine Legende ist oder nicht oder welchen historischen Kern die verschiedenen Berichte über die Erscheinungen des Herrn haben mögen. Wichtig ist es dagegen, den Glauben an die Auferstehung zu leben. Es wäre schade, wenn der Mensch unserer Zeit, der von Wundern und von einem ständigen Eingreifen Gottes in der Welt nicht mehr viel hält, deswegen auch die ihm von Gott gebotene Chance eines neuen, von heilbringender Hoffnung erfüllten Lebens verweigern würde[33].

Allerdings müssen wir im Licht des ältesten bewahrten Zeugnisses von der Auferstehung, des zwischen 54 und 57 niedergeschriebenen Textes 1 Kor 15,3–8, die Frage stellen, ob die Historizität der Auferstehung wirklich so irrelevant ist, wie Bultmann meint. Die Auferstehung ist ja kein Mythos, von dem man sagen kann, daß er „niemals geschah und dennoch ist". Denn obwohl die Auferstehung, historisch betrachtet, kein gesichertes Ereignis ist, wie es andere Ereignisse sind, hat sie doch eng mit der Geschichte – also „Historie" – Jesu zu tun. Denn der, der da gestorben und begraben worden ist (vgl. 1 Kor 15,3–4; Apg 2,23–24), ist auferstanden, wie es viele bezeugten, „von denen viele noch leben und einige gestorben sind" (1 Kor 15,6). Zwar ist dies kein Beweis für die Historizität der Auferstehung, wohl aber ist es ein Argument für die Glaubwürdigkeit der apostolischen Verkündigung der Auferstehung. In diesem Sinn haben die Berichte über die Erscheinungen und über das leere Grab theologische Relevanz: Sie wollen keine Beweisführung sein für den, der nicht glaubt, ihn aber wohl zum Glauben einladen und dabei darauf hinweisen, daß dieser seine Gründe und seine Rationalität hat. Bultmann will dem Glauben alle rationalen Grundlagen und Stützen nehmen, um ihn zu reinigen und immer mehr zu sich selbst zurückzuführen. Hier haben wir es mit einem Postulat seines theologischen Systems zu tun, das eine Radikalisierung des biblisch nicht begründeten lutherischen Prinzips der *sola fides* ist[34]. Nur ein einziger Schritt trennt einen solchen Fideismus von einem dogmatischen Atheismus. Wie sollte man hier noch zwischen Glauben und Ideologie unterscheiden können? Wie sollten wir unter solchen Voraussetzungen jedem, der nach der Hoffnung fragt, die uns erfüllt, Rede und Antwort stehen können – was etwas anderes ist, als hier etwas beweisen oder demonstrieren zu wollen (vgl. 1 Petr 3,15)?

b) W. Marxsen: Die Auferstehung ist kein historisches Faktum, sondern eine Interpretation der Erscheinungen vor dem Hintergrund der Apokalyptik

Bultmann spielte die Frage nach dem historischen Faktum der Auferstehung herunter. W. Marxsen interessiert sich aber dafür, auch wenn er radikaler als Bultmann denkt[35]. Wir wissen, so sagt er, wie es zu der Überzeugung kam, es habe die Auferstehung gegeben. Es handelt sich dabei nicht um die Erinnerung an ein wirkliches Geschehen, sondern um eine Interpretation, die von der damaligen apokalyptischen Weltanschauung bedingt war. Zu dieser Weltanschauung gehörte auch die Auferstehung der Toten. Die Erscheinungen, die die Apostel tatsächlich hatten und die also historischen Charakter haben, hinterließen einen tiefen Eindruck auf die Apostel, waren ihnen ein tiefes „Widerfahrnis", das sie mit den ihnen zur Verfügung stehenden Kategorien der Auferstehung interpretierten. Für den Historiker „ist damit über die Auferstehung Jesu ja noch gar nichts ausgesagt"[36]. Für ihn steht nur historisch fest, daß einige Christen ihre Erscheinungen so interpretiert haben. An dieser Interpretation – Jesus ist auferstanden – brauchen wir heute nicht festzuhalten, denn wir sind ja nicht verpflichtet, die mythische Weltanschauung einer vergangenen Zeit zu übernehmen. Dabei zeigt uns das Neue Testament selbst, daß es noch eine andere Möglichkeit der Interpretation dieser Erscheinungen gibt, indem sie nicht im Sinne einer Auferstehung Jesu, sondern als die Sendung, fortan die Sache Gottes zu leben und zu verkünden, interpretiert werden[37]. Paulus begründet 1 Kor 9, 1 sein Apostolat mit der Tatsache, daß er den Herrn gesehen habe. So wurde über die nach dem Tod Jesu stattfindenden Erscheinungen in zwei verschiedene Richtungen reflektiert: erstens auf *funktionale,* der Zukunft zugewandte Weise: als Sendung: „Die Sache Jesu geht weiter"[38], durch die Verkündigung erreicht Jesus uns auch noch heute[39]; zweitens auf *personale,* auf die Vergangenheit zurückblikkende Weise: Jesus ist von den Toten auferstanden. Diese letzte Aussage hat ihre Voraussetzungen in der jüdischen Anthropologie, nach der es kein menschliches Leben ohne Körper gibt. Hier liegt dann auch der Grund, weshalb an einigen Stellen bei Lukas und Johannes auf massive Weise die Leiblichkeit des Auferstandenen hervorgehoben wird. Hätte ein Grieche über die Erscheinungen des Herrn reflektiert, dann hätte er in Übereinstimmung mit seiner Anthropologie, für die der Leib ein Gefängnis und von Übel war, gesagt: Jesus hat wirklich seinen Leib verlassen. Er hätte gesagt, daß Jesus lebt, ohne daß er deshalb von einer Auferstehung hätte reden müssen[40]. Die Auferstehung sei folglich kein Faktum, sondern eine damalige Interpretation, die wir heute für unseren Glauben neu übersetzen müssen. Das Reden über die Auferstehung sei daher ein bildhaftes Reden, eine Redeweise, nicht ein Berichten über etwas, was tatsächlich geschah. Was diese Ausdrucksweise an Wahrheit enthält und wir bewahren sollen, sei folgendes: Durch die Kirche und das Evangelium geht die Sache Jesu weiter und betrifft uns heute, wie sie damals die Jünger Christi betroffen hat. „Wo mich das aber wirklich trifft, da weiß ich: Er lebt. – Und wenn ich das in älterer Terminologie ausdrücken will (und um die Grenze der Aussagemöglichkeit jener Terminologie weiß!), dann kann ich *heute* bekennen: Er lebt, er ist nicht im Tode geblieben. Er ist auferstanden."[41]

Stellungnahme

Es scheint manches für diese Interpretation Marxsens zu sprechen, und es gab daher auch über seine Thesen eine Diskussion wie nie zuvor. Sein Anliegen war ein pastorales: Der Glaube an die Auferstehung muß ein Glaube sein, der versteht, was er sagt. Er darf keine neutrale Information sein, sondern muß den Menschen in seiner konkreten Existenz ansprechen[42]. Marxsen hat dabei sehr wohl erkannt, wo der Schwerpunkt der gesamten Auferstehungsproblematik liegt: in den Erscheinungen, die bei den Apostel einen tiefen Eindruck hinterließen. Niemand hat die Auferstehung gesehen. Es gibt allerdings Zeugen, die aufgrund eigener Erlebnisse nach dem Tode Jesu („Erscheinungen") die Auferstehung bezeugen. Nun ist es legitim, diesen Zeugnissen gegenüber die Frage zu stellen: Ist Jesus wirklich auferstanden, oder war es nur unter der Voraussetzung der damals geltenden apokalytischen Kategorien legitim, von einer Auferstehung zu reden, während wir dies heute nach den veränderten Koordinaten unseres Verstehens anders übersetzen müssen?

Bei der Beantwortung dieser Frage müssen wir zuerst zweierlei betrachten: *Erstens* deckt sich das neutestamentliche Verständnis von der Auferstehung nicht ganz mit der Auferstehung, wie sie im apokalyptischen Denken des Frühjudentums erwartet wurde[43]. Die Sadduzäer verneinten sogar eine solche Auferstehung, die Pharisäer glaubten eher an ein Wiederlebendigwerden des Menschen, d. h., daß er wieder unter den gleichen Bedingungen wie in diesem alten Äon leben würde. In Mk 12, 23 korrigiert Jesus ähnliche Vorstellungen. Die Auferstehung ist also für das neue Testament der Übergang von dieser Welt in eine künftige, der Übergang von der Geschichte in eine Metahistorie, eine radikale und totale Aktualisierung aller brachliegenden Möglichkeiten und so auch eine radikale und totale Umwandlung der Welt. In einem Wort: Die Auferstehung ist die Verwirklichung des Gottesreiches für die *conditio humana*. Die Auferstehung Jesu ist nicht die Rückkehr einer Leiche ins biologische Leben, sondern die Verwandlung eines am Kreuz Zerfetzten und Geschundenen. Mehr noch: Ein von Gott verfluchter (Dtn 21, 23, Gal 3, 13) wird „erhoben", wird „eingesetzt als Sohn Gottes in Macht" und „sitzt zur Rechten Gottes" (vgl. Röm 1, 4; 8, 34; Apg 13, 33). Die Apostel fühlten sich von ihrer Erfahrung jenes Geschehens, das ihre gesamte Vorstellungskraft überstieg, überwältigt. Ohne diese Erfahrung hätten sie den Gekreuzigten niemals als den Herrn verkündigt. Ohne dieses „irgendetwas", das mit Jesus geschehen war, wäre in der Verkündigung der Urkirche nicht so etwas wie die Auferstehung mit dem Tod und dem Begräbnis Jesu verbunden worden. Treffend sagte N. D. Dahl in bezug auf Bultmann, und dies gilt um so mehr für Marxsen: „Die Osterereignisse waren für die Jünger zunächst nicht vorhergesehene, aber dennoch stattgefundene Gegebenheiten, ein Interpretandum vielmehr als eine Interpretation der Bedeutung Jesu und seines Todes"[44].

Hier stehen wir vor einer *zweiten* Frage, über die wir nachdenken sollten: Brauchten die Apostel wirklich eine Interpretation, um ihre Erfahrung verstehen zu können? Die Erscheinungen, die uns im Neuen Testament berichtet werden, waren nicht so unklar und unbestimmt, daß sie der weiteren Reflexion und Interpretation bedurft hätten, um für die Apostel irgendeinen Sinn abzugeben. Im Gegenteil! Es wird bei den Beschreibungen dieser Erscheinungen ein Wort verwendet, das von guten Exegeten als *terminus technicus* der Offenbarung betrachtet wird: *óphthē* (der mediale oder passive Aorist des Verbes horáō, sehen), also: „er hat sich sehen lassen", „er erschien"[45]. Damit wurde betont, daß das Gesehenwerden Jesu auf eine von außen kommende, also außerhalb der Apostel liegende Initiative zurückging, die bei den Aposteln einen sehr tiefen Eindruck hinterließ. Sie begegneten nun dem lebendigen Herrn auf eine andere Weise als zuvor. Und bei dieser persönlichen Begegnung handelte es sich um mehr als nur um ein einfaches Sehen (óphthē): Sie ist Austausch, Kommunion, zwischen Personen, ein sich gegenseitig Gegenüberstehen und Gegenwärtigsein, ein Dialog von einem Du zu einem anderen in einem „esprit de finesse", der unmittelbaren Nähe, und also nicht in einem „esprit de géometrie", der wissenschaftliche Beweise fordert. Jede wirklich zwischenmenschliche Begegnung sprengt die vorgefertigten Schemata: Sie siedelt sich auf einer anderen Ebene an, wo andere Kriterien und Bezugspunkte gelten: der persönliche Austausch, Freundschaft, Freundlichkeit, gegenseitige Offenheit, Liebe in einer Symbiose des gegenseitigen Gebens und Nehmens. Aufgrund dieser Begegnung konnten die Apostel sagen: „Der Herr ist wirklich auferstanden" (Lk 24, 34). Sie bezeugten also die Auferstehung Jesu und nicht so sehr die Erfüllung der in ihrer Umwelt existierenden apokalyptischen Vorstellungen und Erwartungen einer Auferstehung der Toten[46]. Sollen auch wir zugestehen, daß die Auferstehung eine Interpretation ist, dann nur unter der Bedingung, daß hinzugefügt wird: das Reden von der Auferstehung ist die Metapher, die am besten und am geeignetsten die persönliche Begegnung der Apostel mit ihrem lebendigen Herrn zum Ausdruck bringt. Man kann die Auferstehung also nicht gegen irgendeinen anderen Ausdruck austauschen, als ob dieser mit „Auferstehung" synonym wäre. „Auferstehung" ist also etwas anderes als „Die Sache Jesu geht weiter", oder: „Er kommt auch noch heute." Aus den Texten des Neuen Testamentes geht klar hervor, daß sich irgend etwas mit Jesus ereignet haben muß, was dann zu dem Glauben der Apostel führte, und nicht umgekehrt.

c) W. Pannenberg: Die Auferstehung ist tatsächlich eine, allerdings nicht ersetzbare und auf ein historisches Faktum zurückgehende Interpretation der Auferstehung

R. Bultmann hatte für ein eventuelles historisches Faktum der Auferstehung kein Interesse. W. Marxsen interessiert sich zwar für die Historizität des Interpretaments „Auferstehung", das in einer ganz bestimmten kulturellen Umwelt die von dieser Umwelt bedingte Interpretation eines Sichgesandtfühlens gewesen sei, das aber keinen bleibenden Wert habe, weil es von einer anderen Interpretation ersetzt werden könne. Der Münchner Professor für systematische Theologie und führende Vertreter einer Gruppe von Theologen, die sich von Bultmanns Fragestellung entfernten und einem Verständnis der Offenbarung als Geschichte das Wort sprachen, W. Pannenberg, interessiert sich dagegen für die seiner Meinung nach auch heute unersetzliche Interpretation der Erscheinungen als Auferstehung. Er ist zudem der Auffassung, daß dieser Interpretation dann auch ein historisches Faktum der Auferstehung Jesu zugrunde liegt[47]. Nach der Kreuzigung Jesu geschieht für die Apostel die unerwartete Tatsache, daß ein von den Toten auferstandener Jesus sich in Erscheinungen ihnen zeigt und mit ihnen kommuniziert. Um diese *neue,* vorher in der Geschichte nie dagewesene Wirklichkeit auszudrücken – die Auferweckung eines jungen Mannes in Naïn (Lk 7, 11–17), der Tochter des Jairus (Mk 5, 35–43 par) oder des Lazarus (Joh 11) waren ja etwas ganz anderes[48] –, griffen die Apostel auf die Metapher des apokalyptischen Denkens zurück. Eine dieser Metaphern war die der Auferstehung der Toten: Wie der Mensch morgens wach wird aus dem Schlaf und aufsteht, werde sich ähnliches mit der Menschheit am Ende der Welt ereignen. Es handelt sich hier offensichtlich um eine symbolische Sprache: es gibt einen himmelweiten Unterschied zwischen der Wirklichkeit, von der man reden will, und den sprachlichen Mitteln, deren man sich zur Beschreibung dieser Wirklichkeit bedient. Wer noch in der alten Welt lebt, kann sich das Sein der Menschen in der neuen Welt nicht adäquat vorstellen. So hat das neue Testament zur Beschreibung dieses neuen Seins die Metapher „Auferstehung" gewählt, denkt aber an etwas ganz anderes als an ein einfaches Wiederlebendigwerden der Toten, in dem

Sinne, daß ihre Leichen wieder aufstehen und hin und her gehen. Die Auferstehung ist das neue Leben (vgl. 1 Kor 15,35–56): eine radikale Verwandlung unserer körperlichen in eine pneumatische Existenz, die ganz von Gott bestimmt und erfüllt sein wird (1 Kor 15,38–42.50–53). Durch den Gebrauch der Metapher Auferstehung wollten die Apostel jene absolut neue Wirklichkeit hervorheben: Jesus lebt nun in einer neuen leiblichen Existenz, die ganz von der in diesem alten Äon verschieden ist. Damit ist aber auch die neue Welt in unsere alte hereingebrochen: Christus ist der erste unter vielen Brüdern (Röm 8,29), der Erste der Entschlafenen, die nun wieder auferstehen (1 Kor 15,20; Kol 1,18; vgl. Apg 1,15; 3,15) der, in dem alle lebendig gemacht werden (1 Kor 15,22)[49]. Diese Gegebenheit kann nur in der symbolischen Sprache der eschatologischen Erwartung ausgedrückt werden, die immer unzureichend sein wird, da sie den Denkschemata und der Erfahrung der alten Welt entnommen ist, auf die man aber nicht verzichten kann[50]. Ohne eine solche Sprache würden wir die von den Texten des Neuen Testaments bezeugte und reflektierte Realität wieder verlieren. Denn wenn diese nur durch eine symbolische Sprache ausgedrückt und durch die Erscheinungen verkündigt werden kann, dann sind diese symbolische Sprache und diese Erscheinungen unsere Sicherheit für die Historizität der Auferstehung Jesu. Indem der Historiker die Historizität der Erscheinungen feststellt, dringt er auch zu der Historizität der Auferstehung durch, die sich in ihnen zeigt. Wenn die Erscheinungen einen historischen Charakter haben – was Marxsen wenigstens für ihren Kern nicht in Frage stellt –, dann gilt dies auch für die Auferstehung. Nur im entgegengesetzten Fall könnten wir niemals mit einiger Berechtigung behaupten, die Auferstehung habe an einem bestimmten Punkt unserer Geschichte stattgefunden[51].

Stellungnahme

Katholischen Lesern wirken Pannenbergs Thesen vertraut. Zwar gibt er zu, daß das Reden über die Auferstehung eine Interpretation der Erscheinungen ist. Diese sei aber insgesamt eine unmittelbare Interpretation, die die neue Wirklichkeit selbst erfaßt und deren Wesen auf durchaus geeignete, sei es auch auf symbolische Weise ausdrückt („neue Welt", „neuer Mensch": 2 Kor 5,17). Wie würden wir übrigens anders als symbolisch von einem neuen Himmel und einer neuen Erde reden können? Zu Recht betont Pannenberg die Historizität der Auferstehung als Faktum, das es tatsächlich in der Geschichte gegeben hat, wenn wir auch nur über die Erscheinungen zu ihm einen Zugang haben. Vielleicht hätte Pannenberg sich, um Mißverständnisse zu vermeiden, wie E. Dhanis bei seinem Abschlußreferat anläßlich des internationalen Symposiums in Rom über die Problematik der Auferstehung ausdrücken müssen. Dhanis machte dort eine Unterscheidung zwischen *unmittelbar und mittelbar historischen* Fakten. Die unmittelbar historischen Fakten seien durch die verschiedenen Methoden der historischen Forschung unmittelbar in sich zugänglich, während die mittelbar historischen Fakten dies *nur auf dem Weg über* die Reflexion der unmittelbar historischen Fakten sind[52]. Nach dieser Unterscheidung ist die Auferstehung kein unmittelbar historisches Faktum, denn niemand hat sie gesehen. Sie ist aber ein mittelbar historisches Faktum: durch das Nachdenken über das leere Grab und ihre Begegnung mit dem lebendigen Jesus in den Erscheinungen kamen die Jünger zur Überzeugung: „Gott hat ihn von den Toten auferweckt" (Apg 3, 15; 4, 10). Die Auferstehung ist nicht ein Wiederlebendigwerden einer Leiche, sondern die Inthronisierung der verwandelten leiblichen Wirklichkeit Jesu in der Herrlichkeit Gottes. Hier handelt sich um eine andere Art von Faktum als die gewöhnlichen historischen Fakten. Allerdings hinterließ diese Neuheit des menschlichen Lebens Spuren und Zeichen unter den Menschen wie das leere Grab und die Erscheinungen. So gelangen wir durch die Interpretation und die Reflexion dieser Spuren und Zeichen zu der moralischen Sicherheit – übrigens die für die Geschichtswissenschaft als solche typische Art von Sicherheit –, daß die Geschichte – Historie – Jesu nicht am Kreuz ihr Ende fand, sondern in der Auferstehung gipfelte. Diese Auferstehung ist der Ausgangspunkt der Christologie. Von ihr ausgehend fingen die Apostel und die Verfasser des Neuen Testaments an zu fragen: Wer ist dieser Jesus von Nazaret, der von Gott auferweckt wurde? In diesem Licht begannen sie dann auch die Geschichte Jesu katà sárka, dem Fleische nach, zu entziffern und neu zu lesen, d. h., sie begannen, Christologie zu treiben. Vor einem solchen Hintergrund schrieb auch Pannenberg eine beeindruckende Christologie, die sehr mit der katholischen übereinstimmt[53].

2. *Interpretationen des Glaubens an die Auferstehung in der katholischen Theologie*

Die exegetisch-systematischen Diskussionen auf evangelischer Seite sollten sehr bald auch die katholische Theologie, vor allem aber die Exegese beeinflussen. So haben die Auffassungen von W. Marxsen auch auf katholischer Seite eine Reihe von Reaktionen ausgelöst, die zu den von uns dargestellten Meinungen Position bezogen bzw. auch Elemente dieser Meinungen übernahmen. Für die Exegese kann man ohne Übertreibung sagen, daß die katholischen Autoren, sowohl was ihr kritisches Bewußtsein und die Anwendung der neuesten exegetischen Methoden (die formgeschichtliche Methode, die Traditions- und die Redaktionsgeschichte) als auch was ihren Wagemut und ihre Freiheit angeht, aus ihren Analysen die entsprechenden Schlußfolgerungen zu ziehen, in nichts ihren evangelischen Kollegen nachstanden. Zum Zweck der Systematisierung wollen wir hier zwischen drei Tendenzen unterscheiden[54]:

a) Die traditionelle Richtung: Die Auferstehung ist uneingeschränkt ein historisches Faktum

Diese Position wurde in all ihren Einzelheiten in fast allen Handbüchern der dogmatischen und der Fundamentaltheologie vertreten. Dabei wurde die Auferstehung als der wichtigste Beweis für die Gottheit Christi und die Wahrheit des Christentums betrachtet[55]. Die Auferstehung ist ein historisches Faktum, das wir aufgrund der gesicherten Wirklichkeit der Erscheinungen als solches erkennen können. Die Überzeugung der Urkirche, so sagte man, ist uns ein Zeugnis dafür, daß der wieder lebendige Jesus sich als ein Lebender unter den Lebenden zeigte, so daß, wer ihn sah, einen Menschen in seinem alltäglichen Leben zu sehen meinte[56].

Etwas differenzierter, aber im wesentlichen auf gleiche Weise wird diese Position in dem enzyklopädischen theologischen Werk *Sacramentum Mundi* vertreten[57]. Das Werk von F. X. Durrwell, Die Auferstehung als Heilsmysterium[58], ist auf katholischer Seite zwar ein Novum, da es ja eine beeindruckende Systematik des Glaubens an die Auferstehung Christi und deren Zusammenhang mit der Erlösung, dem Leben Jesu, der Kirche und ihren Sakramenten und mit der Vollendung im Himmel darstellt. Aber mit den Maßstäben der heutigen Diskussion beurteilt, spricht aus dem Werk wenig kritischer Geist. Es ist symptomatisch, daß die Theologie des Johannes in den Überlegungen Durrwells den wichtigsten Platz einnimmt, was darauf hinweist, daß er mehr ein theologisch-systematisches und weniger ein exegetisch-kritisches Werk schreiben wollte. Gutwenger gegenüber müssen wir hervorheben, daß die Auferstehung etwas anderes als eine Zurückführung ins Leben ist. Weil die Auferstehung das Hereinbrechen einer eschatologischen Wirklichkeit in unsere Geschichte ist, kann ihre Historizität nicht mit der anderer historischer Fakten verglichen werden.

b) Die Richtung der heutigen positiven Exegese: Die Auferstehung ist eine Glaubensannahme der Urkirche

Diese Tendenz ist jener Gruppe von Exegeten zuzurechnen, die mit Hilfe der modernen exegetischen Methoden genau festzustellen vermögen, was die Urkirche glaubte, ohne den kulturellen Einfluß der Umwelt dabei zu thematisieren und ohne sich zu fragen, was wirklich historisch gegeben war und was eher eine Theologisierung historischer Fakten ist. Ihr Interesse konzentriert sich auf die Texte als solche, so wie sie uns heute vorliegen und wie sich ihr Inhalt mit Hilfe einer soliden literarkritischen Analyse feststellen läßt. J. Schmitt[59] ist einer der besten Vertreter dieser Richtung. Er stellt fest, daß die Apostel die Auferstehung Jesu genauso wie sein Leben und seinen Tod als ein historisches Ereignis betrachtet haben. Die Auferstehung sei etwas Körperliches und „mehr als ein geschichtliches Faktum. Sie ist das entscheidende ‚Wort' des Dialogs, den Gott mit der Welt führt, das Hauptargument, durch das er die Menschen von seiner Treue, seiner ‚Weisheit' und ‚Macht' überzeugen will"[60].

In den Augen der Apostel war die Auferstehung die Antwort des Vaters auf die Unterwerfung des Sohnes (vgl. Mk 15,34 par), die Belohnung für seinen Gehorsam bis zum Tod (vgl. Phil 2,9). Ein bißchen in diese Richtung geht auch das ausgezeichnete Buch von P. Benoit, Passion et résurrection du Seigneur[61]. Die historische und die Literarkritik nehmen in seiner Arbeit einen hervorragenden Platz ein. Zugleich sucht er auch anhand der Art und Weise, wie die Evangelisten das ihnen vorliegende traditionelle Material bearbeiteten[62], den jeweiligen für sie typischen theologischen Horizont zu erarbeiten.

Im Vordergrund der Diskussion, wie sie heute geführt wird, steht vor allem ein hermeneutisches Anliegen: Wie sollen wir heute das verstehen, was die Apostel damals auf ihre Weise verstanden haben? Wie sollen wir heute von jener

Neuheit, die in Koordinaten zum Ausdruck gebracht worden ist, die nicht mehr die unsrigen sind, Zeugnis ablegen und sie verkünden? Inwieweit bezeugen die Apostel eine originelle Erfahrung, die sie selbst hatten? Inwieweit sind dagegen in ihre Berichte auch schon die Ergebnisse einer theologischen, apologetischen und kulturellen Arbeit miteingegangen? Jedenfalls verraten die uns heute vorliegenden Texte all diese Tendenzen. Daher ist eine Exegese, die sich vor allem darauf konzentriert, den Glauben des Neuen Testaments herauszufinden, zwar notwendig, sie reicht aber nicht, um den heutigen Menschen bei der Beantwortung ihrer Fragen zu helfen.

3. Die Richtung der hermeneutischen Exegese: Die Auferstehung ist ein im Rahmen der damaligen Denkkategorien verkündetes, mittelbares historisches Faktum

Es gibt eine nicht so kleine Gruppe ernsthafter katholischer Exegeten, des Neuen Testaments, die sich nicht nur für den Glauben des Neuen Testaments interessieren, sondern vor allem auch wissen wollen, wie dieser Glaube entstanden ist, wie er verschiedenen Traditionen zugrunde lag und wie aus einfachen Kernelementen immer größere Textkomplexe erarbeitet wurden, bis schließlich die Texte so geworden waren, wie sie uns heute vorliegen[63]. In einem Punkt herrscht hier allgemeine Übereinstimmung: Die Auferstehung ist kein unmittelbar von einem Historiker als solches feststellbares historisches Faktum[64]. Sie ist aber etwas, was mit Jesus tatsächlich geschah und uns durch den Glauben zugänglich ist, der auf den Zeugnissen derjenigen beruht, die Jesus nach einer Kreuzigung gesehen haben. Sein neues Leben entzieht sich den Kategorien der Biologie (in der der Tod herrscht), sondern gehört schon zum göttlichen Bereich des ewigen Lebens[65]. Daher gehört das Faktum der Auferstehung zu der Ordnung des Geheimnisses, in der andere Kategorien als die von Raum und Zeit gelten[66]. Nur durch die Offenbarung[67] weiß man von einer solchen Wirklichkeit, und falls sie sich in der Geschichte zeigt, geschieht dies auf verdeckte Weise durch Symbole und Erscheinungen[68]. Die Kategorien, mit deren Hilfe diese neue Existenzweise Jesu ausgedrückt wird, sind der damaligen kulturellen Umwelt entnommen: Er wurde zu Gott erhöht, sitzt zur Rechten des Vaters, ist als Sohn Gottes in Macht inthronisiert worden, wurde als Herr und universaler Richter eingesetzt usw[69]. Zur Interpretation des leeren Grabes und der Erscheinungen wurde also auf das apokalyptische Schema der Erniedrigung/Rechtfertigung des Gerechten sowie, in einer anderen Refelexionslinie, auf die eschatologischen Kategorien einer Auferstehung von den Toten zurückgegriffen. In den Texten, so wie sie uns heute vorliegen, sind beide Interpretationslinien enthalten und miteinander kombiniert[70].

Für die traditionelle Apologetik ist das leere Grab ein wichtiges Element zum Beweis der Glaubwürdigkeit der Auferstehung. Infolge eines differenzierteren Verständnisses der Auferstehungswirklichkeit betrachten heute viele katholische Exegeten dies als ein sekundäres Element, zum Beispiel J. Kremer: „Entgegen einem weit verbreiteten Fehlurteil muß aber festgestellt werden, daß nach keinem der vier Evangelien die Entdeckung des leeren Grabes ein zwingender Beweis für die Wahrheit der Osterbotschaft war und ist."[71] Das leere Grab war also nicht der Grund für den Osterglauben der ersten Christen, sondern löste eher Angst und Flucht aus (Mk 16,8; Lk 24,5; Mt 27,8)[72]. Dieses Motiv ist also so sekundär, daß es keine Bedingung für die Entstehung eines wahren Osterglaubens ist. „Der Leib der erneuerten Existenz stammt nicht aus dem Grabe, sondern aus dem Himmel."[73] Demnach wäre die Auferstehung nicht die Verherrlichung eines irdischen Leibes, sondern eine wirkliche Neuschöpfung durch Gott. Schon die Biologie sage uns, daß fast alle Zellen unseres Körpers alle sieben Jahre erneuert werden. Mit was für einem Leib würden wir denn also auferstehen? Wir wissen nicht, was die Materie ist. Daher sollten wir auch keine dogmatischen Erklärungen über Sachverhalte abgeben, die sich aufgrund wissenschaftlicher Fortschritte bald anders darstellen können. Die Identität des Auferstandenen mit dem irdischen Körper beruhe also nicht auf einer Identität derselben körperlichen Materie, sondern auf der Identität der Struktur und ihrer Gesetze, die die Prozesse der Materie regulieren. Diese letzte Identität bleibe in der Auferstehung[74]. Daher brauchte das Grab Christi auch nicht unbedingt leer zu sein. Wenn man aber aus fundamentaltheologischen Gründen meine, am leeren Grab festhalten zu müssen, „dann wäre das leere Grab für uns heute kein Wunder als ‚Zeichen', sondern etwas Wunderliches, das unseren Glauben eher belastet als bestärkt. Wir müßten dann – etwas überspitzt formuliert – nicht *wegen*, sondern *trotz* des leeren Grabes glauben."[75]

Uns ist diese Lösung zu minimalistisch. Es ist symptomatisch, daß alle vier Evangelien vom leeren Grab berichten und die Identität des Gekreuzigten mit dem Auferstandenen betonen. Auch wenn es *a priori* durchaus möglich wäre, daß der verherrlichte Leib ein anderer als der vorherige irdische Leib Jesu gewesen ist, gibt es doch genügend Gründe, an der Identität beider festzuhalten. Erstens, weil unsere Zeugen, die Apostel, dies tun. Zweitens: wie hätte man auf akzeptable Weise den Bewohnern Jerusalems die Auferstehung Jesu verkündigen können, wenn diese noch immer auf die materiellen Reste Jesu hinweisen konnten? Zudem gibt es auch noch ein eigentlich theologisches Argument. Auch wenn der Leib Jesu ein sarkischer Leib (*sarx:* Fleisch) und daher zerbrechlich und begrenzt war, war er nicht wie der unsere stigmatisiert. Der Leib Jesu war auf menschliche Weise Gestalt und Mitteilung, Ausdrucksweise seiner Göttlichkeit. Unser Leib ist dagegen viel „sperriger": bringt unsere Innerlichkeit nicht so adäquat zum Ausdruck. Bei Jesus gab es aber schon jene Übereinstimmung zwischen dem Leib und dem Inneren: jene Harmonie, die es nur geben kann bei dem, der alle Entfremdung überwunden hat. Er war mehr als nur ein Instrument Gottes: Er war Gott selbst in seiner leiblichen Gegenwart in dieser Welt. Wenn er schon in seinem Leben die göttliche und menschliche Kommunion und Innerlichkeit zum Ausdruck brachte, wurde dann nicht durch die Auferstehung diese Fähigkeit um so mehr gesteigert? Vom ersten Augenblick seiner Existenz an besaß er schon eine neue Leiblichkeit, die reifer wurde, indem er im Laufe der Jahre an Weisheit und Wohlgefallen vor Gott zunahm, bis sie in der Auferstehung ihre Vollkommenheit und Fülle erlangte. So meinen wir mit guten theologischen Gründen sagen zu können, daß der sarkische Jesus mit dem pneumatischen persönlich identisch war. Wir wollen hier nochmals wiederholen, was auch schon Thomas von Aquin sagte: „In seiner Auferstehung kehrte Jesus nicht in ein Leben zurück, wie die Menschen das normalerweise kennen, sondern er nahm das unsterbliche und gottgemäße Leben an (Summa Theologiae III q.75 a.2).

Entscheidend für den Glauben an die Auferstehung scheinen uns indessen die Erscheinungen gewesen zu sein, die, wie wir eben gesehen haben, mit Hilfe der damals den Jüngern zur Verfügung stehenden Gruppen von Denkkategorien, also mit apokalyptischen und eschatologischen Denkkategorien, interpretiert wurden. In der katholischen Exegese[76] wurde die spätere Entwicklung dieser Vorstellungen gründlich untersucht: zuerst eine Spiritualisierung bei Paulus und Matthäus, dann eine zunehmende Konkretisierung aus apologetischen Gründen bei Lukas und Johannes bis zu ganz massiven Vorstellungen von der Auferstehung Jesu in den Apokryphen, vor allem im apokryphen Petrusevangelium, in der Epistula Apostolorum und im Fragment 7 des Hebräerevangeliums[77].

4. H. R. Schlette: Die Auferstehung Jesu ist eine rückwirkende Interpretation des Lebens Jesu

Der Hintergrund für Schlettes Interpretation ist sein Verständnis der Geschichte als Epiphanie[78]. Typisch für die Theologie des Alten Testaments sei nicht der Bericht über das historisch tatsächlich Geschehene, sondern der Verweis auf den in den geschichtlichen Fakten verborgenen Sinn. Diese Entdeckung von Gottes Wirken im Herzen der Geschichte sei die Entdeckung seiner Epiphanie in der Welt. Wie das Alte Testament über die damaligen geschichtlichen Ereignisse haben auch die Apostel über die Geschichte Jesu nachgedacht. So entdeckten sie im Leben Jesu die höchste Epiphanie Gottes: Jesus verkündigte die universale Liebe, die er als Dienst an den anderen verstand, und blieb seiner Botschaft bis zum Tod treu. Nach seinem Tod kamen seine Jünger zusammen, um seiner zu gedenken, über ihn zu reden, seine Worte zu kommentieren. Dabei schien es ihnen, so Schlette, unmöglich, sich vorzustellen, daß Jesus endgültig tot sei und der Vergangenheit angehöre wie Abraham, David und Jeremia. Und sie glaubten, daß er mit ihnen war, wenn sie über ihn redeten, zusammenkamen, zusammen aßen und tranken: Jahwe, der ihn gesandt hatte, ließ ihn nun als den Lebenden mitten unter ihnen[79].

Auch wenn dies sich historisch schwer feststellen läßt, ist dennoch sehr gut möglich, daß sich in jener Atmosphäre Zeichen und Phänomene ereigneten, die sie als das Wirken Gottes interpretierten, so daß sich unter ihnen die Überzeugung festigte, daß es mit Jesus und seiner Botschaft nicht getan war[80]. Diese Reflexion, die auf das Leben Jesu zurückblickte und es zu interpretieren suchte, entdeckte in diesem Leben die höchste Form der epiphanischen Offenbarung Gottes, was dazu führte, daß die Apostel sagten: Er ist wirklich auferstanden. Diese Interpretation ist, so Schlette, für den, der in seinem Glauben die Epiphanie Gottes in der Geschichte Jesu zu sehen vermag. Denn solch ein Mensch kann nur noch noch bestätigen: Er lebt tatsächlich[81].

Stellungnahme
Dieser deutlich von Marxsen beeinflußten Interpretation Schlettes wurde im katholischen Lager stark widersprochen[82]. Seine Konstruktion beruht nicht auf einer dauernden Auseinandersetzung mit den Texten des Neuen Testaments, die doch der einzige Ausgangspunkt und die einzige Quelle für jede Reflexion über den Osterglauben sind. Fällt Schlette nicht in den vor allem von D. F. Strauß vertretenen Psychologismus der Tübinger Schule zurück? Dabei verwendet er ein Schema, das in der Auseinandersetzung mit der Theologie des Alten Testaments erarbeitet worden ist, um mit dessen Hilfe ein völlig neues Phänomen, für das es auch keine anderen Beispiele in der Geschichte gibt, zu interpretieren. Auf diese Weise vergewaltigt er die verschiedenen Situationen, wie sie im Neuen Testament beschrieben sind, und er wird nicht der Tatsache gerecht, daß in den ersten Auferstehungsformeln in 1 Kor 15, 3–5 und Apg 2–5 jedes Pathos und jede Ausmalung der Auferstehung fehlen.

5. *Schlußfolgerungen*

Diese kurze Darstellung der verschienen Interpretationen des Auferstehungsglaubens läßt uns erahnen, daß die Dinge bei dem scheinbar so einfachen Satz „Jesus ist auferstanden" doch nicht so einfach liegen. An erster Stelle handelt es sich hier nicht darum zu wissen, ob es tatsächlich eine Auferstehung gab oder nicht. Es handelt sich hier vor allem darum zu wissen, was man unter Auferstehung verstehen soll, wie die neutestamentlichen Quellen diese Auferstehung interpretieren und wie dies alles in der Tradition reflektiert wurde. Man stellt seine Orthodoxie nicht dadurch unter Beweis, daß man immer die gleichen alten Formeln wiederholt ohne den Versuch, auf die Gegenwart und die Fragen, die sie stellt, zu hören. Der Eifer, die Tradition unberührt und unangetastet zu erhalten, hat schon mehrmals zu Häresien geführt. Die Wahrheit des Christentums bleibt nur dann eine lebendige, lebenbringende Wahrheit und wird nur dann nicht zu einem musealen Ausstellungsstück, wenn sie in die verschiedenen Sprachen unserer Zeit übersetzt wird. Denn nur so, sagt Gaudium et Spes 44, kann „die geoffenbarte Wahrheit immer tiefer erfaßt, besser verstanden und passender verkündet werden". In diesem Sinne werden wir hier einige systematische Überlegungen über die zentrale Wahrheit unseres Glaubens anzustellen versuchen. Zuerst sollten wir aber zur Orientierung wenigstens kurz berichten über den heutigen Stand der Exegese jener Texte, die über die Auferstehung sprechen.

III. Die Ergebnisse der kritischen Exegese der Auferstehungstexte

Inzwischen gibt es ein *mare magnum* jener exegetischen Untersuchungen, die sich kritisch mit den neutestamentlichen Texten auseinandersetzen, in denen von der Auferstehung Jesu die Rede ist. Es ist hier sogar für die Exegeten selbst schwierig geworden, sich zu orientieren. Wir wollen uns daher darauf beschränken, nur grob einige sowohl von der katholischen als von der evangelischen Exegese eingeschlagene Wege zu skizzieren[83].

1. Wie lautete die erste Verkündigung der Auferstehung

Die Exegeten stimmen darin überein, daß die heutigen Texte der Evangelien und des Paulus nicht ohne weiteres die ursprüngliche Verkündigung der Auferstehung Jesu durch die Urkirche wiedergeben. Diese finden wir eher in den vorpaulinischen und vorsynoptischen Formeln, die sich mit Hilfe der formgeschichtlichen Methoden aus den verschiedenen Paulustexten, den Evangelien und vor allem der Apostelgeschichte, in die sie eingegangen sind, herausarbeiten lassen[84]. So finden wir diese alten Formeln in den Reden des Petrus (Apg 2–3) und bei Paulus (1 Kor 15, 3–5). Paulus sagt dabei ausdrücklich: „Denn vor allem habe ich überliefert, was auch ich empfangen habe" (1 Kor 15, 3). Schon der literarische Stil von 1 Kor 15, 3–5 weist auf die Altertümlichkeit dieser Auferstehungsformel hin, die Paulus bei seiner ersten Reise nach Jerusalem um das Jahr 35 dort in bereits fixierter Form vorgefunden hatte[85]: Sowohl in der Apg als auch bei Paulus finden wir dieselbe, streng formale Struktur: a) Christus ist gestorben ... und ist begraben worden; b) er wurde auferweckt (bzw. „Gott hat ihn auferweckt": Apg 2, 4); c) gemäß der Schrift; d) er erschien dem Kephas, dann den Zwölf (bzw. „dafür sind wir alle Zeuge": Apg 2, 32).

In den Petrusreden wird die Osterbotschaft mit Hilfe der Kategorien zweier großer Traditionen, der apokalyptischen und der eschatologischen, dargestellt. In der sich im nachexilischen Judentum üppig entwickelnden Apokalyptik bestand auch die Vorstellung von einem leidenden, zuerst erniedrigten und dann von Gott erhöhten Gerechten (vgl. Weish 5, 15 f). Diese wurde zu einem Leitmotiv der alten Christologie, die wir an Lk 24, 26 und Phil 2, 6–11 ablesen können: „Er erniedrigte sich, darum hat ihn Gott erhöht." In den Petrusreden finden wir eine ähnliche Erklärung des Ostergeschehens: „Ihr habt ihn getötet ... nun ist er durch die rechte Hand Gottes erhöht" (Apg 2, 23.33). Etwas weiter in der Apg: „Ihn hat Gott als Herrscher und Retter an seine rechte Seite erhoben" (5, 30.31; vgl. 3, 13–15). Sehr wahrscheinlich hat dieses Motiv Erniedrigung/Erhöhung mit dem eines Verborgenseins Jesu (vgl. Apg 3,21), zu tun, das dem entsprechenden Motiv eines zeitweiligen Verborgenseins der Propheten Henoch und Elija im Himmel entspricht. So wie Elija zum Himmel „entrissen" wurde (2 Kön 2,9–11; 1 Iak 2,58), so geschah es auch mit Jesus (Apg 1,9–11.22; Mk 16,19; Lk 9,51; 1 Tim 3,16; 1 Thess 4,16–17; Offb 13,5). Eine solche Ausdrucksweise kann sicherlich durch das Verschwinden des Leichnams Christi (Mk 16,6; Mt 28,5; Lk 24,3.12; Joh 20,2), das in den Texten ein gewisses Gewicht bekommt, nahegelegt worden sein. Der Jesus des Johannesevangeliums spricht noch diese Sprache der ursprünglichen Osterverkündigung. Demnach ist die Auferstehung eine Erhöhung, eine Verherrlichung, ein Gehen zum Vater. Dieses Verständnis der Auferstehung ist mit den Themen des Messias, des Menschensohnes und des Knechtes Jahwes, der verherrlicht wird, verknüpft. In diesem Sinn werden in der Apg die Psalmen 110 (Apg 2,34f) und 2 (Apg 4,26) interpretiert. Die Osterereignisse werden als die Inthronisation des Messias-Königs als „Herrn und Christus" (Ps 2; Apg 3,26) bzw. als seine Erhöhung zum „Herrscher und Retter" (Apg 5,31) intepretiert. Die Osterbotschaft wird aber auch noch mit Hilfe einer anderen Denkrichtung gedeutet: mit Hilfe eschatologischer Kategorien. Demnach wurde für das Ende der Tage die Auferstehung der Toten erwartet. Die Apostel betrachteten die Auferstehung Jesu als das Eintreten eines eschatologischen Ereignisses. Wenn sie von der Auferstehung reden und sie verkünden, dann meinen sie damit, den biblischen Kategorien entsprechend, eine wirkliche, leibliche Auferstehung. Für einen Juden war ein Leben – und sei es auch ein verherrlichtes Leben (Mt 13,43) – ohne Leib undenkbar. Da Jesus sich, um in der Auferstehungsterminologie zu reden, in den Erscheinungen als der Verherrlichte zeigte, war klar hervorzuheben, daß der Gekreuzigte und der Verherrlichte derselbe ist (vgl. Apg 2,23; 3,15; 5,30). Die dazu verwendete Terminologie drängte die der Apokalyptik entnommene Terminologie zu einem großen Teil zurück. Die Motive dafür liegen auf der Hand, denn als Antwort auf die Leugnung der Auferstehung mußte betont werden, daß Jesus in seiner irdischen Existenz wirklich verwandelt war. So können wir feststellen, daß die verschiedenen, nach der Kreuzigung auftretenden Phänomene, wie die Erscheinungen Jesu, die Worte, die er als der Lebendige zu den Seinen sprach, das leere Grab, nicht sofort als die Auferstehung des Fleisches, sondern als die Erhöhung und Verherrlichung des leidenden Gerechten interpretiert wurden. Diese Interpretation scheint denn auch tatsächlich die Älteste gewesen zu sein[86]. Offensichtlich setzt auch sie eine Verwandlung eines wieder lebendigen Jesus und das leere Grab voraus. Aber dies wurde noch nicht als Auferstehung gedeutet. Erst später kam man aus apologetischen und kerygmatischen Gründen dazu, diese Phänomene auf angemessenere Weise als eine Auferstehung im Sinne einer totalen Verwandlung der irdischen Wirklichkeit Jesu zu verstehen. Daher wird die Auferstehung immer auf die Geschichte Jesu, auf seinen Tod und sein Begräbnis bezogen.

Wie wir oben darlegten, ist schon Paulus 1 Kor 15,3–5 Zeuge für diese Interpretation der Osterphänomene als Auferstehung[87]. Der Ausdruck: Er wurde auferweckt am dritten Tage, könnte auf der Erinnerung beruhen, daß es tatsächlich dieser Zeitraum war. Es könnte sich aber auch um eine orientalische Redensart handeln, um zu sagen: Christus ist nur eine Zeitlang im Grab geblieben. Es gab einen allgemeinen Volksglauben, daß erst nach drei Tagen die Trennung des Lebens vom Leichnam endgültig sei. Bliebe das Leben also vier Tage aus, dann wäre dies ein definitives Wegbleiben, so wie vier Tage Bleiben auch ein definitives Bleiben wäre (vgl. Didache 11,5)[88]. Der Ausdruck „gemäß der Schrift" braucht sich dabei nicht auf eine bestimmte Schriftstelle zu beziehen, sondern will nur die Einheit von Gottes Heilshandeln hervorheben: Der Gott, der früher in der Zeit des Alten Testaments handelte, handelt auch heute auf höchste und äußerst intensive Weise in der Auferstehung Christi. Die Aufeinanderfolge der verschiedenen Ereignisse, an denen die Jünger als Zeugen der Auferstehung beteiligt sind, braucht dabei nicht streng chronologisch interpretiert zu werden. Daß er dem Petrus erschienen ist, wird schon in einer der ältesten Formeln des ganzen Neuen Testaments erwähnt: „Der Herr ist wirklich auferstanden und ist dem Simon erschienen" (Lk 24,34). Die Erscheinung vor 500 Brüdern auf einmal muß nicht unbedingt buchstäblich interpretiert werden[89]. Vielleicht handelt es sich um dieselbe Erscheinung wie die auf einem Berg in Galiläa, von der Mt 28,16ff spricht. Wenn Paulus hier auch von einer Erscheinung vor Jakobus redet, spricht dies für die Glaubwürdigkeit seines gesamten Zeugnisses: gerade die Gruppe um Jakobus distanzierte sich mißtrauisch von Paulus' Evangelium der christlichen Freiheit gegenüber dem Gesetzeskult des biblischen Judentums.

Die strenge Formelhaftigkeit der Glaubensbekenntnisse in 1 Kor 15 und Apg 2–3 ist ein Hinweis darauf, daß die Auferstehung nicht aus dem Glauben der Urgemeinde hervorgegangen ist, sondern daß das Reden von der Auferstehung von etwas zeugt, was die Apostel tief bewegt haben muß. Dieses Reden ist also keine theologische Produktion einiger Jünger, die von der Persönlichkeit des Nazareners begeistert waren, sondern ein Zeugnis über Ereignisse, die nach der Kreuzigung stattfanden und die sie zwangen auszurufen: Jesus ist wahrlich auferstanden. Dieses kleine Credo verkündigt die in Jesus gewirkten *magnalia Dei* und entspricht dem Glaubensbekenntnis des jüdischen Volkes in Dtn 26,5–11[90]. Das leere Grab ist dabei nicht Gegenstand, sondern nur Voraussetzung der Verkündigung. Die Erscheinungen werden immer bezeugt als das Fundament einer der beiden Interpretationen: die Interpretation der Auferstehung als die Erhöhung/Verherrlichung des Gerechten Gottes oder als ein Handeln Gottes an dem Gekreuzigten, das seinen Tod in das neue Leben der Herrlichkeit verwandelt[91].

2. Wie kam es zu der Überzeugung der Apostel, daß Jesus auferstanden ist?

Die Auferstehung selbst hat niemand gesehen. Das etwa 150 n. Chr. in Syrien entstandene und 1886 wiederentdeckte apokryphe Petrusevangelium[92] beschreibt, wie Jesus vor den Augen der Wachen und der jüdischen Ältesten auferstanden sei. Die Kirche hat aber diesen Text nicht als kanonisch anerkannt, denn sicherlich war es den Christen schon früh deutlich, daß man so massiv nicht von der Auferstehung reden könne. Nur für zweierlei haben wir ernstzunehmende Zeugen: dafür, daß das Grab leer war und der lebendige Herr verschiedentlich bestimmten Personen erschienen ist. Wir müssen also die Traditionen näher analysieren, die vom leeren Grab reden, sowie die, die von Erscheinungen berichten. Nun sind hier unabhängig von ihrer Konfession viele Exegeten zu der Schlußfolgerung gekommen, daß beide Traditionsstränge ursprünglich unabhängig voneinander nebeneinander existierten[93]. Der Text Mk 16, 1–8, wo die Entdeckung des leeren Grabes durch die Frauen erzählt wird, ist das Ergebnis eines allerdings nicht sehr gelungenen redaktionellen Versuches, beide Traditionen miteinander zu verbinden. Durch die V. 5–6 gibt es verschiedene Spannungen im Text, aufgrund derer er nicht sehr einheitlich und geschlossen wirkt. Bei Mk 16, 1–5 a.8 stehen wir offensichtlich aber sehr wohl vor einem geschlossenen Text: Die Frauen gehen zum Grab und entdecken, daß es leer ist; sie fliehen; vor Furcht sagen sie niemandem etwas. Daher schlußfolgert man, daß die Erscheinung des Engels, der den Frauen eine Botschaft für die Jünger gibt, eine spätere Ergänzung ist, die einer Tradition entnommen wurde, in der nur von Erscheinungen und nicht vom leeren Grab die Rede ist. Welches ist nun die Funktion dieses Berichtes vom leeren Grab, das bei den vier Evangelisten bezeugt ist? Welchen *Sitz im Leben* hat dieser Bericht?

a) Das leere Grab liegt nicht dem Glauben an die Auferstehung zugrunde

Die Tradition des leeren Grabes ist offensichtlich in Jerusalem entstanden. Die Verkündigung der Auferstehung Jesu wäre in der heiligen Stadt nicht möglich gewesen, hätten die Angesprochenen auf den Leichnam Jesu im sich dort befindlichen Grab verweisen können. Übrigens ist nach der biblischen Anthropologie Leben, auch vergeistigtes pneumatisches Leben, ohne irgendeine Form der Leiblichkeit nicht möglich. Zudem haben sowohl in der apostolischen Zeit als in der Zeit der uns in der rabbinischen Literatur belegten polemischen Auseinandersetzungen zwischen den Rabbinern und den Christen die Feinde des Christentums niemals bezweifelt, daß das Grab tatsächlich leer war. Sie haben dies auf verschiedene Weisen interpretiert, sei es als Raub des Leichnams Jesu durch seine Jünger (Mt 28, 13) sei es, wie D. Whitaker unlängst meinte, durch Grabschänder[94]. Sowohl katholische als auch evangelische Exegeten nehmen an, daß diese Tradition des leeren Grabes einen historischen Kern hat, also auf die Zeit vor den Evangelien zurückgeht[95]: Die Frauen haben tatsächlich ein leeres Grab vorgefunden. Dieser historische Kern wurde dann der kulturellen Umwelt entsprechend überliefert. Wir wissen, daß die Juden die Gräber der Propheten verehrten[96]. Ähnlich fingen die Christen schon früh an, die Stätten zu verehren, an denen sich die Ereignisse abgespielt hatten, die für das Christentum von so großer Bedeutung waren. Sie dramatisierten und verdichteten ihre damit verbundene Feier des christlichen Geheimnisses bei drei wichtigen Gelegenheiten: bei der brüderlichen Agape in einem Gedenken des letzten Abends des Lebens Jesu: bei einer Liturgie am heiligen Freitag, zur Zeit, an der auch die Juden zu ihren Gebeten zusammenkamen; in einer liturgischen Handlung am Ostermorgen zusammen mit einem Besuch am Grab Jesu[97]. Daher verraten die Berichte über das leere Grab ein besonderes Interesse für einen bestimmten Ort: „Er ist nicht hier. Seht, da ist die Stelle, wo man ihn hingelegt hatte" (Mk 16, 6 b). Allerdings interessiert diese Tradition sich nicht für eine genaue Wiedergabe der Details: Es reicht, die entsprechenden Stellen bei den Synoptikern und bei Johannes zu vergleichen, um verschiedene Unterschiede festzustellen (die Zahl der Frauen, die Zahl der Engel, die verschiedenen Motive, weshalb die Frauen zum Grab gingen, verschiedene Tageszeit, verschiedene Botschaften/Aufträge des Engels, verschiedene Reaktionen der Frauen auf das leere Grab). Im Grunde beschränken sich diese verschiedenen Berichte auf das Wesentliche: Der Herr lebt und ist auferstanden, und sein Grab ist leer. Aber nirgendwo in den vier Evangelien wird dieses leere Grab zu einem Beweis der Auferstehung Jesu. Statt zum Glauben zu führen, löste es Angst, Schrecken und Entsetzen aus: „Da verließen sie das Grab und flohen" (Mk 16,8; Mt 28,8; Lk 24,4)[98]. Maria Magdalena dachte beim leeren Grab sofort an einen Raub (Joh 20,2.13.15). Die Jünger hielten es für Frauengeschwätz (Lk 24,11.22–24.34). Daher ist das leere Grab an sich kein klares und eindeutiges Zeichen für irgend etwas: Es kann auf verschiedene Weisen interpretiert werden. Nur nach den Erscheinungen Jesu hört diese Unklarheit auf, und dann kann das Grab im Licht des Glaubens als Zeichen der Auferstehung verstanden werden. Diese Erscheinungen werden ausgewählten Zeugen gewährt. Das leere Grab selbst ist nun ein Zeichen, das alle anspricht und sie veranlaßt, über die Möglichkeit der Auferstehung nachzudenken. Es ist eine Einladung zum Glauben, führt aber selbst nicht zu diesem Glauben.

Ein Problem eigener Art ist die Erscheinung der Engel beim Grab. Traditionell wurden sie tatsächlich für überirdische Wesen, also für wahre Engel, gehalten. Ohne daß wir die Existenz der Engel in Frage stellen wollen, ist hier dennoch zu sagen, daß diese traditionelle Interpretation nicht die einzig mögliche ist. Im Judentum vertritt der Engel Jahwes (mal'ak Jahwe) Jahwe selbst, und es wurde absolut an der Transzendenz dieses Engels festgehalten, so daß man, statt von Jahwe zu sprechen, vom Engel Jahwes sprechen konnte (Gen 22,11–14; Ex 3,2–6; Mt 1,20). Nach einer anderen Interpretation hätten die Frauen beim Vorfinden des leeren Grabes durch eine Erleuchtung Gottes gewußt, daß Jesus auferstanden war. Diese Bewußtwerdung sei dann mit den literarischen Stilmitteln der damaligen Zeit als eine Botschaft des Engels (Jahwes) dargestellt worden. Eine noch andere Interpretation, die besser mit unserer Analyse oben übereinstimmt, argumentiert wie folgt: Die Frauen fanden das Grab leer vor und reagierten darauf mit Enttäuschung und Angst. Inzwischen kamen die Apostel aus Galiläa wieder, wo sie Erscheinungen des Herrn gehabt hatten. Ihr Zeugnis kommt zu dem der Frauen hinzu. Ihre Botschaft: „Der Herr ist wirklich auferstanden und dem Simon erschienen" (Lk 23,34, vielleicht die älteste Formel), wird als eine Offenbarung Gottes betrachtet, was in der damaligen Sprache dadurch ausgedrückt wurde, daß man sie in den Mund eines Engels (Gott) legte. Daher ist es das Anliegen von Mk 16,7, die Dinge so darzustellen, daß die Frauen den Auftrag bekamen, zu Petrus und den anderen Jüngern zu gehen und ihnen die Botschaft des Engels zu übermitteln. Tatsächlich erfuhren die Apostel erst durch die Frauen vom leeren Grab – von sich allein hätten sie nichts gewußt. Aufgrund dieser Mitteilung konnten sie auf die Verleumdung der Juden reagieren, sie hätten den Leib Jesu geraubt. Der Text Mt 28,11–16 (Absprache zwischen den Wachen und dem Hohenpriester) verrät eine klare apologetische Tendenz bei Matthäus. In der Form einer „Geschichte" will er die Verleumdung der Juden, der Leichnam Jesu sei von seinen Jüngern gestohlen worden, lächerlich machen[99].

b) Die Erscheinungen Christi: Ursprung des Glaubens an die Auferstehung

Das Glaubensbekenntnis, Jesus ist auferstanden, ist die Reaktion der Jünger Jesu auf seine Erscheinungen. Nur diese Erscheinungen nahmen dem Phänomen des leeren Grabes seine Unklarheit und führten dazu, daß die Apostel ausrufen konnten: Er ist wirklich auferstanden! *Auf der Ebene der (Schluß-)Redaktion der Evangelien* werden die Dinge wie folgt dargestellt: Die Erscheinungen sind eine wirkliche, leibliche Gegenwart Jesu. Er ißt mit seinen Jüngern, geht mit ihnen auf dem Weg, läßt sich berühren, sie können ihn hören, er spricht mit ihnen. Seine Gegenwart ist so wirklich, erscheint so normal, daß man ihn für einen Mitreisenden, einen Gärtner oder einen Fischer halten kann. Allerdings bleiben neben dieser massiven Darstellung der Auferstehung auch Aussagen stehen, die sich nicht mit einer normalen Leiblichkeit, so wie wir sie kennen, versöhnen lassen: Der Auferstandene ist nicht mehr an Zeit und Raum gebunden. Er kommt und verschwindet, geht durch die Wände. Dies stellt uns vor die Frage: Können wir dann noch im eigentlichen Sinn von einem Leib Jesu reden?

Wenn wir die Erscheinungen *auf der Ebene der Traditionsgeschichte* betrachten, stellt sich diese Problematik weit komplexer dar. Denn auf dieser Ebene läßt sich folgende Entwicklung feststellen: Ein ursprünglich spiritualisierendes Verständnis der Auferstehung wie in 1 Kor 15,5–8; Apg 3,15; 9,3; 26,16; Gal 1,15 und Mt 28 wurde immer mehr materialisiert, wie wir schon bei Lk und Joh und dann in noch stärkerem Maße im apokryphen Petrus- und Hebräerevangelium feststellen können[100]. Apologetische Notwendigkeiten zwangen zu dieser Entwicklung. Zudem kann man auch feststellen, daß die Erscheinungen, je jünger die entsprechenden Texte sind, sich immer mehr in Jerusalem konzentrieren und immer mehr mit dem Motiv des leeren Grabes in Zusammenhang gebracht werden. Ein Sonderproblem sind hier die vielen Versuche, die Erscheinungen, von denen 1 Kor 15,5–8 berichtet, mit denen in den Evangelien in Einklang zu bringen[101]. Paulus berichtet von fünf Erscheinungen des lebendigen Herrn. Mk 16,1–8 kennt überhaupt keine Erscheinung, die stattgefunden hätte, sagt aber klar, daß Christus sich in Galiläa zeigen werde (7 b). Der Schluß des Markusevangeliums (16,9–20) ist eine Art geraffte Zusammenfassung der Erscheinungen, von denen die anderen Evangelien berichten, und kann mit guten Gründen als eine spätere Ergänzung betrachtet werden. Mt 28,16–20 kennt nur eine Erscheinung Jesu bei den Zwölfen auf dem „Berg, den Jesus ihnen genannt hatte". Die Erscheinung bei den Frauen am Eingang des leeren Grabes wird von vielen Exegeten als eine spätere Ausarbeitung des Textes Mk 16,7 betrachtet: Die Worte des Auferstandenen gleichen denen des Engels[102]. Lukas berichtet von zwei Erscheinungen: wie Jesus zwei Jüngern auf dem Weg nach Emmaus und wie er den Zwölf und seinen Jüngern in Jerusalem (24,13–35; 36–53) erschienen ist. In Joh 20 ist die Rede von drei Erscheinungen, die alle drei in Jerusalem stattfanden. In Joh 21, das als ein späterer Nachtrag zum Evangelium betrachtet wird, wird von noch einer Erscheinung Jesu am See von Gennesaret erzählt. Diese Stelle können wir auf kohärente und plausible Weise interpretieren, wenn wir annehmen, daß es sich hier um die Bearbeitung einer vorösterlichen Tradition über die Berufung der Jünger durch Jesus (vgl. Lk 5, 1–11) handelt, die im neuen Licht der Auferstehung in der klaren Absicht wieder aufgenommen wurde, eine Beziehung zwischen dem Dienst des Petrus und der Macht des Auferstandenen herzustellen.

In den verschiedenen Berichten sind zwei Grundtendenzen festzustellen: Mk und Mt konzentrieren ihr Interesse auf Galiläa, Lk und Joh dagegen auf Jerusalem, wobei bei den letzteren noch das Anliegen hinzukommt, die Leiblichkeit des Auferstandenen und seine Identität mit Jesus von Nazaret hervorzuheben. Die früher in der katholischen Exegese allgemein übliche Erklärung dieses Gegensatzes, Jesus sei erst in Jerusalem und dann in Galiläa erschienen, wird nach und nach aufgegeben. Die Schwierigkeiten, vor die die Texte uns stellen, ihre Darstellung der Erscheinungen, unsere bessere Kenntnis der den Evangelien vorangehenden Traditionen und ihrer redaktionellen Verarbeitung in den Evangelien, führen uns zu folgenden Schlußfolgerungen: Die Erscheinungen in Galiläa haben mehr historisches Fundament, die in Jerusalem sind dagegen mehr eine theologische Bearbeitung der Erlebnisse der Jünger in Galiläa, die in der Absicht geschah, die heilsgeschichtliche Bedeutung Jerusalems und der dort entstandenen Urgemeinde hervorzuheben: „Das Heil kommt von Sion" (Ps 14, 7; 110, 2; Jes 2, 3; vgl. Röm 11, 26). Jes 62, 11 heißt es: „Jetzt kommt dein Retter zu dir, Tochter Zion." Die Heilsgeschichte erreicht in Jerusalem ihr Ziel und ihre Fülle. Sowohl in seinem Evangelium als in der Apostelgeschichte betont Lukas dieses mit der Stadt verbundene theologische Motiv: Ostern und Pfingsten ereignen sich dort. Der Auferstandene wird allen Völkern, angefangen in Jerusalem bis an die Grenzen der Erde, verkündigt werden (Lk 24, 47; Apg 1, 8). Diese schon bei Lk festzustellende Tendenz wird bei Joh noch verstärkt: Der johanneische Jesus tritt vorzugsweise in Jerusalem anläßlich der großen Feste des Volkes auf.

Die galiläische Tradition hatte dagegen das Pascha Jesu nicht so sehr als die Auferstehung des Fleisches, sondern eher mit Hilfe der apokalyptischen Sprache als die Erhöhung, die Verherrlichung und das Offenbarwerden des nun zur Rechten Gottes sitzenden Menschensohnes (vgl. Dan 7, 13ff) interpretiert. In dieser Tradition stellt Mt 28, 16–20 den auferstandenen Jesus als den in die Macht eingesetzte Menschensohn dar, der diese Macht der Kirche überträgt, indem er sie zur Mission aussendet. Die Unvergänglichkeit des Reiches, von der in Dan 7, 14 die Rede war, findet nun ihre Entsprechung, wird nun „übersetzt", in der Verheißung Jesu, dauernd bei seiner Kirche zu bleiben (Mt 28, 19). Die Auferstehung wird interpretiert als die Parusie des hier und jetzt in der Gemeinde gegenwärtigen Menschensohnes (vgl. 2 Petr 1, 16ff)[103].

Als der Verstehenshorizont griechischer Leser und Zuhörer bei der Verkündigung und Katechese des Pascha des Herrn stärker berücksichtigt werden mußte, führte dies notwendigerweise zu einer „Übersetzung" jener galiläischen Tradition im Sinne einer Auferstehung des Fleisches. Nun lautet das Grundkerygma in der Jerusalemer Tradition des Lk und Joh wie folgt: „Ich war tot, doch nun lebe ich in alle Ewigkeit, und ich habe die Schlüssel zum Tod und zur Unterwelt" (Offb 1, 18; vgl. Röm 6, 10). Das Problem, das sich jetzt stellt, ist die Wahrung der Wirklichkeit der Auferstehung. Christus ist nun kein „Geist" (Lk 24, 39) oder

„Engel" (Apg 23,8–9), sondern er lebt wirklich. Daher auch das Anliegen, die Identität des Auferstandenen mit Jesus von Nazaret hervorzuheben, seine Wunden und seine Berührung zu beschreiben (Lk 24,39), zu betonen, daß er mit seinen Jüngern aß und trank (Apg 10,41) bzw. vor ihren Augen aß (Lk 24,43). Die Berichte über die Erlebnisse von Einzelpersonen mit dem Auferstandenen wie das der Maria Magdalena (Joh 20,14–18; vgl. Mt 28,9–10) oder der Emmausjünger sind im Rahmen des literarischen Schemas der Legende voller theologischer und apologetischer Motive, damit so den Lesern die Wirklichkeit des lebendigen und in seiner Gemeinde gegenwärtigen Herrn deutlich werde. Das klassische Beispiel für dieses Anliegen ist der Bericht über die Emmausjünger[104]. Der Weg der beiden jungen Leute zum Glauben wird den Lesern als ein Vorbild hingestellt. Sie sollten sich belehren lassen von den Schriften, die von Christus reden, und zulassen, daß ihre Augen durch das „Brechen des Brotes", d. h. durch die Eucharistie, geöffnet werden. Das ist auch noch heute der Weg, auf dem wir zu dem Glauben an das Neue, das Ostern für uns bedeutet, gelangen: das Wort und das Sakrament. Der Emmausbericht folgt einem literarischen Stil, der typisch ist für Lukas und den er auch in der Apostelgeschichte bei der Erzählung der Bekehrung des äthiopischen Kämmerers durch Philippus verwendet (8,26–39). Wir stoßen auf folgende Parallele in beiden Erzählungen: der Auferstandene bzw. der vom Geist inspirierte Philippus erklären das Alte Testament und beziehen es auf Christus. Gegen Ende äußern die beiden Jünger bzw. der Kämmerer eine Bitte. Beide Erzählungen gipfeln im Empfang eines der beiden Grundsakramente der Urkirche: Eucharistie und Taufe. Daher beruht der Glaube an die Auferstehung in nachapostolischer Zeit auf der Verkündigung und den Sakramenten der Kirche, die den auferstandenen Christus bezeugen und ihn gegenwärtig und sichtbar machen. Auch wenn es kein leeres Grab und keine Erscheinungen gegeben hätte, wäre der Glaube an die Auferstehung dennoch möglich: Es gibt die Kirche. Die Erzählung über den zweifelnden Thomas in Joh 20 will gerade dies hervorheben, und sie schließt dann auch mit den Worten: „Selig sind, die nicht sehen, und dennoch glauben" (20,29).

3. Versuch einer Rekonstruktion der Osterereignisse

Aus dem oben Dargelegten stehen zwei Fakten klar und zweifelsfrei fest: das leere Grab und die Erscheinungen vor den Jüngern. In einem Prozeß der Überlieferung unterlagen sie dem Einfluß verschiedener Tendenzen, so wie es den theologischen, apologetischen, katechetischen, kultischen ... Notwendigkeiten des Augenblicks entsprach. Es wird daher immer ein Wagnis sein und nur zu fragmentarischen und unsicheren Ergebnissen führen können, wenn man die Aufgabe auf sich nimmt, die Osterereignisse zu rekonstruieren. Da der Glaube sich aber nicht auf einen Mythos, sondern auf historische Wirklichkeit stützt, wird er immer ein Interesse zeigen dafür, „wie es tatsächlich war", damit er so auch besser und begründeter feststellen kann, „was es für mich bedeutet". In diesem Zusammenhang meinen wir, für die Auferstehungsberichte, so wie sie uns heute vorliegen, folgenden historischen Hintergrund feststellen zu können[105]:

a) Die Gefangennahme Jesu, bei der eintrat, wovor Jesus gewarnt hatte: „Ihr werdet alle (an mir) Anstoß nehmen" (Mk 14,27; Mt 26,56).

b) Sie sehen ihn als Auferstandenen zuerst in Galiläa wieder (Mk 14,28; Mt 26,32; Mk 16,7; Mt 28,7.16–20). Sehr wahrscheinlich stand der Bericht über die Emmausjünger ursprünglich im Kontext der Rückkehr der Jünger nach Galiläa nach dem Scheitern Jesu in Jerusalem.

c) An dem auf den Sabbat folgenden Tag hatten einige Frauen ihre ersten Ostererlebnisse. Die Zahl und der Name dieser Frauen wechseln von Evangelium zu Evangelium. Nur Maria Magdalena kommt in allen vier vor. Diese Frauen gingen zum Grab mit wohlriechenden Salben (Lk 24,1; Mk 16,1). Sie wußten nichts davon, daß das Grab versiegelt war (Mt 27,66). Sie finden es leer vor, ohne den Leichnam Jesu (Joh 20,1; Mk 16,4; Mt 28,2; Lk 24,2), fliehen vor Furcht und benachrichtigen die Apostel (Mt 28,8; Lk 24,9ff.23; Joh 20,2ff; Mk 16,7).

d) Ein entscheidendes Ereignis für den Glauben an die Auferstehung fand erst einige Zeit später statt (vgl. „sechs Tage danach": Mk 9,2; Mt 17,1, oder „etwa acht Tage später": Lk 9,28)[106] in Galiläa (Mk 16,7; Mt 28,7–16–20; vgl. Mk 14,28; Mt 26,32): Der Auferstandene zeigt sich seinen Jüngern. Diese interpretieren diese Erlebnisse als Begegnungen mit Jesus von Nazaret, der nun erhöht und in die Herrlichkeit und das ewige Leben bei Gott eingegangen ist. Beim heutigen Stand der Untersuchungen läßt sich mit historischer Sicherheit nur sehr wenig über die besonderen Umstände, den Ort, die Art und Weise der Erscheinungen und über die Anzahl der beteiligten Jünger sagen. Auf jeden Fall betrachteten die Jünger die Ostergeschehnisse als ein eschatologisches Ereignis, als den endgültigen Abschluß und die volle Verwirklichung der Geschichte Jesu, der nun als Messias, als der Menschensohn und der Gipfel der gesamten Heilsgeschichte offenbar geworden ist. Es ist nun die Aufgabe der Apostel und der Kirche, Jesus als den universalen Retter und Richter und seine Herrschaft über alle Dinge zu verkünden.

Diese Rekonstruktion ist sicherlich noch anfechtbar und verbesserungsfähig. Sie enthält aber die wichtigen historischen Daten, die zu dem Glauben an die Auferstehung Jesu führten, eine Auferstehung, die für viele ein Ärgernis ist (vgl. 1 Kor 1,23; Apg 17,32; 23–6–9), für viele andere aber die Hoffnung und die Sicherheit des ewigen Lebens (vgl. 1 Kor 15,50ff).

Es bleibt uns nun noch, darüber nachzudenken, was die Auferstehung Jesu heute für die Theologie und für die Existenz des gläubigen Menschen bedeutet.

IV. Systematische Überlegungen: Das Kommen eines neuen Adam

Wie sollen wir heute im Rahmen unseres Verständnisses unserer Existenz den Glauben an die Auferstehung Jesu leben und verkünden? Wenn diese Auferstehung die grundlegende Wahrheit des Christentums und Grund unserer Hoffnung ist, wie sollen wir sie im Gesamtkontext unseres Lebens und Denkens einordnen? Für welche unserer Probleme heute kann die Auferstehung Licht und Orientierung sein? Es muß ja immer irgendeine Übereinstimmung zwischen den Glaubenswahrheiten und den Erfahrungen unseres Lebens geben, denn sonst findet unser Glaube keine Rechtfertigung, und er droht zu einer religiösen Ideologie zu verkommen.

1. Unser Verständnishorizont und der Glaube an die Auferstehung

Von Natur aus ist der Mensch ein *homo viator*. Er will sich in allen Dimensionen seiner Existenz verwirklichen, nicht nur was seine Seele, sondern was sein gesamtes Menschsein als grundsätzliche Einheit von Leib und Seele angeht. Das utopische Denken ist eine Konstante in allen Kulturen, von den primitivsten wie den Indiokulturen der Tupi-Guaranis und der Apapocuva-Guaranis[107] bis zu der Kultur unserer Tage, wie sie bei Denkern wie P. Teilhard de Chardin und A. Huxley einen Höhepunkt findet[108]. Der Mensch will jede Form von Entfremdung überwinden, unter der er zu leiden hat, wie Schmerz, Enttäuschung, Haß, Sünde und Tod. Er will die Fülle und das ewige Leben. Das Prinzip Hoffnung ist in der Struktur unseres Menschseins eingebettet. „Wer wird mich aus diesem dem Tod verfallenen Leib retten?" (Röm 7,24). Alle Menschen träumen von einem Leben, wie es vom Buch der Offenbarung beschrieben wird: „Der Tod wird nicht mehr sein, keine Trauer, keine Klage, keine Mühsal. Denn was früher war, ist vergangen" (21,4). Heute stellt der Mensch sich mehr als je zuvor radikale Fragen über seine Zukunft. Die Frage, die ihn mehr beschäftigt, ist nicht so sehr: Wer ist der Mensch, als: Was wird der Mensch sein? Welche Zukunft ist ihm vorbehalten? Nietzsche träumte von einem Übermenschen mit dem Leib Cäsars und der Seele Christi[109], einer Art Heiliger, wie es ihn niemals zuvor gegeben hat, der eine von ihm geschaffene Welt auf höchst verantwortliche Weise zu beherrschen vermag. Aber dieses Trachten des Menschen nach persönlicher und kosmischer Verwirklichung stößt immer auf den Tod, der jeder Utopie ihre Grenzen setzt.

Welche Antwort gibt das Christentum nun auf dieses Bangen des Menschen?

Gerade hier findet der Glaube an die Auferstehung als die radikale Zukunft des Menschen besondere Resonanz, wie es auch schon in der Zeit Jesu der Fall war. Die nachexilische jüdische Theologie hatte verschiedene Modelle (ein politisches, prophetisches und priesterliches Modell) einer Utopie des Gottesreiches als radikaler Umwandlung der Fundamente dieser Welt, als des Kommens eines neuen Himmels und einer neuen Erde, als einer total mit Gott und mit sich selbst versöhnten Wirklichkeit erarbeitet[110]. Die Zeit Jesu war stark von einem solchen messianisch-eschatologischen Eifer und Hoffen geprägt (vgl. Lk 3, 15). Die hellenistische Welt der gleichen Zeit wurde stark von verschiedenen Befreiungslehren beeinflußt. So verhieß der Gnostizismus die Erlösung des Menschen von seiner in der Welt entfremdeten und verlorenen Existenz. Hans Jonas hat in seinen gründlichen und sorgfältigen Untersuchungen gezeigt, wie sehr die Welt der Gnosis in ihrer Thematik und in ihren Anliegen dem modernen Existentialismus ähnlich ist[111]. In einer solchen Umwelt wurde dann die absolute Neuheit eines Sieges des Lebens über den Tod verkündigt, wurde bekanntgemacht, wie wahr die Worte des Hohenliedes sind: „Stark wie der Tod ist die Liebe" (8, 6). Nicht nur das Evangelium der Auferstehung, sondern vor allem auch die gesamte Verkündigung über Jesus, in deren Mitte allerdings die Auferstehung steht, ist vor diesem Hintergrund zu verstehen.

2. Die Auferstehung Jesu: Menschliche Utopie, die Wirklichkeit wurde

Ein Mann tritt auf in Galiläa: Jesus von Nazaret, von dem sich später herausstellt, daß er Gott selbst in menschlicher Gestalt war. Dieser Mann erhebt seine Stimme und verkündigt: „Die Zeit ist erfüllt. Das Einbrechen einer neuen Ordnung ist nahe und wird von Gott gewirkt werden. Revolutioniert euer Denken und Handeln. Glaubt an diese gute Nachricht" (vgl. Mk 1, 15; Mt 4, 17). Damit nimmt Jesus etwas auf, was in jedem Menschen als utopisches Element lebt: die Hoffnung auf die Überwindung dieser entfremdeten Welt durch Gott. Das Reich Gottes – diesen Ausdruck lesen wir 122mal in den Evangelien und hören ihn dort 90mal aus dem Munde Christi – wird eine totale und strukturelle, von Gott gewirkte Revolution der Fundamente dieser Welt sein. Reich Gottes bedeutet daher nicht so sehr etwas Innerliches oder Geistiges oder auch etwas, was man von oben her oder von außerhalb dieser Welt oder nach dem Tod erwarten müsse. In seiner Fülle beinhaltet das Gottesreich das Ende der Sünde mit all ihren Folgen auf der Ebene des persönlichen Lebens des Menschen, auf der Ebene der Gesellschaft und des Kosmos. Reich Gottes ist also eine totale Verwandlung dieser Welt im Sinne Gottes[112]. Die Wunder Jesu sollen weniger seine Gottheit beweisen, als uns sagen, daß das Reich Gottes mitten unter uns ist[113]. Jesus selbst sagt ja: „Wenn ich aber die Dämonen durch den Finger Gottes austreibe, dann ist doch das Reich Gottes schon zu euch gekommen" (Lk 11, 20). Wird ein Kranker geheilt, offenbart sich dadurch die Gegenwart des Gottesreiches (Lk 10, 9). Daher kann Jesus auch rufen: „Selig ihr Armen, denn euch gehört das Reich Gottes. Selig, die ihr jetzt hungert, denn ihr werdet satt werden. Selig, die ihr jetzt weint, denn ihr werdet lachen" (Lk 6,20–21). Jesus selbst ist das Unterunssein des neuen Menschen, der schon in der neuen Ordnung der Dinge lebt. Durch sein Wort werden Krankheiten geheilt (Mt 8,16–17; Mk 6,56), Stürme legen sich (Mt 8,23–27), das Meer selbst stellt sich in den Dienst dieses Menschen und Königs (Lk 5,4–7), der Hunger wird besiegt (Mk 6,30–40), die Sünden werden vergeben (Mk 2,5; Lk 7,48), die Wankelmütigen finden Erbarmen (Joh 8,1–11), die Toten stehen auf und die Trauer verwandelt sich in brüderliche Freude (Lk 7,11–17; Mk 5,41–43)[114]. Am Anfang seines Auftretens zur Verkündigung der Nachricht des Reiches in Galiläa liest Jesus in der Synagoge eine Stelle des Jesaja, wo es heißt: „Er (= der Geist des Herrn) hat mich gesandt, damit ich den Armen eine gute Nachricht bringe; damit ich den Gefangenen die Entlassung verkünde und den Blinden das Augenlicht; damit ich die Zerschlagenen in Freiheit setze und ein Gnadenjahr des Herrn ausrufe." Und dann fügte Jesus kommentierend hinzu: „Heute hat sich das Schriftwort, das ihr eben gehört habt, erfüllt" (Lk 4,18–19.21). Johannes der Täufer zweifelte im Gefängnis daran, ob Jesus der Gesandte Gottes war, um das Reich der totalen Befreiung der Menschen und der Welt zu bringen. Daher sandte er seine Jünger zu ihm, um zu fragen: „Bist du der, der kommen wird, oder müssen wir auf einen anderen warten?" Jesus antwortete mit einer Antwort, die nicht anders hätte sein können, da es sich dabei um den Inhalt der von ihm verkündigten Botschaft handelte: „Blinde sehen wieder, und Lahme gehen; Aussätzige werden rein, und Taube hören; Tote stehen auf, und den Armen wird das Evangelium verkündigt" (Mt 11,15). Dies alles ist Zeichen einer totalen, bis in die Strukturen vordringenden Wende. Wer eine solche Wende einzuführen vermag, ist der Befreier der Menschen. So stellt Jesus sich als der Heiland der Welt dar. Es wird auch deutlich, daß man dieses Reich nicht auf einen einzelnen Bereich einschränken darf, wie die Seele, die geistlichen Güter oder die Kirche: Das Reich Gottes umfaßt die gesamte menschliche und kosmische Wirklichkeit, die verwandelt und von jedem Element der Entfremdung befreit werden muß. Wenn die Welt so bleibt, wie sie ist, dann kann sie nicht der Ort des Gottesreiches sein. Sie muß in ihrer Gesamtstruktur umgewandelt werden. Daher sagt auch der Jesus des Johannesevangeliums: „Mein Reich ist nicht von dieser Welt", d. h., es hat nichts mit den sündigen und ambivalenten Strukturen dieser Welt zu tun, sondern es ist das *Reich von Gott,* was objektiv heißt: Gott selbst wird eingreifen und die gesamte Wirklichkeit von ihrer Wurzel her sanieren, indem er auch diese Welt in einen neuen Himmel und eine neue Erde verwandelt. Schon Augustinus kommentierte, Jesus habe damit sagen wollen, mein Reich ist nicht *von* dieser Welt, sondern *in* dieser Welt. Ein wesentlicher Bestandteil dieses Reiches ist die Vernichtung des Todes als des größten Feindes des Menschen bei seinem Streben nach Selbstverwirklichung und Leben in Fülle. Die jesuanische Thematik des Gottesreiches wird von Johannes richtig in die des ewigen Lebens übersetzt.

Die Ablehnung Jesu und seiner Botschaft durch die Juden verhinderte die kosmische Verwirklichung des Gottesreiches. Gott aber, der auch in der menschlichen Schwäche und Untreue zu siegen weiß, verwirklichte das Reich Gottes in der Person Jesu. So sagte schon Origenes, daß Christus die *autobasileía toû Theoû* sei, d. h. die Verwirklichung des Gottesreiches in seiner Person. Denn in ihm sind der Tod, der Haß und alle Entfremdungen, von denen die menschliche Existenz gezeichnet ist, überwunden. In ihm wurden der neue Himmel und die neue Erde und der neue Mensch geoffenbart *(homo revelatus).* Paulus hat dies sehr richtig verstanden, als er voller Freude ausrief: „Tod, wo ist dein Sieg? Tod, wo ist dein Stachel?" Und zuvor: „Verschlungen ist der Tod vom Sieg" (1 Kor 15,55a.54b). Nicht zum vorherigen biologischen Leben ist Christus auferstanden, sondern zum ewigen Leben. Das biologische Leben, *bios,* steht immer unter dem Zeichen des Todes; die *zoé* aber, das ewige Leben, ist das unzerstörbare, unsterbliche Leben des Pneuma Gottes[115]. Man kann daher die Auferstehung als die Eschatologisierung der menschlichen Existenz betrachten, als das Hineingeführtwerden des Menschen als leib-seelische Gesamtheit in das Reich. Die Auferstehung ist die Gegenwart der ewigen *zoé* im beschränkten, endlichen menschlichen *bios.* Sie ist die vollkommene Verwirklichung aller von Gott in die menschliche Existenz hineingelegten Möglichkeiten. Dadurch wird eine Utopie Wirklichkeit, die das menschliche Herz quälte. In Jesus Christus haben wir die definitive Antwort Gottes bekommen: Nicht der Tod, sondern das Leben ist das letzte Wort, das er, Gott, über das menschliche Schicksal spricht. Für den Christen gibt es nicht mehr die Utopie, sondern die Wirklichkeit: Durch die Auferstehung Jesu ist nun das ewige Leben Wirklichkeit in unserer dem Tod geweihten Welt. Uns ist eine neue Zukunft eröffnet worden. Unsere Geschichte der Sünde und der Gnade wird einen guten Ausgang haben, der uns in Jesus Christus verbürgt und in ihm schon erreicht ist. Damit gab es in der Geschichte des menschlichen Bewußtseins etwas, was die Welt bis dahin nicht gekannt hatte: das Lächeln der Hoffnung. Die alte Welt hatte ja nur bis dahin das Gelächter eines Pans oder eines trunkenen Dionysos gekannt. Zwar kannte sie auch das traurige Lächeln dessen, der sein Leben von der *moira,* vom Schicksal, bestimmt weiß, aber nicht das befreite Lächeln dessen, der den Tod schon überwunden hat und die Erstlingsfrüchte des ewigen Lebens schon besitzt. „Nun ist aber Christus von den Toten auferweckt worden als Erstling der Entschlafenen" (1 Kor 15,20). „Er ist der Erstgeborene von vielen Brüdern" (Röm 8,29). Was für ihn aktuelle Gegenwart ist, ist für uns nahe Zukunft[116].

Die Auferstehung ist kein privates Ereignis des Lebens Jesu. Sie ist die Verwirklichung in seiner Existenz der von ihm verkündeten und verheißenen totalen Befreiung. Er ist der neue Mensch, der neue Adam, „in dem wir alle lebendig gemacht werden" (1 Kor 15,22). „Hier auf Erden ist das Reich schon im Geheimnis da; beim Kommen des Herrn erreicht es seine Vollendung", lehrt uns das Zweite Vatikanische Konzil (Gaudium et Spes 39).

3. Die Neuheit des neuen Menschen

Wie wir schon angedeutet haben, besteht die Neuheit des durch das Osterereignis in unserer Welt schon Wirklichkeit gewordenen neuen Menschen darin, daß jede in der Menschlichkeit Jesu latent gegebene Dynamik zu der Fülle ihrer Verwirklichung gelangt ist. Jesus hat das Alte nicht durch etwas Neues ersetzt, sondern das Alte neugemacht. Wie wir im nächsten Kapitel sehen werden, wurde die den Menschen als leibliche Wesen eigene Fähigkeit zur Offenheit, zur Kommunikation und zur Kommunion in der Auferstehung voll verwirklicht[117]. Daher besitzt der Auferstandene eine Gegenwärtigkeit, die sich nicht auf das damalige Palästina und die damalige Zeit beschränkt, sondern der ganzen Wirklichkeit gegenüber gegeben ist. Paulus drückt diese Wahrheit dadurch aus, daß er schreibt, daß der auferstandene Christus der Geist ist (vgl. 2 Kor 3,17; 1 Kor 6,17; 15,45; Röm 8,9) und sein sarkischer, von Zeit und Raum beschränkter und schwacher Leib in einen überirdischen, pneumatisch-geistigen Leib verwandelt worden ist (vgl. 15,44)[118]. Indem er sagt, daß Christus der Geist ist, denkt Paulus noch nicht in einer trinitarischen Begrifflichkeit, so daß er die dritte Person der heiligen Dreifaltigkeit meinen könnte. Er will nur unter den Voraussetzungen des hebräischen Denkens zum Verständnis der realen Dimensionen der Auferstehungswirklichkeit führen: Wie der Geist alles erfüllt (Ps 139,7; Gen 1,2), so tut es nun auch der Auferstandene. Er ist der Kyrios, der kosmische Christus (vgl. Kol 1,15–20; Eph 1,10), das Pléroma („Fülle", Eph 1,23; Kol 2,9): Er ist das Element der gesamten Wirklichkeit, durch das diese ihre Fülle und das Ziel ihrer Vollkommenheit erlangt. Dieses Motiv des Denkens des Paulus und seiner Gemeinden wurde von P. Teilhard de Chardin mit großer Leidenschaft weiterentwickelt[119]. Der Glaube der Urgemeinde an eine „kosmische Allgegenwärtigkeit" des Auferstandenen fand seinen Ausdruck in einem Agraphon des griechischen Thomasevangeliums. Demnach habe Jesus gesagt: „Wo immer [zwei] sind, sind sie [nicht] ohne Gott, und wo einer allein ist, sage ich: Ich bin bei ihm. Richt' auf den Stein, und du wirst mich dort finden, spalte das Holz und ich bin da."[120] Die Verheißung des Auferstandenen, „Seid gewiß: Ich bin bei euch alle Tage bis zum Ende der Welt" (Mt 28,20; vgl. 18,20; Joh 14,23), findet hier eine Konkretisierung mitten in der profanen Welt der Arbeit. Diese Arbeit kann sinnlos erscheinen, und sie ist nicht selten gefährlich und schwer. Für den Gläubigen aber ist in ihr eine geheimnisvolle Herrlichkeit verborgen: Durch sie treten wir ein in die Gemeinschaft mit dem Auferstandenen. Er ist überall gegenwärtig und den Seinen immer nah, was sie auch immer tun. In seiner pneumatischen Existenz ist der Auferstandene frei von den Ketten von Raum und Zeit. Er ist totale Kommunion und Gegenwart, zuerst im ganzen Kosmos, aber auf noch intensivere Weise in seinem Leib, der Kirche (vgl. Kol 1,18). Diese Kommunion und Gegenwart verdichtet sich noch mehr, wenn die Gemeinde in seinem Namen betet und singt, vor allem in der Liturgie und auf ganz besondere Weise im Sakrament der Eucharistie (vgl. Sacrosanctum Concilium 7). Auf diese Weise gelangten wir auch zu dem Wissen, daß die Wege Gottes zur vollständigen Verwandlung des Menschen als Leibwesen führen, so daß dieser totale Offenheit und Kommunikation wird[121].

4. Schlußfolgerungen

An sich wären hier noch viele andere systematische Aspekte der Auferstehung zu behandeln, wie es etwa F. X. Durrwell in seinem Standardwerk[122] oder Karl Rahner in verschiedenen Aufsätzen[123] taten. So gäbe es zum Beispiel der schon in den ersten christlichen Auferstehungsformeln hervorgehobenen soteriologischen Aspekt (1 Kor 15,3; Röm 4,24; Lk 24,30ff; Apg 10,43; 1 Kor 15,17), der futurisch-eschatologische, der kerygmatische und anthropologische Aspekt, dessen Hauptlinien wir oben skizziert haben, sowie auch der sakramentale und ekklesiologische Aspekt. Dieser in den Auferstehungstexten gegebene Multidimensionalität müssen wir heute dadurch gerecht werden, daß wir sie von unserer Glaubensexistenz heute ausgehend neu zu lesen und zu verstehen suchen. Hinter jedem dieser Aspekte bestätigt sich ein überall gegebener Grundton: Die Auferstehung bekräftigt und verwirklicht die Verkündigung Jesu. Er kam, um das Reich Gottes zu verkünden, und dieses Reich ist grundsätzlich das ewige, nicht mehr vom Tod bedrohte Leben. Die Auferstehung zeigt uns, daß es sich dabei nicht um eine vergebliche, utopische Hoffnung handelt, sondern um eine schon in unserem alten Äon existierende Wirklichkeit. In der Gestalt der Hoffnung ist die Zukunft schon unter uns, ja, sie ist schon Wirklichkeit, auch wenn ihre Fülle noch aussteht und wir in der Spannung zwischen dem *Schon* und dem *Noch-nicht* leben. Darauf beruht auch das neue Modell eines Lebens, in dem die künftige Wirklichkeit schon in der Gegenwart Gestalt annimmt, in dem der Gläubige sich von einer neuen Dynamik erfüllt fühlt und alles wagen kann, weil er weiß, daß uns ein glückliches Ende, nämlich das ewige Leben, verbürgt ist.

Gehen wir nun aber darauf ein, wie die Auferstehung Christi sich in unserer eigenen Zukunft und in unserer eigenen Auferstehung auswirkt.

V. Unsere Auferstehung im Tod

Auch wenn die Auferstehung ein neues Licht auf die Problematik des Todes wirft, ist dieser auch so ein sehr dichtes anthropologisches und theologisches Phänomen[124]. In der Auseinandersetzung mit dem Tod zeigen sich klar die wirklichen, wenn auch unbewußten und gar ausdrücklich geleugneten Voraussetzungen eines jeden theologischen und anthropologischen Modells. Es ist wichtig, den Tod zu verstehen, um sowohl das menschliche Leben, den Wert und den Unwert unserer Lebensvoraussetzungen hier auf Erden zu verstehen als auch um die theologische Anthropologie in den Dienst einer Pastoral und einer Katechese über den Sinn des Lebens, die Bestimmung der Toten, die Bedeutung des Gerichtes, des Fegfeuers, der Auferstehung und unserer Gebete für die „Armen Seelen" zu stellen[125]. Dies ist also mehr als nur ein weiteres theologisches Thema unter anderen und mehr als ein wichtiges Kapitel der Eschatologie: Die Problematik des Todes ist wie ein Knoten, in dem sich die verschiedenen Fäden der anthropologischen Problematik im weitesten Sinn des Wortes verknüpfen.

Unsere Überlegungen bewegen sich hier im Rahmen der spekulativen Theologie und gehen dabei von der grundlegenden Wirklichkeit unseres Glaubens aus. Der Mensch ist zur Auferstehung bestimmt, damit er in der Totalität seiner komplexen Wirklichkeit am ewigen Leben Gottes teilhat. Nun gibt es für eine so formulierte Glaubensaussage keinen anthropologischen Beweis oder Hinweis, keine Vermittlung, der auf sie vorbereitet. Dennoch halten wir an dieser Aussage fest aufgrund der Auferstehung Christi, der der Erstling unter den Toten, der Erstgeborene unter vielen Brüdern ist. Aber gerade hier stellen sich dann wieder viele Fragen: Ist die Auferstehung eine reine Gabe Gottes, die an sich unserer Wirklichkeit fremd und ganz unerwartet ist? Oder ist sie Verwirklichung einer durch Gottes freie Schöpfung im Wesen des Menschen anthropologisch angelegten Möglichkeit, so daß sie einer tiefen Sehnsucht des Menschen entgegenkommt und das Leben, theologisch betrachtet, ohne sie nicht die Fülle und Vollkommenheit erlangt, für die es geschaffen ist? Oder anders formuliert mit Hilfe der Begrifflichkeit Tod/Unsterblichkeit/Auferstehung: Setzt die Auferstehung die Unsterblichkeit der Seele (bzw. des Menschen) voraus, oder ist umgekehrt die Auferstehung Voraussetzung für die Unsterblichkeit der Seele? Werden wir auferstehen, weil wir unsterblich sind, oder sind wir unsterblich, weil wir auferstehen werden?

1. *Tod und Auferstehung und ihr Verständnis in der biblischen und griechischen Anthropologie*

a) Die harmonisierende Lösung der klassischen katholischen Theologie

Beginnen wir mit der folgenden, unserer Meinung nach unbestreitbaren Gegebenheit: Das Thema der Unsterblichkeit der Seele gehört nicht zum wesentlichen Kerygma des Neuen Testaments[126]. Wohl aber bekennt das Neue Testament den Glauben an die Auferstehung der Toten. Dagegen spielt die Unsterblichkeit der Seele wohl eine Rolle in der griechischen Philosophie, nämlich im Platonismus, von dem auch die junge, in der hellenistischen Welt missionierende Kirche beeinflußt wurde. Diese Philosophie kannte dafür aber keine Auferstehung von den Toten. Die christliche theologische Reflexion suchte dieses ursprüngliche Entweder-oder in einem Sowohl-als-auch zu versöhnen: Demnach ist die menschliche Seele unsterblich. Nach der Trennung vom Leib beim Tod wird sie von Gott gerichtet und wird, bei einem Gerechten, Gottes Gegenwart genießen, bis sie am Ende der Welt, wieder mit dem auferstandenen Leib vereint, zusammen mit ihm das Sein bei Gott ewig genießt. Auf diese Weise wurde die griechische Lehre der Unsterblichkeit der Seele mit der biblischen der Auferstehung der Toten verbunden. Damit ist dann auch gesagt:

1) Der Tod trifft nicht den ganzen Menschen: Nur der Leib stirbt.

2) Auch die Auferstehung betrifft nicht den ganzen Menschen: Nur der Leib wird auferstehen, um mit der Seele wieder vereint zu werden.

3) Der Mensch ist grundsätzlich aus zwei, an sich unvollkommenen Substanzen, Leib und Seele, zusammengesetzt. Thomas bringt dies später so zum Ausdruck: Diese beiden Prinzipien bilden den einen Menschen. Dabei ist die Seele die *forma* des Leibes und steht daher auch immer in einer wesentlichen Beziehung zur Materie. Auch wenn sie vom Leib getrennt ist, bleibt diese transzendentale Beziehung erhalten, so daß sie immer danach strebt, sich mit dem Leib wiederzuvereinen. Die Trennung vom Leib widerstrebt ihrer Natur und ist daher auch eine gewaltsame Trennung. Allerdings begründet dieses Streben der Seele nicht, wie wohl gemeint wird, die Notwendigkeit der Auferstehung, sondern höchstens die eines Wiederlebendigwerdens des Leibes.

Durch diesen von den Kirchenvätern bis zu den Scholastikern unternommenen Versuch, platonisches und biblisches Denken miteinander zu verbinden, wurde in Wirklichkeit beides aufgegeben. Denn die platonische Philosophie kennt nicht eine derartige Wertschätzung des Leibes, und es widerstrebt ihrem Denken, daß die nach dem Tode endlich freie Seele wieder freiwillig in das Gefängnis des Leibes (hier gibt es das griechische Wortspiel *soma – sema:* Plato, Gorgias 47,493A) zurückkehren könne. Auf der anderen Seite kann ein Semit sich keine Seele ohne einen Leib vorstellen, und er hat dafür dann auch kein eigenes Wort. Wenn etwas nach dem Tode überlebt, dann ist damit auch immer eine gewisse Leiblichkeit verbunden. Auch beim Verständnis des Todes gibt es einen solchen Gegensatz: Für Plato ist er der Aufstieg der Seele in die volle Freiheit und Selbstbestimmung (Spontaneität). Für die Bibel dagegen ist er ein Abstieg in die Hölle (scheol), wo nur noch ein Schatten des Lebens bleibt.

Dieses – bei Thomas von Aquin allerdings abgemilderte – dualistische Verständnis vom Menschen hat die gesamte katholische Anthropologie geprägt[128] und hatte nicht geringe Folgen für die Verkündigung und die Katechese. In der praktischen Tätigkeit der Kirche wurde viel mehr die Unsterblichkeit der Seele als die Auferstehung von den Toten verkündigt. Es wurde öfter über ein philosophisches Axiom als über eine geoffenbarte Wahrheit geredet, die in der Urkirche doch unbestreitbar die Mitte der gesamten christlichen Verkündigung war. Schließlich ging diese gereinigte Form des Platonismus in dogmatische Definitionen wie die Benedikts XII. in *Benedictus Deus* vom 29. Januar 1336 und in die Bulle des Fünften Laterankonzils vom 19. Dezember 1513, *Apostolici regiminis* ein. Benedikt XII. sagt, daß die Seelen aller Heiligen und aller Getauften, die keine Strafe im Fegfeuer mehr abzuleisten haben, „unmittelbar nach ihrem Tod" in den Himmel kommen, um dort mit Christus zu sein. Dort werden sie, auch vor der „Wiedervereinigung mit ihrem Leib ..., das Wesen Gottes in einer auch das Sehen von Angesicht zu Angesicht miteinschließenden intuitiven Vision ohne die Vermittlung irgendeines anderen Geschöpfes anschauen" (DS 1000). Auf dem Laterankonzil wurde die platonische Lehre von der Unsterblichkeit der Seele gegen den averroistischen Neoaristoteliker Pietro Pomponazzi durch Leo X. wie folgt definiert: „Wir verurteilen und verdammen all diejenigen, die behaupten, die intellektive Seele sei sterblich oder sie sei bei allen Menschen dieselbe" (DS 1440, vgl. 2766, 3771). Es ist hier nicht der Ort, diese Aussagen hermeneutisch zu analysieren, sie innerhalb der Koordinaten des griechischen anthropologischen Denkens zu situieren und dabei hervorzuheben, daß sie nur innerhalb eines entsprechenden Systems richtig verstanden werden können und ihre theologische Gültigkeit haben. Denn hätte das Laterankonzil solche Aussagen machen können, wäre es von einer semitischen Anthropologie ausgegangen? Es hätte dann sicherlich, statt von einer Unsterblichkeit der Seele zu sprechen, die Unsterblichkeit der gesamten menschlichen Person und nicht nur eines Teiles dieser Person definiert. Letztere Interpretation scheint übrigens nach den neuesten Untersuchungen besser dem zu entsprechen, was das Konzil eigentlich sagen wollte[129]. So schreibt M. Schmaus in seinem Handbuch katholischer Dogmatik: „Es gibt in der Tat keine kirchliche Lehrentscheidung, durch welche der Tod in diesem Sinne (nämlich als Trennung von Leib und Seele, L. B.) verbindlich ausgelegt würde. Die einschlägigen kirchlichen Aussagen ... wollen nur das Fortleben des Menschen über den Tod hinaus sicherstellen, sagen aber nicht ausdrücklich und formell, daß dieses Fortleben exklusiv nur als Unsterblichkeit der Geistseele verstanden werden darf. Wenn in kirchlichen Texten (vgl. vor allem DS 1000f.) von der Unsterblichkeit der Geistseele die Rede ist, so ist das eine mit Hilfe des griechischen Denkens vollzogene Formulierung, durch welche das Fortleben des Menschen nach dem Tode erklärt wird."[130] Wie auch immer, wir können auf alle Fälle einen Einfluß zweier verschiedener Anthropologien feststellen.

b) Der Tod im griechischen und im platonischen Denken

Da wir es mit zwei verschiedenen Anthropologien zu tun haben, stehen wir auch vor zwei unterschiedlichen Verständnissen des Todes. Wir brauchen hier nur einen zuvor von heidnischen Philosophen gegen die Christen durchgeführten Vergleich, den zwischen dem Tod des Sokrates mit dem Jesu, wiederaufzunehmen, um uns dieser Wahrheit bewußt zu werden.

Mit unnachahmlicher Meisterschaft zeichnet Plato in seinem Dialog die überlegene Selbstbeherrschung des Sokrates dem Tod gegenüber. Der Tod ist dort die „Befreiung und Absonderung der Seele von dem Leibe“ [131]. Diese Seele verlangt danach, sich von ihrem Kerker zu befreien, um in sich selbst sein zu können und die ewigen Ideen zu betrachten. Daher „trachten die richtig Philosophierenden danach zu sterben, und tot zu sein ist ihnen unter den Menschen am wenigsten furchtbar“ [132]. Die Philosophen sehnen sich wirklich danach zu sterben[133], denn „solange wir leben, werden wir ... nur dann dem Erkennen am nächsten sein, wenn wir, soviel möglich, nichts mit dem Leibe zu schaffen noch gemein haben, was nicht höchst nötig ist, und wenn wir mit seiner Natur uns nicht anfüllen, sondern uns von ihm rein halten, bis der Gott selbst uns befreit“ [134]. Weiter im Text heißt es dann, dieser Einstellung entsprechend: „Und wie er dies gesagt, setzte er (den Giftbecher) an, und ganz frisch und unverdrossen trank er aus.“ [135] Zum Schluß des Dialogs heißt es dann: „Dies, o Echekrates, war das Ende unseres Freundes, des Mannes, der unserm Urteil nach von den damaligen, mit denen wir es versucht haben, der trefflichste war, und auch sonst der vernünftigste und gerechteste.“ [136]

Dem steht der Tod Jesu gegenüber[137]. Weil er sein tragisches Ende voraussieht, sagt er zu den Seinen: „Meine Seele ist zu Tode betrübt“ (Mt 26,38). Lukas geht noch weiter: „Und er betete in seiner Angst noch inständiger, und sein Schweiß war wie Blut, das auf die Erde tropfte“ (Lk 22,44). Er fürchtet sich vor dem Tod, fühlt sich allein und von den Seinen verlassen (Mt 26,40): „Abba, Vater, ... nimm diesen Kelch von mir“ (Mk 14,36). Der Tod, dem alles unterworfen ist, ist der Feind des Menschen. Der Autor des Hebräerbriefes redet fast existentialistisch, wenn er schreibt: „Als er auf Erden lebte, hat er mit lautem Schreien und unter Tränen Gebete und Bitten vor den gebracht, der ihn aus dem Tod retten konnte“ (5,7). Dies ist kein gelassenes, fast heiteres Sterben wie das des Sokrates, sondern es steht am Rande der Verzweiflung: „Jesus aber schrie laut auf. Dann hauchte er den Geist aus“ (Mk 15,37). Für einen Semiten ist der Tod keine Befreiung, kein „schönes Wagnis“, wie es von Plato elegant formuliert wird[138], sondern er ist die geballte Macht des Bösen, das durch die Sünde in unsere Welt gekommen ist (Röm 5,12), und er wird auch der letzte Feind sein, der von Gott entmachtet werden wird (1 Kor 15,26).

Durch diesen Vergleich wird uns der tiefe Gegensatz zwischen den beiden zugrundeliegenden Anthropologien und dem entsprechenden Todesverständnis deutlich. Für einen wie Plato denkenden Griechen stirbt der Mensch nicht ganz: seine Seele ist unsterblich. Für die Semiten stirbt der gesamte Mensch, bzw. er lebt auf höchst unvollkommene Weise im Scheol. Für den neutestamentlichen

Glauben dagegen wird der gesamte Mensch auferstehen. Hierauf müssen wir genauer eingehen.

c) Die Erfahrung der Auferstehung Christi als neuer Horizont der Anthropologie

Die Unsterblichkeit der Seele gehört nicht zu der zentralen Botschaft des Neuen Testaments, wohl aber die Auferstehung der Toten als die große Zukunft der Menschen nach ihrem Tod. Diese Botschaft ist kein Ergebnis anthropologischen Nachdenkens, sondern ging aus einer lebendigen Erfahrung hervor, die dazu führte, daß die Jünger voller Freude ausriefen: „Der Herr ist wirklich auferstanden und ist dem Simon erschienen" (Lk 24,34)[139]. Dies bedeutete für sie aber auch eine neue anthropologische Einsicht: Der Tod ist überwunden, und seine bisher unentrinnbar erscheinende Macht erweist sich als ein Schreckgespenst: „Tod, wo ist dein Sieg?" „Verschlungen ist der Tod vom Sieg" (1 Kor 15,55.54). Hier ist es wichtig, im Unterschied zu Willi Marxsen und Heinz Robert Schlette hervorzuheben, daß jene semitischen anthropologischen Kategorien nicht die Ursache dafür waren, daß die Phänomene der Erscheinungen und des leeren Grabes als Auferstehung gedeutet werden konnten. Die Auferstehung war ein tiefes Erlebnis, das die Apostel überraschte und sie völlig in den Bann schlug. Plötzlich stand das, von dem sie später sagen konnten: „Was wir gehört haben, was wir mit unseren Augen gesehen, was wir geschaut und unsere Hände angefaßt haben" (1 Joh 1,1), plötzlich stand der Gekreuzigte, Gestorbene und Beerdigte vor ihnen, nicht wie einer, der einfach wieder lebendig geworden ist, sondern wie jemand, dessen Leib nun voll verwandelt und verherrlicht, ganz von Gott erfüllt ist. Dieses unbekannte, ganz neue Erlebnis wurde anfangs mit Hilfe der Kategorien des apokalyptischen Denkens als die Erhöhung des leidenden Gerechten bei Gott interpretiert, später aber stärker auf die traditionellen anthropologischen Kategorien des Judentums abgestimmt[140]. Die semitische Anthropologie lieferte so das Vorstellungsmaterial, mit dessen Hilfe den Gläubigen die große Nachricht von der Auferstehung des Herrn verkündigt wurde. Das soll aber nicht heißen, daß das semitische anthropologische Modell dadurch kanonischen Status bekommt oder auch unbedingt besser oder geeigneter sein muß als jedes andere Modell damals oder auch heute. Es diente nur als Quelle des Vorstellungsmaterials, mit dessen Hilfe die Erfahrung der Auferstehung ausgedrückt werden konnte und dann auch bis heute den folgenden Generationen weitergegeben wurde. Die neue Einsicht, die die Auferstehung Christi für die Anthropologie bedeutete, ist folgende: Wenn Christus auferstand, müssen auch wir auferstehen: Er ist als der Erste der Entschlafenen auferweckt und „so werden in Christus alle lebendig gemacht werden" (1 Kor 15,20.22; Röm 8,29; Kol 1,18). Seine Auferstehung ist nicht ein einzelnes, für sich allein stehendes Ereignis, sondern betrifft und berührt die gesamte Menschheit, denn er ist der neue Adam (Röm 5,14).

1) Die semitischen anthropologischen Kategorien und die Auferstehung

Wie konkretisiert sich im Neuen Testament diese neue Einsicht? Auf welche anthropologischen Kategorien greift man zurück, um sie weiterzureichen? Es herrscht diesbezüglich bei den Exegeten Übereinstimmung darüber, daß die Auferstehung nicht mit Hilfe der griechischen Kategorien von Leib und Seele, sondern mit den semitischen von Fleisch-Leib-Geist dargestellt wurde[141]. Dieser Tatsache sollte man sich sehr klar bewußt sein. Denn nicht immer, wenn ein Semit von „Leib" und „Geist" redet, meint er damit dasselbe, was im griechischen anthropologischen Modell mit diesen Worten gemeint ist. Das eine Wort „Leib" bedeutete in beiden Fällen etwas ganz anderes. Wir selbst sollten hierauf größte Acht haben, denn in unserer westlichen Kultur sind wir Erben der griechischen, und auch die Bedeutung der Worte „Leib" und „Geist" in unserem linguistischen System ist davon stark beeinflußt. Diese Worte haben so bei uns eine andere Bedeutung als bei den Semiten oder als im 15. Kapitel des ersten Korintherbriefes. In diesem Brief stellt Paulus tantis verbis die Frage: „Wie werden die Toten auferweckt? Was für einen Leib werden sie haben?" Und er antwortet: „Auferweckt wird ein *geistiger Leib*" (1 Kor 15,35.44). Was bedeutet dieser Ausdruck? Schließt der Leib den Geist nicht aus? Für unser Denken gibt es wie für das griechische einen Gegensatz zwischen Leib und Geist, da der Leib materiell und der Geist immateriell sei. Warum vereint Paulus dann zwei einander so entgegengesetzte Dinge? Weil es für ihn – wie für jeden, der semitisch denkt – *keinen* solchen Gegensatz zwischen *Leib* und *Seele* gibt[142]. Wie wir sofort eingehender sehen werden, bedeutet Leib für den Semiten den gesamten Menschen in seiner Fähigkeit zum Austausch, zur Kommunion (und dies sowohl für den inneren als den äußeren Menschen [2 Kor 4,16; Röm 7,22], für Körper und Seele). Der semitische Begriff „Leib" steht so unserem Begriff „Persönlichkeit" sehr nahe. In diesem Sinn *hat* der Mensch keinen Leib, sondern er *ist* dieser Leib. Der Leib, der Mensch, kann sich allerdings durch die Sünde in *Fleisch* verwandeln. *Fleisch* ist der Mensch, der gegen Gott rebelliert (Röm 2,28–29). „Das Fleisch ist schwach" (Mk 14,38) und „das Trachten des Fleisches führt zum Tod" (Röm 8,6), der durch die Sünde in die Welt kam (Röm 8,12). Paulus geht so weit, von einem *Körper des Fleisches* zu reden (Kol 2,11), d.h. von der Persönlichkeit des Menschen (Körper, Leib), die sich gegen Gott gewandt hat (= Fleisch; vgl. auch *Leib der Sünde,* Röm 6,6; *Fleisch der Sünde,* Röm 8,3; *Leib des Todes,* Röm 7,24; Leib der Erniedrigung und der Unehre, Phil 3,21; 1 Kor 15,43). Das Fleisch kann das Reich Gottes nicht erben (1 Kor 15,50), während der Leib für den Herrn da ist (1 Kor 6,13). Dementsprechend redet Paulus niemals von einer Auferstehung des Fleisches, wohl aber von einem Körper, der verwandelt (1 Kor 15,51) bzw. in einen geistigen Körper umgewandelt (Röm 6,6; 8,23; Phil 3,21) werden muß.

Gegenüber dem Fleisch ist *Geist* das Prinzip, durch das der Mensch sich auf Gott ausrichtet. Gott selbst ist Geist *(ruach),* Macht und Kraft des Lebens und der Auferstehung: „Der Geist ist es, der lebendig macht; das Fleisch nützt nichts" (Joh 6,63). Der Geist steht daher nicht zum Körper, sondern zum Fleisch im Gegensatz: „Das Trachten des Fleisches führt zum Tod, das Trachten des Geistes aber zum Leben und Frieden" (Röm 8,6). Wenn es bei Paulus heißt, daß der Mensch durch die Auferstehung zu einem *geistigen Körper* geworden ist, dann heißt dies: Die Persönlichkeit des Menschen ist nun durch die Auferstehung totale Offenheit, Kommunion, Kommunikation mit Gott, mit den anderen und mit der Welt geworden. Der den Versuchungen und der Sünde und dann auch dem Leiden ausgesetzte „Leib des Fleisches" wird vollkommen befreit und in einen „geistigen Körper" verwandelt werden. Damit will Paulus folgendes sagen: Durch die Auferstehung wurde der gesamte Mensch von Gottes Wirklichkeit erfüllt und von allem, was Entfremdung für ihn bedeutet, befreit: von Schwäche, Schmerz, Unfähigkeit zur Liebe und zur Kommunikation, von Sünde und Tod. Damit wird nichts am anthropologischen Wesen des Menschen verändert: er wurde nur ganz befreit und von Gottes Wirklichkeit voll durchdrungen. Dies wird Auferstehung genannt und muß streng von einer reinen Wiederbelebung des Menschen unterschieden werden[143]. Der Mensch steht nicht zu einem wiederaufgenommenen biologischen Leben, sondern zum ewigen, nicht mehr vom Tod bedrohten Leben auf. Die Auferstehung kann man daher als eine Eschatologisierung der Wirklichkeit des Menschen definieren, als ein Eingeführtwerden des Menschen als körperlich-geistiger Ganzheit in das Reich Gottes.

Diese Sicherheit nimmt dem Tod viel von seiner Dramatik, denn er ist nicht das letzte Wort Gottes über die Bestimmung des Menschen. Hier gibt es übrigens einen Punkt der Übereinstimmung zwischen dem platonischen und dem christlichen Verständnis vom Tod. Wenn auch auf unterschiedliche Weise, gelangten beide Traditionen zu ähnlicher vertrauensvoller Gelassenheit demselben Geheimnis des Todes gegenüber. Sokrates sehnt sich nach dem Tod als Voraussetzung für die Unsterblichkeit der Seele. Auch der Christ sieht, von einem anderen Ausgangspunkt her, dem Tod ruhig und mit Freude entgegen, denn seit Christus auferstanden ist, gibt es den zweiten Tod nicht mehr, und der erste Tod ist zu einem Übergang in die Herrlichkeit des Vaters geworden (Joh 13, 1).

2) Wann wird die Auferstehung stattfinden?

Das christliche Leben hat ein Sein-mit-Christus, ein Ausdruck, der 196mal im Neuen Testament vorkommt und die sehr innige Verbundenheit des Gläubigen mit dem auferstandenen, pneumatischen Christus bezeichnen soll[144]. Dies heißt auch: „Wenn also jemand in Christus ist, dann ist er einen neue Schöpfung" (2 Kor 5, 17; Gal 3, 27). Die Kräfte des künftigen Äons wirken schon mitten in dieser Welt (vgl. Hebr 6, 5). Nach der Theologie des Paulus haben wir durch die Taufe an dem Tod und der Auferstehung Christi teil (Röm 6, 1–11; Kol 2, 12). Mehr noch: Gott „hat uns mit Christus auferweckt und uns zusammen mit ihm einen Platz im Himmel gegeben" (Eph 2, 6). Dieses neue Leben in Christus bleibt aber vorläufig noch verborgen und wird erst in der Parusie sichtbar werden (Kol 3, 1–4), die Paulus allerdings für sehr nah hielt. So redet er am Anfang seiner Verkündigung von der Auferstehung der Toten als einer sehr nahen Zukunft (1 Thes 4, 15–17). Damals rechnete er selbst noch damit, dabeizusein, wenn „die Lebenden, die noch übrig sind, zusammen mit ihnen (= den schon Verstorbenen) auf den Wolken, in die Luft entrückt, dem Herrn" entgegengehen (V. 17). Später fing er aufgrund der ihm oft drohenden Todesgefahr (1 Kor 15, 32; 2 Kor 1, 8–10; 4, 7–12) an, mit einem möglichen vorherigen Ableben zu rechnen. Demzufolge stellte sich die Frage nach der Existenz des Menschen zwischen seinem Tod und der Parusie[145]. Paulus argumentiert hier wie folgt: Unser sterblicher

Leib ist unsere irdische Wohnung. Wenn diese irdische Wohnung zusammenbricht – wenn wir sterben –, machen wir uns keine Sorgen, denn wir haben im Himmel eine ewige Wohnung, d. h. einen himmlischen Leib. Bei der Parusie werden die Toten, die im Herrn sind (vgl. Phil 1,23), mit diesem himmlischen Leib bekleidet. Die, die dann noch nicht gestorben sind, werden dann auf eine solche Weise überkleidet werden, daß das Sterbliche vom Leben verschlungen wird (2 Kor 5,1–5). So betrachtet, würde Paulus bei der Parusie lieber noch unter den dann Lebenden als unter den Toten sein, lieber überkleidet als neu bekleidet werden. Zugleich aber möchte er auch „aus dem Leib auswandern und daheim beim Herrn sein" (2 Kor 5,8). Es ist dabei nicht sehr deutlich, wie Paulus sich dieses Leben außerhalb seines Körpers, aber beim Herrn, vorstellt. Ohne Zweifel hält er dieses aber für wünschenswerter als ein Leben im Körper weit vom Herrn (2 Kor 5,6–8; Phil 1,23)[146]. Paulus schient selbst nicht sehr deutlich gewußt zu haben, wie man sich das Leben der Toten in ihrem Verhältnis zum auferstandenen Herrn vorzustellen habe. Auf alle Fälle kann er sagen: „Darauf warte und hoffe ich, daß ich in keiner Hinsicht beschämt werde, daß vielmehr Christus in aller Öffentlichkeit – wie immer, so auch jetzt – durch meinen Leib verherrlicht wird, *ob ich lebe oder sterbe.* Denn für mich ist Christus das Leben und Sterben ein Gewinn" (Phil 1,20–22). So findet für Paulus die Auferstehung in Übereinstimmung mit der allgemeinen jüdischen Lehre erst am Ende der Welt, bei der Parusie des Herrn statt. Andererseits aber betont er, daß das Wesentliche in diesem irdischen Leben durch den Glauben, die Hoffnung und die Taufe *schon* Wirklichkeit geworden ist. Denn in dieser Taufe sind wir in Christus gestorben, mit ihm auferstanden und mit ihm im Himmel (Röm 6,1–11; Kol 2,12; Eph 2,6). *Schon* besitzen wir den Geist, der Jesus von den Toten auferweckt hat. „Er wird durch seine Macht auch uns auferwecken" (1 Kor 6,14).

Eine ähnliche Dialektik zwischen Gegenwart und Zukunft gibt es auch im Johannesevangelium. Dort ist einerseits die Rede von einer Auferstehung am letzten Tag, so wie es auch dem Glauben der Juden entsprach (Joh 11,24; 6,39–40.44.54). Andererseits heißt es, daß, wer an Jesus glaubt, das Leben *schon* besitzt (5,24; 6,40.47), vom Leben zum Tod übergangen ist und *schon jetzt* nicht mehr stirbt (11,26; 5,24–25). Die Eschatologie wird als eine *schon gegenwärtige* Wirklichkeit dargestellt, sei sie allerdings auch noch zugleich unvollkommen und unfertig: „Jetzt sind wir Kinder Gottes. Aber was wir sein werden, ist noch nicht offenbar geworden. Wir wissen, daß wir ihm ähnlich sein werden, wenn er offenbar wird; denn wir werden ihn sehen, wie er ist" (1 Joh 3,2).

Es läßt sich also sowohl bei Paulus als auch bei Johannes eine Verschiebung von der Zukunft zur Gegenwart feststellen, ohne daß deshalb diese Zukunft ganz in der Gegenwart aufgeht. Die Vereinigung des Gläubigen mit dem Auferstandenen ist schon hier auf Erden so intensiv, daß sie eine wahre Befreiung vom Tod bedeutet. Die Versuche der theologischen Reflexion, aus diesen Texten über die Auferstehung einen Beweis für die Weiterexistenz der Seele zu konstruieren, scheinen sich bei einer genauen Analyse dieser Texte nicht zu bestätigen: Diese reden nur von der Auferstehung, die den gesamten Menschen betrifft. Diese Auferstehung ist das Werk des Geistes, den wir schon jetzt besitzen. Er hält die Kontinuität zwischen unserem Leben und unserem Tod aufrecht: „Ob wir leben oder ob wir sterben, wir gehören dem Herrn" (Röm 14,8). Pierre Benoit[147] vertritt hier die Meinung, daß die himmlische Bleibe, die wir schon jetzt im Himmel besitzen, keine individuelle Bleibe für jeden einzelnen Menschen, sondern der Leib des auferstandenen Herrn als Bleibe für uns alle sei. Schon hier auf Erden sind wir diesem Körper einverleibt. Durch den Tod würden wir noch mehr an ihm teilhaben. Die totale Verwandlung des individuellen Menschen allerdings werde erst am Ende der Welt zusammen mit der der gesamten Schöpfung stattfinden (Röm 8,23).

Wie Marcello Bordoni in einer hervorragenden Arbeit über die anthropologischen Dimensionen des Todes schrieb, ist der neutestamentliche Begriff der Auferstehung nicht so sehr ein kosmisch-apokalyptischer Begriff im Sinne einer auf eine anthropologische Notwendigkeit zurückgehenden Wiederaufnahme des körperlichen Lebens des Menschen. Er sei vielmehr ein religiöser Begriff, der etwas über die neuen Beziehungen des Menschen zu Gott in Christus aussage. Diese seien nun ganz Beziehungen der Freundschaft, der Liebe und der radikalen Versöhnung. Die leibliche Auferstehung am Ende der Zeiten sei demnach die Fülle dessen, was für den Menschen schon auf Erden beginne und sich nach seinem Tod in einem Sein-mit-Christus fortsetze[148].

Es sollte hier allerdings darauf hingewiesen werden, daß 1 Kor 15,35–55 eine derartige Spiritualisierung der Auferstehung nicht erlaubt. Denn dieser Text behandelt *ex professo* und *data opera* die Problematik der irdischen Wirklichkeit des Menschen in ihrer Beziehung zur Auferstehung. Die Lösung, die Paulus dort findet, und die er vielleicht nicht in all ihren Konsequenzen durchdacht hat, läßt sich im folgenden Satz zusammenfassen: „Denn *dieser* vergängliche Leib (die Person) muß sich mit Unvergänglichkeit bekleiden, und *dieses* sterbliche Sein (Person) mit Unsterblichkeit" (1 Kor 15,53). Die Auferstehung wird also als eine totale Verwandlung des Menschen, eine Umwandlung seiner irdischen Verfassung in eine himmlische dargestellt. Gott ersetzt dabei nicht das Alte durch etwas Neues, sondern er macht das Alte neu. Durch die Auferstehung ergibt sich ein neuer anthropologischer Horizont für den Menschen: Nirgendwo ist die Rede von einer Unsterblichkeit der Seele, wohl aber von der Auferstehung als einem Sein-mit-Christus. Wo wir schon jetzt in Christus sind, ist auch der Tod schon jetzt eine der möglichen Weisen, mit Christus zu sein (2 Kor 5,8; Phil 1,23). Er ist ein Übergang (Joh 6,24), der dem Tod Jesu als Übergang aus dieser Welt zum Vater (Joh 13,1) und als Verherrlichung (Joh 17,1–2) ähnlich ist und den ganzen Menschen und nicht nur einen Teil von ihm betrifft.

2. Versuch, die Auferstehung im Rahmen der heutigen Anthropologie zu verstehen

Der Glaube an die Auferstehung und seine Bedeutung für uns Menschen wurde vom Neuen Testament mit Hilfe der damals in der semitischen Anthropologie gegebenen Möglichkeiten dargestellt. Mit J. Ratzinger müssen wir eingestehen, daß dies damals auf höchst großzügige, kühne und überzeugende[149] und so auch sehr gelungene Weise geschah, so daß das Auferstehungserlebnis der Apostel auf sehr adäquate Weise zum Ausdruck gebracht wurde. Wie sollen aber wir, die wir nicht mehr Semiten sind und bei unserem anthropologischen Denken auch nicht mehr von den Koordinaten ihrer Interpretation ausgehen, unsere Überzeugung, die wir mit ihnen teilen, daß Jesus auferstanden ist, zum Ausdruck bringen? Die Auferstehung ist ja auch für uns eine freudige Sicherheit, eine hochgestimmte Hoffnung, die uns eine glückliche Zukunft eröffnet, da wir glauben: Die Zukunft Christi ist die Zukunft der Menschheit. Da wir diesen unseren Glauben an die Auferstehung Jesu und die der anderen Menschen leben wollen, stellt sich die Frage: über welche anthropologischen Instrumente verfügen wir, damit wir selbst diese Auferstehung besser verstehen und zudem jedem Rede und Antwort stehen können, der nach der Hoffnung fragt, die uns erfüllt (1 Petr 3,15)? Gibt es eine Verbindung zwischen der Auferstehung und der Anthropologie, so wie wir sie heute verstehen?[150] Paulus hatte eine solche Verbindung in dem oben von uns analysierten, für seinen Verständnishorizont typischen Ausdruck *geistlicher Leib* gefunden. Wie stellt sich diese Frage für uns heute dar?

a) Methodologische Überlegung: Die Eigenart des theologischen Denkens

Bevor wir aber auf jene Frage zu antworten versuchen, müssen wie einige Überlegungen über die theologische Methodik anstellen. Die Theologie ist eine kritische Reflexion über die Erfahrung, die die Christen mit Gott, den Menschen und der Welt haben. Daher ist die Theologie ein Sichauseinandersetzen mit dem christlichen Glauben, das an diesen Glauben Fragen stellt und über ihn reflektiert. In diesem Zusammenhang ist zweierlei für die Theologie sehr gefährlich: Ein dogmatischer Positivismus, der sich nur darauf beschränkt, die offiziellen dogmatischen Erklärungen der Vergangenheit und der Gegenwart zu sammeln und sie zusammen mit der in ihnen enthaltenen Begrifflichkeit zu systematisieren, sowie ein ähnlich vorgehender Biblizismus, der sich nicht darum kümmert, das von ihm Gesammelte und Eruierte mit unserer heutigen Glaubenserfahrung zu konfrontieren und auch von dieser Glaubenserfahrung aus zu reflektieren[151]. Dies ist keine geringere Gefahr als die bei jener Art von Theologie, die im Dialog mit den anderen Wissenschaften ihre Identität als Theologie aufgibt und sich in den Dienst dieser Wissenschaften stellt. Auf diese Weise würde die Theologie nicht mehr über die eigene Erfahrung, sondern über eine ihr fremde nachdenken und sich selbst entweder als Theologie aufgeben oder zur Ideologie werden. Zu Recht war Heidegger der Meinung: „Nur Zeiten, die selber nicht mehr recht an die wahrhafte Größe der Aufgabe der Theologie glauben, kommen auf die verderbliche Meinung, durch vermeintliche Auffrischung mit Hilfe der Philosophie könne eine Theologie gewinnen oder gar ersetzt und dem Zeitbedürfnis schmackhafter gemacht werden."[152] Der wichtigste Gesprächspartner der Theologie ist heute nicht mehr die Philosophie im klassischen Sinn des Wortes, sondern es sind die Humanwissenschaften. Da diese in den letzten Jahren einen rasanten Fortschritt machten, nimmt für die Theologie im gleichen Maße die Gefahr zu, ihre Identität in der Auseinandersetzung mit ihnen zu verlieren. Nun heißt Interdisziplinarität auch bei theologischen Problemen nicht, daß damit die Identität der beteiligten Wissenschaften verlorengeht. Ein wirklicher Theologe wird noch immer mit den Augen eines Theologen und von seiner Glaubenserfahrung ausgehend die theologische Relevanz der ihm von der Soziologie, der Anthropologie, der Psychologie usw. aufgezeigten Gegebenheiten entdecken. Er wird so zum Beispiel selbst nicht zu einem Anthropologen – was allerdings nicht ausschließt, daß er dies *auch* sein könnte –, sondern er betrachtet mit seinen theologischen Augen den Beitrag der Anthropologie zum Verständnis des Geheimnisses des Menschen. Gerade von diesem Geheimnis müssen die Wissenschaften ausgehen und in ihm auch mit ihren Ergebnissen zusammenfließen, wenn sie sich nicht in Ideologien verwandeln wollen. Für unser Thema mündet dies in die Frage: Wie können das Licht der Auferstehung und die durch diese Auferstehung gewonnenen Perspektiven zu einem tieferen Verständnis anthropologischer Fakten, die wir durch andere Wissenschaften kennen, beitragen? Welche Beziehung gibt es zwischen dieser Auferstehung und dem Prinzip Hoffnung, wie es vom Menschen erfahren wird? Hat die Auferstehung für die Anthropologie eine Bedeutung in dem Sinne, daß der Glaube etwas expliziert, was die Anthropologie undeutlich ahnte, ohne es thematisieren zu können?

Eine Theologie, die über ihre eigenen Inhalte nachdenkt und auch über den hermeneutischen Horizont, vor dem sie über diese Inhalte reflektiert, und die sich von diesem Ausgangspunkt aus mit der gesamten heute von den Wissenschaften analysierten Erfahrungen des Menschen auseinandersetzen will, kann sich vor der Beschäftigung mit diesen Fragen nicht drücken. Sie muß also versuchen, nicht nur vom Glauben selbst aus über den Glauben an die Auferstehung neu zu reflektieren, sondern dies auch zu tun von jener anderen Erfahrung der Welt und des Menschen aus, die der Theologe als Kind seiner Zeit auch hat.

b) Die Persönlichkeit als Einheit vieler Dimensionen

Die Thematisierung und systematische Reflexion über die menschliche Subjektivität sind die entscheidende Erneuerung, die in der Neuzeit zur großen anthropologischen Wende im menschlichen Denken führte. Der Mensch versteht sich nun vor allem als eine Persönlichkeit. Er ist nicht irgendein Wesen unter den vielen Seienden dieser Welt. Er ist das einzige Seiende, das ek-sistiert. Die Dinge sind zwar, sie ek-sistieren aber nicht. Denn die Ek-sistenz ist die Fähigkeit eines Seienden, von sich auszugehen und zu sich zurückzukehren (Re-flexion), die Fähigkeit, die Welt zu ob-jektivieren und sie aus der Distanz zu betrachten. Mehr noch: Der Mensch wird nicht sosehr definiert durch das, was er in seinem Wesen mitbekommen hat, als vielmehr durch das, was er aus eigener Verantwortung wollte und wurde. Daher ist die *Persönlichkeit* nicht ohne weiteres synonym mit der Person, die etwas ontologisch Gegebenes und Empfangenes ist[153]. Die Personalisierung ist ein Prozeß, der sich in der Geschichte vollzieht auf der Grundlage der persönlichen und natürlichen Gegebenheiten: dem Sein-in-der-Welt, dem Sein-im-Austausch-mit-anderen, dem kulturellen, psychologischen, geschichtlichen, humanen ... Erbe und auch unabhängig von der Last dieses Erbes usw.

Genetisch geht der Mensch aus der Evolution des tierischen Lebens hervor. Er ließ aber das Tier und die dieses Tier auf typische Weise bestimmende Um-gebung hinter sich. Er ist auf der Suche nach seinem Ort in der Natur und hat diesen noch nicht gefunden. In sich faßt er alle aufeinanderfolgenden Schichten des Seins zusammen und steht in der Achse der aufsteigenden Evolution. In ihm wirkt aber auch dauernd ein Prinzip, das dem *bios* widerstrebt[154]. Als Geistwesen ist er nicht an die biologischen Bedingungen gebunden, sondern er befreit sich dauernd in Freiheit und Selbstbestimmung, und wenn ihm dies nicht möglich ist, vermag er diese Bedingungen zu sublimieren. Er ist aber auch ein Mangelwesen: Biologisch betrachtet, hat er kein spezialisiertes Organ. Er macht aber aus diesem biologischen Nachteil seine wichtigste Waffe: Er fertigt Instrumente an, um die ihn um-gebende Welt zu ändern, und erarbeitet so eine Kultur und eine Welt, die nun auch von ihm geprägt ist[155]. Er trägt in sich auch eine Welt des kollektiven und persönlichen Unbewußten, in dem sich alle positiven, aber auch negativen Erfahrungen der Menschheit und der bisherigen Evolutionsgeschichte niedergeschlagen haben. Er trägt in sich zudem auch die Erfahrungen, die er mit dem Numinosen und Göttlichen, mit jenem *mysterium tremendum et fascinosum* des Phänomens Gott, gemacht hat[156]. Auf der bewußten Ebene seines Lebens offenbart sich im Verstehen, Wollen, Erfahren, in dem grundlegenden Erleben der Liebe und Hoffnung eine Transzendenz, die jeden einzelnen konkreten Akt übersteigt, die sich aber auch in jedem einzelnen Akt verifiziert. Der natürliche Horizont des Menschen ist das totale Sein überhaupt. Daher ist er in der totalen Offenheit seines Daseins nicht auf die Welt, sondern auf Gott ausgerichtet[157]. Im Lauf seiner Geschichte hat er im Mythos, im Logos und im wissenschaftlichen Denken die Fähigkeit gezeigt, immer neue Synthesen zu entwerfen und dabei seine Identität als Mensch zu bewahren[158]. Soziologisch betrachtet, ist er ein Produzent von Kulturen und Gesellschaftssystemen. Aber er identifiziert sich niemals voll mit diesen seinen Schöpfungen, sein Dasein erschöpft sich niemals in solchen Konkretisierungen seiner Möglichkeiten. In ihm bleibt die Möglichkeit einer Dynamik, die das schon Erreichte und Verwirklichte im Hinblick auf eine bessere Zukunft in Frage stellt[159].

In all dem offenbart sich der ex-zentrische und asymptotische Charakter seines Daseins. Vor allem in der Beziehung mit dem absoluten Geheimnis entdeckt er sein eigenes Geheimnis und die wahren Dimensionen seiner Würde. In seiner Erfahrung ist Gott kein Fremdkörper, sondern er ist ihre tiefste Tiefe. In allen Wissenschaften zeigt sich die Bestätigung des Phänomens der Offenheit des Menschen der gesamten Wirklichkeit gegenüber. Der Mensch ist Offenheit. Aber für wen oder wozu ist er offen? Für die Welt? Er zeigt sich doch aber größer als die Welt: Er verwandelt sie dauernd in ein Land der Menschlichkeit und der Brüderlichkeit. Die Welt ist also keine Antwort auf das Trachten seiner Offenheit. Für die Kultur? Aber er schafft doch dauernd neue Kulturen, entwickelt neue Utopien, die das schöpferische Infragestellen der schon existierenden ist. Die Offenheit des Menschen ist auf ein wirkliches Gegenüber ausgerichtet, auf ein Ziel, das dem Menschen entsprechen kann. Die Sprachen prägten das Wort *Gott,* um dieses totale und absolute Ziel der unersättlichen Suche des Menschen zu benennen. In diesem Sinn hat Gott unschätzbare anthropologische Bedeutung[160]. Die Offenheit des Menschen der Welt gegenüber ist also auch eine Offenheit für Gott. Diese asymptotische und ex-zentrische Verfaßtheit des

Menschen als Dasein-auf-dem-Weg-zu-Gott wird von den Religionen entziffert. Sie entdecken den Menschen als ein Seiendes-das-aus-Gott-hervorgeht, als *homo viator*, der in seiner Geschichte auf der Suche nach dem Absoluten ist, da er ja aus diesem Absoluten hervorgegangen ist.

Was wir gerade dargelegt haben, strenger zusammenfassend, können wir sagen: Der Mensch ist ein Wesen, das in der dauernden Spannung zwischen schon verwirklichter Offenheit und absoluter Offenheit steht. Sein Wesen ist auf die Totalität ausgerichtet, und dennoch ist er immer in der Enge konkreter Situationen gefangen. Er erfährt sich als fertiges Wesen und spürt dennoch, daß er noch unfertig ist; er ist endlich und unendlich. Diese tiefe Erfahrung des Menschen wurde in der platonischen Philosophie als der Gegensatz zwischen Leib und Seele übersetzt: Der Leib ist der Mensch als fertiges, schon gegebenes Wesen; Seele ist das dynamische Prinzip des Menschen, das den Menschen unaufhörlich zum Absoluten hin antreibt. Die Tragik dieser Konzeption lag darin, daß sie Leib und Seele zu zwei unterschiedlichen Gegebenheiten im Menschen verdinglichte. Dagegen lehrt uns doch die Erfahrung, daß der Mensch die Einheit aller seiner Dimensionen ist: Es ist ein und derselbe Mensch, der seine Identität und die Einheit seines Ichs in allen oben genannten Dimensionen bewahrt. Es ist allerdings legitim, an den beiden Begriffen Leib und Seele festzuhalten: Sie sind Teil unserer Sprache geworden und gehören zur vorbewußten Grundlage unserer Kultur. Es läßt sich dabei aber die Frage nicht umgehen, was hinter diesen beiden Ausdrücken steht.

c) Der Mensch als Einheit von Leib und Seele

Vor jedem Reden über Leib und Seele gibt es die radikale Erfahrung der grundsätzlichen Einheit des Menschen. Das soll aber nicht heißen, daß alle Dimensionen des Menschen sich einfach und ohne weiteres identisch sind. Allerdings kann man nicht sagen, daß zum Beispiel der Körper irgend etwas dinglich Umschreibbares im oder am Menschen ist. Sondern Leib ist der gesamte Mensch: die Körperlichkeit gehört mit zur menschlichen Subjektivität. Karl Rahner hat so darauf hingewiesen: „Ich finde in Wirklichkeit doch nie eine konkrete, reine Geistigkeit in mir, sondern immer und überall und in jedem Moment eine verleiblichte Geistigkeit ... Zum Wesen des menschlichen Geistes als Geist gehört seine Leibhaftigkeit und damit seine Weltverwiesenheit."[161] Das Sein-in-der-Welt ist kein sekundäres oder zufälliges Merkmal des Menschen, sondern Ausdruck seines Wesens. Daher können wir mit Gabriel Marcel sagen, daß Leib und Geist nicht Ausdruck sind von etwas, was der Mensch *hat,* sondern von dem, was er *ist*[162]. In seiner Gesamtheit ist der Mensch körperlich. In dieser seiner Gesamtheit ist er aber auch geistig. Die höchsten Akte menschlicher Mystik und Spiritualität sind daher auch immer von der Körperlichkeit des Menschen geprägt. Und umgekehrt sind auch die geringsten körperlichen Verrichtungen des Menschen vom Geist durchdrungen. Weil es so im Menschen einen verkörperten Geist und einen vergeistigten Körper gibt, können wir zu Recht sagen: Je mehr der Geist Geist ist, desto mehr zeigt er sich in der Materie und durchdringt diese. Und umgekehrt: Je mehr der Leib Leib ist, desto mehr drückt er sich geistig aus. Diese Einheit von Leib und Seele gehört heute zu den klaren Gegebenheiten aller anthropologischen Wissenschaften, sogar der Biologie[163], sie zeigt sich aber nirgendwo so deutlich wie in der Tiefenpsychologie. Wenn der Mensch *ich* sagt, bringt er dadurch die Gesamtheit seiner Wirklichkeit als Leib/Geist und aller Dimensionen seiner Existenz zum Ausdruck. Leib und Seele sind also nicht zwei Dinge im Menschen, sondern, wie es die thomistische Tradition sehr klar gesehen hat, zwei nur metaphysisch unterscheidbare Prinzipien im Menschen. Seele ist die Subjektivität des konkreten menschlichen Seins, was dann auch die Dimension Leib miteinschließt. Leib ist dieser Geist selbst in seiner Verwirklichung in der Materie. Er ist also nicht nur ein Instrument des Geistes, sondern der Geist selbst in seiner Exkarnierung und in seinem Selbstausdruck im materiellen Raum und in der materiellen Zeit. In diesem Sinne können wir sagen, daß die Seele sichtbar ist. Wenn wir ein menschliches Gesicht sehen, sehen wir nicht nur Augen, Mund, Nase und Muskelspiel. Zugleich erkennen wir auch feine oder grobe Gesichtszüge, Brutalität oder Humor, Glück oder Angst, Weisheit oder Torheit, Resignation oder Vertrauen. So sieht man nicht einzig und allein Leibliches, sondern man nimmt zugleich wahr, wie dieses Leibliche von der Seele lebendig gemacht und durchdrungen wird. Menschlicher Geist ist immer inkarnierter Geist. Er ist kein Geist, der sich im Körper versteckt: In einer Geste, einem Blick, einem Wort, ja gar einem Schweigen kann sich die ganze Tiefe, das gesamte Geheimnis der Seele zeigen. Dies heißt nicht – wiederholen wir dies – eine Nivellierung der vielen Dimensionen der menschlichen Wirklichkeit, sondern ist Ausdruck einer vielschichtigen Einheit, die nicht Uniformität oder Einheitlichkeit all ihrer Elemente ist. Diese Dimensionen des Menschen haben nicht nur mit seinen Beziehungen zur eigenen Subjektivität und mit seinen Ich-Du-Beziehungen zu tun, sondern umfassen auch die Welt und die Dinge[164], so daß die Geistigkeit und Leiblichkeit des Menschen sich nur in der Totalität all seiner Beziehungen wirklich ausdrückt.

d) Biblische Annäherung: Der Mensch als Einheit existentieller Situationen

Auch wenn man die Unterschiedlichkeit zwischen den anthropologischen Vorstellungen der Bibel und denen unserer Zeit nicht übergehen sollte, kann man dennoch insgesamt in ihren wesentlichen Intuitionen eine erstaunliche Ähnlichkeit und Verwandtschaft feststellen. Unser anthropologisches Verstehen scheint dem der Bibel näher zu stehen als das der griechischen Tradition, deren Erbe von der westlichen Philosophie übernommen wurde.

Die Bibel betrachtet den Menschen als eine große Einheit[165]. In jeder seiner wesentlichen Konkretisierungen ist er als ganzer Mensch gegeben. Die Schriften kennen kein eigenes Wort für eine Seele ohne Leib oder für einen Leib ohne Seele. Jeder Begriff, den man sich vom Menschen macht, betrifft immer den gesamten Menschen. Nun gibt es folgende Situationen bzw. Dimensionen des menschlichen Daseins, die im Alten und im Neuen Testament besonders reflektiert werden:

1) Der Mensch als Fleisch (hebr.: *basar,* griech.: *sarx*): Dies ist der Mensch in seiner empirischen irdischen Existenz, wie diese aus der Begegnung zweier eins-

gewordener Fleische (Gen 2, 24) hervorgeht. Der Mensch als Fleisch ist der biologische Mensch mit seinen verschiedenen Organen und Sinnen, der dadurch auch mit der Erde in Kontakt steht. Er ist ein Mangelwesen, das dem Leiden, dem Tod, den Versuchungen und der Sünde unterworfen ist (vgl. Röm 7). Es ist dann vom Menschen als Fleisch die Rede, wenn er nur seine irdische Dimension verwirklichen will, ohne aus sich heraus auf die anderen und den großen Anderen zuzugehen. Der Mensch als Fleisch ist der Mensch, der sich in seinem Hochmut und in Selbstkontemplation in sich selbst verschließt. Eine fleischliche Existenz ist für die Bibel eine uneigentliche, nicht authentische Existenz. „Das alles ist Fleisch" (vgl. Gal 5, 18–21; 1 Kor 1, 26; 2 Kor 10, 5; Röm 8, 6ff; 10, 3)[166].

2) Der Mensch als Leib (hebr.: *basar,* griech.: *soma*) ist der gesamte Mensch, insoweit dieser eine Person-in-Kommunikation-mit-anderen ist (vgl. Röm 12, 1; 1 Kor 7, 4; 9, 27; 13, 1; Phil 1, 20). An vielen Stellen ist es möglich, „Leib" einfach durch „ich" zu ersetzen (vgl. z. B. die Konsekrationsworte der Messe: „Dies ist mein Leib [bin ich], der für euch hingegeben wird" [1 Kor 13, 3; 9, 27; Phil 1, 30; Röm 12, 1]). Zum Wesen des Menschen gehört sein Sein für die anderen. Daher ist der Mensch als Leib der Mensch in seinen gesellschaftlichen und politischen Beziehungen. Da mit dem Menschen als Leib die gesamte menschliche Person in ihrer Totalität bezeichnet wird, kann man sich ein Weiterleben, das den Leib nicht miteinschließen würde, nicht denken. Auch gibt es keine Auferstehung ohne Körper[167].

3) Der Mensch als Seele (hebr.: *nefesch,* griech.: *psyché*): Hier handelt es sich nicht um die Seele in ihrer Unterschiedlichkeit zum Körper, sondern um den gesamten Menschen als lebendiges Wesen. Für die Schrift ist Seele mit Leben synonym. Daher sollte der Text Mk 8, 36 wie folgt verstanden werden: „Was nützt es dem Menschen, wenn er die ganze Welt gewinnt, dabei aber sein Leben (seine Seele) einbüßt? Um welchen Preis könnte ein Mensch sein Leben (seine Seele) zurückkaufen?" Der Mensch hat nicht ein Leben: Er ist sein Leben. Daher wird nach der Auflösung des biologischen Lebens (der biologischen Seele), dennoch der Mensch als Leben weiterexistieren, und sei es auch in einer anderen Gestalt. Der Mensch als Seele kann auch den Menschen als bewußtes Ich bezeichnen: Seele kann an die Stelle des Personalpronomens treten (Gen 2, 7; 12, 5; 46, 22; Ex 13, 8–9). Daher sind der Mensch als Seele und der Mensch als Leib äquivalente Gegebenheiten: Seele und Leib stehen nicht im Gegensatz zueinander, sondern sind jeweils Bezeichnungen des gesamten Menschen.

4) Der Mensch als Geist (hebr.: *ruach,* griech.: *pneuma*): Hierdurch wird die leibseelische Gesamtheit des Menschen bezeichnet, insoweit seine Existenz sich den absoluten Werten, Gott, öffnet und sich von ihnen aus versteht. Als Geist durchbricht der Mensch die Schranken seiner Existenz als Fleisch/Leib/Seele, um mit der Sphäre des Göttlichen zu kommunizieren. Daher ist der Mensch als Geist Zeichen der Transzendenz und der göttlichen Bestimmung des Menschen. Für das Neue Testament ist das Leben im Geist eine neue menschliche Existenz vor dem Hintergrund der durch die Auferstehung unseres Herrn Jesus Christus geoffenbarten Möglichkeiten. Durch die Auferstehung ist der Herr der Geist (2 Kor 3, 17; vgl. Apg 2, 32 f), d. h., die Existenz des auferstandenen Jesus ist nun eine ganz von Gott bestimmte und erfüllte, voll mit der Wirklichkeit in Kom-

munion stehende menschliche (und so auch körperliche) Existenz. Für Paulus ist der auferstandene Mensch ein geistlicher Leib (1 Kor 15,44). Durch die Auferstehung wird der Mensch als Fleisch (als nicht authentisches Bedürfniswesen) in den Menschen als geistigen Leib verwandelt. Die Auferstehung ist also die vollkommene Verwirklichung aller im Menschen als Leib angelegten Möglichkeiten der Kommunikation nicht nur mit den anderen, sondern auch mit der gesamten Wirklichkeit[169].

5) Schlußfolgerungen: In der biblischen Anthropologie ist der Mensch also eine Einheit. Er ist in seiner Gesamtheit Fleisch, Leib, Seele und Geist. Er kann zwischen zwei grundsätzlichen Möglichkeiten seiner Existenz wählen: Er kann sich für das Leben des Menschen als Fleisch und für das Leben des Menschen als Geist entscheiden. Als Fleisch begnügt er sich mit sich selbst, und er verschließt sich in seinem eigenen Horizont. Als Geist öffnet er sich Gott, der ihm die Existenz und die Unsterblichkeit gewährt. Der Mensch steht vor der Herausforderung, nach einer dieser beiden existentiellen Möglichkeiten zu leben. Das Alte Testament ist die Geschichte des Hin- und Herschwankens des Menschen zwischen der einen und der anderen Möglichkeit. Nur wer es vermag, aus sich herauszugehen wie Abraham, der alles verläßt, wie Mose, der mit seinem Volk die Fleischtöpfe Ägyptens verläßt, um einem unbekannten Abenteuer entgegenzugehen, wird das verheißene Land entdecken: „Wenn das Weizenkorn nicht in die Erde fällt und stirbt, bleibt es allein; wenn es aber stirbt, bringt es reiche Frucht" (Joh 12,24). „Wer sein Leben retten will, wird es verlieren; wer aber sein Leben um meinetwillen verliert, wird es gewinnen" (Mt 16,25). So ist deutlich, daß für die Schrift der gesamte Mensch irgendwie körperlich ist. Die Körperlichkeit gehört zu seinem Menschsein. Diese Körperlichkeit kann sowohl Schwäche als auch Transzendenz bedeuten; kann sowohl ein Sichverschließen des Menschen in sich selbst (Fleisch), als auch Offenheit und Kommunion (Leib) und radikales Bezogensein auf Gott (Geist) bezeichnen. Das Körperliche ist ein Sakrament der Begegnung mit Gott. In Jesus Christus hat sich gezeigt, daß die Wege Gottes und die Wege des Menschen auch zum Leib hinführen[170]. In Christus „wohnt die ganze Fülle Gottes in körperlicher Gestalt" (Kol 2,9).

e) Ein von der Kirche in ihrer Geschichte bewahrtes Wissen: Der Mensch ist eine unsterbliche Einheit

Dieses biblische Verständnis der menschlichen Existenz als einer grundsätzlichen Einheit wurde von einem sich in der griechischen Sprache und Kultur inkarnierenden Christentum auf verschiedene Weisen interpretiert[171]. Die erste dieser Interpretationen ist die Formel Natur/Gnade. „Natur" ist der Mensch als von Gott verschiedenes Geschöpf in all seinen Möglichkeiten und in seinem Trachten nach dem Unendlichen. „Gnade" ist der von Gottes Liebe umfaßte Mensch, der durch Gottes Liebe in voller Freiheit und Freiwilligkeit auf eine Antwort in der Gemeinschaft mit Gott ausgerichtet ist. Die Gnade setzt die Natur voraus, nicht im Sinne zweier übereinander gelegener Ebenen, sondern in dem Sinne, daß sie von einem anderen Blickwinkel aus die gleiche Wirklichkeit bezeichnen: Natur ist der gesamte Mensch, insoweit er von Gott verschieden ist und ihm daher gegenübersteht bzw. insoweit er sogar von ihm getrennt ist durch eine zweite Natur; um mit Pascal zu sprechen: eine aufständische Natur, die der Mensch sich im Laufe seiner kulturellen Geschichte zugelegt hat. Gnade ist nun diese selbe menschliche Natur, insoweit sie von ihrem Auf-sich-selbst-bezogensein und ihrer Rebellion erlöst und von Gottes Liebe durchdrungen ist, ihm nicht mehr in Gegensätzlichkeit gegenübersteht, sondern mit ihm in einen Dialog der sich frei schenkenden Liebe und der gegenseitigen vergöttlichenden Durchdringung eingetreten ist, so daß wir sagen können: Die Vergöttlichung des Menschen vermenschlicht Gott, und die Vermenschlichung Gottes vergöttlicht den Menschen.

Diese beiden existentiell möglichen Situationen ein und derselben Wirklichkeit – eine Existenz als Natur und eine Existenz als Gnade – entsprechen dem, was die Bibel unter den Voraussetzungen des hebräischen Denkens als Fleisch und als Geist bezeichnet. Niemals hat es in der Geschichte konkrete Menschen gegeben, deren Natur nicht auf die Gnade ausgerichtet war. Niemals gibt es die Gnade anders als in der Gestalt einer Gnade, die einer Natur geschenkt wurde. Der konkrete Mensch ist die Einheit von Natur und Gnade.

In noch einer anderen Formel drückte sich im Laufe der Geschichte des Christentums das Wissen um die existentielle Einheit des Menschen, wie sie in der Bibel dargestellt wird, aus: in der Formel Leib/Seele. Die augustinische Tradition, die die Denkkategorien der orphischen und der pythagoreisch-platonischen Philosophie übernommen hatte, interpretierte den Menschen als ein aus zwei verschiedenen Wirklichkeiten, aus Leib und Seele, zusammengesetztes Wesen. Der Mensch habe einen sterblichen Leib und eine unsterbliche Seele, die sozusagen zur Strafe im menschlichen Körper leben muß. Dagegen entwickelte Thomas von Aquin auf der Grundlage der von ihm übernommenen, aber auch verwandelten Kategorien der aristotelischen Philosophie, Materie und Form, ein Verständnis des Menschen, das an einer radikalen und dennoch mehrdimensionalen Einheit des Menschen festhält und so auch dem biblischen Modell entspricht. Demnach bestehe der Mensch nicht aus der Zusammensetzung zweier an sich disparater Wirklichkeiten. Der gesamte Mensch ist ganz Leib und ganz Seele. Leib und Seele oder Geist und Materie sind nicht zwei Elemente im Menschen, sondern zwei Prinzipien, die jeweils den gesamten Menschen betreffen. Der Leib ist die Wirklichkeit des Geistes, der durch den Leib gegenwärtig ist und sich ausdrückt[172]. Der Geist ist die Subjektivität des Leibes, der sich seiner selbst bewußt ist. Das kirchliche Lehramt hat immer diese wesentliche Gesamtheit und Einheit des Menschen verteidigt. So wurde 1313 auf dem Konzii von Vienne mit Hilfe thomistischer Begrifflichkeit definiert, daß die Geistseele die Form des Leibes ist. Damit wollte man sagen, daß der Geist sich in der Materie in der Gestalt des Leibes zeigt und daß der Leib Verwirklichung und Ausdruck des Geistes ist[173]. Auf dem fünften Laterankonzil wurde 1513 gegen den Neoaristoteliker Pietro Pomponazzi (1464–1525), der den Geist nicht als etwas Individuelles, sondern als etwas Universales, allen Gemeinsames betrachtete, definiert, daß der Geist die jeweils vereinzelte, individuelle Form eines Leibes ist, die mit dem jeweiligen Einzelleib eine persönliche Einheit bildet. Diese wesentlich zum Leib gehörende Seele wird dann vom Konzil unsterblich genannt. F. P. Fiorenza und

J. B. Metz kommentieren dies richtig, indem sie darauf hinweisen, daß die Unsterblichkeit deshalb der Seele zugeschrieben wird, weil der individuelle Mensch in seiner historischen Konkretheit unsterblich ist[174]. Der biologische Tod kann daher nicht die totale Auflösung der Wirklichkeit des Menschen bedeuten. Schon das Neue Testament betrachtet den Tod als eine andere Gestalt des Sein-mit-Christus (Phil 1,23).

f) Der Mensch als Leib: Mittelpunkt der Beziehungen mit dem gesamten Universum

Der Mensch als Leib, d. h. als lebendiger Körper und daher auch als wesentliches Moment der Seele, ist der Knoten bzw. Mittelpunkt vieler, in immer weiteren konzentrischen Kreisen schließlich das gesamte Universum umfassender Beziehungen[175]. Dieser Mittelpunkt ist personalisiert, d. h., er besitzt einmalige, jeder Subjektivität auf unwiederholbare Weise eigene physische und psychische Qualitäten. Obwohl in einer Person vereinzelt, kann sich dieser Mensch als Leib *universalisieren:* Durch seine Sinne und durch seine Kommunikationsinstrumente kann er zu allen Dingen in Beziehung treten und mit ihnen kommunizieren: „Unser Körper dehnt sich aus bis an die Sterne."[176]

So baut der Mensch in seiner persönlichen Geschichte in dieser Kommunion mit den anderen Menschen, mit einer „hominisierten" Welt und mit dem gesamten Universum seine Persönlichkeit (nicht: seine Person!) auf. Hier liegt das Feld, in dem er seine Freiheit ausübt und in eigener persönlicher Verantwortung seine eigene Geschichte gestaltet. In seiner irdischen Existenz ist der Mensch als Knotenpunkt seiner Beziehungen den Koordinaten von Raum und Zeit unterworfen. Diese Koordinaten sind gerade die Voraussetzungen seiner Kommunikation und Kommunion: Sie ermöglichen sie. Aber sie engen sie auch ein: Zeit und Raum trennen uns auch von den Dingen, deren Gegenwärtigkeit sich nicht in einer Gleichzeitigkeit, sondern in der Aufeinanderfolge manifestiert. Zur gleichen Zeit, zu der die Sprachen und Symbole der Kommunikation diese ermöglichen, verhindern sie sie auch, denn sie sind notwendigerweise vielwertig. Trotz dieses Mangels ist die Persönlichkeit des Menschen *wesentlich* Kommunion nach außen. Die einfache Tatsache, daß der Mensch lebendiger Körper ist, macht, daß er in einer Situation der Offenheit, der Begegnung, des Austausches und der Beziehung zu der ihn umgebenden menschlichen und kosmischen Welt steht.

g) Der Mensch als biologisches und als persönliches Ereignis

Im Licht dieses Verständnisses des Menschen als wesentlicher leib-seelischer Einheit stellt sich wieder die Frage: Was bedeutet der Tod? Der klassischen Definition des Todes als Trennung der Seele vom Leib haftet ein schwerer anthropologischer Mangel an. Denn demnach würde der Tod nur die „Körperlichkeit" des Menschen berühren, und so bliebe seine „Seele" davon unberührt[177]. Der Tod wird hier als etwas rein Biologisches betrachtet: Wenn die biologischen Energien des Menschen auf dem Nullpunkt angelangt seien, trete der Tod ein. Zudem stellt dieses Verständnis des Todes es so dar, als ob der Tod von außen her das Leben beende: Leben und Tod stünden so in einem grundsätzlichen Gegensatz zueinander und es gäbe auch keine gegenseitige, wesentliche Zugehörigkeit. Daher gibt es nach der klassischen Definition des Todes diese nur als ein Geschehen am Ende des biologischen Lebens.

Nach dem oben dargelegten Verständnis der Anthropologie aber ist der Tod nicht so sehr ein biologisches Geschehen als ein spezifisch menschliches Phänomen. Der Tod betrifft den ganzen Menschen und nicht nur seinen Körper. Denn wenn der Körper des Menschen betroffen ist und wenn zudem dieser Körper ein wesentlicher und konstitutiver Teil der Seele ist, dann entkommt auch die Seele nicht dem Zugriff des Todes. Zudem ist der Tod des Menschen nicht wie ein Dieb, der ihn am Ende seines Lebens überrascht, sondern er ist immer im menschlichen Leben in jedem Augenblick dieses Lebens gegenwärtig, und dies vom ersten Augenblick der Existenz eines Menschen in der Welt an[178]. Die Kräfte des Menschen verbrauchen sich nach und nach, und der Mensch stirbt in Raten, bis sein Tod endgültig eintritt. Das menschliche Leben ist wesentlich in seiner gesamten Dauer sterblich und sterbend, oder, wie es Augustinus sagte: Der Mensch hat einen lebendigen Tod[179]. Der Tod existiert nicht. Was existiert, ist der sterbende Mensch als ein Sein-zum-Tode. Der Tod kommt also nicht von außerhalb des Lebens, sondern er wächst und reift im Leben und zusammen mit diesem Leben des sterblichen Menschen. Auf diese Weise fällt die Erfahrung des Lebens mit der des Todes zusammen. Sich auf den Tod vorbereiten heißt sich zu einem wirklich authentischen und erfüllten Leben rüsten. Daher steht die Eschatologie nicht losgelöst vom Rest des Lebens, und man sollte sie nicht in eine ferne Zukunft projizieren: Eschatologie ist ein Geschehen in jedem Augenblick des sterblichen Lebens: Der Tod ereignet sich andauernd, und jeder Augenblick *kann* der letzte sein.

h) Der Tod als Trennung, „Scheidung"

Der letzte Augenblick des lebenden Todes oder des sterbenden Lebens ist eine Trennung, „Scheidung". Allerdings ist sie nicht die Trennung der Seele vom Leib (es handelt sich hier nur um zwei metaphysische Prinzipien und nicht um zwei Dinge, die getrennt werden könnten), sondern sie ist die Trennung einer Körperlichkeit der unbegrenzten, offenen und pankosmischen Beziehung zu der Materie von einer anderen begrenzten, biologischen, auf einen Teil der Welt, eben den Leib, eingegrenzten Körperlichkeit. Mit dem Tod verliert der Mensch als Seele seine Körperlichkeit nicht, weil diese wesentlich zu ihm gehört, sondern er nimmt eine andere, vollkommenere und universalere Körperlichkeit an. Der Mensch als Leib und so als Mittelpunkt seiner Beziehungen zur Totalität des Universums kann nun im Tod zum ersten Mal die Totalität verwirklichen, die sich schon bruchstückhaft in seinem irdischen Leben zeigte. In diesem Tod wird auch der Mensch als Seele in die radikale Einheit der Welt eingeführt. Er läßt die Materie nicht hinter sich und kann dies auch nicht, denn der Geist des Menschen steht in einer wesentlichen Beziehung zu ihr. Vielmehr durchdringt er diese Materie tiefer als je zuvor in einer totalen kosmischen Beziehung und steigt so zum Herzen der Erde hinab (vgl. Mt 12, 40). Der Tod ist der Geburt ähnlich. Bei der Geburt verläßt das Kind den Schoß, der es zuvor ernährt hat und ihm nun erstickend klein geworden ist. Das Kind geht durch die schwerste Krise seines bisherigen Lebens, an deren Ende aber die Überraschung einer neuen Welt und einer neuen Beziehung zu ihr steht. Dabei wird es von allen Seiten geschoben, gedrückt, fast erstickt und schließlich ausgetrieben, ohne daß es weiß, daß am Ende dieser Folter die freie Luft, genügend Raum, Licht und Liebe auf es warten[180]. Beim Sterben muß der Mensch durch eine ähnliche Krise wie bei der Geburt: Er fühlt sich geschwächt, ringt nach Luft, kämpft mit dem Tod und wird fast aus seinem Körper herausgezerrt. Er spürt jetzt noch nicht, was ihn erwartet, wenn sich vor ihm der weite Horizont öffnet, der es ihm ermöglichen wird, auf wesentliche, tiefe und vollkommene Weise mit der Gesamtheit dieser Welt zu kommunizieren[181]. Die Plazenta des nun im Tod Neugeborenen ist nicht mehr die Enge, in der der Mensch als Körper leben muß, sondern die Totalität des gesamten Universums.

Die Trennung, die der Tod ist, hat noch eine andere Dimension: Sie bedeutet das Ende des menschlichen Lebens nicht nur im chronologischen Sinn, sondern auch im eminent menschlichen Sinn: Der Tod ist der Abschluß des Prozesses der Personalisierung, der sich innerhalb der Koordinaten dieser biologischen und räumlich-zeitlichen Welt vollzieht. Theologisch hieße das: Der letzte Augenblick des Lebens und der Tod bedeuten zusammen das Ende des Pilgerdaseins des Menschen und der Geschichte seiner persönlichen Begegnung mit Gott.

Ist der Tod eine Vervollkommnung des Menschen, da dieser nun in eine engere Beziehung mit dem Universum eintritt, ist er auch die Ermöglichung der Fülle der Erkenntnis, der Erfahrung, der Liebe und schließlich auch des Bewußtseins. Wie es M. Blondel richtig gesehen hat, erschöpft die innere Dynamik unseres Willens sich in keinem konkreten Akt und erreicht in keinem konkreten Akt die Erfüllung ihres Trachtens: Der Wille will nicht nur dieses oder jenes (volonté voulue), sondern er will auch die Totalität (volonté voulante)[182]. Der Tod bedeutet die Entstehung eines echten und vollen Wollens. Der Mensch erlangt endlich seine Freiheit, die nicht mehr durch ihm von außen gesetzte Bedingungen, durch die archetypische Last des Unbewußten, durch das Über-Ich der Gesellschaft, durch Zwangsmechanismen und Neurosen beeinträchtigt wird. Die Persönlichkeit des Menschen kann nun mit dem, was sie sich in ihrer irdischen Geschichte erarbeitet hat, im weiten operationalen Feld des Universums ihre Freiheit ausüben.

Joseph Maréchal und Henri Bergson[183] haben eine ähnliche Struktur wie hier beim Wollen auch im menschlichen Erkennen, Erfahren und Sicherinnern nachgewiesen. Der Mensch wird von einer unersättlichen Dynamik fortgetrieben, die dazu führt, daß seine Fähigkeit zum Erkennen, Erfahren und Sicherinnern sich niemals erschöpft. Kein konkreter Akt kann diesem inneren Impuls im Menschen Genüge tun. Die menschliche Wahrnehmungsfähigkeit, die im irdischen Leben dadurch begrenzt ist, daß sich nur eine endliche Anzahl von Objekten den Sinnen darbieten kann, streift nun diese Fessel ab und mündet in einer unvorstellbaren Offenheit zur Wahrnehmung. Der Tod ist der Augenblick einer tiefen intuitiven Erkenntnis des Kerns des Universums und des totalen Gegenwärtigseins der Welt im Leben des Menschen.

Gabriel Marcel hat uns auf die Dynamik der menschlichen Liebe aufmerksam gemacht[184]. Diese Liebe ist als ein Schenken und als Hingabe zu definieren, denn in der Liebe kann man nur das besitzen, was man verschenkt. In diesem irdischen Leben kann die Liebe aber niemals totale Hingabe sein, da ein Wesen unterwegs an erster Stelle seine Selbsterhaltung anstrebt. Der Tod bedeutet aber die totale Aufgabe unserer irdischen Existenzweise. Dadurch wird es der Persönlichkeit des Menschen möglich, sich ganz in unbeeinträchtigter Freiheit hinzugeben.

Im Tod tritt der Mensch in eine radikale Kommunion mit der gesamten Wirklichkeit der Materie ein. Die Philosophen E. Bloch und G. Marcel[185] haben vor allem die Dimension der Hoffnung im Menschen thematisiert, die nicht mit der Tugend der Hoffnung zu verwechseln ist. Diese Dimension der Hoffnung wirkt wie ein richtiges Prinzip im Menschen, durch das sich die außergewöhnliche Dynamik seines Handelns in der Geschichte, seine Fähigkeit zur Utopie und seine Ausrichtung auf die Zukunft erklären lassen. Nicht das, was ist, erweist sich als das Wahre, sondern das, was kommen wird.

Der Mensch lebt niemals in einer vollkommenen Synthese: Die Zukunft, die er als Dimension seines Lebens lebt, wird er niemals in einem konkreten Akt herstellen bzw. eine sich anbahnende Zukunft abwenden können. Und dennoch gehört sie zu seinem Wesen als Mensch. Der Tod schafft hier die Möglichkeit, daß das Sein und Seinwerden sich in ein erfülltes *Ist* umwandeln und so die Zukunft für den Menschen zu einer verwirklichten Zukunft wird.

Der Tod erweist sich vor allem in jenem Augenblick als Trennung, an dem die Kurve des biologischen Lebens sich mit der Kurve des Lebens des Menschen als Persönlichkeit kreuzt. Die erste Kurve ist die des äußeren Menschen, des Menschen, der geboren wird, aufwächst, reift, alt wird und in jedem Augenblick seines Lebens biologisch stirbt, bis er im Tod zu sterben aufhört. Die andere Kurve ist die des inneren Menschen: In dem Maße, in dem er biologisch altert, wächst in ihm ein innerer, persönlicher Kern: seine Persönlichkeit. Dabei können Leiden, Krankheit und Enttäuschungen Energien freisetzen, die zu einem intensiveren Reifen und Wachsen der Persönlichkeit führen. Im Gegensatz zu der absteigenden biologischen Kurve ist die der Persönlichkeit aufsteigend, denn diese kann sich immer mehr der Freiheit, der Liebe, der Integration aller Elemente des Lebens öffnen, bis die Persönlichkeit des Menschen im Tod aufhört, geboren zu werden. Der Tod ist der Punkt, an dem beide Kurven zusammenkommen und sich gegenseitig ein Ende setzen. Die volle Entwicklung des inneren Menschen, also der Persönlichkeit des Menschen, fordert sogar den Tod des äußeren Menschen, also das Ende seines biologischen Lebens, damit sie sich auf eine andere Weise noch weiterentwickeln kann. Daher war der Tod für viele Heilige und andere Menschen, die eine hohe Individualisierung ihrer Persönlichkeit erreicht hatten, wie ein Bruder (eine Schwester), wie der notwendige Übergang zu einer anderen Ebene des persönlichen Lebens, zu einer Ebene einer größeren Freiheit und tieferen Erfüllung. Der Todestag ist so, um mit den alten Christen zu reden, vere dies natalis, wahrlich ein Tag der Geburt, nämlich einer

Geburt, bei der der Mensch sein eigentliches Sein für immer verwirklicht. Im Laufe unseres Lebens bereiten die Akte unserer Freiheit uns vor auf diese wahre Freiheit, die wir im Tod erlangen. Das Leben erzieht uns so zur Freiheit im Tod. Und, so sagte Franklin, indem wir sterben, hören wir auf mit dem Geborenwerden[186].

i) Der Tod als Ent-scheidung

Der Tod ist im höchsten Maße der Augenblick, in dem der Mensch zu seiner vollen geistigen Reife gelangt und von dem an das menschliche Verstehen und Wollen, seine Wahrnehmung und seine Freiheit, ohne irgendwelche Beeinträchtigung, ihrer natürlichen Dynamik entsprechen können. Damit sind zum erstenmal im Dasein eines Menschen die Voraussetzungen für eine wirklich und total freie Entscheidung geschaffen, in der dieser Mensch die Totalität seines Seins Gott, Christus, den anderen Menschen und dem Universum gegenüber zum Ausdruck bringt. Der Augenblick des Todes durchbricht alle Determinismen. Das wahre Sein des Menschen wählt nun jene Beziehungen mit der Totalität des Seins aus, die es ihm erlauben, sich als eine allen Seienden gegenüber offene Persönlichkeit zu konstituieren. Zuvor war der in seinem irdischen Leben durch Raum und Zeit eingeengte Mensch zu einem solchen endgültigen Akt, in dem er sich vollkommen auszudrücken vermag, unfähig. Zwar konnte er echte Entscheidungen treffen, aber diese waren immer widerrufbare und veränderliche Entscheidungen[187]. Wegen der seiner menschlichen Existenz inhärenten Ambiguität konnte keine dieser Entscheidungen so definitiv sein, daß sie an sich über Himmel oder Hölle entscheiden könnten. Dagegen findet eine solche radikale Entscheidung, die auch über das ewige Schicksal des Menschen bestimmt, im Augenblick des Todes, und weder vorher noch nachher, statt. Denn dieser Augenblick des Übergangs vom irdischen zum pankosmischen Menschen ist auch der Augenblick, in dem der Mensch frei ist von allen äußeren Einflüssen und sich selbst als Ergebnis der Geschichte seiner Persönlichkeit voll besitzt. Dies ist der Augenblick totalen Bewußtseins und totaler Klarheit über das, was Gott und seine Selbstmitteilung in Christus und was Christus bedeutet, und darüber, welches die Bestimmung des Menschen ist, welche Beziehung der Offenheit er mit allen Seienden hat. In diesem Augenblick kann er in Übereinstimmung mit der Persönlichkeit, die er sich im Lauf seines Lebens erarbeitet hat, und als Zusammenfassung und Totalisierung all seiner vorherigen Entscheidungen endgültig entscheiden. Dies ist dann entweder eine Entscheidung zur totalen Offenheit, die für ihn dann auch das Heil bedeutet, oder eine Entscheidung zu einem Sichverschließen in sich selbst, die die Kommunikation und die Gemeinschaft mit Gott, mit Christus und mit der Gesamtheit der Schöpfung unmöglich macht. Der Tod bedeutet ja ein Eindringen in das Herz der Materie und der kosmischen Einheit. Hier verwirklicht sich eine persönliche Begegnung mit Gott und dem auferstandenen Christus, der alles mit seiner Gegenwart erfüllt, also mit dem kosmischen Christus. Hier hat der Mensch die optimale Chance, sich auf optimale und endgültige Weise frei von allen äußeren Zwängen zu entscheiden. In dieser Begegnung mit Gott und der Totalität des Seins ereignen sich sowohl das Gericht wie das Fegfeuer als ein Prozeß radikaler Reinigung[188]. Im Tod entdeckt der Mensch vor Gott und vor Christus seine Ambiguität und muß durch eine letzte Krise hindurch, die entweder in einen Akt der totalen Hingabe und Liebe mündet oder in ein Sichverschließen des Menschen in einer Geschichte der vollkommenen Einsamkeit.

Diese letzte Entscheidung im Tod führt also zu einer endgültigen Trennung zwischen Zeit und Ewigkeit, wobei der Mensch entweder vom irdischen Leben in ein Leben der intimen Gemeinschaft von Angesicht zu Angesicht mit Gott hinübergeht oder in einer völligen Frustrierung seiner Persönlichkeit, die auch Hölle genannt wird, endet.

k) Der Tod als natürliches Phänomen und als Folge der Sünde

Unsere bisherigen Überlegungen haben deutlich gemacht, daß der Tod zum Wesen des irdischen Lebens gehört. Denn dieses ist immer ein Sterben im Leben oder ein Leben im Sterben. Schon lange bevor im Prozeß der Evolution der Mensch erschien, verwelkten die Pflanzen und starben die Tiere. Diese Feststellung ist wichtig, denn nach der Bibel und der Theologie ist der Tod die Folge der menschlichen Sünde. Bei Paulus heißt es klar: „Durch die Sünde kam der Tod in die Welt" (Röm 5, 12; vgl. Gen 3). Das zweite Konzil von Orange (529) und das Konzil von Trient sagen mit derselben Klarheit: Der Tod ist der Preis für die Sünde (DS 372 und 1511).

Wie sollen wir dies verstehen? Jene Aussagen der Bibel und der Konzile scheinen im Gegensatz zu stehen zu dem, was wir bisher dargelegt haben. Eine sorgfältigere Analyse dieser Aussagen wird uns aber verdeutlichen, daß beides wahr ist, daß also der Tod sowohl ein natürliches Phänomen als auch Folge der Sünde ist.

Die klassische Theologie hat ja immer in der Nachfolge des Augustinus gelehrt, daß der Tod insoweit ein natürliches Phänomen ist, als das biologische Leben sich verbraucht, bis der Mensch am Ende seiner Tage angelangt ist. Wir können also nicht sagen: Es wäre möglich, daß der Mensch unsterblich sei (hominem non posse mori). Denn es gehört zu seinem Wesen, daß er sterben kann. Allerdings war der erste Mensch (Adam) kraft seiner ursprünglichen Ausrichtung auf Gott und der am Morgen der Menschheit noch gegebenen Möglichkeiten zur Unsterblichkeit bestimmt. Für ihn wäre es wohl möglich gewesen, daß er nicht hätte sterben müssen (posse non mori). So schreibt Karl Rahner in seiner berühmten Abhandlung „Zur Theologie des Todes": „Mit dieser Aussage des Glaubens ist aber selbstverständlich nicht gesagt, daß der paradiesische Mensch einfach ins Endlose sein diesseitiges vitales Leben weitergelebt hätte, wenn er nicht gesündigt hätte. Wir dürfen ruhig sagen: es ist selbstverständlich, daß er sein Leben beendigt hätte, daß er, freilich in seiner Leibsgestalt bleibend, dieses sein Leben von innen her auf eine Vollendung hin ausgezeitigt und ausgereift hätte ... auch Adam im Paradies (wäre) in einer gewissen Weise gestorben ..."[189]

Dies heißt: Es hätte dann eine Zäsur zwischen dem irdischen und dem himmlischen Leben, zwischen der Zeit und der Ewigkeit gegeben. Es hätte auch in diesem Fall ein Übergang stattgefunden. Es hätte also auch den Tod gegeben in dem Sinne, den wir diesem Wort oben gegeben haben. Aber dieser Tod wäre im Leben integriert gewesen. Aufgrund der vollkommenen Harmonie im Menschen wäre er nicht als ein Verlust oder als ein Beraubt- oder Überfallenwerden empfunden worden. Er wäre ein natürlicher Übergang im Leben des Menschen gewesen, wie es der Übergang vom Mutterschoß zum Licht der Welt oder von der Kindheit zum Erwachsensein ist. Nachdem der Mensch zu seiner vollen inneren Reife herangewachsen wäre und er alle Möglichkeiten, die sich für ihn als Leib und Geist in der irdischen Welt boten, ausgeschöpft hätte, hätte der Tod ihn in die himmlische Welt hineingeführt. Er wäre gestorben wie der kleine Prinz in der Geschichte von Antoine de Saint-Exupéry: ohne Schmerz, ohne Angst und ohne Einsamkeit.

Infolge der Erbsünde aber, von der alle Menschen betroffen sind, und infolge auch ihrer persönlichen Sünde ist dieses harmonische Verhältnis des Todes zum Leben verlorengegangen. Der Tod wird nun als Höhepunkt der Entfremdung und Raub des Lebens erfahren. Er löst Angst und Bangen aus. Er wird als letzte trostlose Einsamkeit empfunden. Dieser konkrete Tod, wie wir ihn in unserer Geschichte erfahren und erleben – sterbend leben ist das gleiche wie lebend sterben – ist der Tod Folge der Sünde. So ist der Tod einerseits als Ende des Lebens etwas Natürliches. Andererseits ist er so, wie wir ihn in Schmerz als *Entfremdung* erfahren, unnatürlich und eine Katastrophe.

Der Tod bedeutet auch höchste Einsamkeit und Verlassenheit für den Menschen. Daher fürchtet der Mensch diesen Tod und flüchtet vor ihm, wie er vor dem Vakuum flüchtet. Dieser Tod symbolisiert und besiegelt unsere Situation der Sünde, denn diese ist die selbstverschuldete Einsamkeit des Menschen, der die Gemeinschaft mit Gott und den anderen abgelehnt und aufgegeben hat. Jesus hat diese letzte menschliche Einsamkeit auf sich genommen. Der Glaube sagt, daß er zur Hölle hinabgestiegen ist, d. h., daß er über die Schwelle zur radikalen existentiellen Leere gegangen ist, damit fortan kein Sterblicher sich vollkommen einsam und verlassen fühlt.

Der Mensch kann dem Tod in seinem Leben einen Platz geben, indem er ihn als das vollkommene Leerwerden von sich selbst, als letzten Akt der Liebe und vertrauensvolle Hingabe akzeptiert. Wie die Geschichte uns zeigt, ist es Mystikern und Heiligen gelungen, den Tod so in ihr Leben zu integrieren, daß sie dadurch fast wieder das paradiesische Verhältnis der Menschheit zum Tod wiederherstellen und diesen nicht mehr als heimtückischen Räuber ihres Lebens, sondern als einen Bruder (Schwester) betrachten, der sie befreit und in das Haus des Lebens und der Liebe einführt. Ein solcher Mensch fühlt sich frei und befreit wie Franziskus. Der Tod kann ihm nichts mehr anhaben, denn er ist der Übergang zu einem erfüllteren und vollkommeneren Leben.

3. Die Auferstehung des Menschen im Tod

Bis hierhin sind wir in unseren Überlegungen im Zusammenhang mit der heutigen Anthropologie noch nicht auf die Auferstehung eingegangen, die für den christlichen Glauben nicht ein einfaches Wiederlebendigwerden des Menschen, sondern die volle Verwirklichung der Möglichkeiten des Menschen als leiblichgeistiges Wesen, die Überwindung aller, die menschliche Existenz stigmatisierenden Formen der Entfremdung vom Leiden und Tod bis zur Sünde und schließlich auch die volle Verherrlichung des Menschen in seiner Vergöttlichung durch die Wirklichkeit Gottes ist. Die Auferstehung ist für den Menschen und die Situation, in der er lebt, die Verwirklichung der Utopie des Gottesreiches. Daher gibt es im Christentum nicht mehr die Utopie, sondern die „Topie": Schon jetzt hat wenigstens in Jesus Christus die Utopie einer Welt der vollkommenen göttlich-menschlichen Fülle ihren *topos,* ihren *Ort* der Verwirklichung gefunden.

a) Wie lassen sich Auferstehung und Anthropologie verbinden?

In welcher Beziehung steht unser Glaube an die Auferstehung zu dem von uns gerade vorgetragenen anthropologischen Entwurf? Gibt es Elemente der Anthropologie, die auf ein Ausgerichtetsein des Menschen auf eine mögliche Auferstehung hinweisen? Wir meinen, daß wir beide Fragen positiv beantworten können. Dazu formulieren wir folgende Thesen: Einerseits entspricht die Auferstehung einer tiefen, ontologischen Sehnsucht des Menschen; andererseits zeigt uns die Anthropologie eine Struktur des Menschen, die eine Auferstehung des Menschen durchaus möglich sein läßt. Oben sind wir auf den exzentrischen Charakter der menschlichen Existenz, auf das Sein des Menschen und sein dauerndes Sein-Können, auf die Gegebenheit eines im Laufe der Geschichte immer neu zu einem utopischen und kontestatorischen Denken führenden Prinzips Hoffnung im Menschen eingegangen. Der Mensch ist nicht nur ein Sein, sondern mehr noch ein Sein-Können. Im Menschsein des Menschen verbirgt sich ein künftiger Mensch, der sich in seiner vollkommenen Fülle offenbaren will: der *homo revelatus.* Die Christen sahen in Jesus den *homo revelatus,* für den die Zukunft Gegenwart und die Eschatologie schon Wirklichkeit geworden ist. Er ist der neue Adam und die neue Menschheit. Die Auferstehung ist die Antwort Gottes auf das Prinzip Hoffnung im Menschen. In ihr ist die Utopie einer vollen Verwirklichung des Menschen, von dem das Buch der Offenbarung träumte, Wirklichkeit geworden: „Der Tod wird nicht mehr sein, keine Trauer, keine Klage, keine Mühsal. Denn was früher war, ist vergangen" (21,4).

Andererseits läßt sich die von der heutigen Anthropologie erarbeitete Interpretation des Todes sehr wohl mit dem christlichen Verständnis der Auferstehung vereinen. Der Tod bedeutet die Vollendung der Persönlichkeit des Menschen und seiner Fähigkeiten, die nun in der Gesamtheit des Kosmos ihre Wirklichkeit entfalten. Der Mensch als Leib, als Mittelpunkt seiner Beziehungen zum gesamten Universum, kann sich nun voll verwirklichen. Nun erreicht der Mensch als Leib durch die Auferstehung seine letzte Realität, denn er wird von Gott verherrlicht. In der geschichtlichen Existenz der Menschheit, wie sie jetzt konkret gegeben ist, gibt es keine natürliche Bestimmung des Menschen, die nicht gleichzeitig auch seine übernatürliche Bestimmung wäre, wenn dies auch theoretisch möglich wäre. Wenn nun der Tod die totale Redimensionalisierung der in der menschlichen Existenz gegebenen Möglichkeiten ist, impliziert dies auch die Verwirklichung des Menschen in der übernatürlichen Ordnung.

Dies legt uns nahe zu sagen: Die Auferstehung ereignet sich schon im Tod[190]. Da der Tod aus der Sicht des sterbenden Menschen für ihn das Ende der Welt ist, ist es kein Widerspruch zu sagen, daß sich in diesem Augenblick für ihn auch die Auferstehung verwirklicht. Denn durch den Tod tritt der Mensch ja in eine Seinsweise ein, in der die Koordinaten der Zeit nicht mehr gelten, für die es also keine Zeit mehr gibt, und er lebt nun im Bereich Gottes, der der Bereich der Ewigkeit ist. Schon von diesem Standpunkt aus ist die Vorstellung irgendeines „Wartens" auf eine vermeintliche Auferstehung am Ende der Zeiten nicht nachzuvollziehen. Denn ein chronologisches Ende der Zeiten kann die Ewigkeit nicht tangieren, existiert also, was die Ewigkeit angeht, nicht. Die Vorstellung von einem „Warten" derjenigen, die sich schon in der Ewigkeit befinden, auf eine Auferstehung am Ende der Zeiten ist eine gedankliche Konstruktion, die der Seinsweise der Ewigkeit nicht angemessen ist.

Durch die Auferstehung wird der Mensch-als-Knotenpunkt-seiner-Beziehung-zum-Universum voll von seinem Verhaftetsein an einem bestimmten Ort befreit. Er wird Christus gleich und besitzt wie er eine kosmische Allgegenwärtigkeit. Alles, was er im Laufe seiner Existenz zu verwirklichen und zu entwikkeln suchte, erreicht nun seine volle Reife. Seine Fähigkeit zur Offenheit und Kommunion erreicht ihre höchste Erfüllung.

Es gibt allerdings auch eine Auferstehung zum Tode, d. h. zum zweiten Tod. Dies ist die Auferstehung des Menschen, der sich der Kommunikation mit Gott und den anderen Menschen verweigerte, um sich in seiner eigenen kleinen Welt zu verschließen. Für einen solchen Menschen wird die Auferstehung bitterste Enttäuschung sein, denn durch sie werden die von ihm in seiner Existenz gehegten und gepflegten Tendenzen der Negation voll entfesselt.

So öffnet oder verschließt sich der Mensch in der Auferstehung dem gegenüber, dem er sich in seinem Leben geöffnet oder verschlossen hat. Daher kann die Auferstehung nicht definiert werden als etwas, was von selbst, rein mechanisch abläuft. Die Auferstehung trägt in sich auch die Dimension der Entscheidung, und daher enthält sie in sich die zwei grundsätzlichen Möglichkeiten der menschlichen Freiheit.

b) Die Auferstehung desselben Leibes, nicht derselben Materie

Durch die Auferstehung wird alles im Menschen, Leib und Seele, verwandelt bzw. verfällt der Negation und Frustration. Es ist wichtig, hier hervorzuheben, daß Leib/Körper nicht mit Leiche synonym ist, denn diese bleibt in dieser Welt und zerfällt. Wir haben oben auch gesehen, daß der Leib nicht etwas ist, was zu dem Menschen als Seele sekundär oder zufällig hinzukommt: „Leib ist eine untrennbare Dimension von mir selbst", ist die konkrete Weise, auf die der Geist sich in der Materie inkarniert, zu der Welt Zugang hat und sich verwirklicht. Der Geist nimmt sich als inkarnierten Geist wahr. Dabei weiß er, daß einerseits seine Identität nicht in der betreffenden Materie aufgeht, weil seine Beziehungen auch über den konkreten Körper, an den er gebunden ist, hinausgehen und sich sogar auf die Totalität der Körper beziehen können, daß er andererseits nicht voll von jener Materie verschieden ist, da er ja *inkarnierter* Geist ist. Die

Persönlichkeit des Menschen ist wesentlich auch materiell. So wird die Persönlichkeit, die von Menschen im Laufe seiner Existenz in der Welt im Rahmen seiner vielen und vielartigen Beziehungen aufgebaut wird, sich auch ihren materiellen Ausdruck schaffen. Der auferstandene Mensch wird eine persönliche und nicht eine materielle Identität besitzen mit dem, was wir in unserer räumlich-zeitlichen Existenz waren. Hier sollten wir leibliche Identität nicht mit materieller Identität (Identität der Materie des Körpers) verwechseln. Die Biologie lehrt uns, daß die Materie des Körpers sich alle sieben Jahre vollständig erneuert. Dennoch bewahren wir auch über diesen Zeitraum hinweg unsere körperliche Identität. So haben wir von der Materie unseres Körpers her betrachtet gar nichts mehr zu tun mit dem Kind, das wir einst waren. Und doch sind wir derselbe körperliche Mensch geblieben. Durch die Auferstehung wird es einen noch größeren Unterschied geben, und dennoch wird es sich noch immer um denselben körperlichen Menschen handeln: Ich bin auch mein geistiger Körper, mein künftiges geistig-körperliches *Ich.* Es ist ja unser persönliches *Ich,* das auferstehen wird, das, was wir in unserem irdischen Leben in unserem Inneren erarbeitet haben, jenes *Ich,* das auch immer eine Beziehung zur Welt miteinschließt und daher Körper ist. Noch mehr: In der Auferstehung wird jeder den Körper haben, den er verdient, der seinem Ich entspricht und dieses Ich ganz und adäquat ausdrückt. In unserer irdischen Existenz wird ja unser Sein in der Welt nicht immer von unserem Körper gut zum Ausdruck gebracht. Es ist möglich, daß dieser Körper nur mangelhaft unsere Innerlichkeit wiedergibt und eher ein Hindernis bei der Verwirklichung dieser Innerlichkeit in der Materie ist. Unser Körper ist zudem in seinen letzten Fasern von einer Geschichte der Sünde gezeichnet, kann daher *materiell* verschwinden und zu Staub zerfallen. Nun fallen bei der Auferstehung alle Hindernisse für den Menschen weg, und wenn diese Auferstehung eine Auferstehung zum Leben ist, fängt damit auch die vollkommene und endgültige Übereinstimmung zwischen Geist, Leib und Welt an, die von keinen räumlich-zeitlichen Beschränkungen und von keiner auf die Geschichte der Sünde zurückgehenden Entfremdung mehr behindert wird. Jeder wird sich auf seine Weise in der Totalität der Materie und der Welt zum Ausdruck bringen, denn der Mensch ist in eine pankosmische Relationalität eingetreten. Der Mensch, in dem jede Art von Beziehung zusammenläuft, wird in Gott und von Gott vollkommen verwandelt und verwirklicht.

Dieses Denken weiterführend, können wir auch sagen: Die Aufnahme Marias in den Himmel war nicht so sehr etwas Privates, etwas, was nur mit ihr geschieht, sondern sie ist ein Beispiel für das, was mit allen geschieht, die schon im Herrn sind (vgl. 2 Kor 5,6-10). Die apostolische Konstitution *Munificentissimus Deus* von 1950, die dieses Dogma definierte, äußerte die Hoffnung, daß der Glaube an die leibliche Aufnahme Marias in den Himmel den Glauben an unsere eigene Auferstehung stärke und aktiviere[191]. Obwohl dieses Dokument nicht in der Absicht verfaßt worden ist, Maria als Vorbild unserer eigenen Auferstehung darzustellen, könnten wir vielleicht dennoch mit D. Flanagan dieses Dokument als eine Einladung betrachten zu dem Versuch, von der konkreten und definierten Wahrheit der Aufnahme (Marias) in den Himmel ausgehend den Sinn des Eschatologischen im allgemeinen zu erarbeiten[192]. In *Lumen Gen-*

tium 68 wird an die Tatsache erinnert, daß „die Mutter Jesu, im Himmel schon mit Leib und Seele verherrlicht, Bild und Anfang der in der kommenden Weltzeit zu vollendenden Kirche ist". Das Verhältnis zwischen Maria und der Kirche kommentierend, meint ein Theologe: „Sie (Maria) ist keine Personifizierung eines künftigen Zustandes dieser himmlischen Kirche, sondern der personale Ausdruck des gegenwärtigen Zustandes der Gemeinschaft, die die himmlische Kirche bildet ... In ihrer leiblichen Aufnahme in den Himmel veranschaulicht Maria das Leben im Zustand der Erlösung, dessen die Heiligen in der Herrlichkeit jetzt schon teilhaft sind. Wir, die noch ‚im Leibe weilen', sehen diese Existenzweise, deren auch wir einmal teilhaft werden sollen, uns vor Augen gestellt. *Diesen Endzustand hat – in Christus – nicht allein Maria erreicht, sondern auch alle diejenigen, die ‚beim Herrn' sind.*"[193] Maria ist also keine Ausnahme, sondern Vorbild. Indessen ist es angebracht, hier wieder auf unsere Überlegungen oben über den Unterschied zwischen dem verherrlichten Leib des Herrn und unserem zu verweisen. Ähnliches gilt auch für den Unterschied zwischen dem verwandelten Leib Marias und dem unsrigen. Im Gegensatz zu dem unsrigen ist ihr Leib nicht von der Geschichte der Sünde gezeichnet. Da sie ja die unbefleckt Empfangene ist, war ihr irdischer Leib schon Sakrament Gottes und Ausdruck der anmutigen Innerlichkeit ihres Geistes. In ihr nahm das Wort Fleisch an. Obwohl sie noch in der alten Welt lebte, war sie dort Gegenwart des neuen Himmels und der neuen Erde. Aufgrund dieser theologischen Argumente, so meinen wir, kann man sagen, daß der fleischliche Leib der Jungfrau verwandelt wurde ohne die Verwesung einer normalen menschlichen Leiche, die in sich die Geschichte der Sünde und der Welt trägt und daher schließlich zu Staub zerfällt. Wie in Christus ist auch in Maria der *homo matutinus* unter uns erschienen, für den der Tod ein Übergang der Verwandlung zu dem ist, in dem der Mensch seine definitive und göttliche Verwirklichung findet. Im Gegensatz zu der Verkündigung des Dogmas von der unbefleckten Empfängnis ist in der apostolischen Konstitution *Munificentissimus Deus* nirgendwo die Rede davon, daß es sich bei der Aufnahme Marias in den Himmel um ein Privileg von Maria allein handelt. Dies erlaubt uns, dieses Dogma als einen Denkanstoß zu betrachten, der uns die Frage stellen läßt, ob nicht alle, die im Herrn sterben, an einer solchen Gnade teilhaben. Tatsächlich schreibt M. Schmaus, einer der kirchlichsten und gemäßigsten Theologen unserer Zeit in seinem Handbuch katholischer Dogmatik „Der Glaube der Kirche": „Der These, daß der Mensch sofort im Tode eine neue leibhaftige Existenz gewinnt, während der irdische Leib in das Grab gelegt oder verbrannt wird und der Verwesung anheimfällt, steht keine Offenbarungswahrheit entgegen. Eine solche augenblickliche Verwandlung kann zwar nicht streng bewiesen werden. Es gibt jedoch hierfür Gründe, welche der These Wahrscheinlichkeit verleihen."[194] Diese Argumente haben wir oben angeführt. Sie begründen eine wirkliche Wahrscheinlichkeit, was mehr ist als eine reine Möglichkeit. Und diese Wahrscheinlichkeit, die auf anthropologischen Argumenten und Argumenten der Schrift beruht, auf die auch bei der pastoralen Verkündigung dieser These zurückgegriffen werden kann, ist für viele Christen Grund zur Freude, zur Befreiung und zu einem erneuerten Engagement für die Sache des Christentums unter den Menschen. Schmaus selbst schrieb hierzu: Wenn man auf die Frage, wann die Auferweckung stattfindet, „antwortet, dies geschehe am Ende der Zeiten, wird die Glaubensaussage von der Auferweckung der Toten immer blasser. Sie verliert immer mehr ihre Wirkkraft für den Lebensvollzug. Denn wenn man mit Millionen oder Milliarden von Jahren rechnen muß, so fällt der Glaube daran mehr und mehr unter dem Horizont des menschlichen Bewußtseins hinunter, da wir solche Zeitungeheuer nicht im Bewußtsein zu realisieren vermögen."[195]

c) Der Mensch wird auch bei der Vollendung der Welt auferstehen

Dennoch ist diese Auferstehung der Gestorbenen im Herrn in ihrem Tod noch nicht die endgültige, vollkommene Wirklichkeit: Nur der gestorbene Mensch hat im Kern seiner Persönlichkeit teil an der Verherrlichung. Der Mensch hat aber auch eine wesentliche Beziehung zum Kosmos. Diese wird im Tod eines Menschen nicht vollkommen mitverwandelt. Wir werden nur dann von einer radikalen Auferstehung reden können, wenn auch die Heimat des Menschen, der Kosmos, mitverwandelt sein wird. Daher können wir trotz der persönlichen Fülle, die der Verstorbene in seiner Auferstehung im Tod schon erlangt und trotz der Tatsache, daß die Verwandlung des Menschen-als-Knotenpunkt-seiner-Beziehungen-zum Universum auch irgendwie den Kosmos berührt, auch von einer Auferstehung am Ende der Welt sprechen. Denn erst dann werden Gott und Christus alles in allem sein (Kol 3, 11; 1 Kor 15, 28), besonders aber im Menschen in seiner wesentlichen Beziehung zum Universum.

VI. Zum Schluß

Paulus nannte den auferstandenen Menschen einen geistigen Leib. Damit meinte er den gesamten Menschen in der Einheit seiner Seele und seines Körpers, der in der Auferstehung aber darüber hinaus voll verwirklicht und von Gott erfüllt ist.

Wie könnten wir heute den auferstandenen Menschen bezeichnen? Indem wir uns einer im Prinzip Hoffnung begründeten Kategorie der Anthropologie bedienen, könnten wir vielleicht sagen: Der auferstandene Mensch ist heute für uns ein *homo revelatus*. Denn der wirkliche Mensch, der in der irdischen Situation seines Lebens wächst und den Gott wirklich wollte, als er den Menschen im Prozeß der Evolution entstehen ließ, offen-bart sich in der Auferstehung als verwirklicht. Nur dieser wirkliche Mensch ist in seiner radikalen Offenheit auch der eschatologische Mensch. Durch die Auferstehung wird das Sein-Können des menschlichen Daseins vollkommen verwirklicht: Das, was der Mensch sein kann, tritt aus seiner Latenz vollkommen hervor. Dadurch offenbart sich auch das Vorhaben Gottes mit den Menschen, denn Gott will den Menschen in seiner gesamten Wirklichkeit als einen für die gesamte Totalität der Wirklichkeit geöffneten Leib und Geist an seiner Göttlichkeit teilhaben lassen. Der *homo revelatus* hat an der kosmischen Allgegenwärtigkeit Gottes und Christi teil. Er ist überall anwesend. So wird der *homo revelatus* auch zum *homo cosmicus*.

Aber auch schon jetzt in der räumlich-zeitlichen Existenzweise des menschlichen Lebens ist der *homo revelatus* schon latent gegeben. Er ist noch von den Bedingungen dieser Welt gefesselt und lebt in der Situation des *simul iustus et peccator*. Der Tod befreit ihn aber und erlaubt es ihm, tiefer ins Herz des Kosmos vorzudringen. Durch die Auferstehung hat er nun am auferstandenen und kosmischen Christus teil. Und bei der Vollendung der Welt und des Universums wird dies alles noch gesteigert werden, denn der Kosmos gehört ihm wesentlich.

Am Ende des Lebens hinterläßt der Mensch nur eine Leiche. Diese ist wie ein Kokon, der das strahlende Erscheinen der Puppe und dann des Schmetterlings ermöglicht, der nun nicht mehr von den engen Grenzen des Kokons eingeengt ist, sondern dem weiten Horizont der gesamten Wirklichkeit entgegenfliegt. Auf die grundsätzliche Frage jeder Anthropologie – Was wird mit dem Menschen geschehen? Was dürfen wir erwarten? – antwortet der Glaube voller Freude: Wir erwarten das ewige Leben des geistig-körperlichen Menschen in der intimen Gemeinschaft mit Gott, mit den anderen und mit dem Kosmos. Oder wie uns das Zweite Vatikanum sagt: „Es vergeht zwar die Gestalt dieser Welt, die durch die Sünde mißgestaltet ist, aber wir werden belehrt, daß Gott eine neue Wohnstätte und eine neue Erde bereitet, auf der die Gerechtigkeit wohnt, deren Seligkeit jede Sehnsucht nach Frieden in den Herzen der Menschen erfüllt und übertrifft. Der Tod wird besiegt sein, die Kinder Gottes werden in Christus auferweckt werden ... und die ganze Schöpfung, die Gott um des Menschen willen schuf, wird von der Knechtschaft der Vergänglichkeit befreit sein ... Hier auf Erden ist das Reich schon im Geheimnis da; beim Kommen des Herrn erreicht es seine Vollendung" (Gaudium et Spes 39).

Wie tröstlich sind hier die Worte der Präfation von den Verstorbenen (I), die die in dieser Arbeit dargelegte Theologie zusammenfassen: „In ihm (= Christus) erstrahlt uns die Hoffnung, daß wir zur Seligkeit auferstehen. Bedrückt uns auch das Los des sicheren Todes, so tröstet uns doch die Verheißung der künftigen Unsterblichkeit. Denn deinen Gläubigen, o Herr, wird das Leben gewandelt, nicht genommen. *Und wenn die Herberge der irdischen Pilgerschaft zerfällt, ist uns im Himmel eine ewige Wohnung bereitet.*"

Anmerkungen

1 Sehr viel Material über dieses Thema enthält *W. Mühlmann,* Chiliasmus und Nativismus. Studien zur Psychologie, Soziologie und historischen Kasuistik der Umsturzbewegungen (Berlin ²1964); vgl. auch *E. Bloch,* Das Prinzip der Hoffnung, 3 Bde. (Frankfurt a. M. 1959); zu *Lévi-Strauss* s. Anm. 156.

2 Vgl. *A. Heidel,* The Gilgamesh Epic and Old Testament Parallels (Chicago 1954); *G. Contenau,* Le déluge babylonien (Paris ²1952) 192–200.

3 Zehnte Tafel, hier nach der deutschen Übersetzung von A. Schott, Das Gilgamesch-Epos (Stuttgart 1958) 74.

4 Zehnte Tafel: *Schott* 75.

5 Siebente Tafel: *Heidel,* 60–61; 99–101 (nicht an der entspr. Stelle bei Schott [der Übers.]).

6 Vgl. *S. Croato,* Die Unsterblichkeitshoffnung in den großen Weltbildern des Orients: Concilium 6 (1970) 679–685.

7 *C. Mesters,* Paraíso terrestre: Saudade ou esperanca (Petrópolis 1971) 47 f.

8 Vgl. *E. Schaden,* O mito do paraíso na cultura e na vida Guarani: Aspectos fundamentais da cultura Guarani (Univ. von São Paulo, Faculdade de Fil., Ciências e Letras, Boletim Nr. 188, São Paulo 1954) Kap. X; *A. Métraux,* Migrations historiques des Tupi-Guarani: Jornal de la Sociedad de Americanistas, N. S. 19 (1927) 1–45; *W. H. Lindling,* Wanderungen der Tupi-Guarani und Eschatologie der Apapocuca-Guarani: *Mühlmann,* Chiliasmus 19–40.

9 Siehe *L. Boff,* A manipulação biológica do homem: Vozes 65 (1971) 631–641 mit der dort zitierten Bibliographie, besonders den erwähnten Werken von P. Overhage; für die genannte Zahl: Time (19. April 1971) 28.

10 Vgl. *R. Kaufmann,* Die Menschenmacher (Hamburg 1964) 17f.

11 Diese Beispiele und Zitate entnahmen wir *P. Overhage,* Experiment Menschheit (Frankfurt a. M. 1967) 297–299 und *J. Hasenfuz,* Biologische Atombombe. Der manipulierte Mensch: Deutsche Tagespost, Nr. 152 (1966) 18.

12 Zitiert bei *P. Overhage,* Experiment Menschheit 41.

13 Zitiert bei *U. Appolonio,* O homem no ano 2000 (Petrópolis 1971) 25.

14 Time (19. April 1971) 38.

15 Vgl. *K. Rahner,* Experiment Mensch; Schriften zur Theologie VIII (Einsiedeln 1967) 260–285, bes. 281–284; *ders.,* Zum Problem der genetischen Manipulation: ebd. 186–231.

16 *Overhage,* Experiment Menschheit 59.

17 Brief an N. D. Fonwisina (Omsk, nach dem 20. Februar 1854): *Fjodor M. Dostojewski,* Briefe I (Leipzig 1984) 111 f.

18 Vgl. *P. Seidensticker,* Die Auferstehung Jesu in der Botschaft der Evangelisten (Stuttgarter Bibelstudien 26) (Stuttgart ²1968) 91.

[19] Siehe die entsprechenden Informationen bei *W. Dietzfelbinger,* Restaurative Bewegungen in der deutschen evangelischen Kirche: Concilium 6 (1970) 52-56.
[20] Vgl. L'Oservatore Romano vom 2., 4., 8., 9. und 12. April 1970. Für eine Zusammenfassung der wichtigsten Beiträge siehe *G. Rosa,* Il cristiano di oggi di fronte alle risurrezione di Cristo: La civiltà Cattolica 121 (1970) 365–377.
[21] Eine Übersicht über die Diskussion auf protestantischer Seite findet man bei *H. G. Geyer,* Die Auferstehung Jesu Christi. Ein Überblick über die Diskussion in der gegenwärtigen Theologie: *W. Marxsen / U. Wilckens / G. Delling / H. Geyer,* Die Bedeutung der Auferstehungsbotschaft für den Glauben an Jesus Christus (Gütersloh [7]1968) 91–117; *B. Klappert* (Hg.), Diskussion um Kreuz und Auferstehung in Theologie und Gemeinde (Wuppertal [3]1968), bes. 9–52, 298–300. Dieses letzte Werk ist eine Sammlung der wichtigsten protestantischen Untersuchungen über diese Thematik von Bultmann und Barth bis zu Bornkamm, von Campenhausen, Pannenberg u. a.
[22] Auf katholischer Seite sind hier besonders hervorzuheben: *H. Ebert,* Die Krise des Osterglaubens. Zur Diskussion über die Auferstehung Jesu: Hochland 60 (1968) 305–331; der nicht gezeichnete Bericht in Herderkorrespondenz 22 (1968) 322–328; *X. Léon-Dufour,* Bulletin d'exégèse du N. T.: Recherches de Scienes Religieuses 57 (1969) 583–622. Von der immensen Bibliographie über dieses Thema wollen wir hier nur einige der wichtigsten Titel nennen: *H. Grass,* Ostergeschehen und Osterberichte (Göttingen [2]1969); *J. Kremer,* Die Osterbotschaft der vier Evangelien (Stuttgart 1968); *ders.,* Das älteste Zeugnis von der Auferstehung Christi (Stuttgart [2]1967); *versch. Autoren (Grelot/Delorme/Léon-Dufour),* La résurrection du Christ et l'exégèse moderne (Paris 1969); *P. Benoit,* Passion et résurrection du Seigneur (Lire la Bible 6) (Paris 1966); *F. Mußner,* Auferstehung Jesu (München 1969); *K. Lehmann,* Auferweckt am dritten Tag nach der Schrift (Freiburg/Basel/Wien 1968); *J. Ponthot,* Les traditions évangéliques sur la résurrection du Christ. Perspectives théologiques et problèmes d'historicité: Lumen Vitae 20 (1965) 649–673; 21 (1966) 99–118; *G. Wagner,* La résurrection, signe du monde nouveau (Paris 1970); *versch. Autoren,* Resurrección y mundo: Teología y Vida 11 (1970) 75–99; *X. Léon-Dufour,* Présence de Jésus ressuscité: Études (April 1970) 593–614; *H.Schlier,* Über die Auferstehung Jesu Christi (Einsiedeln 1968); das gesamte Heft 12 der Zeitschrift Concilium 6 (1970) 673–744, sowie manche unten am geeigneten Ort genannten Studien.
[23] *R. Bultmann,* Neues Testament und Mythos: *H.-W. Bartsch* (Hg.), Kerygma und Mythos I (Hamburg-Bergstedt [5]1967) 15–48, hier 44. Für eine kritische Würdigung vom Standpunkt der katholischen Exegese aus, s. *J. Kremer,* Das älteste Zeugnis der Auferstehung Christi 98–114.
[24] *Bultmann,* Neues Testament und Mythos 46.
[25] Ebd.
[26] Ebd. 47; *ders.,* Das Verhältnis der urchristlichen Christusbotschaft zum historischen Jesus (Heidelberg [3]1962) 27; *ders.,* Theologie des Neuen Testaments (Tübingen [5]1965) 305.
[27] *Bultmann,* Neues Testament und Mythos 46.
[28] *Bultmann,* Theologie des Neuen Testaments 305.
[29] *W. Marxsen,* Die Auferstehung Jesu als historisches und als theologisches Problem: *Marxsen* u. a., Die Bedeutung der Auferstehungsbotschaft 7–40, hier 13.
[30] *Bultmann,* Kerygma und Mythos 44; Theologie des Neuen Testaments 48.
[31] Vgl. *G. Greshake,* Historie wird Geschichte. Bedeutung und Sinn der Unterscheidung von Historie und Geschichte in der Theologie R. Bultmanns (Essen 1963).
[32] *R. Bultmann,* Moderne Bibelauslegung und Existenzphilosophie: Jesus Christus und die Mythologie (Hamburg [3]1967) 50–68; siehe auch *G. Hasenhüttl,* Der Glaubensvollzug. Eine Begegnung mit R. Bultmann aus katholischem Glaubensverständnis (Essen 1963).
[33] *R. Bultmann,* Die christliche Botschaft und die moderne Weltanschauung: Jesus Christus und die Mythologie 37–49.
[34] Vgl. *E. Scheid,* Das Heilsgeschehen. Tod und Auferstehung im Lichte der Entmythologisierung Bultmanns (Rom 1954) 41 ff.
[35] *Marxsen,* Die Auferstehung Jesu als historisches und als theologisches Problem: *Marxsen* u. a., Bedeutung der Auferstehungsbotschaft 7–40 (bzw. Einzelausgabe: Gütersloh [5]1967). Siehe auch *W. Marxsen,* Das Alte Testament als Buch der Kirche (Gütersloh 1966) 96–100.
[36] *Marxsen,* Die Auferstehung Jesu: Bedeutung der Auferstehungsbotschaft 19.
[37] Ebd. 20.
[38] Ebd. 30; vgl. *K. Schubert,* Kairos 21 (1969) 145–149.
[39] *Marxsen,* Die Auferstehung Jesu: Bedeutung der Auferstehungsbotschaft 30.
[40] Ebd. 33.

[41] Ebd. 39.
[42] Ebd. 11, 38.
[43] *P. Grelot,* La résurrection de Jésus et son arrière-plan biblique: La résurrection du Christ et l'exégèse moderne 17–54, bes 39ff; *K. Schubert,* Die Entwicklung der Auferstehungslehre von der nachexilischen bis frührabbinischen Zeit; Biblische Zeitschrift 6 (1962) 177–214; *ders.*, Interpretament Auferstehung: Wort und Wahrheit (1968) 78–80.
[44] *N. D. Dahl,* Eschatologie und Geschichte im Lichte der Qumrantexte: *E. Dinkler* (Hg.), Zeit und Geschichte. Dankesgabe an Rudolf Bultmann zum 80. Geburtstag (Tübingen 1964) 3–18, hier 14; *J. Kremer,* Das älteste Zeugnis (s. Anm. 22) 128.
[45] Vgl. *W. Michaelis:* ThWNT V 315ff, bes, 359; *H. Grass,* Ostergeschehen und Osterberichte (s. Anm. 22) 186–232, bes. 186–189. Vgl. Marxsen selbst: *W. Marxsen,* Die Auferstehung Jesu: Bedeutung der Auferstehungsbotschaft (s. Anm. 35) 20.
[46] Dies wurde von Schubert auf dem internationalen Symposium in Rom sehr stark hervorgehoben, vgl. *G. Rosa,* Il cristiano di oggi fronte alla risurrezione di Cristo: Civiltà Cattolica 121 (1970) 369.
[47] *W. Pannenberg,* Grundzüge der Christologie (Gütersloh ³1969) 47–112; *ders.*, Dogmatische Erwägungen zur Auferstehung: Kerygma und Dogma 14 (1968) 105–108.
[48] *Pannenberg,* Grundzüge 69–85.
[49] Ebd. 71–73.
[50] Ebd. 95.
[51] Ebd. 96; vgl auch die in die gleiche Richtung tendierenden Überlegungen bei *J. Moltmann,* Theologie der Hoffnung (München ⁶1966) 125–209 (Auferstehung und Zukunft Jesu Christi).
[52] *G. Rosa,* Il cristiano di oggi (s. Anm. 46) 370f.
[53] Vgl. *R. Schnackenburg,* Christologie des Neuen Testamentes: Mysterium Salutis III/1 (Einsiedeln/Zürich/Köln 1970) 227–388, dort 230–247: „Die Auferstehung Jesu Christi als Ausgangs- und Ansatzpunkt der neutestamentlichen Christologie."
[54] Vgl. die in der Anm. 22 zitierte Bibliographie.
[55] *E. Gutwenger,* Zur Geschichtlichkeit der Auferstehung Jesu: ZKTh 88 (1966) 257–282; siehe dazu auch die Kritik von *P. Gaechter,* Die Engelerscheinungen in den Auferstehungsberichten. Untersuchung einer Legende; ZKTh 89 (1967) 191–202.
[56] *Gutwenger* 279.
[57] *W. Bulst* in: Sacramentum Mundi I (1967) 413–416 und zuvor schon LThK² I (1957) 1035–1038.
[58] *F. X. Durrwell,* Die Auferstehung Jesu als Heilsmysterium (Salzburg 1958). Ähnlich zu argumentieren scheint *J. Comblin,* A ressurreição (São Paulo 1965). Siehe auch unter den vielen, vielen Aufsätzen über dieses Thema: *A. Jansens,* De valore soteriologico resurrectionis Christi: Ephemenides Theologicae Lovanienses 9 (1932) 225–233; *N. Grotty,* The Redemptive Role of Christ's Ressurection: The Thomist 25 (1962) 54–106.
[59] *J. Schmitt,* Jésus ressuscité dans la prédication apostolique (Paris 1949); s. auch das Stichwort „Auferstehung" in: LThK² I (1957) 1028–1035 und schließlich auch in: Sacramentum Mundi I 405–413.
[60] Sacramentum Mundi I 408.
[61] *P. Benoit,* Passion et résurrection du seigneur (Paris 1966). Siehe auch *J. Sint,* Die Auferstehung in der Verkündigung der Urgemeinde: ZKTh 89 (1962) 129–151.
[62] *Benoit,* Passion 5.
[63] Siehe die in der Anm. 22 aufgeführte Bibliographie.
[64] *W. Trilling,* Jesús y los problemas de su historicidad (Barcelona 1970) 169, urspr. *W. Trilling,* Fragen zur Geschichtlichkeit Jesu (Düsseldorf ²1967); *R. Schnackenburg,* Haben wir die Bibel falsch ausgelegt?: Alte Fragen, neue Antworten? Neue Fragen, alte Antworten? (Würzburg 1967) 119–221; *F. J Schierse,* Um die Wirklichkeit der Auferstehung Jesu: Stimmen der Zeit 92 (1967) 221–223.
[65] *K. Rahner,* Art. „Auferstehung": Sacramentum Mundi I 420–425; *J. Ratzinger,* Einführung in das Christentum: (München 1968) 249–257.
[66] *H. Kessler,* Fragen um die Auferstehung Jesu: Bibel und Kirche 22 (1967) 21.
[67] *A. Kolping,* Auferstehung: *H. Fries* (Hg.), Handbuch theologischer Grundbegriffe I (München 1962) 141.
[68] *R. Michiels,* Notre foi dans le Seigneur ressuscité: Collectanea Mechliniensia 55 (1970) 227–253, bes. 242–245; *X. Léon-Dufour,* Apparitions du ressuscité et herméneutique: La résurrection du Christ et l'exégèse moderne (s. Anm. 22) 153–173.
[69] Vgl. *M. Brändle,* Zum urchristlichen Verständnis der Auferstehung Jesu: Orientierung 6 (1967) 65–71.

[70] Vgl. vor allem *P. Seidensticker,* Auferstehung Jesu (s. Anm. 18) 38–58; *U. Wilckens,* Die Überlieferungsgeschichte der Auferstehung Jesu: Bedeutung der Auferstehungsbotschaft (s. Anm. 21) 41–64.

[71] *J. Kremer,* Die Osterbotschaft der vier Evangelien (s. Anm. 22) 135 f; *ders.,* Ist Jesus wirklich von den Toten auferstanden?: Stimmen der Zeit 94 (1969) 310–320.

[72] Vgl. *A. Vögtle,* Er ist auferstanden, er ist nicht hier: Bibel und Leben 7 (1966) 69–73.

[73] *M. Brändle,* Mußte das Grab leer sein?: Orientierung 31 (1967) 108–112, hier 112.

[74] Ebd. 109.

[75] *H. Ebert,* Die Krise des Osterglaubens: Hochland 60 (1968) 305–331, hier 325; *I. Broer,* Das leere Grab. Ein Versuch: *Th. Bogler,* Ein Fest der Auferstehung heute (Ars Liturgica) (Maria Laach 1968) 42–51, bes. 48; *L. Schenke,* Auferstehungsbotschaft und leeres Grab. Eine traditionsgeschichtliche Untersuchung von Mk 16, 1–8 (Stuttgart 1968) 33 ff.

[76] Vgl. *A. George,* Les récits d'apparitions aux Onze à partir de Luc 24, 36–53: La résurrection du Christ et l'exégèse moderne (s. Anm. 22) 55–74; *M. Kehl,* Eucharistie und Auferstehung. Zur Deutung der Ostererscheinungen beim Mahl: Geist und Leben 43 (1970) 90–125, bes. 113–125.

[77] Vgl. die Textsammlung bei *P. Seidensticker,* Zeitgenössische Texte zur Osterbotschaft der Evangelien (Stuttgart 1967) 55–65.

[78] *H. R. Schlette,* Offenbarung als Geschichte (München 1966) 66–83.

[79] Ebd. 70 f. [80] Ebd. 71.

[81] Ebd. 74 f.

[82] Reaktionen auf Schlettes Thesen: *J. Ratzinger:* Theologische Revue 63 (1967) 34–36; *A. Vögtle,* Offenbarung als Geschichte: Oberrheinisches Pastoralblatt 68 (1967) 9–14; *K. Schubert,* Interpretament Auferstehung: Wort und Wahrheit 23 (1968) 78–80. Entschieden unterstützt wurde Schlette von *M. Brändle,* Mußte das Grab leer sein? (s. Anm. 73) 108 f.

[83] Siehe die in den Anm. 21 und 22 schon genannte Bibliographie.

[84] Vgl. *G. Delling,* Die Bedeutung der Auferstehung Jesu für den Glauben an Jesus Christus. Ein exegetischer Beitrag: Bedeutung der Auferstehungsbotschaft (s. Anm. 21) 9–58; *J. Kremer,* Das älteste Zeugnis (s. Anm. 22) 25 ff.

[85] *Kremer,* Das älteste Zeugnis 25–30.

[86] *P. Seidensticker,* Auferstehung Jesu (s. Anm. 18) 17.

[87] Siehe außer den schon genannten Werken Kremers: *F. Mußner,* „Schriften" in der paulinischen Theologie, dargetan an 1 Kor 15: Biblische Zeitschrift 9 (1965) 59–70; *J. Gnilka,* Das christologische Glaubensbekenntnis 1 Kor 15, 3–5: Jesus Christus nach frühen Zeugnissen des Glaubens (München 1970) 44–60, zusammen mit der dort aufgeführten ausführlichen Bibliographie; *P. Winter,* 1 Corinthians XV 3b–7: Novum Testamentum 9 (1957) 142–150.

[88] Vgl. *K. Lehmann,* Auferweckt am dritten Tag (s. Anm. 22) 262–290; *J. Gnilka,* Das christologische Glaubensbekenntnis 55; *M. Metzger,* A Suggestion Concerning the Meaning of 1 Cor 15, 4b: Journal of Theological Studies 8 (1957) 123; *J. Dupont,* Ressuscité „le troisième jour": Biblica 40 (1954) 742–761.

[89] *J. Kremer,* Das älteste Zeugnis 71.

[90] Vgl. *L. Goppelt,* Das Osterkerygma heute: Diskussion um Kreuz und Auferstehung (s. Anm. 21) 213.

[91] Vgl. *R. Schnackenburg,* Zur Aussageweise „Jesus ist (von den Toten) auferstanden: Biblische Zeitschrift 13 (1969) 1–17.

[92] Vgl. den Text bei *P. Seidensticker,* Zeitgenössische Texte (s. Anm. 77) 59–62.

[93] Vgl. *J. Delorme,* Résurrection et tombeau de Jésus. Marc 16, 1–8 dans la tradition évangélique: La résurrection du Christ et l'exégèse moderne (s. Anm. 22) 75–104 mit der dort aufgeführten Bibliographie; vgl. auch *G. Lohfink,* Die Auferstehung Jesu und die historische Kritik: Bibel und Leben 9 (1968) 37–53; *L. Schenke,* Auferstehungsverkündigung und leeres Grab (Stuttgart 1968).

[94] *D. Whitaker,* What Happened to the Body of Jesus?: The Expository Times 81 (1970) 307–310, bes. 310.

[95] Vor allem *P. Seidensticker,* Auferstehung Jesu (s. Anm. 18) 77–83, 90; *W. Pannenberg,* Grundzüge der Christologie (s. Anm. 47) 97–103; *D. Fuller,* The Resurrection of Jesus and the Historical Method: Journal of Bibel and Religion 34 (1966) 18–24.

[96] Vgl. *J. Jeremias,* Heilige Gräber in Jesu Umwelt (Göttingen 1958).

[97] Vgl. *G. Schille,* Das Leiden des Herrn. Die evangelischen Passionstraditionen und ihr Sitz im Leben: Zeitschrift für Theologie und Kirche 52 (1955) 161–205; *J. Delorme,* Résurrection et tombeau de Jésus (s. Anm. 93) 125–129; *E. L. Bode,* A Liturgical Sitz im Leben for the Gospel Tradition of the Women's Easter Visit of the Tomb of Jesus?: The Catholic Biblical Quaterly 32 (1970) 237–242, wo diese These als „very possible" (242) verteidigt wird.

[98] Der Besuch des Petrus und Johannes am leeren Grab in Joh 20,8 scheint nicht auf eine historische Erinnerung zurückzugehen, sondern eine theologische Konstruktion des Autors des Johannesevangeliums zu sein, um auf diese Weise eine enge Verbindung zwischen dem Leiter der johanneischen Gruppe mit dem Leiter der Kirche, Petrus, herzustellen, vgl. *P. Benoit,* Passion et résurrection du Seigneur (s. Anm. 22) 284–286.

[99] Vgl. *J. Kremer,* Die Osterbotschaft (s. Anm. 22) 25–28.

[100] Vgl. *H. Grass,* Ostergeschehen und Osterberichte (s. Anm. 22) 94–112, 186–232.

[101] Vgl. *J. Kremer,* Das älteste Zeugnis (s. Anm. 22) 65–82.

[102] *J. Kremer,* Die Osterbotschaft 39–41.

[103] Vgl. *P. Seidensticker,* Zeitgenössische Texte (s. Anm. 77) 43–50; *ders.* Auferstehung Jesu (s. Anm. 18) 43–56.

[104] Vgl. *J. Dupont,* Le repas d'Emmaus: Lumière et Vie 31 (1957) 77–92; *Orlett,* An Influence of the Early Liturgy on the Emmaus Account: Catholic Biblical Quaterly 21 (1959) 212–219; *M. Kehl,* Eucharistie und Auferstehung (s. Anm. 76) bes. 101–105.

[105] Vgl. bes. *P. Seidensticker,* Auferstehung Jesu 77–83.

[106] Schon oben haben wir darauf hingewiesen, daß der Satz „Er ist auferstanden am dritten Tag" nicht auf historischer Erinnerung beruht, sondern eher eine dogmatische Aussage ist. Einige Tage später fanden die Erscheinungen Jesu statt. Bei dem Bericht über die Verklärung Jesu, der diese in die Zeit des irdischen Lebens Jesu situiert, weist manches darauf hin, daß es sich hierbei um eine in die Zeit vor dem Tod und die Auferstehung zurückprojizierte Erscheinung des Auferstandenen handelt. Wie dieser Bericht uns heute vorliegt, zeugt er von einem damals noch nicht abgeschlossenen Entwicklungsprozeß in der Katechese der Urkirche: Dort wurden die historischen Elemente des Lebens Jesu im Licht und mit Hilfe von anderen, der Zeit nach Ostern entnommenen Elemente umgeformt (hier bei der Verklärung in eine Vorhersage des Leidens Jesu mit der entsprechenden Einladung, Jesus auf dem Weg des Kreuzes zu folgen). Vgl. *P. Seidenstikker,* Zeitgenössische Texte 48–50.

[107] Vgl. *H. Linding,* Wanderungen der Tupi-Guarani und Eschatologie der Apapocuva-Guarani: *W. Mühlmann,* Chiliasmus und Nativismus. Studien zur Psychologie, Soziologie und historischen Kasuistik der Umsturzbewegungen (Berlin ^{2}1964) 19–40.

[108] Siehe das enorme Material, das gesammelt wurde von *E. Bloch,* Das Prinzip Hoffnung (s. Anm. 1); *M. Eliade,* Dimensions religieuses du renouvellement cosmique: Eranos Jahrbuch (1959) 241–275; vgl. Dokumentation Concilium, Utopie: Concilium 5/1 (1969)

[109] *F. Nietzsche,* Aus dem Nachlaß der Achtzigerjahre: *K. Schlechta* (Hg.), Friedrich Nietzsche. Werke III (München ^{6}1969) 422. Für eine Übersicht über die Geschichte der Vorstellung von einem Übermenschen, die, christlichen Ursprungs, von Jean Paul säkularisiert und auf Napoleon angewandt wurde, s. *E. Benz,* Der dreifache Aspekt des Übermenschen: Eranos Jahrbuch 26 (1959) 109–192.

[110] Vgl. *R. Schnackenburg,* Gottesherrschaft und Reich (Freiburg i. Br. ^{2}1961) bes. 1–48 – ein Werk, in dem eine Fülle an Literatur verarbeitet ist; vgl. *P. Brunner,* Elemente einer dogmatischen Lehre von Gottes Basileia: Die Zeit Jesu (Festschrift für H. Schlier) (Freiburg i. Br. 1970) 228–256.

[111] *H. Jonas,* Gnosis und spätantiker Geist, 2 Bde. (Göttingen 1934).

[112] Vgl. *G. Bornkamm,* Jesus von Nazareth (Stuttgart 1956) 59; *R. Bultmann,* Theologie des Neuen Testaments (Tübingen ^{5}1965) 3; *J. Becker,* Das Heil Gottes. Heil- und Sündenbegriffe in den Qumrantexten und im Neuen Testament (Göttingen 1964) 388–390; *L. Boff,* Jesus Christus, der Befreier: Teil I dieses Bandes, S. 43–51.

[113] Vgl. *R. H. Fuller,* Die Wunder Jesu in Exegese und Verkündigung (Düsseldorf 1967) 21, 121 usw.

[114] Siehe den ausgezeichneten Aufsatz von *C. Mesters,* Jesus Cristo Deus conosco: Grande Sinal 24 (1970) 93–108, bes. 94–96.

[115] Vgl. *R. Bultmann,* Theologie des Neuen Testaments 331.

[116] Dieser Aspekt der Zukunft wurde auf besondere Weise hervorgehoben von *J. Moltmann,* Theologie der Hoffnung (s. Anm. 51) 173–179, 184–204; *W. Kreck,* Die Zukunft des Gekommenen. Grundprobleme der Eschatologie (München ^{2}1966) 91ff und 203ff; *L. Boff,* Jesus Christus, der Befreier: Teil I dieses Bandes, S. 182–184.

[117] *E. Käsemann* in seiner Rezension des Buches von *R. Bultmann,* Theologie des Neuen Testaments: Zeitschrift für Theologie und Kirche 59 (1962) 282; *A. Grabner-Haider,* Auferstehungsleiblichkeit: Stimmen der Zeit 181 (1968) 217–222; *ders.,* Auferstehung und Verherrlichung. Biblische Beobachtungen: Concilium 5 (1969) 58–72.

[118] *Herrade Mehl-Koehnlein,* L'homme selon l'apôtre Paul (Neuchâtel/Paris 1951) 31–37; *L. Boff,* Jesus Christus, der Befreier: Teil I dieses Bandes, S. 147–149.

[119] Vgl. *L. Boff,* O evangelho do Cristo cósmico. A realidade de um mito e o mito de uma realidade (Petrópolis 1971).

[120] *J. Jeremias,* Unbekannte Jesusworte (Gütersloh ³1963) 100–104, Zitat hier S. 100.

[121] Vgl. *J. B. Metz,* Caro cardo salutis. Zum christlichen Verständnis des Leibes: Hochland 55 (1962) 97–107, bes. 97.

[122] *F. X. Durrwell,* Die Auferstehung (s. Anm. 58), Kap. V–IX.

[123] *K. Rahner,* Dogmatische Fragen zur Osterfrömmigkeit: Schriften zur Theologie IV (Einsiedeln ⁵1967) 157–172; *ders.,* Auferstehung Jesu: LThk² I 1038–1041; *ders.,* Sacramentum Mundi I 403–405, 420–425. Vgl. auch *H. U. von Balthasar,* Mysterium Paschale: Mysterium Salutis III/2 133–319.

[124] Über dieses Thema wollen wir hier nur die wesentliche Literatur erwähnen: *K. Rahner,* Zur Theologie des Todes (Freiburg i. Br. 1958); *L. Boros,* Mysterium mortis. Der Mensch in der letzten Entscheidung (Olten/Freiburg i. Br. 1962); *ders.,* Erlöstes Dasein (Mainz 1966) 89–108; *R. Troisfontaines,* Je ne meurs pas ... (Paris 1960); *R. P. Martelet,* Victoire sur la mort. Eléments d'anthropologie chrétienne (Paris 1962); *H. Volk,* Das christliche Verständnis des Todes (Regensburg 1957); *R. W. Gleason,* The World to Come (New York 1958); *ders.,* Toward a Theology of Death: Thougth Fordham Univ. Quart. 32 (1957) 39–68; *I. Lepp,* La mort et les mystères (Paris 1966); *V. Jankélèvitch,* La mort (Paris 1966); *M. Bordoni,* Dimensioni antropologiche della morte (Rom 1969): dies ist sicherlich das Buch, das über die heutige philosophisch-theologische Problematik am besten informiert zusammen mit dem Buch von *J. M. la Peña,* El hombre y su muerte. Antropología teológica actual (Burgos 1971); *A. Bolado,* Filosofía y teología de la muerte: Seleciones de Libros 3 (1966) 12 ff; Dokumentation Concilium, Tod und Leben: Concilium 3 (1967) 507–516; *J. M. González-Ruiz,* Entmythologisierung der „anima separata": Concilium 5 (1969) 36–42; *P. Schoonenberg,* Ich glaube an das ewige Leben: Concilium 5 (1969) 43–49; *E. Schillebeeckx,* Leven ondanks de dood in heden en toekomst: Tijdschrift voor Theologie 10 (1970) 418–452.

[125] Vgl. *L. Lochet,* Comment annoncer le mystère de la mort aux hommes de notre temps: Christus 9 (1962) 183 ff; *L. Boros,* Meditationen über Tod, Gericht, Läuterung, Auferstehung und Himmel: Lebendiges Zeugnis (Mainz 1963).

[126] Vgl. *J. Jeremias,* Hades: ThWNT I 146–150; *Y. Tremel,* L'homme entre la mort et la résurrection d'après le Nouveau Testament: Lumière et Vie 24 (1955) 33–37; *P. H. Ménoud,* La signification de la mort: L'homme devant la mort (Neuchâtel 1952) 163 ff; *ders.,* Le sort des trépassés (Neuchâtel 1966); *P. Grelot,* La théologie de la mort dans l'Ecriture Sainte: La Vie Spirituelle, Supplément 77 (1966) 143 ff; *O. Cullmann,* Unsterblichkeit der Seele oder Auferstehung der Toten, Antwort des Neuen Testaments (Stuttgart/Berlin ⁵1969); *I. F. de la Cuesta,* El estado de muerte. Inmortalidad o resurrección?: Liturgía (Burgos) 429–444; *M. Bordoni,* La morte nella prospettiva biblica: Dimensioni antropologiche della morte (s. Anm. 124) 123–169 mit ausführlicher Bibliographie.

[127] *G. Pala,* La risurrezione dei corpi nella teologia moderna (Rom 1963) 47–66, bes. 56.

[128] Für eine theologiegeschichtliche Skizze der Erforschung dieser Thematik und den heutigen status quaestionis s. *F. Fiorenza/J. B. Metz,* Der Mensch als Einheit von Leib und Seele: Mysterium Salutis II (1967) 584–632, bes. 602 ff.

[129] Ebd. 616 f: „Die Unsterblichkeit wird ... der Seele zugesprochen, weil der einzelne Mensch in seiner geschichtlichen Konkretheit unsterblich ist."

[130] *M. Schmaus,* Der Glaube der Kirche II (München 1970) 744.

[131] Vgl. *I. Burnet,* Platonis Opera (Oxford 1961) 67 d; für den deutschen Text hier nach der Übersetzung von *F. Schleiermacher;* Platon, Sämtliche Werke 3, Phaidon, Politeia (Hamburg 1958) 20.

[132] Ebd. 67e bzw. 20.

[133] Ebd. 64b bzw. 17.

[134] Ebd. 67a bzw. 19.

[135] Ebd. 117c bzw. 65.

[136] Ebd. 118 bzw. 66. Vgl. auch *de la Cuesta,* El estado de muerte (s. Anm. 126) 431.

[137] Vgl. *L. Boff,* Jesus Christus, der Befreier: Teil I dieses Bandes, S. 76–88 (Die Bedeutung des Todes Jesu).

[138] *Burnet,* Platonis Opera 114 d bzw. Platon, Werke 63.

[139] Für die Darstellung der heutigen Problematik und der kritischen Exegese der Auferstehungstexte siehe das vorangegangene Kapitel und das gesamte Heft 12 von Concilium 6 (1970) über das Thema „Unsterblichkeit und Auferstehung".

140 Vgl. *P. Seidensticker*, Auferstehung Jesu (s. Anm. 18) 31–58.

141 Vgl. *M. M. Carrez*, L'herméneutique paulinienne de la résurrection du Christ et l' exégèse moderne (Paris 1969) 55–74; *H. Grass*, Ostergeschehen (s. Anm. 22) 146–173; *A. Grabner-Haider*, Auferstehungsleiblichkeit (s. Anm. 117) 217-222.

142 Siehe über diese Problematik: *A. Gelin*, L'homme selon la Bible (Paris 1968) 9–16; *W. G. Kümmel*, Das Bild des Menschen im Neuen Testament (Zürich 1948) 20–40; *H. Mehl-Koehnlein*, L'homme selon l'apôtre Paul (s. Anm. 118) 31–37.

143 Vgl. *H. E. Hengstenberg*, Der Leib und die letzten Dinge (Regensburg 1955) 151 ff; 249 ff.

144 Vgl. *A. Deissmann*, Die neutestamentliche Formel „in Christo Jesu" (Marburg 1892); *J. Dupont*, Syn Christó. L'union avec le Christ suivant Saint Paul (Brügge 1952); *P. Hoffmann*, Die Toten in Christus. Eine religionsgeschichtliche und exegetische Untersuchung zur paulinischen Eschatologie (Münster 1966) 301–320; *M. Bordoni*, Dimensioni antropologiche della morte (s. Anm. 124) 210–234.

145 *P. Benoit*, Auferstehung am Ende der Zeiten oder gleich nach dem Tod?: Concilium 6 (1970) 719–724.

146 Vgl. *A. Feuillet*, La demeure céleste et la destinée des chrétiens. Exégèse de 2 Cor 5, 1–10 et contribution à l'étude des fondements de l'eschatologie paulinienne: Recherches de Sciences Religieuses 44 (1956) 161–192, 360–402.

147 *P. Benoit*, Auferstehung 724.

148 *M. Bordoni*, Dimensioni antropologiche della morte 233 f.

149 *J. Ratzinger*, Einführung in das Christentum (München 1969) 297.

150 Die anthropologische Literatur heute ist uferlos. Erwähnen wir hier nur die Werke, in denen schon eine systematisierende Reflexion stattfindet und die für die hier von uns behandelte Problematik wichtig sind: *H. E. Hengstenberg*, Der Leib und die letzten Dinge (Regensburg 1955); *A. Wenzl*, Unsterblichkeit. Ihre metaphysische und anthropologische Bedeutung (Bern 1951); *C. A. van Peursen*, Leib, Seele, Geist (Gütersloh 1959); *Versch. Autoren*, Geist und Leib in der menschlichen Existenz (Freiburg/München 1961). Für Werke, die den Dialog zwischen der Wissenschaft und Theologie suchen: *K. Sausgruber*, Atom und Seele. Ein Beitrag zur Erörterung des Leib-Seele-Problems (Freiburg i. Br. 1958); *H. Gödan*, Die Unzuständlichkeit der Seele (Stuttgart 1961); L'âme et le corps (Recherches et Débats 35) (Paris 1961); *W. Maier*, Das Problem der Leiblichkeit bei Jean-Paul Sartre und Maurice Merleau-Ponty (Tübingen 1964); *J. B. Metz*, Caro cardo salutis. Zum christlichen Verständnis des Leibes: Hochland 55 (1962) 97–107; *J. Mouroux*, Sens chrétien de l'homme (Paris 1945); *Versch. Autoren*, A descoberta do homem. Do mito à antropologia crítica (Petrópolis 1970); *H. Hòrada*, Fenemenologia do corpo. Situação como existência corporal: Vozes 65 (1971) 21–28; *L. Boff*, Teologia do corpo. O homem-corpo é imortal: Vozes 65 (1971) 61–68.

151 *K. Rahner*, Philosophie und Philosophieren in der Theologie: Schriften zur Theologie VIII (Einsiedeln 1967) 66–87, bes. 69.

152 *M. Heidegger*, Einführung in die Metaphysik (Tübingen 1953) 6.

153 Siehe für eine Orientierung in dieser Problematik: *J. B. Libânio*, Modernos conceitos de pessoa e personalidade de Jesus: Revista Eclesiástica Brasileira 31 (1971) 47–64; *L. Boff*, O destino do homem e do mundo (Rio de Janeiro 1972) 43–47.

154 Vgl. *M. Scheler*, Die Stellung des Menschen im Kosmos (Bern [6]1962) 36 ff.

155 Diese Perspektive wurde von einer ganzen Strömung der Anthropologie weiterentwickelt, besonders von: *A. Gehlen*, Der Mensch, seine Natur und seine Stellung in der Welt (Frankfurt/Bonn [8]1966); *ders.*, Anthropologische Forschung (Hamburg 1961); *A. Portmann*, Zoologie und das neue Bild vom Menschen (Hamburg 1956); *F. J. J. Buytendijk*, Mensch und Tier (Hamburg 1958); *H. Plessner*, Die Stufen des Organischen und der Menschen (1928). Siehe auch den theologischen Entwurf von W. Pannenberg, dem, ohne die Eigenheit der Theologie aufzugeben und sie zur Dienerin anderer Wissenschaften zu machen, eine beachtenswerte anthropologisch-theologische Synthese gelang: *W. Pannenberg*, Was ist der Mensch? Die Anthropologie der Gegenwart im Licht der Theologie (Göttingen 1968), bes. 5–13. Für eine ähnliche philosophisch-anthropologische Synthese, ohne daß die Philosophie zu einem Anhang der Humanwissenschaften wurde: *E. Rothacker*, Philosophische Anthropologie (Bonn 1966); *H. Rombach*, Die Frage nach dem Menschen. Aufriß einer philosophischen Anthropologie (Freiburg i. Br. 1966); *J. R. de la Peña*, El hombre y su muerte (s. Anm. 124) 69–116.

156 Vgl. *Claude Lévi-Strauss*, Das wilde Denken (Frankfurt a. M. 1968); *E. Neumann*, Ursprungsgeschichte des Bewußtseins (Münschen 1964).

157 Diese Gedanken werden vor allem in der unter der Inspiration der sog. transzendentalen Methode erarbeiteten Anthropologie Karl Rahners und seiner Schüler entwickelt: *K. Rahner*, Hörer des Wortes (München 1963); *J. B. Metz*, Christliche Anthropozentrik (München 1962). Ein typischer Vertreter dieser Ten-

denz in der italienischen Philosophie ist sicherlich *M. F. Sciacca,* Acte et être (Paris 1958); *ders.,* L'uomo questo squilibrato (Rom 1956); s. für einen Versuch der Systematisierung des anthropologischen Denkens Sciaccas: *L. Boff,* A filosofia da integralidade de M. F. Sciacca: Vozes 58 (1964), vier aufeinanderfolgende Aufsätze.

158 Vgl. *K. Jaspers,* Psychologie der Weltanschauungen. Hermeneutik des Daseins im Sinne einer existentiellen Anthropologie (Hamburg 1955) 14ff.

159 *R. F. Behrendt,* Der Mensch im Licht der Soziologie (Berlin 1962); *E. Bloch,* Prinzip Hoffnung (s. Anm. 1)

160 Vgl. *W. Pannenberg,* Was ist der Mensch?: Disputation zwischen Christen und Marxisten (München 1966) 179–194, bes. 182ff; *ders.,* Die Frage nach Gott: Die Grundfragen systematischer Theologie (Göttingen 1967) 361–386.

161 *K. Rahner* anläßlich eines Symposiums der Görres-Gesellschaft: Geist und Leib in der menschlichen Existenz (Freiburg/München 1961) 196.198.

162 *G. Marcel,* Être et avoir (Paris 1935) 225, *deutsch:* Sein und Haben (1954); *ders.,* Le mystère de l'être (Paris 1951) 91–118, *deutsch:* Geheimnis des Seins (1952).

163 *A. Portmann,* Biologie und Geist (Freiburg i. Br. 1963) 112f.

164 Dieser Aspekt wurde vor allem analysiert von *M. Merleau-Ponty,* Phénoménologie de la perception (Paris 1945) 293ff; vgl. *J. P. Sartre,* L'être et le néant (Paris 1943) 419–427, 365–427, deutsch: Das Sein und das Nichts (1952); *C. A. van Peursen,* Leib, Seele, Geist (s. Anm. 150) 127–147.

165 Siehe die wichtigste Literatur aus letzter Zeit über dieses Thema: *E. D. Dussel,* El humanismo semita (Buenos Aires 1969); *A. Gelin,* L'homme selon la Bible (Paris 1968); *G. Pidoux,* L'homme dans l'Ancien Testament (Neuchâtel/Paris 1953); *A. M. Dubarle,* La conception de l'homme dans l'AT: Sacra Pagina 1 (Paris 1959) 522–536; *W. Kümmel,* Das Bild des Menschen im Alten Testament (Zürich 1948).

166 *E. Schweizer/R. Meyer,* Sarx: ThWNT VII (1964) 98–151; *J. Scharbert,* Fleisch, Geist und Seele im Pentateuch (Stuttgart 1966); *G. Pidoux,* L'homme dans l'A. T. 9–23; *E. D. Dussel,* El humanismo semita 28–30.

167 Vgl. *J. A. T. Robinson,* The Body (London 1965); *A. Gelin,* L'homme selon la bible 9–16.

168 Vgl. *D. Lys,* Nèphès. Histoire de l'âme dans la révélation d'Israel au sein des religions proche-orientales (Paris 1959); *J. Schmid,* Der Begriff Seele im NT: *J. Ratzinger/H. Fries* (Hg.), Einsicht und Glaube (Freiburg i. Br. 1962) 112–131; vgl. auch *W. Kümmel,* Das Bild des Menschen im Alten Testament 11–12.

169 Vgl. *W. Bieder,* Pneuma: ThWNT VI (1959) 357–373, bes. 357–360; *H. Mehl-Koehnlein,* L'homme selon l'apôtre Paul (s. Anm. 118) 31–38; *A. Grabner-Haider,* Auferstehungsleiblichkeit (s. Anm. 117) 221.

170 Vgl. *J. B. Metz,* Caro cardo salutis (s. Anm. 150) 7.

171 Siehe für eine ausgezeichnete historische Übersicht: *F. P. Fiorenza/J. B. Metz,* Der Mensch als Einheit (s. Anm. 128) 602–614.

172 Vgl. *K. Rahner,* Der Leib als Symbol des Menschen: Schriften zur Theologie IV (Einsiedeln 1967) 304–311, hier 305.

173 Vgl. *A. Lang,* Der Bedeutungswandel der Begriffe „fides" und „haeresis" und die dogmatische Wertung der Konzilsentscheidungen von Vienne und Trient (Festgabe f. F. Seppelt) (München 1953) 133–146; *F. Fiorenza/J. B. Metz,* Der Mensch als Einheit (s. Anm. 128) 616f.

174 *Fiorenza/Metz,* ebd. Vgl. Geist und Leib in der menschlichen Existenz (s. Anm. 161) 196–198.

175 Dieses Thema steht zentral im Denken von A. de Saint-Exupéry, z. B. Citadelle: *A. de Saint-Exupéry,* Œuvres (Paris 1959) 958–962 und passim.

176 Vgl. *E. Pousset,* La résurrection: Nouvelle Revue Théologique 91 (1969) 1031–1033.

177 Für eine Kritik hierzu vgl. *K. Rahner,* Zur Theologie des Todes (s. Anm. 124) 17–26; *L. Boros,* Mysterium mortis (s. Anm. 124) 83–90; *R. Troisfontaines,* Je ne meurs pas (s. Anm. 124) 71–96.

178 Treffend heißt es in einem durch Heideggers Zitat bekannt gewordenen Satz: „Sobald der Mensch zum Leben kommt, sogleich ist er alt genug zu sterben": *M. Heidegger,* Sein und Zeit (Tübingen, 17. Auflage, 2. Druck 1984) 245.

179 *Augustinus,* Confessiones 1,6: „Dicam mortalem vitam an mortem vitalem nescio."

180 Vgl. *R. Troisfontaine,* Je ne meurs pas 109.

181 *L. Boros,* Mysterium mortis 88; *ders.,* Erlöstes Dasein 92–93.

182 *M. Blondel,* Exigences philosophiques du christianisme (Paris 1950), *deutsch:* Philosophische Ansprüche des Christentums (Wien 1954); *L. Boros,* Mysterium mortis 37–42.

183 *J. Maréchal,* Le point de départ de la métaphysique (Louvain/Paris 1922–1926), bes. Cahier V; *H. Bergson,* La perception du changement (Paris 1959) 1365–1392, weiter entwickelt bei *Boros,* Mysterium mortis 43–52.

[184] *G. Marcel,* Présence et immortalité (Paris 1959), *deutsch.* Gegenwart und Unsterblichkeit (1961); *R. Troisfontaines,* De l'existence à l'être. La philosophie de G. Marcel, Bd. I–II (Paris 1953).
[185] Vor allem Bloch hat sich hier engagiert: *E. Bloch,* Das Prinzip Hoffnung (s. Anm. 1); *J. Moltmann,* Theologie der Hoffnung (s. Anm. 51); *A. R. Alves,* A Theology of Human Hope (Washington 1969). Siehe für eine Orientierung auch: Versch. Autoren, Diskussion über die Theologie der Hoffnung (München 1967).
[186] *R. Troisfontaines,* Je ne meurs pas 118f.
[187] Vgl. *M. Bordoni,* L'ipotesi dell'ultima decisione: Dimensioni antropologiche della morte (s. Anm. 124) 85–122.
[188] Vgl. *L. Boros,* Mysterium mortis 138–150; *ders.,* Erlöstes Dasein 97–100; *L. Boff,* Purgatório. Proceso de pleno amadurecimento: Vozes 66 (1972) 67–70.
[189] *K. Rahner,* Zur Theologie des Todes 33.40.
[190] Einer solchen Meinung nicht abgeneigt sind Theologen wie *R. Troisfontaines,* Je ne meurs pas 248; *L. Boros,* Erlöstes Dasein 205–207; *ders.,* Wann geschieht die Auferstehung?: Aus der Hoffnung leben (Olten/Freiburg 1968) 31–38; *K. Rahner,* Zum Sinn des neuen Dogmas (der Aufnahme Marias in den Himmel): Schweizer Rundschau 50 (1951) 590; *O. Betz,* Die Eschatologie in der Glaubensunterweisung (Würzburg 1965) 96–101.108; „Sie sind in der Auferweckung": Glaubensverkündigung für Erwachsene. Deutsche Ausgabe des Holländischen Katechismus (Freiburg i. Br. 1969) 524–525, s. aber auch die entsprechenden Änderungen durch eine Kardinals-Kommission: Ergänzung zur Glaubensverkündigung für Erwachsene: ebd. Anhang 83–85; *P. Schoonenberg,* Ich glaube an das ewige Leben: Concilium 5 (1969) 43–49; *P. Benoit,* Auferstehung am Ende der Zeiten oder gleich nach dem Tod?: Concilium 6 (1970) 719–724, sowie die anderen Aufsätze im gleichen Conciliumheft. Siehe vor allem auch *de la Peña,* El hombre y su muerte (s. Anm. 124) 379–385.
[191] AAS 42 (1951) 770.
[192] *D. Flanagan,* Eschatologie und die Aufnahme Marias in den Himmel: Concilium 5 (1969) 63; s. auch *M. Schmaus,* Der Glaube der Kirche II (s. Anm. 130) 96–101.
[193] *D. Flanagan,* Eschatologie 65 (Zitat L. Boff); vgl. *O. Betz,* Die Eschatologie in der Glaubensunterweisung 96–101.
[194] *M. Schmaus,* Der Glaube in der Kirche II 744.
[195] Ebd. 743.

Schluß:
Worauf können wir hoffen?

Der vorliegende Band hat in der Tat keinen Schluß. Soviel wir auch schreiben und uns Gedanken machen, Jesus bleibt stets eine offene Frage. Jede Generation hat darauf ihre Antwort zu finden. Damit die Conclusio aber nicht ganz fehlt, möchten wir uns im Licht des christologischen Geheimnisses einige abschließende Gedanken machen.

Es geht uns um die mitreißendste aller Fragen: Was ist der letzte Sinn der Freiheit? Wozu ist der Mensch frei? Muß sich der Mensch nicht auch ganz von sich selbst befreien, wenn er wirklich frei sein will? Und um den Horizont noch weiter zu öffnen: Wir sind der Meinung, die aufregendste Frage, die in der Anthropologie gestellt werden kann, sei nicht: Was ist der Mensch?, sondern: Worauf kann der Mensch hoffen? Man könnte diese letzte Frage auch wie folgt formulieren: Wozu sind wir eigentlich bestellt? In was für einem definitiven Rahmen findet der Mensch seinen Ort?

1. Ebenen der Annäherung und Ebenen der Antwort

Die Frage, um die es hier geht, läßt sich – so wie wir sie verstehen – kaum in radikale und letzte Begriffe kleiden. In unserer Kultur stellen wir normalerweise vermittelte Fragen und begnügen uns auch mit vermittelten Antworten.

Wir verstehen das Leben als Verwirklichung geschichtlicher Aufgaben oder als Erfüllung einer Berufung, die in den Koordinaten dieses Lebens zwischen Geburt und Tod ihren Ort hat und sich dort genügt. Und da reichen uns die Herausforderungen, auf die wir einzugehen, und die Verantwortungen, die wir zu tragen haben. So beschäftigt uns zum Beispiel die Frage: Wozu sind wir, psychologisch gesehen, bestellt? Da sind wir zu einem Personalisierungsprozeß berufen, in dessen Verlauf wir ein derartig kraftvolles Ich zu entwickeln, zu speisen und stets neu zu stärken vermögen, daß es mit allen Gegebenheiten ringsum einen bereichernden und integrierenden Bezug aufnehmen kann: mit den Kräften des Unbewußten, mit den Warnungsimpulsen des Bewußtseins, mit den Provokationen der extramentalen Welt, mit den Begegnungen mit anderen sowie mit den Erfolgen und Mißerfolgen, die nun einmal die menschliche Existenz begleiten.

Und unter sozialem Gesichtspunkt, was können wir da erwarten? Im besten Fall, daß der Mensch seine soziale Funktion im Netz seiner gesellschaftlichen Bezüge in der Weise erfüllt, daß er von der Rolle, die er spielt, nicht eingeholt wird, daß er nicht ständig im Konflikt mit sich selbst steht und daß er mit seiner Position im Globalprozeß zu mehr Brüderlichkeit und Gleichheit wie auch zu mehr

Mitsprache und Beteiligung vor allem der Armen, aber auch möglichst vieler Menschen beiträgt.

Und so könnten wir die verschiedenen menschlichen Wissensbereiche beleuchten. Hinter allen stehen immer Bilder vom Menschen und von der Gesellschaft mit ihren Theorien, Praktiken, Werten und Erwartungen. Jede Wissenschaft produziert ihre Utopie und entwirft – um mit Max Weber zu sprechen – einen *Idealtypus,* dem der Mensch tendenziell näherkommen wollen muß, wenn er vollkommen werden will.

Alle diese komplexen Sichtweisen sind ein reichhaltiges Material für die Glaubensreflexion. Im Licht des Wortes Gottes und der Überlieferung sieht der Christ in ihnen die Anwesenheit von Gnade bzw. Sünde; schaut, bis zu welchem Punkt sie mit dem Heilsplan Gottes, so wie dieser uns im Leben Jesu Christi geoffenbart wurde, in Einklang stehen bzw. davon abweichen; und beurteilt die Vorhaben der Menschen in ihrer ethischen Qualität, ob sie für die letzte Bestimmung des Menschen in Gott offen sind, bzw. in persönlichen und kollektiven Egoismen, sie sich in sich selbst verschließen, aufgehen. Ein derartiges Verständnis ist für den Glauben ganz wichtig, weil ja im Horizont des Glaubens und aus der Annäherung des Glaubens in allem Heil und Unheil des Menschen auf dem Spiel stehen. Für den Glauben gibt es keinen neutralen oder rein natürlichen Bereich, an die Gnade und Sünde nicht herankämen. Alles, was wir tun – auch die unbedeutendste, ohne bewußten Bezug zu Gott vollzogene Geste – hat mit unserem Heil bzw. Unheil, mit unserer absoluten Realisierung bzw. totalen Frustration zu tun. Die Gemeinschaft der Gläubigen ist sich dieser objektiven Wirklichkeit bewußt und expliziert ihre Inhalte in Lehre, Gottesdienst und Praxis.

Doch die Realität von Heil und Unheil übersteigt die Grenzen des religiösen Bewußtseins und greift auch dort Platz, wo man sich dessen noch gar nicht bewußt ist. So geht auch die menschliche und gesellschaftliche Utopie im Bereich von Psychologie, Soziologie, Politologie, Wirtschaftswissenschaften und Kulturanthropologie durchaus den Glauben etwas an, weil ja der Glaube weiß, daß alle diese Kanäle Gnade bzw. Ungnade, Gerechtigkeit bzw. Ungerechtigkeit, Menschlichkeit bzw. Unmenschlichkeit, anonyme Zustimmung zu Gott bzw. Ablehnung Gottes transportieren.

So wird ersichtlich, daß der Glaube aufgerufen ist, unterschiedliche Antworten auf die unterschiedlichen menschlichen Projekte zu finden. Als gebildeter und geregelter Diskurs des Glaubens hat die Theologie die Aufgabe, dem Glauben eine stimmige und vernünftige Positionsbeschreibung angesichts der gesellschaftlich-geschichtlichen Wirklichkeiten zu bieten, ob diese eine Annäherung oder eine Wegbewegung von Gott bedeuten.

Allerdings erschöpft sich die Sorge des Glaubens nicht in dem Bemühen um Verdeutlichung sowie religiöse und theologische Erhellung. Dem Glauben geht es nicht bloß um eine Reflexion *pro paganis* (für die Heiden), sondern auch und gerade *pro christianis* (für die Christen). Mit anderen Worten: Der Glaube fällt nicht nur sein Urteil über die Utopien anderer, sondern entwirft auch seine eigene Utopie von Mensch und Gesellschaft. Kraft seiner eigenen Reichtümer malt er die Zukunft aus. Unter diesem Gesichtspunkt bilden die Menschwerdung Gottes in Jesus Christus, Jesu Leben und historisches Befreiungsprojekt, Jesu gewaltsamer Tod und seine Auferstehung wie auch die Anwesenheit des Heiligen Geistes innerhalb unserer Geschichte die Grundstützen für die Positivität der Utopie des Glaubens. Wenn das also die Sicht des Glaubens ist, wozu sind wir dann im letzten berufen?

2. Die christliche Utopie von Mensch und Gesellschaft

Im folgenden geht es um das letzte Wort zu Mensch und Gesellschaft. Wir suchen nach dem Sinn aller historischen Sinnelemente, nach einem Rahmen, der die letzte und definitive Situation der Menschheit endgültig definiert. Natürlich sprengt unsere Frage die Grenzen der Geschichte. Der letzte Sinn kann nur trans-historisch sein. Worauf können wir an absoluter Verwirklichung des Menschen hoffen?

– In einer ersten, noch äußeren Antwort sagt der Glaube: Wir sind für den Himmel berufen. Himmel ist ein religiöses Symbol aus den uranischen Religionen, die sich ins All ausstrecken und behaupten, das Transzendente, Unendliche, das, was für den Menschen empirisch anscheinend unerreichbar ist (wie der physische Himmel über unseren Köpfen), bilde die Zukunft sowie die absolute Verwirklichung von Mensch und Welt. Das Christentum versichert, daß – so verhängnisvoll die Geschichte auch erscheinen mag – sie gleichwohl für ein gutes Ende bestimmt ist. Alles (Mensch, lebendige Natur und Kosmos) lebt, um zu sterben, aber stirbt, um aufzuerstehen. Dabei beinhaltet Auferstehung viel mehr als die Verewigung des Lebens über den Tod hinaus. Auferstehung bezeichnet eine derartig volle und vollendete Form von Leben, daß der Tod keine Chance mehr hat. Der Prozeß von Natur und Geschichte endet nicht in einer kosmischen Katastrophe, sondern in einer Erfüllung in Vollkommenheit. Auf der Ebene des Menschen ist dieser Abschluß allerdings wegen der menschlichen Freiheit nichts Zwangsläufiges, sondern betrifft nur die, die ihr Leben qualitativ – und zwar objektiv in ihren Taten und nicht nur subjektiv in ihren Überzeugungen und Bewußtseinsebenen – so gestaltet haben, daß sie sich im Dienst an einem Wesen, das größer ist als ihr eigenes Leben, gelassen haben.

Diese Perspektive, die voller Optimismus steckt, geht davon aus, daß die Prozesse, die unsere gegenwärtige Geschichte ausmachen und deren Dramatik und Konfliktträchtigkeit an sich keinen konvergierenden Abschluß garantieren, dennoch ein glückliches Ende haben werden. Als gläubige Menschen wissen wir, daß Gott der Herr der Geschichte ist, der auch auf krummen Linien gerade schreiben kann, der die Dys-phonie geheimnisvoll in die Sym-phonie zu integrieren vermag und der alles zu der Quelle zurückführt, aus der es hervorgegangen ist. Manches Drama verliert an Dramatik, wenn man weiß, daß am Ende doch der Sinn über alle Absurditäten der Geschichte triumphieren wird.

– Zu bekennen, wir seien für den Himmel berufen, ist viel, aber nicht alles. Wie hat man sich den Himmel vorzustellen? Was bedeutet Himmel konkret für meine Existenz und für die Welt? Es ist nicht damit getan zu sagen, wir seien im Hafen gelandet. Jedermann will doch auch wissen, welche Landschaft uns der

Hafen eröffnet und zu welchem Land er der Einstieg ist. In einer ersten Bestimmung gilt es also, theologisch festzuhalten, daß der Himmel etwas zutiefst Menschliches ist. Das heißt: Alle Kräfte der Güte, der Wahrheit, der Schönheit und der Identität in Mensch und Kosmos strömen zueinander und kommen zur vollen Entfaltung. Himmel ist damit „Heimstatt und Heimat der Identität", des Glücks, der Güte und der Begegnung mit sich selbst in uneingeschränkter Transparenz. Alle zersetzenden Konflikte sind dann gelöst, das Utopische allen Wachsens, Sich-Entwickelns und Sich-Vervollkommnens ist zur Topie geworden, ohne daß noch der Preis des Leidens zu zahlen wäre.

In einer zweiten, diesmal tiefer gehenden Gleichung ist der Himmel etwas radikal Göttliches. Wir werden Gott sehen und kosten und uns mit ihm vereinigen, wie er ist. Wir werden entdecken, daß wir der göttlichen und ewigen Quelle entspringen, wir werden spüren, wie er uns durchdringt und uns in der geheimsten Identität konstituiert, alle Dinge werden wir in Gott betrachten, und es wird uns geschenkt sein, die „Selbstzeugung" Gottes des Vaters, des Sohnes und des Heiligen Geistes mitzuerleben und an ihr teilzuhaben. Das wird dann die neue Welt, der neue Himmel und die neue Erde sein, wo Gott alles in allen Dingen sein wird.

Der Glaube würde nicht für wahr halten, was er behauptet, wenn Gott es ihm nicht selbst geoffenbart hätte. Auf dieser Ebene ist ehrfürchtiges Schweigen beredter als die Geschwätzigkeit unserer Wörter. So heißt es ja auch bei Paulus: „Wir verkündigen ..., was kein Auge gesehen und kein Ohr gehört hat, was keinem Menschen in den Sinn gekommen ist: das Große, das Gott denen bereitet hat, die ihn lieben" (1 Kor 2,9).

Mensch und Schöpfung sind also dazu berufen, das, was die Geschichte bieten kann, absolut zu übersteigen. Während in der Geschichte immer noch das Implizite im Expliziten, das Nichtgesagte im Gesagten und das Unerkannte im Erkannten bleiben, ist im Himmel alles klar, offen und stimmig. Aus diesem Grunde ist der Himmel etwas Göttliches und Menschliches.

3. Die letzte Verwirklichung des Menschen: Zulassen, daß Gott sich im Menschen „verwirklicht"

Können wir einen Schritt über die Grenzen des Menschen hinaus tun? Wir wollen es versuchen. Bisher haben wir vom Menschen aus gedacht. Die Kräfte in ihm sehnen sich nach einem gelungenen Ende, und der Glaube versichert ihn eines glücklichen Ausganges. Aber der Glaube geht noch weiter und beschreibt den Himmel als die absolute Verwirklichung dessen, was der Mensch ist und was verborgen in ihm steckt. Er zeigt, was Gott im letzten für den Menschen bedeutet. Alles stand im Dienst an ihm und an seiner Berufung. Selbst Gott.

Aber läßt sich das Ganze nicht auch umgekehrt denken? Warum drehen wir die Begriffe nicht einfach um? Anstatt zu fragen: Was bedeutet Gott für den Menschen?, möchten wir fragen: Was bedeutet der Mensch für Gott? Nicht nur, daß der Mensch in Gott ist, vielmehr ist auch Gott im Menschen. Ein Nachdenken über diese Umkehrung macht uns klar, wozu wir wirklich und endgültig berufen sind. Wir sind dazu berufen, existieren dazu und finden dadurch unsere radikale Verwirklichung, indem wir zulassen, daß sich Gott durch uns selbst „verwirklicht".

Zu diesem Schluß gelangen wir freilich nicht kraft des Glaubens, sondern dank der Theologie, die über die Geheimnisse der Inkarnation des ewigen Sohnes in der menschlichen Natur und der „Personwerdung" des Heiligen Geistes in den Menschen reflektiert. Es handelt sich also nicht um ein Datum des Glaubens wie unsere beiden Reflexionen über den Himmel, sondern um eine theologische Erarbeitung, in der wir zwei Grundaussagen unseres Glaubens miteinander verbinden. Der Grad der Gewißheit ist nicht derselbe wie der der beiden anderen Überlegungen, und man muß ihr auch nicht unbedingt beipflichten. Doch gehört es zur Aufgabe des Glaubensverständnisses (der Theologie) zu versuchen, die Geheimnisse Gottes und des Menschen bis ans Ende zu durchdringen; und darin hat es sich als unermüdlich zu erweisen. Gott ist nicht die Schlummerrolle der Vernunft, sondern ihre bleibende Herausforderung. Ebensowenig brauchen wir zu betonen, daß Gott keinem menschlichen Bedürfnis unterliegt. Um sich zu „verwirklichen" braucht er weder den Mann noch die Frau. Jedoch: Seitdem er sich inkarniert hat – und um diesen Heilsplan zu konkretisieren, schuf er den Menschen und den gesamten Kosmos – wollte er uns an seinem Werk beteiligen. In diesem Dienst, den wir ihm nach seinem Willen tun sollen, besteht unsere radikale Fülle und die Realisierung unserer letzten Berufung. Vollkommenheit liegt nicht darin, sich in sich selbst, sondern im anderen zu verwirklichen; Größe besteht nicht darin, bedient zu werden, sondern zu dienen; Höhepunkt der Freiheit ist es, frei von sich selbst und frei für die anderen wie auch für Gott zu sein. Das gilt für den Menschen ebenso wie für Gott.

Gehen wir von dem positiven Grunddatum des Glaubens, von der Tatsache der Inkarnation, aus. Was bedeutet Inkarnation für Gott? Inkarnation bedeutet die totale Selbsthingabe Gottes an ein Wesen außerhalb seiner, an den Menschen. Um sich jemandem schenken zu können, schafft Gott diesen Jemand, der seinen letzten Sinn darin findet, es zu ermöglichen, daß Gott ganz und gar in ihn eingehen und sich ihm ohne Vorbehalt hingeben kann. Die Kirchenväter sagen mit Fug und Recht: Der Mensch ist des Unendlichen fähig und hat den natürlichen Wunsch nach Gottesliebe. Gott hat ihn vermittels der Geschichte, der Natur und der Gesellschaft so „gebaut", daß er eine grenzenlose Offenheit hat. Dadurch aber kann Gott selbst in ihn hineingelangen und sich der menschlichen Natur so sehr bemächtigen und sie sich so weit zu eigen machen, daß sie die *Menschheit Gottes* genannt werden kann. Und das tut er, ohne daß dadurch die Struktur dieser menschlichen Natur im mindesten beeinträchtigt würde; im Gegenteil, er achtet sie voll und ganz und macht sie nur noch menschlicher.

Die menschliche Natur trägt mithin die Fähigkeit in sich, Gott in sich aufzunehmen, wobei es sich um eine reale und objektive (ontische) und nicht nur gedachte imaginäre Fähigkeit handelt. Die ganze Größe und das letzte Ziel des Menschen sind dies: im Dienste Gottes zu stehen, dessen Heilsplan es ist, aus sich herauszutreten und sich die menschliche Natur zu eigen zu machen. So wie sich der Mund zur Speise, das Auge zum Licht, der Verstand zum Gedanken und die Gebärmutter zum Kind verhält, so verhält sich der Mensch zum Inkarnationswillen Gottes. Und wie die konkrete menschliche Natur immer männlich und weiblich ist, übernimmt die Inkarnation Gottes auch diese Determinanten und verleiht damit dem Mann- und Frausein einen göttlichen Sinn.

Zu einem bestimmten Zeitpunkt innerhalb der menschlichen Geschichte setzte Gott sein Vorhaben in die Tat um. In dem Juden Jesus von Nazaret wurde die Möglichkeit Wirklichkeit. Seit dem ersten Augenblick seiner Empfängnis ist in Jesus Gott voll und ganz gegenwärtig und inkarniert. Der Glaube lehrt uns, daß sich dies in der Geschichte ein für allemal ereignet hat. Deshalb wird Jesus dargestellt, verstanden und geliebt als der *ecce homo, novissimus Adam, homo eschatologicus,* als derjenige, der als erster das hat Wirklichkeit werden lassen, zu dem er am Ende berufen war: sich dem Inkarnationsplan Gottes zur Verfügung zu stellen. An Jesus lesen wir unseren eigenen Ruf wie auch unser letztes Ziel ab.

Die Möglichkeit, die in Jesus Wirklichkeit geworden ist, tragen wir auch als Männer und Frauen in uns. Geschichtlich ist sie bisher nur in ihm konkret geworden. In allen anderen menschlichen Geschwistern Jesu, die mit ihm wesensgleich und seine Blutsgenossen sind, war und ist sie vorläufig nur eine reine Möglichkeit. Aber wie jede Möglichkeit will auch sie Aktualität werden. Auf der Erde realisiert sie sich unvollständig in der Nachfolge des „Erstgeborenen von vielen Brüdern" und unvollkommen wegen unserer persönlichen und kollektiven Sünden.

Aber werden wir immer dabei stehen bleiben müssen? Seufzen wir nicht wie in Geburtswehen in der Hoffnung darauf, daß Gott in uns ganz und gar alles in die Tat umsetzt, was er als Potenz in uns gelegt hat? Paulus ruft uns in Erinnerung: „Wir wissen, daß Gott bei denen, die ihn lieben, alles zum Guten führt, bei denen, die nach seinem ewigen Plan berufen sind; denn alle, die er im voraus erkannt hat, hat er auch im voraus dazu bestimmt, an *Wesen und Gestalt seines Sohnes teilzuhaben,* damit dieser der Erstgeborene von vielen Brüdern sei" (Röm 8,28–29).

Wenn unsere Überlegungen stimmen, können wir schlußfolgern: Himmel ist weder nur die absolute Verwirklichung des Menschen noch bloß Anschauung, Verkosten und Besitz Gottes durch den Menschen, sondern vor allem auch Besitz des Menschen durch Gott. Gott wird Fleisch in jedem von uns werden. Hypostatisch und im Maß eines jeden wird er sich die menschliche Natur eines jeden Menschen zu eigen machen. Eschatologisch und im Himmel wird jene Möglichkeit Realität werden, zu deren Verwirklichung wir alle berufen sind. Das also ist die höchste Berufung des Menschen: ganz aus sich heraustreten, um ganz Gott zu gehören. Das ist auch seine absolute Verwirklichung: sich vorbehaltlos einem anderen hingeben und im anderen bleiben zu können. Aber auch Gottes vollendete Realisierung ist nichts anders: sich ewig einem anderen schenken, aus sich heraus- und einem anderen entgegengehen, mit ihm für immer in Gemeinschaft bleiben und an seinem Leben und Ruhm teilzuhaben. Das geschieht im trinitarischen Prozeß wie auch in der Inkarnation.

Die Inkarnation ist Sache Gottes des Sohnes. Der Sohn macht sich die Natur des Menschen zu eigen. Dadurch vermenschlicht er Gott und vergöttlicht den Menschen. Aber Mensch bedeutet nicht nur eine individuelle Natur, sondern auch die Gemeinschaft der Personen, die in einem ganzen Netz von sozialen Bezügen zum Ausdruck kommt, die ihrerseits die Menschen miteinander verbinden und die menschliche Gesellschaft (Wir) ausmachen. Diese hat gegenüber den Individuen eine relative Autonomie und besitzt ihre eigene Gültigkeit und spezifische Berufung. Worauf kann die menschliche Gesellschaft *fine finaliter* hoffen?

Wenn sich der Sohn in der menschlichen Natur inkarniert hat, so sagt die Theologie, da hat sich der Heilige Geist in den Menschen „spiritualisiert"*. Die Gemeinschaft der Menschen ist offen, Gott aufzunehmen. Der Gott, der zu ihnen kommt und sie sich substantiell zu eigen macht, ist der Heilige Geist. Dieser macht aus den vielen Personen eine „einzige mystische Person" mit sich. Damit gelangt auch das menschliche Wir zu seiner Fülle in einer vorbehaltlosen Extrapolation, in der es sich Gott dem Heiligen Geist zu Diensten anbietet, der sich seinerseits gewürdigt hat, aus sich herauszutreten und sich die menschliche Gesellschaft substantiell zu eigen zu machen. Die Personalisierung und Sozialisierung des Heiligen Geistes ist ebenso real und konkret wie die des Sohnes, der in Jesus Fleisch wurde und unter uns und im Himmel, in jedem von uns, gewohnt hat, obwohl er seinen eigenen Charakter durchaus bewahrt.

Diese finale Berufung, die den Menschen mit größtem Glück erfüllt, weil er ja jetzt ganz für das existiert, für was er geschaffen wurde, kommt freilich nur in gerechten Männern und Frauen zur Verwirklichung. Die, die wegen der schlechten Qualität ihres Lebens auf der Erde verdammt werden, werden ewige Frustration erleben: ihre Möglichkeit, Gott aufzunehmen, wird für immer unerfüllt bleiben. Sie wird nach Gott schreien, und ihr Schreien wird wie Feuer brennen, aber selbst wird sie nie Erfüllung finden. Ewig wird sie verdammt sein – wie eine Knospe, die dazu verurteilt ist, sich nie zur Blüte öffnen zu dürfen. Was der Mensch am meisten ersehnt, das heißt: Gott sein oder zu Gott gehören, wird ihm für immer verwehrt bleiben.

Für die Gerechten indessen wird alles zu seinem Höhepunkt finden. Kraft ihres Lebens, ihrer Liebe, ihrer Gerechtigkeit und ihrer Möglichkeit sind sie jetzt, im Himmel, „Materie" geworden, in der sich Gott selbst verwirklichen kann, indem er sich ihnen mitteilt und sie ihn in einer unbeschreiblichen, endgültigen und ewigen Brautfeier aufnehmen.

* In zwei anderen Arbeiten entwickelt der Verfasser das *Theologoumenon* (d. h. die theologische Hypothese), nach dem sich der Heilige Geist in Maria anläßlich der Verkündigung „pneumatifiziert" habe (Das mütterliche Antlitz Gottes. Ein interdisziplinärer Versuch über das Weibliche und seine religiöse Bedeutung [Düsseldorf 1985]; Ave Maria. Das Weibliche und der Heilige Geist [Düsseldorf [2]1984]): Der Geist „kam über dich (Maria) und die Kraft des Höchsten schlug ihr Zelt über dich auf" (vgl. Lk 1,35). Demnach wäre auch die Frau vermittels Maria zu einem hypostatischen Bezug zur Gottheit, in unserem Fall: zum Heiligen Geist, berufen. Weiblich und Männlich bildeten gemeinsam das Bild und Gleichnis Gottes und wären Träger für die Selbstmitteilung des Sohnes bzw. des Heiligen Geistes.